에듀윌과 함께 시작하면,
당신도 합격할 수 있습니다!

오랜 직장 생활을 마감하며 찾아온 앞날에 대한 막연한 두려움
에듀윌만 믿고 공부해 합격의 길에 올라선 50대 은퇴자

출산한지 얼마 안돼 독박 육아를 하며 시작한 도전!
새벽 2~3시까지 공부해 8개월 만에 동차 합격한 아기엄마

만년 가구기사 보조로 5년 넘게 일하다, 달리는 차 안에서도
포기하지 않고 공부해 이제는 새로운 일을 찾게 된 합격생

누구나 합격할 수 있습니다.
시작하겠다는 '다짐' 하나면 충분합니다.

마지막 페이지를 덮으면,

에듀윌과 함께
공인중개사 합격이 시작됩니다.

15년간 베스트셀러 1위 에듀윌 공인중개사 교재

탄탄한 이론 학습! 기초입문서/기본서/핵심요약집

기초입문서(2종)

기본서(6종)

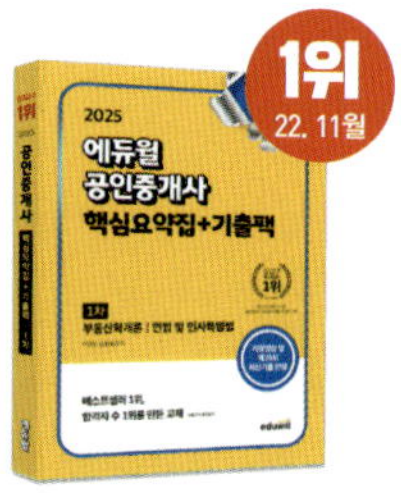

1차 핵심요약집+기출팩(1종)

출제경향 파악, 실전 엿보기! 단원별/회차별 기출문제집

단원별 기출문제집(6종)

회차별 기출문제집(2종)

다양한 문제로 합격점수 완성! 기출응용 예상문제집/실전모의고사

기출응용 예상문제집(6종)

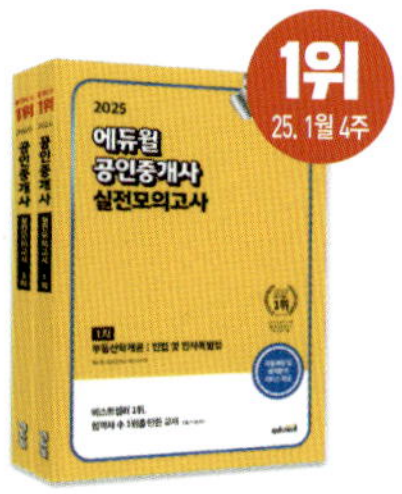

실전모의고사(2종)

* 2023 대한민국 브랜드만족도 공인중개사 교육 1위 (한경비즈니스)
* YES24 수험서 자격증 공인중개사 베스트셀러 1위 (2011년 12월, 2012년 1월, 12월, 2013년 1월~5월, 8월~12월, 2014년 1월~5월, 7월~8월, 12월, 2015년 2월~4월, 2016년 2월, 4월, 6월, 12월, 2017년 1월~12월, 2018년 1월~12월, 2019년 1월~12월, 2020년 1월~12월, 2021년 1월~12월, 2022년 1월~12월, 2023년 1월~12월, 2024년 1월~12월, 2025년 1월~4월 월별 베스트, 매월 1위 교재는 다름)
* YES24 국내도서 해당분야 월별, 주별 베스트 기준

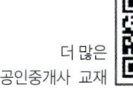

공인중개사, 에듀윌을 선택해야 하는 이유

9년간 아무도 깨지 못한 기록

합격자 수 1위

합격을 위한 최강 라인업

1타 교수진

공인중개사

합격만 해도 연 최대 300만원 지급

성공 DREAM 지원금

업계 최대 규모의 전국구 네트워크

동문회

* 2023 대한민국 브랜드만족도 공인중개사 교육 1위 (한경비즈니스)
* KRI 한국기록원 2016, 2017, 2019년 공인중개사 최다 합격자 배출 공식 인증 (2025년 현재까지 업계 최고 기록)
* 에듀윌 공인중개사 과목별 온라인 주간반 강사별 수강점유율 기준 (2024년 11월)
* 성공 DREAM 지원금 신청은 에듀윌 공인중개사 VVIP 프리미엄 성공패스 수강 후 2027년까지 공인중개사 최종 합격자에 한해 가능합니다. (상세 내용 홈페이지 유의사항 확인 필수)

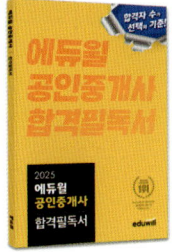

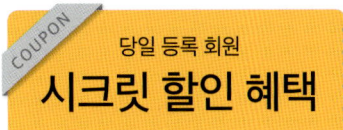

합격자 수 1위 에듀윌 7만 건이 넘는 후기

고○희 합격생

부알못, 육아맘도 딱 1년 만에 합격했어요.

저는 부동산에 관심이 전혀 없는 '부알못'이었는데, 부동산에 관심이 많은 남편의 권유로 공부를 시작했습니다. 남편 지인들이 에듀윌을 통해 많이 합격했고, '합격자 수 1위'라는 광고가 좋아 에듀윌을 선택하게 되었습니다. 교수님들이 커리큘럼대로만 하면 된다고 해서 믿고 따라갔는데 정말 반복 학습이 되더라고요. 아이 둘을 키우다 보니 낮에는 시간을 낼 수 없어서 밤에만 공부하는 게 쉽지 않아 포기하고 싶을 때도 있었지만 '에듀윌 지식인'을 통해 합격하신 선배님들과 함께 공부하는 동기들의 위로가 큰 힘이 되었습니다.

이○용 합격생

군복무 중에 에듀윌 커리큘럼만 믿고 공부해 합격

에듀윌이 합격자가 많기도 하고, 교수님이 많아 제가 원하는 강의를 고를 수 있는 점이 좋았습니다. 또, 커리큘럼이 잘 짜여 있어서 잘 따라만 가면 공부를 잘 할 수 있을 것 같아 에듀윌을 선택했습니다. 에듀윌의 커리큘럼대로 꾸준히 따라갔던 게 저만의 합격 비결인 것 같습니다.

안○원 합격생

5개월 만에 동차 합격, 낸 돈 그대로 돌려받았죠!

저는 야쿠르트 프레시매니저를 하다 60세에 도전하여 합격했습니다. 심화 과정부터 시작하다 보니 기본이 부족했는데, 교수님들이 하라는 대로 기본 과정과 책을 더 보면서 정리하며 따라갔던 게 주효했던 것 같습니다. 합격 후 100만 원 가까이 되는 큰 돈을 환급받아 남편이 주택관리사 공부를 한다고 해서 뒷받침해 줄 생각입니다. 저는 소공(소속 공인중개사)으로 활동을 하고 싶은 포부가 있어 최대 규모의 에듀윌 동문회 활동도 기대가 됩니다.

다음 합격의 주인공은 당신입니다!

더 많은 합격 비법

* 본 합격수기는 실제 수강생의 솔직한 의견을 포함하고 있습니다. (이벤트 혜택을 제공받았음)
* 에듀윌 홈페이지 게시 건수 기준 (2025년 4월 기준)
* 2023 대한민국 브랜드만족도 공인중개사 교육 1위 (한경비즈니스)

시작하는 방법은
말을 멈추고
즉시 행동하는 것이다.

– 월트 디즈니(Walt Disney)

2025

에듀윌 공인중개사

실전모의고사

2차 공인중개사법령 및 중개실무 | 부동산공법 | 부동산공시법 | 부동산세법

eduwill

왜 실전모의고사를 풀어 봐야 할까요?

과목별 시간 배분, 마킹에 소요되는 시간 등 실전에서 발생할 수 있는 사항을 미리 경험해 볼 수 있어 좋았습니다.

합격생 A

시간을 정해놓고 모의고사 푸는 연습을 한 결과, 본 시험날 문제에 대한 두려움이 없었어요. 다양한 문제를 많이 풀어 보면서 낯설고 지엽적인 문제에 대한 대비를 하면 합격할 수 있어요.

합격생 B

같은 내용이더라도 교수님마다 다른 식으로 표현하는 여러 유형의 지문을 연습해 보는 것이 좋습니다.

합격생 C

실전모의고사에서 틀렸던 문제를 오답노트에 정리 후 시험장에서 한 번 더 봤더니 그 문제가 떡하니 답으로 나왔습니다. 에듀윌 실전모의고사 꼭 풀어보세요!

합격생 D

"실제 시험과 가장 유사한 모의고사로 시험 전 최종 리허설 끝내기!"

에듀윌이 만들면
실전모의고사도 특별합니다!

명불허전 베스트셀러 1위*

많은 선택으로 입증된 교재!
합격을 위한 노하우가 그대로!

* YES24 수험서 자격증 공인중개사 모의고사 베스트셀러 1위
(1차: 2024년 11월 월별 베스트 / 2차: 2025년 1월 4주 주별 베스트)

에듀윌 공인중개사 전체 교수진 참여

에듀윌 공인중개사 전체 교수진의
전략이 담긴 문제로 실전 완벽 대비!

실전에 가까운 퀄리티 높은 문제

실제 시험과 유사한 난이도 및 구성으로
시험 전, 합격을 위해 꼭 필요한 문제만 학습!

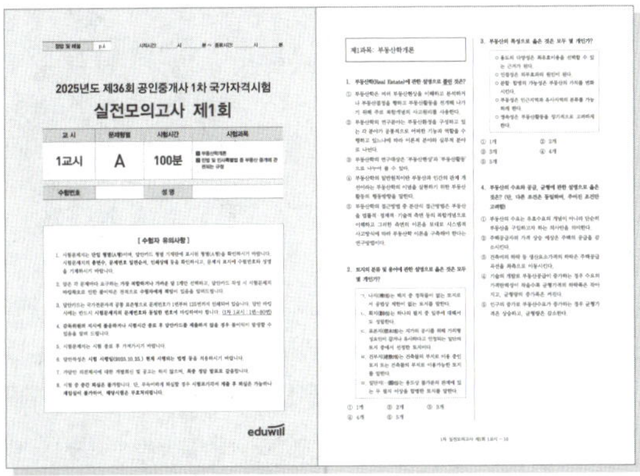

정확하고 상세한 해설

약점을 파악 및 보완하고
빈출개념까지 한번 더 체크!

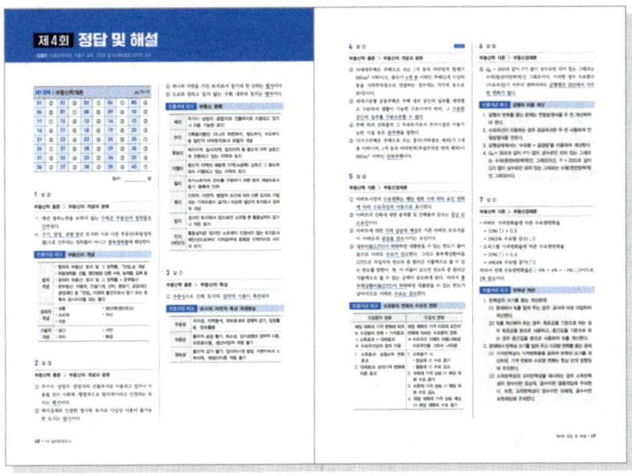

이 책의 구성

실제 시험과 유사한 모의고사

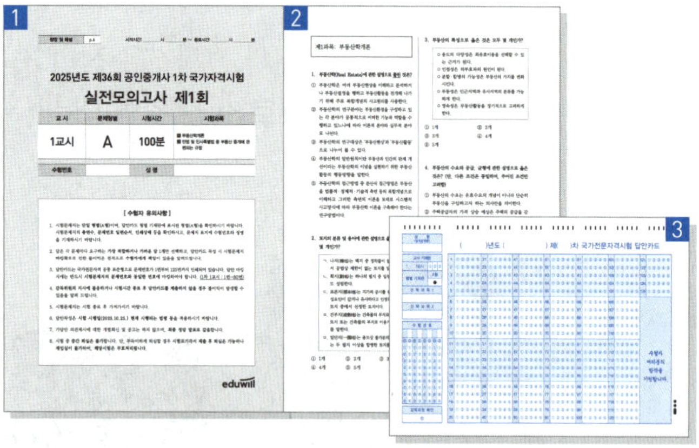

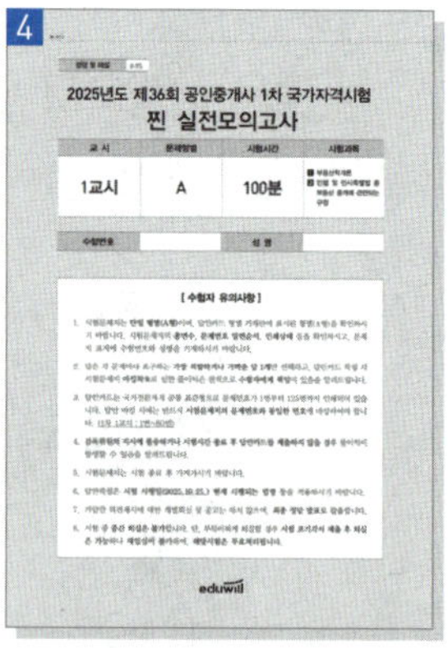

1 교시별 실제 표지, 시작 및 종료시간 수록

2 실제 시험지와 동일하게 옆으로 넘기면서 실전 대비

3 국가전문자격시험 OMR카드와 동일한 OMR카드 수록

4 실제 시험지와 동일한 사이즈의 **'찐 실전모의고사'**로 실전 감각 UP!

취약한 개념을 정복할 수 있는 해설

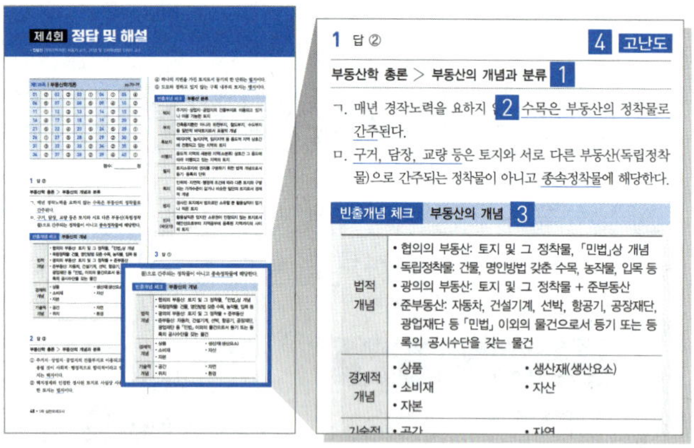

1 보충학습이 가능하도록 기본서 파트명, 챕터명 수록

2 정답과 직결되는 핵심 문장에 밑줄 표시

3 핵심적인 개념을 짚고 넘어갈 수 있도록 '빈출개념 체크' 수록

4 오답률이 높은 문제는 더욱 꼼꼼히 학습할 수 있도록 '고난도' 표시

특별제공

자동채점 & 성적분석 서비스

* 문제편 각 회차 최하단 QR코드를 통해 접속할 수 있습니다.
* 2025.12.31.까지 이용할 수 있으며, 스마트폰에 최적화되어 있습니다.

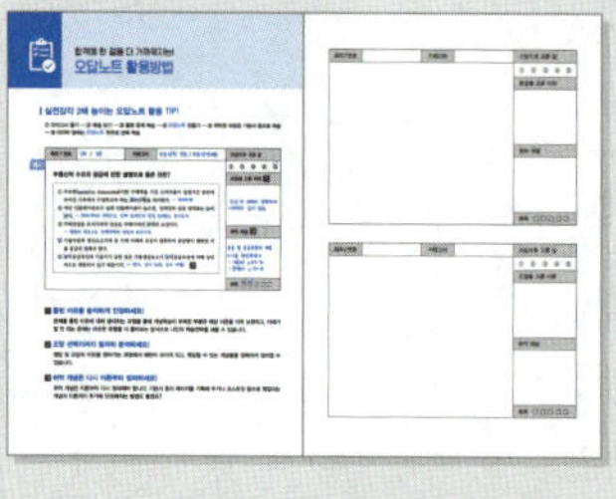

실전모의고사 오답노트 (PDF)

* 경로: 에듀윌 도서몰 → 도서자료실 → 부가학습자료 → 카테고리 '공인중개사' 설정 → 실전모의고사 검색

차례

문제편

해설편

에듀윌 1초 합격예측
자동채점&성적분석 활용방법

1. 자동채점&성적분석 서비스

STEP 1 QR코드 스캔

① 문제를 다 푼다.
② 문제편 각 회차 최하단에 있는 QR코드를 스캔한다.
③ 에듀윌 회원 로그인!

STEP 2 모바일 OMR 답안 입력

① 회차 확인 후 '응시하기' 클릭
② 모바일 OMR에 답안 입력
③ 답안 제출하면 자동으로 채점!

STEP 3 채점결과&성적분석 확인

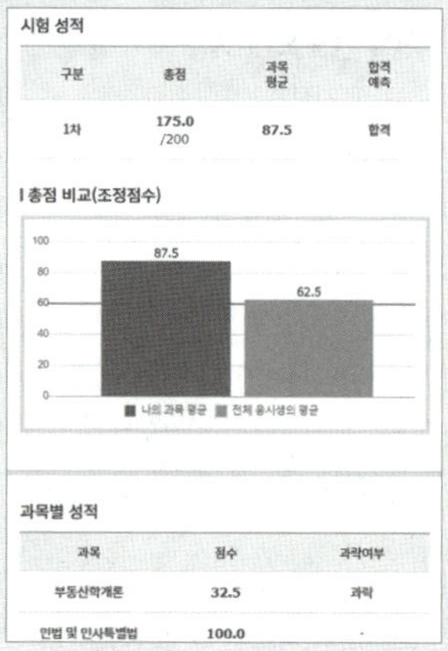

① 성적분석 화면에서 나의 점수, 합격예측, 과락 여부, 다른 수험생과의 비교(백분위, 전체 응시생의 평균 점수 등) 데이터를 확인한다.
② 영역별 정답률을 통해서 취약점까지 파악!

2. 회차별 성적 체크표

자동채점&성적분석에서 확인한 내용이나, 직접 채점한 점수를 아래 표에 한꺼번에 정리해 보세요.
회차별 성적을 한눈에 비교하고, 취약한 과목 및 회차 중심으로 복습하세요!

공인중개사법령 및 중개실무

회차	제1회	제2회	제3회	제4회	제5회	제6회	부록(찐)
점수							

부동산공법

회차	제1회	제2회	제3회	제4회	제5회	제6회	부록(찐)
점수							

부동산공시법 & 부동산세법

회차	제1회	제2회	제3회	제4회	제5회	제6회	부록(찐)
점수							

정답 및 해설	p.6

정답 및 해설 p.6

시작시간: ______ 시 ______ 분 ~ 종료시간: ______ 시 ______ 분

2025년도 제36회 공인중개사 2차 국가자격시험
실전모의고사 제1회

교 시	문제형별	시험시간	시험과목
1교시	A	100분	1 공인중개사의 업무 및 부동산 거래신고에 관한 법령 및 중개실무 2 부동산공법 중 부동산중개에 관련되는 규정

수험번호		성 명	

[수험자 유의사항]

1. 시험문제지는 **단일 형별(A형)**이며, 답안카드 형별 기재란에 표시된 형별(A형)을 확인하시기 바랍니다. 시험문제지의 **총면수, 문제번호 일련순서, 인쇄상태** 등을 확인하시고, 문제지 표지에 수험번호와 성명을 기재하시기 바랍니다.
2. 답은 각 문제마다 요구하는 **가장 적합하거나 가까운 답 1개**만 선택하고, 답안카드 작성 시 시험문제지 **마킹착오**로 인한 불이익은 전적으로 **수험자에게 책임**이 있음을 알려드립니다.
3. 답안카드는 국가전문자격 공통 표준형으로 문제번호가 1번부터 125번까지 인쇄되어 있습니다. 답안 마킹 시에는 반드시 **시험문제지의 문제번호와 동일한 번호**에 마킹하여야 합니다. (2차 1교시 : 1번~80번)
4. **감독위원의 지시에 불응하거나 시험시간 종료 후 답안카드를 제출하지 않을 경우** 불이익이 발생할 수 있음을 알려 드립니다.
5. 시험문제지는 시험 종료 후 가져가시기 바랍니다.
6. 답안작성은 **시험 시행일(2025.10.25.) 현재 시행되는 법령 등**을 적용하시기 바랍니다.
7. 가답안 의견제시에 대한 개별회신 및 공고는 하지 않으며, **최종 정답 발표로 갈음**합니다.
8. 시험 중 **중간 퇴실은 불가**합니다. 단, 부득이하게 퇴실할 경우 **시험포기각서 제출 후 퇴실은 가능**하나 **재입실이 불가**하며, **해당시험은 무효처리됩니다.**

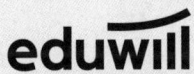

eduwill

제1과목: 공인중개사의 업무 및 부동산 거래 신고 등에 관한 법령 및 중개실무

1. 공인중개사법에 따른 중개대상물로 볼 수 없는 것은?

① 지목이 주유소용지인 토지
② 자연환경보전지역으로 지정된 토지
③ 상업용으로 이용되고 있는 컨테이너
④ 「건축법」에 따른 위반건축물
⑤ 토지거래허가구역 내의 토지

2. 공인중개사법에서 사용하고 있는 용어의 정의로 틀린 것은?

① '중개'라 함은 「공인중개사법」 제3조에 따른 중개대상물에 대하여 거래당사자 간의 매매·교환·임대차 그 밖의 권리의 득실변경에 관한 행위를 알선하는 것을 말한다.
② '중개업'이라 함은 다른 사람의 의뢰에 의하여 일정한 보수를 받고 중개를 업으로 행하는 것을 말한다.
③ '개업공인중개사'라 함은 「공인중개사법」에 의하여 중개사무소 개설등록을 한 자를 말한다.
④ '중개보조원'이라 함은 공인중개사가 아닌 자로서 개업공인중개사에 소속되어 중개대상물에 대한 현장안내 및 거래계약서를 작성하는 자를 말한다.
⑤ '공인중개사'라 함은 「공인중개사법」에 의한 공인중개사자격을 취득한 자를 말한다.

3. 공인중개사법령상 중개업에 관한 설명으로 틀린 것은? (다툼이 있으면 판례에 따름)

① 중개행위는 당사자 사이에 매매 등 법률행위가 용이하게 성립할 수 있도록 조력하고 주선하는 사실행위이다.
② 반복·계속성이 없이 우연한 기회에 타인 간의 임야매매중개행위를 하고 보수를 받은 경우, 중개업에 해당하지 않는다.
③ 일정한 보수를 받고 부동산 중개행위를 부동산컨설팅에 부수하여 업으로 하는 경우, 중개업에 해당한다.
④ 임대차계약을 알선한 개업공인중개사가 계약체결 후에도 목적물의 인도 등 거래당사자의 계약상 의무의 실현에 관여함으로써 계약상 의무가 원만하게 이행되도록 주선할 것이 예정되어 있는 경우, 그러한 개업공인중개사의 행위는 사회통념상 중개행위의 범주에 포함되지 않는다.
⑤ 중개사무소의 개설등록을 하지 않은 자가 일정한 보수를 받고 중개를 업으로 행한 경우 중개업에 해당한다.

4. 중개대상물에 관한 설명으로 틀린 것은?

① 미등기건물, 무허가건물도 중개대상물이 될 수 있다.
② 아파트의 특정 동·호수에 대한 피분양자로 선정되어 분양계약이 체결된 분양권 매매중개는 중개대상물인 건물매매를 중개한 것이다.
③ 아파트의 분양예정자로 선정될 수 있는 지위를 가리키는 데에 불과한 입주권은 중개대상물인 건물에 해당되지 않는다.
④ 택지개발지구 내에 이주자 택지를 공급받을 지위인 대토권은 중개대상물에 해당된다.
⑤ 「입목에 관한 법률」의 적용을 받지 않으나 명인방법을 갖춘 수목의 집단은 중개대상물이 된다.

5. 공인중개사법령상 고용인에 관한 설명으로 틀린 것은?

① 개업공인중개사는 소속공인중개사 또는 중개보조원을 고용한 경우에는 업무개시 전까지 등록관청에 신고하여야 한다.
② 고용신고는 전자문서에 의한 신고로 할 수도 있다.
③ 소속공인중개사의 중개행위가 금지행위에 해당하여 징역형을 받은 경우 개업공인중개사는 징역형을 선고받는다.
④ 중개보조원으로 외국인을 고용하는 경우에는 결격사유에 해당되지 아니함을 증명하는 서류를 첨부하여 고용신고를 하여야 한다.
⑤ 소속공인중개사는 중개행위에 사용할 인장을 등록관청에 등록(전자문서에 의한 등록을 포함)하여야 한다.

6. 공인중개사법상 등록 등의 결격사유에 해당하는 것을 모두 고른 것은?

> ㄱ. 자격정지기간 중인 소속공인중개사
> ㄴ. 「형법」을 위반하여 징역형을 선고받고 복역 후 3년이 경과한 자
> ㄷ. 「공인중개사법」을 위반하여 300만원 벌금형을 선고받고 3년이 경과되지 아니한 자
> ㄹ. 금고 이상의 형의 선고유예를 받고 선고유예 기간 중에 있는 자
> ㅁ. 「형법」상 사기죄로 300만원 벌금형을 선고받고 1년이 경과되지 아니한 자
> ㅂ. 「공인중개사법」에 의하여 중개사무소 개설등록이 취소된 후 3년이 경과된 자

① ㄱ, ㄴ　② ㄱ, ㄷ
③ ㄱ, ㅁ　④ ㄷ, ㄹ
⑤ ㄷ, ㅂ

7. 공인중개사 정책심의위원회(이하 '심의위원회'라 함)에 관한 설명으로 틀린 것은?

① 국토교통부에 공인중개사 심의위원회를 둘 수 있다.
② 부동산 중개업의 육성에 관한 사항은 심의위원회의 심의사항에 해당된다.
③ 심의위원회의 회의는 재적위원 과반수의 출석으로 개의하고, 출석위원 과반수의 찬성으로 의결한다.
④ 심의위원회는 위원장 1명을 포함하여 7명 이상 11명 이내의 위원으로 구성한다.
⑤ 심의위원회에서 중개보수 변경에 관한 사항을 심의한 경우 시·도지사는 이에 따라야 한다.

8. 결격사유에 관한 설명으로 틀린 것은?

① 개인인 개업공인중개사의 사망 또는 법인의 해산으로 등록이 취소된 경우 3년의 결격사유기간은 적용되지 않는다.
② 사기죄로 300만원 이상의 벌금형 선고를 받은 자는 결격사유자가 아니다.
③ 「공인중개사법」을 위반하여 300만원 이상의 벌금형에 대한 선고유예를 받은 자는 결격사유자에 해당되지 않는다.
④ 「공인중개사법」을 위반하여 300만원 이상의 과태료처분을 받은 경우는 결격사유에 해당되지 않는다.
⑤ 「공인중개사법」을 위반하여 양벌규정에 의해 300만원 이상의 벌금형을 선고받은 개업공인중개사는 3년간 결격사유에 해당된다.

9. 등록관청이 다음 달 10일까지 공인중개사협회에 통보하여야 하는 사항이 아닌 것은?

① 소속공인중개사 또는 중개보조원의 고용신고사항
② 휴업·폐업 등의 신고사항
③ 중개사무소 이전신고사항
④ 개업공인중개사에 대한 행정처분(등록취소, 업무정지)사항
⑤ 등록증 재교부사항

10. 공인중개사법령상 개업공인중개사 사무소에 관한 설명으로 옳은 것(○)과 틀린 것(×)을 바르게 표시한 것은?

ㄱ. 개업공인중개사는 그 등록관청의 관할구역 안에 중개사무소를 두되, 1개의 중개사무소만을 둘 수 있다. ㄴ. 법인인 개업공인중개사의 분사무소는 주된 사무소와 별도로 휴업할 수 있다. ㄷ. 분사무소는 주된 사무소의 소재지가 속한 시·군·구를 포함한 시·군·구별로 설치하되, 시·군·구별로 1개소를 초과할 수 없다. ㄹ. 이전신고 전에 발생한 사유로 인한 개업공인중개사에 대한 행정처분은 이전 후의 등록관청이 행한다. ㅁ. 중개사무소 이전신고의무를 위반한 경우에는 100만원 이하의 벌금에 처한다.

① ㄱ(○), ㄴ(○), ㄷ(○), ㄹ(○), ㅁ(○)
② ㄱ(○), ㄴ(×), ㄷ(○), ㄹ(○), ㅁ(×)
③ ㄱ(○), ㄴ(○), ㄷ(×), ㄹ(○), ㅁ(×)
④ ㄱ(×), ㄴ(○), ㄷ(○), ㄹ(○), ㅁ(×)
⑤ ㄱ(○), ㄴ(○), ㄷ(×), ㄹ(○), ㅁ(○)

11. 중개법인(법인인 개업공인중개사)의 겸업 가능한 업무에 관한 설명으로 틀린 것은?

① 중개의뢰인의 의뢰에 따른 주거이전에 부수되는 이사업체의 운영은 겸업 가능한 업무에 해당하지 않는다.
② 상업용 건축물 및 주택의 임대업은 겸업 가능한 업무에 해당하지 않는다.
③ 상업용 건축물 및 주택의 분양대행은 모든 개업공인중개사가 할 수 있다.
④ 부동산의 이용·개발 및 거래에 관한 상담은 겸업 가능한 업무에 해당한다.
⑤ 일반인을 대상으로 한 중개업의 경영기법 및 경영정보의 제공을 겸업할 수 있다.

12. 개업공인중개사등이 수료할 교육에 관한 설명으로 옳은 것은 모두 몇 개인가?

ㄱ. 모든 고용인은 고용신고일 전 1년 이내에 시·도지사가 실시하는 직무교육을 받아야 한다. ㄴ. 소속공인중개사로서 고용관계 종료신고 후 1년 이내에 중개법인의 임원이 되려는 자는 실무교육을 수료하지 않아도 된다. ㄷ. 소속공인중개사는 고용신고일 전 1년 이내에 등록관청이 실시하는 실무교육을 받아야 한다. ㄹ. 실무교육을 받은 개업공인중개사 및 소속공인중개사는 실무교육을 받은 후 2년마다 시·도지사가 실시하는 직무교육을 받아야 한다. ㅁ. 폐업신고 후 2년 이내에 중개사무소의 개설등록을 다시 신청하려는 공인중개사는 실무교육을 받지 않아도 된다.

① 0개 ② 1개
③ 2개 ④ 3개
⑤ 4개

13. 공인중개사법상 중개대상물 확인·설명의무에 관한 설명으로 틀린 것은?

① 개업공인중개사의 중개대상물 확인·설명의무는 매수의뢰인·임차의뢰인 등 중개대상물에 관한 권리를 취득하고자 하는 중개의뢰인에 대해서만 부담한다.
② 개업공인중개사는 중개대상물 확인·설명서의 그 원본, 사본 또는 전자문서를 5년간 보존하여야 한다. 다만, 공인전자문서센터에 보관된 경우에는 그러하지 아니하다.
③ 소속공인중개사도 중개대상물 확인·설명을 할 수 있다.
④ 개업공인중개사는 중개대상물이 주택인 경우 매도인 등 권리이전의뢰인 등에게 벽면·바닥면 및 도배 상태의 제공을 요구할 수 있다.
⑤ 중개대상물이 주택인 경우 관리비의 금액과 그 산출내역에 관한 사항은 중개대상물 확인·설명사항에 포함된다.

14. **공인중개사법령상 중개사무소의 공동사용에 관한 설명으로 <u>틀린</u> 것은?**

① 개업공인중개사는 그 업무의 효율적인 수행을 위하여 다른 개업공인중개사와 중개사무소를 공동으로 사용할 수 있다.

② 개업공인중개사 종별에 관계없이 서로 혼합하여 중개사무소를 공동으로 사용할 수 있다.

③ 타인의 건물을 임차하여 사용하는 개업공인중개사의 중개사무소를 공동으로 사용하고자 하는 다른 개업공인중개사는 중개사무소 개설등록신청서 또는 중개사무소이전신고서에 임대인의 승낙서를 첨부하여야 한다.

④ 업무정지 중인 개업공인중개사가 다른 개업공인중개사에게 중개사무소의 공동사용을 위하여 승낙서를 주어서는 아니 된다.

⑤ 업무정지 중인 개업공인중개사는 다른 개업공인중개사의 중개사무소를 공동으로 사용하기 위하여 중개사무소의 이전신고를 할 수 없다.

15. **공인중개사법상 간판의 철거와 표시·광고 등에 관한 설명으로 <u>틀린</u> 것은?**

① 개업공인중개사는 등록관청에 폐업사실을 신고한 경우에 지체 없이 사무소의 간판을 철거하여야 한다.

② 등록관청은 개업공인중개사가 간판의 철거를 이행하지 아니하는 경우에는 「행정대집행법」에 따라 대집행을 할 수 있다.

③ 개업공인중개사가 의뢰받은 중개대상물에 대하여 표시·광고를 하려면 중개사무소의 명칭, 소재지 및 연락처를 명시하여야 한다.

④ 개업공인중개사의 성명도 표시·광고 시 명시할 사항에 해당된다.

⑤ 개업공인중개사가 아닌 자가 중개대상물에 대한 표시·광고를 한 경우 과태료에 처한다.

16. **공인중개사법상 휴업 및 폐업 등에 관한 설명으로 <u>틀린</u> 것은?**

① 휴업(폐업)신고를 하려는 자가 「부가가치세법」에 따른 신고를 같이 하려는 경우에는 「부가가치세법」상 휴업(폐업)신고서를 함께 제출해야 한다.

② 개업공인중개사가 6개월을 초과하여 휴업을 할 수 있는 사유는 취학, 질병으로 인한 요양, 징집으로 인한 입영에 한한다.

③ 법인인 개업공인중개사는 분사무소별로 휴업 및 폐업을 할 수 있다.

④ 개업공인중개사가 폐업신고를 한 후 1년 이내에 소속공인중개사로 고용신고되는 경우, 그 소속공인중개사는 실무교육을 받지 않아도 된다.

⑤ 재개신고를 받은 등록관청은 반납을 받은 중개사무소등록증을 즉시 반환해야 한다.

17. **공인중개사법령상 손해배상책임의 보장에 관한 설명으로 옳은 것은?**

① 개업공인중개사의 손해배상책임을 보장하기 위한 보증설정은 중개사무소 개설등록신청을 할 때 해야 한다.

② 다른 법률의 규정에 따라 중개업을 할 수 있는 법인이 부동산중개업을 하는 경우 업무보증설정을 하지 않아도 된다.

③ 공제에 가입한 개업공인중개사로서 보증기간이 만료되어 다시 보증을 설정하고자 하는 자는 그 보증기간 만료 후 15일 이내에 다시 보증을 설정해야 한다.

④ 법인인 개업공인중개사는 보장금액 4억원 이상 보증을 설정해야 한다.

⑤ 보증보험금으로 손해배상을 한 경우 개업공인중개사는 30일 이내에 반드시 보증보험에 다시 가입해야 한다.

18. **공인중개사법상 인장등록에 관한 설명으로 <u>틀린</u> 것은?**

① 등록한 인장을 변경한 경우에는 개업공인중개사는 변경일부터 10일 이내에 그 변경된 인장을 등록관청에 등록해야 한다.

② 개업공인중개사는 중개행위에 사용할 인장을 업무개시 전에 등록관청에 등록해야 한다.

③ 법인인 개업공인중개사의 인장등록은 「상업등기규칙」에 따른 인감증명서의 제출로 갈음한다.

④ 분사무소에서 사용할 인장으로는 「상업등기규칙」에 따라 법인의 대표자가 보증하는 인장을 등록할 수 있다.

⑤ 소속공인중개사의 인장의 크기는 가로·세로 각각 7mm 이상 30mm 이내이어야 한다.

19. **중개보수에 관한 설명으로 <u>틀린</u> 것은?**

① 중개보수의 지급시기는 개업공인중개사와 중개의뢰인 간의 약정에 따르되, 약정이 없을 때에는 계약금 지급이 완료된 날로 한다.

② 주거용 오피스텔 임대차를 중개한 경우 1천분의 4의 범위에서 중개보수를 협의로 결정한다.

③ 주택의 중개에 대한 보수에 관하여 필요한 사항은 국토교통부령으로 정하는 범위 안에서 시·도의 조례로 정한다.

④ 동일한 중개대상물에 대하여 동일 당사자 간에 매매를 포함한 둘 이상의 거래가 동일한 기회에 이루어지는 경우에는 매매계약에 관한 거래금액만을 적용한다.

⑤ 중개대상물인 건축물 중 주택의 면적이 2분의 1 이상인 경우에는 주택의 중개보수에 관한 규정을 적용한다.

20. **공인중개사법령상 공인중개사협회(이하 '협회'라 함)에 관한 설명으로 <u>틀린</u> 것은?**

① 협회는 총회의 의결사항을 지체 없이 국토교통부장관에게 보고여야 한다.

② 협회는 정관으로 정하는 바에 따라 시·도에 지회를 두어야 한다.

③ 협회는 공제사업을 하고자 하는 때에는 공제규정을 제정하여 국토교통부장관의 승인을 얻어야 한다.

④ 협회는 공제의 책임준비금을 다른 용도로 사용하고자 하는 경우 국토교통부장관의 승인을 얻어야 한다.

⑤ 협회는 국토교통부장관의 인가를 받아 그 주된 사무소의 소재지에서 설립등기를 함으로써 성립한다.

21. **공인중개사법상 행정형벌인 3년 이하의 징역 또는 3천만원 이하의 벌금형에 해당하는 것은?**

① 중개의뢰인과 직접 거래를 한 개업공인중개사

② 거짓 언행으로 판단을 그르치게 한 개업공인중개사

③ 이중등록한 개업공인중개사

④ 개업공인중개사로서 그 업무상 알게 된 비밀을 누설한 자

⑤ 다른 사람에게 공인중개사자격증을 양도·대여한 자

22. **공인중개사법상 해당 지방자치단체의 조례로 정하는 바에 따라 수수료를 납부하여야 하는 경우가 <u>아닌</u> 것은?**

① 공인중개사자격시험에 응시하는 자

② 고용인에 대한 고용신고를 하는 자

③ 중개사무소의 개설등록을 신청하는 자

④ 중개사무소등록증의 재교부를 신청하는 자

⑤ 분사무소설치의 신고를 하는 자

23. 공인중개사법상 500만원 이하의 과태료처분 대상이 아닌 것은?

① 공제업무의 개선명령을 이행하지 아니한 협회
② 연수교육을 정당한 사유 없이 받지 아니한 개업공인중개사
③ 중개대상물에 대하여 표시·광고를 하는 경우로서 중개사무소, 개업공인중개사에 관한 사항 등을 명시하지 아니한 개업공인중개사
④ 운영규정의 승인을 받지 아니한 거래정보사업자
⑤ 국토교통부장관에게 필요한 조치를 요구받은 정보통신서비스제공자가 정당한 사유 없이 요구에 따르지 아니하여 필요한 조치를 하지 아니한 경우

24. 공인중개사법상 거래계약서와 중개계약서에 관한 설명으로 틀린 것은?

① 거래계약서는 5년간, 전속중개계약서는 3년간 보존하여야 하나, 일반중개계약서는 보존기간에 관한 규정이 없다.
② 거래계약서에는 거래금액을 기재하여야 하고, 일반중개계약서에는 거래예정가격을 기재하여야 한다.
③ 거래계약서나 전속중개계약서는 폐업을 했어도 일정기간 보존하여야 하며, 보존하지 않으면 업무정지처분을 받을 수 있다.
④ 중개행위를 한 소속공인중개사가 있는 경우에는 거래계약서에는 그 자도 함께 서명 및 날인을 하여야 하나, 일반중개계약서에는 소속공인중개사가 함께 서명 또는 날인을 할 의무가 없다.
⑤ 전속중개계약서에 대해 국토교통부장관은 표준이 되는 서식을 정하여 이의 사용을 권장할 수 있다.

25. 공인중개사법상 절대적 등록취소사유에 해당하지 않는 것은?

① 공인중개사인 개업공인중개사가 이중소속한 경우
② 개업공인중개사가 서로 다른 거래계약서를 작성한 경우
③ 업무정지처분기간 중에 중개업을 영위한 경우
④ 부정한 방법으로 등록을 받은 경우
⑤ 중개사무소 개설등록증을 타인에게 양도한 경우

26. 다음 주택임대차 사례에서 개업공인중개사가 거래당사자에게 받을 수 있는 최대 중개보수 총액은?

> ○ 임차보증금: 3천8백만원
> ○ 월세: 10만원
> ○ 요율: 0.5%
> ○ 계약기간: 1년
> ○ 한도액: 20만원

① 200,000원 ② 225,000원
③ 240,000원 ④ 400,000원
⑤ 450,000원

27. 부동산 거래신고 등에 관한 법률에 따른 해제등신고, 정정신청, 변경신고에 관한 설명으로 틀린 것은?

① 단독으로 부동산 거래계약의 해제등을 신고하려는 자는 부동산 거래계약 해제등 신고서에 단독으로 서명 또는 날인한 후 단독신고사유서 등을 첨부하여 신고관청에 제출해야 한다.
② 신고를 받은 신고관청은 그 내용을 확인한 후 부동산 거래계약 해제등 확인서를 신고인에게 지체 없이 발급해야 한다.
③ 정정신청을 하려는 거래당사자 또는 개업공인중개사는 발급받은 부동산거래신고필증에 정정사항을 표시하고 해당 정정부분에 서명 또는 날인을 하여 신고관청에 제출해야 한다.
④ 정정신청을 받은 신고관청은 정정사항을 확인한 후 7일 이내에 해당 내용을 정정하고, 정정사항을 반영한 부동산거래신고필증을 재발급해야 한다.
⑤ 부동산등의 면적 변경이 없는 상태에서 거래가격이 변경된 경우에는 거래계약서 사본 등 그 사실을 증명할 수 있는 서류를 첨부하여야 한다.

28. 부동산 거래신고 등에 관한 법률에 따른 부동산 거래신고에 관한 설명으로 옳은 것은?

① 수도권등에 소재하는 토지의 실제 거래가격이 1억원 이상인 경우 토지의 취득에 필요한 자금의 조달계획, 이용계획에 관하여 신고하여야 한다.

② 신고를 받은 신고관청은 그 신고내용을 확인한 후 신고인에게 신고필증을 30일 이내에 발급하여야 한다.

③ 거래당사자 중 일방이 신고를 거부하는 경우에는 신고관청의 승인을 받아 단독으로 신고할 수 있다.

④ 개업공인중개사가 거래계약서를 작성·교부한 경우에는 거래당사자 또는 해당 개업공인중개사가 신고를 하여야 한다.

⑤ 매수인이 「부동산등기 특별조치법」에 따른 검인을 받은 경우 부동산 거래신고를 한 것으로 본다.

29. 공인중개사법상 손해배상책임에 관한 설명으로 틀린 것은?

① 다른 법률의 규정에 의하여 중개업을 영위할 수 있는 법인은 2억원 이상의 보증보험, 공제, 공탁으로 업무보증을 설정해야 한다.

② 개업공인중개사는 보증보험금·공제금 또는 공탁금으로 손해배상을 한 때에는 15일 이내에 보증보험 또는 공제에 다시 가입하거나 공탁금 중 부족하게 된 금액을 보전하여야 한다.

③ 개업공인중개사가 공탁한 공탁금은 개업공인중개사가 폐업 또는 사망한 날부터 3년 이내에는 이를 회수할 수 없다.

④ 개업공인중개사는 중개업무를 개시하기 전에 손해배상책임을 보장하기 위하여 보증보험에 가입하는 등 보증을 설정하여 등록관청에 신고하여야 한다.

⑤ 공인중개사인 개업공인중개사가 손해배상책임을 보장하기 위하여 설정하여야 하는 보증설정금액은 2억원 이상이다.

30. 부동산 거래신고 등에 관한 법률에서 정하고 있는 외국인등의 국내 부동산 취득 등에 관한 특례의 내용으로 틀린 것은?

① 외국인등이 상속·경매, 건축물의 신축·증축·개축·재축 등 계약 외의 원인으로 대한민국 안의 부동산등을 취득한 때에는 부동산등을 취득한 날부터 6개월 이내에 신고관청에 신고해야 한다.

② 외국인등이 아파트 분양권 매매계약을 체결한 경우에도 신고를 해야 한다.

③ 비정부 간 국제기구가 매매로 국내 토지를 취득하는 경우에도 신고를 해야 한다.

④ 외국인등이 아파트를 증여계약을 통해 취득하는 경우에는 증여계약체결일부터 60일 이내에 신고관청에 신고해야 한다.

⑤ 외국인등이 취득하려는 토지 및 건물이 군사시설 보호구역 내에 위치한 경우 토지는 물론 건물 취득에 대해서도 허가를 받아야 한다.

31. 부동산 거래신고 등에 관한 법률상 토지거래허가에 관한 설명으로 옳은 것은?

① 허가구역 지정에 관한 공고내용의 통지를 받은 시장·군수 또는 구청장은 지체 없이 그 공고내용을 관할 등기소의 장에게 통지해야 한다.

② 토지거래허가구역은 지가가 급격히 상승하는 지역을 대상으로 10년 단위로 지정된다.

③ 법률의 제정·개정으로 인하여 행위제한이 강화되거나 해제되는 지역에 대하여 토지거래허가구역으로 지정할 수 있다.

④ 허가구역이 동일한 시·도 안의 일부지역인 경우 국토교통부장관이 지정한다.

⑤ 국토교통부장관은 토지거래허가구역의 지정사유가 없어졌다고 인정되는 경우 중앙도시계획위원회의 심의를 거치지 않고 해제할 수 있다.

32. 주택임대차보호법상 내용으로 <u>틀린</u> 것은?

① 대항력을 갖춘 후 임차물에 대하여 저당권설정등기가 경료되었고, 그 후 임차보증금을 증액한 경우 그 증액부분은 저당권자에게는 대항할 수 없다.
② 주택의 임대차에 이해관계가 있는 자는 확정일자부여기관에 해당 주택의 확정일자부여일, 차임 및 보증금 등 정보의 제공을 요청할 수 있다.
③ 임차인은 임차권등기명령의 신청 및 그에 따른 임차권등기와 관련하여 소요된 비용을 임대인에게 청구할 수 있다.
④ 임차인이 상속권자 없이 사망한 경우 그 주택에서 가정공동생활을 하던 사실상의 혼인관계에 있는 자는 임차인의 권리와 의무를 단독으로 승계한다.
⑤ 임차인이 3기의 차임액에 달하도록 차임을 연체하거나 그 밖에 임차인으로서의 의무를 현저히 위반한 경우에는 법정갱신을 인정하지 않는다.

33. 부동산 거래신고 등에 관한 법률상 토지거래허가구역 내의 허가목적대로 이용하여야 하는 기간의 연결이 <u>틀린</u> 것은?

① 자기의 거주용 주택용지로 이용하려는 경우 – 2년
② 농지 외의 토지를 공익사업용으로 협의 양도된 토지에 대체되는 토지(종전의 토지가액 이하인 토지로 한정)를 취득하기 위하여 허가를 받은 경우 – 2년
③ 토지를 수용하거나 사용할 수 있는 사업을 시행하는 자가 그 사업을 시행하기 위하여 필요한 경우 – 2년
④ 허가구역에서 임업을 경영하기 위하여 필요한 경우 – 2년
⑤ 개발·이용행위가 금지된 토지로서 현상보존의 목적으로 토지를 취득하려는 경우 – 5년

34. 개업공인중개사가 아파트 매매를 중개한 경우, 중개대상물 확인·설명서[I]의 기본 확인사항에 포함되지 <u>않는</u> 것은?

① 내부·외부 시설물의 상태
② 입지조건
③ 대상물건의 표시
④ 비선호시설
⑤ 최우선변제금, 민간임대 등록 여부

35. 부동산 실권리자명의 등기에 관한 법률상 내용으로 <u>틀린</u> 것은?

① 누구든지 부동산에 관한 물권을 명의신탁약정에 따라 명의수탁자의 명의로 등기하여서는 아니 된다.
② 등기명의신탁이든 계약명의신탁이든 명의신탁 유형을 불문하고 명의신탁약정은 무효로 한다.
③ 등기명의신탁에서 명의수탁자가 제3자에게 임의로 부동산을 처분하고 등기를 이전한 경우 그 명의수탁자는 형사상 횡령죄가 성립될 수 있다.
④ 명의신탁약정은 무효가 되며, 부동산에 관한 물권변동 무효는 선·악을 불문하고 제3자에게 대항하지 못한다.
⑤ 명의신탁자가 계약의 당사자가 되는 3자 간 등기명의신탁이 무효인 경우 명의신탁자는 매도인을 대위하여 명의수탁자 명의의 등기의 말소를 청구할 수 있다.

36. 분묘가 있는 토지에 관한 설명으로 틀린 것은? (다툼이 있으면 판례에 따름)

① 분묘의 수호·관리나 봉제사에 대하여 현실적으로 또는 관습상 호주상속인인 종손이 그 권리를 가지고 있다면 분묘기지권은 종손에게 전속된다.

② 분묘기지권의 효력이 미치는 지역의 범위 내라고 해도 기존의 분묘에 합장하여 단분 형태의 분묘를 설치하는 것은 허용되지 않는다.

③ 분묘기지권은 분묘의 기지뿐만 아니라 분묘의 수호 및 제사에 필요한 주위의 공지를 포함한 지역에까지 미친다.

④ 분묘가 멸실된 경우 유골이 존재하여 분묘의 원상회복이 가능한 일시적 멸실에 불과하더라도 분묘기지권은 소멸한다.

⑤ 분묘기지권은 당사자의 약정 등 특별한 사정이 없으면 권리자가 분묘의 수호를 계속하여 그 분묘가 존속하고 있는 동안 존속한다.

37. 상가건물 임대차보호법상 내용으로 틀린 것은?

① 국토교통부장관은 법무부장관과 협의를 거쳐 임차인과 신규임차인이 되려는 자가 권리금계약을 체결하기 위한 표준권리금계약서를 정하여 그 사용을 권장할 수 있다.

② 임대인은 임대차기간이 끝나기 6개월 전부터 1개월 전까지 사이에 임차인이 주선한 신규임차인이 되려는 자로부터 권리금을 지급받는 것을 방해해서는 아니 된다.

③ 임대인은 임차인이 임대차기간 만료 전 6개월부터 1개월까지 사이에 행하는 계약갱신요구에 대하여 정당한 사유 없이 이를 거절하지 못한다.

④ 임차인이 3기의 차임액에 달하도록 차임을 연체한 사실이 있는 경우 임대인은 임차인의 계약갱신요구를 거절할 수 있다.

⑤ 임대차계약을 체결하려는 자는 임대인의 동의를 받아 관할 세무서장에게 정보제공을 요청할 수 있다.

38. 법원에 매수신청대리인으로 등록된 개업공인중개사가 매수신청대리의 위임을 받은 경우 할 수 있는 행위가 아닌 것은?

① 매수신청보증의 제공

② 입찰표의 작성 및 제출

③ 차순위 매수신고

④ 인도명령신청

⑤ 공유자의 우선매수신고

39. 법원의 경매에 의한 부동산 취득 시 매각으로 인하여 소멸되는 권리가 아닌 것은?

① 선순위 담보물권보다 앞서 설정된 지상권

② 경매신청을 한 2순위 저당권보다 앞선 1순위 저당권

③ 담보물권보다 후순위인 지상권

④ 최선순위로서 배당요구를 한 전세권

⑤ 선순위 저당권보다 뒤에 설정된 인도와 전입신고를 마친 주택세입자

40. 법원경매절차에 관한 설명으로 틀린 것은?

① 재매각에 있어서 전 낙찰자는 참여가 불가능하다.

② 허가할 매수신고가 없어서 유찰된 경우 법원은 감가하여 새매각을 실시한다.

③ 항고를 하고자 하는 자는 보증으로 최저매각가격의 10분의 1에 해당하는 금전 또는 법원이 인정한 유가증권을 공탁하여야 한다.

④ 매각대금을 납부하였음에도 불구하고 채무자, 소유자 또는 대항력 없는 부동산 점유자가 매수인에게 부동산을 인도하여 주지 아니하면 법원에 인도명령을 신청할 수 있다.

⑤ 「민사집행법」에서는 부동산 매각방법으로 호가경매, 기일입찰, 기간입찰의 3가지 방법을 규정하고 있다.

제2과목: 부동산공법 중 부동산중개에 관련 되는 규정

41. 국토의 계획 및 이용에 관한 법령상 도시·군관리계획에 관한 설명으로 틀린 것은?

① 관할구역 전부에 대하여 광역도시계획이 수립되어 있는 시·군으로서 당해 광역도시계획에 도시·군기본계획의 내용이 모두 포함된 시·군은 도시·군관리계획을 수립하지 아니할 수 있다.

② 도지사가 지구단위계획을 결정하는 때에는 도에 두는 건축위원회와 도시계획위원회가 공동으로 하는 심의를 거쳐야 한다.

③ 도시·군관리계획의 원칙적인 입안권자는 특별시장·광역시장·특별자치시장·특별자치도지사·시장 또는 군수(광역시의 군수는 제외)이다.

④ 도시·군관리계획의 입안을 제안받은 입안권자는 부득이한 사정이 있는 경우를 제외하고는 제안일부터 45일 이내에 그 제안의 반영 여부를 제안자에게 통보하여야 한다.

⑤ 도시지역의 축소에 따른 용도지역의 변경을 내용으로 하는 도시·군관리계획을 입안하는 경우에는 주민 및 지방의회의 의견청취 절차를 생략할 수 있다.

42. 국토의 계획 및 이용에 관한 법령상 자연취락지구 안에서 건축할 수 있는 건축물에 해당하는 것은? (단, 4층 이하의 건축물이고, 조례는 고려하지 않음)

① 문화 및 집회시설

② 종교시설

③ 방송통신시설

④ 한방병원 및 요양병원

⑤ 야영장 시설

43. 국토의 계획 및 이용에 관한 법령상 개발밀도관리구역 및 기반시설부담구역에 관한 설명으로 옳은 것은?

① 개발밀도관리구역에서는 해당 용도지역에 적용되는 건폐율 또는 용적률을 강화 또는 완화하여 적용할 수 있다.

② 군수가 개발밀도관리구역을 지정하려면 지방도시계획위원회의 심의를 거쳐 도지사의 승인을 받아야 한다.

③ 주거·상업지역에서의 개발행위로 기반시설의 수용능력이 부족할 것으로 예상되는 지역 중 기반시설의 설치가 곤란한 지역은 기반시설부담구역으로 지정할 수 있다.

④ 시장은 기반시설부담구역을 지정하면 기반시설설치계획을 수립하여야 하며, 이를 도시·군관리계획에 반영하여야 한다.

⑤ 기반시설부담구역에서 개발행위를 허가받고자 하는 자에게는 기반시설설치비용을 부과하여야 한다.

44. 국토의 계획 및 이용에 관한 법령상 광역도시계획에 관한 설명으로 옳은 것은?

① 중앙행정기관의 장, 시·도지사, 시장 또는 군수는 국토교통부장관이나 도지사에게 광역계획권의 변경을 요청할 수 없다.

② 광역계획권이 같은 도의 관할구역에 속한 경우에는 관할 도지사가 광역도시계획을 수립하여야 한다.

③ 동일 지역에 대하여 수립된 광역도시계획의 내용과 도시·군기본계획의 내용이 다를 때에는 도시·군기본계획의 내용이 우선한다.

④ 국토교통부장관, 시·도지사, 시장 또는 군수는 광역도시계획을 수립 및 변경하려면 미리 공청회를 열어 주민과 관계 전문가 등으로부터 의견을 들어야 한다.

⑤ 광역도시계획의 수립은 시장·군수가 공동으로 수립하여 국토교통부장관에게 승인을 신청하여야 한다.

45. 국토의 계획 및 이용에 관한 법령상 용도구역에 관한 설명으로 옳은 것을 모두 고른 것은?

> ㄱ. 대도시 시장은 도시자연공원구역의 지정을 도시·군기본계획으로 결정할 수 있다.
> ㄴ. 수산자원보호구역의 지정에 관한 도시·군관리계획은 해양수산부장관이 결정할 수 있다.
> ㄷ. 국토교통부장관은 개발제한구역의 지정을 도시·군관리계획으로 결정할 수 있다.
> ㄹ. 시가화조정구역에서는 도시·군계획사업에 의한 행위가 아닌 경우 모든 개발행위를 허가할 수 없다.

① ㄱ, ㄷ ② ㄴ, ㄷ
③ ㄱ, ㄴ, ㄹ ④ ㄴ, ㄷ, ㄹ
⑤ ㄱ, ㄴ, ㄷ, ㄹ

46. 국토의 계획 및 이용에 관한 법령상 도시·군계획시설사업에 관한 설명으로 <u>틀린</u> 것은?

① 한국토지주택공사가 도시·군계획시설사업의 시행자로 지정받으려면 사업대상 토지면적의 3분의 2 이상의 토지소유자의 동의를 얻어야 한다.
② 타인의 토지에 출입하려는 자는 특별시장·광역시장·특별자치시장·특별자치도지사·시장 또는 군수의 허가를 받아야 하며, 출입하려는 날의 7일 전까지 그 토지의 소유자·점유자 또는 관리인에게 그 일시와 장소를 알려야 한다.
③ 일출 전이나 일몰 후에는 그 토지점유자의 승낙 없이 택지나 담장 또는 울타리로 둘러싸인 타인의 토지에 출입할 수 없다.
④ 행정청인 도시·군계획시설사업의 시행자가 도시·군계획시설사업에 의하여 새로 공공시설을 설치한 경우 새로 설치된 공공시설은 그 시설을 관리할 관리청에 무상으로 귀속된다.
⑤ 도시·군계획시설결정의 고시일부터 20년이 지날 때까지 그 시설의 설치에 관한 도시·군계획시설사업이 시행되지 아니하는 경우, 그 도시·군계획시설결정은 그 고시일부터 20년이 되는 다음 날에 효력을 잃는다.

47. 국토의 계획 및 이용에 관한 법령에서 원칙적으로 정한 용도지역별 용적률의 최대한도가 높은 지역부터 낮은 지역 순으로 바르게 나열한 것은?

① 일반공업지역, 근린상업지역, 제2종 일반주거지역, 농림지역, 자연녹지지역
② 일반공업지역, 제2종 일반주거지역, 준주거지역, 농림지역, 자연녹지지역
③ 근린상업지역, 일반공업지역, 제2종 일반주거지역, 자연녹지지역, 농림지역
④ 일반공업지역, 준주거지역, 제2종 일반주거지역, 자연녹지지역, 농림지역
⑤ 준주거지역, 제2종 일반주거지역, 일반공업지역, 농림지역, 자연녹지지역

48. 국토의 계획 및 이용에 관한 법령상 국토교통부장관, 시·도지사, 시장·군수 또는 구청장이 처분을 하고자 하는 때에 청문을 실시하여야 하는 경우는?

① 도시·군기본계획 승인의 취소
② 도시·군관리계획의 결정취소
③ 기반시설부담구역의 지정취소
④ 광역도시계획의 승인취소
⑤ 개발행위허가의 취소

49. 국토의 계획 및 이용에 관한 법령상 개발행위의 허가에 관한 설명으로 옳은 것은?

① 도시·군계획사업에 의한 토지의 형질변경행위는 개발행위허가를 받아야 한다.

② 녹지지역에서 관계 법령에 따른 허가·인가 등을 받지 아니하고 행하는 토지의 분할은 개발행위허가를 받지 아니한다.

③ 개발행위허가받은 사항 중 사업기간을 단축하는 경우와 사업면적을 5% 범위 안에서 축소하는 경우에는 변경허가를 요하지 않는다.

④ 개발행위로 인하여 주변의 「국가유산기본법」에 따른 국가유산 등이 크게 손상될 우려가 있는 지역에 대해서는 최대 5년까지 개발행위허가를 제한할 수 있다.

⑤ 재해복구나 재난수습을 위한 응급조치를 한 경우에는 1개월 이내에 특별시장·광역시장·특별자치시장·특별자치도지사·시장 또는 군수에게 조치 후 허가를 받아야 한다.

50. 국토의 계획 및 이용에 관한 법령상 용어에 관한 설명으로 옳은 것은?

① 도시·군관리계획을 시행하기 위한 「도시개발법」에 따른 도시개발사업은 도시·군계획사업에 해당된다.

② 용도지구는 용도구역의 행위제한을 강화하기 위하여 도시·군기본계획으로 결정하는 지역이다.

③ 중앙행정기관이 수립하는 계획 중 광역도시계획으로 결정하여야 할 사항이 포함된 계획은 국가계획에 해당된다.

④ 성장관리계획이란 성장관리계획구역에서의 난개발을 방지하고 계획적인 개발을 유도하기 위하여 수립하는 도시·군관리계획을 말한다.

⑤ 공공시설은 기반시설 중 도시·군관리계획으로 결정된 시설을 말한다.

51. 국토의 계획 및 이용에 관한 법령상 지구단위계획에 관한 설명으로 옳은 것은?

① 세 개 이상의 노선이 교차하는 대중교통 결절지(結節地)로부터 1km 이내에 위치한 지역에 지구단위계획구역을 지정하여야 한다.

② 지정하려는 구역 면적의 50% 이상이 계획관리지역이고 나머지가 생산관리지역 또는 농림지역인 지역에 지구단위계획구역을 지정할 수 있다.

③ 지구단위계획구역 안에서는 「건축법」에 의한 대지분할제한의 규정을 완화하여 적용할 수 있다.

④ 공원에서 해제되는 지역으로서 면적이 30만m^2 이상인 지역은 지구단위계획구역으로 지정하여야 한다. 다만, 녹지지역으로 지정 또는 존치되거나 법 또는 다른 법령에 의하여 도시·군계획사업 등 개발계획이 수립되지 아니하는 경우를 제외한다.

⑤ 도시지역 외의 지역에 지정된 지구단위계획구역 안에서는 지구단위계획으로 당해 용도지역에 적용되는 용적률은 150% 이내에서 완화하여 적용할 수 있다.

52. 국토의 계획 및 이용에 관한 법령상 매수의무자인 지방자치단체가 매수청구를 받은 장기미집행 도시·군계획시설 부지 중 지목이 대(垈)인 토지를 매수할 때에 관한 설명으로 옳은 것은?

① 토지소유자가 원하는 경우 지방자치단체인 매수의무자는 도시·군계획시설채권을 발행하여 그 대금을 지급할 수 있다.

② 매수청구를 받은 토지가 비업무용 토지인 경우 그 대금의 전부에 대하여 도시·군계획시설채권을 발행하여 지급하여야 한다.

③ 매수의무자는 매수청구를 받은 날부터 2년 이내에 매수 여부를 결정하여 토지소유자에게 알려야 한다.

④ 도시·군계획시설채권의 상환기간은 10년 이상 20년 이내로 한다.

⑤ 매수청구된 토지의 매수가격은 공시지가로 한다.

53. **도시개발법령상 도시개발구역의 지정을 제안할 수 있는 자가 아닌 것은?**

① 도시개발조합
② 한국수자원공사
③ 「지방공기업법」에 따라 설립된 지방공사
④ 한국관광공사
⑤ 한국농어촌공사

54. **도시개발법령상 도시개발조합에 관한 설명으로 옳은 것은?**

① 조합설립인가를 받은 후 정관기재사항인 주된 사무소의 소재지를 변경하려는 경우에는 지정권자의 변경인가를 받아야 한다.
② 조합설립의 인가를 신청하고자 하는 때에는 해당 도시개발구역 안의 토지면적의 3분의 2 이상에 해당하는 토지소유자 또는 그 구역 안의 토지소유자 총수의 2분의 1 이상의 동의를 얻어야 한다.
③ 조합의 감사는 도시개발구역의 토지소유자이어야 한다.
④ 조합의 조합원은 도시개발구역 안의 토지소유자로 하며 조합원은 보유토지의 면적에 비례하여 의결권을 갖는다.
⑤ 의결권을 가진 조합원의 수가 50인 이상인 조합은 총회의 권한을 대행하게 하기 위하여 대의원회를 두어야 한다.

55. **도시개발법령상 도시개발구역으로 지정할 수 있는 대상 지역 및 규모에 관하여 (　　)에 들어갈 숫자를 바르게 나열한 것은?**

○ 주거지역 및 상업지역: (ㄱ)만m^2 이상
○ 공업지역: (ㄴ)만m^2 이상
○ 자연녹지지역: (ㄷ)만m^2 이상
○ 도시개발구역 지정면적의 100분의 30 이하인 생산녹지지역: (ㄹ)만m^2 이상

① ㄱ: 1, ㄴ: 1, ㄷ: 1, ㄹ: 3
② ㄱ: 1, ㄴ: 3, ㄷ: 1, ㄹ: 1
③ ㄱ: 1, ㄴ: 3, ㄷ: 3, ㄹ: 1
④ ㄱ: 3, ㄴ: 1, ㄷ: 3, ㄹ: 3
⑤ ㄱ: 3, ㄴ: 3, ㄷ: 1, ㄹ: 1

56. **도시개발법령상 수용 또는 사용방식에 의한 사업시행에 관한 설명으로 틀린 것을 모두 고른 것은?**

ㄱ. 토지소유자 및 도시개발조합 등 민간시행자는 사업대상 토지면적의 3분의 2 이상에 해당하는 토지를 소유하고 토지소유자 총수의 2분의 1 이상에 해당하는 자의 동의를 얻어야 수용 및 사용을 할 수 있다.
ㄴ. 시행자는 「공익사업을 위한 토지 등의 취득 및 보상에 관한 법률」이 정하는 바에 따라 도시개발사업의 시행에 필요한 토지 등의 제공으로 생활의 근거를 상실하게 되는 자에 관한 이주대책 등을 수립·시행하여야 한다.
ㄷ. 지방공사인 시행자는 금융기관의 지급보증을 받은 경우에 한하여 토지상환채권을 발행할 수 있다.
ㄹ. 원형지 공급가격은 개발계획이 반영된 원형지의 감정가격에 시행자가 원형지에 설치한 기반시설 등의 공사비를 더한 금액을 기준으로 시행자와 원형지개발자가 협의하여 결정한다.

① ㄱ, ㄴ
② ㄱ, ㄷ
③ ㄱ, ㄹ
④ ㄴ, ㄷ
⑤ ㄴ, ㄹ

57. **도시개발법령상 수용 또는 사용의 방식에 따른 사업시행에 관한 설명으로 옳은 것은?**

① 혼용방식으로 수용 또는 사용방식이 적용되는 지역과 환지방식이 적용되는 지역을 사업시행지구별로 분할하여 시행할 수는 없다.

② 시행자가 아닌 지정권자는 도시개발사업에 필요한 토지등을 수용할 수 있다.

③ 국가나 지방자치단체인 시행자가 토지를 수용할 경우에는 토지소유자의 동의를 받을 필요가 있다.

④ 지정권자가 아닌 시행자는 조성토지등을 공급받거나 이용하려는 자로부터 지정권자의 승인 없이 해당 대금의 전부 또는 일부를 미리 받을 수 없다.

⑤ 수용의 대상이 되는 사업의 실시계획을 고시한 경우에는 「공익사업을 위한 토지 등의 취득 및 보상에 관한 법률」에 따른 사업인정 및 그 고시가 있었던 것으로 본다.

58. **도시개발법령상 토지상환채권에 관한 설명으로 <u>틀린</u> 것은?**

① 토지상환채권은 기명식 증권으로 발행한다.

② 토지상환채권은 질권의 목적으로 사용할 수 있다.

③ 시행자는 토지상환채권을 발행하려면 토지상환채권의 발행계획을 작성하여 미리 지정권자의 승인을 받아야 한다.

④ 시행자는 토지소유자가 원하면 토지등의 매수대금의 일부를 지급하기 위하여 해당 도시개발사업으로 조성되는 분양토지 또는 분양건축물 면적의 2분의 1을 초과하지 아니하는 범위에서 토지상환채권을 발행할 수 있다.

⑤ 토지상환채권의 이율은 발행 당시의 금융기관의 예금금리 및 부동산 수급상황을 고려하여 행정안전부장관이 정한다.

59. **도시 및 주거환경정비법령상 도시 및 주거환경정비기본계획 등에 관한 설명으로 옳은 것은?**

① 기본계획의 수립권자는 기본계획을 수립하거나 변경하려는 경우에는 30일 이상 주민에게 공람하여 의견을 들어야 하며, 제시된 의견이 타당하다고 인정되면 이를 기본계획에 반영하여야 한다.

② 시장은 기본계획을 수립하거나 변경한 때에는 국토교통부령으로 정하는 방법 및 절차에 따라 도지사에게 보고하여야 한다.

③ 기본계획의 수립권자는 기본계획에 생활권의 설정, 생활권별 기반시설 설치계획 및 주택수급계획을 포함하는 경우에 정비예정구역의 개략적 범위와 단계별 정비사업추진계획을 생략할 수 없다.

④ 시장 또는 군수는 관할구역에 대하여 도시·주거환경정비기본계획을 10년 단위로 수립하고, 5년마다 그 타당성을 검토하여야 한다.

⑤ 정비기반시설의 규모를 확대하는 경우에는 기본계획을 변경할 때 지방의회의 의견청취를 생략할 수 있다.

60. **도시 및 주거환경정비법령상 정비사업시행을 위한 조치 등에 관한 설명으로 <u>틀린</u> 것은?**

① 사업시행자는 주거환경개선사업 및 재개발사업의 시행으로 철거되는 주택의 소유자 또는 세입자에 대하여 임대주택 등의 시설에 임시로 거주하게 하거나 주택자금의 융자알선 등 임시거주에 상응하는 조치를 하여야 한다.

② 지방자치단체는 사업시행자로부터 임시거주시설에 필요한 토지의 사용신청을 받은 때에는 제3자와 이미 매매계약을 체결한 경우에는 그 사용을 거절할 수 있다.

③ 재건축사업의 사업시행자는 사업시행으로 이주하는 상가세입자가 사용할 수 있도록 정비구역 또는 정비구역의 인근에 임시상가를 설치할 수 있다.

④ 주거환경개선사업에 따른 건축허가를 받는 때에는 「주택도시기금법」상의 국민주택채권 매입에 관한 규정을 적용하지 아니한다.

⑤ 주거환경개선사업이 환지방법으로 시행되는 경우에는 제2종 일반주거지역으로 결정·고시된 것으로 본다.

61. **도시 및 주거환경정비법령상 정비사업의 시행에 관한 설명으로 <u>틀린</u> 것은?**

① 지분형 주택의 공동소유기간은 소유권을 취득한 날부터 10년의 범위에서 사업시행자가 정하는 기간으로 한다.

② 시장·군수등은 관리처분계획의 타당성 검증을 요청하는 경우에는 관리처분계획인가의 신청을 받은 날부터 30일 이내에 인가 여부를 결정하여 사업시행자에게 통지하여야 한다.

③ 사업시행자는 관리처분계획인가를 신청하기 전에 관계 서류의 사본을 30일 이상 토지등소유자에게 공람하게 하고 의견을 들어야 한다.

④ 투기과열지구의 정비사업에서 관리처분계획에 따라 분양대상자 및 그 세대에 속한 자는 분양대상자 선정일부터 5년 이내에는 투기과열지구에서 분양신청을 할 수 없다. 다만, 상속, 결혼, 이혼으로 조합원 자격을 취득한 경우에는 분양신청을 할 수 있다.

⑤ 조합장은 이전고시가 있은 날부터 1년 이내에 조합해산을 위한 총회를 소집하여야 한다.

62. **도시 및 주거환경정비법령상 관리처분계획 등에 관한 설명으로 옳은 것은?**

① 재개발사업의 관리처분은 정비구역 안의 지상권자에 대한 분양을 포함하여야 한다.

② 재건축사업의 관리처분의 기준은 조합원 전원의 동의를 받더라도 법령상 정하여진 관리처분의 기준과 달리 정할 수 없다.

③ 사업시행자는 폐공가의 밀집으로 범죄발생의 우려가 있는 경우 기존 건축물의 소유자의 동의 및 시장·군수등의 허가를 얻어 해당 건축물을 철거할 수 있다.

④ 관리처분계획의 인가·고시가 있은 때에는 종전의 토지의 임차권자는 사업시행자의 동의를 받더라도 소유권의 이전고시가 있는 날까지 종전의 토지를 사용할 수 없다.

⑤ 시장·군수등은 사업시행자의 관리처분계획인가의 신청이 있은 날부터 60일 이내에 인가 여부를 결정하여 사업시행자에게 통보하여야 한다.

63. **도시 및 주거환경정비법령상 재건축사업에 관한 설명으로 옳은 것은?**

① 재건축사업에 있어 '토지등소유자'는 정비구역에 소재한 토지 또는 건축물의 소유자와 지상권자를 말한다.

② 재건축사업의 사업시행자는 사업시행으로 이주하는 상가세입자가 사용할 수 있도록 정비구역 또는 정비구역 인근에 임시상가를 설치할 수 있다.

③ 재건축사업의 추진위원회가 조합을 설립하고자 하는 때에는 법령상 요구되는 토지등소유자의 동의를 얻어 시장·군수등에게 신고하여야 한다.

④ 재건축사업의 조합원은 재건축사업에 동의한 토지등소유자만 해당한다.

⑤ 재건축사업의 재건축진단에 드는 비용은 시·도지사가 부담한다.

64. **도시 및 주거환경정비법령상 정비사업의 시행방법에 관한 설명으로 <u>틀린</u> 것은?**

① 사업시행자는 선정된 시공자와 공사에 관한 계약을 체결할 때에는 기존 건축물의 철거공사에 관한 사항을 포함시켜야 한다.

② 조합설립인가 후 시장·군수등이 직접 정비사업을 시행하거나 토지주택공사등을 사업시행자로 지정·고시한 때에는 그 고시일 다음 날에 추진위원회의 구성승인 또는 조합설립인가가 취소된 것으로 본다.

③ 재건축사업은 토지등소유자가 시행하거나 조합이 조합원의 과반수의 동의를 받아 시장·군수등, 토지주택공사등, 건설사업자 또는 등록사업자와 공동으로 시행할 수 있다.

④ 재개발사업은 정비구역에서 인가받은 관리처분계획에 따라 건축물을 건설하여 공급하거나 환지로 공급하는 방법으로 한다.

⑤ 주거환경개선사업의 시행자는 수용방법에 따라 시행하려는 경우 정비계획에 따른 공람공고일 현재 해당 정비예정구역의 토지 또는 건축물의 소유자 또는 지상권자의 3분의 2 이상의 동의와 세입자 세대수의 과반수의 동의를 각각 받아야 한다.

65. 주택법령상 용어에 관한 설명으로 옳은 것은?

① '기간시설'이란 도로·상하수도·전기시설·가스시설·통신시설 및 지역난방시설 등 주택단지 안의 간선시설을 그 주택단지 밖에 있는 같은 종류의 간선시설에 연결시키는 시설을 말한다.
② 주택단지에 딸린 어린이놀이터, 근린생활시설, 유치원, 주민운동시설 등은 '복리시설'에 포함된다.
③ '공동주택'에는 「건축법 시행령」에 따른 아파트, 연립주택, 다세대주택, 기숙사가 있다.
④ '주택'이란 세대의 구성원이 장기간 독립된 주거생활을 할 수 있는 구조로 된 건축물의 전부 또는 일부를 말하며, 그 부속토지는 제외한다.
⑤ 공구란 하나의 주택단지에서 둘 이상으로 구분되는 일단의 구역으로서 공구별 세대수는 600세대 이상으로 해야 한다.

66. 주택법령상 지역주택조합이 설립인가를 받은 후 조합원을 신규로 가입하게 할 수 있는 경우와 결원의 범위에서 충원할 수 있는 경우 중 어느 하나에도 해당하지 <u>않는</u> 것은?

① 조합원이 사망한 경우
② 조합원이 무자격자로 판명되어 자격을 상실하는 경우
③ 조합원의 탈퇴 등으로 조합원 수가 주택건설 예정 세대 수의 60%가 된 경우
④ 조합원 수가 주택건설 예정 세대수를 초과하지 아니하는 범위에서 조합원 추가모집의 승인을 받은 경우
⑤ 사업계획승인의 과정에서 주택건설 예정 세대수가 변경되어 조합원 수가 변경된 세대수의 40%가 된 경우

67. 주택법령상 사업계획승인을 받아 건설하는 세대구분형 공동주택의 요건을 모두 고른 것은?

ㄱ. 세대별로 구분된 각각의 공간마다 별도의 욕실, 부엌과 현관을 설치할 것
ㄴ. 하나의 세대가 통합하여 사용할 수 있도록 세대 간에 연결문 또는 경량구조의 경계벽 등을 설치할 것
ㄷ. 세대구분형 공동주택의 세대수가 해당 주택단지 안의 공동주택 전체 세대수의 10분의 1을 넘지 않을 것
ㄹ. 세대별로 구분된 각각의 공간의 주거전용면적 합계가 해당 주택단지 전체 주거전용면적 합계의 3분의 1을 넘지 않는 등 국토교통부장관이 정하여 고시하는 주거전용면적의 비율에 관한 기준을 충족할 것

① ㄴ, ㄷ ② ㄱ, ㄴ, ㄹ
③ ㄱ, ㄷ, ㄹ ④ ㄴ, ㄷ, ㄹ
⑤ ㄱ, ㄴ, ㄷ, ㄹ

68. 주택법령상 품질점검단의 설치 및 운영에 관한 설명으로 <u>틀린</u> 것은?

① 시·도지사는 사전방문을 실시하고 사용검사를 신청하기 전에 공동주택의 품질을 점검하여 사업계획의 내용에 적합한 공동주택이 건설되도록 할 목적으로 주택 관련 분야 등의 전문가로 구성된 공동주택 품질점검단을 설치·운영할 수 있다.
② 시·도지사는 품질점검단의 설치·운영에 관한 사항을 조례로 정하는 바에 따라 시장·군수 또는 구청장에게 위임할 수 있다.
③ 사업주체는 품질점검단의 점검에 협조하여야 하며 이에 따르지 아니하거나 기피 또는 방해해서는 아니 된다.
④ 사용검사권자는 제출받은 점검결과를 사용검사가 있은 날부터 2년 이상 보관하여야 하며, 입주자(입주예정자를 포함)가 관련 자료의 공개를 요구하는 경우에는 이를 공개하여야 한다.
⑤ 보수·보강 등의 조치명령을 받은 사업주체는 대통령령으로 정하는 바에 따라 조치를 하고, 그 결과를 사용검사권자에게 보고하여야 한다. 다만, 조치명령에 이의가 있는 사업주체는 사용검사권자에게 이의신청을 할 수 있다.

69. 주택법령상 주택건설사업의 등록사업자에 관한 설명으로 옳은 것은?

① 사업주체가 지방자치단체인 경우에는 등록할 필요가 없다.

② 고용자가 그 근로자의 주택을 건설하는 경우에는 등록사업자와 공동으로 사업을 시행할 수 있다.

③ 토지소유자가 등록사업자와 공동으로 주택건설사업을 시행하는 경우 토지소유자와 등록사업자는 공동사업주체로 추정된다.

④ 세대수를 증가하지 아니하는 리모델링주택조합이 그 구성원의 주택을 건설하는 경우 등록사업자와 공동으로 사업을 시행해야 한다.

⑤ 거짓이나 그 밖의 부정한 방법으로 등록한 경우 또는 등록증 대여한 경우에는 등록을 말소할 수 있다.

70. 주택법령의 내용으로 옳은 것을 모두 고른 것은?

> ㄱ. 민영주택이란 민간택지에서 등록사업자가 건설한 주택을 말한다.
> ㄴ. 사업주체가 국민주택용지로 사용하기 위하여 도시개발사업 시행자에게 체비지의 매각을 요구한 경우 그 양도가격은 조성원가로 하여야 한다.
> ㄷ. 국가·지방자치단체·한국토지주택공사·지방공사가 시행하는 리모델링에 대해 시장·군수 또는 구청장은 감리자를 지정하지 아니한다.
> ㄹ. 한국토지주택공사가 주택건설사업을 시행하는 경우에는 국토교통부장관에게 사용검사를 받아야 한다.
> ㅁ. 지방공사인 사업주체가 국민주택을 건설하기 위한 대지를 조성하는 경우에는 토지 등을 수용 또는 사용할 수 있다.

① ㄱ, ㄴ　　② ㄱ, ㄴ, ㄹ
③ ㄷ, ㄹ, ㅁ　　④ ㄴ, ㄷ, ㄹ, ㅁ
⑤ ㄱ, ㄴ, ㄷ, ㄹ, ㅁ

71. 주택법령상 주택상환사채를 양도하거나 중도에 해약할 수 있는 경우가 아닌 것은? (단, 세대원은 세대주가 포함된 세대의 구성원을 말함)

① 세대원의 취학으로 인하여 세대원 전원이 다른 행정구역으로 이전하는 경우

② 세대원의 질병치료로 인하여 세대원 전원이 다른 행정구역으로 이전하는 경우

③ 세대원이 근무로 인하여 세대원 일부가 다른 행정구역으로 이전하는 경우

④ 세대원 전원이 2년 이상 해외에 체류하고자 하는 경우

⑤ 세대원 전원이 상속에 의하여 취득한 주택으로 이전하는 경우

72. 건축법령상 건축허가 등에 관한 설명으로 틀린 것은?

① 21층 이상의 건축물을 특별시에 건축하려면 특별시장의 허가를 받아야 한다.

② 시장·군수는 21층 이상의 건축물의 건축을 허가하려면 미리 건축계획서와 기본설계도서를 첨부하여 도지사의 승인을 받아야 한다.

③ 건축허가나 건축물의 착공을 제한하는 경우 제한기간은 2년 이내로 하며, 1회에 한하여 1년 이내의 범위에서 제한기간을 연장할 수 있다.

④ 건축물의 건축허가를 받으면 「국토의 계획 및 이용에 관한 법률」에 따른 개발행위허가를 받은 것으로 본다.

⑤ 허가권자는 허가를 받은 자가 허가를 받은 날부터 1년 이내에 공사에 착수하지 아니한 경우 허가를 취소하여야 한다.

73. **건축법령상 건폐율·용적률 및 높이제한에 관한 설명으로 옳은 것을 모두 고른 것은?**

> ㄱ. 건폐율은 대지면적에 대한 건축면적의 비율이다.
> ㄴ. 용적률은 대지면적에 대한 연면적의 비율이다.
> ㄷ. 건폐율·용적률의 최대한도는 원칙적으로 「국토의 계획 및 이용에 관한 법률」에 따르되, 「건축법」이 그 기준을 완화 또는 강화하여 적용하도록 규정한 경우에는 그에 의한다.
> ㄹ. 건축물의 높이제한은 법률과 시행령으로 정해지므로, 조례로 정할 수는 없다.

① ㄱ, ㄴ, ㄷ　② ㄱ, ㄴ, ㄹ
③ ㄱ, ㄷ, ㄹ　④ ㄴ, ㄷ, ㄹ
⑤ ㄱ, ㄴ, ㄷ, ㄹ

74. **건축법령상 건축물의 대지에 관한 설명으로 옳은 것은?**

① 대지의 배수에 지장이 없거나 건축물의 용도상 방습의 필요가 없는 경우에도 인접한 도로면보다 낮으면 아니 된다.
② 건축물의 옥상에 국토교통부장관이 고시하는 기준에 따라 조경이나 그 밖에 필요한 조치를 하는 경우에는 옥상부분 조경면적의 3분의 2에 해당하는 면적을 대지의 조경면적으로 산정할 수 있다.
③ 습한 토지, 물이 나올 우려가 많은 토지, 쓰레기, 그 밖에 이와 유사한 것으로 매립된 토지에 건축물을 건축하는 경우에는 성토, 지반 개량 등 필요한 조치를 하지 않아도 된다.
④ 손궤의 우려가 있는 토지에 대지를 조성하려면 옹벽 외벽면에는 이의 지지·배수를 위한 시설이 밖으로 튀어 나오지 아니하게 하여야 한다.
⑤ 상업지역에서 건축하는 연면적의 합계가 1천500m^2 미만인 물류시설은 조경 등의 조치를 하지 아니할 수 있다.

75. **건축법령상 건축신고를 하면 건축허가를 받은 것으로 볼 수 있는 경우에 해당하지 <u>않는</u> 것은?**

① 연면적 200m^2인 2층 건축물의 피난계단 증설
② 연면적의 합계가 90m^2인 단층 건축물의 신축
③ 공업지역 안에서 연면적 500m^2인 2층 공장의 신축
④ 기존 건축물의 높이에서 3m를 증축하는 건축물
⑤ 연면적 300m^2인 4층 건축물의 방화벽 수선

76. **건축법령상 건축물의 용도변경으로서 특별자치시장·특별자치도지사 또는 시장·군수·구청장에게 허가받는 사항이 <u>아닌</u> 것은?**

① 교육연구시설을 위험물저장처리시설로 변경
② 판매시설을 운동시설로 변경
③ 문화 및 집회시설을 창고시설로 변경
④ 단독주택을 숙박시설로 변경
⑤ 위락시설을 자원순환관련시설로 변경

77. **건축법령상 대지면적이 300m^2인 대지에 건축되어 있고, 각 층의 바닥면적이 동일한 지하 1층·지상 6층인 하나의 평지붕 건축물로서 용적률이 300%라고 할 때, 이 건축물의 바닥면적은? (단, 제시된 조건 이외의 다른 조건이나 제한은 고려하지 아니함)**

① 100m^2　② 120m^2
③ 150m^2　④ 200m^2
⑤ 300m^2

78. **건축법령상 구조 및 설비 등에 관한 설명으로 틀린 것은?**

① 건축주는 6층 이상인 건축물이거나 연면적 2,000m^2 이상인 건축물을 건축하고자 하는 경우에는 승강기를 설치하여야 한다.

② 높이 31m를 초과하는 건축물에는 대통령령으로 정하는 바에 따라 비상용 승강기를 추가로 설치하여야 한다.

③ 지하층이란 건축물의 바닥이 지표면 아래에 있는 층으로 바닥에서 지표면까지 평균 높이가 해당 층 높이의 2분의 1 이상인 것을 말한다.

④ 방화지구 안의 공작물로서 간판·광고탑 그 밖의 대통령령으로 정하는 공작물 중 건축물의 지붕 위에 설치하는 공작물이나 높이 3m 이상의 공작물은 주요부를 불연재료로 하여야 한다.

⑤ 초고층 건축물에는 피난층 또는 지상으로 통하는 직통계단과 직접 연결되는 피난안전구역(건축물의 피난·안전을 위하여 건축물 중간층에 설치하는 대피공간을 말함)을 지상층으로부터 최대 30개 층마다 1개소 이상 설치하여야 한다.

79. **농지법령상 농지취득자격증명에 관한 설명으로 틀린 것은?**

① 주말·체험영농을 하려고 농지를 소유하는 경우에는 농지취득자격증명을 발급받지 아니하고 농지를 취득할 수 있다.

② 농지소유상한을 위반하여 농지를 소유할 목적으로 부정한 방법에 의해 농지취득자격증명을 발급받은 자는 5년 이하의 징역 또는 해당 토지의 개별공시지가에 따른 토지가액에 해당하는 금액 이하의 벌금에 처한다.

③ 농업경영계획서 또는 주말·체험영농계획서 외의 농지취득자격증명 신청서류의 보존기간은 10년으로 한다.

④ 농지전용허가를 받거나 농지전용신고를 한 자가 그 농지를 소유하는 경우에도 농지취득자격증명을 발급받아야 한다.

⑤ 농지 소재지를 관할하는 시장·구청장·읍장·면장은 농지취득자격증명의 발급신청을 받은 때에는 그 신청을 받은 날부터 7일 이내에 신청인에게 농지취득자격증명을 발급하여야 한다.

80. **농지법령상 농지보전부담금에 관한 설명으로 틀린 것은?**

① 농지를 전용하려는 자는 농지보전부담금을 분할납부하려는 경우에는 납부하여야 할 농지보전부담금의 100분의 30을 해당 농지전용허가 또는 농지전용신고 전에 납부하여야 한다.

② 농지를 전용하려는 자는 농지보전부담금의 전부 또는 일부를 농지전용허가·농지전용신고 전까지 납부하여야 한다.

③ 농지관리기금을 운용·관리하는 자는 수납하는 농지보전부담금 중 수수료를 뺀 금액을 농지관리기금에 납입하여야 한다.

④ 농업진흥지역과 농업진흥지역 밖의 농지를 차등하여 농지보전부담금의 부과기준을 적용할 수 있다.

⑤ 시장·군수 또는 자치구구청장은 농지보전부담금을 내야 하는 자가 납부기한까지 내지 아니하면 납부기한이 지난 후 10일 이내에 납부기한으로부터 30일 이내의 기간을 정한 독촉장을 발급하여야 한다.

정답 및 해설	p.16

시작시간: ______ 시 ______ 분 ~ 종료시간: ______ 시 ______ 분

2025년도 제36회 공인중개사 2차 국가자격시험

실전모의고사 제1회

교 시	문제형별	시험시간	시험과목
2교시	A	50분	1 부동산공시에 관한 법령 및 부동산 관련 세법

수험번호		성 명	

[수험자 유의사항]

1. 시험문제지는 **단일 형별(A형)**이며, 답안카드 형별 기재란에 표시된 형별(A형)을 확인하시기 바랍니다. 시험문제지의 **총면수, 문제번호 일련순서, 인쇄상태** 등을 확인하시고, 문제지 표지에 수험번호와 성명을 기재하시기 바랍니다.
2. 답은 각 문제마다 요구하는 **가장 적합하거나 가까운 답 1개**만 선택하고, 답안카드 작성 시 시험문제지 **마킹착오**로 인한 불이익은 전적으로 **수험자에게 책임**이 있음을 알려드립니다.
3. 답안카드는 국가전문자격 공통 표준형으로 문제번호가 1번부터 125번까지 인쇄되어 있습니다. 답안 마킹 시에는 반드시 **시험문제지의 문제번호와 동일한 번호**에 마킹하여야 합니다. (2차 2교시 : 1번~40번)
4. **감독위원의 지시에 불응하거나 시험시간 종료 후 답안카드를 제출하지 않을 경우** 불이익이 발생할 수 있음을 알려 드립니다.
5. 시험문제지는 시험 종료 후 가져가시기 바랍니다.
6. 답안작성은 **시험 시행일(2025.10.25.) 현재 시행되는 법령 등**을 적용하시기 바랍니다.
7. 가답안 의견제시에 대한 개별회신 및 공고는 하지 않으며, **최종 정답 발표로 갈음**합니다.
8. 시험 중 **중간 퇴실은 불가**합니다. 단, 부득이하게 퇴실할 경우 **시험포기각서 제출 후 퇴실은 가능**하나 **재입실이 불가**하며, **해당시험은 무효처리됩니다.**

제1과목: 부동산공시에 관한 법령 및 부동산 관련 세법

1. 공간정보의 구축 및 관리 등에 관한 법령상 경위의 측량방법으로 세부측량을 한 도시개발사업지역에서 1필지 면적을 산출한 결과 $350.652m^2$로 산출되었다. 토지대장에 등록하여야 할 면적으로 옳은 것은?

① $350m^2$ ② $350.6m^2$
③ $350.65m^2$ ④ $350.7m^2$
⑤ $351m^2$

2. 공간정보의 구축 및 관리 등에 관한 법령상 지목이 '대'가 아닌 것은?

① 영구적 건축물 중 박물관·극장·미술관 등 문화시설의 부지
② 고속도로 안의 휴게소 부지
③ 과수원 내에 있는 주거용 건축물의 부지
④ 「국토의 계획 및 이용에 관한 법률」 등 관계 법령에 의한 택지조성공사가 준공된 토지
⑤ 묘지의 관리를 위한 건축물의 부지

3. 공간정보의 구축 및 관리 등에 관한 법령에 따른 지번부여방법에 관한 설명으로 옳은 것은?

① 지번은 본번과 부번으로 구성하되, 본번과 부번 사이에 '-' 또는 '의' 표시로 연결한다.
② 지번은 시·도지사가 지번부여지역별로 차례대로 부여한다.
③ 지번은 아라비아숫자로 표기하되, 임야대장 및 임야도에 등록하는 토지의 지번은 숫자 앞에 '임'자를 붙인다.
④ 지번은 북서에서 남동방향으로 순차적으로 부여한다.
⑤ 지적소관청은 분할로 지번에 결번이 생긴 때에는 지체 없이 그 사유를 결번대장에 적어 영구히 보존하여야 한다.

4. 공간정보의 구축 및 관리 등에 관한 법령상 토지의 조사·등록 등에 관한 설명이다. ( )에 들어갈 내용으로 옳은 것은?

> ○ (ㄱ)은(는) 모든 토지에 대하여 필지별로 소재·지번·지목·면적·경계 또는 좌표 등을 조사·측량하여 지적공부에 등록하여야 한다.
> ○ 지적공부에 등록하는 지번·지목·면적·경계 또는 좌표는 (ㄴ)이 있을 때 토지소유자의 신청을 받아 (ㄷ)이 결정한다.

① ㄱ: 지적소관청
ㄴ: 토지의 이용
ㄷ: 국토교통부장관
② ㄱ: 지적측량수행자
ㄴ: 토지의 이동
ㄷ: 국토교통부장관
③ ㄱ: 지적측량수행자
ㄴ: 토지의 이동
ㄷ: 지적소관청
④ ㄱ: 국토교통부장관
ㄴ: 토지의 이동
ㄷ: 지적소관청
⑤ ㄱ: 국토교통부장관
ㄴ: 토지의 이용
ㄷ: 지적소관청

5. 공간정보의 구축 및 관리 등에 관한 법령상 지적도면에 관한 설명으로 틀린 것은?

① 지적도면에 일람도 및 색인도를 등록한다.
② 지적도면에 삼각점 및 지적측량기준점의 위치, 건축물 및 구조물 등의 위치를 등록한다.
③ 지적도면에 도곽선 및 도곽선 수치를 등록한다.
④ 지적도면에 토지의 소재, 지번, 지목, 경계를 등록한다.
⑤ 축척이 1/600인 지적도에서 두 점 간의 거리가 가로 4cm인 경우, 실제 거리는 24m이다.

6. 공간정보의 구축 및 관리 등에 관한 법령상 지적공부의 복구자료 중 토지의 표시를 복구하는 데 사용할 수 있는 자료가 아닌 것을 모두 고른 것은?

> ㄱ. 측량준비파일
> ㄴ. 토지이동정리결의서
> ㄷ. 지적공부의 등본
> ㄹ. 법원의 확정판결서 정본 또는 사본
> ㅁ. 토지등기사항증명서 등 등기사실을 증명하는 서류

① ㄱ
② ㅁ
③ ㄱ, ㅁ
④ ㄱ, ㄴ, ㅁ
⑤ ㄴ, ㄷ, ㄹ

7. 공간정보의 구축 및 관리 등에 관한 법령상 연속지적도의 관리 등에 관한 설명으로 옳은 것은?

① 지적소관청은 연속지적도의 관리 및 정비에 관한 정책을 수립·시행하여야 한다.
② 지적소관청은 지적도·임야도에 등록된 사항에 대하여 토지의 이동 또는 오류사항을 정비한 때에는 이를 연속지적도에 반영하여야 한다.
③ 지적소관청은 연속지적도 정비에 필요한 경비의 전부 또는 일부를 지원할 수 있다.
④ 지적소관청은 연속지적도를 체계적으로 관리하기 위하여 연속지적도 정보관리체계를 구축·운영할 수 있다.
⑤ 지적소관청은 연속지적도 정보관리체계의 구축·운영에 관한 업무를 대통령령으로 정하는 법인, 단체 또는 기관에 위탁할 수 있다.

8. 공간정보의 구축 및 관리 등에 관한 법령상 토지소유자에게 신청의무가 부여되지 않는 것은?

① 공유수면매립지에 대하여 신규등록을 하는 경우
② 「산지관리법」에 따른 산지전용허가·신고, 산지일시사용허가·신고 등으로 등록전환을 하는 경우
③ 공유물분할판결에 따라 토지를 분할하는 경우
④ 건축물의 용도변경으로 인하여 지목변경을 하는 경우
⑤ 지적공부에 등록된 1필지의 일부가 형질변경 등으로 용도가 변경되어 분할을 하는 경우

9. 공간정보의 구축 및 관리 등에 관한 법령상 지적공부의 등록사항 정정에 관한 설명으로 틀린 것은?

① 토지소유자의 신청에 의한 정정으로 인하여 인접토지의 경계가 변경되는 경우에는 인접토지소유자의 승낙서나 이에 대항할 수 있는 확정판결서 정본을 지적소관청에 제출하여야 한다.
② 토지소유자가 지적공부의 경계 또는 면적의 변경을 가져오는 등록사항에 대한 정정신청을 하는 때에는 정정사유를 적은 신청서에 등록사항 정정측량성과도를 첨부하여 지적소관청에 제출하여야 한다.
③ 지적소관청은 토지의 표시가 잘못되었음을 발견하였을 때에는 토지이동정리결의서를 작성한 후 대장의 사유란에 '등록사항 정정대상토지'라고 적고, 토지소유자에게 등록사항 정정신청을 할 수 있도록 그 사유를 통지하여야 한다.
④ 지적소관청은 경계 또는 면적 등 측량을 수반하는 토지의 표시가 잘못된 경우에는 그 정정이 완료될 때까지 지적측량을 정지시킬 수 있다.
⑤ 지적소관청은 지적공부의 등록사항에 잘못이 있음을 발견한 경우, 직권으로 이를 정정할 수 없고 토지소유자로 하여금 신청하도록 통지하여야 한다.

10. 공간정보의 구축 및 관리 등에 관한 법령에 의한 도시개발사업 등의 시행지역에서 토지이동의 신청방법을 설명한 것으로 옳은 것을 모두 고른 것은?

> ㄱ. 도시개발사업 등 토지개발사업의 시행자는 그 사업의 착수·변경 또는 완료사실을 그 사유가 발생한 날부터 15일 이내에 지적소관청에 신고하여야 한다.
> ㄴ. 「주택법」에 의한 주택건설사업의 시행자가 파산하여 토지이동을 신청할 수 없는 때에는 시공을 보증한 자 또는 입주예정자 등이 신청할 수 있다.
> ㄷ. 사업대상지역이 환지를 수반하는 경우에는 사업완료신고로써 토지이동신청에 갈음할 수 있다.
> ㄹ. 도시개발사업지역 등의 경우는 형질변경 등의 공사가 착수된 때 토지이동이 있는 것으로 본다.

① ㄱ, ㄴ　② ㄴ, ㄷ
③ ㄱ, ㄴ, ㄷ　④ ㄱ, ㄷ, ㄹ
⑤ ㄴ, ㄷ, ㄹ

11. 공간정보의 구축 및 관리 등에 관한 법령상 지적위원회에 관한 설명으로 옳은 것은?

① 중앙지적위원회의 위원장은 지적에 관한 학식과 경험이 풍부한 사람 중에서 국토교통부장관이 임명한다.
② 중앙지적위원회의 회의는 재적위원 과반수의 출석으로 개의(開議)하고, 출석위원 3분의 2 이상의 찬성으로 의결한다.
③ 중앙지적위원회는 위원장 및 부위원장을 제외한 5명 이상 10명 이내의 위원으로 구성한다.
④ 지적측량에 대한 적부심사 및 적부재심사 청구사항을 심의·의결하기 위하여 시·도에 지방지적위원회를 둔다.
⑤ 위원장이 부득이한 사유로 직무를 수행할 수 없을 때에는 부위원장이 그 직무를 대행하고, 위원장 및 부위원장이 모두 부득이한 사유로 직무를 수행할 수 없을 때에는 위원장이 미리 지명한 위원이 그 직무를 대행한다.

12. 공간정보의 구축 및 관리 등에 관한 법령상 지적측량절차에 관한 설명으로 <u>틀린</u> 것은?

① 지적측량성과를 검사하기 위한 검사측량과 지적재조사사업에 따라 토지의 이동이 있는 경우 실시하는 지적재조사측량은 지적측량 의뢰의 대상에서 제외된다.
② 토지소유자 및 이해관계인 등 지적측량을 의뢰하려는 자는 지적측량 의뢰서(전자문서로 된 의뢰서를 포함)에 의뢰사유를 증명하는 서류(전자문서를 포함)를 첨부하여 지적소관청에 제출하여야 한다.
③ 지적측량수행자는 지적측량 의뢰를 받은 때에는 측량기간·측량일자 및 측량 수수료 등을 적은 지적측량 수행계획서를 그 다음 날까지 지적소관청에 제출하여야 한다.
④ 지적측량수행자는 지적측량 의뢰를 받으면 지적측량을 하여 그 측량성과를 결정하여야 한다.
⑤ 지적측량수행자가 지적측량을 하였으면 시·도지사, 대도시 시장 또는 지적소관청으로부터 측량성과에 대한 검사를 받아야 한다.

13. 등기한 권리의 순위에 관한 설명으로 <u>틀린</u> 것은?

① 동일한 부동산에 관하여 등기한 권리의 순위는 법률에 다른 규정이 없는 때에는 등기한 순서에 의한다.
② 부기등기의 순위는 주등기의 순위에 따르고, 같은 주등기에 관한 부기등기 상호 간의 순위는 그 등기 순서에 따른다.
③ 등기의 순서는 등기기록 중 갑구에서 한 등기는 순위번호에 따르고, 을구에서 한 등기는 접수번호에 따른다.
④ 대지권에 대한 등기로서 효력이 있는 등기와 대지권의 목적인 토지의 등기기록 중 해당 구에 한 등기의 순서는 접수번호에 의한다.
⑤ 가등기에 의한 본등기를 한 경우, 본등기의 순위는 가등기의 순서에 따른다.

14. 등기필정보의 제공 및 등기필정보의 작성·통지에 관한 설명으로 틀린 것은?

① 등기필정보는 아라비아 숫자와 그 밖의 부호의 조합으로 이루어진 일련번호와 비밀번호로 구성한다.
② 승소한 등기의무자가 단독으로 권리에 관한 등기를 신청하는 경우에는 그의 등기필정보를 등기소에 제공하여야 한다.
③ 법정대리인이 등기를 신청하여 본인이 새로운 권리자가 된 경우, 등기필정보는 특별한 사정이 없는 한 법정대리인에게 통지된다.
④ 관공서가 등기를 촉탁하는 경우에는 등기필정보를 작성하지 않는다. 다만, 관공서가 등기권리자를 위하여 등기를 촉탁하는 경우에는 그러하지 아니하다.
⑤ 등기권리자의 채권자가 등기권리자를 대위하여 등기를 신청하여 마친 경우, 등기관은 등기필정보를 작성하여 그 대위채권자에게 통지한다.

15. 등기관의 결정 또는 처분에 대한 이의에 관한 설명으로 틀린 것은?

① 상속인이 아닌 자는 상속등기가 위법하다 하여 이의신청을 할 수 없다.
② 등기신청의 각하결정에 대하여는 등기신청인인 등기권리자 및 등기의무자에 한하여 이의신청을 할 수 있고, 제3자는 이의신청을 할 수 없다.
③ 등기관의 결정 또는 처분에 이의가 있는 자는 부동산소재지 관할 지방법원에 이의신청을 할 수 있다.
④ 등기관의 결정 또는 처분에 대한 이의는 집행정지의 효력이 없다.
⑤ 결정 또는 처분 시에 주장되거나 제출되지 아니한 새로운 사실이나 새로운 증거방법을 근거로 이의신청을 할 수 없다.

16. 관공서의 촉탁등기에 관한 설명으로 틀린 것은?

① 관공서가 부동산에 관한 거래의 주체인 경우, 촉탁에 의하지 아니하고 등기권리자와 등기의무자가 공동으로 등기를 신청할 수 있다.
② 관공서가 등기촉탁을 하는 경우, 등기기록과 대장상의 부동산의 표시가 부합하지 않으면 그 등기촉탁을 각하하여야 한다.
③ 관공서 또는 법원의 촉탁으로 실행되어야 할 등기를 신청한 경우, 그 등기신청은 각하된다.
④ 공매처분을 원인으로 관공서가 소유권이전등기를 촉탁하는 경우, 등기의무자의 주소를 증명하는 정보의 제공을 요하지 않는다.
⑤ 관공서가 등기를 촉탁하는 경우, 우편에 의한 등기촉탁은 허용된다.

17. 부동산등기법상 관련 사건의 관할에 관한 특례에 관한 설명으로 틀린 것은?

① 등기관이 당사자의 신청으로 승역지에 지역권설정등기를 하는 경우 요역지의 관할 등기소가 다르더라도 직권으로 요역지지역권등기를 할 수 있다.
② 관할 등기소가 다른 여러 개의 부동산과 관련하여 등기목적과 등기원인이 동일한 경우에는 그중 하나의 관할 등기소에서 해당 신청에 따른 등기사무를 담당할 수 있다.
③ 소유자가 다른 여러 부동산에 대한 공동저당등기를 신청한 경우, 그 부동산의 관할 등기소가 다르면 그중 하나의 관할 등기소에서 해당 신청에 따른 등기사무를 담당할 수 없다.
④ 동일한 채권에 관하여 여러 개의 부동산에 관한 권리를 목적으로 하는 등기목적과 등기원인이 동일한 공동저당등기의 신청이 있는 경우, 그 부동산의 관할 등기소가 다르더라도 그중 하나의 관할 등기소에서 해당 신청에 따른 등기사무를 담당할 수 있다.
⑤ 여러 개의 부동산에 관한 공동전세등기나 전전세등기의 신청이 있는 경우, 그 부동산의 관할 등기소가 다르더라도 등기목적과 등기원인이 동일한 경우에는 그중 하나의 관할 등기소에서 해당 신청에 따른 등기사무를 담당할 수 있다.

18. 소유권이전등기에 관한 설명으로 옳은 것을 모두 고른 것은?

> ㄱ. 재결수용을 원인으로 소유권이전등기를 신청하는 경우 등기원인을 증명하는 정보로 토지수용위원회의 '재결서등본'을 제공하여야 한다.
> ㄴ. 공동상속인 중 1인은 전원 명의의 상속등기를 신청할 수 있을 뿐만 아니라 자기 지분만에 관한 상속등기를 신청할 수도 있다.
> ㄷ. 甲 소유 토지에 대해 乙의 강박에 의해 乙 명의로 소유권이전등기를 마친 후에 乙이 선의의 丙 명의로 저당권설정등기를 마친 경우, 甲과 乙은 공동으로 진정명의회복을 위한 소유권이전등기를 신청할 수 있다.

① ㄱ ② ㄴ
③ ㄱ, ㄴ ④ ㄱ, ㄷ
⑤ ㄴ, ㄷ

19. 소유권이전등기에 관한 설명으로 <u>틀린</u> 것은?

① 매매목록의 제공이 필요 없는 경우, 등기기록 중 갑구의 권리자 및 기타 사항란에 거래가액을 기록하는 방법으로 실거래가를 등기한다.
② 포괄유증으로 인한 소유권이전등기는 수증자가 단독으로 신청한다.
③ 수용으로 인한 사업시행자 명의의 소유권이전등기시 수용의 개시일 이전에 마쳐진 소유권이전등기와 그 토지를 위하여 존재하는 지역권등기는 직권말소의 대상이 아니다.
④ 소유권의 일부에 대한 이전등기를 신청하는 경우에는 이전되는 지분을 신청정보의 내용으로 등기소에 제공하여야 한다.
⑤ 등기관이 권리의 이전 또는 말소등기나 수탁자의 고유재산으로 된 뜻의 등기와 함께 신탁등기의 말소등기를 할 때에는 하나의 순위번호를 사용하고, 종전의 신탁등기를 말소하는 표시를 하여야 한다.

20. 환매특약등기에 관한 설명으로 옳은 것을 모두 고른 것은?

> ㄱ. 환매등기의 경우 매도인이 아닌 제3자를 환매권리자로 하는 환매등기를 할 수 없다.
> ㄴ. 환매특약등기는 소유권이전등기와 1건의 신청정보로 동시에 신청하여야 한다.
> ㄷ. 등기관이 환매특약의 등기를 할 때에는 신청정보에 매수인이 지급한 대금과 매매비용 및 환매기간을 제공하여야 한다.
> ㄹ. 환매권의 이전등기는 부기등기의 부기등기로 실행한다.

① ㄱ, ㄴ ② ㄱ, ㄹ
③ ㄴ, ㄷ ④ ㄴ, ㄹ
⑤ ㄱ, ㄴ, ㄹ

21. 근저당권의 등기사항에 해당하는 것을 모두 고른 것은?

> ㄱ. 존속기간
> ㄴ. 위약금
> ㄷ. 채무자
> ㄹ. 변제기

① ㄱ ② ㄱ, ㄴ
③ ㄱ, ㄷ ④ ㄴ, ㄹ
⑤ ㄴ, ㄷ, ㄹ

22. 부기등기에 관한 설명으로 옳은 것을 모두 고른 것은?

> ㄱ. 등기명의인의 표시변경등기는 항상 부기등기로 실행한다.
> ㄴ. 가등기상의 권리의 이전등기는 부기등기로 실행한다.
> ㄷ. 전세권설정등기는 부기등기로 실행한다.
> ㄹ. 권리변경등기는 등기상 이해관계인의 승낙이 없으면 부기등기로 실행할 수 있다.
> ㅁ. 권리소멸의 약정등기는 부기등기로 실행한다.

① ㄱ, ㄴ, ㅁ　② ㄱ, ㄷ, ㄹ
③ ㄴ, ㄷ, ㅁ　④ ㄴ, ㄹ, ㅁ
⑤ ㄱ, ㄴ, ㄷ, ㄹ, ㅁ

23. 말소등기를 신청하는 경우 그 말소에 관하여 승낙서를 첨부하여야 하는 등기상 이해관계 있는 제3자에 해당하는 자는?

① 토지에 대한 지상권등기를 말소하는 경우 그 토지에 대한 저당권자
② 순위 2번 저당권등기를 말소하는 경우 순위 1번 전세권자
③ 순위 1번 저당권등기를 말소하는 경우 순위 2번 전세권자
④ 소유권보존등기를 말소하는 경우 가압류권자
⑤ 甲 ⇨ 乙 ⇨ 丙 순으로 소유권이전등기가 된 상태에서 乙 명의의 소유권이전등기를 말소할 때의 丙

24. 가등기에 관한 설명으로 <u>틀린</u> 것은?

① 가등기 후 가등기상의 권리가 제3자에게 이전된 경우, 그 제3자가 가등기에 기한 본등기의 등기권리자가 된다.
② 가등기에 의한 본등기를 한 경우 본등기의 순위는 가등기 시로 소급하게 되는데, 이를 가등기의 순위보전의 효력이라고 한다.
③ 가등기의무자는 가등기명의인의 승낙을 받아 단독으로 가등기의 말소를 신청할 수 있다.
④ 하나의 가등기에 관하여 수인의 가등기권자가 있는 경우에 일부의 가등기권자가 공유물보존행위에 준하여 가등기 전부에 대한 본등기를 신청할 수 있다.
⑤ 사인증여로 인하여 발생한 소유권이전등기청구권을 보전하기 위한 가등기는 허용된다.

25. 납세의무 성립시기에 관한 설명으로 <u>틀린</u> 것은?

① 재산세: 매년 6월 1일
② 수시부과하여 징수하는 지방세: 수시부과할 사유가 발생하는 때
③ 소득세: 과세기간이 끝나는 때
④ 농어촌특별세: 과세기간이 끝나는 때
⑤ 중간예납하는 소득세: 중간예납기간이 끝나는 때

26. 조세부과제척기간에 관한 설명으로 <u>틀린</u> 것은? (단, 조세를 부과할 수 있는 날부터 다음의 기간을 말함)

① 부담부증여 시 채무부분에 대한 양도소득세의 부과제척기간은 증여세의 부과제척기간을 적용한다.
② 상속을 원인으로 취득한 주택에 대한 취득세 과세표준신고서를 법정신고기한까지 제출하지 아니한 경우 7년을 부과제척기간으로 한다.
③ 유상취득한 토지에 대한 취득세 과세표준신고서를 법정신고기한까지 제출하지 아니한 경우 7년을 부과제척기간으로 한다.
④ 납세자가 법정신고기한까지 과세표준신고서를 제출하지 아니한 경우(역외거래 제외) 해당 국세를 부과할 수 있는 날부터 7년을 부과제척기간으로 한다.
⑤ 납세자가 사기나 그 밖의 부정한 행위로 종합소득세를 포탈하는 경우(역외거래 제외) 10년을 부과제척기간으로 한다.

27. 지방세법상 취득세의 과세대상이 아닌 것은? (단, 국내자산임을 가정함)

① 차량 ② 양식업권
③ 콘도회원권 ④ 등기된 부동산임차권
⑤ 선박

28. 지방세법상 취득세가 과세되는 경우로 옳은 것은?

① 법인설립 시 발행하는 주식을 취득하여 과점주주가 된 경우
② 차량을 원시취득한 경우
③ 건물을 유상취득한 후 이를 등기하지 아니하고 취득일부터 60일 이내에 계약이 해제된 사실이 인낙조서에 의하여 입증되는 경우
④ 등기된 부동산임차권을 취득하는 경우
⑤ 대한민국 정부기관의 취득에 대하여 과세하는 외국정부가 취득세 과세대상 물건을 취득한 경우

29. 지방세법상 취득세의 부과·징수에 관한 설명으로 옳은 것은?

① 취득세 과세물건을 증여취득한 자가 등기·등록한 후 화해조서에 의하여 취득일이 속하는 달의 말일부터 3개월 이내에 계약이 해제된 사실을 입증하는 경우 취득한 것으로 보지 아니한다.
② 납세의무자가 취득세 신고기한까지 취득세를 시가인정액으로 신고한 후 지방자치단체의 장이 세액을 경정하기 전에 그 시가인정액을 수정신고한 경우에는 「지방세기본법」 제53조 및 제54조에 따른 가산세를 부과한다.
③ 취득세 납세의무자가 신고 또는 납부의무를 다하지 아니한 경우 산출세액 또는 그 부족세액에 「지방세기본법」의 규정에 따른 가산세를 합한 금액을 세액으로 하여 보통징수방법으로 징수한다.
④ 법인의 취득당시가액을 증명할 수 있는 장부가 없는 경우 지방자치단체의 장은 그 산출된 세액의 100분의 20을 징수하여야 할 세액에 가산한다.
⑤ 2025년 3월과 9월에 각각 취득가액이 40만원인 인접한 토지를 유상승계취득하였다면 취득세를 과세하지 아니한다.

30. 지방세법상 부동산등기에 있어 등록면허세에 관한 설명으로 틀린 것은?

① 부동산등기에 대한 등록면허세 납세지는 부동산 소재지이다.
② 지역권설정등기에 대한 세율은 요역지(要役地) 가액의 1천분의 2이다.
③ 임차권설정등기에 대한 세율은 월임대차금액의 1천분의 2이다.
④ 취득세 면세점에 해당하는 부동산을 취득하는 경우에는 등기 당시에 자산재평가의 사유로 가액이 증가한 것이 법인장부로 입증되더라도 재평가 전의 가액을 과세표준으로 한다.
⑤ 같은 등록에 관계되는 재산이 둘 이상의 지방자치단체에 걸쳐 있어 등록면허세를 지방자치단체별로 부과할 수 없을 때에는 등록관청 소재지를 납세지로 한다.

31. 지방세법상 재산세의 과세대상이 아닌 것은 모두 몇 개인가?

ㄱ. 고급주택 ㄴ. 비사업용 토지 ㄷ. 영업권 ㄹ. 입목 ㅁ. 기계장비(건설기계)

① 1개 ② 2개
③ 3개 ④ 4개
⑤ 5개

32. **지방세법상 재산세 과세표준에 관한 설명으로 틀린 것은?**

① 항공기에 대한 과세표준은 과세기준일 현재 시가표준액으로 한다.
② 주택에 대한 과세표준은 과세기준일 현재 시가표준액에 100분의 60을 곱하여 산정한 가액으로 한다(단, 1세대 1주택에 해당하지 아니함).
③ 공매로 취득한 경우 및 법인 장부 등으로 사실상 취득가격을 알 수 있는 경우에 과세표준은 사실상 취득가격으로 한다.
④ 토지에 대한 과세표준은 과세기준일 현재 시가표준액에 100분의 70을 곱하여 산정한 가액으로 한다.
⑤ 법령에 따른 건축물에 대한 과세표준은 과세기준일 현재 시가표준액에 100분의 70을 곱하여 산정한 가액으로 한다.

33. **지방세법상 재산세 부과·징수에 관한 설명으로 옳은 것은? (단, 해당 답지 항 외의 다른 사항은 고려하지 않음)**

① 재산세의 징수는 신고납부의 방법으로 한다.
② 고지서 1장당 징수할 재산세액이 2천원인 경우에는 해당 재산세를 징수하지 아니한다.
③ 재산세의 과세기준일은 매년 7월 1일로 한다.
④ 지방자치단체의 장은 재산세의 납부세액이 250만원을 초과하는 경우에는 납부할 세액의 일부를 납부기한이 지난 날부터 6개월 이내에 분할납부하게 할 수 있다.
⑤ 해당 연도에 주택에 부과할 세액이 20만원인 경우 납기를 7월 16일부터 7월 31일까지로 하여 한꺼번에 부과·징수할 수 있다.

34. **종합부동산세법상 종합부동산세에 관한 설명으로 틀린 것은?**

① 종합부동산세의 세율은 초과누진세율 구조로만 되어 있다.
② 종합부동산세는 소유자별로 합산하여 과세하는 인세이다.
③ 종합부동산세가 과세되는 금액에 대하여 부과된 재산세는 종합부동산세액에서 공제한다.
④ 주택에 대한 종합부동산세 세액 계산에 있어 과세표준 계산 시 합산하지 않는 주택은 주택 수에 포함하지 않는다.
⑤ 회원제 골프장용 토지는 종합부동산세 과세대상이 아니다.

35. **종합부동산세법상 종합부동산세(과세표준과 부과·징수)에 관한 설명으로 틀린 것은?**

① 관할 세무서장은 납부하여야 할 종합부동산세의 세액을 결정하여 해당 연도 12월 1일부터 12월 15일까지 부과·징수한다.
② 과세기준일 현재 세대원 중 1인이 그 배우자와 공동으로 1주택을 소유하고 해당 세대원 및 다른 세대원이 다른 주택을 소유하지 아니한 경우로서 대통령령으로 정하는 경우에는 배우자와 공동으로 1주택을 소유한 자 또는 그 배우자 중 대통령령으로 정하는 자를 해당 1주택에 대한 납세의무자로 할 수 있다.
③ 관할 세무서장은 납부세액이 1천만원을 초과하는 경우에는 납세의무자의 신청을 받아 대통령령으로 정하는 바에 따라 물납을 허가할 수 있다.
④ 법인(공익법인 등에 해당하지 아니함)이 소유하는 주택에 대해서는 세부담의 상한규정을 적용하지 아니한다.
⑤ 과세표준 계산 시 1주택(주택의 부속토지만을 소유한 경우는 제외)과 다른 주택의 부속토지(주택의 건물과 부속토지의 소유자가 다른 경우의 그 부속토지를 말함)를 함께 소유하고 있는 경우에는 1세대 1주택자로 본다.

36. 소득세법상 양도소득세의 양도 및 취득시기에 관한 설명으로 옳은 것은?

① 「도시개발법」 또는 그 밖의 법률에 따른 환지처분으로 인하여 취득한 토지의 취득시기는 환지 전 토지의 취득일이다.

② 「민법」에 따른 점유시효완성에 의한 취득의 경우에는 등기·등록일을 취득시기로 본다.

③ 완성되지 아니한 자산을 양도하는 경우로서 해당 자산의 대금을 청산한 날까지 그 목적물이 완성되지 아니한 경우에는 해당 자산의 대금을 청산한 날이다.

④ 수용에 있어 소유권에 관한 소송으로 보상금이 공탁된 경우에는 공탁일이다.

⑤ 건축허가를 받지 아니하고 건축하는 건축물은 추후 사용승인 또는 임시사용승인을 받은 날이다.

37. 다음 자료에 의하여 토지의 소득세법상 양도차익을 구하면 얼마인가?

구분	양도가액	취득가액	취득/양도시기
실지 거래가액	100,000,000원	불명	양도: 2025.10.31. 취득: 2004.1.1.
매매 사례가액	–	–	
감정가액	–	–	
기준시가	50,000,000원	25,000,000원	

- 등기된 자산이며 당해 연도 양도자산은 본건 외에는 없음
- 지출된 자본적 지출액과 양도비용: 1천만원(적격증빙 수령함)

① 34,475,000원 ② 40,000,000원
③ 49,250,000원 ④ 50,000,000원
⑤ 65,000,000원

38. 소득세법 제97조의2에 따른 배우자 또는 직계존비속 간 증여받은 자산에 대한 양도소득세 이월과세 특례에 관한 설명으로 옳은 것은? (단, 이월과세를 배제하는 경우에 해당하지 아니함)

① 양도소득세 납세의무자는 당초 증여자이다.

② 배우자 또는 직계존비속으로부터 증여받은 후 10년 이내에 타인에게 양도한 경우에 양도차익을 계산함에 있어 취득가액을 증여자의 취득당시가액으로 한다.

③ 증여받은 자산에 대하여 납부하였거나 납부할 증여세 상당액은 세액공제한다.

④ 증여한 배우자 및 직계존비속과 수증자는 연대납세의무가 있다.

⑤ 사망으로 혼인관계가 소멸된 경우에도 취득가액을 증여자의 취득당시가액으로 이월적용한다.

39. 소득세법상 거주자의 양도소득세 비과세에 관한 설명으로 <u>틀린</u> 것은?

① 파산선고에 의한 처분으로 발생하는 소득에 대해서는 양도소득세를 과세하지 아니한다.

② 1세대가 양도일 현재 국내에 1주택(취득 당시 조정대상지역 내 주택 아님)을 2년 이상 보유하고 당해 주택을 양도하는 경우(양도가액 12억원) 원칙적으로 양도소득세가 비과세된다.

③ 농지를 교환할 때 쌍방 토지면적의 차이가 큰 편의 4분의 1 이하인 경우 발생하는 양도소득은 비과세된다.

④ 각각 1주택을 보유하는 자 간의 혼인 시 혼인한 날부터 10년 이내에 먼저 양도하는 주택은 1세대 1주택으로 본다.

⑤ 1주택을 보유하고 1세대를 구성하는 자가 1주택을 보유하고 있는 60세 이상의 직계존속을 동거봉양하기 위하여 세대를 합침으로써 1세대가 2주택을 보유하게 되는 경우 합친 날부터 10년 이내에 먼저 양도하는 주택은 이를 1세대 1주택으로 본다.

40. 소득세법상 양도소득세 납부 등에 관한 설명으로 <u>틀린</u> 것은? (단, 주어진 조건 외에는 고려하지 말 것)

① 납세자가 국내 주소가 있는 거주자인 경우 납세지는 주소지 관할 세무서로 한다.

② 토지양도 시 양도차손이 발생한 경우에는 예정신고 대상이 아니다.

③ 양도 당시 또는 취득 당시의 실지거래가액을 인정 또는 확인할 수 없는 경우에는 양도가액 또는 취득가액을 매매사례가액, 감정가액, 환산취득가액 또는 기준시가에 따라 추계하여 결정 또는 경정할 수 있다.

④ 甲이 해당 토지를 2025년 6월 25일 부담부증여한 경우 예정신고기한은 2025년 9월 30일이다.

⑤ 예정신고기한까지 예정신고를 하지 아니하였으나 확정신고기한까지 과세표준신고를 한 경우 무신고 가산세의 50%를 경감한다(단, 과세표준과 세액을 경정할 것을 미리 알고 과세표준신고를 하는 경우는 제외).

정답 및 해설	p.22

시작시간: ______시 ______분 ~ 종료시간: ______시 ______분

2025년도 제36회 공인중개사 2차 국가자격시험

실전모의고사 제2회

교 시	문제형별	시험시간	시험과목
1교시	A	100분	1 공인중개사의 업무 및 부동산 거래신고에 관한 법령 및 중개실무 2 부동산공법 중 부동산중개에 관련되는 규정

수험번호		성 명	

[수험자 유의사항]

1. 시험문제지는 **단일 형별(A형)**이며, 답안카드 형별 기재란에 표시된 형별(A형)을 확인하시기 바랍니다. 시험문제지의 **총면수, 문제번호 일련순서, 인쇄상태** 등을 확인하시고, 문제지 표지에 수험번호와 성명을 기재하시기 바랍니다.

2. 답은 각 문제마다 요구하는 **가장 적합하거나 가까운 답 1개**만 선택하고, 답안카드 작성 시 시험문제지 **마킹착오**로 인한 불이익은 전적으로 **수험자에게 책임**이 있음을 알려드립니다.

3. 답안카드는 국가전문자격 공통 표준형으로 문제번호가 1번부터 125번까지 인쇄되어 있습니다. 답안 마킹 시에는 반드시 **시험문제지의 문제번호와 동일한 번호**에 마킹하여야 합니다. (2차 1교시 : 1번~80번)

4. **감독위원의 지시에 불응하거나 시험시간 종료 후 답안카드를 제출하지 않을 경우** 불이익이 발생할 수 있음을 알려 드립니다.

5. 시험문제지는 시험 종료 후 가져가시기 바랍니다.

6. 답안작성은 **시험 시행일(2025.10.25.) 현재 시행되는 법령 등**을 적용하시기 바랍니다.

7. 가답안 의견제시에 대한 개별회신 및 공고는 하지 않으며, **최종 정답 발표로 갈음**합니다.

8. 시험 중 **중간 퇴실은 불가**합니다. 단, 부득이하게 퇴실할 경우 **시험포기각서 제출 후 퇴실은 가능**하나 **재입실이 불가**하며, **해당시험은 무효처리됩니다.**

eduwill

제1과목: 공인중개사의 업무 및 부동산 거래 신고 등에 관한 법령 및 중개실무

1. 공인중개사법령상 임대차에 관한 전속중개계약을 체결한 개업공인중개사가 공개해야 할 중개대상물의 정보에 해당하는 것을 모두 고른 것은? (단, 중개의뢰인이 비공개를 요청하지 않은 경우임)

ㄱ. 도로 및 대중교통수단과의 연계성, 시장·학교 등과의 근접성
ㄴ. 중개대상물에 설정된 저당권자의 주소·성명 등 인적사항
ㄷ. 공시지가
ㄹ. 중개대상물에 대한 권리를 취득함에 따라 부담하여야 할 조세의 종류 및 세율

① ㄱ　② ㄹ
③ ㄱ, ㄹ　④ ㄴ, ㄷ, ㄹ
⑤ ㄱ, ㄴ, ㄷ, ㄹ

2. 공인중개사법령상 용어와 관련된 설명으로 옳은 것을 모두 고른 것은? (다툼이 있으면 판례에 따름)

ㄱ. 타인의 의뢰에 의하여 일정한 보수를 받고 부동산에 대한 저당권설정행위의 알선을 업으로 하는 경우, 그 행위의 알선이 금전소비대차의 알선에 부수하여 이루어졌다면 중개업에 해당하지 않는다.
ㄴ. 우연한 기회에 단 1회 상가건물에 대한 임대차계약의 중개를 하고 보수를 받은 사실만으로는 중개를 업으로 한 것이라고 할 수 없다.
ㄷ. 소속공인중개사에는 개업공인중개사인 법인의 사원 또는 임원으로서 중개업무를 수행하는 공인중개사인 자가 포함된다.
ㄹ. 개업공인중개사라 함은 공인중개사 자격을 가지고 중개를 업으로 하는 자를 말한다.
ㅁ. '중개보조원'은 개업공인중개사에 소속된 공인중개사로서 개업공인중개사의 중개업무를 보조하는 자를 말한다.

① ㄱ, ㄴ　② ㄱ, ㄹ
③ ㄴ, ㄷ　④ ㄴ, ㄷ, ㅁ
⑤ ㄴ, ㄷ, ㄹ, ㅁ

3. 공인중개사법령상 중개대상물에 해당하는 것을 모두 고른 것은? (다툼이 있으면 판례에 따름)

ㄱ. 주택이 철거될 경우 일정한 요건하에 이주자택지를 공급받을 대토권
ㄴ. 「입목에 관한 법률」의 적용을 받지 않으나 명인방법을 갖춘 수목의 집단
ㄷ. 콘크리트 지반 위에 볼트조립방식으로 철제파이프 기둥을 세우고 3면에 천막을 설치하여 주벽이라고 할 만한 것이 없는 세차장구조물
ㄹ. 피분양자가 선정된 장차 건축될 특정의 건물
ㅁ. 영업용 건물의 비품 등 유형물의 가치 또는 거래처, 신용 또는 점포 위치에 따른 영업상의 이점 등 무형물의 가치

① ㄱ, ㄷ　② ㄴ, ㄹ
③ ㄴ, ㄷ, ㄹ　④ ㄴ, ㄷ, ㅁ
⑤ ㄱ, ㄴ, ㄹ, ㅁ

4. **공인중개사법령상 공인중개사 정책심의위원회(이하 '심의위원회'라 함)에 관한 설명으로 옳은 것은?**

① 부동산 중개업의 육성에 관한 사항을 심의하기 위하여 시·도에 공인중개사 정책심의위원회를 둘 수 있다.

② 심의위원회는 위원장 1명을 포함하여 7명 이상 9명 이내의 위원으로 구성한다.

③ 심의위원회 위원장은 국토교통부 제1차관이 되고, 위원은 위원장이 임명하거나 위촉한다.

④ 심의위원회의 구성 및 운영 등에 관하여 필요한 사항은 대통령령으로 정한다.

⑤ 심의위원회는 재적위원 과반수의 찬성으로 심의사항을 의결한다.

5. **공인중개사법령상 중개사무소 개설등록 등에 관한 설명으로 옳은 것은?**

① 법인이 아닌 사단은 중개사무소의 개설등록을 신청할 수 없으나, 소속공인중개사는 중개사무소의 개설등록을 신청할 수 있다.

② 자본금이 5천만원 이상인 「협동조합 기본법」 제2조 제3호에 따른 사회적 협동조합은 중개사무소의 개설등록을 할 수 있다.

③ 자본금이 5천만원 이상인 「상법」상 회사는 대표자가 공인중개사가 아니어도 중개사무소의 개설등록을 할 수 있다.

④ 중개사무소 개설등록의 신청을 받은 등록관청은 개업공인중개사의 종별에 따라 구분하여 개설등록을 하고, 개설등록신청을 받은 날부터 7일 이내에 등록신청인에게 중개사무소등록증을 교부하여야 한다.

⑤ 등록관청은 중개사무소의 개설등록을 한 자가 보증을 설정하였는지 여부를 확인한 후 중개사무소등록증을 지체 없이 교부하여야 한다.

6. **2025년 5월 20일 현재 공인중개사법령상 중개사무소 개설등록 결격사유에 해당하는 자는? (단, 주어진 조건만 고려함)**

① 2025년 2월 10일 6개월의 업무정지처분을 받고 2025년 2월 20일 폐업신고를 한 자

② 2024년 10월 10일 파산선고를 받고 2025년 1월 10일 복권된 자

③ 2025년 3월 10일 피특정후견심판을 받은 자

④ 2025년 3월 10일 6개월의 업무정지처분을 받은 개업공인중개사인 법인의 업무정지의 사유가 발생한 이후에 임용된 임원

⑤ 개업공인중개사인 법인이 해산하여 2024년 12월 10일 개설등록이 취소된 경우 그 법인의 대표이었던 자

7. **공인중개사법령상 법인인 개업공인중개사가 중개업과 겸업할 수 있는 업무에 해당하는 것을 모두 고른 것은? (단, 다른 법률의 규정은 고려하지 않음)**

ㄱ. 주상복합건물의 분양 및 관리의 대행
ㄴ. 주택용지의 분양대행
ㄷ. 법인인 개업공인중개사를 대상으로 한 중개업의 경영기법 제공
ㄹ. 중개의뢰인의 의뢰에 따른 이사업체의 운영 등 용역의 제공
ㅁ. 「국세징수법」에 의한 공매 대상 부동산에 대한 취득의 알선과 입찰신청의 대리

① ㄱ, ㄴ
② ㄷ, ㄹ
③ ㄱ, ㄷ, ㅁ
④ ㄴ, ㄷ, ㄹ
⑤ ㄷ, ㄹ, ㅁ

8. 공인중개사법령상 개업공인중개사인 법인이 의뢰받은 아파트에 대하여 인터넷을 이용하여 표시·광고를 하려는 경우 명시해야 하는 것을 모두 고른 것은?

ㄱ. 대표자 및 소속공인중개사의 성명
ㄴ. 중개사무소의 등록번호
ㄷ. 아파트의 종류
ㄹ. 입주가능일
ㅁ. 주차대수 및 관리비

① ㄱ, ㄴ, ㄷ
② ㄴ, ㄷ, ㄹ
③ ㄷ, ㄹ, ㅁ
④ ㄱ, ㄴ, ㄹ, ㅁ
⑤ ㄴ, ㄷ, ㄹ, ㅁ

9. 공인중개사법령상 개업공인중개사의 고용인에 관한 설명으로 옳은 것은? (다툼이 있으면 판례에 따름)

① 개업공인중개사는 소속공인중개사를 고용한 경우에는 직무교육을 받도록 한 후 업무개시 전까지 등록관청에 신고하여야 한다.
② 소속공인중개사에 대한 고용신고는 전자문서에 의하여도 할 수 있다.
③ 중개보조원 고용신고를 받은 등록관청은 실무교육 수료 여부를 확인하여야 한다.
④ 중개보조원에 대한 고용신고를 받은 등록관청은 시·도지사에게 그의 공인중개사 자격 확인을 요청해야 한다.
⑤ 개업공인중개사는 중개보조원과의 고용관계가 종료된 때에는 고용관계가 종료된 날부터 30일 이내에 등록관청에 신고하여야 한다.

10. 공인중개사법령상 개업공인중개사의 인터넷을 이용한 중개대상물 표시·광고의 모니터링에 관한 설명으로 <u>틀린</u> 것은?

① 국토교통부장관은 인터넷을 이용한 중개대상물에 대한 표시·광고가 「공인중개사법」 규정을 준수하는지 여부를 모니터링할 수 있다.
② 모니터링 업무 수탁기관(이하 '모니터링 기관'이라 함)은 다음 연도의 모니터링 기본계획서를 매년 12월 31일까지 국토교통부장관에게 제출해야 한다.
③ 기본 모니터링 업무를 수행한 모니터링 기관은 모니터링 결과보고서를 매 분기의 마지막 날부터 30일 이내에 국토교통부장관에게 제출해야 한다.
④ 수시 모니터링 업무를 수행한 모니터링 기관은 모니터링 업무를 완료한 날부터 10일 이내에 모니터링 결과보고서를 국토교통부장관에게 제출해야 한다.
⑤ 국토교통부장관으로부터 조사 및 조치를 요구받은 시·도지사 및 등록관청은 조사 및 조치를 완료한 날부터 10일 이내에 그 결과를 국토교통부장관에게 통보해야 한다.

11. 공인중개사법령상 개업공인중개사의 휴업 등에 관한 설명으로 옳은 것을 모두 고른 것은?

ㄱ. 중개사무소 개설등록 후 업무를 개시하지 않고 3월을 초과하는 경우에는 신고해야 한다.
ㄴ. 임신 또는 출산을 사유로 하는 휴업은 6월을 초과할 수 있다.
ㄷ. 분사무소는 주된 사무소와 별도로 휴업할 수 없다.
ㄹ. 휴업신고서에는 휴업일을 기재해야 한다.
ㅁ. 휴업기간 변경신고서에는 중개사무소등록증을 첨부해야 한다.

① ㄹ
② ㄱ, ㄴ
③ ㄱ, ㄷ
④ ㄴ, ㄹ
⑤ ㄱ, ㄴ, ㄷ, ㄹ, ㅁ

12. 공인중개사법 제33조 제1항에 규정된 개업공인중개사등의 금지행위에 해당하지 않는 것을 모두 고른 것은? (다툼이 있으면 판례에 따름)

> ㄱ. 상업용 건축물의 분양을 대행하고 법정의 중개보수를 초과하여 금품을 받는 행위
> ㄴ. 부당한 이익을 얻을 목적으로 거짓으로 거래가 완료된 것처럼 꾸미는 행위
> ㄷ. 매도인으로부터 매도중개의뢰를 받은 개업공인중개사 乙의 중개로 X부동산을 매수한 개업공인중개사 甲이 매수중개의뢰를 받은 다른 개업공인중개사 丙의 중개로 X부동산을 매도한 행위
> ㄹ. 단체를 구성하여 특정 중개대상물에 대하여 중개를 제한하는 행위
> ㅁ. 탈세를 목적으로 소유권이전등기를 하지 아니한 부동산의 매매를 중개하는 행위

① ㄱ, ㄷ　② ㄴ, ㄷ
③ ㄱ, ㄷ, ㄹ　④ ㄱ, ㄴ, ㄹ, ㅁ
⑤ ㄴ, ㄷ, ㄹ, ㅁ

13. 공인중개사법령상 인장등록에 관한 설명으로 옳은 것을 모두 고른 것은?

> ㄱ. 중개보조원은 중개업무를 보조하더라도 인장등록을 하지 않아도 된다.
> ㄴ. 법인인 개업공인중개사의 인장등록은 「상업등기규칙」에 따른 인감증명서의 제출로 갈음한다.
> ㄷ. 분사무소에서 사용할 인장으로 「상업등기규칙」에 따라 법인의 대표자가 보증하는 인장을 등록할 수 있다.
> ㄹ. 개업공인중개사는 등록한 인장을 변경한 경우에는 변경일부터 10일 이내에 그 변경된 인장을 등록관청에 등록해야 한다.

① ㄱ, ㄴ　② ㄷ, ㄹ
③ ㄱ, ㄴ, ㄷ　④ ㄴ, ㄷ, ㄹ
⑤ ㄱ, ㄴ, ㄷ, ㄹ

14. 공인중개사법령상 중개사무소 이전에 관한 설명으로 틀린 것을 모두 고른 것은?

> ㄱ. 개업공인중개사는 중개사무소를 등록관청의 관할지역 외의 지역으로 이전한 때에는 이전한 날부터 10일 이내에 이전 전 등록관청에 신고하여야 한다.
> ㄴ. 개업공인중개사인 법인의 분사무소를 이전한 때에는 중개사무소이전신고서에 분사무소설치신고확인서 등을 첨부하여 이전 후 분사무소의 소재지를 관할하는 등록관청에 제출하여야 한다.
> ㄷ. 이전신고 전에 발생한 사유로 인한 개업공인중개사에 대한 행정처분은 이전 전 등록관청이 이를 행한다.

① ㄱ　② ㄴ
③ ㄷ　④ ㄴ, ㄷ
⑤ ㄱ, ㄴ, ㄷ

15. 공인중개사법령상 개업공인중개사의 손해배상책임 및 그 보장에 관한 설명으로 옳은 것은?

① 개업공인중개사등이 아닌 제3자의 중개행위로 거래당사자에게 재산상 손해가 발생한 경우 그 제3자는 「공인중개사법」에 따른 손해배상책임을 진다.
② 개업공인중개사는 자기의 중개사무소를 다른 사람의 중개행위의 장소로 제공함으로써 거래당사자에게 재산상 손해를 발생하게 한 때에는 그 손해를 배상할 책임이 없다.
③ 공인중개사인 개업공인중개사는 업무를 개시하기 전에 손해배상책임을 보장하기 위하여 1억원 이상의 보증보험 또는 공제에 가입하거나 공탁을 해야 한다.
④ 보증을 설정한 개업공인중개사는 그 보증을 다른 보증으로 변경하고자 하는 경우에는 이미 설정한 보증의 효력이 있는 기간 중에 다른 보증을 설정하고 그 증명서류를 갖추어 등록관청에 신고하여야 한다.
⑤ 개업공인중개사는 보증보험금·공제금 또는 공탁금으로 손해배상을 한 때에는 10일 이내에 보증보험 또는 공제에 다시 가입하거나 공탁금 중 부족하게 된 금액을 보전하여야 한다.

16. **공인중개사법령상 개업공인중개사의 중개보수 등에 관한 설명으로 틀린 것은?**

① 다른 약정이 없는 경우 중개보수의 지급시기는 중개대상물의 거래대금 지급이 완료된 날로 한다.
② 중개대상물인 건축물 중 주택의 면적이 2분의 1 이상인 건축물은 주택의 중개보수규정을 적용한다.
③ 주택 외의 중개대상물에 대한 중개보수는 국토교통부령으로 정한다.
④ 중개대상물인 주택 소재지와 중개사무소 소재지가 다른 경우 주택 소재지를 관할하는 시·도 조례에서 정한 기준에 따라 중개보수를 받아야 한다.
⑤ 매도인으로부터 중개대상물의 권리관계 등의 확인에 소요되는 실비를 받을 수 있다.

17. **공인중개사법령상 교육에 관한 설명으로 틀린 것은?**

① 실무교육시간은 28시간 이상 32시간 이하이다.
② 직무교육시간은 3시간 이상 4시간 이하이다.
③ 연수교육시간은 12시간 이상 16시간 이하이다.
④ 시·도지사는 연수교육을 실시하려는 경우 실무교육 또는 연수교육을 받은 후 2년이 되기 2개월 전까지 연수교육의 일시·장소·내용 등을 대상자에게 통지하여야 한다.
⑤ 실무교육은 그에 관한 업무의 위탁이 없는 경우 국토교통부장관이 실시한다.

18. **공인중개사법령상 등록관청이 인지하였다면 개업공인중개사의 중개사무소 개설등록을 취소하여야 하는 경우에 해당하지 않는 것은 모두 몇 개인가?**

ㄱ. 둘 이상의 중개사무소를 두거나 임시중개시설물을 설치한 경우
ㄴ. 「공인중개사법」을 위반하여 300만원의 벌금형을 선고받은 경우
ㄷ. 개업공인중개사인 법인이 해산한 경우
ㄹ. 자격정지처분을 받은 소속공인중개사로 하여금 자격정지기간 중에 중개업무를 하게 한 경우
ㅁ. 거짓이나 그 밖의 부정한 방법으로 중개사무소의 개설등록을 한 경우

① 1개 ② 2개
③ 3개 ④ 4개
⑤ 5개

19. **공인중개사법령상 포상금에 관한 설명으로 틀린 것은?**

① 등록관청은 특정 개업공인중개사등에 대한 중개의뢰를 제한하는 행위를 한 자를 부동산거래질서교란행위 신고센터에 신고한 자에게 포상금을 지급할 수 있다.
② 포상금의 지급에 소요되는 비용은 그 일부를 국고에서 보조할 수 있다.
③ 검사가 고발사건에 대하여 기소유예의 결정을 한 경우에는 포상금을 지급하지 않는다.
④ 포상금은 1건당 50만원으로 한다.
⑤ 포상금지급신청서를 제출받은 등록관청은 포상금의 지급을 결정한 날부터 1월 이내에 포상금을 지급해야 한다.

20. 공인중개사법령상 개업공인중개사에 대한 업무정지처분을 명할 수 있는 사유를 모두 고른 것은?

ㄱ. 국토교통부령으로 정하는 전속중개계약서에 의하지 아니하고 전속중개계약을 체결한 경우
ㄴ. 손해배상책임을 보장하기 위한 조치를 이행하지 아니하고 업무를 개시한 경우
ㄷ. 다른 개업공인중개사의 소속공인중개사가 된 경우
ㄹ. 최근 1년 이내에 1회 업무정지처분을 받고 다시 과태료처분에 해당하는 행위를 한 경우
ㅁ. 최근 1년 이내에 1회 과태료처분과 1회 업무정지처분을 받고 다시 과태료처분에 해당하는 행위를 한 경우

① ㄱ, ㄴ, ㄹ　② ㄱ, ㄴ, ㅁ
③ ㄴ, ㄷ, ㄹ　④ ㄴ, ㄷ, ㄹ, ㅁ
⑤ ㄱ, ㄴ, ㄷ, ㄹ, ㅁ

21. 공인중개사법령상 국토교통부장관이 공인중개사협회의 공제사업 운영에 대하여 개선조치로서 명할 수 있는 것으로 명시되지 않은 것은?

① 업무집행방법의 변경
② 자산의 장부가격의 변경
③ 가치가 없다고 인정되는 자산의 손실 처리
④ 공제사업의 양도
⑤ 불건전한 자산에 대한 적립금의 보유

22. 공인중개사법령상 행정제재처분효과의 승계 등에 관한 설명으로 옳은 것을 모두 고른 것은?

ㄱ. 폐업신고 전에 개업공인중개사에게 한 업무정지처분의 효과는 그 처분일부터 1년간 재등록 개업공인중개사에게 승계된다.
ㄴ. 폐업기간이 10개월인 재등록 개업공인중개사에 대해 폐업신고 전의 업무정지사유에 해당하는 위반행위를 이유로 업무정지처분을 할 수 없다.
ㄷ. 폐업신고 전에 개업공인중개사에게 한 과태료처분의 효과는 폐업신고일부터 1년간 재등록을 한 개업공인중개사에게 승계된다.
ㄹ. 폐업기간이 3년 6개월인 재등록 개업공인중개사에게 폐업신고 전의 중개사무소 개설등록 취소사유에 해당하는 위반행위를 이유로 개설등록 취소처분을 할 수 없다.

① ㄱ　② ㄱ, ㄹ
③ ㄴ, ㄷ　④ ㄴ, ㄷ, ㄹ
⑤ ㄱ, ㄴ, ㄷ, ㄹ

23. 공인중개사법령상 지방자치단체의 조례로 정하는 바에 따른 수수료 납부대상에 해당하는 자를 모두 고른 것은?

ㄱ. 국토교통부장관이 시행하는 공인중개사시험에 응시하는 자
ㄴ. 공인중개사시험에 합격하여 공인중개사자격증을 처음으로 교부받는 자
ㄷ. 분사무소설치신고를 하는 자
ㄹ. 분사무소설치신고확인서의 재교부신청을 하는 자

① ㄱ, ㄴ　② ㄱ, ㄷ
③ ㄴ, ㄷ　④ ㄴ, ㄹ
⑤ ㄷ, ㄹ

24. 공인중개사법령상 중개업무를 수행하는 소속공인중개사의 자격정지사유에 해당하지 않는 것은?

① 자격정지처분을 받고 그 자격정지기간 중에 다른 개업공인중개사의 소속공인중개사가 된 경우
② 거래계약서에 등록하지 아니한 인장을 날인한 경우
③ 성실·정확하게 중개대상물의 확인·설명을 하였지만 설명의 근거자료를 제시하지 아니한 경우
④ 해당 중개행위를 하였음에도 중개가 완성되어 작성된 중개대상물 확인·설명서에 서명 및 날인을 하지 아니한 경우
⑤ 거래계약서에 거래금액 등 거래내용을 거짓으로 기재한 경우

25. 공인중개사법령상 공인중개사에 대한 행정처분을 설명한 것으로 틀린 것은?

① 자격취소처분을 하고자 하는 때에는 청문을 실시하여야 한다.
② 자격증을 교부한 시·도지사와 공인중개사 사무소의 소재지를 관할하는 시·도지사가 서로 다른 경우에는 공인중개사 사무소의 소재지를 관할하는 시·도지사가 자격취소처분에 필요한 절차를 이행하여야 한다.
③ 시·도지사는 공인중개사의 자격취소처분을 한 때에는 7일 이내에 이를 국토교통부장관과 다른 시·도지사에게 통보하여야 한다.
④ 공인중개사의 자격이 취소된 자는 자격취소처분을 받은 날부터 7일 이내에 그 공인중개사자격증을 교부한 시·도지사에게 공인중개사자격증을 반납하여야 한다.
⑤ 공인중개사자격의 정지를 명할 수 있는 시·도지사는 위반행위의 동기·결과 및 횟수 등을 참작하여 자격정지기간의 2분의 1의 범위 안에서 가중 또는 감경할 수 있다.

26. 공인중개사법령상 3년 이하의 징역 또는 3천만원 이하의 벌금에 처하는 사유를 모두 고른 것은?

ㄱ. 공인중개사가 아닌 자로서 공인중개사 또는 이와 유사한 명칭을 사용한 자
ㄴ. 안내문, 온라인 커뮤니티 등을 이용하여 특정 가격 이하로 중개를 의뢰하지 아니하도록 유도하는 행위를 한 자
ㄷ. 거짓이나 그 밖의 부정한 방법으로 중개사무소의 개설등록을 한 자
ㄹ. 중개사무소등록증의 대여를 알선한 자

① ㄱ, ㄹ　　② ㄴ, ㄷ
③ ㄷ, ㄹ　　④ ㄴ, ㄷ, ㄹ
⑤ ㄱ, ㄴ, ㄷ, ㄹ

27. 공인중개사법령상 과태료 부과사유에 대한 부과·징수권자의 연결로 틀린 것은?

① 중개의뢰인에게 본인이 중개보조원이라는 사실을 미리 알리지 아니한 중개보조원 – 국토교통부장관
② 인터넷을 이용한 중개대상물 표시·광고의 모니터링을 위한 관련 자료의 제출요구를 받고도 이에 따르지 아니한 정보통신서비스 제공자 – 국토교통부장관
③ 실무교육을 받고 2년 6개월만에 연수교육을 받은 개업공인중개사 – 시·도지사
④ 법정기한 내에 공제사업의 운용실적을 공시하지 아니한 공인중개사협회 – 국토교통부장관
⑤ 중개사무소의 개설등록취소처분을 받고도 법정기한 내에 중개사무소등록증을 반납하지 아니한 자 – 등록관청

28. 부동산 거래신고 등에 관한 법령상 개업공인중개사의 부동산거래계약신고서 작성방법에 관한 설명으로 <u>틀린</u> 것은?

① 거래대상 면적에는 실제 거래면적을 계산하여 적되, 집합건축물의 경우 전용면적을 기재한다.
② 거래당사자가 다수인 경우 매수인 또는 매도인의 주소란에 각자의 거래지분 비율을 표시한다.
③ 분양권에 대한 거래신고를 하는 경우 '실제 거래가격(전체)'란에는 부가가치세를 제외한 금액을 적는다.
④ 거래당사자가 외국인인 경우 거래당사자의 국적을 반드시 적어야 한다.
⑤ 종전부동산란은 입주권 매매의 경우에만 작성한다.

29. 부동산 거래신고 등에 관한 법령상 신고대상인 부동산 거래계약의 신고에 관한 설명으로 <u>틀린</u> 것은?

① 사인 간의 거래를 중개한 개업공인중개사가 거래계약서를 작성·교부한 경우, 해당 개업공인중개사가 신고를 해야 한다.
② 법인이 주택을 매매하는 계약을 체결한 경우에는 법인의 등기 현황을 신고해야 한다.
③ 지방자치단체가 개업공인중개사의 중개 없이 토지를 매수하는 경우 부동산거래계약신고서에 단독으로 서명 또는 날인하여 신고관청에 제출해야 한다.
④ 국가가 투기과열지구에 소재하는 주택을 6억원에 매수하는 경우에는 거래대상 주택의 취득에 필요한 자금의 조달계획을 신고해야 한다.
⑤ 부동산의 매수인은 신고인이 부동산거래계약신고필증을 발급받은 때에 「부동산등기 특별조치법」에 따른 검인을 받은 것으로 본다.

30. 甲이 乙 소유 X토지를 매수하는 경우 부동산 거래신고 등에 관한 법령상 거래대상 토지의 취득에 필요한 자금의 조달계획과 거래대상 토지의 이용계획을 신고하여야 하는 것을 모두 고른 것은? (단, 甲은 자연인이고, 乙은 법인임)

> ㄱ. X토지가 수도권등에 소재하고 있고 토지거래허가를 받아야 하는 경우로서 실제 거래가격 3억원에 매수하는 경우
> ㄴ. X토지가 수도권등 외의 지역에 소재하고 있고 토지거래허가의 대상이 아닌 경우로서 6억원에 매수하는 경우
> ㄷ. X토지가 수도권등에 소재하고 있고 토지거래허가의 대상이 아닌 경우로서 X토지의 지분을 5천만원에 매수하는 경우

① ㄱ ② ㄴ
③ ㄱ, ㄴ ④ ㄱ, ㄷ
⑤ ㄴ, ㄷ

31. 부동산 거래신고 등에 관한 법령상 주택 임대차계약의 신고에 관한 설명으로 <u>틀린</u> 것은?

① 서울특별시에서 보증금 3천만원, 월차임이 50만원으로 주택 임대차계약을 체결한 경우 당사자는 계약체결일부터 30일 이내에 신고관청에 공동으로 신고하여야 한다.
② 임대차계약 당사자는 주택 임대차계약의 신고를 한 후 해당 주택 임대차계약의 보증금, 차임 등 임대차 가격이 변경된 때에는 변경이 확정된 날부터 30일 이내에 해당 신고관청에 공동으로 신고하여야 한다.
③ 임차인이 주택 임대차계약서를 제출하여 「주민등록법」에 따라 전입신고를 하는 경우에도 이 법에 따른 주택 임대차계약의 신고를 하여야 한다.
④ 신고관청에 임대차계약서가 제출되고 주택 임대차계약신고의 접수를 완료한 때에는 「주택임대차보호법」에 따른 확정일자를 부여한 것으로 본다.
⑤ 부동산거래계약시스템을 통해 주택 임대차계약을 체결한 경우에는 임대차계약 당사자가 공동으로 임대차신고서를 제출한 것으로 본다.

32. 부동산 거래신고 등에 관한 법률상 외국인등의 부동산등 취득 및 토지취득에 관한 설명으로 옳은 것은?

① 외국인등이 대한민국 안의 부동산등을 취득하는 증여계약을 체결하였을 때에는 계약체결일부터 30일 이내에 신고관청에 신고하여야 한다.

② 외국인등이 건축물을 신축하여 대한민국 안의 부동산등을 취득한 때에는 부동산등을 취득한 날부터 60일 이내에 신고관청에 신고하여야 한다.

③ 대한민국 안의 부동산등을 가지고 있는 대한민국 국민이 대한민국 국적을 상실한 경우 부동산등을 계속 보유하려는 경우에는 대한민국 국적을 상실한 날부터 60일 이내에 신고관청에 신고하여야 한다.

④ 외국인등이 취득하려는 토지가 「자연환경보전법」에 따른 생태·경관보전지역에 있으면 토지거래계약에 관한 허가를 받은 경우에도 신고관청으로부터 토지취득의 허가를 받아야 한다.

⑤ 특별자치시장은 외국인등의 부동산등 취득신고내용을 매 분기 종료일부터 1개월 이내에 직접 국토교통부장관에게 제출하여야 한다.

33. 부동산 거래신고 등에 관한 법령상 토지거래허가에 관한 설명으로 틀린 것은?

① 허가구역이 둘 이상의 시·도의 관할구역에 걸쳐 있는 경우에는 국토교통부장관 또는 각각의 시·도지사가 허가구역을 지정한다.

② 국토교통부장관은 허가구역을 지정하려면 중앙도시계획위원회의 심의를 거쳐야 한다.

③ 허가구역의 지정은 허가구역의 지정을 공고한 날부터 5일 후에 그 효력이 발생한다.

④ 시·도지사는 지정기간이 끝나는 허가구역을 계속하여 다시 허가구역으로 지정하려면 시·도도시계획위원회의 심의 전에 시장·군수 또는 구청장의 의견을 들어야 한다.

⑤ 개인이 농업목적으로 허가구역 안의 토지를 취득한 경우, 토지 취득일부터 2년간 그 토지를 허가받은 목적대로 이용하여야 한다.

34. 부동산 거래신고 등에 관한 법령상 토지거래허가에 관한 설명으로 틀린 것은?

① 시장·군수 또는 구청장은 허가받은 목적대로 이용을 하지 아니하여 이행명령을 받은 자가 그 명령을 이행하는 경우에도 명령을 이행하기 전에 이미 부과된 이행강제금은 징수하여야 한다.

② 시장·군수 또는 구청장은 토지거래계약허가를 받아 토지를 취득한 자가 허가관청의 승인 없이 당초의 이용목적을 변경하여 이용하여 이행명령을 받고도 정하여진 기간에 이를 이행하지 아니한 경우, 토지취득가액의 100분의 7에 상당하는 금액의 이행강제금을 부과한다.

③ 선매자가 토지를 매수할 때의 가격은 원칙적으로 「감정평가 및 감정평가사에 관한 법률」에 따라 감정평가법인등이 감정평가한 감정가격을 기준으로 한다.

④ 불허가처분으로 인하여 토지소유자의 매수청구 시 국가등이 매수하는 가격은 원칙적으로 공시지가를 기준으로 한다.

⑤ 「민사집행법」에 따른 경매의 경우에는 허가규정을 적용하지 아니한다.

35. 부동산 거래신고 등에 관한 법령상 포상금에 관한 설명으로 옳은 것을 모두 고른 것은?

> ㄱ. 부동산등의 실제 거래가격을 거짓으로 신고하도록 조장·방조한 자는 포상금 지급의 신고·고발대상에서 제외한다.
> ㄴ. 포상금의 지급에 드는 비용은 시·군이나 구의 재원으로 충당한다.
> ㄷ. 포상금 지급결정을 통보받은 신고인은 국토교통부령으로 정하는 포상금 지급신청서를 작성하여 신고관청 또는 허가관청에 제출하여야 한다.
> ㄹ. 신고관청 또는 허가관청은 포상금 지급신청서가 접수된 날부터 1개월 이내에 포상금을 지급하여야 한다.
> ㅁ. 시장·군수 또는 구청장은 해당 위반행위를 한 자가 신고한 경우에는 포상금을 지급하지 아니할 수 있다.

① ㄱ, ㄴ, ㄷ ② ㄱ, ㄷ, ㅁ
③ ㄷ, ㄹ, ㅁ ④ ㄱ, ㄴ, ㄷ, ㅁ
⑤ ㄱ, ㄴ, ㄷ, ㄹ, ㅁ

36. 공인중개사법령상 중개대상물 확인·설명서[Ⅰ](주거용 건축물) 작성에 관한 설명 중 옳은 것을 모두 고른 것은?

> ㄱ. 대상물건에 신탁등기가 되어 있는 경우에는 수탁자 및 신탁물건(신탁원부 번호)임을 적는다.
> ㄴ. 대상물건에 공동담보가 설정되어 있는 경우에는 공동담보의 채권최고액을 적는다.
> ㄷ. '임대차 확인사항'은 개업공인중개사 기본 확인사항이다.
> ㄹ. 관리비는 직전 1년간 월평균 관리비 등을 기초로 산출한 총 금액을 적는다.
> ㅁ. '현장안내'는 개업공인중개사 세부 확인사항이다.

① ㄱ, ㄴ, ㄷ ② ㄱ, ㄹ, ㅁ
③ ㄴ, ㄷ, ㅁ ④ ㄱ, ㄴ, ㄷ, ㄹ
⑤ ㄱ, ㄴ, ㄷ, ㄹ, ㅁ

37. 주택임대차보호법상 임차인의 계약갱신요구에 관한 설명으로 틀린 것은?

① 임차인은 임대차기간이 끝나기 6개월 전부터 2개월 전까지의 기간에 임대인에게 계약갱신을 요구할 수 있다.
② 임차인은 계약갱신요구권을 1회에 한하여 행사할 수 있다.
③ 갱신되는 임대차의 존속기간은 2년으로 본다.
④ 계약이 갱신된 경우 임차인은 언제든지 임대인에게 계약해지를 통지할 수 있고, 이에 따른 해지는 임대인이 그 통지를 받은 날부터 1개월이 지나면 그 효력이 발생한다.
⑤ 임대인은 임차인이 2기의 차임액에 해당하는 금액에 이르도록 차임을 연체한 사실이 있는 경우 임차인의 계약갱신요구를 거절할 수 있다.

38. 乙은 2024년 7월 10일 서울특별시 소재 甲 소유 X 상가건물에 대하여 계약기간 10개월, 보증금 5억원, 월차임 500만원으로 하는 임대차계약을 체결한 후, 2024년 7월 20일 X건물을 인도받고 사업자등록을 신청하면서 임대차계약증서에 확정일자를 받았다. 이 사안에서 개업공인중개사가 상가건물 임대차보호법의 적용과 관련하여 설명한 내용으로 옳은 것을 모두 고른 것은? (단, 일시사용을 위한 임대차계약은 고려하지 않음)

> ㄱ. 乙은 1년의 임대차를 주장할 수 있다.
> ㄴ. 甲으로부터 X건물을 양수한 丙은 甲의 지위를 승계한 것으로 본다.
> ㄷ. 乙은 동 건물의 경매 시 환가금액에서 후순위 저당권자에 우선하여 보증금을 변제받을 수 있다.
> ㄹ. 乙의 차임연체액이 1천만원에 달하는 경우 甲은 임대차계약을 해지할 수 있다.
> ㅁ. 乙이 2025년 3월 10일 계약갱신을 요구하였더라도 乙이 2기의 차임액에 해당하는 금액에 이르도록 차임을 연체한 사실이 있는 경우 甲은 이를 거절할 수 있다.

① ㄴ ② ㄱ, ㄷ
③ ㄴ, ㄷ ④ ㄱ, ㄴ, ㄷ
⑤ ㄱ, ㄴ, ㄷ, ㄹ, ㅁ

39. 개업공인중개사가 민사집행법에 따른 강제경매에 관하여 중개의뢰인에게 설명한 내용으로 틀린 것은?

① 법원이 경매절차를 개시하는 결정을 할 때에는 동시에 그 부동산의 압류를 명하여야 한다.

② 압류는 부동산에 대한 채무자의 관리·이용에 영향을 미친다.

③ 제3자는 권리를 취득할 때에 경매신청 또는 압류가 있다는 것을 알았을 경우에는 압류에 대항하지 못한다.

④ 경매개시결정에 따른 압류의 효력이 생긴 때에는 집행법원은 배당요구를 할 수 있는 종기를 첫 매각기일 이전으로 정한다.

⑤ 이해관계인은 매각대금이 모두 지급될 때까지 법원에 경매개시결정에 대한 이의신청을 할 수 있다.

40. 공인중개사의 매수신청대리인 등록 등에 관한 규칙의 내용으로 옳은 것은?

① 중개사무소의 개설등록을 하지 않은 공인중개사는 매수신청대리인으로 등록할 수 있다.

② 중개업의 폐업신고를 하여 매수신청대리인 등록이 취소된 후 3년이 지나지 아니한 자는 매수신청대리인 등록을 할 수 없다.

③ 매수신청대리인이 되고자 하는 법인인 개업공인중개사는 주된 중개사무소가 있는 곳을 관할하는 지방법원장에게 매수신청대리인 등록을 해야 한다.

④ 매수신청대리인 등록을 하고자 하는 공인중개사인 개업공인중개사는 등록신청일 전 1년 이내에 중개사무소가 있는 곳을 관할하는 지방법원의 장이 지정하는 교육기관에서 부동산 경매에 관한 실무교육을 이수하여야 한다.

⑤ 매수신청대리인으로 등록된 개업공인중개사는 매수신청대리의 위임을 받은 경우 법원의 부당한 매각허가결정에 대하여 항고할 수 있다.

제2과목: 부동산공법 중 부동산중개에 관련되는 규정

41. 국토의 계획 및 이용에 관한 법령상 광역계획권에 관한 설명으로 옳은 것은?

① 광역계획권은 광역시장이 지정할 수 있다.

② 중앙행정기관의 장, 시·도지사, 시장 또는 군수는 국토교통부장관이나 도지사에게 광역계획권의 지정 또는 변경을 요청할 수 있다.

③ 광역계획권이 둘 이상의 시·도의 관할구역에 걸쳐 있는 경우에는 관할 시·도지사가 공동으로 광역계획권을 지정하여야 한다.

④ 국토교통부장관이 광역계획권을 변경하려면 관계 시·도지사, 시장 또는 군수의 의견을 들은 후 지방도시계획위원회의 심의를 거쳐야 한다.

⑤ 광역계획권은 인접한 둘 이상의 특별시·광역시·특별자치시·특별자치도·시 또는 군의 관할구역 단위로 지정하여야 하며, 그 관할구역의 일부만을 광역계획권에 포함시킬 수는 없다.

42. 국토의 계획 및 이용에 관한 법령상 도시·군기본계획에 관한 설명으로 틀린 것은?

① 광역시장이 도시·군기본계획을 수립하려면 국토교통부장관의 승인을 받아야 한다.

② 시장 또는 군수는 5년마다 관할구역의 도시·군기본계획에 대하여 타당성을 전반적으로 재검토하여 정비하여야 한다.

③ 도시·군기본계획에는 기후변화 대응 및 에너지절약에 관한 사항에 대한 정책 방향이 포함되어야 한다.

④ 도시·군기본계획은 도시·군관리계획 수립의 지침이 된다.

⑤ 시장·군수는 인접한 시·군의 시장·군수와 협의를 거쳐 그 인접 시·군의 관할구역 전부를 포함하는 도시·군기본계획을 수립할 수 있다.

43. 국토의 계획 및 이용에 관한 법령상 도시·군관리계획 입안의 제안에 관한 설명으로 옳은 것은?

① 주민은 용도지역·용도지구의 지정에 관한 사항에 대하여 도시·군관리계획의 입안을 제안할 수 있다.
② 기반시설의 설치·정비 또는 개량에 관한 사항에 대한 도시·군관리계획의 입안을 제안하려는 자는 국·공유지를 포함한 토지면적의 5분의 4 이상의 토지 소유자의 동의를 받아야 한다.
③ 산업·유통개발진흥지구의 지정을 제안할 수 있는 대상 지역은 자연녹지지역, 생산관리지역 또는 계획관리지역이어야 하고, 이 중 계획관리지역의 면적이 차지하는 비율이 100분의 50 이상이어야 한다.
④ 도시·군관리계획의 입안을 제안받은 자는 제안일로부터 60일 내에 제안자에게 도시·군관리계획에의 반영 여부를 통보하여야 한다.
⑤ 도시·군관리계획의 입안을 제안받은 자는 제안자와 협의하여 제안된 도시·군관리계획의 입안 및 결정에 필요한 비용의 전부 또는 일부를 제안자에게 부담시켜야 한다.

44. 국토의 계획 및 이용에 관한 법령상 공간재구조화계획에 관한 설명으로 <u>틀린</u> 것은?

① 특별시장·광역시장·특별자치시장·특별자치도지사·시장 또는 군수는 도시혁신구역, 복합용도구역을 지정하고 도시혁신계획, 복합용도계획을 수립하기 위하여 공간재구조화계획을 입안하여야 한다.
② 주민(이해관계자를 포함)은 도시혁신구역, 복합용도구역의 지정을 위하여 공간재구조화계획 입안권자에게 공간재구조화계획의 입안을 제안할 수 있다.
③ 공간재구조화계획에는 도시혁신구역, 복합용도구역 지정 위치 및 도시혁신계획, 복합용도계획 등에 관한 사항을 포함하여야 한다.
④ 공간재구조화계획 결정의 효력은 지형도면을 고시한 날부터 발생한다.
⑤ 고시된 공간재구조화계획의 내용은 광역도시계획으로 관리하여야 한다.

45. 국토의 계획 및 이용에 관한 법령상 용적률의 최대한도가 높은 지역부터 낮은 지역 순으로 나열한 것으로 옳은 것은? (단, 조례 등 기타 강화·완화조건은 고려하지 않음)

① 근린상업지역 - 제3종 일반주거지역 - 준공업지역
② 제2종 일반주거지역 - 생산관리지역 - 생산녹지지역
③ 계획관리지역 - 제2종 전용주거지역 - 일반공업지역
④ 일반상업지역 - 준주거지역 - 준공업지역
⑤ 제1종 전용주거지역 - 제1종 일반주거지역 - 자연녹지지역

46. 국토의 계획 및 이용에 관한 법령상 용도지구에 관한 설명으로 옳은 것은?

① 녹지지역·관리지역·농림지역 또는 자연환경보전지역 안의 취락을 정비하기 위하여 필요한 지구에 집단취락지구를 지정할 수 있다.
② 시·도지사는 법률에서 정하고 있는 용도지구 외에 새로운 용도지구를 신설할 수 없다.
③ 자연취락지구에서 5층인 방송통신시설을 건축할 수 있다.
④ 개발진흥지구에서 지구단위계획 또는 개발계획이 수립되기 전에는 개발진흥지구의 계획적 개발에 위배되지 아니하는 범위에서 도시·군계획조례로 정하는 건축물을 건축할 수 있다.
⑤ 용도지역·용도지구 안에서의 건축제한에 대한 규정은 도시·군계획시설에 대해서도 적용한다.

47. 국토의 계획 및 이용에 관한 법령상 도시·군계획시설에 관한 설명으로 틀린 것은?

① 도시지역에서 장사시설·종합의료시설·사회복지시설·폐차장 등의 기반시설을 설치하고자 하는 경우에는 미리 도시·군관리계획으로 결정하여야 한다.

② 공동구의 설치에 필요한 비용은 특별한 규정이 있는 경우를 제외하고는 공동구 점용예정자와 사업시행자가 부담한다.

③ 국가계획으로 설치하는 광역시설은 그 광역시설의 설치·관리를 사업목적으로 하여 다른 법률에 따라 설립된 법인이 설치·관리할 수 있다.

④ 도시·군계획시설 부지로 되어 있는 토지의 소유자는 도시·군계획시설결정의 고시일부터 10년 이내에 사업이 시행되지 아니한 경우로서 도시·군계획시설결정의 실효 시까지 단계별 집행계획이 없는 경우에는 그 토지의 도시·군계획시설결정 해제를 위한 도시·군관리계획의 입안을 신청할 수 있다.

⑤ 도지사가 시행한 도시·군계획시설사업으로 그 도에 속하지 않는 군이 현저히 이익을 받는 경우, 해당 도지사와 군수 간의 비용부담에 관한 협의가 성립되지 아니하는 때에는 행정안전부장관이 결정하는 바에 따른다.

48. 국토의 계획 및 이용에 관한 법령상 도시·군계획시설사업에 관한 설명으로 옳은 것은?

① 도지사는 광역도시계획과 관련되는 경우 관계 시장 또는 군수의 의견을 들어 직접 사업을 시행할 수 있다.

② 같은 도의 관할구역에 속하는 둘 이상의 시·군에 걸쳐 시행되는 사업의 시행자를 정함에 있어 관계 시장·군수 간 협의가 성립되지 않는 경우에는 국토교통부장관이 시행자를 지정한다.

③ 한국토지주택공사가 도시·군계획시설사업의 시행자로 지정받으려면 사업 대상 토지면적의 3분의 2 이상에 해당하는 토지를 소유하고, 토지소유자 총수의 2분의 1 이상에 해당하는 자의 동의를 받아야 한다.

④ 도시·군관리계획결정을 고시한 경우 사업에 필요한 국·공유지는 그 도시·군관리계획으로 정해진 목적 외의 목적으로 양도할 수 있다.

⑤ 도시·군계획시설사업의 시행자가 행정청인 경우 시행자의 처분에 대하여 행정심판을 제기할 수 없다.

49. 국토의 계획 및 이용에 관한 법령상 지구단위계획구역과 지구단위계획에 관한 설명으로 옳은 것은? (단, 조례는 고려하지 않음)

① 「도시개발법」에 따라 지정된 20만m^2의 도시개발구역에서 개발사업이 끝난 후 10년이 지난 지역은 지구단위계획구역으로 지정하여야 한다.

② 생산관리지역에 지정된 주거개발진흥지구는 지구단위계획을 수립하여 개발할 수 있다.

③ 지구단위계획의 수립기준은 시·도지사가 국토교통부장관과 협의하여 정한다.

④ 「관광진흥법」에 따라 지정된 관광단지의 전부에 대하여 지구단위계획구역을 지정할 수 있다.

⑤ 지구단위계획이 수립되어 있는 지구단위계획구역에서 공사기간 중 이용하는 공사용 가설건축물을 건축하려면 그 지구단위계획에 맞게 하여야 한다.

50. 국토의 계획 및 이용에 관한 법령상 개발행위허가에 관한 설명으로 <u>틀린</u> 것은? (단, 다른 법령이나 조례는 고려하지 않음)

① 자연녹지지역에서는 도시계획위원회의 심의를 통하여 개발행위허가의 기준을 강화 또는 완화하여 적용할 수 있다.
② 개발행위허가에 조건을 붙이려는 경우에는 미리 개발행위허가를 신청한 자의 의견을 들어야 한다.
③ 도시·군계획사업에 의하지 않는 개발행위로서 주거지역에서 면적 9천m^2의 토지형질변경을 하는 경우에는 허가를 받지 않아도 된다.
④ 도시·군계획사업으로 공유수면을 매립하는 경우에는 허가를 받지 않아도 된다.
⑤ 개발행위로 인하여 주변의 국가유산 등이 크게 손상될 우려가 있는 지역에 대해서는 최대 3년까지 개발행위허가를 제한할 수 있다.

51. 국토의 계획 및 이용에 관한 법령상 성장관리계획구역 및 성장관리계획에 관한 설명으로 <u>틀린</u> 것은?

① 특별시장·광역시장·특별자치시장·특별자치도지사·시장 또는 군수는 주거지역 중 주변지역과 연계하여 체계적인 관리가 필요한 지역에 대하여 성장관리계획구역을 지정할 수 있다.
② 성장관리계획구역을 지정하려면 미리 주민과 해당 지방의회의 의견을 들어야 하며, 관계 행정기관과의 협의 및 지방도시계획위원회의 심의를 거쳐야 한다.
③ 성장관리계획구역 내 계획관리지역에서는 건폐율 50% 이하의 범위에서 성장관리계획으로 정하는 바에 따라 조례로 정하는 비율까지 건폐율을 완화하여 적용할 수 있다.
④ 성장관리계획구역 내 계획관리지역에서는 용적률 125% 이하의 범위에서 성장관리계획으로 정하는 바에 따라 조례로 정하는 비율까지 용적률을 완화하여 적용할 수 있다.
⑤ 성장관리계획구역에서 개발행위 또는 건축물의 용도변경을 하려면 그 성장관리계획에 맞게 하여야 한다.

52. 국토의 계획 및 이용에 관한 법령상 기반시설부담구역에 관한 설명으로 옳은 것은?

① 대학은 기반시설부담구역에 설치가 필요한 기반시설에 해당한다.
② 기존 건축물을 철거하고 신축하는 건축행위가 기반시설설치비용의 부과대상이 되는 경우에는 기존 건축물의 건축연면적을 초과하는 건축행위만 부과대상으로 한다.
③ 기반시설부담구역은 개발밀도관리구역과 중첩하여 지정될 수 있다.
④ 기반시설부담구역으로 지정된 지역에 대해 개발행위허가를 제한하였다가 이를 연장하기 위해서는 중앙도시계획위원회의 심의를 거쳐야 한다.
⑤ 기반시설부담구역의 지정권자는 국토교통부장관이다.

53. 도시개발법령상 도시개발구역을 국토교통부장관이 지정할 수 있는 경우가 <u>아닌</u> 것은?

① 국가가 도시개발사업을 실시할 필요가 있는 경우
② 시장·군수 또는 구청장이 도시개발구역의 지정을 요청하는 경우
③ 정부출연기관의 장이 30만m^2 이상으로서 국가계획과 밀접한 관련이 있는 도시개발구역의 지정을 제안하는 경우
④ 둘 이상의 시·도 또는 대도시의 행정구역에 걸치는 경우로서 시·도지사 또는 대도시 시장의 협의가 성립하지 아니하는 경우
⑤ 천재·지변 그 밖의 사유로 인하여 도시개발사업을 긴급하게 할 필요가 있는 경우

54. 도시개발법령상 도시개발사업의 시행자에 관한 설명으로 옳은 것은?

① 지방자치단체가 도시개발사업의 전부를 환지방식으로 시행하려고 할 때에는 도시개발사업에 관한 규약을 작성하여야 한다.

② 도시개발구역 전부를 환지방식으로 시행하는 시행자가 도시개발구역 지정의 고시일부터 6개월 이내에 실시계획의 인가를 신청하지 아니하는 경우 지정권자는 시행자를 변경할 수 있다.

③ 사업시행자가 도시개발사업에 관한 실시계획의 인가를 받은 후 1년 이내에 사업을 착수하지 아니하는 경우 지정권자는 시행자를 변경할 수 있다.

④ 사업시행자는 도시개발사업의 일부인 도로, 공원 등 공공시설의 건설을 지방공사에 위탁하여 시행할 수 있다.

⑤ 토지소유자인 사업시행자는 조성된 토지의 분양을 「주택법」에 따른 주택건설사업자에게 대행하게 할 수 있다.

55. 도시개발법령상 도시개발조합에 대한 설명으로 옳은 것은?

① 조합설립의 인가를 신청하려면 해당 도시개발구역의 토지면적의 3분의 2 이상에 해당하는 토지소유자 또는 그 구역의 토지소유자 총수의 2분의 1 이상의 동의를 받아야 한다.

② 조합설립인가에 동의한 자로부터 토지를 취득한 자는 조합설립인가 신청 전에 동의를 철회할 수 없다.

③ 도시개발구역의 토지소유자가 미성년자인 경우에는 조합의 조합원이 될 수 없다.

④ 조합원은 도시개발구역 내에 보유한 토지면적에 비례하여 의결권을 가진다.

⑤ 감사의 선임은 총회의 의결을 거쳐야 한다.

56. 도시개발법령상 도시개발사업의 실시계획에 관한 설명으로 틀린 것은?

① 지정권자인 국토교통부장관이 실시계획을 작성하는 경우 시·도지사 또는 대도시시장의 의견을 미리 들어야 한다.

② 고시된 실시계획의 내용 중 「국토의 계획 및 이용에 관한 법률」에 따라 도시·군관리계획으로 결정하여야 하는 사항이 종전에 도시·군관리계획으로 결정된 사항에 저촉되면 종전에 도시·군관리계획으로 결정된 사항이 우선하여 적용된다.

③ 지정권자가 아닌 시행자가 실시계획의 인가를 받은 후, 사업비의 100분의 10의 범위에서 사업비를 증액하는 경우 지정권자의 인가를 받지 않아도 된다.

④ 실시계획의 인가에 의해 「주택법」에 따른 사업계획의 승인은 의제될 수 있다.

⑤ 관련 인·허가 등의 의제를 받으려는 자는 실시계획의 인가를 신청하는 때에 해당 법률로 정하는 관계 서류를 함께 제출하여야 한다.

57. 도시개발법령상 수용 또는 사용방식에 의한 도시개발사업에 관한 설명으로 옳은 것은?

① 실시계획을 고시한 경우에는 「공익사업을 위한 토지 등의 취득 및 보상에 관한 법률」에 따른 사업인정 및 그 고시가 있었던 것으로 본다.

② 토지소유자인 시행자가 도시개발사업에 필요한 토지등을 수용하려면 토지면적의 3분의 2 이상에 해당하는 토지를 소유하고 토지소유자 총수의 2분의 1 이상에 해당하는 자의 동의를 받아야 한다.

③ 시행자는 토지등의 매수대금의 일부를 지급하기 위하여 도시개발채권을 발행할 수 있다.

④ 시행자는 시장·군수 또는 구청장의 승인을 받아 원형지를 공급할 수 있는데, 이 경우 공급될 수 있는 원형지의 면적은 도시개발구역 전체 토지면적의 2분의 1 이내로 한정한다.

⑤ 원형지개발자(국가 및 지방자치단체는 제외)는 원형지에 대한 공사완료공고일부터 10년, 원형지 공급계약일부터 5년 중 먼저 끝나는 기간 안에는 원형지를 매각할 수 없다.

58. 도시개발법령상 환지방식에 의한 사업시행에 관한 설명으로 틀린 것은?

① 환지계획의 내용에는 필지별과 권리별로 된 청산대상 토지 명세가 포함되어야 한다.
② 토지소유자의 환지 제외 신청이 있더라도 해당 토지에 관한 임차권자 등이 동의하지 않는 경우에는 해당 토지를 환지에서 제외할 수 없다.
③ 행정청인 시행자가 환지계획을 정하려고 하는 경우에 해당 토지의 임차권자는 공람기간에 시행자에게 의견서를 제출할 수 있다.
④ 시행자는 체비지의 용도로 환지예정지가 지정된 경우에는 도시개발사업에 드는 비용을 충당하기 위하여 이를 처분할 수 있다.
⑤ 환지로 지정된 토지나 건축물을 금전으로 청산하는 내용으로 환지계획을 변경하는 경우에는 변경인가를 받아야 한다.

59. 도시 및 주거환경정비법령상 용어의 정의에 관한 설명으로 틀린 것은?

① 주민이 공동으로 사용하는 놀이터, 마을회관, 공동작업장, 공원, 공용주차장 등은 공동이용시설이다.
② 건축물이 훼손되거나 일부가 멸실되어 붕괴 그 밖의 안전사고의 우려가 있는 건축물은 노후·불량건축물에 해당한다.
③ 「건축법」에 따라 건축허가를 받아 아파트 또는 연립주택을 건설한 일단의 토지는 주택단지에 해당한다.
④ 재건축사업이란 정비기반시설은 양호하나 노후·불량건축물에 해당하는 공동주택이 밀집한 지역에서 주거환경을 개선하기 위하여 시행하는 사업을 말한다.
⑤ 대지라 함은 정비사업에 의하여 조성된 토지를 말한다.

60. 도시 및 주거환경정비법령상 도시·주거환경정비기본계획(이하 '기본계획'이라 함)에 관한 설명으로 옳은 것은?

① 국토교통부장관은 기본계획을 10년 단위로 수립하여야 하고, 5년마다 그 타당성을 검토하여 그 결과를 기본계획에 반영하여야 한다.
② 기본계획을 수립하려면 14일 이상 주민에게 공람하고 지방의회의 의견을 들어야 한다.
③ 기본계획을 변경하려면 관계 행정기관의 장과 협의하기 전에 지방도시계획위원회의 심의를 거쳐야 한다.
④ 대도시의 시장이 아닌 시장은 기본계획의 내용 중 정비사업의 계획기간을 연장하는 경우 도지사의 변경승인을 받지 아니할 수 있다.
⑤ 기본계획의 작성기준 및 작성방법은 시·도지사가 정하여 고시한다.

61. 도시 및 주거환경정비법령상 정비사업의 시행자 등에 관한 설명으로 옳은 것은?

① 주거환경개선사업의 경우 시장·군수등은 세입자의 세대수가 토지등소유자의 3분의 2 이하인 경우 세입자의 동의절차 없이 토지주택공사등을 사업시행자로 지정할 수 있다.
② 재건축사업은 토지등소유자가 20인 미만인 경우에는 조합을 설립하지 않고 토지등소유자가 직접 시행할 수 있다.
③ 재개발사업은 조합이 이를 시행하거나 조합이 조합원 3분의 1 이상의 동의를 받아 시장·군수등, 토지주택공사등과 공동으로 이를 시행할 수 있다.
④ 해당 정비구역의 국·공유지 면적이 전체 토지면적의 2분의 1 이상으로서 토지등소유자의 과반수가 시장·군수등의 직접 시행에 동의하는 때에는 시장·군수등이 직접 재개발사업을 시행할 수 있다.
⑤ 조합설립인가 후 시장·군수등이 토지주택공사등을 사업시행자로 지정·고시한 때에는 그 고시일에 조합설립인가가 취소된 것으로 본다.

62. **도시 및 주거환경정비법령상 조합 총회의 의결사항 중 대의원회가 대행할 수 <u>없는</u> 사항을 모두 고른 것은?**

> ㄱ. 조합 이사의 해임
> ㄴ. 사업완료로 인한 조합의 해산
> ㄷ. 정비사업비의 변경
> ㄹ. 정비사업전문관리업자의 선정 및 변경

① ㄱ, ㄴ, ㄷ　　② ㄱ, ㄴ, ㄹ
③ ㄱ, ㄷ, ㄹ　　④ ㄴ, ㄷ, ㄹ
⑤ ㄱ, ㄴ, ㄷ, ㄹ

63. **도시 및 주거환경정비법령상 사업시행계획에 관한 설명으로 <u>틀린</u> 것은?**

① 사업시행계획서에는 정비기반시설 및 공동이용시설의 설치계획이 포함되어야 한다.
② 사업시행계획서에는 사업시행기간 동안의 정비구역 내 가로등 설치, 폐쇄회로 텔레비전 설치 등 범죄예방대책이 포함되어야 한다.
③ 사업시행자가 사업시행계획인가를 받은 후 대지면적을 10%의 범위 안에서 변경하려는 때에는 시장·군수등에게 신고하여야 한다.
④ 시장·군수등은 재건축사업의 사업시행계획인가를 하는 경우 사업시행자가 지정개발자인 때에는 정비사업비의 100분의 30의 범위에서 시·도조례로 정하는 금액을 예치하게 할 수 있다.
⑤ 사업시행자는 일부 건축물의 존치 또는 리모델링에 관한 내용이 포함된 사업시행계획서를 작성하여 사업시행계획인가를 신청할 수 있다.

64. **도시 및 주거환경정비법령상 관리처분계획에 관한 설명으로 옳은 것은?**

① 관리처분계획에는 정비사업비의 추산액 및 그에 따른 조합원 부담규모 및 부담시기가 포함된다.
② 관리처분계획은 정비사업에 관한 공사를 완료한 후에 작성한다.
③ 관리처분계획의 인가·고시가 있는 때에는 종전의 토지의 임차권자는 사업시행자의 동의를 받더라도 소유권의 이전고시가 있은 날까지 종전의 토지를 사용할 수 없다.
④ 재개발사업의 관리처분은 정비구역의 지상권자에 대한 분양을 포함하여야 한다.
⑤ 재건축사업의 관리처분의 기준은 조합원 전원의 동의를 받더라도 법령상 정하여진 관리처분의 기준과 달리 정할 수 없다.

65. **주택법령상 용어에 관한 설명으로 옳은 것은?**

① 세대구분형 공동주택이란 공동주택의 주택 내부 공간의 일부를 세대별로 구분하여 생활이 가능한 구조로 하되 그 구분된 공간의 일부를 구분소유할 수 있는 주택이다.
② 한국토지주택공사가 수도권에 건설한 주거전용면적이 1세대당 $80m^2$인 아파트는 국민주택에 해당한다.
③ 폭 10m인 일반도로로 분리된 토지는 각각 별개의 주택단지이다.
④ 주택에 딸린 「건축법」에 따른 건축설비는 복리시설에 해당한다.
⑤ 간선시설이란 도로·상하수도·전기시설·가스시설·통신시설·지역난방시설 등을 말한다.

66. **주택법령상 지역주택조합 및 직장주택조합에 관한 설명으로 옳은 것은?**

① 조합원을 공개모집한 이후 조합원의 자격상실로 인한 결원을 충원하려면 시장·군수·구청장에게 신고하고 공개모집의 방법으로 조합원을 충원하여야 한다.

② 국민주택을 공급받기 위하여 직장주택조합을 설립하려는 자는 관할 시장·군수·구청장의 인가를 받아야 한다.

③ 지역주택조합 설립인가를 받으려는 자는 해당 주택건설대지의 50% 이상에 해당하는 토지의 사용권원을 확보하여야 하고, 30% 이상에 해당하는 토지의 소유권을 확보하여야 한다.

④ 지역주택조합 또는 직장주택조합은 그 설립인가를 받은 후에는 해당 조합원을 교체하거나 신규로 가입하게 할 수 없다.

⑤ 조합원의 탈퇴 등으로 조합원 수가 주택건설 예정 세대수의 60%가 되는 경우에는 조합원을 충원할 수 있다.

67. **주택법령상 주택상환사채에 관한 설명으로 <u>틀린</u> 것은?**

① 주택조합은 주택상환사채를 발행할 수 있다.

② 등록사업자가 주택상환사채를 발행하려면 금융기관 또는 주택도시보증공사의 보증을 받아야 한다.

③ 주택상환사채를 발행하려는 자는 주택상환사채 발행계획을 수립하여 국토교통부장관의 승인을 받아야 한다.

④ 사채권자의 명의변경은 취득자의 성명과 주소를 사채원부에 기록하는 방법으로 한다.

⑤ 등록사업자의 등록이 말소된 경우에도 등록사업자가 발행한 주택상환사채의 효력은 상실되지 않는다.

68. **주택법령상 사업계획의 승인 등에 관한 설명으로 옳은 것은? (단, 다른 법률에 따른 사업은 제외함)**

① 사업주체가 주택건설대지를 사용할 수 있는 권원을 확보한 경우에는 그 대지의 소유권을 확보하지 못한 경우에도 사업계획의 승인을 받을 수 있다.

② 지역주택조합은 설립인가를 받은 날부터 5년 이내에 사업계획승인을 신청하여야 한다.

③ 등록사업자는 동일한 규모의 주택을 대량으로 건설하려는 경우에는 시·도지사에게 주택의 형별로 표본설계도서를 작성·제출하여 승인을 받을 수 있다.

④ 지방공사가 사업주체인 경우 건축물의 설계와 용도별 위치를 변경하지 아니하는 범위에서의 건축물의 배치조정은 사업계획변경승인을 받아야 한다.

⑤ 주택조합이 승인받은 총사업비의 10%를 감액하는 변경을 하려면 변경승인을 받지 않아도 된다.

69. **주택법령상 사업계획승인을 받은 사업주체에게 인정되는 매도청구에 관한 설명으로 <u>틀린</u> 것은?**

① 사업주체는 해당 주택건설대지 중 사용할 수 있는 권원을 확보하지 못한 대지에 대하여 매도를 청구할 수 있고 건축물에 대하여도 매도를 청구할 수 있다.

② 사업주체는 사용할 수 있는 권원을 확보하지 못한 대지의 소유자에게 그 대지를 시가로 매도할 것을 청구할 수 있다.

③ 매도청구대상이 되는 대지의 소유자와 매도청구를 하기 전에 30일 이상 협의를 하여야 한다.

④ 주택건설대지면적의 95% 이상의 사용권원을 확보한 경우 사용권원을 확보하지 못한 대지의 모든 소유자에게 매도청구를 할 수 있다.

⑤ 리모델링허가를 신청하기 위한 동의율을 확보한 경우 리모델링 결의를 한 리모델링주택조합은 그 리모델링 결의에 찬성하지 아니하는 자의 주택 및 토지에 대하여 매도청구를 할 수 있다.

70. 주택법령상 주택의 공급에 관한 설명으로 옳은 것은?

① 한국토지주택공사가 사업주체로서 입주자를 모집하려는 경우에는 시장·군수·구청장의 승인을 받아야 한다.

② 등록사업자가 복리시설의 입주자를 모집하려는 경우 시장·군수·구청장의 승인을 받아야 한다.

③ 「관광진흥법」에 따라 지정된 관광특구에서 건설·공급하는 층수가 40층이고 높이가 160m인 아파트는 분양가상한제를 적용한다.

④ 시·도지사는 사업계획승인 신청이 있는 날부터 30일 이내에 분양가심사위원회를 설치·운영하여야 한다.

⑤ 사업주체가 주택을 공급하려는 경우에는 국토교통부령으로 정하는 바에 따라 벽지·바닥재·주방용구·조명기구 등을 제외한 부분의 가격을 따로 제시하여야 한다.

71. 주택법령상 투기과열지구 및 조정대상지역에 관한 설명으로 옳은 것은?

① 시·도지사가 투기과열지구를 지정하는 경우 시장·군수·구청장과 협의하여야 한다.

② 국토교통부장관은 1년마다 주거정책심의위원회의 회의를 소집하여 주택가격 안정 여건의 변화 등을 고려하여 투기과열지구 지정의 유지 여부를 재검토하여야 한다.

③ 투기과열지구지정직전월부터 소급하여 주택공급이 있었던 2개월 동안 해당 지역에서 공급되는 주택의 월평균 청약경쟁률이 모두 5대 1을 초과하였거나 국민주택규모 주택의 월평균 청약경쟁률이 모두 10대 1을 초과한 곳은 투기과열지구로 지정할 수 있다.

④ 투기과열지구지정직전월의 주택분양실적이 전달보다 30% 이상 증가한 곳으로서 주택공급이 위축될 우려가 있는 곳은 투기과열지구로 지정할 수 있다.

⑤ 시·도지사는 주택분양 등이 과열된 지역이나 주택의 거래가 위축된 지역으로서 대통령령으로 정하는 기준을 충족하는 지역을 주거정책심의위원회의 심의를 거쳐 조정대상지역으로 지정할 수 있다.

72. 건축법령상 다중이용 건축물에 해당하는 용도가 <u>아닌</u> 것은? (단, 16층 이상의 건축물은 제외하고, 해당 용도로 쓰는 바닥면적의 합계는 5천m^2 이상임)

① 문화 및 집회시설(동물원 및 식물원은 제외)

② 운수시설 중 여객용 시설

③ 판매시설

④ 의료시설 중 종합병원

⑤ 관광휴게시설

73. 건축법령상 건축법의 적용을 받는 건축물은?

① 「자연유산의 보존 및 활용에 관한 법률」에 따라 지정된 천연기념물등이나 임시지정천연기념물

② 철도나 궤도의 선로 부지에 있는 운전보안시설

③ 고속도로 통행료 징수시설

④ 지역자치센터

⑤ 컨테이너를 이용한 간이창고(공장의 용도로만 사용되는 건축물의 대지에 설치하는 것으로서 이동이 쉬운 것만 해당됨)

74. 건축법령상 건축허가 및 건축신고에 관한 설명으로 <u>틀린</u> 것은?

① 연면적의 10분의 3을 증축하여 연면적의 합계가 12만m^2가 되는 공장을 특별시에 건축하고자 하는 자는 구청장의 허가를 받아야 한다.

② 수질을 보호하기 위하여 도지사가 지정·공고한 구역에서 시장·군수가 2층이고 연면적의 합계가 900m^2인 숙박시설의 건축을 허가하기 위해서는 도지사의 사전승인을 받아야 한다.

③ 연면적이 180m^2이고 2층인 건축물의 대수선은 건축신고의 대상이다.

④ 연면적의 합계가 200m^2인 건축물의 높이를 2m 증축할 경우 건축신고를 하면 건축허가를 받은 것으로 본다.

⑤ 건축신고를 한 자가 신고일부터 1년 이내에 공사에 착수하지 아니하면 그 신고의 효력은 없어진다.

75. 건축법령상 200m^2 이상인 대지에 건축물을 건축하는 경우 조경 등의 조치를 하여야 하는 건축물은? (단, 지구단위계획구역이 아니며, 조례는 고려하지 않음)

① 녹지지역에 건축하는 건축물
② 도시·군계획시설에 설치하는 가설건축물
③ 면적 5,000m^2 미만인 대지에 건축하는 공장
④ 연면적의 합계가 1,500m^2 미만인 공장
⑤ 상업지역인 대지에 건축하는 연면적이 1,000m^2인 물류시설

76. 건축법령상 바닥면적에 관한 설명으로 옳은 것은?

① 벽·기둥의 구획이 없는 건축물은 그 지붕 끝부분으로부터 수평거리 2m를 후퇴한 선으로 둘러싸인 수평투영면적으로 한다.
② 건축물의 노대 등의 바닥은 노대 등의 면적에서 노대 등이 접한 가장 긴 외벽에 접한 길이에 1.5m를 곱한 값을 뺀 면적을 바닥면적에 산입하지 아니한다.
③ 공동주택으로서 지상층에 설치한 기계실, 전기실, 어린이놀이터, 조경시설 및 생활폐기물보관시설의 면적은 바닥면적에 산입하지 아니한다.
④ 필로티의 부분은 당해 부분이 공중의 통행이나 차량의 통행 또는 주차에 전용되는 경우와 공동주택의 경우에는 이를 바닥면적에 산입한다.
⑤ 건축물을 리모델링하는 경우로서 미관 향상, 열의 손실 방지 등을 위하여 외벽에 부가하여 마감재 등을 설치하는 부분은 바닥면적에 산입한다.

77. 건축법령상 특별건축구역에 관한 설명으로 <u>틀린</u> 것은?

① 특별건축구역이란 조화롭고 창의적인 건축물의 건축을 통하여 도시경관의 창출 등을 도모하기 위하여 「건축법」의 일부 규정을 적용하지 아니하거나 완화 또는 통합하여 적용할 수 있도록 특별히 지정하는 구역을 말한다.
② 국토교통부장관 또는 시·도지사는 도시나 지역의 일부가 특례적용이 필요하다고 인정하는 경우에는 특별건축구역을 지정할 수 있다.
③ 특별건축구역을 지정한 경우에는 「국토의 계획 및 이용에 관한 법률」에 따른 도시·군관리계획의 결정(용도지역·지구·구역의 지정 및 변경을 제외)이 있는 것으로 본다.
④ 특별건축구역 지정일부터 5년 이내에 특별건축구역 지정목적에 부합하는 건축물의 착공이 이루어지지 아니하는 경우 특별건축구역의 지정을 해제할 수 있다.
⑤ 개발제한구역, 보전산지, 자연공원, 접도구역에는 특별건축구역을 지정할 수 있다.

78. 건축법령상 건축협정에 관한 설명으로 옳은 것은?

① 토지 또는 건축물의 소유자, 지상권자 등은 과반수의 합의로 지구단위계획구역에서 건축물의 건축·대수선 또는 리모델링에 관한 협정(건축협정)을 체결할 수 있다.
② 재건축사업을 시행하기 위하여 지정·고시된 정비구역에서 건축협정을 체결할 수 있다.
③ 건축협정을 체결하여 둘 이상의 건축물 벽을 맞벽으로 하여 건축하려는 경우 맞벽으로 건축하려는 자는 공동으로 건축허가를 신청할 수 있다.
④ 건축협정 체결대상 토지가 둘 이상의 특별자치시 또는 시·군·구에 걸치는 경우 건축협정 체결대상 토지면적의 3분의 2 이상이 속하는 건축협정인가권자에게 인가를 신청할 수 있다.
⑤ 협정체결자는 건축협정을 폐지하려는 경우에는 협정체결자 전원의 동의를 받아 건축협정인가권자의 인가를 받아야 한다.

79. **농지법령상 농지와 농업인에 관한 설명으로 <u>틀린</u> 것은?**

① 지목이 임야인 토지로서 「산지관리법」에 따른 산지전용허가를 거치지 아니하고 농작물의 경작에 이용되는 토지는 농지에 해당하지 않는다.

② 인삼의 재배지로 계속하여 이용되는 기간이 2년인 지목이 전(田)인 토지는 농지에 해당한다.

③ 관상용 수목의 묘목을 조경목적으로 식재한 재배지로 실제로 이용되는 토지는 농지에 해당한다.

④ 900m^2의 농지에서 다년생식물을 재배하면서 1년 중 100일을 농업에 종사하는 자는 농업인에 해당한다.

⑤ 소가축 120두를 사육하면서 1년 중 100일을 축산업에 종사하는 자는 농업인에 해당한다.

80. **농지법령상 농지의 전용에 관한 설명으로 옳은 것은?**

① 전용허가를 받은 농지의 위치를 동일 필지 안에서 변경하는 경우에는 농지전용신고를 하여야 한다.

② 산지전용허가를 받지 아니하고 불법으로 개간한 농지라도 이를 다시 산림으로 복구하려면 농지전용허가를 받아야 한다.

③ 농지전용신고를 하고 농지를 전용하는 경우에는 농지를 전·답·과수원 외의 지목으로 변경하지 못한다.

④ 농지의 타용도 일시사용허가를 받는 자는 농지보전부담금을 납입하여야 한다.

⑤ 농지를 전용하려는 자는 농지보전부담금의 전부 또는 일부를 농지전용허가·농지전용신고 전까지 납부하여야 한다.

정답 및 해설	p.39

정답 및 해설 p.39

시작시간: ______ 시 ______ 분 ~ 종료시간: ______ 시 ______ 분

2025년도 제36회 공인중개사 2차 국가자격시험

실전모의고사 제2회

교 시	문제형별	시험시간	시험과목
2교시	A	50분	1 부동산공시에 관한 법령 및 부동산 관련 세법

수험번호		성 명	

[수험자 유의사항]

1. 시험문제지는 **단일 형별(A형)**이며, 답안카드 형별 기재란에 표시된 형별(A형)을 확인하시기 바랍니다. 시험문제지의 **총면수, 문제번호 일련순서, 인쇄상태** 등을 확인하시고, 문제지 표지에 수험번호와 성명을 기재하시기 바랍니다.
2. 답은 각 문제마다 요구하는 **가장 적합하거나 가까운 답 1개**만 선택하고, 답안카드 작성 시 시험문제지 **마킹착오**로 인한 불이익은 전적으로 **수험자에게 책임**이 있음을 알려드립니다.
3. 답안카드는 국가전문자격 공통 표준형으로 문제번호가 1번부터 125번까지 인쇄되어 있습니다. 답안 마킹 시에는 반드시 **시험문제지의 문제번호와 동일한 번호**에 마킹하여야 합니다. (2차 2교시 : 1번~40번)
4. **감독위원의 지시에 불응하거나 시험시간 종료 후 답안카드를 제출하지 않을 경우** 불이익이 발생할 수 있음을 알려 드립니다.
5. 시험문제지는 시험 종료 후 가져가시기 바랍니다.
6. 답안작성은 **시험 시행일(2025.10.25.) 현재 시행되는 법령 등**을 적용하시기 바랍니다.
7. 가답안 의견제시에 대한 개별회신 및 공고는 하지 않으며, **최종 정답 발표로 갈음**합니다.
8. 시험 중 **중간 퇴실은 불가**합니다. 단, 부득이하게 퇴실할 경우 **시험포기각서 제출 후 퇴실은 가능**하나 **재입실이 불가**하며, **해당시험은 무효처리됩니다.**

eduwill

제1과목: 부동산공시에 관한 법령 및 부동산 관련 세법

1. 공간정보의 구축 및 관리 등에 관한 법령상 지번의 구성 및 부여방법 등에 관한 설명으로 틀린 것은?

① 지번(地番)은 아라비아숫자로 표기하되, 임야대장 및 임야도에 등록하는 토지의 지번은 숫자 앞에 '산' 자를 붙인다.

② 지번은 본번(本番)과 부번(副番)으로 구성하되, 본번과 부번 사이에 '－' 표시로 연결한다. 이 경우 '－' 표시는 '의'라고 읽는다.

③ 신규등록하거나 등록전환하는 토지가 여러 필지로 되어 있는 경우에는 인접토지의 본번에 부번을 붙여 부여한다.

④ 분할하는 토지의 지번은 1필지는 분할 전의 지번으로 하고, 나머지 필지의 지번은 분할 전 본번의 최종 부번 다음 순번으로 부번을 부여한다.

⑤ 합병으로 인한 토지의 지번은 합병 전 지번 중 본번으로 된 지번이 있는 경우에는 본번 중 선순위 지번으로 부여한다.

2. 공간정보의 구축 및 관리 등에 관한 법령상 지목의 구분으로 옳은 것은?

① 아파트와 같이 단일용도의 단지 안에 설치된 통로는 '도로'로 한다.

② 「도시공원 및 녹지 등에 관한 법률」에 따른 묘지공원으로 결정·고시된 토지는 '공원'으로 한다.

③ 물을 상시적으로 이용하지 않고 닥나무·묘목·관상수 등의 식물을 주로 재배하는 토지는 '임야'로 한다.

④ 지하에서 용출하는 온수·약수·석유류 등을 일정한 장소로 운송하는 송수관이나 송유관의 부지는 '광천지'로 한다.

⑤ 산림 및 원야를 이루는 수림지나 습지, 황무지 등은 '임야'로 한다.

3. 공간정보의 구축 및 관리 등에 관한 법령상 경계점좌표등록부에 등록하는 지역에서 1필지의 면적을 측정한 값이 158.570m^2인 경우 토지대장에 등록하는 면적의 결정으로 옳은 것은?

① 158m^2　② 158.5m^2　③ 158.57m^2
④ 158.6m^2　⑤ 159m^2

4. 공간정보의 구축 및 관리 등에 관한 법령상 지적공부와 등록사항을 연결한 것으로 옳은 것은?

① 토지대장 - 고유번호, 소유자, 지목, 도면번호, 좌표

② 공유지연명부 - 소유권 지분, 면적, 고유번호, 장번호

③ 대지권등록부 - 지번, 전유부분 건물표시, 도면번호

④ 경계점좌표등록부 - 부호 및 부호도, 지목, 고유번호

⑤ 지적도 - 도곽선 및 도곽선 수치, 건축물의 위치, 경계

5. 공간정보의 구축 및 관리에 관한 법령상 지적공부에 관한 설명으로 틀린 것은?

① 정보처리시스템을 통하여 기록·저장된 공유지연명부를 열람하려는 경우에는 특별자치시장, 시장·군수 또는 구청장이나 읍·면·동장에게 신청할 수 있다.

② 지적공부를 정보처리시스템을 통하여 기록·저장한 경우 그 지적공부는 지적정보관리체계에 영구히 보존하여야 한다.

③ 지방자치단체의 장이 지적전산자료를 신청하는 경우에는 지적전산자료의 이용에 관하여 미리 관계 중앙행정기관의 심사를 받아야 한다.

④ 정보처리시스템을 통하여 기록·저장된 지적공부에 소유자에 관한 사항을 복구할 때에는 등기부 또는 법원의 확정판결에 따라야 한다.

⑤ 시·군·구 단위의 지적전산자료를 이용하거나 활용하려는 자는 지적소관청에 지적전산자료를 신청하여야 한다.

6. 공간정보의 구축 및 관리 등에 관한 법령상 토지의 이동에 관한 설명으로 틀린 것은?

① 지적도에 등록된 토지가 사실상 형질변경되었으나 지목변경을 할 수 없는 경우에는 지적소관청에 등록전환을 신청하여야 한다.

② 공유수면의 매립으로 인하여 신규등록하는 경우 「공유수면 관리 및 매립에 관한 법률」에 따른 준공검사확인증 사본을 신규등록사유를 적은 신청서에 첨부하여 지적소관청에 제출하여야 한다.

③ 1필지 일부의 용도변경으로 인하여 분할하는 경우 토지소유자는 사유발생일부터 60일 이내에 신청하여야 한다.

④ 토지 또는 건축물의 용도가 변경된 경우 토지소유자는 60일 이내에 지목변경을 신청하여야 한다.

⑤ '토지의 이동(異動)'이란 토지의 표시를 새로 정하거나 변경 또는 말소하는 것을 말한다.

7. 공간정보의 구축 및 관리 등에 관한 법령상 축척변경에 관한 설명으로 틀린 것은?

① 축척변경에 따른 청산금을 산정하는 경우 토지가격은 시행공고일을 기준으로 한다.

② 토지소유자나 점유자는 축척변경시행공고가 된 날부터 30일 이내에 현재 점유하고 있는 경계에 경계점표지를 설치하여야 한다.

③ 지적소관청은 청산금의 납부 및 지급이 완료되었을 때에는 지체 없이 지적공부를 등록하여야 한다.

④ 청산금의 납부는 지적소관청으로부터 납부고지를 받은 날부터 6개월 이내에 하여야 한다.

⑤ 지적소관청은 축척변경위원회의 의결을 거치기 전에 토지소유자 3분의 2 이상의 동의를 받아야 한다.

8. 공간정보의 구축 및 관리 등에 관한 법령상 등록사항의 정정에 관한 설명으로 틀린 것은?

① 지적공부의 경계 또는 면적의 변경을 가져오는 등록사항에 대한 정정신청을 하는 때에는 등록사항정정측량성과도를 첨부하여야 한다.

② 미등기 토지소유자의 성명, 주민등록번호, 주소에 관한 사항이 명백히 잘못된 경우에는 토지소유자의 신청을 받아 가족관계 기록사항에 관한 증명서에 따라 정정하여야 한다.

③ 지적측량 적부심사 결과에 따른 등록사항의 정정은 그 대상의 면적변경이 생기는 경우라도 지적소관청이 직권으로 정정할 수 있다.

④ 토지소유자는 지적공부에 등록사항에 잘못이 있음을 발견하면 지적소관청에 그 정정을 신청할 수 있다.

⑤ 토지이동정리결의서와 다르게 정리된 사항을 발견한 지적소관청은 직권으로 정정할 수는 없고, 토지소유자에게 정정신청할 것을 통지하여야 한다.

9. 공간정보의 구축 및 관리 등에 관한 법령상 지적소관청이 지적공부의 정리에 따른 등기를 촉탁하지 않는 경우는?

① 신규등록한 경우

② 지적공부의 등록사항에 잘못이 있어 지적소관청이 직권으로 등록사항을 정정한 경우

③ 바다로 된 토지로서 등록말소한 경우

④ 도시개발사업에 따라 지적공부를 정리한 경우

⑤ 지번부여지역의 지번을 변경한 경우

10. **공간정보의 구축 및 관리 등에 관한 법령상 지적측량을 실시하여야 하는 경우로 <u>틀린</u> 것은?**

① 지적공부를 복구하는 경우로서 측량할 필요가 있는 경우
② 지상건축물과 인접 건축물과의 관계를 파악하고자 측량할 필요가 있는 경우
③ 지적재조사사업에 따라 토지의 이동이 있는 경우로서 측량할 필요가 있는 경우
④ 지적도의 경계점을 지상에 복원하고자 하는 경우
⑤ 도시개발사업 등이 끝나 토지의 표시를 새로 정하기 위하여 측량할 필요가 있는 경우

11. **공간정보의 구축 및 관리 등에 관한 법령상 지적측량의 절차에 관한 설명으로 <u>틀린</u> 것은?**

① 지적측량을 할 필요가 있는 경우에는 토지소유자 등 이해관계인은 지적소관청에 의뢰하여야 한다.
② 지적기준점을 설치하지 않고 측량 또는 측량검사를 하는 경우 지적측량의 측량기간은 5일, 측량검사기간은 4일로 한다.
③ 지적측량을 의뢰하려는 자는 지적측량 의뢰서에 의뢰사유를 기재한 서류를 첨부하여 지적측량수행자에게 제출하여야 한다.
④ 지적삼각점 등 지적기준점의 측량성과는 시·도지사나 지적소관청이 관리한다.
⑤ 신규등록, 분할 등의 측량성과에 대하여는 지적소관청으로부터 측량검사를 받아야 한다.

12. **공간정보의 구축 및 관리 등에 관한 법령상 지적측량 적부심사절차에 관한 설명이다. (　　)에 들어갈 내용으로 옳은 것은?**

> ○ 토지소유자, 이해관계인 또는 지적측량수행자는 지적측량성과에 대하여 다툼이 있는 경우에는 관할 (ㄱ)을(를) 거쳐 지방지적위원회에 지적측량 적부심사를 청구할 수 있다.
> ○ 지적측량 적부심사청구를 회부받은 지방지적위원회는 그 심사청구를 회부받은 날부터 (ㄴ) 이내에 심의·의결하여야 한다. 다만, 부득이한 경우에는 그 심의기간을 해당 지적위원회의 의결을 거쳐 (ㄷ) 이내에서 한 번만 연장할 수 있다.

	ㄱ	ㄴ	ㄷ
①	지적소관청	30일	30일
②	지적소관청	60일	60일
③	시·도지사	30일	60일
④	시·도지사	60일	30일
⑤	국토교통부장관	60일	30일

13. **부기등기에 관한 설명으로 <u>틀린</u> 것은?**

① 부기등기는 독립한 번호를 갖지 않고 주등기의 순위번호에 가지번호를 붙여서 하는 등기이다.
② 부기등기는 순위번호에 있어서는 그 기초가 되는 주등기에 따르나, 접수번호에 있어서는 그 주등기에 따르지 않으므로 별도로 순위를 정해야 한다.
③ 후순위 근저당권등기가 있는 경우에 선순위 전세권의 전세금감액과 기간연장으로 인한 전세권변경등기에 후순위 근저당자의 승낙이 있어야 부기등기로 할 수 있다.
④ 부기등기는 주등기가 말소되는 경우 등기관이 직권으로 말소한다.
⑤ 저당권의 이전등기는 부기등기로 한다.

14. 등기의 효력에 대한 설명으로 틀린 것은? (다툼이 있으면 판례에 따름)

① 등기관이 등기를 마친 경우 그 등기는 접수한 때부터 효력이 발생한다.

② 가등기 후에 제3자 명의의 소유권이전등기가 이루어진 경우, 가등기에 기한 본등기가 이루어지면 본등기는 제3자 명의 등기에 우선한다.

③ 부동산에 대한 가처분등기와 전세권설정등기 상호간의 순위는 접수번호에 따른다.

④ 사망자 명의의 신청으로 마쳐진 이전등기에 대해서는 그 등기의 무효를 주장하는 자가 현재의 실체관계와 부합하지 않음을 증명할 책임이 있다.

⑤ 대지권을 등기한 후에 한 건물의 권리에 관한 등기는 건물만에 관한 것이라는 뜻의 부기등기가 없으면 대지권에 대하여 동일한 등기로서 효력이 있다.

15. 등기신청에 관한 설명으로 틀린 것은?

① 사용자 등록을 한 자연인과 전자증명서를 발급받은 법인은 전자신청할 수 있다.

② 소유권보존등기 또는 소유권보존등기의 말소등기는 등기명의인으로 될 자 또는 등기명의인이 단독으로 신청한다.

③ 근저당권설정자가 사망한 경우에 근저당권자가 임의경매신청을 하기 위해 근저당권의 목적 부동산에 대하여 대위에 의한 상속등기를 신청할 수 있다.

④ 피상속인 사망 후에 그의 소유로 등기되어 있는 부동산을 그의 상속인으로부터 매수하였다면 상속인과 매수인은 피상속인 명의에서 매수인 명의로의 소유권이전등기를 신청할 수 있다.

⑤ 건물이 멸실된 경우, 그 건물소유권의 등기명의인이 1개월 이내에 멸실등기신청을 하지 않으면 그 건물대지의 소유자가 그 건물소유권의 등기명의인을 대위하여 멸실등기를 신청할 수 있다.

16. 등기권리자 또는 등기의무자 또는 등기명의인이 단독으로 신청할 수 있는 경우는?

① 대지권이라는 뜻의 등기

② 요역지지역권등기

③ 지목변경으로 인한 토지표시변경등기

④ 소유권이전청구권가등기

⑤ 권리질권의 설정등기

17. 등기의 촉탁에 관한 설명으로 틀린 것은?

① 촉탁에 따른 등기절차는 법률에 다른 규정이 없는 경우에는 등기관의 직권에 따른 등기에 관한 규정을 준용한다.

② 관공서가 경매로 인하여 소유권이전등기를 촉탁하는 경우, 등기기록과 대장상의 부동산의 표시가 부합하지 않아도 그 등기촉탁을 수리한다.

③ 법원의 촉탁으로 실행되어야 할 등기가 신청된 경우, 등기관은 그 등기신청을 각하해야 한다.

④ 관공서가 등기를 촉탁하는 경우 우편으로 그 촉탁서를 제출할 수 있다.

⑤ 법원은 수탁자 해임의 재판을 한 경우, 지체 없이 신탁원부기록의 변경등기를 등기소에 촉탁하여야 한다.

18. 등기신청의 각하사유로 틀린 것은?

① 방문신청에 따라 등기를 신청할 때에 당사자나 그 대리인이 출석하지 아니한 경우

② 신청정보와 등기원인을 증명하는 정보가 일치하지 아니한 경우

③ 부동산의 공유자 1인의 지분에 대하여 전세권설정등기를 신청한 경우

④ 1동의 건물에 대한 구분건물 중 일부만에 관하여 소유권보존등기를 신청하는 경우 나머지 구분건물의 표시에 관한 등기를 동시에 신청하지 않은 경우

⑤ 1필지의 일부에 지상권설정등기를 신청한 경우

19. 근저당권설정등기의 등기사항으로 옳은 것을 모두 고른 것은?

> ㄱ. 채권의 최고액
> ㄴ. 채무자의 성명 또는 명칭과 주소 또는 사무소 소재지
> ㄷ. 존속기간

① ㄱ　② ㄱ, ㄴ
③ ㄱ, ㄷ　④ ㄴ, ㄷ
⑤ ㄱ, ㄴ, ㄷ

20. 토지의 소유권보존등기를 신청할 수 있는 자로서 틀린 것은?

① 토지대장에 최초의 소유자로 등록된 자의 포괄승계인
② 소유권확인의 확정판결을 받은 자
③ 시장·군수 또는 구청장(자치구의 구청장을 말함)의 확인에 의하여 자기의 소유권을 증명하는 자
④ 수용으로 인하여 소유권을 취득하였음을 증명하는 자
⑤ 소유권보존등기의 말소를 명하는 판결을 받은 자

21. 소유권등기에 관한 설명으로 틀린 것은?

① 매매로 인한 소유권이전등기는 잔금을 지급한 날부터 60일 이내에 소유권이전등기를 신청하여야 한다.
② 유증으로 인한 소유권이전등기는 수증자가 단독으로 신청한다.
③ 수용으로 인한 소유권이전등기를 하는 경우 요역지 지역권과 수용 이전에 개시된 상속으로 인한 소유권이전등기는 등기관이 직권말소하지 않는다.
④ 공유물분할금지약정이 등기된 부동산의 경우에 그 약정상 금지기간 동안에는 그 부동산의 소유권 일부에 관한 이전등기를 할 수 있다.
⑤ 이미 자기 앞으로 소유권을 표상하는 등기가 되어 있었던 자라도 판결에 의하지 않고 현재의 등기명의인과 공동으로 '진정명의회복'을 원인으로 하는 소유권이전등기를 신청할 수 있다.

22. 용익권등기에 관한 설명으로 옳은 것을 모두 고른 것은?

> ㄱ. 토지소유자 중 1인의 지분을 목적으로 하는 구분지상권을 설정할 수는 없다.
> ㄴ. 「주택임대차보호법」상 임차권등기명령에 의한 주택임차권등기에 기초하여 임차권이전등기를 할 수 없다.
> ㄷ. 지상권이전등기를 신청하는 경우 토지소유자의 승낙서를 첨부하여야 한다.
> ㄹ. 전세권의 존속기간 중에 전세금반환채권의 일부양도를 원인으로 전세권일부이전등기할 수 없다.
> ㅁ. 전세권의 존속기간 만료 후에도 전세권을 목적으로 하는 저당권설정등기를 할 수 있다.

① ㄱ, ㄴ, ㄹ　② ㄱ, ㄴ, ㅁ
③ ㄴ, ㄷ, ㄹ　④ ㄴ, ㄹ, ㅁ
⑤ ㄷ, ㄹ, ㅁ

23. 가등기에 관한 설명으로 옳은 것은? (다툼이 있는 경우에는 판례에 따름)

① 소유권이전청구권가등기 후에 제3자에게 소유권이 이전되었다면 그 가등기에 의한 본등기의무자는 제3취득자이다.
② 가등기를 명하는 가처분명령은 가등기권리자의 주소지를 관할하는 지방법원이 할 수 있다.
③ 가등기에 의한 본등기를 한 경우 그 효력은 가등기한 때에 발생한다.
④ 가등기로 보전받고자 하는 청구권은 그 성질이 채권적 청구권일 때만 보전할 뿐, 물권적 청구권은 가등기로 보전할 수 없다.
⑤ 하나의 가등기에 관한 여러 사람의 가등기권자가 있는 경우, 그중 일부의 가등기권자는 공유물보존행위에 준하여 가등기 전부에 관한 본등기를 신청할 수 있다.

24. 1동의 건물을 구분한 건물에 관한 등기에 대한 설명으로 틀린 것은?

① 등기부는 1동 건물에 대하여 표제부, 갑구, 을구를 두고 각 구분건물에 대하여 표제부, 갑구, 을구를 둔다.
② 1동의 건물을 구분한 건물의 경우 1동 건물 전부에 대하여 1등기기록을 사용한다.
③ 대지권이 있는 구분건물은 1동 건물 표제부와 전유부분 건물 표제부에 건물에 관한 사항과 대지권에 관한 사항을 함께 등기한다.
④ 구분건물에 대하여는 전유부분마다 부동산고유번호를 부여한다.
⑤ 1동의 건물에 속하는 구분건물 중 일부만에 관하여 소유권보존등기를 신청하는 소유자는 다른 구분건물의 소유자를 대위하여 그 건물의 표시에 관한 등기를 신청할 수 있다.

25. 지방세기본법령상 용어의 정의 및 서류의 송달에 관한 설명으로 틀린 것은?

① 지방자치단체 징수금의 징수순위는 체납처분비, 지방세, 가산세의 순서로 한다.
② '납세자'란 납세의무자(연대납세의무자와 제2차 납세의무자 및 보증인 포함)와 특별징수의무자를 말한다.
③ 교부에 의한 서류송달의 경우 송달할 장소에서 서류를 송달받아야 할 자를 만나지 못하였을 때에는 그의 사용인으로서 사리를 분별할 수 있는 사람에게 서류를 송달할 수 있다.
④ 서류송달을 받아야 할 자의 주소 또는 영업소가 분명하지 아니한 경우에는 서류의 주요 내용을 공고한 날로부터 10일이 지나면 서류의 송달이 된 것으로 본다.
⑤ 기한을 정하여 납세고지서를 송달하였더라도 서류가 도달한 날로부터 7일 이내에 납부기한이 되는 경우 지방자치단체의 징수금의 납부기한은 해당 서류가 도달한 날부터 14일이 지난 날로 한다.

26. 국세기본법령 및 지방세기본법령상 조세채권과 일반채권의 우선관계에 관한 설명으로 옳은 것을 모두 고른 것은?

ㄱ. 납세담보물 매각 시 담보 있는 조세채권은 압류에 관계되는 조세채권보다 우선한다.
ㄴ. 재산의 매각대금 배분 시 당해 재산에 부과된 종합부동산세는 당해 재산에 설정된 저당권에 따라 담보된 채권보다 우선한다.
ㄷ. 강제집행으로 부동산을 매각할 때 그 매각금액 중에 국세를 징수하는 경우, 강제집행비용은 국세에 우선하지 못한다.
ㄹ. 취득세의 법정기일은 과세표준과 세액을 신고한 경우 그 신고일이다.

① ㄷ
② ㄱ, ㄴ
③ ㄱ, ㄴ, ㄷ
④ ㄱ, ㄴ, ㄹ
⑤ ㄱ, ㄴ, ㄷ, ㄹ

27. 지방세법령상 취득세의 과세표준에 관한 설명으로 틀린 것은?

① 취득세의 과세표준은 취득 당시의 가액으로 한다. 다만, 연부로 취득하는 경우의 과세표준은 매회 사실상 지급되는 금액을 말하며, 취득금액에 포함되는 계약보증금을 포함한다.
② 건축물을 교환으로 취득하는 경우에는 교환으로 이전받는 건축물의 시가표준액과 이전하는 건축물의 시가표준액 중 낮은 가액을 취득당시가액으로 한다.
③ 부동산등을 유상거래로 승계취득하는 경우 취득당시가액은 취득시기 이전에 해당 물건을 취득하기 위하여 거래상대방이나 제3자에게 지급하였거나 지급하여야 할 일체의 비용으로서 사실상의 취득가격으로 한다.
④ 상속에 따른 무상취득의 경우에는 「지방세법」 제4조에 따른 시가표준액을 취득당시가액으로 한다.
⑤ 부동산등을 무상취득(상속은 제외)하는 경우 취득당시의 가액은 취득시기 현재 불특정 다수인 사이에 거래가 이루어지는 경우 통상적으로 성립된다고 인정되는 시가인정액(매매사례가액, 감정가액, 공매가액 등)으로 한다.

28. 지방세법령상 취득세 부과·징수에 관한 설명으로 틀린 것은?

① 취득세의 징수는 신고납부의 방법으로 한다.

② 국내에 주소를 둔 상속인이 상속으로 취득세 과세물건을 취득한 경우 상속개시일이 속하는 달의 말일부터 6개월 이내에 산출한 세액을 신고하고 납부하여야 한다.

③ 납세의무자가 취득세 과세물건을 사실상 취득한 후 취득세 신고를 하지 아니하고 매각하는 경우에는 산출세액에 100분의 80을 가산한 금액을 세액으로 하여 보통징수의 방법으로 징수한다.

④ 납세의무자가 신고기한까지 취득세를 시가인정액으로 신고한 후 지방자치단체의 장이 세액을 경정하기 전에 그 시가인정액을 수정신고한 경우에는 「지방세기본법」에 따른 가산세를 부과하지 아니한다.

⑤ 취득세 과세물건을 취득한 후에 과세물건이 중과세율의 적용대상이 되었을 때에는 중과세율을 적용하여 산출한 세액에서 이미 납부한 세액(가산세 포함)을 공제한 금액을 세액으로 하여 신고·납부하여야 한다.

29. 지방세법령상 취득세에 관한 설명으로 옳은 것은?

① 「도시개발법」에 따른 환지방식에 의한 도시개발사업의 시행으로 토지의 지목이 사실상 변경됨으로써 그 가액이 증가한 경우에는 그 환지계획에 따라 공급되는 환지는 조합원이, 체비지 또는 보류지는 사업시행자가 각각 취득한 것으로 본다.

② 지방자치단체의 장은 취득세 납세의무가 있는 법인이 장부 등의 작성과 보존의무를 이행하지 아니한 경우에는 산출된 세액 또는 부족세액의 100분의 20에 상당하는 금액을 징수하여야 할 세액에 가산한다.

③ 납세의무자가 토지의 지목을 사실상 변경한 후 산출세액에 대한 신고를 하지 아니하고 그 토지를 매각하는 경우에는 산출세액에 100분의 80을 가산한 금액을 세액으로 하여 징수한다.

④ 「도시 및 주거환경정비법」에 따른 재건축조합이 재건축사업을 하면서 조합원으로부터 취득하는 토지 중 조합원에게 귀속되지 아니하는 토지를 취득하는 경우에는 「도시 및 주거환경정비법」에 따른 소유권 이전 고시일에 그 토지를 취득한 것으로 본다.

⑤ 형제자매인 증여자의 채무를 인수하는 부담부증여의 경우에는 그 채무액에 상당하는 부분은 부동산을 무상으로 취득하는 것으로 본다.

30. **지방세법령상 등록에 대한 등록면허세에 관한 설명으로 틀린 것은?**

① 지방자치단체의 장은 채권자대위자의 부동산의 등기에 대한 등록면허세 신고납부가 있는 경우 납세의무자에게 그 사실을 즉시 통보하여야 한다.

② 취득세에 대한 부과제척기간이 경과한 물건의 등기 또는 등록은 등록 당시의 가액과 취득 당시의 가액 중 높은 가액으로 한다.

③ 취득당시가액을 등록면허세의 과세표준으로 하는 경우 등록 당시에 자산재평가의 사유로 그 가액이 달라진 경우에는 자산재평가 전의 가액을 과세표준으로 한다.

④ 부동산 등기에 대한 등록면허세의 납세지는 부동산 소재지로 하며, 납세지가 분명하지 아니한 경우에는 등록관청 소재지로 한다.

⑤ 무덤과 이에 접속된 부속시설물의 부지로 사용되는 토지로서 지적공부상 지목이 묘지인 토지에 관한 등기는 등록면허세가 비과세된다.

31. **지방세법령상 재산세 과세대상 토지에 대한 과세방법을 설명한 것으로 옳은 것은?**

① 1990년 5월 31일 이전부터 사회복지사업자가 복지시설이 소비목적으로 사용할 수 있도록 하기 위하여 소유하는 농지는 분리과세대상 토지이다.

② 고급오락장 및 회원제 골프장용 토지는 종합합산과세대상 토지이다.

③ 고급주택의 부속토지는 분리과세대상 토지이다.

④ 일반영업용 건축물의 시가표준액이 해당 부속토지의 시가표준액의 100분의 2에 미달하는 건축물의 부속토지 중 그 건축물의 바닥면적을 제외한 부속토지는 별도합산과세대상 토지이다.

⑤ 광주광역시의 공업지역에 있는 법정 기준면적 초과의 공장용지는 별도합산과세대상 토지이다.

32. **지방세법령상 2025년 과세기준일 현재 재산세의 과세표준과 세율에 관한 설명으로 옳은 것을 모두 고른 것은?**

> ㄱ. 주택(법령으로 정하는 1세대 1주택은 아님)에 대한 과세표준은 시가표준액에 공정시장가액비율(100분의 60)을 곱하여 산정한 가액으로 한다.
> ㄴ. 주택에 대한 토지와 건물의 소유자가 다를 경우 해당 주택의 토지와 건물의 가액을 합산한 과세표준에 주택의 세율을 적용한다.
> ㄷ. 납세의무자가 해당 지방자치단체 관할구역에 2개 이상의 주택을 소유하고 있는 경우 그 주택의 가액을 모두 합한 금액을 과세표준으로 하여 주택의 세율을 적용한다.
> ㄹ. 고급오락장은 1천분의 40을 표준세율로 하여 재산세를 과세한다.

① ㄱ, ㄴ　　② ㄱ, ㄷ
③ ㄴ, ㄷ, ㄹ　　④ ㄱ, ㄴ, ㄹ
⑤ ㄱ, ㄴ, ㄷ, ㄹ

33. **지방세법령상 재산세의 부과·징수 및 납부유예에 관한 설명으로 틀린 것은?**

① 토지에 대한 재산세의 납기는 매년 9월 16일부터 9월 30일까지이다.

② 주택에 대한 재산세의 경우 해당 연도에 부과할 세액이 20만원 이하인 경우에는 조례로 정하는 바에 따라 납기를 9월 16일부터 9월 30일까지로 하여 한꺼번에 부과·징수할 수 있다.

③ 고지서 1장당 재산세로 징수할 세액이 2천원 미만인 경우에는 해당 재산세를 징수하지 아니한다.

④ 지방자치단체의 장은 납부유예를 신청한 납세의무자가 해당 주택을 타인에게 양도하거나 증여하는 경우, 사망하여 상속이 개시되는 경우 등이 있는 경우에는 그 납부유예 허가를 취소하여야 한다.

⑤ 납세의무자가 1세대 1주택의 재산세액의 납부유예를 그 납부기한 3일 전까지 신청하는 경우 이를 허가할 수 있다. 이 경우 납부유예를 신청한 납세의무자는 그 유예할 주택 재산세에 상당하는 담보를 제공하여야 한다.

34. **종합부동산세법령상 1세대 1주택에 관한 설명으로 <u>틀린</u> 것은?**

① 대통령령으로 정하는 1세대 1주택(공동명의 1주택자 제외)의 경우 주택에 대한 종합부동산세의 과세표준은 납세의무자별로 주택의 공시가격을 합산한 금액에서 12억원을 공제한 금액에 100분의 60을 곱한 금액으로 한다. 다만, 그 금액이 영보다 작은 경우에는 영으로 본다.

② 1세대가 일반주택과 합산배제신고한 임대주택을 각각 1채씩 소유한 경우 해당 일반주택에 그 주택소유자가 과세기준일 현재 그 주택에 주민등록이 되어 있고 실제로 거주하고 있는 경우에는 1세대 1주택자에 해당한다.

③ 주택분 과세표준금액에 대하여 해당 과세대상 주택의 주택분 재산세로 부과된 세액(지방세법에 따라 가감조정된 세율이 적용된 경우에는 그 세율이 적용된 세액, 같은 법에 따라 세부담 상한을 적용받은 경우에는 그 상한을 적용받은 세액을 말함)은 주택분 종합부동산세에서 이를 공제한다.

④ 1세대 1주택자에 대하여는 주택분 종합부동산세 산출세액에서 소유자의 연령과 주택 보유기간에 따른 공제액을 공제율 합계 100분의 80의 범위에서 중복하여 공제한다.

⑤ 과세기준일 현재 세대원 중 1인과 배우자만이 공동으로 1주택을 소유하고 해당 세대원 및 다른 세대원이 다른 주택을 소유하지 아니한 경우 신청하지 않더라도 공동명의 1주택자를 해당 1주택에 대한 납세의무자로 한다.

35. **종합부동산세법령상 2025년 귀속 종합부동산세에 관한 설명으로 <u>틀린</u> 것은?**

① 3주택 이상을 소유하여 1천분의 50의 세율이 적용되는 법인(공익법인 및 공공주택사업자 등에 해당하지 아니함)의 경우 주택에 대한 종합부동산세의 과세표준은 납세의무자별로 주택의 공시가격을 합산한 금액에서 0원을 공제한 금액에 100분의 60을 곱한 금액으로 한다. 다만, 그 금액이 영보다 작은 경우에는 영으로 본다.

② 합산배제 신고한 「근현대문화유산의 보존 및 활용에 관한 법률」에 따른 등록문화유산에 해당하는 주택은 1세대가 소유한 주택 수에서 제외한다.

③ 「신탁법」 제2조에 따른 수탁자의 명의로 등기된 신탁주택의 경우에는 수탁자가 종합부동산세를 납부할 의무가 있으며, 이 경우 수탁자가 신탁주택을 소유한 것으로 본다.

④ 종합합산과세대상인 토지에 대한 종합부동산세의 과세표준은 해당 토지의 공시가격을 합산한 금액에서 5억원을 공제한 금액에 공정시장가액비율 100분의 100을 곱한 금액으로 한다. 다만, 그 금액이 영보다 작은 경우에는 영으로 본다.

⑤ 납세의무자는 선택에 따라 신고·납부할 수 있으나, 신고를 함에 있어 납부세액을 과소하게 신고한 경우에는 과소신고가산세가 부과될 수 있다.

36. **소득세법령상 양도소득세 과세대상은 모두 몇 개인가? (단, 거주자가 국내 자산을 양도한 것으로 한정함)**

ㄱ. 전세권
ㄴ. 지역권
ㄷ. 등기된 부동산임차권
ㄹ. 사업에 사용하는 토지 및 건물과 함께 양도하는 영업권
ㅁ. 토지 및 건물과 함께 양도하는 「개발제한구역의 지정 및 관리에 관한 특별조치법」에 따른 이축권(해당 이축권의 가액을 대통령령으로 정하는 방법에 따라 별도로 평가하여 신고함)

① 1개
② 2개
③ 3개
④ 4개
⑤ 5개

37. 소득세법령상 양도소득세의 양도 또는 취득시기에 관한 설명으로 틀린 것은?

① 장기할부조건의 경우에는 소유권이전등기(등록 및 명의개서를 포함)접수일·인도일 또는 사용수익일 중 빠른 날이 양도 또는 취득시기이다.

② 대금을 청산한 날이 분명하지 아니한 경우에는 등기부·등록부 또는 명부 등에 기재된 등기·등록접수일 또는 명의개서일이 양도 및 취득시기이다.

③ 자기가 건축한 건축물로서 건축허가를 받지 아니하고 건축하는 건축물에 있어서는 그 사실상의 사용일이 취득시기이다.

④ 완성되지 아니한 자산을 양도한 경우로서 해당 자산의 대금을 청산한 날까지 그 목적물이 완성되지 아니한 경우에는 해당 자산의 대금을 청산한 날이 취득시기이다.

⑤ 「도시개발법」에 따라 교부받은 토지의 면적이 환지처분에 의한 권리면적보다 증가 또는 감소된 경우에는 환지처분의 공고가 있은 날의 다음 날이 양도 또는 취득시기이다.

38. 소득세법령상 거주자의 양도소득세 비과세에 관한 설명으로 틀린 것은?

① 상속받은 주택과 상속개시 당시 보유한 일반주택을 국내에 각각 1개씩 소유한 1세대가 상속받은 주택을 양도하는 경우에는 국내에 1개의 주택을 소유하고 있는 것으로 보아 1세대 1주택 비과세 규정을 적용한다.

② 취학 등 부득이한 사유로 취득한 수도권 밖에 소재하는 주택과 일반주택을 국내에 각각 1개씩 소유하고 있는 1세대가 부득이한 사유가 해소된 날부터 3년 이내에 일반주택을 양도하는 경우에는 국내에 1개의 주택을 소유하고 있는 것으로 보아 비과세 규정을 적용한다.

③ 1주택을 보유하는 자가 1주택을 보유하는 자와 혼인함으로써 1세대가 2주택을 보유하게 되는 경우 혼인한 날부터 10년 이내에 먼저 양도하는 주택은 이를 1세대 1주택으로 보아 비과세 규정을 적용한다.

④ 직장의 변경으로 세대전원이 다른 시로 주거를 이전하는 경우 1년 이상 거주한 1주택을 양도하면 비과세된다.

⑤ 국가가 소유하는 토지와 분합하는 농지로서 분합하는 쌍방 토지가액의 차액이 가액의 큰 편의 4분의 1 이하인 경우 분합으로 발생하는 소득은 비과세된다.

39. 소득세법령상 거주자 甲의 상가건물 양도소득세 관련 자료이다. 이 경우 양도차익은? (단, 양도차익을 최소화하는 방향으로 필요경비를 선택하고, 부가가치세는 고려하지 않음)

(1) 취득 및 양도 내역(등기됨)

구분	실지거래가액	기준시가	거래일자
양도당시	5억원	4억원	2025.4.30.
취득당시	확인불가능	2억원	2023.3.7.

(2) 자본적 지출 및 소개비: 2억 5천만원(세금계산서 수취함)

(3) 주어진 자료 외는 고려하지 않음

① 2억 4천만원 ② 2억 4천4백만원
③ 2억 5천만원 ④ 2억 6천만원
⑤ 3억원

40. 소득세법령상 거주자의 양도소득 과세표준에 적용되는 세율에 관한 설명으로 옳은 것은? (단, 해당 자산은 2025년 10월 중에 양도한 것이며, 주어진 자산이나 조건 또는 보유기간 등 그 밖의 사항은 고려하지 않고, 답지항의 세액이 누진세율에 의한 세액보다 큼)

① 보유기간이 8개월인 등기된 상가건물의 양도소득세 세율은 100분의 40이다.
② 보유기간이 6개월인 「소득세법」에 따른 분양권의 양도소득세 세율은 100분의 60이다.
③ 보유기간이 2년 6개월인 「소득세법」에 따른 분양권의 양도소득세 세율은 100분의 50이다.
④ 보유기간이 1년 10개월인 1주택 소유자의 주택의 양도소득세 세율은 100분의 6에서 100분의 45이다.
⑤ 보유기간이 1년 6개월인 등기된 상업용 건물의 양도소득세 세율은 100분의 40이다.

시작시간: ______시 ______분 ~ 종료시간: ______시 ______분

2025년도 제36회 공인중개사 2차 국가자격시험

실전모의고사 제3회

교 시	문제형별	시험시간	시험과목
1교시	A	100분	1 공인중개사의 업무 및 부동산 거래신고에 관한 법령 및 중개실무 2 부동산공법 중 부동산중개에 관련되는 규정

수험번호		성 명	

[수험자 유의사항]

1. 시험문제지는 **단일 형별(A형)**이며, 답안카드 형별 기재란에 표시된 형별(A형)을 확인하시기 바랍니다. 시험문제지의 **총면수, 문제번호 일련순서, 인쇄상태** 등을 확인하시고, 문제지 표지에 수험번호와 성명을 기재하시기 바랍니다.

2. 답은 각 문제마다 요구하는 **가장 적합하거나 가까운 답 1개**만 선택하고, 답안카드 작성 시 시험문제지 **마킹착오**로 인한 불이익은 전적으로 **수험자에게 책임**이 있음을 알려드립니다.

3. 답안카드는 국가전문자격 공통 표준형으로 문제번호가 1번부터 125번까지 인쇄되어 있습니다. 답안 마킹 시에는 반드시 **시험문제지의 문제번호와 동일한 번호**에 마킹하여야 합니다. (2차 1교시 : 1번~80번)

4. **감독위원의 지시에 불응하거나 시험시간 종료 후 답안카드를 제출하지 않을 경우** 불이익이 발생할 수 있음을 알려 드립니다.

5. 시험문제지는 시험 종료 후 가져가시기 바랍니다.

6. 답안작성은 **시험 시행일(2025.10.25.) 현재 시행되는 법령 등**을 적용하시기 바랍니다.

7. 가답안 의견제시에 대한 개별회신 및 공고는 하지 않으며, **최종 정답 발표로 갈음**합니다.

8. 시험 중 **중간 퇴실은 불가**합니다. 단, 부득이하게 퇴실할 경우 **시험포기각서 제출 후 퇴실은 가능**하나 **재입실이 불가**하며, **해당시험은 무효처리됩니다.**

eduwill

제1과목: 공인중개사의 업무 및 부동산 거래 신고 등에 관한 법령 및 중개실무

1. 공인중개사법령상 용어의 설명으로 <u>틀린</u> 것은?

① 개업공인중개사에 소속된 공인중개사로서 중개업무를 수행하거나 개업공인중개사의 중개업무를 보조하는 자는 소속공인중개사이다.

② 개업공인중개사라 함은 이 법에 의하여 중개사무소의 개설등록을 한 공인중개사를 말한다.

③ 공인중개사자격을 취득한 자는 중개사무소의 개설등록 여부와 관계없이 '공인중개사'에 해당한다.

④ 공인중개사가 아닌 자로서 개업공인중개사에 소속되어 개업공인중개사의 중개업무와 관련된 단순한 업무를 보조하는 경우에는 '중개보조원'에 해당한다.

⑤ 중개라 함은 중개대상물에 대하여 거래당사자 간의 매매·교환·임대차 그 밖의 권리의 득실변경에 관한 행위를 알선하는 것을 말한다.

2. 공인중개사법상 중개대상물에 관한 설명으로 <u>틀린</u> 것은?

① 영업용 건물의 비품, 거래처, 신용 또는 점포위치에 따른 영업상의 이점 등 무형물은 중개대상물에 해당하지 않는다.

② 명인방법을 갖춘 수목집단은 「민법」상 독립한 부동산으로 인정되므로 중개대상물로 볼 수 있다.

③ 판례에 따르면 콘크리트 지반 위에 볼트조립방식으로 철제 파이프 기둥을 세우고 3면에 천막을 설치하여 주벽이라고 할 만한 것이 없는 세차장구조물은 중개대상물에 해당하지 않는다.

④ 판례에 따르면 중개대상물로 규정된 건물에는 기존의 건축물만 해당되며, 장래 건축될 건물은 포함되지 아니한다.

⑤ 주택이 철거될 경우 일정한 요건하에 이주자 택지를 공급받을 대토권은 중개대상물에 해당하지 않는다.

3. 공인중개사법상 공인중개사 정책심의위원회에 관한 설명으로 옳은 것은?

① 공인중개사의 업무에 관한 사항을 심의하기 위하여 국토교통부에 공인중개사 정책심의위원회를 둔다.

② 정책심의위원회의 위원장은 국토교통부장관이 된다.

③ 정책심의위원회는 위원장 1명을 포함하여 5명 이상 7명 이내로 구성한다.

④ 심의위원회에서 공인중개사시험 등 공인중개사의 자격취득에 관한 사항을 심의한 경우 시·도지사는 이에 따라야 한다.

⑤ 위원회의 위원장은 위원이 제척사유에 해당하는 데에도 불구하고 회피하지 아니한 경우에는 해당 위원을 해촉할 수 있다.

4. 공인중개사법상 공인중개사자격시험에 관한 설명으로 옳은 것은?

① 국토교통부장관이 시행하는 시험에 응시하고자 하는 자는 국토교통부장관이 결정·공고하는 수수료를 납부하여야 한다.

② 공인중개사자격시험에서 부정행위를 한 자는 5년간 응시자격이 정지되고 중개업무 종사도 제한된다.

③ 시·도지사 또는 국토교통부장관이 시험을 시행하려는 경우에는 정책심의위원회의 의결을 거쳐야 한다.

④ 국토교통부장관이 시험을 시행한 경우에는 합격자 결정·공고일부터 1개월 이내에 국토교통부장관이 자격증을 교부하여야 한다.

⑤ 응시원서 접수마감일의 다음 날부터 7일 이내에 접수를 취소하는 경우, 납입한 수수료의 100분의 50을 반환하여 준다.

5. **공인중개사법령상 제33조 제1항에 규정된 개업공인중개사의 금지행위에 해당하지 않는 것은?**

> ㄱ. 주거용 건축물의 분양을 대행하고 이 법의 중개보수 규정을 초과하며 금품을 받는 행위
> ㄴ. 상가건물의 매매를 업으로 하는 행위
> ㄷ. 탈세목적으로 미등기전매를 중개하였으나 전매 차익이 발생하지 않은 경우
> ㄹ. 제3자에게 부당한 이익을 얻게 할 목적으로 거짓으로 거래가 완료된 것처럼 꾸미는 등 중개대상물의 시세에 부당한 영향을 주거나 우려가 있을 행위

① 1개　② 2개
③ 3개　④ 4개
⑤ 5개

6. **공인중개사법령상 중개대상물의 표시·광고의무와 인터넷 표시·광고 모니터링에 관한 설명으로 틀린 것은?**

① 개업공인중개사가 의뢰받은 중개대상물에 대하여 표시·광고를 하려면 중개사무소, 개업공인중개사에 관한 사항을 명시하여야 한다.
② 인터넷을 이용한 중개대상물의 표시·광고 모니터링 업무 수탁기관은 기본계획서에 따라 6개월마다 기본 모니터링 업무를 수행한다.
③ 모니터링기관은 수시모니터링 업무를 완료한 날부터 15일 이내에 국토교통부장관에게 결과보고서를 제출하여야 한다.
④ 시·도지사 및 등록관청은 신속하게 조사 및 조치를 완료하고, 완료한 날부터 10일 이내에 그 결과를 국토교통부장관에게 통보하여야 한다.
⑤ 국토교통부장관은 업무위탁기관에 예산의 범위에서 위탁업무 수행에 필요한 예산을 지원할 수 있다.

7. **중개대상이 될 수 있는 물권을 모두 고른 것은?**

> ㄱ. 피담보채권과 목적물을 함께 이전하는 유치권
> ㄴ. 분묘기지권의 이전
> ㄷ. 법정지상권의 성립
> ㄹ. 질권의 이전
> ㅁ. 등기된 환매권의 이전
> ㅂ. 지상권의 성립
> ㅅ. 특허권의 성립
> ㅇ. 저당권의 성립

① ㄱ, ㅂ, ㅇ　② ㄴ, ㄷ, ㅇ
③ ㄱ, ㄷ, ㅁ, ㅂ　④ ㄱ, ㄹ, ㅂ, ㅅ
⑤ ㄱ, ㄴ, ㄹ, ㅂ, ㅅ

8. **공인중개사법상 중개사무소의 개설등록에 관한 설명으로 옳은 것은?**

① 등록관청은 개설등록을 하고 등록신청을 받은 날부터 10일 이내에 등록신청인에게 서면으로 통지하여야 한다.
② 합명회사가 개설등록을 하려면 대표자는 공인중개사이어야 하며, 대표자를 포함하여 임원 또는 사원의 3분의 1 이상은 공인중개사이어야 한다.
③ 등록신청을 받은 등록관청은 개업공인중개사의 종별에 따라 구분하여 등록을 행하고 7일 이내에 등록신청인에게 등록증을 교부하여야 한다.
④ 다른 법률의 규정에 따라 중개업을 할 수 있는 법인이 중개사무소 개설등록을 신청하는 경우 대표자는 공인중개사이어야 한다.
⑤ 「공인중개사법」 부칙 제6조 제2항에 규정된 개업공인중개사가 그 등록관청 관할구역 안에서 공인중개사인 개업공인중개사로 업무를 계속하고자 하는 경우에는 등록증 재교부신청을 하여야 한다.

9. 개업공인중개사의 등록 등의 결격사유에 해당되지 않는 것은?

① 「변호사법」 위반으로 금고 1년을 선고받고 집행이 종료된 날부터 3년이 지나지 아니한 자
② 공인중개사법령을 위반하여 징역 3년을 선고받고 집행이 면제된 날부터 3년이 지나지 아니한 자
③ 공인중개사자격이 정지된 자로서 자격정지기간 중에 있는 자
④ 업무정지처분을 받고 폐업한 자로서 업무정지기간이 지나지 아니한 자
⑤ 사무소 이전신고를 하지 않아 과태료 100만원을 선고받고 2년이 지난 자

10. 공인중개사법령상 부동산거래질서교란행위 신고센터(이하 '신고센터'라 함)의 설치·운영에 관한 설명으로 틀린 것은?

① 국토교통부장관은 부동산거래질서교란행위를 방지하기 위하여 신고센터를 설치·운영할 수 있다.
② 신고센터는 부동산거래질서교란행위 신고의 접수 및 상담업무를 수행한다.
③ 신고센터는 신고받은 사항에 대해 보완이 필요한 경우 기간을 정하여 신고인에게 보완을 요청할 수 있다.
④ 신고센터는 매월 10일까지 직전 달의 신고사항 접수 및 처리 결과 등을 국토교통부장관에게 제출해야 한다.
⑤ 국토교통부장관은 신고센터의 업무를 공인중개사협회에 위탁한다.

11. 공인중개사법령상 등록취소 후 3년간 등록 등의 결격사유에 해당하는 자는?

① 공인중개사법령을 위반하여 300만원 이상의 벌금형을 선고받아 등록이 취소된 자
② 공인중개사자격이 취소되어 등록이 취소된 자
③ 건축물대장에 기재되지 아니한 건물로 중개사무소를 이전하여 등록이 취소된 자
④ 서로 다른 둘 이상의 거래계약서를 작성하여 등록이 취소된 자
⑤ 폐업 전의 위반사유로 인하여 재등록한 이후 등록이 취소된 자

12. 공인중개사법상 중개사무소 명칭에 관한 설명으로 틀린 것은?

① 법인인 개업공인중개사가 '공인중개사 사무소' 또는 '부동산중개'라는 문자를 사용하지 아니한 경우 등록관청이 과태료를 부과한다.
② 공인중개사인 개업공인중개사가 '부동산중개'라는 문자를 사용한 경우 「공인중개사법」 위반이 아니다.
③ 개업공인중개사가 아닌 자는 '공인중개사 사무소', '부동산중개' 또는 이와 유사한 명칭을 사용하여서는 아니 된다.
④ 법인의 분사무소의 옥외광고물을 설치하는 경우 법인 대표자의 성명을 표기해야 한다.
⑤ '부동산중개'라는 문자는 개업공인중개사의 종별을 불문하고 사용할 수 있다.

13. 공인중개사법상 공인중개사의 중개사무소에 관한 설명으로 틀린 것은?

① 법인인 개업공인중개사는 등록관청에 신고하고 그 관할구역을 포함한 지역에 분사무소를 둘 수 있다.

② 사용승인을 받았으나 건축물대장에 기재되지 아니한 건물에 중개사무소를 확보하였을 경우에는 건축물대장 기재가 지연되는 사유를 적은 서류를 제출하여야 한다.

③ 개업공인중개사는 천막 그 밖에 이동이 용이한 임시 중개시설물을 설치하여서는 아니 된다.

④ 개업공인중개사가 임시 중개시설물을 설치한 경우에는 1년 이하의 징역 또는 1천만원 이하의 벌금에 처한다.

⑤ 개업공인중개사가 등록관청 관할구역 외의 지역으로 중개사무소를 이전하는 경우 이전신고를 받은 등록관청은 그 내용이 적합한 경우 중개사무소등록증을 재교부하여야 한다.

14. 공인중개사법상 전속중개계약에 관한 설명으로 옳은 것은?

① 중개의뢰인이 전속중개계약의 유효기간 내에 스스로 발견한 상대방과 거래한 경우에는 중개보수의 50%에 해당하는 비용을 개업공인중개사에게 지불해야 한다.

② 개업공인중개사는 전속중개계약을 체결한 때에는 지체 없이 중개대상물에 관한 정보를 공개하여야 한다.

③ 전속중개계약을 체결한 개업공인중개사가 정보를 공개한 때에는 7일 이내에 정보 공개한 내용을 의뢰인에게 문서로 통지하여야 한다.

④ 개업공인중개사는 전속중개계약서를 작성하여 의뢰인에게 교부하고 5년간 이를 보존하여야 한다.

⑤ 개업공인중개사는 중개의뢰인에게 전속중개계약 체결 후 2주일에 1회 이상 중개업무 처리상황을 문서로 통지해야 한다.

15. 공인중개사법상 개업공인중개사의 휴·폐업 등에 관한 설명으로 틀린 것은?

① 휴업(폐업)신고를 하려는 자가 「부가가치세법」에 따른 신고를 같이 하려는 경우에는 「부가가치세법」상 휴업(폐업)신고서를 함께 제출하여야 한다.

② 휴업기간을 변경하고자 하는 자는 미리 신고하여야 하며, 전자문서에 의한 신고도 가능하다.

③ 중개업의 재개신고를 받은 등록관청은 반납받은 등록증을 즉시 반환하여야 한다.

④ 임신 또는 출산 등 법령에서 정하는 사유를 제외하고 휴업은 3개월을 초과할 수 없다.

⑤ 폐업하고자 하는 개업공인중개사는 신고서에 등록증을 첨부하여 미리 신고하여야 한다.

16. 중개의뢰인은 중개의뢰내용을 명확하게 하기 위하여 필요한 경우 개업공인중개사에게 일반중개계약서의 작성을 요청할 수 있는바, 이 경우 기재할 사항이 아닌 것을 모두 고른 것은?

ㄱ. 중개대상물의 위치
ㄴ. 중개대상물의 상태, 입지
ㄷ. 중개대상물의 규모
ㄹ. 거래예정금액
ㅁ. 중개보수
ㅂ. 중개계약 당사자의 준수사항
ㅅ. 취득 관련 조세

① ㄱ, ㅂ ② ㄴ, ㅁ
③ ㄴ, ㅅ ④ ㄷ, ㅅ
⑤ ㄹ, ㅂ

17. 부동산거래정보망에 관한 설명으로 옳은 것은?

① 국토교통부장관은 중개의뢰인 상호간에 부동산의 매매 등에 관한 정보의 공개와 유통을 촉진하기 위하여 부동산거래정보망을 설치·운영할 자를 지정할 수 있다.

② 거래정보사업자로 지정받을 수 있는 자는 「전기통신사업법」에 따라 먼저 부가통신사업자로 신고된 법인이어야 한다.

③ 거래정보사업자로 지정받고자 하는 자는 전국적으로 2천명 이상의 개업공인중개사(그중 10개 이상의 시·도에서 각 50명 이상의 개업공인중개사)로부터 해당 정보망의 가입·신청을 받아야 한다.

④ 거래정보사업자가 정당한 사유 없이 1년 이내에 부동산거래정보망을 설치·운영하지 아니하는 경우 국토교통부장관은 그 지정을 취소하여야 한다.

⑤ 거래정보사업자는 지정받은 날부터 3개월 이내에 부동산거래정보망의 이용 및 정보제공방법 등에 관한 운영규정을 정하여 국토교통부장관의 승인을 얻어야 한다.

18. 공인중개사법상 법인인 개업공인중개사의 겸업 가능한 업무범위가 <u>아닌</u> 것은 모두 몇 개인가?

ㄱ. 중개의뢰인의 의뢰에 따른 주거이전에 부수되는 이사업
ㄴ. 상업용 건축물 및 주택의 임대관리
ㄷ. 개업공인중개사를 대상으로 한 부동산 거래에 관한 상담
ㄹ. 등록신청자를 대상으로 한 중개업의 경영기법 및 경영정보의 제공
ㅁ. 경매 또는 공매대상 부동산에 대한 취득의 알선 및 입찰신청의 대리

① 1개　② 2개
③ 3개　④ 4개
⑤ 5개

19. 공인중개사법상 손해배상책임과 업무보증설정에 관한 설명으로 옳은 것은?

① 보증을 설정한 개업공인중개사가 중개행위를 함에 있어서 고의로 거래당사자에게 재산상의 손해를 발생하게 한 경우 그 손해에 대하여 거래당사자는 업무보증금으로 손해배상을 받을 수 없다.

② 개업공인중개사는 중개가 완성된 때에는 거래당사자에게 보장기간, 보증기관의 명칭 및 그 소재지, 보장금액을 설명하거나 관계증서 사본을 교부 또는 관계증서에 관한 전자문서를 제공하여야 한다.

③ 2억원을 공탁한 공인중개사인 개업공인중개사가 5천만원의 손해를 공탁금으로 배상한 때에는 15일 이내에 2억원의 보증을 다시 설정하여야 한다.

④ 다른 법률의 규정에 의하여 중개업을 영위하는 법인도 중개업무를 개시하기 전에 2억원 이상의 보증을 설정하여 등록관청에 신고하여야 한다.

⑤ 개업공인중개사가 폐업한 경우 폐업한 날부터 3년 이내에는 손해배상보장을 위하여 공탁한 공탁금을 회수할 수 없다.

20. 공인중개사법령에 규정된 개업공인중개사 등의 금지행위(법 제33조 제1항)에 해당하지 <u>않는</u> 것은?

① 부당한 이익을 얻거나 제3자에게 부당한 이익을 얻게 할 목적으로 거짓으로 거래가 완료된 것처럼 꾸미는 등 중개대상물의 시세에 부당한 영향을 주거나 줄 우려가 있는 행위

② 판례에 의하면 개업공인중개사가 남편임을 알리지 않고 임대인과 전세계약을 체결한 행위

③ 단체를 구성하여 특정 중개대상물에 대하여 중개를 제한하거나 단체 구성원 이외의 자와 공동중개를 제한하는 행위

④ 개업공인중개사가 다른 개업공인중개사와 공동으로 자기의 매도중개의뢰인과 매매계약을 체결한 행위

⑤ 일방의 중개대리인을 대리하여 타인에게 중개대상물을 임대하는 행위

21. 공인중개사법령상 500만원 이하의 과태료사유에 해당하지 않는 것은?

① 휴업기간의 변경신고를 하지 않은 경우
② 거래정보사업자가 운영규정의 승인 또는 변경승인을 얻지 아니하거나 운영규정의 내용을 위반하여 운영한 경우
③ 개업공인중개사가 한 표시·광고의 내용이 부동산 거래질서를 해치거나 중개의뢰인에게 피해를 줄 우려가 있는 것인 경우
④ 실무교육을 받은 후 2년마다 시·도지사가 실시하는 연수교육을 받아야 한다는 규정을 위반한 경우
⑤ 공제사업 운용실적을 공시하지 아니한 공인중개사협회

22. 공인중개사법령에서 규정하고 있는 거래계약서의 기재사항에 해당하지 않는 것은 모두 몇 개인가?

ㄱ. 중개대상물 확인·설명서 교부일자
ㄴ. 거래예정금액
ㄷ. 물건의 인도일시
ㄹ. 그 밖의 약정내용
ㅁ. 공법상 거래규제 및 이용제한에 관한 사항
ㅂ. 권리이전의 내용

① 1개 ② 2개
③ 3개 ④ 4개
⑤ 5개

23. 공인중개사법상 계약금등의 반환채무이행보장에 관한 설명으로 옳은 것은?

① 계약금등을 금융기관 명의로 예치하는 경우 개업공인중개사는 예치하는 금액에 해당하는 보증보험, 공제에 가입하거나 공탁하여야 한다.
② 계약금등이 예치된 경우라 하더라도 매도인 등 계약금등을 수령할 권리가 있는 자는 계약금등의 반환을 보장하는 내용의 금융기관 또는 보증보험회사가 발행하는 보증서를 예치기관에 교부하고 미리 수령할 수 있다.
③ 개업공인중개사 명의로 계약금등을 예치하는 경우 개업공인중개사는 거래당사자의 동의가 없더라도 예치된 계약금등을 미리 인출할 수 있다.
④ 개업공인중개사는 계약금등을 자기명의로 예치하는 경우 계약금등의 반환채무이행보장에 소요되는 실비의 지급 등에 관하여도 거래당사자와 약정하여야 한다.
⑤ 계약금등을 개업공인중개사 명의로 예치하는 경우 자기 소유 예치금과 분리하여 관리하지 아니한 때에는 개업공인중개사는 등록취소처분을 받을 수 있다.

24. 공인중개사법상 중개보수에 관한 설명으로 틀린 것은?

① 임대차 중 보증금 외에 차임이 있는 경우에는 월 단위의 차임액에 100을 곱한 금액과 보증금을 합산한 금액을 거래금액으로 한다. 이와 같이 산정한 금액이 5천만원 미만인 경우에는 월차임액에 70을 곱한 금액과 보증금을 합산한 금액을 거래금액으로 한다.
② 교환중개를 한 경우 거래금액은 교환대상물 중 높은 중개대상물의 금액을 거래금액으로 적용한다.
③ 권리금은 중개보수 계산 시 거래금액에 포함하지 아니한다.
④ 중개보수산정에 관한 지방자치단체의 조례를 잘못 해석하여 법정한도를 초과한 중개보수를 받은 경우 「공인중개사법」상 금지행위에 해당하지 않는다.
⑤ 동일한 중개대상물에 대하여 동일한 거래당사자 간에 매매계약과 임대차계약이 동일한 기회에 이루어지는 경우에는 임대차에 관한 거래금액은 중개보수 산정 시의 거래금액에 포함하지 아니한다.

25. 공인중개사법상 행정처분에 관한 설명으로 틀린 것은?

① 법인인 개업공인중개사에 대하여는 법인 또는 분사무소별로 업무정지를 명할 수 있다.
② 개업공인중개사에 대한 업무정지처분은 그 사유가 발생한 날부터 3년이 경과한 때에는 이를 할 수 없다.
③ 최근 1년 이내에 「공인중개사법」에 의하여 2회 이상 업무정지처분을 받고 다시 업무정지처분에 해당하는 행위를 한 경우 등록관청은 중개사무소의 개설등록을 취소하여야 한다.
④ 등록관청은 위반행위의 동기와 결과, 위반정도 등을 고려하여 업무정지기간을 줄이거나 늘릴 필요가 있다고 인정되는 경우 개별기준에 따라 업무정지기간의 2분의 1의 범위 안에서 그 기간을 줄이거나 늘릴 수 있다.
⑤ 등록관청은 다른 사람에게 자기의 성명 또는 상호를 사용하여 중개업무를 하게 하거나 중개사무소등록증을 양도 또는 대여한 개업공인중개사는 그 등록을 취소할 수 있다.

26. 공인중개사법상 행정제재처분효과의 승계 등에 관한 설명으로 틀린 것은?

① 개업공인중개사가 폐업신고 후 다시 중개사무소의 개설등록을 한 때에는 폐업신고 전 개업공인중개사의 지위를 승계한다.
② 개업공인중개사가 업무정지처분대상 위법행위를 하였어도 3년이 경과하도록 업무정지처분을 받지 않으면 시효완성으로 인해 처분을 받지 않는다.
③ 재등록 개업공인중개사에 대하여 폐업신고 전의 행정처분대상 위반행위에 대한 행정처분을 할 수 있다.
④ 폐업신고를 한 날부터 다시 중개사무소의 개설등록을 한 날까지의 기간이 3년을 초과한 경우라면 3년 전 행위를 원인으로 등록취소되지 않는다.
⑤ 폐업신고 전의 개업공인중개사에 대하여 행한 행정처분의 효과는 그 폐업일부터 1년간 다시 재등록 개업공인중개사에게 승계된다.

27. 공인중개사법령상 공인중개사의 자격취소에 관한 설명으로 틀린 것은?

① 공인중개사의 자격취소처분은 그 공인중개사자격증을 교부한 시·도지사가 행한다.
② 자격증을 교부한 시·도지사와 공인중개사 사무소의 소재지를 관할하는 시·도지사가 다른 경우 자격증을 교부한 시·도지사가 자격취소처분을 한다.
③ 자격취소사유가 발생한 경우 청문을 실시한 후 자격을 취소할 수 있다.
④ 자격취소처분을 받은 자는 7일 이내에 그 공인중개사자격증을 교부한 시·도지사에게 공인중개사자격증을 반납하여야 한다.
⑤ 시·도지사는 공인중개사의 자격취소처분을 한 때에는 7일 이내에 이를 국토교통부장관과 다른 시·도지사에게 통보해야 한다.

28. 공인중개사법상 거래정보사업자에 관한 지정취소사유인 동시에 1년 이하의 징역 또는 1천만원 이하의 벌금에 처해지는 사유에 해당되는 것은?

① 개업공인중개사에 따라 차별하여 정보가 공개되도록 한 경우
② 운영규정의 승인 또는 변경승인을 받지 아니한 경우
③ 운영규정을 위반하여 부동산거래정보망을 운영한 경우
④ 거짓 그 밖의 부정한 방법으로 지정을 받은 경우
⑤ 정당한 사유 없이 지정받은 날부터 1년 이내에 부동산거래정보망을 설치·운영하지 아니한 경우

29. 상가건물 임대차보호법은 환산보증금이 일정한 금액 이하인 상가건물의 임대차에만 적용된다. 다음 중 환산보증금의 액수와 상관없이 모든 상가건물에 적용되는 것은 모두 몇 개인가?

ㄱ. 대항력 ㄴ. 권리금 보호규정 ㄷ. 표준계약서 작성 관련 규정 ㄹ. 계약갱신요구권

① 0개 ② 1개
③ 2개 ④ 3개
⑤ 4개

30. 포상금에 관한 설명으로 옳은 것은?

① 「공인중개사법」에 규정된 자를 행정기관에 적발되기 전에 신고 또는 고발한 사건으로서 검사가 공소제기 또는 기소중지한 사건이어야 한다.
② 포상금은 수사기관이 지급한다.
③ 등록관청은 포상금의 지급을 결정한 후 2개월 이내에 포상금을 지급하여야 한다.
④ 포상금은 1건당 50만원 이내에서 지급하고, 국고에서 보조할 수 있는 비율은 100분의 50이다.
⑤ 하나의 사건에 대하여 2인 이상의 신고가 있는 경우에는 미리 합의한 사실이 없는 한 균등하게 배분하고, 하나의 사건에 2건 이상의 신고가 있는 때에는 최초 신고자에게 지급한다.

31. 공인중개사법상 이중등록금지 및 이중소속금지에 관한 설명으로 옳은 것은?

① 개업공인중개사 및 소속공인중개사는 둘 이상의 중개사무소에 소속할 수 없으나, 중개보조원은 둘 이상의 중개사무소에 소속할 수 있다.
② 자격정지기간 중인 소속공인중개사가 다른 개업공인중개사의 소속공인중개사가 된 경우, 자격증을 교부한 시·도지사는 자격을 취소할 수 있다.
③ 종전의 중개사무소를 사실상 폐쇄하였으나 중개사무소의 폐업신고를 완전히 이행하지 않은 채 새로운 중개업등록을 한 경우에는 이중등록에 해당된다.
④ 휴업신고 후 다른 개업공인중개사에 소속하는 것은 「공인중개사법」상 위법행위가 아니다.
⑤ 업무정지기간 중이라 하더라도 폐업한 경우에는 그 기간 중에 다시 등록을 할 수 있다.

32. 부동산 거래신고 등에 관한 법령상 부동산 거래신고 제도에 관한 설명으로 옳은 것은?

① 신고를 받은 신고관청은 그 신고내용을 확인한 후 신고인에게 신고필증을 7일 이내에 발급하여야 한다.
② 거래당사자 간 직접계약의 경우, 부동산 거래계약 신고서에 매수인 및 매도인이 공동으로 서명 또는 날인을 하여 거래당사자가 공동으로 시장 등에게 제출하여야 한다.
③ 거래당사자 간 직접계약의 경우, 거래당사자 중 1인이 부동산거래계약신고서에 서명 또는 날인을 거부하는 때에는 거래당사자 중 다른 1인이 단독으로 부동산거래계약신고서를 제출할 수 없다.
④ 정정신청을 받은 신고관청은 정정사항을 확인한 후 10일 이내에 해당 내용을 정정하고, 정정사항을 반영한 부동산거래신고필증을 재발급하여야 한다.
⑤ 거래당사자 중 일방이 국가인 경우, 국가가 부동산 거래신고를 하여야 한다.

33. 甲은 乙과 乙소유의 X부동산의 매매계약을 체결하였다. 甲은 그의 친구 丙과 명의신탁약정을 맺고 그 명의신탁약정에 따라 乙로부터 바로 丙명의로 소유권이전등기를 하였다. 이와 관련하여 개업공인중개사가 설명한 내용으로 틀린 것은? (다툼이 있으면 판례에 따름)

① 甲과 丙 간의 명의신탁약정 및 그 등기는 무효이다.
② 丙이 X부동산을 제3자에게 처분한 경우 丙은 甲과의 관계에서 횡령죄가 성립하지 않는다.
③ 甲과 乙 사이의 매매계약은 유효하므로 甲은 乙을 상대로 소유권이전등기를 청구할 수 있다.
④ 乙이 甲과 丙 간 명의신탁약정사실을 알았을 경우에는 丙명의의 소유권이전등기는 유효가 된다.
⑤ 丙이 그 부동산을 제3자 丁에게 처분한 경우 丁은 소유권을 취득하고, 甲은 丙에게 부당이득반환청구권을 행사할 수 있다.

34. 부동산 거래신고 등에 관한 법령상 토지거래허가제에 관한 설명으로 틀린 것은?

① 토지거래허가를 받아 토지를 취득한 자가 허가관청의 승인 없이 당초의 이용목적을 변경하여 이용하는 경우 토지 취득가액의 100분의 5 이하에 상당하는 금액의 이행강제금을 부과한다.
② 관계 법령에 따라 개발이용행위가 제한되거나 금지된 토지로서 국토교통부령으로 정하는 토지에 대하여 현상보존의 목적으로 토지를 취득하려는 경우 토지취득일부터 5년간 이용하여야 한다.
③ 농지에 대하여 토지거래계약허가를 받은 경우에는 「농지법」에 따른 농지전용허가를 받은 것으로 본다.
④ 토지거래계약에 관하여 허가증을 발급받은 경우에는 「부동산등기 특별조치법」에 따른 검인을 받은 것으로 본다.
⑤ 허가를 받지 아니하고 계약을 체결한 자는 2년 이하의 징역 또는 계약체결 당시의 개별공시지가에 의한 해당 토지가격의 100분의 30에 해당하는 금액 이하의 벌금에 처한다.

35. 공인중개사법령상 중개대상물 확인·설명서[Ⅰ](주거용 건축물)의 작성에 관한 설명으로 틀린 것은?

① 법정지상권, 유치권, 「주택임대차보호법」상 임대차는 '실제권리관계 또는 공시되지 아니한 물건의 권리에 관한 사항'란에 적되, 매도(임대)의뢰인이 고지한 사항을 적는다.
② 용도지역, 용도지구, 지구단위계획구역은 토지이용계획확인서로 개업공인중개사가 확인하여 기재한다.
③ 관리비는 직전 2년간 월평균 관리비 등을 기초로 산출한 총 금액을 적는다.
④ 취득 시 부담할 조세의 종류 및 세율은 중개가 완성되기 전 「지방세법」의 내용을 확인하여 적는다.
⑤ 최우선변제금은 근저당권 등 선순위 담보물권이 설정되어 있는 경우 선순위 담보물권 설정 당시의 소액임차인 범위 및 최우선변제금액을 기준으로 적어야 한다.

36. 공인중개사법상 포상금지급사유에 해당하는 것은 모두 몇 개인가?

ㄱ. 부당한 이익을 얻거나 제3자에게 부당한 이익을 얻게 할 목적으로 거짓으로 거래가 완료된 것처럼 꾸미는 등 시세에 부당한 영향을 주는 행위
ㄴ. 중개사무소의 개설등록을 하지 아니하고 중개업을 한 자
ㄷ. 정당한 사유 없이 개업공인중개사등의 중개대상물에 대한 정당한 표시·광고행위를 방해하는 행위
ㄹ. 안내문, 온라인 커뮤니티 등을 이용하여 특정 개업공인중개사등에 대한 중개의뢰를 제한하는 행위
ㅁ. 중개사무소등록증을 다른 사람에게 양도·대여하는 행위
ㅂ. 개업공인중개사가 직접 거래를 하는 행위

① 1개 ② 2개
③ 3개 ④ 4개
⑤ 5개

37. 토지의 중개대상물 확인·설명서[Ⅲ]에 기재하는 내용으로 틀린 것은?

① 대상물건의 표시에 '건축물'은 없고 '토지'만 있다.
② 환경조건은 기재하지 않는다.
③ 비선호시설(1km 이내)의 유무에 관한 사항은 기재사항에 포함된다.
④ 입지조건에는 '도로와의 관계', '대중교통', '주차장'만을 기재한다.
⑤ 실제 권리관계는 기재사항에 포함된다.

38. 개업공인중개사가 분묘기지권에 관하여 설명한 내용으로 틀린 것은? (다툼이 있으면 판례에 따름)

① 분묘기지권은 분묘기지뿐만 아니라 분묘를 수호하고 봉제사에 필요한 공지도 포함되나 사성이 조성된 경우 반드시 그 사성까지 효력이 미치는 것은 아니다.
② 여러 기의 분묘가 집단으로 설치된 경우에는 분묘기지권 범위 내에서 이장된 분묘도 효력을 유지한다.
③ 부부 중 일방이 먼저 사망하여 분묘가 설치되어 분묘기지권의 효력이 미치고 있던 중 다른 일방이 사망한 경우 분묘기지권의 효력범위 내로 합장을 위한 단분 형태의 분묘 설치도 허용되지 아니한다.
④ 분묘기지권은 분묘의 수호와 봉사를 계속하고 그 분묘가 존속하는 기간 동안 존속한다.
⑤ 분묘기지권을 시효에 의하여 취득한 경우, 그 지료를 지급할 필요가 없다.

39. 매수신청대리인으로 등록된 개업공인중개사가 매수신청대리의 위임을 받은 경우 그 업무에 관한 설명으로 틀린 것은?

① 공인중개사인 개업공인중개사는 매수신청대리인으로 등록하지 않아도 경매대상 부동산에 대한 권리분석 및 알선을 할 수 있다.
② 개업공인중개사가 매수신청대리를 위임받은 경우 해당 매수신청대리 대상물의 경제적 가치에 대하여 위임인에게 설명하여야 한다.
③ 매수신청대리의 위임을 받은 경우 「민사집행법」의 규정에 따라 차순위 매수신고를 할 수 있다.
④ 개업공인중개사가 매수신청대리 위임계약을 체결한 경우 그 대상물의 확인·설명서 사본을 5년간 보존하여야 한다.
⑤ 매수신청대리수수료는 위임계약체결 전에 감정가의 1.5% 또는 최저매각가격의 1% 이하의 범위에서 협의로 정할 수 있다.

40. 개업공인중개사가 부동산경매에 관하여 설명한 내용으로 옳은 것은?

① 배당요구를 하여야 배당받을 수 있는 권리자는 경매개시결정에 따른 압류의 효력이 발생한 때부터 1개월 이내에 배당요구 신청을 하여야 한다.
② 매수신청의 보증금액은 매수신청가격의 10분의 1로 한다.
③ 관청의 증명이나 허가를 필요로 하는 경우 매수신고 시에 이를 증명하여야 한다.
④ 매각허가결정이 확정되면 법원은 대금지급기한을 정하여 매수인과 차순위 매수신고인에게 통지하고, 매수인은 그 기한까지 매각대금을 납부하여야 한다.
⑤ 매수신고가 있은 뒤 경매신청이 취하되더라도 그 경매신청으로 발생된 압류의 효력은 소멸되지 않는다.

제2과목: 부동산공법 중 부동산중개에 관련 되는 규정

41. 국토의 계획 및 이용에 관한 법령상 광역도시계획에 관한 설명으로 틀린 것은?

① 광역도시계획의 수립기준은 국토교통부장관이 정한다.
② 국토교통부장관, 시장 또는 군수는 광역도시계획을 수립하거나 변경하려면 미리 관계 시·도, 시 또는 군의 의회와 관계 시장 또는 군수의 의견을 들어야 한다.
③ 광역계획권이 같은 도의 관할구역에 속하여 있는 경우에는 관할 시장 또는 군수가 공동으로 수립하는 것이 원칙이다.
④ 시장 또는 군수가 기초조사정보체계를 구축한 경우에는 등록된 정보의 현황을 5년마다 확인하고 변동사항을 반영하여야 한다.
⑤ 광역계획권을 지정한 날부터 3년이 지날 때까지 관할 시장 또는 군수로부터 광역도시계획의 승인 신청이 없는 경우 관할 도지사가 광역도시계획을 수립하여야 한다.

42. 국토의 계획 및 이용에 관한 법령상 용도지역의 지정특례에 관한 설명으로 옳은 것은?

① 공유수면(바다만 해당)의 매립 목적이 그 매립구역과 이웃하고 있는 용도지역의 내용과 다르면 도시·군관리계획의 입안·결정절차 없이 그 매립준공구역은 매립의 준공인가일부터 이와 이웃하고 있는 용도지역으로 지정된 것으로 본다.
② 위 ①의 경우 관계 특별시장·광역시장·특별자치시장·특별자치도지사·시장 또는 군수는 그 사실을 고시할 필요는 없다.
③ 공유수면의 매립 목적이 그 매립구역과 이웃하고 있는 용도지역의 내용과 동일한 경우 및 그 매립구역이 둘 이상의 용도지역에 걸쳐 있거나 이웃하고 있는 경우 그 매립구역이 속할 용도지역은 원칙에 따라 도시·군관리계획결정으로 지정하여야 한다.
④ 「항만법」에 따른 항만구역으로서 관리지역에 연접한 공유수면으로 지정·고시된 지역은 이 법에 따른 도시지역으로 결정·고시된 것으로 본다.
⑤ 관리지역에서 「농지법」에 따른 농업진흥지역으로 지정·고시된 지역은 이 법에 따른 농림지역으로 결정·고시된 것으로 본다.

43. 국토의 계획 및 이용에 관한 법령상 개발행위허가를 받아야 하는 행위는?

① 도시지역·자연환경보전지역 및 지구단위계획구역 외의 지역에서 무게가 150t 이하인 공작물의 설치
② 행정재산 중 용도 폐지되는 부분의 분할
③ 재해복구나 재난수습을 위한 응급조치
④ 녹지지역·관리지역 또는 농림지역 안에서의 「양식산업발전법」에 따른 양식업을 하기 위하여 비닐하우스에 설치하는 양식장의 설치
⑤ 도시지역 또는 지구단위계획구역에서 채취면적이 $25m^2$ 이하인 토지에서의 부피 $50m^3$ 이하의 토석채취

44. **국토의 계획 및 이용에 관한 법령상 개발진흥지구에 관한 설명으로 틀린 것은?**

① 주민이 산업·유통개발진흥지구의 지정을 제안하는 경우 대상지역의 면적은 1만m^2 이상 3만m^2 미만이어야 한다.

② 도시지역 외의 지역에 지정된 개발진흥지구에서의 건폐율은 50% 이하의 범위에서 특별시·광역시·특별자치시·특별자치도·시 또는 군의 도시·군계획조례로 정하는 비율을 초과하여서는 아니 된다.

③ 지구단위계획 또는 관계 법률에 따른 개발계획을 수립하지 아니하는 개발진흥지구에서는 해당 용도지역에서 허용되는 건축물을 건축할 수 있다.

④ 계획관리지역에 위치한 특정개발진흥지구에 지구단위계획구역을 지정할 수 있다.

⑤ 자연녹지지역에 지정된 개발진흥지구에서의 건폐율은 30% 이하의 범위에서 특별시·광역시·특별자치시·특별자치도·시 또는 군의 도시·군계획조례로 정하는 비율을 초과하여서는 아니 된다.

45. **국토의 계획 및 이용에 관한 법령상 도시·군계획조례로 정할 수 있는 건폐율의 최대한도가 가장 큰 지역은?**

① 농림지역에 지정된 자연취락지구

② 계획관리지역에 있는 「산업입지 및 개발에 관한 법률」에 따른 농공단지

③ 수산자원보호구역

④ 보전관리지역에 지정된 개발진흥지구

⑤ 공업지역에 있는 「산업입지 및 개발에 관한 법률」의 규정에 의한 국가산업단지

46. **국토의 계획 및 이용에 관한 법령상 도시·군관리계획을 입안할 때 환경성 검토를 실시하지 않아도 되는 경우에 해당하는 것을 모두 고른 것은?**

ㄱ. 개발제한구역 안에 기반시설을 설치하는 경우
ㄴ. 지구단위계획구역이 도심지(상업지역과 상업지역에 연접한 지역을 말함)에 위치하는 경우
ㄷ. 지구단위계획구역 안의 나대지 면적이 구역면적의 2%에 미달하는 경우

① ㄱ　　② ㄷ

③ ㄱ, ㄴ　　④ ㄴ, ㄷ

⑤ ㄱ, ㄴ, ㄷ

47. **국토의 계획 및 이용에 관한 법령상 지구단위계획구역 및 지구단위계획에 관한 설명으로 옳은 것은?**

① 지구단위계획이란 도시·군계획 수립대상 지역의 일부에 대하여 토지이용을 합리화하고 그 기능을 증진시키며 미관을 개선하고 양호한 환경을 확보하며, 그 지역을 체계적·계획적으로 관리하기 위하여 수립하는 도시·군기본계획을 말한다.

② 국토교통부장관, 시·도지사, 시장 또는 군수는 정비구역의 전부 또는 일부에 대하여 지구단위계획구역을 지정할 수 있다.

③ 주거개발진흥지구에 지구단위계획구역을 지정하고자 하는 경우에는 계획관리지역 및 생산관리지역에 위치하고 있어야 한다.

④ 시가화조정구역 및 개발제한구역에서 해제되는 지역으로서 그 면적이 30만m^2 이상인 지역은 지구단위계획구역으로 지정하여야 한다.

⑤ 지구단위계획구역(도시지역 외에 지정하는 경우로 한정)에서는 지구단위계획으로 당해 용도지역 또는 개발진흥지구에 적용되는 건폐율의 40% 및 용적률의 120% 이내에서 건폐율 및 용적률을 완화하여 적용할 수 있다.

48. 국토의 계획 및 이용에 관한 법령상 도시·군기본계획에 관한 설명으로 옳은 것은?

① 기초조사의 내용에 도시·군기본계획이 환경에 미치는 영향 등에 대한 환경성 검토를 포함하여야 한다.

② 시장·군수는 인접한 시·군의 시장·군수와 협의를 거쳐 그 인접 시·군의 관할구역 전부를 포함하는 도시·군기본계획을 수립할 수 있다.

③ 「수도권정비계획법」에 의한 수도권의 시로서 인구 10만명 이하인 시는 도시·군기본계획을 수립하지 아니할 수 있다.

④ 특별시장이 도시·군기본계획을 수립하려면 국토교통부장관의 승인을 받아야 한다.

⑤ 주민은 기반시설의 설치에 관한 사항에 대하여 도시·군기본계획의 입안을 제안할 수 있다.

49. 국토의 계획 및 이용에 관한 법령상 공동구에 관한 설명으로 <u>틀린</u> 것은?

① 공동구관리자는 매년 해당 공동구의 안전 및 유지관리계획을 수립·시행하여야 한다.

② 「택지개발촉진법」에 따른 300만m^2의 택지개발지구에서 개발사업을 시행하는 자는 공동구를 설치하여야 한다.

③ 공동구의 설치에 필요한 비용은 이 법 또는 다른 법률에 특별한 규정이 있는 경우를 제외하고는 공동구 점용예정자와 사업시행자가 부담한다.

④ 공동구 설치비용 부담액을 완납하지 않은 자가 공동구를 점용하려면 그 공동구를 관리하는 공동구관리자의 허가를 받아야 한다.

⑤ 공동구관리자는 대통령령으로 정하는 바에 따라 1년에 1회 이상 공동구의 안전점검을 실시하여야 하며, 안전점검결과 이상이 있다고 인정되는 때에는 지체 없이 정밀안전진단·보수·보강 등 필요한 조치를 하여야 한다.

50. 국토의 계획 및 이용에 관한 법령상 기반시설인 도로를 세분할 경우 이에 해당하지 <u>않는</u> 것은?

① 일반도로

② 자전거전용도로

③ 자동차우선도로

④ 고가도로

⑤ 지하도로

51. 국토의 계획 및 이용에 관한 법령상 도시·군계획시설부지의 매수청구에 관한 설명으로 <u>틀린</u> 것은?

① 도시·군계획시설에 대한 도시·군관리계획의 결정의 고시일부터 10년 이내에 그 도시·군계획시설의 설치에 관한 도시·군계획시설사업이 시행되지 아니하는 경우에 인정된다.

② 위 ①의 경우라 하더라도 실시계획의 인가나 그에 상당하는 절차가 진행된 경우는 제외한다.

③ 도시·군계획시설채권의 발행절차나 그 밖에 필요한 사항에 관하여 이 법에 특별한 규정이 있는 경우 외에는 「지방재정법」에서 정하는 바에 따른다.

④ 매수의무자는 매수청구를 받은 토지를 매수할 때에는 현금으로 그 대금을 지급함이 원칙이다.

⑤ 도시·군계획시설의 부지로 되어 있는 토지 중 지목(地目)이 대(垈)인 토지(그 토지에 있는 건축물 및 정착물은 제외)의 소유자는 그 토지의 매수를 청구할 수 있다.

52. 국토의 계획 및 이용에 관한 법령상 기반시설부담구역에 관한 설명으로 옳은 것은?

① 기반시설부담구역은 시·도지사 또는 대도시 시장이 지정한다.

② 개발행위로 인하여 기반시설의 수용능력이 부족할 것이 예상되는 지역 중 기반시설의 설치가 곤란한 지역에 기반시설부담구역을 지정할 수 있다.

③ 기반시설부담구역은 최소 30만m^2 이상의 규모가 되도록 지정하여야 한다.

④ 지구단위계획을 수립한 경우에는 기반시설설치계획을 수립한 것으로 본다.

⑤ 기반시설부담구역의 지정고시일부터 2년이 되는 날까지 기반시설설치계획을 수립하지 아니하면 그 2년이 되는 날의 다음 날에 기반시설부담구역의 지정은 해제된 것으로 본다.

53. 도시개발법령상 국토교통부장관이 도시개발구역을 지정할 수 있는 경우가 <u>아닌</u> 것은?

① 국가가 도시개발사업을 실시할 필요가 있는 경우

② 중앙행정기관의 장이 10만m^2 규모로 도시개발구역의 지정을 요청하는 경우

③ 지방공사의 장이 30만m^2 규모로 국가계획과 밀접한 관련이 있는 도시개발구역의 지정을 제안하는 경우

④ 한국토지주택공사의 장이 30만m^2 규모로 국가계획과 밀접한 관련이 있는 도시개발구역의 지정을 제안하는 경우

⑤ 천재지변으로 인하여 도시개발사업을 긴급하게 할 필요가 있는 경우

54. 도시개발법령상 도시개발조합에 관한 설명으로 옳은 것은?

① 도시개발구역의 토지소유자가 미성년자인 경우에는 조합의 조합원이 될 수 없다.

② 조합원은 보유토지의 면적과 관계없는 평등한 의결권을 가지므로, 공유 토지의 경우 공유자별로 의결권이 있다.

③ 조합은 도시개발사업 전부를 환지방식으로 시행하는 경우에 도시개발사업의 시행자가 될 수 있다.

④ 조합설립의 인가를 신청하려면 해당 도시개발구역의 토지면적의 2분의 1 이상에 해당하는 토지소유자와 그 구역의 토지소유자 총수의 3분의 2 이상의 동의를 받아야 한다.

⑤ 토지소유자가 조합설립인가신청에 동의하였다면 이후 조합설립인가의 신청 전에 그 동의를 철회하였더라도 그 토지소유자는 동의자 수에 포함된다.

55. 도시개발법령상 도시개발사업 시행방식에 관한 설명으로 <u>틀린</u> 것은?

① 지정권자는 도시개발구역 지정 이후 도시개발사업의 시행방식을 변경할 수 없다.

② 도시개발사업은 시행자가 도시개발구역의 토지등을 수용 또는 사용하는 방식이나 환지방식 또는 이를 혼용하는 방식으로 시행할 수 있다.

③ 환지방식은 대지로서의 효용증진과 공공시설의 정비를 위하여 토지의 교환·분할·합병, 그 밖의 구획변경, 지목 또는 형질의 변경이나 공공시설의 설치·변경이 필요한 경우에 시행한다.

④ 분할 혼용방식은 수용 또는 사용방식이 적용되는 지역과 환지방식이 적용되는 지역을 사업시행지구별로 분할하여 시행하는 방식이다.

⑤ 수용 또는 사용방식은 계획적이고 체계적인 도시개발, 택지의 집단적인 조성과 공급이 필요한 경우에 시행한다.

56. 도시개발법령상 원형지의 공급과 개발에 관한 설명으로 틀린 것은?

① 원형지 공급계획에는 원형지를 공급받아 개발하는 자(이하 '원형지개발자'라 함)에 관한 사항과 원형지의 공급내용 등이 포함되어야 한다.
② 원형지 공급가격은 개발계획이 반영된 원형지의 감정가격에 시행자가 원형지에 설치한 기반시설 등의 공사비를 더한 금액을 기준으로 시행자와 원형지개발자가 협의하여 결정한다.
③ 공급될 수 있는 원형지의 면적은 해당 도시개발구역 전체 토지면적의 3분의 1 이내로 한정된다.
④ 시행자는 개발 방향과 승인내용 및 공급계획에 따라 원형지개발자와 공급계약을 체결한 후 원형지개발자로부터 세부계획을 제출받아 이를 실시계획의 내용에 반영하여야 한다.
⑤ 원형지를 공장 등의 부지로 직접 사용하는 자에 해당하는 경우에는 원형지개발자의 선정은 추첨의 방법으로 한다.

57. 도시개발법령상 개발계획에 관한 설명으로 틀린 것은?

① 지정권자는 직접 또는 관계 중앙행정기관의 장 또는 시장·군수·구청장 또는 도시개발사업의 시행자의 요청을 받아 개발계획을 변경할 수 있다.
② 개발계획에는 지구단위계획이 포함되어야 한다.
③ 자연녹지지역에 도시개발구역을 지정할 때에는 도시개발구역을 지정한 후에 개발계획을 수립할 수 있다.
④ 임대주택건설계획 등 세입자 등의 주거 및 생활 안정 대책은 도시개발구역을 지정한 후에 개발계획에 포함시킬 수 있다.
⑤ 지정권자는 환지방식의 도시개발사업에 대한 개발계획을 수립하려면 환지방식이 적용되는 지역의 토지면적의 3분의 2 이상에 해당하는 토지소유자와 그 지역의 토지소유자 총수의 2분의 1 이상의 동의를 받아야 한다.

58. 도시개발법령상 환지처분에 관한 설명으로 틀린 것은?

① 시행자는 환지처분의 공고가 있은 때에는 공고 후 14일 이내에 관할 등기소에 이를 통지하고 토지와 건축물에 관한 등기를 촉탁하거나 신청하여야 한다.
② 환지계획에서 정하여진 환지는 그 환지처분이 공고된 날의 다음 날부터 종전의 토지로 보며, 환지계획에서 환지를 정하지 아니한 종전의 토지에 있던 권리는 그 환지처분이 공고된 날이 끝나는 때에 소멸한다.
③ 종전의 토지에 전속(專屬)하는 행정상 또는 재판상의 처분은 환지처분에 의하여 영향을 받지 않고 종전의 토지에 존속한다.
④ 환지계획으로 체비지 또는 보류지를 지정한 경우에는 체비지는 시행자가, 보류지는 환지계획에서 정한 자가 각각 환지처분이 공고된 날의 다음 날에 해당 소유권을 취득한다.
⑤ 시행자는 지정권자에 의한 준공검사를 받은 경우(지정권자가 시행자인 경우에는 공사 완료 공고가 있는 때)에는 30일 이내에 환지처분을 하여야 한다.

59. 도시 및 주거환경정비법령상 정비계획 및 정비구역의 지정에 관한 설명으로 옳은 것은?

① 정비계획의 입안권자는 입안하거나 변경하려면 주민에게 서면으로 통보한 후 주민설명회 및 30일 이상 주민에게 공람하여 의견을 들어야 한다.
② 정비구역의 지정권자는 정비구역 지정을 위하여 직접 정비계획을 입안할 수는 없다.
③ 정비구역의 지정권자는 정비구역의 진입로 설치를 위하여 필요한 경우에는 진입로 지역과 그 인접지역을 포함하여 정비구역을 지정할 수 없다.
④ 국토교통부장관은 재건축진단의 결과와 도시계획 및 지역 여건 등을 종합적으로 검토하여 사업시행계획 인가 여부를 결정하여야 한다.
⑤ 정비구역의 지정권자는 시장·군수 또는 구청장이다.

60. 도시 및 주거환경정비법령상 정비조합 설립추진위원회(이하 '추진위원회'라 함)에 관한 설명으로 옳은 것은?

① 재개발사업을 위한 추진위원회의 구성을 위해서는 토지등소유자 4분의 3 이상 및 토지면적의 2분의 1 이상의 동의를 얻어야 한다.

② 추진위원회는 국토교통부장관이 정하는 운영규정에 따라 운영하여야 한다.

③ 추진위원회가 정비사업전문관리업자를 선정하려는 경우에는 추진위원회 승인을 받은 후 추첨 또는 수의계약의 방법으로 선정하여야 한다.

④ 추진위원회는 설계자의 선정 및 변경에 관한 업무는 수행할 수 없다.

⑤ 추진위원회는 추진위원회를 대표하는 추진위원장 1명과 2명의 이사 및 감사를 두어야 한다.

61. 도시 및 주거환경정비법령상 재개발사업을 시행하기 위하여 조합을 설립하고자 할 때, 다음 표의 예시에서 산정되는 토지등소유자의 수로 옳은 것은?

지번	토지소유자	건축물소유자	지상권자
1	A	B	
2	C		D
3	E, F	G, H	
4	A	A	

① 3명 ② 4명
③ 5명 ④ 6명
⑤ 8명

62. 도시 및 주거환경정비법령상 조합의 설립에 관한 설명으로 ( )에 들어갈 내용을 바르게 나열한 것은?

> ○ 재건축사업의 추진위원회(추진위원회를 구성하지 아니하는 경우에는 토지등소유자를 말함)가 조합을 설립하려는 때에는 주택단지의 공동주택의 각 동별 구분소유자의 (ㄱ)(복리시설인 경우에는 3분의 1 이상) 동의와 주택단지의 전체 구분소유자의 100분의 70 이상 및 토지면적의 (ㄴ) 이상의 토지소유자의 동의를 받아 시장·군수등의 인가를 받아야 한다.
> ○ 재개발사업의 추진위원회(추진위원회를 구성하지 아니하는 경우에는 토지등소유자를 말함)가 조합을 설립하려면 토지등소유자의 (ㄷ) 이상 및 토지면적의 (ㄹ) 이상의 토지소유자의 동의를 받아 정비구역 지정·고시 후 시장·군수등의 인가를 받아야 한다.

	ㄱ	ㄴ	ㄷ	ㄹ
①	2분의 1	4분의 3	4분의 3	2분의 1
②	3분의 2	100분의 70	4분의 3	3분의 2
③	4분의 3	3분의 2	3분의 2	2분의 1
④	과반수	100분의 70	4분의 3	2분의 1
⑤	과반수	4분의 3	4분의 3	3분의 2

63. 도시 및 주거환경정비법령상 용어에 관한 설명으로 <u>틀린</u> 것은?

① 「건축법」에 따라 건축허가를 받아 아파트 또는 연립주택을 건설한 일단의 토지도 주택단지에 해당한다.

② 재건축사업이란 정비기반시설은 양호하나 노후·불량건축물에 해당하는 공동주택이 밀집한 지역에서 주거환경을 개선하기 위한 사업을 말한다.

③ 수도는 공동이용시설에 속한다.

④ 재개발사업의 경우 토지등소유자는 정비구역에 위치한 토지 또는 건축물의 소유자 또는 그 임차권자를 말한다.

⑤ 대지란 정비사업으로 조성된 토지를 말한다.

64. 도시 및 주거환경정비법령상 관리처분계획에 관한 설명으로 옳은 것은?

① 재건축사업에서 주택분양에 관한 권리를 포기하는 토지등소유자에 대한 임대주택의 공급에 따라 관리처분계획을 변경하는 때에는 시장·군수등에게 신고하여야 한다.

② 재개발사업에서 관리처분계획은 주택단지의 경우 1개의 건축물의 대지는 1필지의 토지가 되도록 정하여야 한다.

③ 재건축사업의 관리처분계획에서 분양대상자별 분양예정인 건축물의 추산액을 평가할 때에는 시장·군수등이 선정·계약한 2인 이상의 감정평가법인등이 평가한 금액을 산술평균하여 산정한다.

④ 재개발사업에서 지방자치단체인 토지등소유자에게는 하나 이상의 주택 또는 토지를 소유한 경우라도 1주택을 공급하도록 관리처분계획을 정한다.

⑤ 주거환경개선사업의 사업시행자는 반드시 관리처분계획을 수립하여 시장·군수등의 인가를 받아야만 한다.

65. 주택법령상 용어에 관한 설명으로 틀린 것은?

① 「건축법 시행령」에 따른 다세대주택은 공동주택에 해당한다.

② 「건축법 시행령」에 따른 오피스텔은 준주택에 해당한다.

③ 주택단지에 해당하는 토지가 폭 8m 이상인 도시계획예정도로로 분리된 경우, 분리된 토지를 각각 별개의 주택단지로 본다.

④ 도로·상하수도·전기시설·가스시설·통신시설·지역난방시설은 기간시설(基幹施設)에 해당한다.

⑤ 주택에 딸린 자전거보관소는 복리시설에 해당한다.

66. 주택법령상 주택건설사업의 등록을 할 수 있는 자는?

① 피한정후견인의 선고가 취소된 후 2년이 경과되지 아니한 자

② 등록이 말소된 후 2년이 지나지 아니한 자

③ 파산선고를 받은 자로서 복권되지 아니한 자

④ 「부정수표 단속법」을 위반하여 금고 이상의 실형을 선고받고 그 집행이 끝나거나 집행이 면제된 날부터 2년이 지나지 아니한 자

⑤ 「주택법」을 위반하여 금고 이상의 형의 집행유예를 선고받고 그 유예기간 중에 있는 자

67. 주택법령상 주택상환사채에 관한 설명으로 틀린 것은?

① 등록사업자가 주택상환사채를 발행하려면 금융기관 또는 주택도시보증공사의 보증을 받아야 한다.

② 주택상환사채는 취득자의 성명을 채권에 기록하지 아니하면 사채발행자 및 제3자에게 대항할 수 없다.

③ 주택상환사채를 발행하려는 자는 주택상환사채발행계획을 수립하여 국토교통부장관의 승인을 받아야 한다.

④ 주택상환사채의 발행자는 주택상환사채대장을 갖추어 두고, 주택상환사채권의 발행 및 상환에 관한 사항을 적어야 한다.

⑤ 등록사업자의 등록이 말소된 경우에는 등록사업자가 발행한 주택상환사채의 효력은 상실된다.

68. 사업주체 甲은 사업계획승인권자 乙로부터 주택건설사업을 분할하여 시행하는 것을 내용으로 사업계획승인을 받았다. 주택법령상 이에 관한 설명으로 틀린 것은?

① 乙은 사업계획승인에 관한 사항을 고시하여야 한다.
② 甲은 최초로 공사를 진행하는 공구 외의 공구에서 해당 주택단지에 대한 최초 착공신고일부터 2년 이내에 공사를 시작하여야 한다.
③ 甲이 최초로 공사를 진행하는 공구 외의 공구에서 해당 주택단지에 대한 최초 착공신고일부터 2년이 지났음에도 사업주체가 공사를 시작하지 아니한 경우 乙은 사업계획승인을 취소할 수 있다.
④ 주택분양보증을 받지 않은 甲이 파산하여 공사 완료가 불가능한 경우, 乙은 사업계획승인을 취소할 수 있다.
⑤ 甲이 소송 진행으로 인하여 공사착수가 지연되어 연장신청을 한 경우, 乙은 그 분쟁이 종료된 날부터 1년의 범위에서 공사착수기간을 연장할 수 있다.

69. 주택법령상 주택공급과 관련하여 금지되는 공급질서 교란행위에 해당하는 것을 모두 고른 것은?

ㄱ. 도시개발채권의 양도 ㄴ. 입주자저축 증서의 저당 ㄷ. 주택을 공급받을 수 있는 증서로서 군수가 발행한 건물철거확인서의 매매

① ㄱ
② ㄷ
③ ㄱ, ㄴ
④ ㄴ, ㄷ
⑤ ㄱ, ㄴ, ㄷ

70. 주택법령상 토지임대부 분양주택에 관한 설명으로 틀린 것은?

① 토지임대료는 월별 임대료를 원칙으로 하되, 토지소유자와 주택을 공급받은 자가 합의한 경우 임대료를 선납하거나 보증금으로 전환하여 납부할 수 있다.
② 토지임대부 분양주택을 공급받은 자가 토지소유자와 임대차계약을 체결한 경우 해당 주택의 구분소유권을 목적으로 그 토지 위에 임대차기간 동안 지상권이 설정된 것으로 본다.
③ 토지임대부 분양주택의 토지에 대한 임대차계약을 체결하고자 하는 자는 국토교통부령으로 정하는 표준임대차계약서를 사용하여야 한다.
④ 토지임대부 분양주택을 양수한 자 또는 상속받은 자는 임대차계약을 승계한다.
⑤ 토지임대부 분양주택의 토지에 대한 임대차기간은 50년 이내로 한다. 이 경우 토지임대부 분양주택 소유자의 75% 이상이 계약갱신을 청구하는 경우 50년의 범위에서 이를 갱신할 수 있다.

71. 주택법령상 주택조합에 관한 설명으로 옳은 것은?

① 지역주택조합의 설립인가를 받기 위하여 조합원을 모집하려는 자는 해당 주택건설대지의 20% 이상에 해당하는 토지의 사용권원을 확보하여 관할 시장·군수·구청장에게 신고하고, 공개모집의 방법으로 조합원을 모집하여야 한다.

② 주택을 마련하기 위하여 주택조합설립인가를 받으려는 자는 해당 주택건설대지의 80% 이상에 해당하는 토지의 사용권원을 확보하고 해당 주택건설대지의 15% 이상에 해당하는 토지의 소유권을 확보하여야 한다.

③ 리모델링의 허가를 신청하기 위한 동의율을 확보한 경우 리모델링 결의를 한 리모델링주택조합은 그 리모델링 결의에 찬성하지 아니하는 자의 주택 및 토지에 대하여 매도청구를 할 수 없다.

④ 주택조합은 주택조합의 설립인가를 받은 날부터 2년이 되는 날까지 사업계획승인을 받지 못하는 경우 대통령령으로 정하는 바에 따라 총회의 의결을 거쳐 해산 여부를 결정하여야 한다.

⑤ 주택조합의 발기인은 조합원 모집신고가 수리된 날부터 3년이 되는 날까지 주택조합설립인가를 받지 못하는 경우 대통령령으로 정하는 바에 따라 주택조합 가입신청자 전원으로 구성되는 총회 의결을 거쳐 주택조합사업의 종결 여부를 결정하도록 하여야 한다.

72. 건축법령상 건축허가에 관한 설명으로 틀린 것은?

① 21층 이상의 건축물 등 대통령령으로 정하는 용도 및 규모의 건축물을 특별시나 광역시에 건축하려면 특별시장이나 광역시장의 허가를 받아야 한다.

② 자연환경을 보호하기 위하여 도지사가 지정·공고한 구역에 건축하는 3층인 다가구주택에 해당하는 건축물의 허가를 하기 위해서는 미리 도지사의 승인을 받아야 한다.

③ 수질을 보호하기 위하여 도지사가 지정·공고한 구역에 건축하는 연면적의 합계가 1천m^2 이상인 숙박시설에 해당하는 건축물의 허가를 하기 위해서는 미리 도지사의 승인을 받아야 한다.

④ 숙박시설을 건축하려는 건축물의 용도·규모 또는 형태가 주거환경 등 주변 환경을 고려할 때 부적합하다고 인정되는 경우 허가권자는 건축위원회의 심의를 거쳐 건축허가를 하지 아니할 수 있다.

⑤ 허가를 받은 날부터 2년 이내에 공사에 착수하지 아니한 경우에 허가권자는 허가를 취소하여야 한다.

73. 건축법령상 공개공지 또는 공개공간을 설치하여야 하는 용도지역이 아닌 것은? (단, 건축물은 해당 용도로 쓰는 바닥면적의 합계가 5천m^2 이상이며, 조례는 고려하지 않음)

① 일반주거지역에 있는 종교시설

② 준주거지역에 있는 문화 및 집회시설

③ 일반상업지역에 있는 숙박시설

④ 일반공업지역에 있는 의료시설

⑤ 준공업지역에 있는 업무시설

74. 건축법령상 甲이 A특별시 B구에서 판매시설로 사용승인을 받은 바닥면적의 합계가 4천m^2인 건축물의 용도를 변경하려고 할 때, 이에 관한 설명으로 <u>틀린</u> 것은?

① A특별시장은 甲이 운동시설과 위락시설의 복수 용도로 용도변경신청을 한 경우 지방건축위원회의 심의를 거쳐 이를 허용할 수 있다.

② 甲은 노유자시설로 용도를 변경하려는 경우에는 B구청장에게 신고를 하여야 한다.

③ 숙박시설로 용도를 변경하려는 경우에는 건축물대장 기재사항의 변경을 신청하여야 한다.

④ 甲이 바닥면적의 합계 1천m^2의 부분에 대해서만 업무시설로 용도를 변경하는 경우에는 사용승인을 받아야 한다.

⑤ 위락시설로 용도를 변경하려는 경우에는 용도변경 허가를 받아야 한다.

75. 건축법령상 건축물의 소음방지를 위하여 국토교통부령으로 정하는 기준에 따라 층간바닥(화장실 바닥은 제외)을 설치하여야 하는 경우가 <u>아닌</u> 것은?

① 단독주택 중 다가구주택

② 공동주택(주택법에 따른 주택건설사업계획 승인대상은 제외)

③ 노유자시설 중 노인요양시설

④ 제2종 근린생활시설 또는 숙박시설 중 다중생활시설

⑤ 업무시설 중 오피스텔

76. 건축법령상 건축협정에 관한 설명으로 <u>틀린</u> 것은?

① 건축물의 소유자등은 과반수의 동의로 건축물의 리모델링에 관한 건축협정을 체결할 수 있다.

② 협정체결자 또는 건축협정운영회의 대표자는 건축협정서를 작성하여 해당 건축협정인가권자의 인가를 받아야 한다.

③ 건축협정인가권자가 건축협정을 인가하였을 때에는 해당 지방자치단체의 공보에 그 내용을 공고하여야 한다.

④ 건축협정 체결대상 토지가 둘 이상의 특별자치시 또는 시·군·구에 걸치는 경우 건축협정 체결 토지면적의 과반이 속하는 건축협정인가권자에게 인가를 신청할 수 있다.

⑤ 협정체결자 또는 건축협정운영회의 대표자는 건축협정을 폐지하려는 경우 협정체결자 과반수의 동의를 받아 건축협정인가권자의 인가를 받아야 한다.

77. 건축법령상 건축신고를 하면 건축허가를 받은 것으로 볼 수 있는 경우에 해당하지 <u>않는</u> 것은?

① 연면적 250m^2인 3층 건축물의 내력벽 해체

② 건축물의 높이를 2m 증축

③ 연면적의 합계가 100m^2인 건축물의 건축

④ 「산업입지 및 개발에 관한 법률」에 따른 산업단지에서 건축하는 2층인 건축물로서 연면적 합계가 500m^2인 공장

⑤ 바닥면적 90m^2인 1층 건축물의 신축

78. **건축법령상 지역·지구 또는 구역의 건축물에 관한 설명으로 틀린 것은?**

① 하나의 건축물이 방화지구와 그 밖의 구역에 걸치는 경우에는 그 전부에 대하여 방화지구 안의 건축물에 관한 이 법의 규정을 적용한다.

② 필로티의 부분은 그 부분이 공중의 통행이나 차량의 통행 또는 주차에 전용되는 경우와 공동주택의 경우에는 바닥면적에 산입하지 아니한다.

③ 건축물이 있는 대지는 건폐율·용적률 기준에 못 미치게 분할할 수 없다.

④ 정북방향으로 도로, 공원, 하천 등 건축이 금지된 공지에 접하는 대지인 경우에는 건축물의 높이를 정북방향의 인접 대지경계선으로부터의 거리에 따라 대통령령으로 정하는 높이 이하로 할 수 있다.

⑤ 녹지지역 안의 건축물이 방화지구에 걸치는 경우에는 방화지구의 규정을 적용한다.

79. **농지법령상 농지소유상한에 관한 설명으로 틀린 것은?**

① 주말·체험영농을 하려는 사람은 총 1천m^2 미만의 농지를 소유할 수 있으며, 면적 계산은 그 세대원 전부가 소유하는 총면적으로 한다.

② 누구든지 농지소유제한이나 농지소유상한에 대한 위반시설을 알고도 농지를 소유하도록 권유하거나 중개하는 행위를 하여서는 아니 된다.

③ 10년 농업경영을 한 후 이농한 사람은 이농 당시 소유 농지 중에서 총 1만m^2 이내까지만 소유할 수 있다.

④ 농지를 임대하거나 무상사용하게 하는 경우에는 소유 상한을 초과할 경우에는 그 기간에는 그 농지를 계속 소유할 수 없다.

⑤ 농림축산식품부장관은 농지의 소유 상한에 위반하여 농지를 소유할 목적으로 거짓이나 그 밖의 부정한 방법으로 농지취득자격증명을 발급받은 자를 주무관청이나 수사기관에 신고하거나 고발한 자에게 포상금을 지급할 수 있다.

80. **농지법령상 농지에 관한 설명으로 틀린 것은?**

① 지목이 임야인 토지로서 「산지관리법」에 따른 산지전용허가(다른 법률에 따라 산지전용허가가 의제되는 인가·허가·승인 등을 포함)를 거치지 아니하고 농작물의 경작 또는 다년생식물의 재배에 이용되는 토지도 농지에 해당한다.

② 조경 또는 관상용 수목과 그 묘목(조경목적으로 식재한 것은 제외)의 재배지로 이용되는 토지도 농지에 해당한다.

③ 농작물 경작지 또는 다년생식물 재배지로 이용되고 있는 토지에 설치한 축사나 농막의 부지도 농지이다.

④ 과수·뽕나무·유실수 그 밖에 생육기간이 2년 이상인 식물의 재배지로 이용되는 토지도 원칙적으로 농지이다.

⑤ 토양의 침식이나 재해로 인한 농작물의 피해를 방지하기 위하여 설치한 계단·흙막이·방풍림과 그 밖에 이에 준하는 시설의 부지도 농지에 해당한다.

▶ 2교시까지 다 푼 후에 자동채점 & 성적분석 서비스를 이용하세요!

정답 및 해설	p.55

정답 및 해설 p.55

시작시간: ________시 ________분 ~ 종료시간: ________시 ________분

2025년도 제36회 공인중개사 2차 국가자격시험

실전모의고사 제3회

교 시	문제형별	시험시간	시험과목
2교시	A	50분	❶ 부동산공시에 관한 법령 및 부동산 관련 세법

수험번호		성 명	

[수험자 유의사항]

1. 시험문제지는 **단일 형별(A형)**이며, 답안카드 형별 기재란에 표시된 형별(A형)을 확인하시기 바랍니다. 시험문제지의 **총면수, 문제번호 일련순서, 인쇄상태** 등을 확인하시고, 문제지 표지에 수험번호와 성명을 기재하시기 바랍니다.

2. 답은 각 문제마다 요구하는 **가장 적합하거나 가까운 답 1개**만 선택하고, 답안카드 작성 시 시험문제지 **마킹착오**로 인한 불이익은 전적으로 **수험자에게 책임**이 있음을 알려드립니다.

3. 답안카드는 국가전문자격 공통 표준형으로 문제번호가 1번부터 125번까지 인쇄되어 있습니다. 답안 마킹 시에는 반드시 **시험문제지의 문제번호와 동일한 번호**에 마킹하여야 합니다. (2차 2교시 : 1번~40번)

4. **감독위원의 지시에 불응하거나 시험시간 종료 후 답안카드를 제출하지 않을 경우** 불이익이 발생할 수 있음을 알려 드립니다.

5. 시험문제지는 시험 종료 후 가져가시기 바랍니다.

6. 답안작성은 **시험 시행일(2025.10.25.) 현재 시행되는 법령 등**을 적용하시기 바랍니다.

7. 가답안 의견제시에 대한 개별회신 및 공고는 하지 않으며, **최종 정답 발표로 갈음**합니다.

8. 시험 중 **중간 퇴실은 불가**합니다. 단, 부득이하게 퇴실할 경우 **시험포기각서 제출 후 퇴실은 가능**하나 **재입실이 불가**하며, **해당시험은 무효처리됩니다.**

eduwill

제1과목: 부동산공시에 관한 법령 및 부동산 관련 세법

1. 공간정보의 구축 및 관리 등에 관한 법령상 지번부여에 관한 설명으로 옳은 것은?

① 도시개발사업지역 안의 각 필지에 지번을 새로 부여하는 경우 지적확정측량을 실시한 지역의 경계에 걸쳐 있는 지번은 제외된다.
② 합병의 경우에는 합병대상 지번 중 후순위의 지번을 그 지번으로 하되, 본번으로 된 지번이 있을 때에는 본번 중 후순위의 지번을 합병 후의 지번으로 한다.
③ 지번변경으로 지번을 새로 부여하는 경우에는 그 지번부여지역의 최종 본번 다음 순번부터 본번으로 하여 순차적으로 지번을 부여하여야 한다.
④ 도시개발사업이 완료된 후 지번을 부여하는 데 있어 지적확정측량을 실시한 지역의 종전의 지번과 지적확정측량을 실시한 지역 밖에 있는 본번이 같은 지번이 있을 때 그 지번은 우선하여 부여하여야 한다.
⑤ 지적소관청은 도시개발사업 시행 등의 사유로 지번에 결번이 생긴 때에는 지체 없이 그 사유를 결번대장에 적어 10년간 보존하여야 한다.

2. 공간정보의 구축 및 관리 등에 관한 법령상 지목에 관한 설명이다. (　　) 안에 들어갈 내용으로 옳은 것은?

> ㄱ. 자동차 등의 주차에 필요한 독립적인 시설을 갖춘 부지와 주차전용 건축물 및 이에 접속된 부속시설물의 부지의 지목은 (　　)이다.
> ㄴ. 여객자동차터미널, 자동차운전학원 및 폐차장 등 자동차와 관련된 독립적인 시설물을 갖춘 부지의 지목은 (　　)이다.
> ㄷ. 2필지 이상에 진입하는 통로로 이용되는 토지의 지목은 (　　)이다.
> ㄹ. 교통 운수를 위하여 일정한 궤도 등의 설비와 형태를 갖추어 이용되는 토지의 지목은 (　　)이다.

① ㄱ: 주차장, ㄴ: 잡종지, ㄷ: 철도용지, ㄹ: 도로
② ㄱ: 잡종지, ㄴ: 주차장, ㄷ: 대, ㄹ: 도로
③ ㄱ: 주차장, ㄴ: 주차장, ㄷ: 도로, ㄹ: 철도용지
④ ㄱ: 잡종지, ㄴ: 주차장, ㄷ: 대, ㄹ: 철도용지
⑤ ㄱ: 주차장, ㄴ: 잡종지, ㄷ: 도로, ㄹ: 철도용지

3. 공간정보의 구축 및 관리 등에 관한 법령상 지상경계점등록부의 등록사항으로 옳은 것은?

① 건축물의 위치
② 삼각점 및 지적기준점의 위치
③ 구조물의 위치
④ 공부상 지목과 실제 토지이용 지목
⑤ 좌표에 의하여 계산된 경계점 간의 거리

4. 공간정보의 구축 및 관리 등에 관한 법령상 지적도의 축척이 1,200분의 1인 지역에서 등록전환할 1필지의 면적을 계산한 값이 $0.25m^2$이다. 토지대장에 등록하는 면적으로 옳은 것은?

① $0.1m^2$　② $0.2m^2$
③ $0.25m^2$　④ $0.3m^2$
⑤ $1m^2$

5. 공간정보의 구축 및 관리 등에 관한 법령상 연속지적도의 관리 등에 관한 설명으로 틀린 것은?

① 국토교통부장관은 연속지적도 정보관리체계의 구축·운영에 관한 업무를 대통령령으로 정하는 법인, 단체 또는 기관에 위탁할 수 있다.

② 국토교통부장관은 연속지적도 정보관리체계의 구축·운영에 관한 위탁관리에 필요한 경비의 전부 또는 일부를 지원할 수 있다

③ 시·도지사는 지적소관청의 연속지적도 정비에 필요한 경비의 전부 또는 일부를 지원할 수 있다.

④ 지적소관청은 연속지적도의 관리·정비에 관한 업무를 대통령령으로 정하는 법인, 단체 또는 기관에 위탁할 수 있다.

⑤ 지적소관청은 연속지적도의 관리·정비에 관한 위탁관리에 필요한 경비의 전부 또는 일부를 지원할 수 있다.

6. 공간정보의 구축 및 관리 등에 관한 법령상 지적공부 등에 관한 설명으로 틀린 것은?

① 지적소관청은 도시개발사업 등으로 지번에 결번이 생긴 때에는 지체 없이 그 사유를 결번대장에 적어 영구히 보존하여야 한다.

② 지적소관청은 지적공부의 효율적인 관리 및 활용을 위하여 지적정보 전담 관리기구를 설치·운영한다.

③ 지적소관청이 지적공부를 복구하는 경우 시·도지사 또는 대도시 시장의 승인을 요하지 않는다.

④ 정보처리시스템을 통하여 기록·저장된 지적공부(지적도 및 임야도는 제외)를 열람하거나 그 등본을 발급받으려는 경우에는 특별자치시장, 시장·군수 또는 구청장이나 읍·면·동의 장에게 신청할 수 있다.

⑤ 지적소관청은 해당 청사에 지적서고를 설치하고 그곳에 지적공부(정보처리시스템을 통하여 기록·저장한 경우는 제외)를 영구히 보존하여야 한다.

7. 공간정보의 구축 및 관리 등에 관한 법령상 부동산종합공부에 관한 설명으로 틀린 것은?

① 지적소관청은 부동산종합공부를 영구히 보존하여야 하며, 부동산종합공부의 멸실 또는 훼손에 대비하여 이를 별도로 복제하여 관리하는 정보관리체계를 구축하여야 한다.

② 부동산종합공부를 열람하거나 부동산종합공부 기록사항의 전부 또는 일부에 관한 증명서를 발급받으려는 자는 지적소관청이나 읍·면·동의 장에게 신청할 수 있다.

③ 부동산종합공부에는 부동산의 효율적 이용과 부동산과 관련된 정보의 종합적 관리·운영을 위하여 필요한 사항으로서 「부동산등기법」 제48조에 따른 부동산의 권리에 관한 사항을 등록한다.

④ 부동산종합공부의 등록사항 정정에 관하여는 지적공부의 등록사항 정정에 관한 규정을 준용한다.

⑤ 토지소유자는 부동산종합공부의 토지의 표시에 관한 사항(공간정보의 구축 및 관리 등에 관한 법률에 따른 지적공부의 내용)의 등록사항에 잘못이 있음을 발견하면 지적소관청이나 읍·면·동의 장에게 그 정정을 신청할 수 있다.

8. 공간정보의 구축 및 관리 등에 관한 법령상 토지소유자가 지적소관청에 토지의 합병을 신청할 수 없는 경우를 모두 고른 것은?

> ㄱ. 합병하려는 토지의 지목이 서로 다른 경우
> ㄴ. 합병하려는 토지의 소유자별 공유지분이 다른 경우
> ㄷ. 합병하려는 토지가 구획정리를 시행하고 있는 지역의 토지와 그 지역 밖의 토지인 경우

① ㄱ　　② ㄷ
③ ㄱ, ㄴ　　④ ㄴ, ㄷ
⑤ ㄱ, ㄴ, ㄷ

9. 공간정보의 구축 및 관리 등에 관한 법령상 지적공부의 토지소유자정리에 관한 설명으로 옳은 것을 모두 고른 것은?

> ㄱ. 등기부에 적혀 있는 토지의 표시가 지적공부와 일치하지 아니하면 지적소관청은 직권으로 이를 정정하고 그 사실을 관할 등기관서에 통지하여야 한다.
> ㄴ. 지적소관청은 필요하다고 인정하는 경우에는 관할 등기관서의 등기부를 열람하여 지적공부와 부동산등기부가 일치하는지 여부를 조사·확인하여야 한다.
> ㄷ. 지적소관청이 등기부를 열람하여 지적공부와 등기부가 일치하지 아니하는 사항을 발견하면 등기사항증명서 또는 등기관서에서 제공한 등기전산정보자료에 따라 지적공부를 직권으로 정리할 수 있다.

① ㄱ ② ㄴ ③ ㄱ, ㄷ
④ ㄴ, ㄷ ⑤ ㄱ, ㄴ, ㄷ

10. 공간정보의 구축 및 관리 등에 관한 법령상 축척변경에 따른 청산절차에 관한 설명으로 <u>틀린</u> 것은?

① 지적소관청은 시행공고일 현재를 기준으로 그 축척변경 시행지역 안의 토지에 대하여 지번별 m^2당 금액을 미리 조사해서 축척변경위원회에 제출하여야 한다.
② 지적소관청은 축척변경에 관한 측량을 한 결과 측량 전에 비하여 면적의 증감이 있는 경우에는 그 증감면적에 대하여 청산을 하여야 하지만, 토지소유자 3분의 2 이상이 청산하지 아니하기로 합의하여 서면으로 제출한 경우는 청산을 하지 않을 수 있다.
③ 지적소관청은 청산금을 산정하였을 때에는 청산금 조서를 작성하고, 청산금이 결정되었다는 뜻을 15일 이상 공고하여 일반인이 열람할 수 있게 하여야 한다.
④ 납부고지를 받은 자는 그 고지를 받은 날부터 6개월 이내에 청산금을 지적소관청에 내야 하고, 지적소관청은 수령통지를 한 날부터 6개월 이내에 청산금을 지급하여야 한다.
⑤ 지적소관청은 청산금을 지급받을 자가 행방불명 등으로 받을 수 없거나 받기를 거부하는 때에는 그 청산금을 공탁할 수 있다.

11. 공간정보의 구축 및 관리 등에 관한 법령상 지적측량을 할 수 있는 경우가 <u>아닌</u> 것은?

① 공유수면매립 등으로 토지를 신규등록하는 경우로서 측량을 할 필요가 있는 경우
② 소유권이전, 매매 등을 위하여 분할하는 경우로서 측량을 할 필요가 있는 경우
③ 「도시개발법」에 따른 도시개발사업 시행지역에서 토지의 이동이 있는 경우로서 측량을 할 필요가 있는 경우
④ 지번부여지역의 전부 또는 일부에 대하여 지번 배열이 불규칙하여 지번을 변경하는 경우로서 측량을 할 필요가 있는 경우
⑤ 토지소유자가 지적소관청에 바다가 된 토지에 대하여 지적공부의 등록말소를 신청하기 위하여 측량을 할 필요가 있는 경우

12. 공간정보의 구축 및 관리 등에 관한 법령상 토지소유자 등 이해관계인이 지적측량수행자에게 지적측량을 의뢰할 수 <u>없는</u> 경우는?

① 지적측량수행자가 실시한 측량성과에 대하여 지적소관청의 검사를 위해 지적측량을 할 필요가 있는 경우
② 토지를 등록전환하는 경우로서 지적측량을 할 필요가 있는 경우
③ 지적공부의 등록사항을 정정하는 경우로서 지적측량을 할 필요가 있는 경우
④ 바다로 된 토지의 등록을 말소하는 경우로서 지적측량을 할 필요가 있는 경우
⑤ 도시개발사업 등의 시행지역에서 토지의 이동이 있는 경우로서 지적측량을 할 필요가 있는 경우

13. 부동산등기법상 관련 사건의 관할에 관한 특례에 관한 설명으로 틀린 것은?

① 관련 사건의 관할에 관한 특례에 따라 등기신청을 할 때에는 여러 개의 부동산에 관한 신청정보를 일괄하여 제공하는 방법으로 할 수 있다.

② 관련 사건의 관할에 관한 특례에 따라 공동저당의 등기를 신청하는 경우에는 해당 부동산 전부에 관한 사항을 신청정보의 내용으로 등기소에 제공하여야 한다.

③ 관련 사건의 관할에 관한 특례에 따라 등기신청을 하는 경우에는 이를 신청정보의 내용으로 등기소에 제공하여야 한다.

④ 소유자가 다른 여러 부동산에 대한 공동저당등기의 이전·변경·말소등기를 신청한 경우, 그 부동산의 관할 등기소가 다르더라도 그중 하나의 관할 등기소에서 해당 신청에 따른 등기사무를 담당할 수 있다.

⑤ 공동저당 목적으로 새로 추가되는 부동산이 종전에 등기한 부동산과 다른 등기소의 관할에 속하는 경우에는 종전의 등기소에 추가되는 부동산에 대한 저당권설정등기의 신청을 할 수 없다.

14. 부동산등기법 및 부동산등기규칙상 용어의 정의에 관한 설명으로 틀린 것은?

① '전산정보처리조직'이란 부동산등기규칙에서 정한 바에 따라 등기사항의 증명과 열람, 전자문서를 이용한 등기신청 등을 할 수 있도록 구축된 인터넷 활용공간을 말한다.

② '등기전자서명'이란 「전자정부법」 제2조 제9호의 행정전자서명으로서 등기관이 등기사무의 처리를 위하여 사용하는 것을 말한다.

③ '등기부'란 전산정보처리조직에 의하여 입력·처리된 등기정보자료를 대법원규칙으로 정하는 바에 따라 편성한 것을 말한다.

④ '등기부부본자료'란 등기부와 동일한 내용으로 보조기억장치에 기록된 자료를 말한다.

⑤ '등기기록'이란 1필의 토지 또는 1개의 건물에 관한 등기정보자료를 말한다.

15. 절차법상의 등기의무자가 바르게 지정된 것은?

① 소유권이전청구권보전가등기 이후에 소유권이 제3자에게 이전된 경우 그 가등기에 기한 본등기의 등기의무자는 제3취득자이다.

② 채무자변경으로 인한 저당권변경등기의 등기의무자는 변경 전의 채무자이다.

③ 채권양도를 원인으로 저당권이 제3자에게 이전된 후 저당권말소등기의 등기의무자는 저당권의 양수인인 현재의 저당권자이다.

④ 저당권이전등기의 등기의무자는 현재 등기기록상의 소유자이다.

⑤ 근저당권의 채권최고액을 증액하는 근저당권변경등기의 등기의무자는 근저당권자이다.

16. 등기신청에 관한 설명으로 틀린 것은?

① 매매계약을 체결한 후 소유권이전등기신청 전에 매도인이 사망한 경우, 상속등기를 할 필요 없이 매도인의 상속인과 매수인이 공동으로 직접 매수인 명의로 소유권이전등기를 신청할 수 있다.

② 매매계약을 체결한 법인이 합병으로 소멸한 경우, 합병 후 존속한 법인 명의의 소유권이전등기를 할 필요 없이 직접 매수인 명의로 소유권이전등기를 신청할 수 있다.

③ 등기의무자의 사후에 신청한 등기라도 사전에 적법한 위임이 있었고 그 대리권에 기하여 신청한 것이라면 그 등기는 유효하다는 것이 판례의 입장이다.

④ 대리인에 의한 등기신청의 경우 신청정보와 등기기록에 대리인을 표시하여야 한다.

⑤ 매수인이 매도인의 대리인이 되어 소유권이전등기를 신청할 수 있다.

17. 부동산등기법 제29조 제2호 '사건이 등기할 것이 아닌 경우'에 해당하지 <u>않는</u> 것은?

① 지상권설정등기에 있어 지상권의 양도금지 및 담보제공금지특약을 신청정보로 제공한 경우
② 소유권 외의 권리가 등기되어 있는 일반건물에 대해 멸실등기를 신청한 경우
③ 「하천법」상 하천에 대한 지상권설정등기를 신청한 경우
④ 대지권이 등기된 구분건물의 등기기록에 건물만에 관한 소유권이전등기를 신청한 경우
⑤ 가압류결정에 의하여 가압류채권자 甲이 乙 소유 토지에 대하여 가압류등기를 신청한 경우

18. 소유권보존등기에 관한 설명으로 <u>틀린</u> 것은? (다툼이 있으면 판례에 따름)

① 미등기부동산의 대장상 최초의 소유자인 법인을 합병한 합병 후 법인은 직접 합병 후 법인 명의의 소유권보존등기를 신청할 수 있다.
② 미등기토지에 대해 소유권처분제한의 등기촉탁이 있는 경우, 등기관은 직권으로 소유권보존등기를 한다.
③ 본 건물의 사용에만 제공되는 부속건물도 소유자의 신청에 따라 본 건물과 별도의 독립건물로 등기할 수 있다.
④ 소유권보존등기를 신청하는 경우 신청인에게 등기필정보의 제공을 요하지 않는다.
⑤ 미등기부동산의 대장상 최초의 소유자로부터 특정유증을 받은 수증자는 직접 자신 명의로 보존등기를 신청할 수 있다.

19. 공동소유에 관한 등기에 대한 설명으로 옳은 것은?

① 법인 아닌 사단 甲 소유의 부동산에 대하여 매매를 원인으로 乙 명의의 소유권이전등기를 신청하는 경우, 특별한 사정이 없는 한 甲의 사원총회결의가 있음을 증명하는 정보를 제공하여야 한다.
② 농지에 대하여 공유물분할을 원인으로 하는 소유권이전등기를 신청하는 경우, 농지취득자격증명을 첨부정보로 제공하여야 한다.
③ 공유자 중 1인의 지분포기로 인한 소유권이전등기는 지분을 포기한 공유자가 단독으로 신청한다.
④ 소유형태를 공유에서 합유로 변경하는 경우, 공유자들의 공동신청으로 '변경계약'을 등기원인으로 소유권이전등기를 신청할 수 있다.
⑤ 등기된 공유물분할금지기간 약정을 갱신하는 경우, 공유자 중 1인이 단독으로 변경등기를 신청할 수 있다.

20. 전세권 및 전세금반환채권의 일부양도에 따른 전세권 일부이전등기에 관한 설명으로 옳은 것을 모두 고른 것은?

> ㄱ. 등기원인에 전세권의 양도나 담보제공 금지의 약정이 있는 경우, 등기관은 전세권설정등기를 할 때 이를 기록하여야 한다.
> ㄴ. 전세권의 존속기간 만료 전에는 전세권 일부이전등기를 할 수 없는 것이 원칙이다.
> ㄷ. 전세금반환채권의 일부양도에 따른 전세권 일부이전등기를 할 때에는 양도액의 기록을 요하지 않는다.
> ㄹ. 전세금반환채권의 일부양도에 따른 전세권 일부이전등기의 등기원인은 '전세금반환채권의 일부양도'로 기록한다.

① ㄴ　　② ㄱ, ㄴ
③ ㄴ, ㄹ　　④ ㄱ, ㄴ, ㄹ
⑤ ㄱ, ㄷ, ㄹ

21. 근저당권등기에 관한 설명으로 옳은 것은?

① 근저당권설정등기의 신청정보에는 채권최고액, 채무자, 변제기 등을 제공하여야 한다.
② 근저당권설정등기를 하는 경우 채무자의 성명, 주소 및 주민등록번호를 등기기록에 기록하여야 한다.
③ 신청정보의 채권최고액이 외국통화로 표시된 경우, 등기기록에는 원화로 환산된 금액을 채권최고액으로 기록한다.
④ 등기관은 추가하는 부동산과 전에 등기한 부동산을 합하여 5개 이상인 경우에는 공동담보목록의 작성을 요하지 않는다.
⑤ 채무자가 변제하지 않아 선순위 근저당권자가 우선 일부 부동산을 경매하여 변제받은 경우, 차순위 근저당권자로서 대위등기를 할 때 '선순위 근저당권자가 변제받은 금액'과 '매각대금'을 신청정보의 내용으로 제공하여야 한다.

22. 변경등기에 관한 설명으로 <u>틀린</u> 것은?

① 토지나 건물의 표시변경등기를 신청하는 경우에는 그 토지나 건물의 변경 전과 변경 후의 표시에 관한 정보를 신청정보의 내용으로 등기소에 제공하여야 한다.
② 선순위 전세권의 전세금 증액에 따라 변경등기를 하는 경우 후순위 저당권자는 이해관계 있는 제3자에 해당한다.
③ 부동산의 표시에 변경이 있는 때에는 그 토지소유권의 등기명의인은 그 사실이 있는 때부터 1개월 이내에 그 등기를 신청하여야 하는데, 이를 게을리하더라도 과태료를 부과하지는 않는다.
④ 권리의 변경등기를 신청하는 경우 등기상 이해관계 있는 제3자의 승낙서를 제공하여야 하므로, 이를 제공하지 않은 등기신청은 각하된다.
⑤ 甲건물을 乙건물에 합병하는 경우 乙건물 등기기록에 변경등기를 하고 甲건물 등기기록은 폐쇄한다.

23. 말소등기에 관한 설명으로 <u>틀린</u> 것은? (다툼이 있으면 판례에 따름)

① 말소등기는 기존의 등기가 원시적 또는 후발적인 원인에 의하여 등기사항 전부가 부적법할 것을 요건으로 한다.
② 등기관이 가처분채권자의 승소판결에 따라 가처분등기 이후의 등기를 말소할 때, 그 가처분등기는 가처분채권자의 단독신청으로 말소한다.
③ 소유자의 대리인으로부터 토지를 적법하게 매수하였지만 매수인의 소유권이전등기가 위조된 서면에 의하여 마쳐진 경우, 그 등기는 말소의 대상이 아니다.
④ 피담보채무의 소멸을 이유로 근저당권설정등기를 말소하는 경우, 채무자를 추가한 근저당권 변경의 부기등기는 등기관이 직권으로 말소한다.
⑤ 증여에 의한 소유권이전등기를 매매에 의한 소유권이전등기로 기록한 경우라도 실체관계와 부합하다면 말소의 대상이 아니다.

24. 가등기에 관한 설명으로 옳은 것을 모두 고른 것은?

ㄱ. 가등기의무자의 승낙서를 첨부하여 가등기권리자는 단독으로 가등기를 신청할 수 있다. ㄴ. 가등기에 관하여 등기상 이해관계 있는 자는 가등기명의인의 승낙을 받아 단독으로 가등기의 말소를 신청할 수 있다. ㄷ. 가등기에 의하여 보전되어 있는 물권변동청구권이 양도된 경우, 그 가등기상의 권리의 이전등기는 가등기에 대한 부기등기의 형식으로 한다. ㄹ. 가등기에 기한 본등기의 신청이 있는 경우, 별도의 순위번호를 기록하여 본등기를 하여야 한다.

① ㄱ, ㄹ
② ㄷ, ㄹ
③ ㄱ, ㄴ, ㄷ
④ ㄴ, ㄷ, ㄹ
⑤ ㄱ, ㄴ, ㄷ, ㄹ

25. 부동산 취득과 보유 시에만 과세되는 세목은?

① 지방소득세
② 지방교육세
③ 소방분지역자원시설세
④ 종합부동산세
⑤ 양도소득세

26. 납세의무의 소멸에 관한 설명으로 옳은 것은?

① 납세자의 사망은 납세의무 소멸사유에 해당한다.
② 양도소득세 납세자가 법정신고기한까지 과세표준신고서를 제출하지 아니한 경우 부과제척기간은 해당 소득세를 부과할 수 있는 날부터 5년간이다.
③ 부담부증여 시 양도소득세가 과세되는 경우로 양도소득세 과세표준신고서를 법정신고기한까지 제출하지 아니한 경우 부과제척기간은 부과할 수 있는 날부터 7년간이다.
④ 5천만원 이상의 지방세(가산세 제외)의 경우 지방세징수권은 그 권리를 행사할 수 있는 때부터 10년 동안 행사하지 아니하면 소멸시효가 완성된다.
⑤ 「지방세법」에 따른 분할납부기간에도 지방세징수권의 소멸시효는 진행된다.

27. 지방세법상 취득의 시기에 관한 설명으로 옳은 것은?

① 연부로 취득하는 것(취득가액의 총액이 면세점에 해당하지 아니함)은 그 사실상의 잔금일을 취득일로 본다.
② 토지의 지목변경에 따른 취득은 변경등기일을 취득일로 본다.
③ 주택조합이 주택건설사업을 하면서 조합원으로부터 취득하는 토지 중 조합원에게 귀속되지 아니하는 토지를 취득하는 경우에는 「주택법」 제49조에 따른 사용검사를 받은 날의 다음 날에 그 토지를 취득한 것으로 본다.
④ 개인이 토지를 유상승계취득하는 경우에는 계약서상 잔금일에 취득한 것으로 본다.
⑤ 「민법」에 따른 재산분할로 인한 취득의 경우에는 취득물건의 등기일 또는 등록일을 취득일로 본다.

28. 지방세법상 사실상 취득가격을 취득세의 과세표준으로 하는 경우 포함되는 것은 모두 몇 개인가? (단, 개인이 부동산을 취득한 것임)

> ㄱ. 건설자금에 충당한 차입금의 이자
> ㄴ. 취득에 필요한 용역을 제공받은 대가로 지급하는 용역비·수수료
> ㄷ. 「공인중개사법」에 따른 공인중개사에게 지급한 중개보수
> ㄹ. 정원 또는 부속시설물 등을 조성·설치하는 비용
> ㅁ. 할부 또는 연부계약에 따른 이자상당액

① 1개 ② 2개 ③ 3개
④ 4개 ⑤ 5개

29. 지방세법상 주택 취득 시 취득세 과세표준에 적용되는 세율에 관한 설명으로 <u>틀린</u> 것은?

① 1세대 2주택(대통령령으로 정하는 일시적 2주택은 제외)에 해당하는 주택으로서 조정대상지역에 있는 주택을 유상취득하는 경우 표준세율(1천분의 40)에 중과기준세율의 100분의 200을 합한 세율을 적용한다.
② 1세대 4주택 이상에 해당하는 주택으로서 조정대상지역 외의 지역에 있는 주택을 유상취득하는 경우 표준세율(1천분의 40)에 중과기준세율의 100분의 200을 합한 세율을 적용한다.
③ 법령이 정한 법인이 주택을 유상취득하는 경우 표준세율(1천분의 40)에 중과기준세율의 100분의 400을 합한 세율을 적용한다.
④ 조정대상지역에 있는 주택으로서 취득 당시 시가표준액 3억원 이상의 주택을 무상취득을 원인으로 취득하는 경우에는 1천분의 40을 표준세율로 하여 해당 세율에 중과기준세율의 100분의 400을 합한 세율을 적용한다. 다만, 1세대 1주택자가 소유한 주택을 배우자 또는 직계존비속이 무상취득하는 등 대통령령으로 정하는 경우는 제외한다.
⑤ 주택의 공유지분이나 부속토지만을 소유하거나 취득하는 경우에도 주택을 소유하거나 취득한 것으로 보아 해당 세율을 적용한다.

30. 지방세법상 등기·등록에 대한 등록면허세에 관한 설명으로 <u>틀린</u> 것은?

① 신고의무를 다하지 아니한 경우에도 등록면허세 산출세액을 등록하기 전까지 납부하였을 때에는 신고를 하고 납부한 것으로 본다.
② 지방자치단체의 장은 채권자대위자의 신고납부가 있는 경우 납세의무자에게 그 사실을 즉시 통보하여야 한다.
③ 부동산등기 시 같은 등록에 관계되는 재산이 둘 이상의 지방자치단체에 걸쳐 있어 등록면허세를 지방자치단체별로 부과할 수 없을 때에는 등록관청 소재지를 납세지로 한다.
④ 납세지가 분명하지 아니한 경우에는 물건 소재지를 납세지로 한다.
⑤ 대한민국 정부기관의 등록 또는 면허에 대하여 과세하는 외국정부의 등록 또는 면허의 경우에는 등록면허세를 부과한다.

31. 다음의 토지 중 재산세 표준세율이 <u>다른</u> 하나는?

① 과세기준일 현재 계속 염전으로 사용하는 토지
② 국가나 지방자치단체가 국방상의 목적 외에는 그 사용 및 처분을 제한하는 공장구내의 토지
③ 읍·면지역 소재 입지기준면적 이내의 공장용지
④ 「체육시설의 설치·이용에 관한 법률 시행령」에 따른 스키장 및 골프장용 토지 중 원형이 보전되는 임야
⑤ 「공유수면 관리 및 매립에 관한 법률」에 따라 매립하거나 간척한 토지로서 공사준공일부터 4년이 지나지 아니한 토지

32. 지방세법상 재산세 납세의무자에 관한 설명으로 <u>틀린</u> 것은?

① 공부상 개인명의로 등재되어 있는 사실상의 종중재산으로서 종중 소유임을 신고하지 아니한 경우 공부상 소유자를 납세의무자로 본다.
② 국가가 선수금을 받아 조성하는 매매용 토지로서 사실상 조성이 완료된 토지의 사용권을 무상으로 받은 경우 그 사용권을 무상으로 받은 자가 납세의무를 진다.
③ 상속이 개시된 재산으로서 상속등기가 이행되지 아니하고 사실상 소유자를 신고하지 아니하였을 경우 상속인 각자가 상속받았거나 상속받을 재산의 시가표준액 비율대로 납세의무를 진다.
④ 재산세 과세기준일 현재 소유권의 귀속이 분명하지 아니하여 사실상의 소유자를 확인할 수 없는 경우에는 사용자가 재산세를 납부할 의무가 있다.
⑤ 「신탁법」 제2조에 따른 수탁자의 명의로 등기 또는 등록된 신탁재산의 경우에는 위탁자가 납세의무를 진다.

33. 지방세법상 재산세 비과세대상이 <u>아닌</u> 것은?

① 임시로 사용하기 위하여 건축된 임시건축물로 재산세 과세기준일 현재 1년 미만인 것(사치성 재산에 해당하지 아니함)
② 대한민국 정부기관의 재산에 대하여 과세하지 아니하는 외국정부의 재산
③ 국가, 지방자치단체 또는 지방자치단체조합이 1년 이상 공용 또는 공공용으로 사용하는 재산으로 유료로 사용하는 경우
④ 「군사기지 및 군사시설 보호법」에 따른 군사기지 및 군사시설 보호구역 중 통제보호구역에 있는 토지(전, 답, 과수원, 대지는 제외)
⑤ 「자연공원법」에 따른 공원자연보존지구의 임야

34. 종합부동산세에 관한 설명으로 <u>틀린</u> 것은 모두 몇 개인가?

> ㄱ. 과세기준일 현재 주택분 재산세의 납세의무자는 종합부동산세를 납부할 의무가 있다.
> ㄴ. 신탁주택의 위탁자가 종합부동산세 등을 체납한 경우로서 그 위탁자의 다른 재산에 대하여 강제징수를 하여도 징수할 금액에 미치지 못할 때에는 해당 신탁주택의 수탁자는 해당 종합부동산세 등에 대해 연대납세의무가 있다.
> ㄷ. 과세표준 계산 시 1주택(주택의 부속토지만을 소유한 경우는 제외)과 다른 주택의 부속토지(주택의 건물과 부속토지의 소유자가 다른 경우의 그 부속토지를 말함)를 함께 소유하고 있는 경우에는 1세대 1주택자로 본다.
> ㄹ. 종합부동산세의 납세의무자가 비거주자인 개인 또는 외국법인으로서 국내사업장이 없고 국내원천소득이 발생하지 아니하는 주택 및 토지를 소유한 경우에는 그 주택 또는 토지의 소재지(주택 또는 토지가 둘 이상인 경우에는 공시가격이 가장 높은 주택 또는 토지의 소재지를 말함)를 납세지로 정한다.

① 0개　② 1개
③ 2개　④ 3개
⑤ 4개

35. 소득세법상 거주자가 주택을 임대하는 경우에 관한 설명으로 <u>틀린</u> 것은?

① 임대한 과세기간 종료일 현재 기준시가 15억원인 1주택(부수토지 포함)을 임대하고 받은 전세금에 관한 간주임대료는 주택임대소득에 대한 소득금액 계산 시 총수입금액에 포함하지 아니한다.
② 주택임대로 발생하는 소득에 대한 총수입금액의 수입시기는 계약에 따라 지급일을 정한 경우 그 정해진 날이다.
③ 해당 과세기간에 주택임대에서 발생하는 총수입금액이 2천만원 이하이나 이를 제외한 종합소득금액이 2천만원을 초과하는 경우에는 주택임대소득에 대해 분리과세를 선택할 수 없다.
④ 주택임대소득에 대해 분리과세 선택 시 등록임대주택이 아니라면 소득금액 계산 시 총수입금액의 100분의 50을 필요경비로 차감할 수 있다.
⑤ 비과세대상 1주택을 판단함에 있어 공동소유 주택은 지분이 가장 큰 자의 소유로 계산하는 것이 원칙이다.

36. 소득세법상 양도소득세가 과세되는 것은? (단, 국내자산을 양도한 것으로 가정함)

① 파산선고에 의한 처분으로 발생하는 소득
② 등기되지 아니한 부동산임차권의 양도
③ 토지, 건물과 함께 양도하는 이축권의 가액을 별도로 평가하여 신고하는 경우
④ 「지적재조사에 관한 특별법」에 따른 경계의 확정으로 지적공부상의 면적이 감소되어 지급받는 조정금
⑤ 사업에 사용하는 토지, 건물과 함께 양도하는 영업권

37. 소득세법상 양도소득세 계산 시 양도 또는 취득시기로 틀린 것은?

① 자산의 양도차익을 계산할 때 그 취득시기 및 양도시기는 해당 자산의 대금을 청산한 날(원칙)
② 장기할부조건의 경우에는 소유권등기접수일, 대금청산일 또는 사용수익일 중 빠른 날
③ 대금을 청산한 날이 분명하지 아니한 경우에는 등기부, 등록부 또는 명부 등에 기재된 등기·등록 접수일 또는 명의개서일
④ 상속으로 취득한 경우에는 그 상속이 개시된 날
⑤ 증여에 의하여 자산을 취득한 경우에는 증여를 받은 날

38. 소득세법상 양도소득세에 관한 설명으로 틀린 것은?

① 예정신고납부를 하는 경우 수시부과세액이 있을 때에는 이를 공제하여 납부한다.
② 과세표준은 양도소득금액에서 장기보유특별공제액을 차감한 금액으로 한다.
③ 100분의 70의 세율이 적용되는 미등기양도자산에 대하여는 원칙적으로 양도소득 기본공제는 적용되지 않는다.
④ 예정신고는 양도차익이 없거나 양도차손이 발생한 경우에도 하여야 한다.
⑤ 거주자로서 예정신고납부할 세액이 1천만원을 초과하는 자는 그 납부할 세액의 일부를 납부기한이 지난 후 2개월 이내에 분할납부할 수 있다.

39. 다음은 거주자가 국내 소재 1세대 1주택을 양도한 내용이다. 장기보유특별공제액은 얼마인가? (단, 비과세요건을 충족함)

> 1. 취득 및 양도시기(등기되었으며 보유기간 동안 계속하여 거주함)
>   - 2015.3.1. 취득
>   - 2025.10.26. 양도
> 2. 양도가액(실지거래가액): 15억원
>   필요경비(실지거래가액): 5억원

① 6천만원　② 1억 6천만원
③ 3억원　④ 4억원
⑤ 8억원

40. 양도차익을 실지거래가액에 의할 때 양도가액에서 공제할 수 있는 필요경비에 해당하지 않는 것은? (단, 적격증명서류는 수취, 보관하였음)

① 할부이자 등 당사자 약정에 의한 대금지급방법에 따라 취득원가에 가산한 이자상당액
② 해당 자산의 내용연수를 연장시키거나 그 가치를 현실적으로 증가시키는 수선비
③ 양도자산의 취득 후 쟁송이 있는 경우 그 소유권확보를 위해 직접 소요된 소송비용으로서 그 지출한 연도의 각 사업소득금액 계산 시 필요경비에 산입된 금액
④ 양도소득세 과세표준신고서 작성비용
⑤ 취득 시 부담했던 취득세(납부영수증 없음)

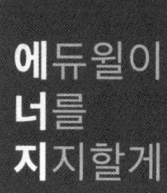

가장 용감한 행동은
자신을 위해 생각하고 그것을 외치는 것이다.
큰 소리로.

– 가브리엘 보뇌르 샤넬(Gabrielle Bonheur Chanel)

정답 및 해설	p.61

시작시간: ______ 시 ______ 분 ~ 종료시간: ______ 시 ______ 분

2025년도 제36회 공인중개사 2차 국가자격시험

실전모의고사 제4회

교 시	문제형별	시험시간	시험과목
1교시	A	100분	1 공인중개사의 업무 및 부동산 거래신고에 관한 법령 및 중개실무 2 부동산공법 중 부동산중개에 관련되는 규정

수험번호		성 명	

[수험자 유의사항]

1. 시험문제지는 **단일 형별(A형)**이며, 답안카드 형별 기재란에 표시된 형별(A형)을 확인하시기 바랍니다. 시험문제지의 **총면수, 문제번호 일련순서, 인쇄상태** 등을 확인하시고, 문제지 표지에 수험번호와 성명을 기재하시기 바랍니다.

2. 답은 각 문제마다 요구하는 **가장 적합하거나 가까운 답 1개**만 선택하고, 답안카드 작성 시 시험문제지 **마킹착오**로 인한 불이익은 전적으로 **수험자에게 책임**이 있음을 알려드립니다.

3. 답안카드는 국가전문자격 공통 표준형으로 문제번호가 1번부터 125번까지 인쇄되어 있습니다. 답안 마킹 시에는 반드시 **시험문제지의 문제번호와 동일한 번호**에 마킹하여야 합니다. (2차 1교시 : 1번~80번)

4. **감독위원의 지시에 불응하거나 시험시간 종료 후 답안카드를 제출하지 않을 경우** 불이익이 발생할 수 있음을 알려 드립니다.

5. 시험문제지는 시험 종료 후 가져가시기 바랍니다.

6. 답안작성은 **시험 시행일(2025.10.25.) 현재 시행되는 법령 등**을 적용하시기 바랍니다.

7. 가답안 의견제시에 대한 개별회신 및 공고는 하지 않으며, **최종 정답 발표로 갈음**합니다.

8. 시험 중 **중간 퇴실은 불가**합니다. 단, 부득이하게 퇴실할 경우 **시험포기각서 제출 후 퇴실은 가능**하나 **재입실이 불가**하며, **해당시험은 무효처리됩니다.**

eduwill

제1과목: 공인중개사의 업무 및 부동산 거래 신고 등에 관한 법령 및 중개실무

1. 공인중개사법령상 개업공인중개사 甲, 소속공인중개사 乙, 중개보조원 丙에 관한 설명으로 옳은 것을 모두 고른 것은?

> ㄱ. 甲은 乙, 丙을 고용하려는 경우, 고용 전에 미리 등록관청에 신고해야 한다.
> ㄴ. 乙, 丙은 현장안내 등 중개업무를 보조하는 경우 중개의뢰인에게 본인이 소속공인중개사, 중개보조원이라는 사실을 미리 알려야 한다.
> ㄷ. 乙과 丙의 업무상 행위는 그를 고용한 甲의 행위로 본다.

① ㄱ ② ㄴ
③ ㄷ ④ ㄱ, ㄴ
⑤ ㄱ, ㄴ, ㄷ

2. 공인중개사법령상 중개대상물에 해당하는 것을 모두 고른 것은? (다툼이 있으면 판례에 따름)

> ㄱ. 주차장 용지의 토지
> ㄴ. 유치권을 주장하는 미등기 건축물
> ㄷ. 토지거래허가구역 토지
> ㄹ. 금전채권
> ㅁ. 어업재단

① ㄱ, ㄴ, ㄷ ② ㄱ, ㄷ, ㄹ
③ ㄴ, ㄷ, ㄹ ④ ㄴ, ㄷ, ㄹ, ㅁ
⑤ ㄱ, ㄴ, ㄷ, ㄹ, ㅁ

3. 공인중개사법령상 중개사무소의 개설등록 등에 관한 내용으로 옳은 것을 모두 고른 것은? (단, 다른 법률에 따라 중개업을 할 수 있는 경우는 제외함)

> ㄱ. 법인은 대표자가 공인중개사가 아니어도 임원 또는 사원의 3분의 1 이상이 공인중개사인 경우에는 중개사무소의 개설등록을 할 수 있다.
> ㄴ. 실무교육을 위탁받은 기관이 실무교육 수료 여부를 등록관청이 전자적으로 확인할 수 있도록 조치한 경우에는 실무교육의 수료확인증 사본을 제출하지 않아도 된다.
> ㄷ. 공인중개사인 개업공인중개사가 법인인 개업공인중개사로 업무를 하고자 개설등록신청서를 다시 제출하는 경우 종전의 등록증은 반납하여야 한다.
> ㄹ. 공인중개사협회는 매월 중개사무소의 등록에 관한 사항을 중개사무소등록·행정처분통지서에 기재하여 다음 달 10일까지 등록관청에 통보하여야 한다.

① ㄱ, ㄴ ② ㄴ, ㄷ
③ ㄷ, ㄹ ④ ㄱ, ㄴ, ㄷ
⑤ ㄴ, ㄷ, ㄹ

4. 공인중개사법령상 중개사무소 개설등록 등의 결격사유에 해당하는 자를 모두 고른 것은?

> ㄱ. 개인회생인가결정을 받은 자
> ㄴ. 파산선고를 받고 복권되지 아니한 자가 임원으로 있는 법인
> ㄷ. 「형법」상 횡령죄를 위반하여 1천만원의 벌금형 선고를 받고 3년이 지나지 아니한 자
> ㄹ. 금고형의 집행유예를 받고 그 유예기간이 만료된 날부터 2년이 지나지 아니한 자
> ㅁ. 공인중개사의 자격이 정지된 자로서 자격정지기간 중에 있는 자

① ㄱ, ㄴ ② ㄱ, ㄴ, ㄷ
③ ㄱ, ㄷ, ㄹ ④ ㄴ, ㄹ, ㅁ
⑤ ㄴ, ㄷ, ㄹ, ㅁ

5. **공인중개사법령상 공인중개사 정책심의위원회의 공인중개사 업무에 관한 심의·의결사항에 해당하는 것을 모두 고른 것은?**

> ㄱ. 국토교통부장관이 직접 시험을 시행하려는 경우
> ㄴ. 부동산 중개업의 육성에 관한 사항
> ㄷ. 중개보수 변경에 관한 사항
> ㄹ. 손해배상책임의 보장에 관한 사항

① ㄱ ② ㄴ, ㄷ
③ ㄴ, ㄹ ④ ㄱ, ㄷ, ㄹ
⑤ ㄱ, ㄴ, ㄷ, ㄹ

6. **공인중개사법령상 소속공인중개사를 둔 개업공인중개사가 중개사무소 안의 보기 쉬운 곳에 게시하여야 하는 것을 고르면 모두 몇 개인가?**

> ㄱ. 「부가가치세법 시행령」 제11조에 따른 사업자등록증
> ㄴ. 개업공인중개사의 공인중개사자격증 사본
> ㄷ. 소속공인중개사의 고용신고서
> ㄹ. 개업공인중개사의 실무교육 수료확인증

① 1개 ② 2개
③ 3개 ④ 4개
⑤ 5개

7. **공인중개사법령상 법인인 개업공인중개사가 중개사무소를 등록관청의 관할지역 안의 지역으로 이전하는 경우에 관한 설명으로 옳은 것은?**

① 중개사무소를 이전한 날부터 30일 이내에 신고해야 한다.
② 이전신고를 할 때 중개사무소등록증을 제출하지 않아도 된다.
③ 건축물대장에 기재되지 아니한 건물에 중개사무소를 확보하였을 경우에는 이전신고 시 건축물대장 기재가 지연되는 사유를 적은 서류도 함께 내야 한다.
④ 등록관청이 이전신고를 받은 경우, 중개사무소등록증에 변경사항만을 적어 교부할 수 없고 재교부해야 한다.
⑤ 개업공인중개사가 등록관청에 중개사무소의 이전사실을 신고한 경우에는 10일 이내에 중개사무소의 간판을 철거해야 한다.

8. **공인중개사법령상 인장의 등록에 관한 설명으로 옳은 것은?**

① 중개보조원은 업무를 개시하기 전에 중개행위에 사용할 인장을 등록관청에 등록하여야 한다.
② 개업공인중개사의 인장등록은 중개사무소 개설등록신청과 같이 할 수 없다.
③ 등록한 인장의 변경등록은 인장등록과 달리 전자문서로 할 수 없다.
④ 소속공인중개사가 「주민등록법」에 따른 주민등록표에 기재되어 있는 성명이 나타나 있는 가로·세로 각각 15mm인 인장을 등록한 것은 이 법 위반이 아니다.
⑤ 개업공인중개사가 등록한 인장을 변경한 경우 변경일부터 7일 이내에 그 변경된 인장을 등록하지 아니한 것은 자격정지사유에 해당한다.

9. 무주택자인 甲이 주택을 매수하기 위해 개업공인중개사인 乙과 일반중개계약을 체결하고자 한다. 이 경우 공인중개사법령상 표준서식인 일반중개계약서에 기재하는 항목을 모두 고른 것은?

> ㄱ. 중개대상물의 표시
> ㄴ. 중개보수
> ㄷ. 취득 희망가격
> ㄹ. 권리관계

① ㄱ, ㄴ　　② ㄴ, ㄷ
③ ㄱ, ㄴ, ㄷ　　④ ㄴ, ㄷ, ㄹ
⑤ ㄱ, ㄴ, ㄷ, ㄹ

10. 공인중개사법령상 개업공인중개사의 폐업신고에 관한 설명으로 옳은 것을 모두 고른 것은?

> ㄱ. 개업공인중개사는 폐업을 하고자 하는 경우 미리 등록관청에 신고해야 한다.
> ㄴ. 개업공인중개사가 폐업신고를 하고자 하는 때에는 국토교통부령이 정하는 신고서에 중개사무소등록증을 첨부해야 한다.
> ㄷ. 폐업신고하려는 자가 「부가가치세법」 제8조 제8항에 따른 신고를 같이 하려는 경우에는 이 법에 따른 신고서에 「부가가치세법 시행령」 제13조 제1항에 따른 신고서를 함께 제출해야 한다.
> ㄹ. 관할 세무서장이 「부가가치세법 시행령」 제13조 제5항에 따라 폐업신고서를 받아 해당 등록관청에 송부한 경우에는 이 법에 따른 폐업신고서가 제출된 것으로 본다.

① ㄱ, ㄴ　　② ㄴ, ㄷ
③ ㄱ, ㄴ, ㄷ　　④ ㄴ, ㄷ, ㄹ
⑤ ㄱ, ㄴ, ㄷ, ㄹ

11. 공인중개사법령상 제33조 제2항에 규정된 누구든지 시세에 부당한 영향을 줄 목적으로 개업공인중개사등의 업무를 방해해서는 아니 되는 행위에 해당하는 것은?

① 중개대상물의 매매를 업으로 하는 행위
② 사례·증여 그 밖의 어떠한 명목으로도 제32조에 따른 보수 또는 실비를 초과하여 금품을 받는 행위
③ 제3자에게 부당한 이익을 얻게 할 목적으로 거짓으로 거래가 완료된 것처럼 꾸미는 등 중개대상물의 시세에 부당한 영향을 주는 행위
④ 단체를 구성하여 특정 중개대상물에 대하여 중개를 제한하는 행위
⑤ 안내문, 온라인 커뮤니티 등을 이용하여 특정 가격 이하로 중개를 의뢰하지 아니하도록 유도하는 행위

12. 공인중개사법령상 주택임대차 중개를 의뢰받은 개업공인중개사가 주택을 임차하려는 중개의뢰인에게 중개대상물에 대하여 확인·설명하여야 할 사항에 해당하지 <u>않는</u> 것을 모두 고른 것은?

> ㄱ. 중개보수 및 실비의 금액과 그 산출내역
> ㄴ. 공시지가 및 공시가격
> ㄷ. 관리비 금액과 그 산출내역
> ㄹ. 「주택임대차보호법」 제8조에 따른 보증금 중 일정액의 보호에 관한 사항

① ㄱ　　② ㄴ
③ ㄱ, ㄴ, ㄷ　　④ ㄴ, ㄷ, ㄹ
⑤ ㄱ, ㄴ, ㄷ, ㄹ

13. 공인중개사법령상 개업공인중개사가 작성하는 거래계약서에 기재해야 할 사항을 모두 고른 것은?

> ㄱ. 중개대상물 확인·설명서 교부일자
> ㄴ. 거래예정금액
> ㄷ. 권리이전의 내용
> ㄹ. 계약의 조건이 있는 경우에는 그 조건
> ㅁ. 공법상 거래규제 및 이용제한에 관한 사항

① ㄱ, ㄷ, ㄹ
② ㄴ, ㄷ, ㅁ
③ ㄱ, ㄴ, ㄷ, ㄹ
④ ㄴ, ㄷ, ㄹ, ㅁ
⑤ ㄱ, ㄴ, ㄷ, ㄹ, ㅁ

14. 공인중개사법령상 개업공인중개사의 손해배상책임 및 업무보증설정에 관한 설명으로 옳은 것은?

① 개업공인중개사의 손해배상책임을 보장하기 위한 보증보험 또는 공제 가입, 공탁은 중개사무소 개설등록신청을 할 때 해야 한다.
② 개업공인중개사는 중개가 완성되기 전에 거래당사자에게 손해배상책임의 보장기간 등을 설명해야 한다.
③ 개업공인중개사가 공탁한 공탁금은 개업공인중개사가 폐업한 날부터 5년 이내에는 이를 회수할 수 없다.
④ 다른 법률에 따라 부동산중개업을 할 수 있는 자가 부동산중개업을 하려는 경우에는 중개업무를 개시하기 전에 보장금액 2천만원 이상의 보증을 보증기관에 설정해야 한다.
⑤ 개업공인중개사는 보증보험금으로 손해배상을 한 때에는 15일 이내에 부족하게 된 금액을 보전해야 한다.

15. A시에 중개사무소를 둔 개업공인중개사 甲은 B시에 소재하는 乙 소유의 오피스텔(건축법령상 업무시설로 전용면적 100m²이고, 상·하수도 시설이 갖추어진 전용입식 부엌, 전용수세식 화장실 및 목욕시설을 갖춤)에 대하여, 乙과 丙 간 매매계약과 동시에 乙이 동 오피스텔을 임차하는 임대차계약의 중개를 완성하였다. 이 경우 공인중개사법령상 甲이 받을 수 있는 보수에 관한 설명으로 옳은 것을 모두 고른 것은?

> ㄱ. 甲은 매매계약에 관한 거래금액만을 적용하여 중개보수를 받을 수 있다.
> ㄴ. 甲이 乙과 丙으로부터 받을 수 있는 중개보수는 A시가 속한 시·도의 조례에서 정한 기준에 따른다.
> ㄷ. 甲이 乙과 丙으로부터 받을 수 있는 중개보수의 상한요율은 거래금액의 1천분의 5이다.
> ㄹ. 중개대상물의 권리관계 등의 확인에 드는 실비의 한도 등에 관하여 필요한 사항은 국토교통부령으로 정하는 범위 안에서 A시의 조례로 정한다.

① ㄱ, ㄴ
② ㄱ, ㄹ
③ ㄱ, ㄴ, ㄷ
④ ㄱ, ㄷ, ㄹ
⑤ ㄱ, ㄴ, ㄷ, ㄹ

16. 공인중개사법령상 공제사업을 하는 공인중개사협회(이하 '협회'라 함)에 관한 설명으로 옳은 것은?

① 협회는 회원 300인 이상이 발기인이 되어 정관을 작성하여 창립총회의 의결을 거친 후 국토교통부장관의 허가를 받아 그 주된 사무소의 소재지에서 설립등기를 함으로써 성립한다.
② 창립총회에 서울특별시에서는 300인 이상의 회원이 참여하여야 한다.
③ 협회는 총회의 의결내용을 지체 없이 국토교통부장관에게 보고하여야 한다.
④ 협회는 부동산 정보제공에 관한 업무를 수행할 수 없다.
⑤ 협회는 공제사업 운용실적을 매 회계연도 종료 후 2개월 이내에 일간신문 또는 협회보에 공시해야 한다.

17. 공인중개사법령상 甲과 乙이 받을 수 있는 포상금의 최대금액은 각각 얼마인가?

> ○ 甲은 중개의뢰인과 직접거래를 한 개업공인중개사 A를 고발하였고, 검사는 A에 대하여 공소를 제기하였다.
> ○ 甲은 부정한 방법으로 중개사무소 개설등록을 한 개업공인중개사 B를 고발하였으나, 검사는 B에 대하여 기소유예결정을 하였다.
> ○ 단체를 구성하여 특정 중개대상물에 대하여 중개를 제한하는 행위를 한 C를 乙이 고발한 이후 甲도 C를 고발하였으나, C는 형사재판에서 무죄판결을 받았다.
> ○ A, B, C는 甲 또는 乙의 위 신고·고발 전에 행정기관에 의해 발각되지 않았다.

① 甲: 25만원, 乙: 25만원
② 甲: 50만원, 乙: 25만원
③ 甲: 50만원, 乙: 50만원
④ 甲: 75만원, 乙: 25만원
⑤ 甲: 100만원, 乙: 75만원

18. 공인중개사법령상 등록관청이 공인중개사협회에 통보해야 하는 경우로 옳은 것을 모두 고른 것은?

> ㄱ. 중개사무소등록증을 재교부한 때
> ㄴ. 업무보증설정신고를 받은 때
> ㄷ. 소속공인중개사의 고용관계 종료신고를 받은 때
> ㄹ. 중개사무소 개설등록취소처분을 한 때

① ㄱ ② ㄱ, ㄴ
③ ㄷ, ㄹ ④ ㄱ, ㄴ, ㄷ
⑤ ㄴ, ㄷ, ㄹ

19. 공인중개사법령상 공인중개사인 개업공인중개사의 중개사무소 개설등록을 취소하여야 하는 경우에 해당하는 것을 모두 고른 것은?

> ㄱ. 「형법」을 위반하여 징역의 형의 집행유예를 받고 그 유예기간이 만료된 날부터 2년이 지나지 아니한 경우
> ㄴ. 공인중개사의 자격이 취소된 후 3년이 지나지 아니한 경우
> ㄷ. 소속공인중개사를 고용하지 아니하고 중개보조원만 6명을 고용한 경우
> ㄹ. 서로 다른 둘 이상의 거래계약서를 작성한 경우
> ㅁ. 최근 1년 이내에 과태료처분 1회와 업무정지처분 2회를 받고 다시 과태료처분에 해당하는 행위를 한 경우

① ㄱ, ㄴ, ㄷ ② ㄴ, ㄷ, ㄹ
③ ㄱ, ㄴ, ㄷ, ㄹ ④ ㄱ, ㄴ, ㄷ, ㅁ
⑤ ㄱ, ㄴ, ㄷ, ㄹ, ㅁ

20. 개업공인중개사 甲, 乙, 丙에 대한 공인중개사법 제40조(행정제재처분효과의 승계 등)의 적용에 관한 설명으로 <u>틀린</u> 것을 모두 고른 것은?

> ㄱ. 甲이 2023.8.10. 「공인중개사법」에 따른 업무정지처분을 받았으나 2023.9.10. 폐업신고를 하였다가 2024.9.10. 다시 중개사무소의 개설등록을 하였다면, 위 업무정지처분의 효과는 승계된다.
> ㄴ. 乙이 2023.8.10. 중개대상물 확인·설명서를 작성하면서 날인을 하지 아니하고, 2023.9.10. 폐업신고를 하였다가 2024.10.10. 다시 중개사무소의 개설등록을 하였다면, 등록관청은 업무정지처분을 할 수 있다.
> ㄷ. 丙이 2021.3.10. 다른 개업공인중개사인 법인의 임원으로 소속하여 중개업무를 한 후, 2021.4.10. 폐업신고를 하였다가 2024.10.10. 다시 중개사무소의 개설등록을 하였다면, 등록관청은 개설등록을 취소해야 한다.

① ㄱ ② ㄱ, ㄴ
③ ㄱ, ㄷ ④ ㄴ, ㄷ
⑤ ㄱ, ㄴ, ㄷ

21. 공인중개사법령상 소속공인중개사의 규정 위반행위 중 자격정지기준이 6개월에 해당하는 것을 모두 고른 것은?

> ㄱ. 중개대상물의 매매를 업으로 하는 행위를 한 경우
> ㄴ. 등록하지 아니한 인장을 사용한 경우
> ㄷ. 서로 다른 둘 이상의 거래계약서를 작성한 경우
> ㄹ. 성실·정확하게 중개대상물의 확인·설명을 하지 아니한 경우

① ㄱ, ㄴ　② ㄱ, ㄷ
③ ㄴ, ㄷ　④ ㄷ, ㄹ
⑤ ㄴ, ㄷ, ㄹ

22. 공인중개사법령상 100만원 이하의 과태료사유와 관련하여 개별기준에 대한 연결이 틀린 것은?

① 중개사무소를 이전하고도 이전신고를 하지 않은 경우 – 30만원
② 중개사무소 안에 중개사무소등록증 등을 게시하지 않은 경우– 30만원
③ 옥외광고물에 성명을 표기하지 않은 경우 – 50만원
④ 중개사무소개설등록의 취소처분을 받고도 중개사무소등록증을 반납하지 않은 경우 – 50만원
⑤ 3개월을 초과하여 휴업을 하였음에도 신고하지 않은 경우 – 30만원

23. 부동산 거래신고 등에 관한 법령상 부동산 거래계약 신고서의 작성방법으로 틀린 것은?

① 거래당사자가 외국인인 경우 거래당사자의 국적을 적지 않는다.
② '임대주택 분양전환'은 임대주택사업자(법인으로 한정)가 임대기한이 완료되어 분양전환하는 주택인 경우에 ✓ 표시한다.
③ '계약대상 면적'란에는 실제 거래면적을 계산하여 적되, 건축물 면적은 집합건축물의 경우 전용면적을 적는다.
④ 공급계약은 시행사 또는 건축주 등이 최초로 부동산을 공급(분양)하는 계약을 말하며, 준공 전과 준공 후 계약 여부에 따라 ✓ 표시한다.
⑤ 최초 공급계약(분양) 또는 전매계약(분양권, 입주권)으로서 각각의 비용에 부가가치세가 있는 경우 부가가치세를 포함한 금액으로 적는다.

24. 부동산 거래신고 등에 관한 법령상 甲, 乙, 丙, 丁이 주택을 매수하는 경우, '주택취득 자금조달 및 입주계획'을 신고해야 하는 경우를 모두 고른 것은? (단, 甲과 乙은 자연인이고, 丙은 법인, 丁은 지방자치단체임)

> ㄱ. 甲이 「주택법」상 투기과열지구에 소재하는 丁 소유의 주택을 실제거래가격 6억원으로 매수하는 경우
> ㄴ. 乙이 「주택법」상 조정대상지역에 소재하는 丙 소유의 주택을 실제거래가격 3억원으로 매수하는 경우
> ㄷ. 丙이 「주택법」상 '투기과열지구 또는 조정대상지역' 외의 장소에 소재하는 丁소유의 주택을 실제거래가격 6억원으로 매수하는 경우
> ㄹ. 丁이 「주택법」상 투기과열지구에 소재하는 甲 소유의 주택을 실제거래가격 3억원으로 매수하는 경우

① ㄱ　② ㄱ, ㄴ
③ ㄱ, ㄴ, ㄷ　④ ㄴ, ㄷ, ㄹ
⑤ ㄱ, ㄴ, ㄷ, ㄹ

25. 부동산 거래신고 등에 관한 법령상 토지를 매수하는 경우, 매수인의 '거래대상 토지의 취득에 필요한 자금의 조달계획 및 거래대상 토지의 이용계획'을 신고해야 하는 경우를 모두 고른 것은? (단, 甲과 乙은 자연인이고, 丙은 법인, 丁은 국가임)

> ㄱ. 甲이 수도권 등 외의 장소에 소재하는 乙 소유의 토지(지분으로 매수하는 경우 제외)를 실제거래가격 3억원으로 매수하는 경우
> ㄴ. 甲이 수도권 등에 소재하는 丙 소유의 토지(지분으로 매수하는 경우 제외)를 실제거래가격 1억원으로 매수하는 경우
> ㄷ. 甲이 수도권 등 외의 장소에 소재하는 丁 소유의 토지를 지분으로 실제거래가격 6억원에 매수하는 경우
> ㄹ. 甲과 丁이 공동으로 수도권 등 외의 장소에 소재하는 丙 소유의 토지(지분으로 매수하는 경우 제외)를 실제거래가격 10억원으로 매수하는 경우

① ㄱ ② ㄴ ③ ㄷ
④ ㄴ, ㄷ ⑤ ㄴ, ㄷ, ㄹ

26. 부동산 거래신고 등에 관한 법령상 주택임대차신고 등에 관한 설명으로 옳은 것은?

① 서울특별시에 소재하는 주택에 대하여 보증금이 5천만원을 초과하거나 월차임이 20만원을 초과하는 임대차계약을 신규로 체결한 경우, 임대차계약당사자는 계약체결일부터 30일 이내에 공동으로 신고하여야 한다.
② 보증금 및 차임의 증감 없이 임대차기간만 연장하는 계약을 체결한 당사자는 갱신한 날부터 30일 이내에 공동으로 신고하여야 한다.
③ 주택임차인이 국가등인 경우에는 임대차계약 당사자가 공동으로 신고하여야 한다.
④ 신고관청은 그 신고내용을 확인한 후 신고인에게 주택임대차계약신고필증을 지체 없이 발급하여야 한다.
⑤ 임차인이 전입신고를 하는 때에 임대차계약서를 제출하지 아니하더라도 「주민등록법」에 따라 전입신고를 하는 경우에는 이 법에 따른 주택임대차계약의 신고를 한 것으로 본다.

27. 부동산 거래신고 등에 관한 법령상 국내 토지를 외국인이 취득하는 경우에 관한 설명이다. (   )에 들어갈 숫자로 옳은 것은? (단, 상호주의에 따른 제한은 고려하지 않음)

> ○ 외국인이 토지를 매수하는 계약을 체결하면 계약체결일부터 (ㄱ)일 이내에 신고해야 한다.
> ○ 외국인이 토지를 증여받는 계약을 체결하면 계약체결일부터 (ㄴ)일 이내에 신고해야 한다.
> ○ 외국인이 건축물을 신축하여 취득하면 취득일부터 (ㄷ)개월 이내에 신고해야 한다.
> ○ 대한민국 안의 부동산을 가지고 있는 대한민국국민이 외국인으로 변경된 경우 그 외국인이 해당 부동산을 계속보유하려는 경우에는 외국인으로 변경된 날부터 (ㄹ)개월 이내에 신고해야 한다.

① ㄱ: 30, ㄴ: 30, ㄷ: 3, ㄹ: 3
② ㄱ: 30, ㄴ: 30, ㄷ: 6, ㄹ: 6
③ ㄱ: 30, ㄴ: 60, ㄷ: 6, ㄹ: 6
④ ㄱ: 60, ㄴ: 30, ㄷ: 3, ㄹ: 3
⑤ ㄱ: 60, ㄴ: 60, ㄷ: 6, ㄹ: 3

28. 부동산 거래신고 등에 관한 법령상 군수로부터 토지거래허가를 받아 토지를 취득한 A가 허가관청의 승인 없이 당초의 이용목적을 변경하여 이용하는 경우, 이에 관한 설명으로 옳은 것은?

① 군수는 3개월 이내에서 기간을 정하여 A에게 토지의 이용의무를 이행하도록 문서로 명할 수 있다.
② 이행명령에 정해진 기한 내에 이행하지 아니한 경우, 군수는 A에게 토지취득가액의 100분의 10에 상당하는 금액의 이행강제금을 부과한다.
③ 허가받은 목적대로 토지를 이용하지 않았음을 이유로 이행강제금 부과처분을 받은 자가 시장·군수·구청장에게 이의를 제기하려면 그 처분을 고지받은 날부터 60일 이내에 해야 한다.
④ 군수는 A에 대한 허가를 취소할 수 없다.
⑤ A로부터 허가신청을 받은 군수는 한국토지주택공사가 그 매수를 원하는 경우에는 공시지가를 기준으로 매수하게 할 수 있다.

29. 부동산 거래신고 등에 관한 법령상 토지거래허가구역의 지정 등에 관한 설명으로 옳은 것은?

① 법령에 따른 개발사업이 예정되어 있어서 투기가 성행할 우려가 있는 경우에는 7년으로 허가구역을 지정할 수 있다.

② 시·도지사가 토지거래허가구역을 지정한 때에는 이를 공고하고 그 공고내용을 국토교통부장관, 시장·군수 또는 구청장에게 통지하여야 한다.

③ 「국토의 계획 및 이용에 관한 법률」에 따른 도시지역 중 녹지지역의 경우 $300m^2$ 이하의 토지에 대해서는 토지거래계약허가가 면제된다.

④ 토지의 소유권자에게 부과된 토지 이용에 관한 의무는 그 토지에 관한 소유권의 변동이 있더라도 그 승계인에게 이전되지 아니한다.

⑤ 허가를 받지 아니하고 토지거래계약을 체결한 자는 3년 이하의 징역 또는 계약 체결 당시의 개별공시지가에 따른 해당 토지가격의 100분의 20에 해당하는 금액 이하의 벌금에 처한다.

30. 부동산 거래신고 등에 관한 법령상 토지거래허가에 관한 설명으로 옳은 것을 모두 고른 것은?

ㄱ. 허가를 받으려는 자는 그 허가신청서에 계약내용과 그 토지의 이용계획, 취득자금 조달계획 등을 적어 시장·군수 또는 구청장에게 제출하여야 한다.
ㄴ. 토지거래계약을 체결하려는 당사자 또는 그 계약의 대상이 되는 토지가 허가구역 지정의 공고된 사항에 해당하지 아니하는 경우에는 허가가 필요하지 아니하다.
ㄷ. 허가를 받지 아니하고 체결한 토지거래계약은 그 효력이 발생하지 아니한다.

① ㄱ ② ㄴ
③ ㄷ ④ ㄱ, ㄴ
⑤ ㄱ, ㄴ, ㄷ

31. 부동산 거래신고 등에 관한 법령상 불허가처분에 대한 매수청구 시 매수할 자 또는 공익사업용 토지에 대하여 토지거래허가신청이 있는 경우 선매자로 지정될 수 있는 자에 해당하지 <u>않는</u> 자는?

① 「지방공기업법」에 따른 지방공사
② 「한국농수산식품유통공사법」에 따른 한국농수산식품유통공사
③ 「한국토지주택공사법」에 따른 한국토지주택공사
④ 「한국철도공사법」에 따른 한국철도공사
⑤ 「한국석유공사법」에 따른 한국석유공사

32. 부동산 거래신고 등에 관한 법령상 신고포상금 지급대상에 해당하는 위반행위를 모두 고르면 모두 몇 개인가?

ㄱ. 부동산 매매계약 부동산의 실제거래가격을 거짓으로 신고하도록 조장·방조하는 행위
ㄴ. 부동산 매매계약에 관하여 개업공인중개사에게 신고를 하지 않도록 요구하는 행위
ㄷ. 주택임대차계약의 보증금·차임 등 계약금액을 거짓으로 신고하는 행위
ㄹ. 부정한 방법으로 토지거래계약허가를 받은 행위
ㅁ. 토지거래계약허가를 받아 취득한 토지를 허가받은 목적대로 이용하지 않는 행위

① 1개 ② 2개
③ 3개 ④ 4개
⑤ 5개

33. 분묘기지권에 관한 설명으로 틀린 것은? (다툼이 있으면 판례에 따름)

① 평장 또는 암장한 묘소이거나 아직 사망하지 않은 사람을 위한 장래의 묘소인 경우 분묘기지권이 인정되지 않는다.
② 「장사 등에 관한 법률」이 시행되기 전에 분묘를 설치한 경우, 시효에 의해 분묘기지권을 취득할 수 있다.
③ 분묘기지권의 효력이 미치는 지역의 범위 내라고 할지라도 기존의 분묘 외에 새로운 분묘를 신설할 권능은 포함되지 않는다.
④ 분묘기지권이 시효취득된 경우 시효취득자는 토지소유자가 지료를 청구한 날을 기준으로 지료를 지급해야 한다.
⑤ 분묘기지권의 효력이 미치는 범위는 분묘의 기지 자체에 한정된다.

34. 개업공인중개사가 주택의 임대차를 중개하면서 중개대상물 확인·설명서[Ⅰ](주거용 건축물)를 작성하는 경우 제외하거나 생략할 수 있는 것을 모두 고른 것은?

> ㄱ. 건폐율 상한 및 용적률 상한
> ㄴ. 개별공시지가(m^2당) 및 건물(주택)공시가격
> ㄷ. 취득 시 부담할 조세의 종류 및 세율
> ㄹ. 실제 권리관계 또는 공시되지 아니한 물건의 권리
> ㅁ. 관리에 관한 사항

① ㄱ, ㄴ　② ㄱ, ㄴ, ㄷ
③ ㄴ, ㄷ, ㄹ　④ ㄷ, ㄹ, ㅁ
⑤ ㄱ, ㄴ, ㄷ, ㄹ, ㅁ

35. 공인중개사법령상 개업공인중개사가 중개대상물 확인·설명서[Ⅱ](비주거용 건축물)에 기재해야 할 사항 중 개업공인중개사 기본 확인사항에 해당하는 것을 모두 고른 것은?

> ㄱ. 내진설계적용 여부 및 내진능력
> ㄴ. 소화전 및 비상벨의 위치
> ㄷ. 등기부 기재사항
> ㄹ. 주차장
> ㅁ. 거래예정금액

① ㄱ, ㄷ, ㄹ　② ㄱ, ㄷ, ㅁ
③ ㄴ, ㄹ, ㅁ　④ ㄱ, ㄷ, ㄹ, ㅁ
⑤ ㄴ, ㄷ, ㄹ, ㅁ

36. 甲은 친구 乙과 명의신탁약정을 한 후 乙에게 매수자금을 제공하여 乙로 하여금 명의신탁약정의 사실을 알지 못하는 X토지 소유자인 丙과 매매계약을 체결하게 하여 乙 명의로 소유권이전등기를 하게 하였다. 이 사안에서 개업공인중개사가 부동산 실권리자명의 등기에 관한 법률의 적용과 관련하여 설명한 내용으로 옳은 것을 모두 고른 것은? (다툼이 있으면 판례에 따름)

> ㄱ. 위 약정을 丙이 알지 못한 경우, 그 약정은 효력이 있다.
> ㄴ. 乙은 X토지의 소유권을 취득한다.
> ㄷ. 甲은 乙에 대하여 X토지의 소유권이전을 청구할 수 있다.
> ㄹ. 위 약정을 알고 있는 丁이 乙로부터 X토지를 매수하여 소유권이전등기를 한 경우, 丁은 X토지의 소유권을 취득한다.

① ㄱ　② ㄴ
③ ㄷ　④ ㄹ
⑤ ㄴ, ㄹ

37. 개업공인중개사가 보증금 2억원, 월차임 100만원으로 주택임대차를 중개하면서 임차인에게 설명한 내용으로 옳은 것은? (다툼이 있으면 판례에 따름)

① 확정일자를 먼저 받은 후 주택의 인도와 전입신고를 한 경우 그 신고일이 저당권설정등기일과 같다면 저당권자가 임차인에 우선한다.

② 주택 소재지가 서울특별시인 경우 경매개시결정의 기입등기 전에 대항요건을 갖춘 임차인은 동 주택의 경매 시 보증금 중 일정액에 대하여 다른 담보물권자보다 우선하여 변제받을 수 있다.

③ 주택임대차계약이 묵시적으로 갱신된 경우, 임대인은 언제든지 임차인에게 계약해지를 통지할 수 있다.

④ 대항력을 갖춘 임차인이라면 저당권설정등기 이후 증액된 임차보증금에 관하여 저당권에 기해 주택을 경락받은 소유자에게 대항할 수 있다.

⑤ 주택임차인이 그 지위를 강화하고자 별도로 전세권설정등기를 마친 경우에는 「주택임대차보호법」상 대항요건을 상실하더라도 이미 취득한 「주택임대차보호법」상 대항력 및 우선변제권을 상실하지 않는다.

38. 乙은 2024년 5월 10일 서울특별시 소재 甲 소유 X상가건물에 대하여 보증금 3억원, 월차임 100만원으로 하는 임대차계약을 체결한 후 계약 당일 X건물을 인도받고 사업자등록을 신청하면서 임대차계약증서에 확정일자를 받았다. 이 사안에서 상가건물 임대차보호법의 적용에 관한 설명으로 옳은 것을 모두 고른 것은?

ㄱ. 甲과 乙이 계약기간을 정하지 않은 경우 그 기간을 2년으로 본다. ㄴ. 乙은 2024년 5월 11일 대항력을 취득한다. ㄷ. 甲의 동의를 받고 전대차계약을 체결한 전차인은 언제든지 乙을 대위하여 甲에게 계약갱신요구권을 행사할 수 있다. ㄹ. 乙은 X건물에 대한 경매절차에서 후순위 저당권자보다 우선하여 보증금을 변제받을 수 있다.

① ㄱ, ㄴ ② ㄴ, ㄹ
③ ㄱ, ㄷ, ㄹ ④ ㄴ, ㄷ, ㄹ
⑤ ㄱ, ㄴ, ㄷ, ㄹ

39. 민사집행법상 부동산경매에 관한 설명으로 옳은 것은?

① 매수인은 매각대금을 다 낸 후 소유권이전등기를 촉탁한 때에 매각의 목적인 권리를 취득한다.

② 경매개시결정에 따른 압류의 효력이 생긴 때에는 집행법원은 배당요구를 할 수 있는 종기(終期)를 매각결정기일 이전으로 정한다.

③ 가압류채권에 대항할 수 있는 전세권은 그 전세권자가 배당요구를 하더라도 매각으로 소멸하지 않는다.

④ 차순위매수신고인은 매수인이 대금을 모두 지급한 때 매수의 책임을 벗게 되고 즉시 매수신청의 보증을 돌려 줄 것을 요구할 수 있다.

⑤ 매수인은 매각부동산에 대하여 경매개시결정의 기입등기 전에 유치권을 취득한 자에게 그 유치권으로 담보하는 채권을 변제할 책임이 없다.

40. 공인중개사의 매수신청대리인 등록 등에 관한 규칙상 내용으로 옳은 것은?

① 소속공인중개사는 매수신청대리인 등록을 할 수 있다.

② 개업공인중개사는 위임계약을 체결한 때에 매수신청대리에 관한 보수표와 보수에 대하여 위임인에게 설명해야 한다.

③ 개업공인중개사는 매수신청대리행위를 함에 있어서 매각장소 또는 집행법원에 직접 출석하여야 한다.

④ 매수신청대리 업무의 정지처분을 받을 수 있는 기간은 1월 이상 6월 이하이다.

⑤ 보수의 지급시기는 매수신청인과 매수신청대리인의 약정에 따르며, 약정이 없을 때에는 매각결정일로 한다.

제2과목: 부동산공법 중 부동산중개에 관련 되는 규정

41. 국토의 계획 및 이용에 관한 법령상 도시·군기본계획에 관한 설명으로 옳은 것은?

① 생활권계획이 수립 또는 승인된 때에는 해당 계획이 수립된 생활권에 대해서는 도시·군기본계획이 수립 또는 변경된 것으로 본다.

② 시와 군에 수립되는 도시·군기본계획은 도지사의 승인을 받아야 하고, 도지사는 승인 후 공보에 공고하여 일반인이 열람하게 하여야 한다.

③ 시장·군수는 인접한 시·군의 전부를 포함하는 도시·군기본계획을 수립할 수 없다.

④ 특별시장·광역시장·특별자치시장 또는 특별자치도지사는 도시·군기본계획을 수립하거나 변경한 경우에는 국토교통부장관의 승인을 받아야 한다.

⑤ 시장 또는 군수가 기초조사정보체계를 구축한 경우에는 등록된 정보의 현황을 3년마다 확인하고 변동사항을 반영하여야 한다.

42. 국토의 계획 및 이용에 관한 법령상 도시·군관리계획의 입안 및 결정에 관한 설명으로 <u>틀린</u> 것은?

① 도시·군관리계획의 수립기준, 도시·군관리계획도서 및 계획설명서의 작성기준·작성방법 등은 대통령령으로 정하는 바에 따라 국토교통부장관이 정한다.

② 도시·군관리계획의 입안을 제안받은 입안권자는 부득이한 사정이 있는 경우를 제외하고는 제안일부터 45일 이내에 그 제안의 반영 여부를 제안자에게 통보하여야 한다.

③ 주민은 도시·군계획시설입체복합구역의 지정제안을 하려는 경우 대상 토지면적의 3분의 2 이상 토지소유자의 동의를 받아야 한다.

④ 대도시 시장은 용도지역의 지정·변경에 관한 도시·군관리계획을 직접 결정할 수 있다.

⑤ 도시·군관리계획결정의 효력은 지형도면을 고시한 날부터 발생한다.

43. 국토의 계획 및 이용에 관한 법령상 도시지역으로 결정·고시된 것으로 볼 수 있는 경우는?

① 「어촌·어항법」에 따른 어항구역으로 지정·고시된 관리지역에 연접한 공유수면

② 취락지구로서 「도시개발법」에 따라 도시개발구역으로 지정·고시된 지역

③ 「항만법」 제2조 제4호에 따른 항만구역으로 지정·고시된 농림지역에 연접한 공유수면

④ 관리지역에서 「산업입지 및 개발에 관한 법률」에 따른 농공단지로 지정·고시된 지역

⑤ 「택지개발촉진법」 제3조에 따른 택지개발지구로 지정·고시된 지역

44. 국토의 계획 및 이용에 관한 법령상 용도지구에 관한 설명으로 <u>틀린</u> 것은?

① 특화경관지구는 지역 내 주요 수계의 수변 또는 문화적 보존가치가 큰 건축물 주변의 경관 등 특별한 경관을 보호 또는 유지하거나 형성하기 위하여 필요한 지구이다.

② 일반공업지역으로 지정된 복합용도지구에서는 준공업지역에서 허용되는 건축물 중 아파트 건축은 불허된다.

③ 시·도지사 또는 대도시 시장은 지역여건상 필요한 때에는 방재지구와 산업·유통개발진흥지구를 세분하여 지정할 수 있다.

④ 시가지의 경관을 보호 또는 유지하거나 형성하기 위하여 필요한 경우 일반상업지역에 시가지경관지구를 중복하여 지정할 수 있다.

⑤ 시·도 또는 대도시의 도시·군계획조례로 법률이 정한 용도지구 외의 용도지구를 정할 때에는 당해 용도지역 또는 용도구역의 행위제한을 완화하는 용도지구를 신설해서는 안 된다.

45. 국토의 계획 및 이용에 관한 법령상 도시혁신구역에 관한 설명으로 틀린 것은?

① 도시혁신계획에는 주요 기반시설의 확보에 관한 사항이 포함되어야 한다.
② 관계 행정기관의 장과 협의하는 경우 협의 요청을 받은 기관의 장은 그 요청을 받은 날부터 30일 이내에 의견을 회신하여야 한다.
③ 다른 법률에서 공간재구조화계획의 결정을 의제하고 있는 경우에도 이 법에 따르지 아니하고 도시혁신구역의 지정과 도시혁신계획을 결정할 수 없다.
④ 도시혁신구역으로 지정된 지역은 「건축법」 제69조에 따른 특별건축구역으로 지정된 것으로 본다.
⑤ 도시혁신구역의 지정·변경 및 도시혁신계획결정의 고시는 「도시개발법」에 따른 개발계획의 내용에 부합하는 경우 도시개발구역의 지정 및 개발계획 수립의 고시로 본다.

46. 국토의 계획 및 이용에 관한 법령상 자연환경보전지역의 관광휴양개발진흥지구에 지정된 지구단위계획구역에서 적용하는 용적률은? (단, 조례 및 용적률의 강화와 완화에 관한 규정은 고려하지 않음)

① 50% 이내
② 80% 이내
③ 100% 이내
④ 160% 이내
⑤ 200% 이내

47. 국토의 계획 및 이용에 관한 법령상 도시·군계획시설사업에 관한 설명으로 틀린 것은?

① 시장은 도시·군계획시설에 대하여 도시·군계획시설결정의 고시일부터 3년 이내에 단계별 집행계획을 수립하여야 한다.
② 도시·군계획시설사업의 시행자(국토교통부장관, 시·도지사와 대도시 시장은 제외)는 실시계획을 작성하면 대통령령으로 정하는 바에 따라 국토교통부장관, 시·도지사 또는 대도시 시장의 인가를 받아야 한다.
③ 시행자는 필요하다고 인정되면 사업시행 대상지역을 둘 이상으로 분할하여 도시·군계획시설사업을 시행할 수 있으며, 이 경우 분할된 지역별로 실시계획을 작성할 수 있다.
④ 실시계획인가를 받은 후에 구역경계의 변경이 없는 범위 안에서 행하는 건축물의 연면적 10% 미만의 변경인 경우 변경인가를 받지 아니한다.
⑤ 실시계획을 인가할 때, 기반시설의 설치나 환경오염 방지 등의 조치를 할 것을 조건으로 실시계획을 인가할 수 있다.

48. 국토의 계획 및 이용에 관한 법령상 도시·군계획시설부지에서의 매수청구에 관한 설명으로 틀린 것은?

① 도시·군계획시설부지에 건축물이 있는 경우 지목이 대가 아닌 경우라도 매수청구를 할 수 있다.
② 실시계획의 인가를 받은 도시·군계획시설부지는 10년 이내에 시행되지 아니하는 경우에도 매수청구를 할 수 없다.
③ 지방자치단체인 매수의무자는 토지소유자가 원하는 경우에는 도시·군계획시설채권을 발행하여 지급할 수 있으며, 그 상환기간은 10년의 범위 내에서 조례로 정한다.
④ 매수의무자가 매수하지 아니하기로 결정한 경우 토지소유자는 개발행위허가를 받아 3층 이하의 제1종 근린생활시설을 건축할 수 있다.
⑤ 매수의무자가 매수결정을 통지한 경우에는 그 매수결정을 통지한 날부터 2년 이내에 매수하여야 한다.

49. 국토의 계획 및 이용에 관한 법령상 개발행위허가에 관한 설명으로 틀린 것은? (단, 조례는 고려하지 않음)

① 시장은 기반시설부담구역으로 지정된 지역에 대해서는 최장 3년간 개발행위허가를 제한할 수 있다.
② 계획관리지역은 도시계획위원회의 심의를 통하여 개발행위허가의 기준을 강화 또는 완화 적용할 수 있다.
③ 허가권자가 개발행위허가를 하려면 그 개발행위가 도시·군계획사업의 시행에 지장을 주는지에 관하여 해당 지역에서 시행되는 도시·군계획사업 시행자의 의견을 들어야 한다.
④ 시장 또는 군수는 개발행위허가의 신청에 대하여 특별한 사유가 없으면 15일(도시계획위원회의 심의를 거쳐야 하거나 관계 행정기관의 장과 협의를 하여야 하는 경우에는 심의 또는 협의기간을 제외) 이내에 허가 또는 불허가의 처분을 하여야 한다.
⑤ 토지의 형질변경, 토석채취에 대한 개발행위허가를 받은 자는 그 행위를 마치면 허가권자의 준공검사를 받아야 한다.

50. 국토의 계획 및 이용에 관한 법령상 기반시설부담구역에 관한 설명으로 틀린 것은?

① 기반시설부담구역의 지정·고시일부터 1년이 되는 날까지 기반시설설치계획을 수립하지 아니하면 그 1년이 되는 날의 다음 날에 기반시설부담구역의 지정은 해제된 것으로 본다.
② 기반시설부담구역의 지정기준 등에 관하여 필요한 사항은 대통령령으로 정하는 바에 따라 국토교통부장관이 정한다.
③ 기반시설부담구역에서 기반시설설치비용의 부과대상인 건축행위는 500m²를 초과하는 건축물의 신축·증축행위로 한다.
④ 군지역에서 해당 지역의 전년도 인구증가율이 그 군의 전년도 인구증가율보다 20% 이상 높은 지역인 경우에는 기반시설부담구역으로 지정하여야 한다.
⑤ 기반시설설치비용의 납부의무자는 사용승인 신청시까지 기반시설설치비용을 내야 한다.

51. 국토의 계획 및 이용에 관한 법령상 성장관리계획구역과 성장관리계획에 관한 설명으로 틀린 것은?

① 성장관리계획구역 내 계획관리지역에서는 50% 이하의 범위에서 조례로 정하는 비율까지 건폐율을 완화하여 적용할 수 있다.
② 성장관리계획구역을 지정하려면 관계 행정기관과의 협의 및 지방도시계획위원회의 심의를 거쳐야 한다.
③ 지방의회는 특별한 사유가 없으면 30일 이내에 의견을 제시하여야 하며, 그 기한까지 의견을 제시하지 아니하면 의견이 없는 것으로 본다.
④ 주변지역과 연계하여 체계적인 관리가 필요한 자연녹지지역은 성장관리계획구역을 지정할 수 있다.
⑤ 성장관리계획구역의 면적을 10% 이내에서 변경하는 경우에는 주민의 의견을 듣지 않아도 된다.

52. 국토의 계획 및 이용에 관한 법령에 규정된 청문사유에 해당하는 것은?

① 도시·군기본계획 승인 취소
② 지구단위계획구역의 지정 취소
③ 도시·군계획시설사업 실시계획의 변경
④ 개발행위허가의 취소
⑤ 시범도시의 지정 취소

53. 도시개발법령상 도시개발구역의 지정에 관한 설명으로 옳은 것은?

① 대도시 시장이 50만m^2 이상인 도시개발구역을 지정하는 경우 국토교통부장관의 승인을 받아야 한다.
② 지방공사의 장이 50만m^2인 도시개발구역의 지정을 제안하려는 경우에는 국토교통부장관에게 도시개발구역의 지정을 제안할 수 있다.
③ 도시개발구역의 지정을 제안하려는 자는 도시개발구역이 둘 이상의 시·군·구의 행정구역에 걸치는 경우에는 시·도지사에게 관련 서류를 제출하여야 한다.
④ 국토교통부장관은 관계 중앙행정기관의 장의 요청을 받아 도시개발구역을 지정할 수 있다.
⑤ 도시개발사업이 필요하다고 인정되는 지역이 둘 이상의 광역시·대도시의 행정구역에 걸치는 경우에는 국토교통부장관이 도시개발구역을 지정할 자를 지정·고시하여야 한다.

54. 도시개발법령상 도시개발구역 또는 도시개발구역 지정에 관한 공람·공고를 한 지역 안에서 특별시장·광역시장·특별자치도지사·시장 또는 군수의 허가를 받아야 하는 행위는? (단, 국토의 계획 및 이용에 관한 법령상 개발행위허가의 대상이 아님을 전제함)

① 경작지에서의 관상용 죽목의 임시 식재
② 경작을 위한 토지의 형질변경
③ 도시개발구역의 개발에 지장을 주지 아니하고 자연경관을 훼손하지 아니하는 범위에서 토석의 채취
④ 도시개발구역 안에 남겨두기로 결정된 대지 안에서 물건을 쌓아놓는 행위
⑤ 농림수산물의 생산에 직접 이용되는 고추, 잎담배, 김 등 농림수산물의 건조장의 설치

55. 도시개발법령상 지방공사인 시행자가 주택법에 따른 주택건설사업자 등으로 하여금 대행하게 할 수 <u>없는</u> 업무는?

① 실시설계
② 토지보상 업무
③ 기반시설공사
④ 조성된 토지의 분양
⑤ 부지조성공사

56. 도시개발법령상 도시개발조합에 관한 설명으로 옳은 것은?

① 조합을 설립하고자 하는 때에는 구역 안의 토지소유자 7명 이상이 정관을 작성하여 지정권자에게 조합설립의 인가를 받아야 한다.
② 파산선고를 받은 자로서 복권되지 아니한 자는 조합의 조합원이 될 수 없다.
③ 조합은 지정권자에게 조합설립인가를 받으면 성립한다.
④ 조합의 임원으로 선임된 자가 결격사유에 해당하게 된 경우에는 그날부터 임원의 자격을 상실한다.
⑤ 조합설립의 인가를 신청하려면 해당 도시개발구역 토지면적의 3분의 2 이상에 해당하는 토지소유자의 동의 또는 그 도시개발구역의 토지소유자 총수의 2분의 1 이상의 동의를 받아야 한다.

57. 도시개발법령상 원형지의 공급과 개발에 관한 설명으로 옳은 것은?

① 공급될 수 있는 원형지의 면적은 해당 도시개발구역 전체 토지면적의 2분의 1 이내로 한정한다.
② 원형지개발자가 공급받은 토지의 전부나 일부를 시행자의 동의 없이 제3자에게 매각하는 경우 원형지 공급계약을 해제할 수 없다.
③ 원형지개발자인 지방자치단체는 5년의 범위에서 대통령령으로 정하는 기간 안에는 원형지를 매각할 수 없다.
④ 원형지를 공장부지로 직접 사용하는 자를 원형지개발자로 선정하는 경우 수의계약의 방법으로 하여야 한다.
⑤ 도시개발구역의 지정권자는 원형지 공급·개발의 승인을 할 때에는 교통처리계획 및 기반시설의 설치 등에 관한 이행조건을 붙일 수 있다.

58. 도시개발법령상 환지처분에 관한 설명으로 옳은 것은?

① 시행자는 지정권자에 의한 준공검사를 받은 경우에는 30일 내에 환지처분을 하여야 한다.
② 보류지는 환지계획에서 정한 자가 환지처분이 공고된 날의 다음 날에 소유권을 취득한다.
③ 청산금은 환지처분이 공고된 날에 확정된다.
④ 환지계획에서 환지를 정하지 아니한 종전의 토지에 있던 권리는 그 환지처분이 공고된 날의 다음 날이 끝나는 때에 소멸한다.
⑤ 환지계획에서 정하여진 환지는 그 환지처분이 공고된 날부터 종전의 토지로 본다.

59. 도시 및 주거환경정비법령상 도시·주거환경정비기본계획(이하 '기본계획'이라 함)에 관한 설명으로 옳은 것은?

① 국토교통부장관은 기본계획에 대하여 5년마다 타당성을 검토하여 그 결과를 기본계획에 반영하여야 한다.
② 기본계획의 수립권자는 지방의회의 의견을 들어야 하며 지방의회는 기본계획을 통지한 날부터 30일 이내에 의견을 제시하여야 한다.
③ 건폐율및 용적률을 각 20% 미만의 범위에서 변경하는 경우 주민 의견청취를 하여야 한다.
④ 특별시장·광역시장·특별자치시장·특별자치도지사·시장은 관할구역에 대하여 기본계획을 10년 단위로 수립하여야 한다.
⑤ 대도시 시장이 아닌 시장은 기본계획을 수립하거나 변경하려면 국토교통부장관의 승인을 받아야 한다.

60. 도시 및 주거환경정비법령상 공동이용시설에 해당하는 것은?

① 공용주차장　② 상하수도
③ 구거　④ 어린이집
⑤ 공원

61. 도시 및 주거환경정비법령상 정비사업 시행방법으로 연결이 <u>틀린</u> 것은?

① 주거환경개선사업: 관리처분계획에 따라 주택 및 부대시설·복리시설을 건설하여 공급하는 방법
② 주거환경개선사업: 사업시행자가 환지로 공급하는 방법
③ 재개발사업: 관리처분계획과 환지방법을 혼용하는 방법
④ 재건축사업: 관리처분계획에 따라 건축물을 공급하는 방법
⑤ 주거환경개선사업: 관리처분계획과 환지방법을 혼용하는 방법

62. 도시 및 주거환경정비법령상 정비사업조합에 관한 설명으로 <u>틀린</u> 것은?

① 조합은 조합설립인가를 받은 날부터 30일 이내에 주된 사무소의 소재지에서 대통령령으로 정하는 사항을 등기하는 때에 성립한다.

② 조합장을 포함한 조합임원은 대의원이 될 수 있다.

③ 조합의 정관에는 정비사업이 종결된 때의 청산절차(조합의 해산 이후 청산인의 보수 등 청산업무에 필요한 사항 포함)가 포함되어야 한다.

④ 총회의 의결은 「도시 및 주거환경정비법」 또는 정관에 다른 규정이 없으면 조합원 과반수의 출석과 출석 조합원 과반수의 찬성으로 한다.

⑤ 조합원의 수가 300명인 조합은 대의원회를 두어야 한다.

63. 도시 및 주거환경정비법령에서 관리처분계획 등에 관한 설명으로 <u>틀린</u> 것은?

① 사업시행자가 토지등소유자에게 분양신청기간 등을 통지할 경우 분양대상자별 분담금의 추산액도 포함하여야 한다.

② 분양신청기간의 연장이 있는 경우를 제외하고 분양신청기간은 통지한 날부터 30일 이상 60일 이내로 하여야 한다.

③ 정비사업의 시행으로 조성된 대지 및 건축물은 관리처분계획에 따라 처분 또는 관리하여야 한다.

④ 도지사는 정비사업의 시행으로 주택시장이 불안정하게 되는 경우 사업시행계획인가 또는 관리처분계획인가의 시기를 조정하도록 해당 시장·군수에게 요청할 수 있다.

⑤ 위 ④의 요청을 받은 시장·군수는 특별한 사유가 없으면 그 요청에 따라야 하며, 사업시행계획인가 또는 관리처분계획인가의 조정 시기는 인가를 신청한 날부터 3년을 넘을 수 없다.

64. 도시 및 주거환경정비법령상 관리처분계획 수립기준 등에 관한 설명으로 <u>틀린</u> 것은?

① 과밀억제권역에 위치한 재건축사업의 경우 10주택을 소유한 자에게 2주택까지 공급할 수 있다.

② 지나치게 좁거나 넓은 토지 또는 건축물은 넓히거나 좁혀 대지 또는 건축물이 적정 규모가 되도록 한다.

③ 관리처분계획 중 계산착오·오기·누락 등에 따른 조서의 단순정정인 변경(불이익을 받는 자가 없는 경우에만 해당)을 하려는 경우에는 시장·군수등에게 신고하여야 한다.

④ 분양설계에 관한 계획은 분양신청기간이 만료되는 날을 기준으로 하여 수립하여야 한다.

⑤ 시행자는 분양신청을 하지 아니한 자와 관리처분계획이 인가·고시된 다음 날부터 90일 이내에 손실보상에 관한 협의를 하여야 한다.

65. 주택법령상 부대시설에 해당하는 것을 모두 고른 것은?

ㄱ. 근린생활시설
ㄴ. 관리사무소
ㄷ. 주택단지 안의 도로
ㄹ. 경비실
ㅁ. 어린이 놀이터

① ㄱ, ㄴ, ㄷ
② ㄱ, ㄴ, ㄹ
③ ㄱ, ㄷ, ㅁ
④ ㄴ, ㄷ, ㄹ
⑤ ㄴ, ㄷ, ㄹ, ㅁ

66. 주택법령상 주택조합에 관한 설명으로 옳은 것은?

① 지역주택조합은 해당 주택건설대지의 15% 이상에 해당하는 토지의 소유권을 확보하여 국토교통부장관의 설립인가를 받아야 한다.

② 동을 리모델링하고자 리모델링주택조합을 설립하려는 경우에는 그 동의 구분소유자 및 의결권의 75% 이상의 결의가 있어야 한다.

③ 조합설립인가 후 조합원으로 추가모집되는 자가 조합원 자격요건을 갖추었는지를 판단할 때에는 추가모집공고일을 기준으로 한다.

④ 총회의 의결로 제명된 조합원은 조합에 자신이 부담한 비용의 환급을 청구할 수 없다.

⑤ 해당 주택조합의 공동사업주체인 등록사업자 또는 업무대행사의 임직원은 주택조합의 발기인 또는 임원이 될 수 없다.

67. 주택법령상 사업계획승인 등에 관한 설명으로 틀린 것은?

① 사업계획승인을 받은 경우 승인받은 날부터 5년 이내에 공사를 시작하여야 한다.

② 주택분양보증을 받지 아니한 사업주체의 부도·파산 등으로 공사의 완료가 불가능한 경우 그 사업계획의 승인을 취소할 수 있다.

③ A도 B시에서 한국토지주택공사가 시행하는 주택건설사업의 대지면적이 5만m^2인 경우 B시장의 사업계획승인을 받아야 한다.

④ 주택건설사업을 시행하려는 자는 1,000세대인 주택단지를 공구별로 분할하여 주택을 건설·공급할 수 있다.

⑤ 지방공사는 주택건설대지의 소유권을 확보하지 않은 경우에도 주택건설사업계획의 승인을 신청할 수 있다.

68. 주택법령상 사업계획승인을 받은 등록사업자인 사업주체의 매도청구에 관한 설명으로 틀린 것은?

① 사업계획승인을 받은 사업주체는 해당 주택건설대지 중 사용할 수 있는 권원을 확보하지 못한 대지의 소유자에게 그 대지를 시가로 매도할 것을 청구할 수 있다.

② 주택건설대지면적의 80% 이상의 사용권원을 확보한 경우 사용권원을 확보하지 못한 대지의 모든 소유자에게 매도청구할 수 있다.

③ 매도청구는 국민주택 규모를 초과하는 주택건설사업에 대해서도 적용할 수 있다.

④ 매도청구에 관하여는 「집합건물의 소유 및 관리에 관한 법률」 제48조를 준용한다.

⑤ 매도청구대상이 되는 대지의 소유자와 매도청구를 하기 전에 3개월 이상 협의를 하여야 한다.

69. 주택법령상 주택의 공급 및 분양가상한제에 관한 설명으로 틀린 것은?

① 지방공사가 주택의 입주자를 모집하려는 경우 시장·군수·구청장에게 신고의무가 없다.

② 시장·군수·구청장은 사업주체로부터 마감자재 목록표와 영상물 등을 제출받은 경우 사용검사일부터 2년 이상 보관해야 한다.

③ 「도시 및 주거환경정비법」에 따른 주거환경개선사업에서 건설·공급하는 주택인 경우에는 분양가상한제를 적용하지 아니한다.

④ 토지임대부 분양주택은 최초 입주가능일부터 3년 이내의 범위에서 대통령령으로 정하는 기간 동안 계속하여 거주하여야 한다.

⑤ 사업주체가 공공택지에서 공급하는 주택에 대하여 입주자모집승인을 받은 경우에는 입주자모집공고에 분양가격을 공시하여야 한다.

70. **주택법령상 주택의 공급질서 교란행위에 해당하는 것은?**

① 주택상환사채의 상속
② 입주자저축증서의 저당
③ 도시개발채권의 양도
④ 시장이 발행한 무허가건물 확인서의 상속
⑤ 공공사업의 시행으로 인한 이주대책에 의하여 주택을 공급받을 수 있는 지위의 매매

71. **주택법령상 리모델링에 관한 설명으로 틀린 것은?**

① 특별시장·광역시장 및 대도시의 시장은 관할구역에 대하여 리모델링 기본계획을 10년 단위로 수립해야 한다.
② 대도시의 시장은 리모델링 기본계획을 수립하거나 변경하려면 도지사의 승인을 받아야 한다.
③ 수직증축형 리모델링의 설계자는 국토교통부장관이 정하여 고시하는 구조기준에 맞게 구조설계도서를 작성하여야 한다.
④ 동을 리모델링하는 경우에는 그 동의 구분소유자 및 의결권의 각 3분의 2 이상의 동의를 받아야 한다.
⑤ 시장·군수·구청장은 거짓이나 그 밖의 부정한 방법으로 리모델링 허가를 받은 경우에는 행위허가를 취소할 수 있다.

72. **건축법령상 용어에 관한 설명으로 틀린 것은?**

① '대지(垈地)'란 「공간정보의 구축 및 관리 등에 관한 법률」에 따라 각 필지(筆地)로 나눈 토지를 말한다. 다만, 대통령령이 정한 경우 둘 이상 필지를 하나로 대지로 할 수 있다.
② '대수선'이란 건축물의 기둥, 보, 내력벽, 주계단 등의 구조나 외부 형태를 수선·변경하거나 증설하는 것으로서 대통령령으로 정하는 것을 말한다.
③ '지하층'이란 바닥이 지표면 아래에 있는 층으로서 바닥에서 지표면까지의 최고 높이가 해당 층 높이의 3분의 1 이상인 것을 말한다.
④ '리모델링'이란 건축물의 노후화를 억제하거나 기능 향상 등을 위하여 대수선하거나 건축물의 일부를 증축 또는 개축하는 행위를 말한다.
⑤ '주요구조부'란 내력벽(耐力壁), 기둥, 바닥, 보, 지붕틀 및 주계단(主階段)을 말한다.

73. **건축법령상 증축에 해당하지 않는 것은?**

① 500m^{2}인 주된 건축물이 있는 대지에 50m^{2}의 부속건축물을 건축하는 행위
② 4층이고 연면적 200m^{2}인 건축물의 전부를 해체하고 동일 대지에 6층이고 연면적 700m^{2}인 건축물을 다시 축조하는 행위
③ 기둥을 2개 증설하여 건축물의 높이를 높이는 행위
④ 3층인 건축물의 3층 부분(일부)을 철거하고 다시 4층으로 축조하는 행위
⑤ 내력벽을 증설하여 바닥면적을 20m^2 늘리는 행위

74. **건축법령상 사용승인을 받은 건축물의 용도변경이 신고대상인 것은?**

① 종교시설을 위락시설로 변경
② 종교시설을 자동차 관련 시설로 변경
③ 의료시설을 판매시설로 변경
④ 단독주택을 의료시설로 변경
⑤ 숙박시설을 교육연구시설로 변경

75. 건축법령상 건축허가 등에 관한 설명으로 <u>틀린</u> 것은?

① 사전결정신청자는 사전결정을 통지받은 날부터 2년 이내에 건축허가를 신청해야 하며, 이 기간에 건축허가를 신청하지 않으면 사전결정의 효력이 상실된다.
② 국토교통부장관이 시장의 건축허가를 제한할 경우 도지사의 의견을 들어야 하며 제한기간은 2년을 초과하지 못한다.
③ 도지사가 자연환경 보호를 위하여 지정한 지역에서 2층이고 연면적의 합계가 1천500m^2인 숙박시설의 건축을 허가하려는 군수는 도지사의 승인을 받아야 한다.
④ 사전결정신청자는 건축위원회 심의와 「도시교통정비 촉진법」에 따른 교통영향평가서의 검토를 동시에 신청할 수 있다.
⑤ 위락시설의 건축을 허가하는 경우 주변 환경을 고려할 때 부적합하다고 인정되는 경우 건축위원회의 심의를 거쳐 허가를 하지 아니할 수 있다.

76. 건축법령상 신고대상 건축물에 해당하지 <u>않는</u> 것은?

① 2층인 건축물의 바닥면적 합계 80m^2의 증축
② 도시지역에서 연면적 85m^2의 건축물의 신축
③ 도시지역에서 300m^2인 건축물의 높이 2m 증축
④ 공업지역에서 2층이고 연면적 500m^2인 공장의 건축
⑤ 5층인 건축물의 보를 3개 증설하는 대수선

77. 건축법령상 대지와 도로에 관한 규정으로 <u>틀린</u> 것은? (단, 조례는 고려하지 않음)

① 건축물의 대지는 4m 이상이 도로(자동차만의 통행에 사용되는 도로는 제외)에 접하여야 한다.
② 대지는 배수에 지장이 없거나 건축물의 용도상 방습(防濕)의 필요가 없는 경우 인접한 도로면보다 낮아도 된다.
③ 연면적의 합계가 3천m^2인 창고를 건축하는 대지의 경우에는 너비 6m 이상의 도로에 4m 이상을 접하여야 한다.
④ 손궤의 우려가 있는 토지에 대지를 조성하는 경우에 설치하는 옹벽의 높이가 2m 이상인 경우에는 이를 콘크리트구조로 하여야 한다.
⑤ 숙박시설로서 바닥면적의 합계가 7천m^2인 건축물을 준주거지역에 신축하고자 하는 자는 공개공지를 설치하여야 한다.

78. 건축법령상 건축물의 면적 등의 산정방법으로 <u>틀린</u> 것은?

① 다락[층고(層高)가 1.5m(경사진 형태의 지붕인 경우에는 1.8m) 이하인 것만 해당]은 바닥면적에 산입하지 아니한다.
② 지하주차장의 경사로(지상층에서 지하 1층으로 내려가는 부분으로 한정)는 바닥면적에 산입한다.
③ 필로티의 부분은 그 부분이 주차에 전용되는 경우에는 바닥면적에 산입하지 않는다.
④ 공동주택으로서 지상층에 설치한 기계실, 전기실의 면적은 바닥면적에 산입하지 않는다.
⑤ 벽·기둥의 구획이 없는 건축물의 바닥면적은 그 지붕 끝부분으로부터 수평거리 1m를 후퇴한 선으로 둘러싸인 수평투영면적으로 한다.

79. 농지법령상 농지취득자격증명을 발급받지 아니하고 농지를 취득할 수 있는 경우에 해당하지 않는 것은?

① 지방자치단체가 농지를 취득하는 경우
② 시효의 완성으로 농지를 취득하는 경우
③ 공유 농지의 분할로 농지를 취득하는 경우
④ 상속으로 농지를 취득하는 경우
⑤ 학교가 실습지로 쓰기 위하여 농지를 취득하는 경우

80. 농지법령상 농지의 임대차에 관한 설명으로 틀린 것은?

① 임대차계약은 그 등기가 없는 경우에도 임차인이 농지 소재지를 관할하는 시·구·읍·면의 장의 확인을 받고, 해당 농지를 인도(引渡)받은 경우에는 그 다음 날부터 제3자에 대하여 효력이 생긴다.
② 임대차계약은 서면계약을 원칙으로 한다.
③ 다년생식물 재배지로 농지를 임대하는 경우 임대차기간은 3년 이상으로 하여야 한다.
④ 임대차기간을 정하지 아니하거나 법정기간 미만으로 정한 경우에는 법정기간으로 약정된 것으로 본다.
⑤ 임차인은 법정기간 미만으로 정한 임대차기간이 유효함을 주장할 수 있다.

정답 및 해설	p.76

정답 및 해설 p.76

시작시간: ______시 ______분 ~ 종료시간: ______시 ______분

2025년도 제36회 공인중개사 2차 국가자격시험

실전모의고사 제4회

교 시	문제형별	시험시간	시험과목
2교시	A	50분	1 부동산공시에 관한 법령 및 부동산 관련 세법

수험번호		성 명	

[수험자 유의사항]

1. 시험문제지는 **단일 형별(A형)**이며, 답안카드 형별 기재란에 표시된 형별(A형)을 확인하시기 바랍니다. 시험문제지의 **총면수, 문제번호 일련순서, 인쇄상태** 등을 확인하시고, 문제지 표지에 수험번호와 성명을 기재하시기 바랍니다.
2. 답은 각 문제마다 요구하는 **가장 적합하거나 가까운 답 1개**만 선택하고, 답안카드 작성 시 시험문제지 **마킹착오**로 인한 불이익은 전적으로 **수험자에게 책임**이 있음을 알려드립니다.
3. 답안카드는 국가전문자격 공통 표준형으로 문제번호가 1번부터 125번까지 인쇄되어 있습니다. 답안 마킹 시에는 반드시 **시험문제지의 문제번호와 동일한 번호**에 마킹하여야 합니다. (2차 2교시 : 1번~40번)
4. **감독위원의 지시에 불응하거나 시험시간 종료 후 답안카드를 제출하지 않을 경우** 불이익이 발생할 수 있음을 알려 드립니다.
5. 시험문제지는 시험 종료 후 가져가시기 바랍니다.
6. 답안작성은 **시험 시행일(2025.10.25.) 현재 시행되는 법령 등**을 적용하시기 바랍니다.
7. 가답안 의견제시에 대한 개별회신 및 공고는 하지 않으며, **최종 정답 발표로 갈음**합니다.
8. 시험 중 **중간 퇴실은 불가**합니다. 단, 부득이하게 퇴실할 경우 **시험포기각서 제출 후 퇴실은 가능**하나 **재입실이 불가**하며, **해당시험은 무효처리됩니다.**

제1과목: 부동산공시에 관한 법령 및 부동산 관련 세법

1. 공간정보의 구축 및 관리 등에 관한 법령상 토지의 등록에 관한 설명으로 옳은 것은?

① 지적공부에 등록하는 지번·지목·면적·경계 또는 좌표는 토지의 이동이 있을 때 토지소유자의 신청을 받아 국토교통부장관이 결정한다.

② 지적소관청은 지번부여지역의 전부 또는 일부에 대하여 지번을 변경하려면 지번변경사유를 적은 승인신청서에 지번변경 대상지역의 지번·지목·면적·소유자에 대한 상세한 내용을 기재하여 시·도지사 또는 대도시 시장에게 제출하여야 한다.

③ 1필지가 2개의 용도로 활용되는 경우에는 2개의 지목을 설정한다.

④ 지적소관청은 분할에 따라 지적도에 경계를 새로 정한 경우에는 지상경계점등록부를 작성·관리하여야 한다.

⑤ 지적도의 축척이 600분의 1인 지역의 1필지 면적이 $0.1m^2$ 미만일 때에는 $1m^2$로 한다.

2. 공간정보의 구축 및 관리 등에 관한 법령상 지상경계점등록부의 등록사항으로 <u>틀린</u> 것은?

① 지번

② 경계점 위치

③ 공부상 지목과 실제 토지이용 지목

④ 토지소유자의 성명과 주소

⑤ 경계점표지의 종류

3. 공간정보의 구축 및 관리 등에 관한 법령상 경계점좌표등록부를 갖춰 두는 지역의 지적공부 및 토지의 등록에 관한 설명으로 <u>틀린</u> 것은?

① 경계점좌표등록부를 갖춰 두는 지역은 도시개발사업 등에 따른 지적확정측량 또는 축척변경을 위한 측량을 실시하여 경계점을 좌표로 등록한 지역의 토지로 한다.

② 경계점좌표등록부 작성지역의 토지에는 토지대장과 지적도를 함께 작성하여야 한다.

③ 경계점좌표등록부 작성지역의 지적도면에는 도면의 도곽선 아래 끝에 '좌표'라고 표시하여야 한다.

④ 경계점좌표등록부 작성지역의 면적측정은 좌표면적계산법에 따른다.

⑤ 경계점좌표등록부 작성지역에 있어서의 토지의 경계결정과 지상의 복원은 '좌표'에 의한다.

4. 공간정보의 구축 및 관리 등에 관한 법령상 지목의 구분에 관한 설명으로 <u>틀린</u> 것을 모두 고른 것은?

ㄱ. '장사 등에 관한 법률' 제2조 제9호에 따른 봉안시설 및 묘지의 관리를 위한 건축물의 부지의 지목은 '묘지'로 한다.

ㄴ. 교통 운수를 위하여 일정한 궤도 등의 설비와 형태를 갖추어 이용되는 토지는 '도로'로 한다.

ㄷ. 자연의 유수가 있거나 있을 것으로 예상되는 소규모 수로부지는 '하천'으로 한다.

ㄹ. 모래·바람 등을 막기 위하여 설치된 방사제·방파제 등의 부지는 '잡종지'로 한다.

ㅁ. 지하에서 석유류가 용출되는 용출구(湧出口)와 석유류를 일정한 장소로 운송하는 송유관 및 저장시설의 부지는 '광천지'로 한다.

① ㄱ, ② ㄱ, ㄴ
③ ㄱ, ㄴ, ㄷ ④ ㄱ, ㄴ, ㄷ, ㄹ
⑤ ㄱ, ㄴ, ㄷ, ㄹ, ㅁ

5. 공간정보의 구축 및 관리 등에 관한 법령상 토지의 이동 및 지적정리 등에 관한 설명으로 틀린 것은?

① 「주택법」에 따른 주택건설사업 등에 따른 토지의 이동은 토지의 형질변경 등의 공사가 준공된 때에 이루어진 것으로 본다.

② 합병하려는 토지의 지번부여지역, 지목 또는 소유자가 서로 다른 경우에는 합병신청을 할 수 없다.

③ 임야대장의 면적과 등록전환될 면적의 차이가 법령의 허용범위 이내인 경우에는 임야대장의 면적을 등록전환 면적으로 결정한다.

④ 지적소관청은 신규등록을 한 경우에는 관할 등기관서에 토지표시변경등기를 촉탁하지 않는다.

⑤ 바다로 된 토지의 지적공부의 등록사항을 말소하거나 회복등록하였을 때에는 그 정리 결과를 토지소유자 및 해당 공유수면의 관리청에 통지하여야 한다.

6. 공간정보의 구축 및 관리 등에 관한 법령상 지적소관청이 등록사항을 직권으로 조사·측량하여 정정할 수 있는 경우가 아닌 것은?

① 소유자정리결의서의 내용과 다르게 정리된 경우

② 지적측량성과와 다르게 정리된 경우

③ 지적소관청의 착오로 토지를 잘못 합병한 후 변경등기를 촉탁하였으나 합병제한사유임을 이유로 촉탁한 등기의 각하통지가 있는 경우

④ 지방지적위원회의 지적측량적부의결서 내용에 따라 지적공부의 등록사항을 정정하여야 하는 경우

⑤ 지적도 및 임야도에 등록된 필지가 면적의 증감 없이 경계의 위치가 잘못 등록된 경우

7. 공간정보의 구축 및 관리 등에 관한 법령상 지번의 부여 등에 관한 설명이다. ( )에 들어갈 내용으로 옳은 것은?

> ○ 지번은 지적소관청이 (ㄱ)별로 차례대로 부여한다.
> ○ 지적소관청은 행정구역의 변경, 도시개발사업의 시행, 지번변경, 축척변경, 지번정정 등의 사유로 지번에 결번이 생긴 때에는 지체 없이 그 사유를 (ㄴ)에 적어 영구히 보존하여야 한다.

	ㄱ	ㄴ
①	지번부여지역	결번대장
②	지번부여지역	지번대장
③	시·군·구	결번대장
④	시·군·구	지번대장
⑤	시·군·구	토지대장

8. 공간정보의 구축 및 관리 등에 관한 법령상 연속지적도의 관리 등에 관한 설명으로 틀린 것은?

① 국토교통부장관은 연속지적도의 관리 및 정비에 관한 정책을 수립·시행하여야 한다.

② 지적소관청은 토지대장·임야대장에 등록된 사항에 대하여 토지의 이동 또는 오류사항을 정비한 때에는 이를 연속지적도에 반영하여야 한다.

③ 국토교통부장관은 지적소관청의 연속지적도 정비에 필요한 경비의 전부 또는 일부를 지원할 수 있다.

④ 국토교통부장관은 연속지적도를 체계적으로 관리하기 위하여 연속지적도 정보관리체계를 구축·운영할 수 있다.

⑤ 국토교통부장관 또는 지적소관청은 연속지적도의 관리·정비 및 정보관리체계의 구축·운영에 관한 업무를 대통령령으로 정하는 법인, 단체 또는 기관에 위탁할 수 있다.

9. 공간정보의 구축 및 관리 등에 관한 법령에 따라 지적 측량의뢰인과 지적측량수행자가 서로 합의하여 토지의 신규등록을 위한 측량기간과 측량검사기간을 합쳐 20일로 정하였다. 이 경우 측량기간은? (단, 지적기준점의 정할 필요 없는 지역임)

① 5일
② 8일
③ 10일
④ 12일
⑤ 15일

10. 공간정보의 구축 및 관리 등에 관한 법령상 부동산종합공부에 관한 설명으로 <u>틀린</u> 것은?

① 지적소관청은 부동산의 효율적 이용과 부동산과 관련된 정보의 종합적 관리·운영을 위하여 부동산종합공부를 관리·운영한다.
② 지적소관청은 부동산종합공부를 영구히 보존하여야 하며, 부동산종합공부의 멸실 또는 훼손에 대비하여 이를 별도로 복제하여 관리하는 정보관리체계를 구축하여야 한다.
③ 토지소유자는 부동산종합공부의 토지의 표시에 관한 사항(공간정보의 구축 및 관리 등에 관한 법률에 따른 지적공부의 내용)의 등록사항에 잘못이 있음을 발견하면, 지적소관청에 그 정정을 신청할 수 있다.
④ 부동산종합공부를 열람하거나 부동산종합증명서를 발급받으려는 자는 지적소관청이나 읍·면·동의 장에게 신청할 수 있다.
⑤ 부동산의 보상에 관한 사항(공익사업을 위한 토지 등의 취득 및 보상에 관한 법률 제68조에 따른 부동산의 보상 가격 내용)은 부동산종합공부의 등록사항이다.

11. 공간정보의 구축 및 관리 등에 관한 법령상 지적공부의 등록사항에 관한 설명으로 옳은 것은?

① 임야대장에는 토지의 고유번호, 면적, 개별공시지가 등을 등록한다.
② 대지권등록부에는 건물의 명칭, 전유부분의 건물표시, 면적 등을 등록한다.
③ 경계점좌표등록부에는 경계점의 좌표, 지목의 부호, 지번 등을 등록한다.
④ 지적도에는 도면의 색인도, 축척, 토지의 고유번호 등을 등록한다.
⑤ 공유지연명부에는 소유자가 변경된 날 및 그 원인, 지목 등을 등록한다.

12. 공간정보의 구축 및 관리 등에 관한 법령상 지적측량의뢰 등에 관한 설명으로 <u>틀린</u> 것은?

① 토지소유자 등 이해관계인은 지적측량을 하여야 할 필요가 있는 경우(단, 지적재조사측량과 검사측량은 제외)에는 지적측량수행자에게 의뢰하여야 한다.
② 지적측량수행자는 지적측량을 하였으면 측량성과에 관한 자료를 지적소관청 등에 제출하여 그 성과의 정확성에 관한 검사를 받아야 한다.
③ 지적공부를 정리하지 아니하는 경계복원측량과 지적현황측량은 지적소관청 등으로부터 검사를 받지 않는다.
④ 지적기준점을 설치하여 측량 또는 측량검사를 하는 경우 지적기준점이 15점을 초과하는 경우에는 5일에 15점을 초과하는 4점마다 1일을 가산한다.
⑤ 지적측량의뢰인과 지적측량수행자가 서로 합의하여 따로 기간을 정하는 경우에는 그 기간에 따르되, 전체 기간의 4분의 3은 측량기간으로, 전체 기간의 4분의 1은 측량검사기간으로 본다.

13. **부동산 등기의 순위와 효력에 관한 설명으로 <u>틀린</u> 것은?**

① 같은 부동산에 관하여 등기한 권리의 순위는 법률에 다른 규정이 없으면 등기한 순서에 따른다.

② 부동산에 대한 가처분등기와 전세권설정등기 상호간의 순위는 순위번호에 따른다.

③ 부기등기의 순위는 주등기의 순위에 따르고, 같은 주등기에 관한 부기등기 상호간의 순위는 그 등기순서에 따른다.

④ 가등기에 의한 본등기를 한 경우 그 본등기의 순위는 가등기의 순위에 따른다.

⑤ 대지권을 등기한 후에 한 건물의 권리에 관한 등기는 건물만에 관한 것이라는 뜻의 부기등기가 없으면 대지권에 대하여 동일한 등기로서 효력이 있다.

14. **권리에 관한 등기에 대한 설명으로 옳은 것은?**

① 등기할 권리가 합유인 경우에는 각 합유자의 지분, 합유자의 성명 및 주소·주민등록번호를 함께 기록하여야 한다.

② 토지에 전세권등기명의인 표시변경등기를 마친 때에는 지적소관청에 등기완료한 사실을 통지하여야 한다.

③ 소유자를 가처분채무자로 하여 저당권설정등기청구권을 피보전권리로 하는 가처분등기는 을구에 기록하여야 한다.

④ 선순위 전세권설정등기에 전세금을 감액하는 변경등기에는 후순위 근저당권자의 승낙서가 첨부되지 않더라도 부기등기로 할 수 있다.

⑤ 권리에 관한 등기를 할 때에는 표시번호에 등기한 순서를 기록한다.

15. **등기신청정보에 관한 설명으로 옳은 것은?**

① 환매특약등기를 신청하는 때에는 매매대금, 매매비용, 환매기간을 신청정보의 내용으로 등기소에 제공하여야 한다.

② 지상권설정등기를 신청하는 때에는 설정의 목적, 범위, 지료 등을 신청정보의 내용으로 등기소에 제공하여야 한다.

③ 전세권설정등기를 신청하는 때에는 설정의 목적, 전세금, 범위 등을 신청정보의 내용으로 등기소에 제공하여야 한다.

④ 근저당권설정등기를 신청하는 때에는 채권최고액, 채무자의 표시, 이자 등을 신청정보의 내용으로 등기소에 제공하여야 한다.

⑤ 지역권설정등기를 신청하는 때에는 지역권설정의 목적, 범위, 요역지 등을 신청정보의 내용으로 등기소에 제공하여야 한다.

16. **등기신청의 각하사유에 해당하지 <u>않는</u> 것은?**

① 수인의 가등기권리자 중 1인이 자기지분만에 관한 본등기를 신청한 경우

② 가등기에 의한 본등기금지가처분등기를 촉탁한 경우

③ 1필지의 특정일부에 대한 경매개시결정등기촉탁이 있는 경우

④ 가압류결정에 의하여 가압류채권자 甲이 乙 소유 토지에 대하여 가압류등기를 신청한 경우

⑤ 지상권양도금지특약의 등기를 신청한 경우

17. **소유권이전등기에 관한 설명으로 틀린 것은?**

① 등기관이 「부동산 거래신고 등에 관한 법률」 제3조 제1항에서 정하는 계약을 등기원인으로 하는 소유권이전등기를 하는 경우에는 거래가액을 등기한다.

② 소유권이전등기에 공유물분할금지약정이 등기된 경우, 공유물분할금지기간을 단축하는 약정에 관한 변경등기는 공유자 전원이 공동으로 신청하여야 한다.

③ 협의분할에 의한 상속을 원인으로 소유권이전등기를 신청할 때에는 등기원인일자에 '협의분할일'을 기재하여야 한다.

④ 유증을 원인으로 하는 소유권이전등기를 할 때에는 포괄유증이든 특정유증이든 모두 상속등기를 거치지 않고 유증자로부터 직접 수증자 명의로 등기를 신청하여야 한다.

⑤ 수용으로 인한 소유권이전등기는 등기권리자가 단독으로 신청할 수 있다.

18. **신탁등기에 관한 설명으로 옳은 것은?**

① 신탁재산이 수탁자의 고유재산이 되었을 때에는 그 뜻의 등기를 부기등기로 하여야 한다.

② 수익자나 위탁자가 수탁자를 대위하여 신탁등기를 신청할 때에는 해당 부동산에 관한 권리의 이전등기와 신탁등기를 동시에 신청하여야 한다.

③ 법원은 수탁자 해임의 재판을 한 경우 지체 없이 수탁자가 단독신청으로 신탁원부기록의 변경등기를 하여야 한다.

④ 등기관이 신탁으로 인한 권리의 이전등기와 함께 신탁등기를 할 때에는 별개의 등기이지만 하나의 순위번호를 사용하여야 한다.

⑤ 등기관이 신탁등기를 할 때에는 신탁원부를 작성하고 등기기록에는 신탁원부의 번호만을 기록한다.

19. **부동산등기법상 등기부 등에 관한 설명으로 틀린 것은?**

① 등기기록을 개설할 때에는 1필의 토지 또는 1개의 건물마다 부동산고유번호를 부여하고 이를 등기기록에 기록하여야 한다.

② 누구든지 수수료를 내고 등기기록 및 등기기록의 부속서류에 기록되어 있는 사항의 전부 또는 일부의 열람과 이를 증명하는 등기사항증명서의 발급을 청구할 수 있다.

③ 등기관이 같은 토지에 관하여 중복하여 마쳐진 등기기록을 발견한 경우에는 대법원규칙으로 정하는 바에 따라 중복등기기록 중 어느 하나의 등기기록을 폐쇄하여야 한다.

④ 구분건물에 대한 등기사항증명서의 발급에 관하여는 1동의 건물의 표제부와 해당 전유부분에 관한 등기기록을 1개의 등기기록으로 본다.

⑤ 등기관이 등기기록에 등기된 사항을 새로운 등기기록에 옮겨 기록한 때에는 종전 등기기록을 폐쇄하여야 한다.

20. **가등기 등에 관한 설명으로 옳은 것은?**

① 법원이 가등기가처분명령을 한 경우 그에 따른 가등기를 촉탁하여야 한다.

② 물권변동의 청구권이 아닌 임차권의 변동을 목적으로 하는 청구권에 대한 가등기는 신청할 수 없다.

③ 등기상 이해관계인은 가등기명의인의 승낙서를 첨부하여도 단독으로 가등기의 말소등기를 신청할 수 없다.

④ 가등기를 한 후 본등기의 신청이 있을 때에는 가등기의 순위번호를 사용하여 본등기를 하여야 한다.

⑤ 소유권이전청구권가등기에 기하여 본등기를 하는 경우 그 가등기를 말소하는 표시를 한다.

21. 용익권등기에 관한 설명으로 틀린 것은?

① 토지의 특정일부에 지상권설정등기를 신청하는 때에는 도면을 첨부정보로 등기소에 제공하여야 한다.
② 전세권의 존속기간 만료 전에 전세금반환채권의 일부양도를 원인으로 한 전세권일부이전등기를 신청하는 때에는 일부양도하는 채권액을 신청정보로 제공하여야 한다.
③ 지역권설정등기를 할 때 지역권자는 등기사항이 아니다.
④ 구분건물을 소유하기 위해 지하 또는 지상의 공간을 상하의 범위를 정하여 구분지상권의 설정등기를 할 수 없다.
⑤ 「상가건물 임대차보호법」상 임차권등기명령에 의한 상가임차권등기에 기초하여 임차권이전등기를 할 수 없다.

22. 등기의 신청에 관한 설명으로 옳은 것을 모두 고른 것은?

ㄱ. 행정조직인 동·리는 등기의 당사자능력이 없다.
ㄴ. 상속, 법인의 합병 등 포괄승계에 따른 등기는 등기권리자가 단독으로 신청한다.
ㄷ. 등기원인이 발생한 후에 등기권리자 또는 등기의무자에 대하여 상속이 있는 경우에는 그 상속인이 등기를 신청할 수 있다.
ㄹ. 대표자가 있는 법인 아닌 사단은 그 대표자가 법인 아닌 사단을 등기권리자로 하여 전자신청을 할 수 있다.

① ㄱ
② ㄴ
③ ㄱ, ㄴ
④ ㄱ, ㄴ, ㄷ
⑤ ㄱ, ㄴ, ㄷ, ㄹ

23. 가압류 및 가처분등기에 관한 설명으로 옳은 것은?

① 가압류등기가 된 부동산에 대하여는 소유권이전등기를 신청할 수 없다.
② 가처분채권자가 가처분채무자를 등기의무자로 하여 소유권이전등기를 말소하는 경우 그 가처분 이후에 마쳐진 소유권이전등기는 등기관이 직권으로 말소한다.
③ 가처분채권자가 가처분채무자를 등기의무자로 하여 소유권이전등기를 신청하더라도 가처분채권자에게 대항할 수 있는 주택임차권등기는 말소의 대상이 되지 아니한다.
④ 부동산에 대한 처분금지가처분등기의 경우, 금전채권을 피보전권리로 기록한다.
⑤ 합유자의 지분을 목적으로 처분금지가처분등기를 할 수 있다.

24. 등기사무에 관한 설명으로 틀린 것은?

① 등기사무는 부동산의 소재지를 관할하는 지방법원, 그 지원(支院) 또는 등기소에서 담당한다.
② 관할 등기소가 다른 동일한 채권에 관하여 여러 개의 부동산에 관한 권리를 목적으로 하는 저당권설정등기의 신청은 그중 하나의 관할 등기소에서 해당 신청에 따른 등기사무를 담당할 수 있다.
③ 관할 등기소가 다른 여러 개의 부동산에 관한 전세권설정등기의 신청은 그중 하나의 관할 등기소에서 해당 신청에 따른 등기사무를 담당할 수 있다.
④ 상속 또는 유증으로 인한 등기신청의 경우에는 부동산의 관할 등기소가 아닌 등기소에 그 신청에 따른 등기사무를 담당할 수 없다.
⑤ 대법원장은 어느 등기소의 관할에 속하는 사무를 다른 등기소에 위임하게 할 수 있다.

25. **2025년 4월 중 부동산을 취득하는 경우, 취득단계에서 부담할 수 있는 세금은 모두 몇 개인가?**

> ㄱ. 농어촌특별세
> ㄴ. 취득세
> ㄷ. 종합부동산세
> ㄹ. 양도소득세
> ㅁ. 지방교육세

① 1개 ② 2개
③ 3개 ④ 4개
⑤ 5개

26. **지방세기본법령상 소멸시효, 불복제도, 조세채권에 관한 설명으로 틀린 것은?**

① 가산세를 제외한 지방세가 1억원인 경우 지방세징수권은 10년 동안 행사하지 아니하면 소멸시효가 완성된다.
② 납세의무자가 취득세를 신고하였으나 지방자치단체의 장이 경정하는 경우, 납세고지한 세액에 대한 지방세징수권을 행사할 수 있는 때는 그 납세고지서에 따른 납부기한의 다음 날이다.
③ 통고처분은 이의신청 또는 심판청구의 대상이 되는 처분에 포함된다.
④ 이의신청인은 지방세 신청 금액이 2천만원 미만인 경우에는 그의 배우자, 4촌 이내의 혈족 또는 그의 배우자의 4촌 이내의 혈족을 대리인으로 선임할 수 있다.
⑤ 취득세 신고서를 납세지 관할 지방자치단체장에게 제출한 날 전에 저당권설정등기 사실이 증명되는 재산을 매각하여 그 매각금액에서 취득세를 징수하는 경우, 저당권에 따라 담보된 채권은 취득세에 우선한다.

27. **지방세법령상 취득세 납세의무자 등에 관한 설명으로 옳은 것은?**

① 무상승계취득한 취득물건을 취득일에 등기·등록한 후 공정증서에 의하여 취득일부터 취득일이 속하는 달의 말일부터 3개월 이내에 계약이 해제된 사실이 입증되는 경우에는 취득한 것으로 보지 않는다.
② 증여자가 배우자 및 직계존비속이 아닌 경우 증여자의 채무를 인수하는 부담부증여의 경우에 그 채무액에 상당하는 부분은 부동산등을 무상취득한 것으로 본다.
③ 건축물 중 조작설비로서 그 주체구조부와 하나가 되어 건축물로서의 효용가치를 이루고 있는 것에 대하여는 주체구조부 취득자 외의 자가 가설한 경우에는 가설한 자가 취득한 것으로 본다.
④ 법인설립 시 발행하는 주식을 취득함으로써 「지방세기본법」에 따른 과점주주가 되었을 때에는 그 과점주주가 해당 법인의 부동산등을 취득한 것으로 본다.
⑤ 「주택법」에 따른 주택조합이 해당 조합원용으로 취득하는 조합주택용 부동산(조합원에게 귀속되지 아니하는 부동산은 제외)은 그 조합원이 취득한 것으로 본다.

28. 지방세법령상 취득세 취득시기에 관한 설명으로 <u>틀린</u> 것은?

① 상속으로 인한 취득의 경우에는 상속개시일이 납세의무 성립시기이다.

② 유상승계취득의 경우 사실상의 잔금지급일을 확인할 수 있는 때에는 사실상의 잔금지급일과 등기일 또는 등록일 중 빠른 날이 납세의무의 성립시기이다.

③ 연부로 취득하는 것(취득가액의 총액이 50만원 이하인 것은 제외)은 그 사실상의 연부금 지급일을 취득일로 본다. 단, 취득일 전에 등기 또는 등록한 경우에는 그 등기일 또는 등록일에 취득한 것으로 본다.

④ 「도시 및 주거환경정비법」에 따른 재건축조합이 재건축사업을 하면서 조합원으로부터 취득하는 토지 중 조합원에게 귀속되지 아니하는 토지를 취득하는 경우에는 같은 법에 따른 소유권이전 고시일에 그 토지를 취득한 것으로 본다.

⑤ 관계 법령에 따라 매립·간척 등으로 토지를 원시취득하는 경우로서 공사준공인가일 전에 사실상 사용하는 경우에는 그 사실상 사용일을 취득일로 본다.

29. 지방세법령상 취득세에 관한 설명으로 <u>틀린</u> 것을 모두 고른 것은?

ㄱ. 법인이 아닌 자가 건축물을 건축하여 취득하는 경우로서 사실상 취득가격을 확인할 수 없는 경우에는 시가인정액을 취득당시가액으로 한다.
ㄴ. 건축(신축·재축 제외)으로 인하여 건축물 면적이 증가할 때에는 그 증가된 부분에 대하여 원시취득으로 보아 1천분의 28의 세율을 적용한다.
ㄷ. 대한민국 정부기관의 취득에 대하여 과세하는 외국정부의 취득에 대해서는 취득세를 부과한다.
ㄹ. 토지를 취득한 자가 취득한 날부터 1년 이내에 그에 인접한 토지를 취득한 경우 그 취득가액이 50만원 이하일 때에는 취득세를 부과하지 아니한다.

① ㄱ
② ㄱ, ㄹ
③ ㄴ, ㄹ
④ ㄱ, ㄴ, ㄷ
⑤ ㄱ, ㄴ, ㄷ, ㄹ

30. 지방세법령상 등기·등록에 대한 등록면허세에 관한 설명으로 옳은 것은?

① 지방자치단체의 장은 등록면허세의 세율을 표준세율의 100분의 60의 범위에서 가감할 수 있다.

② 채권금액으로 과세액을 정하는 경우에 일정한 채권금액이 없을 때에는 채권의 목적이 된 것의 가액 또는 처분의 제한의 목적이 된 금액을 그 채권금액으로 본다.

③ 「여신전문금융업법」 제2조 제12호에 따른 할부금융업을 영위하기 위하여 대도시에서 법인을 설립함에 따른 등기를 할 때에는 그 세율을 해당 표준세율의 100분의 200으로 한다. 단, 그 등기일부터 2년 이내에 업종변경이나 업종추가는 없다.

④ 등록하려는 자가 신고의무를 다하지 아니하고 등록면허세 산출세액을 등록하기 전까지 납부하였을 때에는 신고하고 납부한 것으로 보지만 무신고가산세를 부과한다.

⑤ 부동산등기에 대한 등록면허세 납세지는 부동산 소유자의 주소지이다.

31. 지방세법령상 재산세에서 주택에 관한 설명으로 틀린 것은?

① 주택의 부속토지의 경계가 명백하지 아니한 경우에는 그 주택의 바닥면적의 10배에 해당하는 토지를 주택의 부속토지로 한다.

② 1구(構)의 건물이 주거와 주거 이외의 용도로 사용되고 있는 경우 주거용으로 사용되는 면적이 전체의 100분의 50 이상일 때에는 전부 주택으로 본다.

③ 무허가 주택인 경우, 주거용으로 사용하는 면적이 전체 건축물 면적의 100분의 50 이상인 경우에는 그 건축물 전체를 주택으로 보지 아니하고, 그 부속토지는 별도합산과세대상 토지로 본다.

④ 주택에 대한 재산세의 경우 해당 연도에 부과·징수할 세액의 2분의 1은 매년 7월 16일부터 7월 31일까지, 나머지 2분의 1은 9월 16일부터 9월 30일까지를 납기로 한다. 다만, 해당 연도에 부과할 세액이 20만원 이하인 경우에는 조례로 정하는 바에 따라 납기를 7월 16일부터 7월 31일까지로 하여 한꺼번에 부과·징수할 수 있다.

⑤ 법령으로 정하는 1세대 1주택으로 주택의 시가표준액이 7억원이라면 공정시장가액비율 100분의 45를 곱한 금액에 1천분의 0.5~1천분의 3.5의 특례세율을 적용하여 재산세를 산출한다.

32. 지방세법령상 다음의 재산세 과세표준에 적용되는 표준세율 중 가장 낮은 것은?

① 과세표준 10억원인 분리과세대상 자경농지

② 과세표준 5천만원인 종합합산과세대상 토지

③ 과세표준 2억원인 별도합산과세대상 토지

④ 과세표준 30억원인 분리과세대상 공장용지

⑤ 과세표준 6천만원인 주택(단, 1세대 1주택이 아님)

33. 지방세법령상 재산세에 관한 설명으로 옳은 것은?

① 토지의 정기분 납부세액이 20만원인 경우 조례에 따라 납기를 7월 16일부터 7월 31일까지로 하여 부과·징수한다.

② 재산세를 징수하려면 토지, 건축물, 주택, 선박 및 항공기를 합산한 납세고지서에 과세표준과 세액을 적어 늦어도 납기개시 5일 전까지 발급하여야 한다.

③ 지방자치단체의 장은 재산세의 납부세액이 250만원을 초과하는 경우 법령에 따라 납부할 세액의 일부를 납부기한이 지난 날부터 2개월 이내에 분할납부하게 할 수 있다.

④ 지방자치단체의 장은 재산세 납부세액(도시지역분 포함)이 1천만원을 초과하는 경우에는 납세의무자의 신청을 받아 해당 지방자치단체의 관할구역에 관계없이 해당 납세자의 부동산에 대하여 법령으로 정하는 바에 따라 물납을 허가할 수 있다.

⑤ 재산세의 납기에도 불구하고 지방자치단체의 장은 과세대상 누락, 위법 또는 착오 등으로 인하여 이미 부과한 세액을 변경하거나 수시부과하여야 할 사유가 발생하면 수시로 부과·징수할 수 있다.

34. **종합부동산세법령상 2025년도 종합부동산세에 관한 설명으로 <u>틀린</u> 것은?**

① 거주자 甲이 2024년도부터 보유한 3주택(주택 수 계산에서 제외되는 주택은 없음) 중 1주택을 2025.6.17.에 양도하고 동시에 소유권이전등기를 한 경우, 甲의 2025년도 주택분 종합부동산세액은 3주택 이상을 소유한 경우의 세율을 적용하여 계산한다.

② 과세표준 합산의 대상에 포함되지 않는 주택을 보유한 납세의무자는 해당 연도 9월 16일부터 9월 30일까지 관할 세무서장에게 해당 주택의 보유현황을 신고하여야 한다.

③ 종합부동산세로 납부해야 할 세액이 300만원인 경우 관할 세무서장은 그 세액의 50만원을 납부기한이 지난 날부터 6개월 이내에 분납하게 할 수 있다.

④ 종합합산과세대상 토지의 재산세로 부과된 세액이 세부담 상한을 적용받는 경우 그 상한을 적용받기 전의 세액을 종합합산과세대상 토지분 종합부동산세액에서 공제한다.

⑤ 종합부동산세는 원칙적으로 정부부과과세방식의 세목이므로 종합부동산세의 과세표준과 세액을 신고하지 아니하더라도 「국세기본법」에 의한 무신고가산세는 부과하지 아니한다. 다만, 과소신고가산세 및 납부지연가산세는 부과될 수 있다.

35. **소득세법령상 거주자가 국내 소재 부동산등을 임대하여 발생하는 소득에 관한 설명으로 <u>틀린</u> 것은? (단, 주택은 상시 주거용으로 사업을 위한 주거용이 아님)**

① 사업소득에 부동산임대업에서 발생한 소득이 포함되어 있는 사업자는 그 소득별로 구분하여 회계처리하여야 한다.

② 해당 과세기간의 주거용 건물 임대업을 제외한 부동산 임대업에서 발생한 결손금은 그 과세기간의 종합소득과세표준을 계산할 때 공제한다.

③ 해당 과세기간의 종합소득금액이 있는 거주자(종합소득과세표준이 없거나 결손금이 있는 거주자를 포함)는 그 종합소득과세표준을 그 과세기간의 다음 연도 5월 1일부터 5월 31일까지 대통령령으로 정하는 바에 따라 납세지 관할 세무서장에게 신고하여야 하며, 해당 과세기간에 분리과세 주택임대소득이 있는 경우에도 이를 적용한다.

④ 임대보증금의 간주임대료를 계산하는 과정에서 금융수익을 차감할 때 그 금융수익은 수입이자와 할인료, 수입배당금으로 한다.

⑤ 주택 2채를 소유한 거주자가 1채는 월세계약으로, 나머지 1채는 전세계약의 형태로 임대한 경우, 월세계약에 의하여 받은 임대료에 대해서만 부동산임대소득세가 과세된다.

36. 소득세법령상 거주자의 양도에 해당하는 것으로 옳은 것은? (단, 거주자의 국내자산을 양도한 것으로 가정함)

① 「도시개발법」이나 그 밖의 법률에 따른 환지처분으로 지목 또는 지번이 변경되는 경우
② 증여자가 배우자 및 직계존비속이 아닌 경우로서 부동산을 부담부증여 시 그 증여가액 중 채무액에 해당하는 부분을 제외한 부분
③ 공동소유의 토지를 공유자 지분 변경 없이 2개 이상의 공유토지로 분할하였다가 공동지분의 변경 없이 그 공유토지를 소유지분별로 단순히 재분할하는 경우
④ 매매원인무효의 소에 의하여 그 매매사실이 원인무효로 판시되어 환원될 경우
⑤ 「소득세법 시행령」 제151조 제1항에 따른 양도담보계약을 체결한 후 채무불이행으로 인하여 당해 자산을 변제에 충당한 경우

37. 소득세법령상 2025년 거주자가 국내자산을 양도한 경우 양도소득의 필요경비에 관한 설명으로 옳은 것은?

① 현재가치할인차금을 취득원가에 포함하는 경우에 있어서 양도자산의 보유기간 중에 동 현재가치할인차금의 상각액을 각 연도의 사업소득금액의 계산 시 필요경비로 산입하였거나 산입할 금액이 있는 때에는 이를 취득가액에서 공제하지 아니한다.
② 실지거래가액에 따라 필요경비를 계산할 때 양도자산 보유기간에 그 자산에 대한 감가상각비로서 각 과세기간의 사업소득금액을 계산하는 경우 필요경비에 산입하였거나 산입할 금액이 있을 때에는 이를 양도가액에서 공제한다.
③ 토지를 취득함에 있어서 부수적으로 매입한 채권을 만기 전에 양도함으로써 발생하는 매각차손은 채권의 매매상대방과 관계없이 전액 양도비용으로 인정된다.
④ 양도자산의 취득 후 쟁송이 있는 경우 그 소유권을 확보하기 위하여 직접 소요된 소송비용으로서 그 지출한 연도의 각 사업소득금액 계산 시 필요경비에 산입된 것을 제외한 금액은 자본적 지출액으로 한다.
⑤ 취득가액을 실지거래가액에 의하는 경우 당초 약정에 의한 지급기일의 지연으로 인하여 추가로 발생하는 이자상당액은 취득원가에 포함한다.

38. 소득세법령상 2025년 거주자의 양도소득 과세표준 계산에 관한 설명으로 틀린 것은? (단, 국내자산으로 가정함)

① 거주자가 양도일부터 소급하여 10년 이내에 그 배우자(양도 당시 사망으로 혼인관계가 소멸된 경우는 제외)로부터 증여받은 토지(2024년 7월에 배우자로부터 증여받음)를 양도할 경우에 이월과세를 적용한다.

② 이월과세를 적용하는 경우 거주자가 배우자로부터 증여받은 자산에 대하여 납부한 증여세는 필요경비에 산입하지 아니한다.

③ 같은 해에 여러 개의 자산(모두 등기됨)을 양도한 경우 양도소득기본공제는 해당 과세기간에 먼저 양도한 자산의 양도소득금액에서부터 순서대로 공제한다. 단, 감면소득금액은 없다.

④ 1세대 1주택 비과세요건을 충족하는 고가주택의 양도가액이 15억원이고 양도차익이 5억원인 경우 양도소득세가 과세되는 양도차익은 1억원이다.

⑤ 1세대 1주택 요건을 충족한 등기된 고가주택(보유기간 및 거주기간 모두 10년 이상)을 양도하는 경우 장기보유특별공제는 양도차익에 100분의 80을 공제한다.

39. 소득세법령상 미등기 양도자산에 관한 설명으로 틀린 것은? (단, 국내자산으로 가정함)

① 건설업자가 「도시개발법」에 따라 공사용역 대가로 취득한 체비지를 토지구획환지처분공고 전에 양도하는 토지는 미등기 양도자산에 해당하지 않는다.

② 「도시개발법」에 따른 도시개발사업이 종료되지 아니하여 토지 취득등기를 하지 아니하고 양도하는 토지는 미등기 양도자산에 해당하지 않는다.

③ 미등기 양도자산의 필요경비 계산 시 필요경비개산공제를 적용할 수 없다.

④ 미등기 양도자산의 양도소득금액 계산 시 장기보유특별공제를 적용할 수 없다.

⑤ 미등기 양도자산의 과세표준 계산 시 양도소득기본공제를 적용할 수 없다.

40. 소득세법령상 거주자의 양도소득 과세표준의 신고 및 납부에 관한 설명으로 옳은 것은? (단, 국내자산으로 가정함)

① 해당 연도에 누진세율의 적용대상 자산에 대한 예정신고를 2회 이상 한 자가 법령에 따라 이미 신고한 양도소득금액과 합산하여 신고하지 아니한 경우 양도소득세 확정신고를 해야 한다.

② 양도차익이 없거나 양도차손이 발생한 경우에는 양도소득 과세표준 예정신고의무가 없다.

③ 법령에 따른 부담부증여의 채무액에 해당하는 부분으로서 양도로 보는 경우 그 양도일이 속하는 달의 말일부터 2개월 이내에 양도소득 과세표준을 납세지 관할 세무서장에게 신고하여야 한다.

④ 건물을 신축하고 그 신축건물의 취득일부터 3년 이내 그 건물을 양도하는 경우로서 취득 당시의 실지거래가액을 확인할 수 없어 감정가액을 취득가액으로 하는 경우에는 그 감정가액의 100분의 3에 해당하는 금액을 양도소득 결정세액에 더한다.

⑤ 양도소득 과세표준과 세액을 결정 또는 경정한 경우 관할 세무서장이 결정한 양도소득 총결정세액이 이미 납부한 확정신고세액을 초과할 때에는 그 초과하는 세액을 해당 거주자에게 알린 날부터 90일 이내에 징수한다.

정답 및 해설	p.83

시작시간: ________ 시 ________ 분 ~ 종료시간: ________ 시 ________ 분

2025년도 제36회 공인중개사 2차 국가자격시험

실전모의고사 제5회

교 시	문제형별	시험시간	시험과목
1교시	A	100분	1 공인중개사의 업무 및 부동산 거래신고에 관한 법령 및 중개실무 2 부동산공법 중 부동산중개에 관련되는 규정

수험번호		성 명	

[수험자 유의사항]

1. 시험문제지는 **단일 형별(A형)**이며, 답안카드 형별 기재란에 표시된 형별(A형)을 확인하시기 바랍니다. 시험문제지의 **총면수, 문제번호 일련순서, 인쇄상태** 등을 확인하시고, 문제지 표지에 수험번호와 성명을 기재하시기 바랍니다.

2. 답은 각 문제마다 요구하는 **가장 적합하거나 가까운 답 1개**만 선택하고, 답안카드 작성 시 시험문제지 **마킹착오**로 인한 불이익은 전적으로 **수험자에게 책임**이 있음을 알려드립니다.

3. 답안카드는 국가전문자격 공통 표준형으로 문제번호가 1번부터 125번까지 인쇄되어 있습니다. 답안 마킹 시에는 반드시 **시험문제지의 문제번호와 동일한 번호**에 마킹하여야 합니다. (2차 1교시 : 1번~80번)

4. **감독위원의 지시에 불응하거나 시험시간 종료 후 답안카드를 제출하지 않을 경우** 불이익이 발생할 수 있음을 알려 드립니다.

5. 시험문제지는 시험 종료 후 가져가시기 바랍니다.

6. 답안작성은 **시험 시행일(2025.10.25.) 현재 시행되는 법령 등**을 적용하시기 바랍니다.

7. 가답안 의견제시에 대한 개별회신 및 공고는 하지 않으며, **최종 정답 발표로 갈음**합니다.

8. 시험 중 **중간 퇴실은 불가**합니다. 단, 부득이하게 퇴실할 경우 **시험포기각서 제출 후 퇴실은 가능**하나 **재입실이 불가**하며, **해당시험은 무효처리됩니다.**

eduwill

제1과목: 공인중개사의 업무 및 부동산 거래 신고 등에 관한 법령 및 중개실무

1. 공인중개사법상 법인인 개업공인중개사의 겸업제한 등에 관한 설명으로 틀린 것은?

① A건설회사가 건축한 19세대인 공동주택의 분양대행을 할 수 있다.
② 중개의뢰인의 의뢰에 따른 주거이전에 부속되는 이사업체의 운영을 할 수 있다.
③ 법원에서 진행되는 부동산경매에 대한 매수신청 또는 입찰신청의 대리행위를 할 수 있다.
④ 개업공인중개사를 대상으로 부동산중개업의 경영기법을 제공할 수 있다.
⑤ 나대지의 최유효이용 및 개발과 거래에 관한 상담을 할 수 있다.

2. 공인중개사법상 중개대상물이 아닌 것은 모두 몇 개인가?

> ㄱ. 어업재단
> ㄴ. 광업재단과 분리된 광업권
> ㄷ. 금전채권
> ㄹ. 주벽이라고 할 만한 것이 없는 세차장구조물
> ㅁ. 이주자택지를 공급받을 지위인 대토권
> ㅂ. 1필의 토지 중 일부에 대한 지상권
> ㅅ. 장차 건축될 아파트
> ㅇ. 토지거래허가구역 내의 토지
> ㅈ. 지목이 잡종지인 토지

① 3개 ② 4개
③ 5개 ④ 5개
⑤ 7개

3. 공인중개사법상 중개사무소 개설등록절차에 관한 설명으로 틀린 것은?

① 법인의 경우 주된 중개사무소를 관할하는 시장·군수·구청장에게 등록신청서를 제출하여야 한다.
② 등록을 신청하는 자는 해당 지방자치단체 조례로 정하는 바에 따라 수수료를 납부하여야 한다.
③ 등록관청이 등록증을 교부하는 때에는 부동산중개사무소등록대장에 그 등록에 관한 사항을 기록한 후 등록증을 교부하여야 한다.
④ 개업공인중개사는 등록 후 3개월을 초과하여 업무를 개시하지 않고자 하는 경우 등록관청에 미리 신고하여야 한다.
⑤ 등록관청이 등록증을 교부하는 때에는 등록을 한 자가 보증을 설정했는지 여부를 확인한 후 7일 이내에 등록증을 교부하여야 한다.

4. 공인중개사법령상 부동산거래질서교란행위에 해당하지 않는 것은?

① 개업공인중개사가 중개행위로 인한 손해배상책임을 보장하기 위하여 가입해야 하는 보증보험이나 공제에 가입하지 않은 경우
② 개업공인중개사가 거래계약서를 작성하는 때에 거래금액 등 거래내용을 거짓으로 기재하거나 서로 다른 둘 이상의 거래계약서를 작성한 경우
③ 개업공인중개사가 중개보조원 고용인원수규정을 위반한 경우
④ 유사명칭의 사용금지규정을 위반한 경우
⑤ 이중등록, 이중소속의 금지 등의 규정을 위반한 경우

5. 공인중개사법상 중개업에 관한 설명으로 옳은 것은?

① 주택 및 상가에 대한 분양대행 및 관리대행을 업으로 하는 것도 중개업의 범위에 해당된다.

② 부동산중개행위가 부동산컨설팅행위에 부수해서 이루어진 경우에도 중개업에 해당될 수 있다.

③ 일반인이 우연한 기회에 1회의 중개를 하였더라도 중개보수를 받으면 중개업에 해당된다.

④ 중개사무소의 개설등록을 하지 아니한 자가 다른 사람의 의뢰에 의하여 건물의 매매를 알선하면서 중개보수를 받기로 약정하였거나 단순히 보수를 요구한 경우에도 중개업에 해당된다.

⑤ 다른 사람의 의뢰에 의하여 일정한 보수를 받고 저당권설정행위의 알선을 업으로 하는 경우, 그것이 금전소비대차의 알선에 부수하여 이루어진 경우에는 중개업에 해당되지 아니한다.

6. 공인중개사법령상 부동산거래질서교란행위 신고센터(이하 '신고센터'라 함)에 대한 설명으로 <u>틀린</u> 것은?

① 신고센터는 다음 달 10일까지 직전 달의 신고사항 접수 및 처리 결과 등을 국토교통부장관에게 통보해야 한다.

② 국토교통부장관은 신고센터의 업무를 「한국부동산원법」에 따른 한국부동산원에 위탁한다.

③ 신고센터는 제출받은 신고사항에 대해 시·도지사 및 등록관청 등에 조사 및 조치를 요구해야 한다.

④ 개업공인중개사등이 사례·증여 그 밖의 어떠한 명목으로도 중개보수 또는 실비를 초과하여 금품을 받는 행위는 부동산거래질서교란행위에 해당된다.

⑤ 신고센터는 신고내용이 이미 수사기관에서 수사 중이거나 재판에 계속 중이거나 법원의 판결에 의해 확정된 경우 국토교통부장관의 승인을 받아 접수된 신고사항의 처리를 종결할 수 있다.

7. 공인중개사인 개업공인중개사 甲의 소속공인중개사 乙이 중개업무를 수행함에 있어 거래상 중요사항에 대한 거짓된 언행을 하여 중개의뢰인의 판단을 그르치게 하였을 경우, 이들에 대한 제재로 옳은 것은?

① 乙은 공인중개사자격이 정지될 수 있으며, 3년 이하의 징역 또는 3천만원 이하의 벌금에 처해질 수 있다. 또한 甲은 양벌규정에 의하여 등록취소는 되지 않으며, 3천만원 이하의 벌금에 처해질 수 있다.

② 乙은 공인중개사자격이 정지될 수 있으며, 1년 이하의 징역 또는 1천만원 이하의 벌금에 처해질 수 있다. 또한 甲은 양벌규정에 의하여 등록취소는 되지 않으며, 1천만원 이하의 벌금에 처해질 수 있다.

③ 乙은 공인중개사자격이 취소될 수 있으며, 1년 이하의 징역 또는 1천만원 이하의 벌금에 처해질 수 있다. 또한 甲은 양벌규정에 의하여 등록이 취소될 수 있으며, 1천만원 이하의 벌금에 처해질 수 있다.

④ 乙은 공인중개사자격이 취소되며, 1년 이하의 징역 또는 1천만원 이하의 벌금에 처해질 수 있다. 또한 甲은 양벌규정에 의하여 반드시 등록이 취소되며, 1천만원 이하의 벌금에 처해질 수 있다.

⑤ 乙은 행정처분을 받지 아니하며, 1년 이하의 징역 또는 1천만원 이하의 벌금에 처해질 수 있다. 또한 甲은 양벌규정에 의하여 등록취소는 되지 않으며, 1천만원 이하의 벌금에 처해질 수 있다.

8. 공인중개사법상전속중개계약을 체결한 개업공인중개사의 정보공개의무에 관한 설명으로 옳은 것은?

① 의뢰인이 정보공개를 원하지 않는 경우, 개업공인중개사는 이를 공개하지 아니할 수 있다.

② 개업공인중개사가 중개대상물을 공개한 때에는 7일 이내에 의뢰인에게 그 내용을 문서로써 통지하여야 한다.

③ 토지이용계획, 공법상 이용제한 및 거래규제에 관한 사항을 공개하여야 한다.

④ 소유권·전세권·저당권 등 및 각 권리자의 인적사항에 관한 정보를 공개하여야 한다.

⑤ 매도에 관한 전속중개계약을 체결한 경우, 공시지가에 관한 내용을 공개하여야 한다.

9. 공인중개사법령상 누구든지 시세에 부당한 영향을 줄 목적으로 개업공인중개사등의 업무를 방해해서는 아니 되는 행위를 고른 것은?

① 중개대상물의 매매를 업으로 하는 행위

② 개업공인중개사 등에게 중개대상물을 시세보다 현저하게 높게 표시·광고하도록 강요하는 행위

③ 단체를 구성하여 특정 중개대상물에 대하여 중개를 제한하는 행위

④ 중개대상물의 시세에 부당한 영향을 주거나 줄 우려가 있는 행위

⑤ 소유권보존등기, 이전등기를 하지 아니한 부동산을 전매하는 행위

10. 공인중개사법상 개업공인중개사의 고용인에 관한 설명으로 옳은 것은?

① 고용인과 고용관계가 종료된 경우, 7일 이내에 등록관청에 신고하여야 한다.

② 고용인의 고용 및 종료신고의무를 위반한 개업공인중개사는 100만원 이하의 과태료에 처한다.

③ 고용인의 업무상 행위로 인하여 거래당사자에게 재산상의 손해를 발생하게 한 경우, 고용인을 고용한 개업공인중개사는 자신의 무과실을 입증하지 못하는 한 그 책임을 면하지 못한다.

④ 고용인이 업무상 행위를 함에 있어서 고의로 중개의뢰인에게 재산상 손해를 발생시킨 경우라 하더라도 개업공인중개사의 보증기관은 그 배상을 거부할 수 없다.

⑤ 고용인이 중개업무에 관하여 「공인중개사법」상 징역형 또는 벌금형에 해당하는 행위를 한 경우, 개업공인중개사도 해당 조에 규정된 징역형을 과한다.

11. 공인중개사법상 중개사무소 명칭에 관한 설명으로 틀린 것은?

① 개업공인중개사는 그 사무소의 명칭에 '공인중개사 사무소' 또는 '부동산중개'라는 문자를 사용하여야 한다.

② 개업공인중개사가 사무소의 명칭에 '공인중개사 사무소' 또는 '부동산중개'라는 문자를 사용하지 아니한 경우 1년 이하의 징역 또는 1천만원 이하의 벌금형의 처벌을 받는다.

③ 개업공인중개사가 아닌 자는 '공인중개사 사무소' 또는 '부동산중개' 또는 이와 유사한 문자를 사용하여서는 아니 된다.

④ 「공인중개사법」 부칙 제6조 제2항의 개업공인중개사는 사무소의 명칭에 '공인중개사 사무소'라는 문자를 사용하여서는 아니 된다.

⑤ 등록관청은 개업공인중개사가 법정명칭을 사용하지 않거나, 개업공인중개사가 아닌 자가 '공인중개사 사무소', '부동산중개' 또는 이와 유사한 명칭을 사용한 간판 등에 대하여 철거를 명할 수 있다.

12. **공인중개사법령상 개업공인중개사가 의뢰받은 중개대상물에 대하여 표시·광고를 하는 경우에 관한 설명으로 <u>틀린</u> 것은?**

① 개업공인중개사는 중개대상물이 존재하지 않아서 실제로 거래를 할 수 없는 중개대상물에 대한 광고와 같은 부당한 표시·광고를 한 경우 500만원 이하의 과태료를 받을 수 있다.

② 개업공인중개사는 주거용 건축물 확인·설명서의 임대차확인사항에 관한 사항으로 확정일자 부여현황 정보, 국세 및 지방세 체납정보, 전입세대 확인서, 최우선변제금, 민간임대등록 여부, 계약갱신요구권 행사 여부 등을 기재한다.

③ 개업공인중개사는 의뢰받은 중개대상물에 대한 표시·광고에 중개보조원에 관한 사항을 명시해서는 아니 된다.

④ 중개대상물에 대한 표시·광고를 위하여 대통령령으로 정해진 사항의 구체적인 표시·광고방법은 국토교통부장관이 정하여 고시한다.

⑤ 중개대상물의 내용을 사실과 다르게 거짓으로 표시·광고한 자를 신고한 자는 포상금 지급대상이다.

13. **공인중개사법상 중개보수 등에 관한 설명으로 <u>틀린</u> 것은?**

① 주택의 중개에 대한 중개보수는 국토교통부령으로 정하는 범위 안에서 특별시·광역시·도 또는 특별자치도의 조례로 정한다.

② 주택 외의 중개대상물에 대한 중개보수는 중개의뢰인 쌍방으로부터 각각 받되, 그 쌍방으로부터 합산하여 받을 수 있는 중개보수의 한도는 거래금액의 1천분의 9 이내이다.

③ 건축물 중 주택의 면적이 2분의 1 이상인 경우, 주택의 중개에 대한 중개보수의 요율을 적용한다.

④ 개업공인중개사는 권리관계 확인에 소요되는 실비를 권리를 이전하고자 하는 중개의뢰인에게 청구할 수 있다.

⑤ 교환계약의 경우, 교환대상 중개대상물 중 거래금액이 큰 중개대상물의 가액을 중개보수 산정기준이 되는 거래금액으로 한다.

14. **공인중개사법상 공인중개사협회에 관한 설명으로 <u>틀린</u> 것은?**

① 협회는 공제사업을 하고자 하는 때에는 공제규정을 제정하여 국토교통부장관의 승인을 얻어야 하며, 공제규정을 변경하고자 하는 때에도 또한 같다.

② 협회는 공제사업을 함에 있어서 책임준비금을 다른 용도로 사용하고자 하는 경우에는 국토교통부장관의 승인을 얻어야 한다.

③ 국토교통부장관은 협회가 공제사업의 건전성을 해할 우려가 있다고 인정되는 경우에는 이에 대한 시정을 명할 수 있다.

④ 국토교통부장관은 금융감독원장으로부터 요청이 있는 경우에는 협회의 공제사업에 관하여 검사를 할 수 있다.

⑤ 협회의 사무소의 출입·검사 등을 하는 공무원은 공무원증 및 공인중개사협회 조사·검사 증명서를 지니고 상대방에게 이를 내보여야 한다.

15. **행정제재처분효과의 승계에 관한 설명으로 <u>틀린</u> 것은?**

① 개업공인중개사가 폐업신고 후 다시 중개사무소의 개설등록을 한 때에는 폐업신고 전의 개업공인중개사의 지위를 승계한다.

② 폐업신고 전의 개업공인중개사에 대하여 가한 과태료처분의 효과는 그 처분일로부터 1년간 다시 중개사무소의 개설등록을 한 자에게 승계된다.

③ 재등록 개업공인중개사에 대하여 행정처분을 함에 있어서는 폐업기간과 폐업의 사유 등을 고려하여야 한다.

④ 3년을 초과하여 폐업한 후 재등록한 개업공인중개사에 대하여 등록관청은 폐업신고 전의 등록취소처분의 위반사유에 대하여 행정처분을 할 수 없다.

⑤ 6개월을 초과하여 폐업한 후 재등록한 개업공인중개사에 대하여 등록관청은 폐업신고 전의 업무정지처분의 위반행위에 대하여 행정처분을 할 수 없다.

16. **공인중개사법상 소속공인중개사에 대한 자격정지 처분을 할 수 있는 사유가 아닌 것은?**

① 거래계약서에 거래금액 등 거래내용을 거짓으로 기재한 경우
② 부정한 방법으로 공인중개사의 자격을 취득한 경우
③ 둘 이상의 중개사무소의 소속공인중개사가 된 경우
④ 중개대상물 확인·설명 시 설명의 근거자료를 제시하지 아니한 경우
⑤ 탈세목적의 미등기전매를 중개한 경우

17. **공인중개사법상 공인중개사의 자격취소처분에 관한 설명으로 틀린 것은?**

① 공인중개사의 자격취소처분은 그 공인중개사의 자격증을 교부한 시·도지사가 행한다.
② 시·도지사는 공인중개사의 자격취소처분을 한 때에는 7일 이내 이를 국토교통부장관과 다른 시·도지사에게 통보해야 한다.
③ 시·도지사는 공인중개사의 자격취소처분을 하고자 하는 경우에 청문을 실시하여야 한다.
④ 분실로 인하여 공인중개사 자격증을 반납할 수 없는 자는 자격증 반납을 대신하여 그 이유를 기재한 사유서를 시·도지사에게 제출하여야 한다.
⑤ 공인중개사자격이 취소되어 공인중개사자격증을 반납하고자 하는 자는 자격취소처분을 받은 날부터 7일 이내에 자격증을 교부한 시·도지사에게 자격증을 반납하여야 한다.

18. **공인중개사법상 포상금 지급에 관한 설명으로 틀린 것은?**

① 대상자가 행정기관에 발각되기 전에 신고 또는 고발하여야 한다.
② 신고 또는 고발된 사건이더라도 검사가 공소를 제기하거나 불기소결정이 있어야 한다.
③ 포상금은 1건당 50만원이고, 포상금의 지급에 소요되는 비용 중 그 일부를 국고에서 보조할 수 있다.
④ 등록관청은 포상금의 지급결정일부터 1개월 이내에 포상금을 지급하여야 한다.
⑤ 단체를 구성하여 특정 중개대상물에 대하여 중개를 제한하거나 단체 구성원 이외의 자와 공동중개를 제한하는 행위를 한 자는 포상금 지급대상이 된다.

19. **공인중개사법상 개업공인중개사등이 될 수 없는 자는?**

① 공인중개사법령을 위반하여 과태료 50만원을 받고 3년이 지나지 아니한 자
② 선고유예처분을 받은 자
③ 「도로교통법」 위반으로 벌금 300만원을 선고받고 3년이 지나지 아니한 자
④ 징역 2년을 선고받고 복역 중 일반사면된 자
⑤ 금고 4년을 선고받고 3년 만에 가석방된 후 3년이 지난 자

20. **공인중개사법상 거래정보사업자에 대한 지정취소 사유로 틀린 것은?**

① 거래정보사업자가 국토교통부장관의 보고, 자료제출, 조사 또는 검사를 거부·방해 또는 기피한 경우
② 운영규정의 승인 또는 변경승인을 얻지 아니한 때
③ 운영규정의 내용에 위반하여 부동산거래정보망을 운영한 때
④ 거짓 그 밖의 부정한 방법으로 지정을 받은 때
⑤ 정당한 사유 없이 지정받은 날부터 1년 이내에 부동산거래정보망을 설치·운영하지 아니한 때

21. 공인중개사법상 중개업과 관련한 판례의 내용과 부합하지 않는 것은?

① 부동산을 매수할 자력이 없는 자가 전매차익을 노려 중개의뢰함을 알고도 그 전매를 중개한 경우, 결과적으로 전매차익을 올리지 못했다 할지라도 소정의 부동산투기를 조장하는 행위에 해당한다.
② 1개의 중개사무소를 개설등록한 개업공인중개사가 다른 중개사무소를 두는 경우, 그 중개사무소가 「건축법」상 사무실로 사용하기에 적합한 건물이 아니라고 하더라도 위법한 행위이다.
③ 법정중개보수를 초과하여 받은 경우, 초과부분은 무효이므로 반환하여야 한다.
④ 중개계약에 따른 개업공인중개사의 확인·설명의무와 손해배상의무는 중개보수를 지급한 경우에만 해당하므로 중개의뢰인이 개업공인중개사에게 소정의 중개보수를 지급하지 아니하였다면 소멸된다.
⑤ 개업공인중개사가 고의로 중개의뢰인의 거래대금을 편취한 경우, 보증기관은 업무보증금을 지급하여야 한다.

22. 공인중개사법상 500만원 이하의 과태료처분사유에 해당되지 않는 것은?

① 개업공인중개사가 중개대상물이 존재하지 않아서 실제로 거래할 수 없는 중개대상물에 대하여 부당한 표시·광고행위를 한 경우
② 국토교통부장관이 표시·광고행위에 관하여 모니터링하기 위하여 정보통신서비스 제공자에게 자료제출을 요구하였지만 이에 불응한 경우
③ 개업공인중개사가 중개대상물의 가격 등 내용을 사실과 다르게 거짓으로 표시·광고하거나 사실을 과장되게 표시·광고를 한 경우
④ 개업공인중개사가 아닌 자로서 '공인중개사 사무소', '부동산중개' 또는 이와 유사한 명칭을 사용한 자
⑤ 국토교통부장관의 「공인중개사법」 위반이 의심되는 표시·광고에 대한 확인 또는 추가정보의 게재 등의 요구에 응하지 아니한 정보통신서비스 제공자

23. 부동산 거래신고 등에 관한 법령에 관한 설명으로 틀린 것은?

① 거래당사자 또는 개업공인중개사는 「부동산등기법」에 따른 부동산에 관한 등기신청 전에 신고관청에 신고내용의 변경을 신고할 수 있다.
② 거래신고는 거래계약의 체결일부터 30일 이내에 신고하여야 한다.
③ 거래당사자가 직접 매매계약을 체결한 경우에는 거래당사자가 공동으로 신고를 하여야 한다.
④ 개업공인중개사가 신고를 하는 경우에도 부동산이 소재하는 시장·군수 또는 구청장에게 신고하여야 한다.
⑤ 실제 거래가격이 수도권등(수도권, 광역시 및 세종특별자치시)에 소재하는 토지의 경우 6억원 이상인 토지를 매수하는 경우에만 자금의 조달계획, 토지의 이용계획을 신고하여야 한다.

24. 부동산 거래신고 등에 관한 법령에 관한 설명으로 틀린 것은?

① 국토교통부장관은 부동산 거래가격의 검증체계를 구축·운영하여야 한다.
② 부동산 거래계약을 신고하려는 개업공인중개사는 부동산거래계약신고서에 서명 또는 날인하여 관할 등록관청에 제출하여야 한다.
③ 시장·군수 또는 구청장은 부동산 거래가격의 검증체계에 따라 신고내용의 적정성을 검증하여야 한다.
④ 부동산거래신고필증을 교부받은 때에는 「부동산등기 특별조치법」에 따른 검인을 받은 것으로 본다.
⑤ 세무관서의 장은 신고사항을 국세 및 지방세 부과를 위한 과세자료로 활용할 수 있다.

25. 중개법인이 민사집행법에 의한 부동산경매에 관하여 설명한 내용으로 틀린 것은?

① 매수인은 매각대금을 다 내기 전이라도 소유권이전등기 시 매각의 목적인 권리를 취득한다.
② 담보권실행을 위한 경매(임의경매)는 물적 책임의 성질이 강하다.
③ 매각부동산 위에 설정된 모든 저당권은 매각으로 소멸된다.
④ 경락인(매수인)에 대하여 대항력 있는 임차권자가 배당요구의 종기까지 배당을 요구하면 매각으로 소멸된다.
⑤ 기일입찰에서 매수신청의 보증금액은 최저매각가격(최저입찰가격)의 10분의 1로 한다.

26. 부동산 거래신고 등에 관한 법령에 관한 설명으로 옳은 것은?

① 외국인등이 교환계약을 원인으로 국내 토지의 소유권을 취득하는 경우에 계약일로부터 60일 이내에 토지 소재지 시장·군수·구청장에게 신고하지 아니한 경우 100만원 이하의 과태료에 처한다.
② 외국인등이 건축물의 신축·증축·개축·재축 등 계약 외의 원인으로 대한민국 안의 부동산을 취득한 때에는 부동산을 취득한 날부터 6개월 이내에 토지 소재지 시장·군수·구청장에게 신고하지 아니한 경우 300만원 이하의 벌금에 처한다.
③ 개업공인중개사가 거짓으로 부동산거래계약신고서를 작성하여 신고한 경우 취득가액의 100분의 10 이하에 상당하는 금액의 과태료에 해당한다.
④ 외국인등이 국내의 토지를 한국인에게 매각하는 경우에 토지 소재지 시장·군수·구청장에 신고하지 아니한 경우 1천만원 이하의 과태료 제재를 받게 된다.
⑤ 한국 국적을 갖고 있던 A가 전부터 소유하고 있던 경기도 김포시의 토지를 외국 국적을 취득한 이후 6개월 이내에 김포시장에게 신고하지 아니한 경우 300만원 이하의 과태료에 처한다.

27. 공인중개사법상 인터넷 표시·광고 모니터링에 관한 설명으로 틀린 것은?

① 국토교통부장관은 모니터링을 위하여 필요한 때에는 정보통신서비스 제공자에게 관련 자료의 제출을 요구할 수 있다. 이 경우 관련 자료의 제출을 요구받은 정보통신서비스 제공자는 정당한 사유가 없으면 이에 따라야 한다.
② 국토교통부장관은 모니터링 결과에 따라 정보통신서비스 제공자에게 「공인중개사법」 위반이 의심되는 표시·광고에 대한 확인 또는 추가정보의 게재 등 필요한 조치를 요구할 수 있다. 이 경우 필요한 조치를 요구받은 정보통신서비스 제공자는 정당한 사유가 없으면 이에 따라야 한다.
③ 시·도지사 및 등록관청은 신속하게 조사 및 조치를 완료하고, 완료한 날부터 7일 이내에 그 결과를 국토교통부장관에게 통보해야 한다.
④ 국토교통부장관은 제출받은 결과보고서를 시·도지사 및 등록관청에 통보하고 필요한 조사 및 조치를 요구할 수 있다.
⑤ 국토교통부장관은 업무위탁기관에 예산의 범위에서 위탁업무 수행에 필요한 예산을 지원할 수 있다.

28. 민사집행법상 경매대상 부동산에 관한 법인 및 공인중개사인 개업공인중개사의 매수신청대리인 등록에 관한 설명으로 옳은 것은?

① 매수신청대리인 등록신청을 받은 지방법원장은 7일 이내에 개업공인중개사의 종별에 따라 구분하여 등록을 하여야 한다.
② 매수신청대리인 등록을 하고자 하는 개업공인중개사는 등록신청일 전 1년 이내에 지방법원장이 실시하는 부동산경매에 관한 실무교육을 이수하여야 한다.
③ 경매대상 부동산이라 하더라도 권리분석과 취득알선은 매수신청대리인 등록을 하지 아니하고도 할 수 있다.
④ 매수신청대리인으로 등록한 개업공인중개사는 동일한 물건에 대하여 이해관계가 다른 2인 이상의 대리인이 되어도 된다.
⑤ 위임계약을 체결한 경우 매수신청대리인으로 등록한 개업공인중개사는 매수신청대리대상물 확인·설명서를 작성하여 위임인에게 교부하고 3년간 보존하여야 한다.

29. 공인중개사법 제33조 제1항에 따른 개업공인중개사의 금지행위에 해당하는 것을 모두 고른 것은? (다툼이 있으면 판례에 따름)

ㄱ. 중개대상물의 시세에 부당한 영향을 주거나 줄 우려가 있는 행위
ㄴ. 단체를 구성하여 특정 중개대상물에 대하여 중개를 제한하거나 공동중개를 제한하는 행위
ㄷ. 「입목에 관한 법률」에 따른 입목의 매매를 업으로 하는 행위
ㄹ. 상업용 건축물의 분양을 대행하고 법정의 중개보수 또는 실비를 초과하여 금품을 받는 행위

① ㄱ, ㄴ
② ㄱ, ㄴ, ㄷ
③ ㄱ, ㄴ, ㄹ
④ ㄴ, ㄷ, ㄹ
⑤ ㄱ, ㄴ, ㄷ, ㄹ

30. 개업공인중개사가 중개의뢰인에게 상가건물 임대차보호법의 내용에 관하여 설명한 것으로 <u>틀린</u> 것은?

① 임대인의 동의를 받고 전대차계약을 체결한 전차인은 임차인의 계약갱신요구권 행사기간 이내에 임차인을 대위하여 임대인에게 계약갱신요구권을 행사할 수 있다.
② 차임 또는 보증금의 감액이 있은 후 1년 이내에는 다시 감액을 하지 못한다.
③ 대통령령으로 정하는 보증금액을 초과하는 임대차인 경우에도 「상가건물 임대차보호법」상 권리금에 관한 규정이 적용된다.
④ 임차인이 3기의 차임액에 해당하는 금액에 이르도록 차임을 연체한 사실이 있는 경우, 임대인은 임차인의 계약갱신요구를 거절할 수 있다.
⑤ 대통령령으로 정하는 보증금액을 초과하는 임대차의 경우 최단존속기간의 규정은 적용되지 않는다.

31. 개업공인중개사가 부동산 경매에 관하여 설명한 것으로 <u>틀린</u> 것은?

① 기일입찰에서 매수신청의 보증금액은 최저매각금액의 10분의 1로 한다.
② 매각허가결정에 항고하고자 하는 사람은 보증으로 매각금액의 10분의 1에 해당하는 금전 또는 법원이 인정한 유가증권을 공탁하여야 한다.
③ 경매신청이 취하되면 압류의 효력은 소멸된다.
④ 매각허가결정이 확정되면 법원은 대금지급기한을 정하여 매수인과 차순위 매수신고인에게 통지하고, 그중 먼저 대금을 납부하는 자가 권리를 취득한다.
⑤ 차순위 매수신고는 그 신고액이 최고가매수신고액에서 그 보증금액을 뺀 금액을 넘는 때에만 할 수 있다.

32. 공인중개사법상 중개대상물에 대하여 확인·설명하여야 하는 사항이 아닌 것을 모두 고른 것은?

> ㄱ. 중개보수 및 실비의 금액과 그 산출내역
> ㄴ. 토지거래허가구역 여부 등 공법상 제한사항
> ㄷ. 중개의뢰인의 신용상태
> ㄹ. 중개대상물의 경제적 가치
> ㅁ. 벽면·바닥면 및 도배의 상태
> ㅂ. 중개대상물의 권리관계에 관한 사항

① ㄷ, ㄹ ② ㄷ, ㄹ, ㅂ
③ ㄹ, ㅁ, ㅂ ④ ㄱ, ㄴ, ㄷ, ㄹ
⑤ ㄷ, ㄹ, ㅁ, ㅂ

33. 공인중개사법상 개업공인중개사의 중개대상물 확인·설명서[I](주거용 건축물) 작성에 관한 설명으로 옳은 것은?

① '토지이용계획, 공법상 이용제한 및 거래규제에 관한 사항'란에는 토지거래허가구역 여부도 기재한다.
② '중개보수 등에 관한 사항'란에는 중개보수, 실비, 계는 기재하지만 지급시기는 기재하지 않는다.
③ '토지이용계획, 공법상 이용제한 및 거래규제에 관한 사항'란에는 건폐율·용적률의 상한뿐만 아니라 분묘기지권 등 등기되지 아니한 권리의 존재 사실도 기재한다.
④ '환경조건'란에는 연료공급, 승강기, 배수시설을 기재한다.
⑤ '권리관계'란 중 '소유권 외의 권리사항'란에는 미등기된 임차권을 확인하여 기재한다.

34. 개업공인중개사가 임야를 중개하는 경우에 가장 중요한 것이 묘지이다. 묘지에 관한 설명으로 틀린 것은?

① 기존 분묘의 존속기간은 약정기한이 없는 한 분묘의 수호와 봉사를 계속할 수 있고, 또 분묘가 존속하고 있는 동안에는 분묘기지권이 존속된다고 보아야 할 것이다.
② 분묘기지권은 타인의 토지에 특수한 공작물을 설치한 자가 그 분묘를 관리·소유하기 위해 기지를 사용할 수 있는 일종의 물권이므로 장래의 묘소로서 설치하는 등 그 내부에 시신이 안장되어 있지 않거나 봉분이 아닌 평장 또는 암장인 것은 분묘기지권이 인정되지 않는다.
③ 분묘기지권은 일종의 지상권과 유사한 물권적 성질을 갖는다.
④ 「장사 등에 관한 법률」 시행일 이전에 타인의 토지에 분묘를 설치한 다음 20년간 평온·공연하게 그 분묘의 기지를 점유함으로써 시효취득한 경우 토지소유자가 지료를 청구하여도 지료를 지급할 의무는 없다.
⑤ 분묘를 설치한 후 그 분묘기지에 대한 소유권을 유보하거나 분묘도 함께 이전한다는 특약을 함이 없이 토지를 처분한 경우에는 분묘기지권이 인정된다.

35. 甲 소유의 부동산을 취득하고자 하는 부동산투기업자 乙은 탈세목적으로 친지 丙과의 사이에 명의신탁약정을 맺고 丙에게 매수자금을 주면서 甲과 매매계약을 체결하도록 하였다. 丙은 乙의 부탁대로 명의신탁약정이 있음을 모르는 甲과 매매계약을 체결하고 소유권이전등기를 경료받았다. 이에 관한 설명으로 옳은 것은?

① 甲은 丙을 상대로 이전등기의 말소를 청구할 수 있다.
② 乙은 丙을 상대로 명의신탁약정의 해지를 이유로 이전등기를 청구할 수 있다.
③ 丙의 처분행위는 횡령죄로 처벌된다.
④ 만약 丙이 丁에게 매도하고 이전등기를 해 주었는데 丁이 乙·丙 사이의 명의신탁약정을 알았다면 丁은 소유권을 취득하지 못한다.
⑤ 명의신탁약정 금지를 위반한 乙에게 부과일 현재 부동산평가액의 30% 범위 내에서 과징금을 부과한다.

36. 개업공인중개사의 매수신청대리인 등록 등에 관한 설명으로 틀린 것은?

① 매수신청대리인이 되고자 하는 개업공인중개사는 중개사무소 관할 지방법원의 장에게 매수신청대리인 등록을 하여야 한다.

② 지방법원의 장은 매수신청대리인 등록을 한 자에 대해서는 매수신청대리인 등록증을 교부하여야 한다.

③ 매수신청대리 업무의 정지를 받을 수 있는 기간은 1개월 이상 6개월 이하이다.

④ 개업공인중개사는 등록증·매수신청대리 등 보수표 그 밖에 예규가 정하는 사항을 해당 중개사무소 안의 보기 쉬운 곳에 게시하여야 한다.

⑤ 공인중개사인 개업공인중개사는 2억원 이상의 보증을 설정하여야 하고, 법인인 개업공인중개사는 4억원 이상의 보증을 설정하여야 한다. 다만, 분사무소를 둔 경우에는 분사무소마다 2억원 이상을 추가로 설정하여야 한다.

37. 경매대상 부동산에 대하여 권리분석을 한 후 입찰에 참가하고자 할 때, 위험성이 가장 적은 것은?

① 경매로 토지와 건물소유자가 분리됨으로 인하여 성립될 법정지상권

② 건물의 공사대금채권·임차인의 유익비상환청구권 실현을 위한 유치권

③ 선순위 담보권보다 후순위의 유치권

④ 담보가등기보다 최선순위로 설정된 전세권자가 배당요구를 한 경우

⑤ 등기사항증명서에 최선순위 물권인 저당권자보다 먼저 보전가등기가 있는 경우

38. 법원의 부동산경매제도(강제매각제도)에 관한 설명으로 옳은 것은?

① 「주택임대차보호법」에 의거하여 우선변제권을 갖춘 주택임차인이라면 최초 매각기일 이후라도 매각허가결정 이후 배당실시 이전까지만 배당요구를 하면 된다.

② 매각허가를 받은 매수인이 법원에서 통지받은 대금지급기한 이전에 매각대금을 전부 납부하더라도 매각대금지급기한이 경과한 날부터 소유권을 취득한다.

③ 매각허가결정에 불복하여 항고하고자 하는 사람은 매각대금의 10% 상당의 금전 또는 법원이 인정한 유가증권을 공탁해야 한다.

④ 부동산 매각의 법원경매는 일정한 매각기일에 실시하는 기간입찰과 입찰기간 이내에 실시하는 호가경매의 2가지 방법으로만 할 수 있다.

⑤ 경매개시결정 이전에 전입한 임차인이라면 경락인에게 대항하지 못할 경우라도 인도명령의 대상이 되지 않는다.

39. 주택임대차보호법상 임차권등기명령에 관한 설명으로 틀린 것은?

① 임차권등기명령이 이루어지면 임차권등기명령 당시 이미 우선변제권이나 대항력을 취득한 사람은 그 지위를 그대로 유지하고, 등기 이전에 우선변제권이나 대항력을 취득하지 못하였던 임차인은 임차권등기 시를 기준으로 우선변제권과 대항력을 취득한다.

② 임대차기간 종료 후 보증금을 반환받지 못한 경우에 한하여 임차인이 단독으로 법원에 신청할 수 있다.

③ 임차인은 임차권등기명령의 신청 및 그에 따른 임차권등기와 관련하여 소요된 비용을 임대인에게 청구할 수 있다.

④ 임차권등기명령신청이 기각될 경우, 임차인은 항고할 수 있다.

⑤ 임차권등기 없이 우선변제청구권이 인정되는 소액임차인의 소액보증금반환채권은 배당요구가 필요한 배당요구채권에 해당하지 않는다.

40. 개업공인중개사가 주택임대차보호법상의 규정에 관하여 설명한 것으로 틀린 것은?

① 주택의 임차보증금 반환청구소송에 대해서는 「소액사건심판법」의 일부 규정의 준용을 받으므로 신속하게 분쟁을 해결할 수 있다고 설명하였다.

② 다가구주택의 경우, 같은 건물 101호 주택에서 103호 주택으로 이전을 하더라도 전입신고를 따로 할 필요가 없다고 설명하였다.

③ 다가구주택에서 다세대주택으로 전환하는 경우에 다가구의 세입자는 전입신고를 다시 하여야 하며, 이때 전입신고한 다음 날부터 대항력이 발생한다고 설명하였다.

④ 서울특별시에서 소액임차인이 최우선변제권을 주장하기 위해서는 경매신청등기 전에 대항요건만 갖추면 될 뿐 확정일자인은 받을 필요가 없다고 설명하였다.

⑤ 거래당사자가 합의하여 보증금의 감액청구를 인정하지 않기로 약정하고 이를 계약서에 기재하였어도 이는 무효라고 설명하였다.

제2과목: 부동산공법 중 부동산중개에 관련되는 규정

41. 국토의 계획 및 이용에 관한 법령상 시가화조정구역에 관한 설명으로 틀린 것은?

① 시·도지사가 직접 또는 관계 행정기관의 장의 요청을 받아 무질서한 시가화를 방지할 목적으로 도시·군관리계획으로 결정할 수 있다.

② 국가계획과 연계하여 시가화조정구역의 지정이 필요한 경우에는 국토교통부장관이 직접 도시·군관리계획으로 결정할 수 있다.

③ 시가화조정구역 안에서의 도시·군계획사업은 국방상 또는 공익상 시가화조정구역 안에서의 사업시행이 불가피한 것으로서 관계 중앙행정기관의 장의 요청에 의하여 국토교통부장관이 시가화조정구역의 지정목적 달성에 지장이 없다고 인정하는 도시·군계획사업에 한하여 이를 시행할 수 있다.

④ 시가화조정구역 안에서 농업·임업 또는 어업용 축사·잠실·퇴비사 등의 경미한 시설을 건축하는 경우에는 허가 없이도 설치가 가능하다.

⑤ 시가화조정구역의 지정에 관한 도시·군관리계획의 결정은 시가화유보기간이 끝난 날의 다음 날부터 그 효력을 잃는다. 이 경우 국토교통부장관 또는 시·도지사는 대통령령으로 정하는 바에 따라 그 사실을 고시하여야 한다.

42. 국토의 계획 및 이용에 관한 법령상 지구단위계획에 관한 설명으로 틀린 것은?

① 지구단위계획구역의 지정에 관한 고시일부터 5년 이내에 지구단위계획이 결정·고시되지 아니하면 그 5년이 되는 날에 지구단위계획구역의 지정에 관한 도시·군관리계획결정은 효력을 잃는다.

② 지구단위계획에는 건축물의 건축선에 관한 계획이 포함될 수 있다.

③ 지구단위계획구역에서 건축물을 건축 또는 용도변경하거나 공작물을 설치하려면 그 지구단위계획에 맞게 하여야 한다.

④ 국토교통부장관, 시·도지사, 시장 또는 군수는 지구단위계획구역 지정이 효력을 잃으면 지체 없이 그 사실을 고시하여야 한다.

⑤ 국토교통부장관은 용도지구의 전부 또는 일부에 대하여 지구단위계획구역을 지정할 수 있다.

43. 국토의 계획 및 이용에 관한 법령의 규정 내용으로 틀린 것은?

① 국토교통부장관은 필요하다고 인정하는 경우에는 광역도시계획이나 도시·군기본계획의 승인, 그 밖에 도시·군계획에 관한 중요 사항에 대하여 도시·군계획에 관한 전문기관에 자문을 하거나 조사·연구를 의뢰할 수 있다.

② 도시·군계획시설사업 시행자의 처분에 대하여는 「행정심판법」에 따라 행정심판을 제기할 수 있다.

③ 도지사는 시·군 도시·군관리계획이 광역도시계획이나 도시·군기본계획의 취지에 부합하지 아니하다고 판단되는 경우에는 시장 또는 군수에게 기한을 정하여 그 도시·군관리계획의 조정을 요구할 수 있다.

④ 국토교통부장관의 권한은 그 일부를 대통령령으로 정하는 바에 따라 시·도지사에게 위임할 수 있으며, 시·도지사는 국토교통부장관의 승인을 받아 그 위임받은 권한을 시장·군수 또는 구청장에게 재위임할 수는 없다.

⑤ 토지 또는 건축물에 관하여 소유권이나 그 밖의 권리를 가진 자의 도시·군관리계획에 관한 권리·의무는 그 토지 또는 건축물에 관한 소유권이나 그 밖의 권리의 변동과 동시에 그 승계인에게 이전한다.

44. 甲 소유의 토지는 A광역시 B구에 소재한 지목이 대(垈)인 토지로서 한국토지주택공사를 사업시행자로 하는 도시·군계획시설 부지이다. 甲의 토지에 대해 국토의 계획 및 이용에 관한 법령상 도시·군계획시설 부지의 매수청구권이 인정되는 경우, 이에 관한 설명으로 틀린 것은? (단, 도시·군계획시설의 설치의무자는 사업시행자이며, 조례는 고려하지 않음)

① 甲의 토지의 매수의무자는 한국토지주택공사이다.

② 甲이 원하는 경우에 매수의무자는 도시·군계획시설채권을 발행하여 그 대금을 지급할 수 있다.

③ 甲이 매수청구를 할 수 있는 대상은 토지이며, 그 토지에 있는 건축물은 포함된다.

④ 매수의무자는 매수청구를 받은 날부터 6개월 이내에 매수 여부를 결정하여 甲과 A광역시장에게 알려야 한다.

⑤ 매수청구에 대해 매수의무자가 매수하지 아니하기로 결정한 경우 甲은 자신의 토지에 3층의 단독주택을 건축할 수 있다.

45. 국토의 계획 및 이용에 관한 법령상 개발밀도관리구역과 기반시설부담구역에 관한 설명으로 틀린 것은?

① 개발밀도관리구역에서는 당해 용도지역에 적용되는 용적률의 최대한도의 50% 범위에서 용적률을 강화하여 적용한다.

② 기반시설부담구역의 지정·고시일부터 1년이 되는 날까지 기반시설설치계획을 수립하지 아니하면 그 1년이 되는 날의 다음 날에 기반시설부담구역의 지정은 해제된 것으로 본다.

③ 특별시장·광역시장·특별자치시장·특별자치도지사·시장 또는 군수는 기반시설부담구역을 지정 또는 변경하려면 주민의 의견을 들어야 한다.

④ 동일한 지역에 대해 기반시설부담구역과 개발밀도관리구역을 중복하여 지정할 수 있다.

⑤ 기반시설설치비용은 현금, 신용카드 또는 직불카드로 납부하도록 하되, 부과대상 토지 및 이와 비슷한 토지로 하는 납부를 인정할 수 있다.

46. 국토의 계획 및 이용에 관한 법령상 광역도시계획 등에 관한 설명으로 틀린 것은? (단, 조례는 고려하지 않음)

① 국토교통부장관은 광역계획권을 지정하려면 관계 시·도지사, 시장 또는 군수의 의견을 들은 후 중앙도시계획위원회의 심의를 거쳐야 한다.
② 시·도지사는 광역도시계획을 수립하거나 변경하려면 국토교통부장관의 승인을 받아야 한다.
③ 국토교통부장관은 시·도지사가 요청하는 경우에 시·도지사와 공동으로 광역도시계획을 수립할 수 있다.
④ 시장 또는 군수는 광역도시계획을 수립하려면 도지사의 승인을 받아야 한다.
⑤ 광역계획권이 둘 이상의 시·도의 관할구역에 걸쳐 있는 경우에는 관할 시·도지사가 공동으로 광역계획권을 지정한다.

47. 국토의 계획 및 이용에 관한 법령상 용어에 관한 설명으로 옳은 것은 모두 몇 개인가?

> ㄱ. '도시·군계획'이란 특별시·광역시·특별자치시·특별자치도·시 또는 군(광역시의 관할구역 안에 있는 군을 제외)의 관할구역에 대하여 수립하는 공간구조와 발전방향에 대한 계획으로서 도시·군기본계획과 광역도시계획으로 구분한다.
> ㄴ. '도시·군계획사업'이란 도시·군계획시설을 설치·정비 또는 개량하는 사업을 말한다.
> ㄷ. '개발밀도관리구역'이란 개발로 인하여 기반시설이 부족할 것으로 예상되나 기반시설을 설치하기 곤란한 지역을 대상으로 건폐율 또는 용적률을 강화하여 적용하기 위하여 법 제66조의 규정에 의하여 지정하는 구역을 말한다.
> ㄹ. '용도지구'란 토지의 이용 및 건축물의 용도·건폐율·용적률·높이 등에 대한 용도지역의 제한을 강화하여 적용함으로써 용도지역의 기능을 증진시키고 경관·안전 등을 도모하기 위하여 도시·군관리계획으로 결정하는 지역을 말한다.

① 0개 ② 1개 ③ 2개
④ 3개 ⑤ 4개

48. 국토의 계획 및 이용에 관한 법령상 도시·군관리계획의 수립 등에 관한 설명으로 틀린 것은?

① 도시·군관리계획의 원칙적인 입안권자는 특별시장·광역시장·특별자치시장·특별자치도지사·시장 또는 군수이다.
② 주민은 도시·군관리계획도서와 계획설명서를 첨부하여 기반시설의 설치에 관한 도시·군관리계획의 입안을 제안할 수 있다.
③ 입안권자는 도시·군관리계획을 입안할 때에는 공청회를 개최하여 주민의 의견을 들어야 하며, 그 의견이 타당하다고 인정되면 도시·군관리계획안에 반영하여야 한다.
④ 시가화조정구역의 지정에 관한 도시·군관리계획 결정 당시 이미 사업 또는 공사에 착수한 자는 해당 도시·군관리계획결정의 고시일로부터 3월 이내에 그 사업 또는 공사의 내용을 관할 특별시장·광역시장·특별자치시장·특별자치도지사·시장 또는 군수에게 신고하고 그 사업이나 공사를 계속할 수 있다.
⑤ 도지사가 지구단위계획을 결정하려면 도에 두는 건축위원회와 도시계획위원회가 공동으로 하는 심의를 거쳐야 한다.

49. 국토의 계획 및 이용에 관한 법령상 용도지역 및 용도지구 등에 관한 설명으로 틀린 것은?

① 용도지역은 국토의 전부를 대상으로 하여 중복되지 않도록 평면적으로 구분·지정되나, 용도지구는 당해 토지의 일부에 대하여 지역에 관계없이 특정 목적에 따라 추가적으로 지정하는 것으로서, 필요에 따라서는 하나의 토지에 대하여 2 이상의 지구가 중복하여 지정될 수도 있다.

② 시·도지사 또는 대도시 시장은 해당 시·도 또는 대도시의 도시·군계획조례로 정하는 바에 따라 도시·군관리계획결정으로 세분된 주거지역·상업지역·공업지역·녹지지역을 추가적으로 세분하여 지정할 수 있다.

③ 도시의 녹지공간의 확보, 도시확산의 방지, 장래 도시용지의 공급 등을 위하여 보전할 필요가 있는 지역으로서 불가피한 경우에 한하여 제한적인 개발이 허용되는 지역은 생산녹지지역이다.

④ 도시지역이 세부용도지역으로 지정되지 아니한 경우에는 용도지역별 건축제한이나 건폐율 및 용적률 등의 규정을 적용할 때에 보전녹지지역에 관한 규정을 적용한다.

⑤ 용도지역·용도지구 안에서 도시·군계획시설에 대하여는 용도지역·용도지구 안에서의 건축제한 등의 규정을 적용하지 아니한다.

50. 국토의 계획 및 이용에 관한 법령상 도시·군계획시설에 관한 설명으로 옳은 것은?

① 도시·군계획시설결정이 고시된 도시·군계획시설에 대하여 그 고시일로부터 20년이 경과될 때까지 사업이 시행되지 아니하는 경우 그 고시일부터 20년이 되는 날에 그 효력을 상실한다.

② 장사시설, 도축장은 광역시설이 될 수 없다.

③ 도시·군계획시설은 교통시설, 공간시설 등 기반시설 중 도시·군기본계획으로 결정된 시설을 말한다.

④ 장기미집행 도시·군계획시설결정의 해제를 신청받은 도지사는 특별한 사유가 없으면 신청을 받은 날부터 2년 이내에 해당 도시·군계획시설의 해제를 위한 도시·군관리계획결정을 하여야 한다.

⑤ 국토교통부장관은 인접한 둘 이상의 특별시·광역시·특별자치시의 관할구역 전부 또는 일부를 광역계획권으로 지정할 수 있다.

51. 국토의 계획 및 이용에 관한 법령상 개발행위에 관한 설명으로 옳은 것은?

① 도시·군계획사업에 의하는 경우라도 건축물을 건축하는 경우에는 개발행위허가를 받아야 한다.

② 사업기간을 단축하는 내용으로 개발행위허가를 받은 사항을 변경하는 경우에는 변경허가를 받지 아니하여도 된다.

③ 「건축법」에 따라 신고하고 설치할 수 있는 건축물의 증축과 이에 필요한 범위에서의 토지의 형질변경은 개발행위허가를 받아야 한다.

④ 재해복구 또는 재난수습을 위한 응급조치를 한 경우에는 2개월 이내에 신고하여야 한다.

⑤ 지구단위계획이 수립된 지역에서 개발행위허가를 하려면 도시계획위원회의 심의를 거쳐야 한다.

52. 국토의 계획 및 이용에 관한 법령상 처분에 앞서 청문을 해야 하는 경우만을 모두 고른 것은?

ㄱ. 개발행위허가의 취소
ㄴ. 도시·군기본계획 승인의 취소
ㄷ. 도시·군계획시설사업의 시행자 지정의 취소
ㄹ. 지구단위계획구역 지정의 취소
ㅁ. 도시·군계획시설사업의 실시계획 인가의 취소

① ㄱ, ㄹ　　② ㄱ, ㄴ, ㄷ
③ ㄱ, ㄷ, ㅁ　　④ ㄴ, ㄷ, ㄹ
⑤ ㄴ, ㄹ, ㅁ

53. 도시개발법령상 도시개발채권 및 비용부담에 관한 설명으로 옳은 것은?

① 도시개발채권을 발행하는 경우 발행총액, 상환방법 및 절차에 대하여 지정권자의 승인을 받아야 한다.

② 시행자가 지방자치단체인 경우에는 공원·녹지의 조성비 전부를 국고에서 보조하거나 융자할 수 없다.

③ 도시개발구역 안의 전기시설을 사업시행자가 지중선로로 설치할 것을 요청하는 경우에는 전기시설을 공급하는 자가 3분의 2, 지중에 설치할 것을 요청하는 자가 3분의 1의 비율로 부담한다.

④ 도시개발채권이 매입의무자가 아닌 자가 착오로 도시개발채권을 매입한 경우에는 중도에 상환할 수 없다.

⑤ 도시개발채권의 상환은 5년부터 10년까지의 범위에서 지방자치단체의 조례로 정한다.

54. 도시개발법령상 도시개발구역의 지정에 관한 설명으로 <u>틀린</u> 것은? (단, 특례는 고려하지 않음)

① 1만m^2 이상인 주거지역과 3만m^2 이상의 공업지역은 도시개발구역으로 지정할 수 있다.

② 지정권자는 직접 개발계획을 변경할 수 없지만, 관계 중앙행정기관의 장 또는 시장(대도시 시장을 제외)·군수·구청장 또는 도시개발사업의 시행자의 요청을 받아 개발계획을 변경할 수 있다.

③ 도시개발구역 지정면적의 100분의 30 이하인 생산녹지지역의 면적이 1만m^2 이상이면 도시개발구역으로 지정할 수 있다.

④ 도시개발구역을 지정하는 자는 도시개발사업의 효율적인 추진과 도시의 경관 보호 등을 위하여 필요하다고 인정하는 경우에는 도시개발구역을 둘 이상의 사업시행지구로 분할하거나 서로 떨어진 둘 이상의 지역을 결합하여 하나의 도시개발구역으로 지정할 수 있다.

⑤ 도시개발사업이 필요하다고 인정되는 지역이 둘 이상의 특별시·광역시·도·특별자치도(이하 '시·도'라 함) 또는 대도시의 행정구역에 걸치는 경우에는 관계 시·도지사, 대도시 시장이 협의하여 도시개발구역을 지정할 자를 정한다.

55. 도시개발법령상 환지계획 등에 관한 설명으로 옳은 것은?

① 토지소유자의 신청 또는 동의가 있는 때에는 해당 토지의 전부 또는 일부에 대하여 환지를 정하지 아니할 수 있다. 다만, 해당 토지에 관하여 임차권자 등이 있는 때에는 그 동의를 받아야 한다.

② 시행자는 도시개발사업의 원활한 시행을 위하여 특히 필요한 때에는 토지 또는 건축물소유자의 동의를 받아 입체환지를 할 수 있다.

③ 환지계획의 작성에 따른 환지계획의 기준, 보류지의 책정 기준 등에 관하여 필요한 사항은 대통령령으로 정한다.

④ 도시개발사업의 시행자는 체비지의 용도로 환지예정지가 지정된 때에는 도시개발사업에 소요되는 비용을 충당하기 위하여 이를 사용·수익·처분할 수는 없다.

⑤ 환지를 정한 경우 그 과부족분에 대한 청산금은 환지처분을 하는 때에 결정하여야 하며, 환지처분이 공고된 날에 확정된다.

56. 도시개발법령상 환지예정지에 관한 설명으로 <u>틀린</u> 것은?

① 환지예정지의 지정으로 인한 물권변동은 원칙적으로 등기를 요하지 않으나, 제3자에게 처분하기 위하여는 등기가 필요하다.

② 환지예정지가 지정되면 환지예정지의 종전의 토지소유자는 해당 종전 토지를 사용·수익할 수 없다.

③ 체비지의 용도로 환지예정지가 지정된 경우에는 시행자는 도시개발사업에 드는 비용을 충당하기 위하여 이를 사용·수익하게 하거나 처분할 수 있다.

④ 시행자가 사용 또는 수익을 정지하게 하려면 30일 이상의 기간을 두고 미리 해당 토지소유자 또는 임차권자등에게 알려야 한다.

⑤ 시행자는 환지를 정하지 아니하기로 결정된 토지소유자나 임차권자등에게 날짜를 정하여 그날부터 해당 토지 또는 해당 부분의 사용 또는 수익을 정지시킬 수 있다.

57. 도시개발법상 도시개발구역 안의 토지소유현황이 다음과 같다. 도시개발사업을 위하여 조합설립인가를 신청하고자 하는 때는 동의 요건을 갖추기 위해 필요한 최소한의 토지소유자의 수는 몇 명인가?

소유자명	소유 필지 수	소유 면적(m²)	소유자명	소유 필지 수	소유 면적(m²)
김○○	2	2,000	엄○○	1	1,000
이○○	2	2,000	윤○○	1	1,000
박○○	2	2,000	유○○	1	1,000
최○○	2	2,000	장○○	1	1,000
정○○	2	2,000	강○○	1	1,000
황○○	1	2,000	국토교통부	2	1,000
신○○	1	1,000	서울특별시	1	1,000
			합계	20필지	20,000m²

① 5명
② 6명
③ 7명
④ 8명
⑤ 9명

58. 도시개발법령상 조성토지등의 공급에 관한 설명으로 옳은 것은?

① 지정권자가 아닌 시행자가 조성토지등을 공급하려고 할 때에는 조성토지등의 공급계획을 작성하여 국토교통부장관의 승인을 받아야 한다.

② 조성토지등을 공급하려고 할 때 「주택법」에 따른 공공택지의 공급은 추첨의 방법으로 분양할 수 없다.

③ 시행자는 학교, 폐기물처리시설, 임대주택 그 밖에 대통령령으로 정하는 시설을 설치하기 위한 조성토지등과 이주단지의 조성을 위한 토지를 공급하는 경우에는 해당 토지의 가격을 「감정평가 및 감정평가사에 관한 법률」에 따른 감정평가법인등이 감정평가한 가격 이하로 정할 수 있다.

④ 공공청사용지를 지방자치단체에게 공급하는 경우에는 수의계약의 방법으로 할 수 없다.

⑤ 토지상환채권에 의하여 토지를 상환하는 경우에는 수의계약의 방법으로 할 수 없다.

59. 도시 및 주거환경정비법령상 주민이 공동으로 사용하는 시설로서 공동이용시설에 해당하지 <u>않는</u> 것은? (단, 조례는 고려하지 않으며, 각 시설은 단독주택, 공동주택 및 제1종 근린생활시설에 해당하지 않음)

① 놀이터
② 경로당
③ 탁아소
④ 어린이집
⑤ 구거(도랑)

60. 도시 및 주거환경정비법령상 조합이 정관의 기재사항을 변경하려고 할 때, 조합원 3분의 2 이상의 찬성을 받아야 하는 것으로 옳은 것을 모두 고른 것은? (단, 조례는 고려하지 않음)

ㄱ. 조합의 명칭 및 사무소의 소재지
ㄴ. 조합원의 자격
ㄷ. 시공자·설계자의 선정 및 계약서에 포함될 내용
ㄹ. 정비사업비의 부담 시기 및 절차
ㅁ. 조합의 비용부담 및 조합의 회계

① ㄱ, ㄴ, ㄷ
② ㄱ, ㄹ, ㅁ
③ ㄴ, ㄷ, ㄹ
④ ㄱ, ㄴ, ㄷ, ㅁ
⑤ ㄴ, ㄷ, ㄹ, ㅁ

61. 도시 및 주거환경정비법령상 도시·주거환경정비기본계획(이하 '기본계획'이라 함) 및 정비계획에 관한 설명으로 틀린 것은?

① 정비구역에서는 「주택법」에 따른 지역주택조합의 조합원을 모집해서는 아니 된다.

② 기본계획의 내용 중 공동이용시설에 대한 설치계획을 변경하는 경우에는 지방도시계획위원회의 심의를 거쳐야만 한다.

③ 건축물의 건축선에 관한 계획은 정비계획에 포함되어야 한다.

④ 기본계획의 수립권자는 기본계획을 수립한 때에는 지체 없이 이를 해당 지방자치단체의 공보에 고시하고 일반인이 열람할 수 있도록 하여야 한다.

⑤ 정비구역의 지정권자는 정비구역의 진입로 설치를 위하여 필요한 경우에는 진입로 지역과 그 인접지역을 포함하여 정비구역을 지정할 수 있다.

62. 도시 및 주거환경정비법령상 조합의 설립에 관한 설명으로 옳은 것은?

① 조합설립인가를 받은 경우에는 따로 등기를 하지 않아도 조합이 성립된다.

② 조합임원은 같은 목적의 정비사업을 하는 다른 조합의 임원을 겸할 수 있다.

③ 재건축사업은 토지등의 소유자가 20인 미만인 경우에는 조합을 설립하지 않고 토지등소유자가 직접 시행할 수 있다.

④ 「주택법」에 따른 투기과열지구로 지정된 지역에서 재개발사업을 시행하는 경우에는 관리처분계획의 인가 후 해당 정비사업의 건축물 또는 토지를 양수(매매·증여, 그 밖의 권리의 변동을 수반하는 일체의 행위를 포함하되, 상속·이혼으로 인한 양도·양수의 경우는 제외)한 자는 조합원이 될 수 없다.

⑤ 조합임원이 결격사유에 해당하여 퇴임한 경우 그 임원이 퇴임 전에 관여한 행위는 효력을 잃는다.

63. 도시 및 주거환경정비법령상 관리처분계획에 따른 처분에 관한 설명으로 틀린 것은?

① 국토교통부장관, 시·도지사, 시장, 군수, 구청장 또는 토지주택공사등은 조합이 요청하는 경우 재개발사업의 시행으로 건설된 임대주택을 인수하여야 한다.

② 사업시행자는 공급대상자에게 주택을 공급하고 남은 주택을 공급대상자 외의 자에게 공급할 수 있다.

③ 정비사업의 시행으로 조성된 대지 및 건축물은 관리처분계획에 따라 처분 또는 관리하여야 한다.

④ 사업시행자는 분양신청을 받은 후 잔여분이 있는 경우에는 정관 등 또는 사업시행계획으로 정하는 목적을 위하여 그 잔여분을 보류지로 정하거나 조합원 또는 토지등소유자 이외의 자에게 분양할 수 있다.

⑤ 사업시행자는 관리처분계획인가를 받기 전 기존의 건축물을 철거하여야 한다.

64. 도시 및 주거환경정비법령상 청산금에 관한 설명으로 틀린 것은?

① 조합 총회의 의결을 거쳐 정한 경우에는 관리처분계획인가 후부터 소유권이전의 고시일까지 청산금을 분할징수할 수 있다.

② 청산금을 징수할 권리는 소유권이전의 고시일로부터 5년간 이를 행사하지 아니하면 소멸한다.

③ 청산금을 납부할 자가 이를 납부하지 아니하는 경우에 시장·군수등이 아닌 사업시행자는 시장·군수등에게 청산금의 징수를 위탁할 수 있다.

④ 종전에 소유하고 있던 토지의 가격과 분양받은 대지의 가격은 그 토지의 규모·위치·용도·이용상황·정비사업비 등을 참작하여 평가하여야 한다.

⑤ 정비사업의 시행지역 안에 있는 건축물에 저당권을 설정한 권리자는 그 건축물의 소유자가 지급받을 청산금에 대하여 청산금을 지급하기 전에 압류절차를 거쳐 저당권을 행사할 수 있다.

65. 주택법령상 리모델링주택조합을 제외한 주택조합의 설립에 관하여 (   )에 들어갈 내용을 바르게 나열한 것은?

> 주택을 마련하기 위하여 주택조합설립인가를 받으려는 자는 다음의 요건을 모두 갖추어야 한다.
> 1. 해당 주택건설대지의 (ㄱ)% 이상에 해당하는 토지의 사용권원을 확보할 것
> 2. 해당 주택건설대지의 (ㄴ)% 이상에 해당하는 토지의 소유권을 확보할 것

① ㄱ: 60, ㄴ: 10
② ㄱ: 60, ㄴ: 15
③ ㄱ: 80, ㄴ: 10
④ ㄱ: 80, ㄴ: 15
⑤ ㄱ: 80, ㄴ: 20

66. 주택법령상 사용검사 후 매도청구 등에 관한 설명으로 옳은 것은?

① 주택의 소유자들은 실소유자에게 해당 토지를 공시지가로 매도할 것을 청구할 수 있다.
② 실소유자가 소유권을 회복한 토지의 면적이 주택단지 전체 대지 면적의 5% 미만이어야 매도청구를 할 수 있다.
③ 실소유자가 해당 토지의 소유권을 회복한 날부터 1년이 경과한 이후에는 매도청구를 할 수 없다.
④ 대표자를 선정하여 매도청구에 관한 소송을 하는 경우 대표자는 복리시설을 포함하여 주택의 소유자 전체의 5분의 4 이상의 동의를 받아 선정하여야 한다.
⑤ 매도청구에 관한 소송에 대한 판결은 대표자 선정에 동의하지 않은 주택의 소유자에게는 효력이 미치지 않는다.

67. 주택법령상 사업계획승인권자는 사업주체의 신청을 받아 그 사유가 없어진 날부터 1년의 범위에서 공사의 착수기간을 연장할 수 있다. 그 사유로 볼 수 있는 것을 모두 고른 것은?

> ㄱ. 「매장유산 보호 및 조사에 관한 법률」 규정에 따라 국가유산청장의 매장유산 발굴허가를 받은 경우
> ㄴ. 해당 사업시행지에 대한 소유권 분쟁으로 인한 소송절차가 끝나서 공사착수가 지연되는 경우
> ㄷ. 사업계획승인의 조건으로 부과된 사항을 이행함에 따라 공사착수가 지연되는 경우
> ㄹ. 공공택지의 개발·조성을 위한 계획에 포함된 기반시설의 설치 지연으로 공사착수가 지연되는 경우

① ㄴ, ㄷ ② ㄱ, ㄴ, ㄹ ③ ㄱ, ㄷ, ㄹ
④ ㄴ, ㄷ, ㄹ ⑤ ㄱ, ㄴ, ㄷ, ㄹ

68. 주택법령상 리모델링의 허가 등에 관한 설명으로 <u>틀린</u> 것은?

① 입주자·사용자 또는 관리주체가 공동주택을 리모델링하려고 하는 경우에는 시장·군수·구청장의 허가를 받아야 한다.
② 리모델링주택조합이나 소유자 전원의 동의를 받은 입주자대표회의가 시장·군수·구청장의 허가를 받아 리모델링을 할 수 있다.
③ 대수선형 리모델링을 하려는 자는 시장·군수·구청장에게 안전진단을 요청하여야 하고, 안전진단을 요청받은 시장·군수·구청장은 해당 건축물의 대수선 가능 여부의 확인을 위하여 안전진단을 실시하여야 한다.
④ 안전진단으로 건축물 구조의 안전에 위험이 있다고 평가하여 「도시 및 주거환경정비법」에 따른 재건축사업 및 「빈집 및 소규모주택 정비에 관한 특례법」에 따른 소규모재건축사업의 시행이 필요하다고 결정한 건축물은 증축형 리모델링을 하여서는 아니 된다.
⑤ 설립인가를 받은 리모델링주택조합의 총회 또는 소유자 전원의 동의를 받은 입주자대표회의에서 「건설산업기본법」에 따른 건설업자 또는 건설업자로 보는 등록사업자를 경쟁입찰의 방법으로 시공자로 선정하여야 한다.

69. 주택법령상 용어에 관한 설명으로 옳은 것은?

① 폭 10m인 일반도로로 분리된 토지는 각각 별개의 주택단지이다.

② 공구란 하나의 주택단지에서 둘 이상으로 구분되는 일단의 구역으로서 공구별 세대수는 200세대 이상으로 해야 한다.

③ 세대구분형 공동주택이란 공동주택의 주택 내부 공간의 일부를 세대별로 구분하여 생활이 가능한 구조로 하되, 그 구분된 공간의 일부를 구분소유할 수 있는 주택이다.

④ 500세대인 국민주택규모의 단지형 연립주택은 도시형 생활주택에 해당한다.

⑤ 「산업입지 및 개발에 관한 법률」에 따른 산업단지개발사업에 의하여 개발·조성되는 공동주택이 건설되는 용지는 공공택지에 해당한다.

70. 주택법령상 지역주택조합에 관한 설명으로 옳은 것은?

① 등록사업자와 공동으로 주택건설사업을 하는 조합은 국토교통부장관에게 주택건설사업 등록을 하여야 한다.

② 조합과 등록사업자가 공동으로 사업을 시행하면서 시공하는 경우 등록사업자는 자신의 귀책사유로 발생한 손해에 대해서도 조합원에게 배상책임을 지지 않는다.

③ 조합설립인가 신청일부터 해당 조합주택의 입주가능일까지 주거전용면적 $80m^2$의 주택 1채를 보유하고, 6개월 이상 동일 지역에 거주한 세대주인 자는 조합원의 자격이 없다.

④ 조합원을 공개모집한 이후 조합원의 자격상실로 인한 결원을 충원하려면 시장·군수·구청장에게 신고하지 아니하고 선착순의 방법으로 조합원을 모집할 수 있다.

⑤ 조합원의 사망으로 인하여 조합원의 지위를 상속받으려는 자는 무주택자이어야 한다.

71. 주택법령상 사업주체의 행위제한에 관한 설명으로 틀린 것은?

① 사업주체는 사업계획승인을 얻어 시행하는 주택건설사업에 의하여 건설된 주택 및 대지에 대하여는 입주자모집공고 승인신청일 이후부터 입주예정자가 당해 주택 및 대지의 소유권이전등기를 신청할 수 있는 날(입주 가능한 날) 이후 60일까지의 기간 동안 입주예정자의 동의 없이 일정한 행위를 하여서는 아니 된다.

② 위 ①의 경우, 일정한 행위란 해당 주택 및 대지에 저당권 또는 가등기담보권 등 담보물권을 설정하는 행위, 전세권·지상권 또는 등기되는 부동산임차권을 설정하는 행위, 매매 또는 증여 등의 방법으로 처분하는 행위를 말한다.

③ 저당권설정 등의 제한을 할 때 사업주체는 입주예정자의 동의 없이는 양도하거나 제한물권을 설정하거나 압류·가압류·가처분 등의 목적물이 될 수 없는 재산임을 소유권등기에 부기등기하여야 한다.

④ 부기등기는 주택건설대지에 대하여 입주자모집공고 승인신청과 동시에 하여야 하고, 건설된 주택에 대하여는 소유권보존등기와 동시에 하여야 한다.

⑤ 부기등기일 이후에 당해 대지 또는 주택을 양수하거나 제한물권을 설정받은 경우 또는 압류·가압류·가처분 등의 목적물로 한 경우에는 그 법률행위를 취소할 수 있다.

72. 건축법령상 다중이용 건축물에 해당하지 않는 것은? (단, 불특정한 다수의 사람들이 이용하는 건축물을 전제로 함)

① 종교시설로 사용하는 바닥면적의 합계가 7천m^2인 3층의 성당
② 문화 및 집회시설로 사용하는 바닥면적의 합계가 3천m^2인 16층의 전시장
③ 판매시설로 사용하는 바닥면적의 합계가 6천m^2인 5층의 도매시장
④ 업무시설로 사용하는 바닥면적의 합계가 4천m^2인 16층의 오피스텔
⑤ 관광휴게시설로 사용하는 바닥면적의 합계가 5천m^2인 3층의 야외극장

73. 건축법령상 건축물의 높이제한에 관한 설명으로 옳은 것을 모두 고른 것은? (단, 건축법 제73조에 따른 적용 특례 및 조례는 고려하지 않음)

> ㄱ. 허가권자는 같은 가로구역에서 건축물의 용도 및 형태에 따라 건축물의 높이를 다르게 정할 수 있다.
> ㄴ. 시장·군수는 도시의 관리를 위하여 필요하면 가로구역별 건축물의 높이를 시·군의 조례로 정할 수 있다.
> ㄷ. 상업지역에서 건축물을 건축하는 경우에는 일조의 확보를 위하여 건축물을 인접 대지경계선으로부터 1.5m 이상 띄어 건축하여야 한다.

① ㄱ ② ㄴ
③ ㄱ, ㄷ ④ ㄴ, ㄷ
⑤ ㄱ, ㄴ, ㄷ

74. 건축법령상 건축물이 있는 대지는 일정면적에 미달되게 분할할 수 없다. 조례의 기준이 되는 용도지역별 최소면적기준으로서 옳은 것은?

① 일반공업지역: 600m^2
② 자연녹지지역: 100m^2
③ 계획관리지역: 250m^2
④ 근린상업지역: 150m^2
⑤ 제1종 전용주거지역: 100m^2

75. 건축법령상 건축물의 설계자가 건축구조기술사의 협력을 받아서 건축물에 대한 구조의 안전을 확인하여야 하는 대상으로 볼 수 없는 것은?

① 5층인 건축물
② 특수구조건축물
③ 다중이용 건축물
④ 준다중이용 건축물
⑤ 3층 이상의 필로티 형식 건축물

76. 건축법령상 건축물의 재료 및 설비에 관한 내용으로 틀린 것은?

① 욕실, 화장실, 목욕장 등의 바닥 마감재료는 미끄럼을 방지할 수 있도록 국토교통부령으로 정하는 기준에 적합하여야 한다.
② 고층건축물에는 건축물에 설치하는 승용승강기 중 1대 이상을 대통령령으로 정하는 바에 따라 피난용 승강기로 설치하여야 한다.
③ 건축주는 6층 이상으로서 연면적이 2천m^2 이상인 건축물(대통령령으로 정하는 건축물은 제외)을 건축하려면 승강기를 설치하여야 한다.
④ 60분 방화문은 연기 및 불꽃을 차단할 수 있는 시간이 60분 이상인 방화문을 말한다.
⑤ 허가권자는 지능형 건축물로 인증을 받은 건축물에 대하여 조경설치면적을 100분의 90까지 완화하여 적용할 수 있다.

77. 건축법령상 건축허가에 관한 설명으로 틀린 것은?

① A도 B시에서 30층인 건축물을 건축하려는 자는 허가신청 전에 B시장에게 그 건축물의 건축이 법령에서 허용되는지에 대한 사전결정을 신청할 수 있다.

② 건축위원회의 심의를 받은 자가 심의 결과를 통지받은 날부터 2년 이내에 건축허가를 신청하지 아니하면 건축위원회 심의의 효력이 상실된다.

③ 위락시설 또는 숙박시설의 경우 주거환경 또는 교육환경 등을 고려하여 건축위원회의 심의를 거쳐 건축허가를 하지 아니할 수 있다.

④ 허가권자는 허가를 받은 자가 착공신고 전에 경매 또는 공매 등으로 건축주가 대지의 소유권을 상실한 때부터 6개월이 경과한 이후 공사의 착수가 불가능하다고 판단되는 경우에는 그 허가를 취소하여야 한다.

⑤ 건축허가 또는 허가받은 건축물의 착공을 제한하는 경우 그 제한기간은 2년 이내로 하되, 그 제한기간을 연장할 수는 없다.

78. 건축법령상 공개공지등에 관한 설명으로 틀린 것은?

① 공개공지등의 면적은 대지면적의 100분의 10 이하의 범위에서 건축조례로 정한다.

② 판매시설(농수산물유통시설은 제외)로서 해당 용도로 쓰는 바닥면적의 합계가 5천m^2 이상인 건축물은 공개공지를 확보하여야 한다.

③ 공개공지에는 환경친화적으로 편리하게 이용할 수 있도록 긴의자 등 건축조례로 정하는 시설을 설치하여야 한다.

④ 공개공지 또는 공개공간을 설치하여 건축하는 경우에는 해당 지역에 적용되는 용적률 및 건폐율의 1.2배 이하의 범위에서 완화하여 적용할 수 있다.

⑤ 공개공지등에는 연간 60일 이내의 기간 동안 건축조례로 정하는 바에 따라 주민들을 위한 문화행사를 열거나 판촉활동을 할 수 있다.

79. 농지법상 (　　)에 들어갈 숫자를 바르게 나열한 것은?

> 시·구·읍·면의 장은 농지취득자격증명의 발급신청을 받은 때에는 그 신청을 받은 날부터 (ㄱ)일[농업경영계획서 또는 주말·체험영농계획서를 작성하지 아니하고 농지취득자격증명의 발급신청을 할 수 있는 경우에는 (ㄴ)일, 농지위원회의 심의대상의 경우에는 (ㄷ)일] 이내에 신청인에게 농지취득자격증명을 발급하여야 한다.

① ㄱ: 5, ㄴ: 4, ㄷ: 12
② ㄱ: 5, ㄴ: 4, ㄷ: 14
③ ㄱ: 7, ㄴ: 4, ㄷ: 12
④ ㄱ: 7, ㄴ: 4, ㄷ: 14
⑤ ㄱ: 7, ㄴ: 5, ㄷ: 14

80. 농지법령상 농업에 종사하는 개인으로서 농업인에 해당하는 자는?

① 가금(家禽: 집에서 기르는 날짐승) 500수를 사육하는 자

② 농지에 300m^2의 비닐하우스를 설치하여 다년생식물을 재배하는 자

③ 농산물의 연간 판매액이 100만원인 자

④ 900m^2의 농지에서 다년생식물을 재배하면서 1년 중 80일을 농업에 종사하는 자

⑤ 소가축 80두를 사육하면서 1년 중 150일을 축산업에 종사하는 개인

정답 및 해설	p.93

정답 및 해설 p.93

시작시간: ______ 시 ______ 분 ~ 종료시간: ______ 시 ______ 분

2025년도 제36회 공인중개사 2차 국가자격시험

실전모의고사 제5회

교 시	문제형별	시험시간	시험과목
2교시	A	50분	❶ 부동산공시에 관한 법령 및 부동산 관련 세법

수험번호		성 명	

[수험자 유의사항]

1. 시험문제지는 **단일 형별(A형)**이며, 답안카드 형별 기재란에 표시된 형별(A형)을 확인하시기 바랍니다. 시험문제지의 **총면수, 문제번호 일련순서, 인쇄상태** 등을 확인하시고, 문제지 표지에 수험번호와 성명을 기재하시기 바랍니다.

2. 답은 각 문제마다 요구하는 **가장 적합하거나 가까운 답 1개**만 선택하고, 답안카드 작성 시 시험문제지 **마킹착오**로 인한 불이익은 전적으로 **수험자에게 책임**이 있음을 알려드립니다.

3. 답안카드는 국가전문자격 공통 표준형으로 문제번호가 1번부터 125번까지 인쇄되어 있습니다. 답안 마킹 시에는 반드시 **시험문제지의 문제번호와 동일한 번호**에 마킹하여야 합니다. (2차 2교시 : 1번~40번)

4. **감독위원의 지시에 불응하거나 시험시간 종료 후 답안카드를 제출하지 않을 경우** 불이익이 발생할 수 있음을 알려 드립니다.

5. 시험문제지는 시험 종료 후 가져가시기 바랍니다.

6. 답안작성은 **시험 시행일(2025.10.25.) 현재 시행되는 법령 등**을 적용하시기 바랍니다.

7. 가답안 의견제시에 대한 개별회신 및 공고는 하지 않으며, **최종 정답 발표로 갈음**합니다.

8. 시험 중 **중간 퇴실은 불가**합니다. 단, 부득이하게 퇴실할 경우 **시험포기각서 제출 후 퇴실은 가능**하나 **재입실이 불가**하며, **해당시험은 무효처리됩니다.**

eduwill

제1과목: 부동산공시에 관한 법령 및 부동산 관련 세법

1. 공간정보의 구축 및 관리 등에 관한 법령상 면적측정의 대상에 해당하는 것을 모두 고른 것은?

> ㄱ. 면적 또는 경계를 정정하는 경우
> ㄴ. 지적공부를 복구하는 경우
> ㄷ. 미터법의 시행으로 면적을 환산하는 경우
> ㄹ. 임야대장등록지를 토지대장등록지로 옮겨 등록하는 경우

① ㄱ, ㄴ ② ㄴ, ㄹ
③ ㄱ, ㄴ, ㄹ ④ ㄱ, ㄷ, ㄹ
⑤ ㄴ, ㄷ, ㄹ

2. 개업공인중개사 甲이 건물을 신축할 목적으로 토지를 매수하려는 乙에게 설명하기 위하여 지적공부를 통해 중개대상물을 확인한 내용으로 <u>틀린</u> 것은?

① 토지대장에서 지목과 면적을 확인하였다.
② 공유지연명부에서 공유자와 그 지분을 확인하였다.
③ 지적도에서 인접토지의 경계를 확인하였다.
④ 경계점좌표등록부에서 경계점에 대한 좌표를 확인하였다.
⑤ 대지권등록부에서 용도지역을 확인하였다.

3. 공간정보의 구축 및 관리 등에 관한 법령상 지적공부에 관한 설명으로 <u>틀린</u> 것은?

① 정보처리시스템을 통하여 기록·저장한 지적공부의 전부가 멸실된 경우에는 국토교통부장관은 지체 없이 이를 복구하여야 한다.
② 국토교통부장관은 정보처리시스템을 통하여 지적정보관리체계에 기록·저장한 지적공부가 멸실될 경우를 대비하여 지적공부를 복제하여 관리하는 정보관리체계를 구축하여야 한다.
③ 지적소관청은 부동산종합공부를 영구히 보존하여야 하며, 부동산종합공부의 멸실에 대비하여 이를 별도로 복제하여 관리하는 정보관리체계를 구축하여야 한다.
④ 국토교통부장관은 지적공부의 효율적인 관리 및 활용을 위하여 지적정보전담관리기구를 설치·운영한다.
⑤ 지빙자치단체의 장이 지적전산자료를 신청하는 경우에는 지적전산자료의 이용 목적 등에 관하여 미리 관계 중앙행정기관의 심사를 받지 않아도 된다.

4. 공간정보의 구축 및 관리 등에 관한 법령상 지적전산자료의 이용과 활용에 관한 설명으로 <u>틀린</u> 것은?

① 전국 단위의 지적전산자료를 이용하거나 활용하려는 자는 국토교통부장관, 시·도지사 또는 지적소관청에 신청하여야 한다.
② 「개인정보 보호법」 제2조 제1호에 따른 개인정보를 포함한 지적전산자료를 신청하는 경우에는 관계 중앙행정기관의 심사를 받지 아니할 수 있다.
③ 지적전산자료의 이용·활용 신청을 받은 국토교통부장관, 시·도지사 또는 지적소관청은 '신청한 사항의 처리가 전산정보처리조직으로 불가능한 경우'나 '신청한 사항의 처리가 지적업무수행에 지장을 주는 경우'에는 지적전산자료를 제공하지 않을 수 있다.
④ 중앙행정기관의 장, 그 소속 기관의 장 또는 지방자치단체의 장이 지적전산자료를 신청하는 경우에는 관계 중앙행정기관의 심사를 요하지 않는다.
⑤ 심사신청을 받은 관계 중앙행정기관의 장이 심사할 사항은 신청내용의 타당성·적합성·공익성과 개인의 사생활 침해 여부 등이다.

5. 공간정보의 구축 및 관리 등에 관한 법령상 등록전환에 관한 설명으로 옳은 것은?

① 지번설정은 그 지번부여지역의 최종 본번의 다음 본번으로 순차적으로 부여하는 것이 원칙이다.
② 등록전환하려는 토지에 건축허가를 받은 경우가 아니라 사용승인을 받은 때에 등록전환신청을 할 수 있다.
③ 토지소유자는 도시·군관리계획선에 따라 토지를 분할하는 경우에 등록전환을 신청할 수 있다.
④ 임야도에 등록된 토지를 지적도에 옮겨 등록하는 것이므로 축척변경측량을 실시하여야 한다.
⑤ 임야대장의 면적과 등록전환될 면적이 허용범위 이내인 경우에는 임야대장의 면적을 새로운 토지대장에 옮겨 적는다.

6. 공간정보의 구축 및 관리 등에 관한 법령상 경계 및 면적에 관한 설명으로 <u>틀린</u> 것은?

① 공공사업 등에 따라 학교용지, 철도용지, 도로 등의 지목으로 되는 토지의 사업시행자가 토지를 분할하는 경우에는 지상건축물을 걸리게 결정할 수 있다.
② 소유권이전, 매매 등을 위하여 토지를 분할하려는 경우에 지상경계점에 경계점표지를 설치한 후 측량할 수 있다.
③ 경위의측량방법으로 세부측량을 한 지역의 필지별 면적측정은 전자면적측정기에 의하여 면적을 측정한다.
④ 경계점좌표등록부를 갖춰두는 지역의 토지면적은 m^2 이하 한 자리 단위로 등록한다.
⑤ 지적도의 축척이 600분의 1인 지역에서 $0.1m^2$ 미만의 끝수가 $0.05m^2$일 때에는 구하려는 끝자리의 숫자가 0 또는 짝수이면 버리고 홀수이면 올린다.

7. 공간정보의 구축 및 관리 등에 관한 법령상 토지의 용도와 지목이 옳게 연결된 것은?

① 자동차 판매목적으로 설치된 야외전시장의 부지 – 주차장
② 과수원 내에 있는 주거용 건축물의 부지 – 과수원
③ 원상회복을 조건으로 흙을 파내는 곳으로 허가된 토지 – 잡종지
④ 자동차정비공장 내 급유시설부지 – 공장용지
⑤ 백화점 건축물부지의 부설주차장 – 주차장

8. 공간정보의 구축 및 관리 등에 관한 법령상 지적소관청은 축척변경 확정공고를 하였을 때에는 지체 없이 축척변경에 따라 확정된 사항을 지적공부에 등록하여야 한다. 이 경우 지적도에 등록하는 기준으로 옳은 것은?

① 축척변경 시행계획에 따른다.
② 청산금납부고지서에 따른다.
③ 토지이동현황 조사계획서에 따른다.
④ 확정공고된 축척변경 지번별 조서에 따른다.
⑤ 축척변경 확정측량 결과도 또는 경계점좌표에 따른다.

9. 공간정보의 구축 및 관리 등에 관한 법령상 지적소관청이 토지의 이동에 따라 지상경계를 새로 정한 경우 지상경계점등록부에 등록할 사항에 해당하지 <u>않는</u> 것은?

① 토지의 소재, 지번
② 토지소유자의 성명
③ 경계점 위치 설명도
④ 경계점의 사진 파일
⑤ 공부상 지목과 실제 토지이용 지목

10. 공간정보의 구축 및 관리 등에 관한 법령상 지적공부 정리에 관한 설명으로 틀린 것은?

① 지적공부에 신규등록하는 토지의 소유자에 관한 사항은 등기관서에서 등기한 것을 증명하는 등기완료통지서, 등기필정보, 등기사항증명서 또는 등기관서에서 제공한 등기전산정보자료에 따라 정리한다.

② 지적소관청은 지적공부의 등록사항 중 지적도 및 임야도에 등록된 필지가 면적의 증감 없이 경계의 위치만 잘못된 경우를 발견하면 직권으로 조사·측량하여 정정할 수 있다.

③ 관할 등기소의 소유권변경통지서에 따라 소유자를 정리하려는 경우에 등기부에 적혀 있는 토지의 표시가 지적공부와 일치하지 아니하면 지적공부의 토지소유자를 정리할 수 없고 그 불일치 사실을 관할 등기관서에 통지하여야 한다.

④ 행정구역의 명칭이 변경되었으면 지적공부에 등록된 토지의 소재는 새로운 행정구역의 명칭으로 변경된 것으로 본다.

⑤ 지적소관청은 토지소유자의 변동 등에 따른 지적공부를 정리하려는 경우에는 소유자정리결의서를 작성하여야 한다.

11. 공간정보의 구축 및 관리 등에 관한 법령상 지적측량에 관한 설명으로 옳은 것을 모두 고른 것은?

ㄱ. 「지적재조사에 관한 특별법」에 의한 지적재조사측량도 지적측량에 포함된다.
ㄴ. 지적기준점을 설치하지 않고 분할측량을 하는 경우에 측량기간은 5일, 측량검사기간은 4일로 한다.
ㄷ. 지적측량수행자가 경계복원측량을 마친 경우에는 지적소관청의 검사를 받지 아니한다.

① ㄱ
② ㄴ
③ ㄱ, ㄴ
④ ㄴ, ㄷ
⑤ ㄱ, ㄴ, ㄷ

12. 토지소유자 甲은 1필지에 대한 등록전환측량을 지적측량수행자에게 의뢰하였다. 아래 내용일 경우 측량검사기간을 포함한 측량 및 측량검사기간의 전체 기간으로 옳은 것은?

토지소유자 甲이 측량을 의뢰한 토지소재지는 읍·면지역이며, 지적측량기준점 17점을 설치하여 등록전환측량을 실시하여야 한다.

① 5일
② 9일
③ 11일
④ 19일
⑤ 21일

13. 등기권리자와 등기의무자가 공동으로 신청하여야 하는 등기는?

① 매수인이 이행판결을 받은 경우의 소유권이전등기
② 변제로 인한 피담보채권의 소멸에 의한 저당권설정등기의 말소등기
③ 상속을 원인으로 한 소유권이전등기
④ 혼동으로 소멸한 저당권의 말소등기
⑤ 등기명의인표시 변경등기

14. 다음의 등기 중 일괄하여 신청 또는 촉탁할 수 없는 경우는?

① 같은 채권의 담보를 위하여 소유자가 다른 여러 개의 부동산에 대한 저당권설정등기를 신청하는 경우
② 매각으로 인한 소유권이전등기 및 경매개시결정등기의 말소등기를 촉탁하는 경우
③ 甲이 소유하는 토지와 그 지상의 건물을 乙에게 매매를 원인으로 소유권이전등기를 신청하는 경우
④ 동일한 등기목적과 등기원인으로 수인의 공유자가 수인에게 지분의 전부를 이전하는 등기를 신청하는 경우
⑤ 공매처분으로 인한 권리이전등기, 공매처분으로 인해 소멸한 권리의 말소등기, 체납처분에 관한 압류등기 및 공매공고등기의 말소등기를 촉탁하는 경우

15. 등기필정보에 관한 설명으로 틀린 것은?

① 토지소유자가 지목변경을 원인으로 부동산의 표시변경등기를 신청하는 경우에 등기필정보를 제공하지 않고, 등기관은 그 변경등기를 마친 후에도 등기필정보를 작성하지 않는다.

② 관공서가 부동산을 취득하여 소유권이전등기를 촉탁하는 경우는 물론 관공서가 소유자와 공동으로 신청하는 경우에도 등기필정보를 제공하지 않는다.

③ 지상권설정등기를 신청하는 경우 등기의무자인 지상권설정자는 등기필정보를 제공하여야 하고, 등기관은 지상권설정등기를 마친 후에는 등기필정보를 작성하여 지상권자에게 통지하여야 한다.

④ 승소한 등기권리자가 소유권이전등기를 단독으로 신청하는 경우에 등기의무자의 등기필정보를 제공하지 않지만, 등기관은 그 등기를 마친 후에 등기필정보를 작성해서 등기권리자에게 통지하여야 한다.

⑤ 승소한 등기의무자가 소유권이전등기를 단독으로 신청하는 경우에 등기의무자의 등기필정보를 제공하고, 등기관은 그 등기를 마친 후에 등기필정보를 작성해서 등기권리자에게 통지하여야 한다.

16. 등기기록 및 신청서의 보관과 공개에 관한 설명으로 틀린 것은?

① 등기부와 폐쇄등기부 및 공동담보목록은 등기정보중앙관리소에 영구보존한다.

② 구분건물에 대한 등기사항증명서의 발급에 관하여는 1동의 건물의 표제부와 해당 전유부분에 관한 등기기록을 1개의 등기기록으로 본다.

③ 등기소는 법원의 송부명령이 있으면 신청서와 등기신청 시 첨부한 서면을 법원에 송부하여야 한다.

④ 신청서와 등기신청 시 첨부한 서면에 대하여 등기상 이해관계인은 증명발급 및 열람을 청구할 수 있다.

⑤ 신탁원부, 공동담보(전세)목록, 도면 또는 매매목록은 그 사항의 증명도 함께 신청하는 뜻의 표시가 있는 경우에만 등기사항증명서에 이를 포함하여 발급한다.

17. 부동산소유권이전등기에 관한 설명으로 옳은 것을 모두 고른 것은?

> ㄱ. 조합원 중 1인이 사망한 경우에는 그 조합원의 상속인 명의로 상속을 원인으로 소유권이전등기를 할 것이 아니라 잔존 합유자로 합유명의인변경등기를 하여야 한다.
> ㄴ. 소유권이전등기를 신청할 때 1개의 신고필증에 2개 이상의 부동산이 기록된 경우에는 매매목록을 첨부하여야 한다.
> ㄷ. 공유물분할판결이 확정된 경우에 승소한 원고는 공유물분할을 원인으로 소유권일부이전등기를 단독으로 신청할 수 있지만, 패소한 피고는 소유권일부이전등기를 단독으로 신청할 수 없다.
> ㄹ. 상속등기 전에 상속 부동산에 대하여 상속인 중 1인이 소유하기로 협의분할이 있는 경우, 그 상속인이 협의분할에 의한 상속을 원인으로 소유권이전등기를 단독으로 신청할 수 있다.

① ㄱ, ㄴ　　② ㄴ, ㄹ
③ ㄱ, ㄴ, ㄹ　　④ ㄱ, ㄷ, ㄹ
⑤ ㄴ, ㄷ, ㄹ

18. 하천법상 하천에 대하여 등기를 할 수 있는 권리를 모두 고른 것은?

> ㄱ. 저당권
> ㄴ. 임차권
> ㄷ. 지상권
> ㄹ. 소유권

① ㄱ, ㄴ　　② ㄱ, ㄹ
③ ㄴ, ㄷ　　④ ㄴ, ㄹ
⑤ ㄱ, ㄷ, ㄹ

19. (근)저당권등기에 관한 설명으로 <u>틀린</u> 것은?

① 전세권을 목적으로 하는 저당권설정등기는 전세권등기에 부기등기로 실행한다.

② 근저당권설정자가 물상보증인인 경우 근저당권이전등기를 신청할 때에 그의 승낙을 증명하는 정보를 첨부정보로서 제공하여야 한다.

③ 일정한 금액을 목적으로 하지 않는 채권을 담보하기 위한 저당권설정등기를 신청하는 경우, 그 채권의 평가액을 신청정보의 내용으로 등기소에 제공하여야 한다.

④ 근저당권설정 후 소유권이 제3자에게 이전된 경우, 근저당권설정등기의 말소등기는 근저당권설정자 또는 제3취득자가 등기권리자가 되어 근저당권자와 공동으로 신청할 수 있다.

⑤ A토지에 대한 근저당권자 甲이 그 토지의 소유권을 취득한 경우, 그 근저당권의 말소등기는 甲이 단독으로 신청할 수 있다.

20. 등기를 마친 경우에 등기관이 지적소관청 또는 건축물대장 소관청에 통지하지 <u>않는</u> 경우는?

① 소유권이전등기

② 소유권이전의 말소등기

③ 저당권설정등기

④ 소유권경정등기

⑤ 소유권보존등기

21. X토지에 관하여 A등기청구권보전을 위한 가등기 이후, B - C의 순서로 각 등기가 적법하게 마쳐졌다. B등기가 직권말소의 대상인 것은? (A, B, C등기는 X를 목적으로 함)

	A	B	C
①	지상권설정 —	가압류등기	— 지상권설정본등기
②	전세권설정 —	가처분등기	— 전세권설정본등기
③	임차권설정 —	저당권설정등기	— 임차권설정본등기
④	소유권이전 —	전세권설정등기	— 소유권이전본등기
⑤	저당권설정 —	소유권이전등기	— 저당권설정본등기

22. 부동산등기법상 신탁등기에 대한 설명으로 <u>틀린</u> 것은?

① 신탁가등기는 소유권이전청구권보전을 위한 가등기와 동일한 방식으로 신청하되, 신탁원부 작성을 위한 정보도 첨부정보로서 제공하여야 한다.

② 법원은 수탁자 해임의 재판을 한 경우, 지체 없이 신탁원부 기록의 변경등기를 등기소에 촉탁하여야 한다.

③ 등기관이 신탁등기를 할 때에는 신탁원부를 작성하고, 등기기록에는 그 신탁원부의 번호 및 신탁재산에 속하는 부동산의 거래에 관한 주의사항을 기록하여야 한다.

④ 신탁재산이 소유권인 경우 등기관은 신탁재산에 속하는 부동산의 거래에 관한 주의사항을 신탁등기에 부기등기로 기록하여야 한다.

⑤ 등기관이 신탁등기의 말소등기를 할 때에는 '신탁재산에 대한 주의사항'을 기록한 부기등기를 수탁자의 단독신청으로 말소한다.

23. 부기등기에 관한 설명으로 <u>틀린</u> 것은?

① 소유권을 목적으로 하는 가압류등기는 주등기로, 전세권을 목적으로 하는 가압류등기는 부기등기로 실행한다.

② 소유권이전등기의 말소등기는 주등기로, 지상권설정등기의 말소등기는 부기등기로 실행한다.

③ 채권양도를 원인으로 한 저당권이전등기는 부기등기로 실행한다.

④ 권리소멸약정등기는 부기등기로 실행한다.

⑤ 환매권의 이전등기는 부기등기의 부기등기로 실행한다.

24. 등기관의 처분에 대한 이의절차에 관한 설명으로 틀린 것은?

① 이의신청은 결정 또는 처분을 한 등기관이 속한 등기소에 이의신청서를 제출하거나 전산정보처리조직을 이용하여 이의신청정보를 보내는 방법으로 한다.

② 저당권이전등기가 마쳐진 후 저당권설정자는 저당권이전등기의 절차적 부당함을 이유로 이의신청을 할 수 있다.

③ 소유권이전등기신청의 각하결정에 대하여 이의신청이 있는 경우, 관할 지방법원은 결정 전에 가등기명령을 할 수 있다.

④ 소유권이전등기의 기록명령이 있더라도 이미 제3자 명의로 소유권이전등기가 마쳐진 경우에는 기록명령에 따른 등기를 할 수 없다.

⑤ 등기관이 관할 지방법원의 기록명령에 따른 등기를 하기 위하여 신청인에게 첨부정보를 다시 등기소에 제공할 것을 명령하였으나, 신청인이 이에 응하지 아니한 경우에는 기록명령에 따른 등기를 할 수 없다.

25. 부동산 양도단계에서 과세될 수 있는 조세를 모두 고른 것은?

ㄱ. 지방소득세
ㄴ. 종합부동산세
ㄷ. 종합소득세
ㄹ. 농어촌특별세
ㅁ. 지방교육세

① ㄱ, ㄴ, ㄹ ② ㄱ, ㄴ, ㅁ
③ ㄱ, ㄷ, ㄹ ④ ㄷ, ㄹ, ㅁ
⑤ ㄱ, ㄴ, ㄷ, ㄹ

26. 매각대금에서 그 재산에 대해 부과된 다음의 조세를 징수하는 경우 법정기일 전에 저당권설정등기하였더라도 이 저당권에 따라 담보된 채권에 우선하여 징수하는 세목에 해당하는 것은?

① 취득세에 부가되는 농어촌특별세
② 종합소득세
③ 소방분 지역자원시설세
④ 등록면허세
⑤ 양도소득세

27. 지방세법상 취득세 납세의무 성립시기가 되는 취득시기에 관한 설명으로 틀린 것은?

① 증여취득한 부동산을 등기하지 아니하고 취득일부터 취득일이 속하는 달의 말일부터 3개월 이내에 제출된 계약해제신고서로 계약이 해제된 사실이 입증되는 경우 취득한 것으로 보지 않는다.

② 유상승계취득의 경우에는 사실상의 잔금지급일에 취득한 것으로 본다. 다만, 취득일 전에 등기 또는 등록을 한 경우에는 그 등기일 또는 등록일에 취득한 것으로 본다.

③ 토지의 지목변경에 따른 취득은 토지의 지목이 사실상 변경된 날과 공부상 변경된 날 중 빠른 날을 취득일로 본다. 다만, 토지의 지목변경일 이전에 사용하는 부분에 대해서는 그 사실상의 사용일을 취득일로 본다.

④ 「민법」 제245조 및 제247조에 따른 점유로 인한 취득의 경우에는 취득물건의 등기일 또는 등록일을 취득일로 본다.

⑤ 연부로 취득하는 것(취득가액의 총액 1억원)은 최종 연부금 지급일을 취득일로 본다.

28. 지방세법상 취득세 세율에 관한 설명으로 틀린 것은? (단, 주어진 조건 이외의 법률규정은 고려하지 아니함)

① 상속으로 인한 농지의 취득 시 적용되는 표준세율은 1천분의 23이다.

② 유상거래를 원인으로 농지의 취득 시 적용되는 표준세율은 1천분의 30이다.

③ 상가건물을 증여취득 시 적용되는 표준세율은 1천분의 35이다(수증자가 비영리사업자에 해당하지 아니함).

④ 유상거래를 원인으로 주택을 취득함으로써 1세대 1주택이 된 경우 취득가액이 5억원일 때 1천분의 10의 세율을 적용한다.

⑤ 건축물의 개수로 인하여 건축물의 면적이 증가할 때 그 증가된 부분에 대하여는 중과기준세율을 적용한다.

29. 지방세법상 취득세 납세절차에 관한 설명으로 틀린 것은?

① 상속에 의하여 부동산을 취득한 경우 상속개시일이 속하는 달의 말일부터 6개월 이내에 신고하고 납부하여야 한다(외국에 주소를 둔 상속인 없음).

② 지방자치단체의 장은 취득세 납세의무가 있는 법인이 장부작성, 보존의 의무를 이행하지 아니하는 경우에는 산출된 세액 또는 부족세액의 100분의 10에 상당하는 금액을 징수하여야 할 세액에 가산한다.

③ 취득가액이 50만원 이하인 때에는 취득세를 부과하지 않는 것이 원칙이다.

④ 토지의 지목변경에 대한 취득세를 신고하지 아니하고 매각하는 경우에는 산출세액에 산출세액의 100분의 80을 가산한 금액을 세액으로 하고 보통징수의 방법으로 징수한다.

⑤ 취득세 과세대상 물건을 취득한 후에 그 과세물건이 중과세대상이 된 때에는 중과세율 적용대상이 된 날부터 60일 이내에 중과세율을 적용하여 산출한 세액에서 이미 납부한 세액(가산세 제외)을 공제한 금액을 세액으로 하여 신고하고 납부하여야 한다.

30. 지방세법상 등기·등록에 대한 등록면허세의 과세표준과 세율에 관한 설명으로 틀린 것은?

① 취득세 제척기간이 만료된 부동산소유권등기 시 과세표준은 「지방세법」 제10조의2부터 제10조의6까지에서 정하는 취득당시가액으로 한다.

② 채권금액으로 과세액을 정하는 경우에 일정한 채권금액이 없을 때에는 채권의 목적이 된 것의 가액 또는 처분의 제한의 목적이 된 금액을 그 채권금액으로 본다.

③ 부동산 등록에 대한 등록면허세 과세표준은 등록자의 신고에 따른다. 다만, 신고가 없거나 신고가액이 시가표준액보다 적은 경우에는 시가표준액을 과세표준으로 한다.

④ 증여를 원인으로 한 소유권이전등기 시 적용되는 세율은 부동산가액의 1천분의 15이다.

⑤ 임차권설정 시 적용되는 세율은 월임대차금액의 1천분의 2이다.

31. 지방세법상 부동산등기에 대한 등록면허세에 관한 설명으로 옳은 것은?

① 부동산 등기 시 납세지는 등록관청의 소재지이다.

② 신고의무를 다하지 아니하고 등기·등록에 대한 등록면허세 산출세액을 등록을 하기 전까지 납부한 경우 「지방세기본법」상 무신고가산세를 부과한다.

③ 무덤과 이에 접속된 부속 시설물의 부지로 사용되는 토지로서 지적공부상 지목이 묘지인 토지에 관한 등기는 등록면허세가 과세되지 않는다.

④ 취득세 부과제척기간이 만료되어 취득당시가액을 과세표준으로 할 경우 등기·등록 당시에 자산재평가 또는 감가상각 등의 사유로 그 가액이 달라진 경우도 변경 전 가액을 과세표준으로 한다.

⑤ 지방자치단체의 장은 채권자대위자의 신고납부가 있는 경우 납세의무자에게 그 사실을 다음 달 10일까지 통보하여야 한다.

32. 지방세법상 주택에 대한 재산세에 관한 설명으로 틀린 것은?

① 건축물에서 허가 등이나 사용승인(임시사용승인을 포함)을 받지 아니하고 주거용으로 사용하는 면적이 전체 건축물 면적(허가 등이나 사용승인을 받은 면적을 포함)의 100분의 50 이상인 경우에는 그 건축물 전체를 주택으로 보지 아니하고, 그 부속토지는 종합합산과세대상 토지로 본다.

② 1구(構)의 건물이 주거와 주거 외의 용도로 사용되고 있는 경우에는 주거용으로 사용되는 면적이 전체의 100분의 50 이상인 경우에는 주택으로 본다.

③ 주택의 부속토지의 경계가 명백하지 아니한 경우에는 그 주택의 바닥면적의 10배에 해당하는 토지를 주택의 부속토지로 한다.

④ 주택의 재산세 과세표준은 관할구역에 있는 주택의 시가표준액을 합산한 금액에 100분의 60을 곱하여 산정한 가액으로 한다(단, 1세대 1주택에 해당하지 아니함).

⑤ 주택분 재산세의 표준세율은 1천분의 1~1천분의 4의 초과누진세율로 한다(단, 1세대 1주택자에 해당하지 아니함).

33. 지방세법상 재산세 납세의무자에 관한 설명으로 틀린 것은?

① 재산세 과세대상 재산을 여러 사람이 공유하는 경우에는 그 지분권자가 재산세를 납부할 의무가 있다. 다만, 지분의 표시가 없는 경우에는 과세관청이 지정한 자가 재산세를 납부할 의무가 있다.

② 「도시개발법」에 따라 시행하는 환지방식에 의한 도시개발사업 시행에 따른 체비지와 보류지는 사업시행자가 재산세를 납부할 의무를 진다.

③ 재산세 과세기준일 현재 소유권의 귀속이 분명하지 아니하여 사실상의 소유자를 확인할 수 없는 경우 그 사용자가 재산세를 납부할 의무가 있다.

④ 「채무자 회생 및 파산에 관한 법률」에 따른 파산선고 이후 종결까지의 파산재단에 속하는 재산의 경우 공부상 소유자를 납세의무자로 한다.

⑤ 「신탁법」에 따라 수탁자 명의로 등기·등록된 신탁재산의 경우에는 위탁자를 납세의무자로 본다.

34. 지방세법상 재산세 분할납부 및 물납에 관한 설명으로 틀린 것은?

① 지방자치단체의 장은 재산세의 납부세액이 250만원을 초과하는 경우에는 납부할 세액의 일부를 납부기한이 지난 날부터 3개월 이내에 분할납부하게 할 수 있다.

② 지방자치단체의 장은 재산세의 납부세액이 1천만원을 초과하는 경우에는 납세의무자의 신청을 받아 해당 지방자치단체의 관할구역에 있는 부동산에 대하여만 물납을 허가할 수 있다.

③ 재산세를 물납(物納)하려는 자는 행정안전부령으로 정하는 서류를 갖추어 그 납부기한 10일 전까지 납세지를 관할하는 시장·군수·구청장에게 신청하여야 한다.

④ 해당 연도에 부과·징수할 주택분 재산세액이 400만원인 경우 250만원을 초과하는 금액에 대해 분할납부할 수 있다.

⑤ 분할납부하려는 자는 재산세의 납부기한까지 행정안전부령으로 정하는 신청서를 시장·군수·구청장에게 제출하여야 한다.

35. 종합부동산세법상 종합부동산세에 관한 설명으로 틀린 것은? (단, 주어진 조건 이외의 사항은 고려하지 아니함)

① 납세의무자가 국내에 주소를 두고 있는 개인의 경우 납세지는 주소지이다.

② 재산세 분리과세대상 토지는 종합부동산세 과세대상이 아니다.

③ 과세기준일 현재 세대원 중 1인이 그 배우자와 공동으로 1주택을 소유하고 있는 경우 지분율이 높은 자를 해당 1주택에 대한 납세의무자로 신청할 수 있다.

④ 1세대 1주택자의 경우 주택에 대한 종합부동산세의 과세표준은 납세의무자별로 주택의 공시가격을 합산한 금액에서 9억원을 공제한 금액에 공정시장가액비율을 곱한 금액으로 한다.

⑤ 주택에 대한 종합부동산세 납세의무자가 1세대 1주택자에 해당하는 경우에 연령별 공제와 보유기간 세액공제를 공제율 합계 100분의 80의 범위에서 중복하여 적용할 수 있다.

36. 종합부동산세법상 종합부동산세에 관한 설명으로 틀린 것은? (단, 주어진 조건 이외의 사항은 고려하지 아니함)

① 토지에 대한 총세액 상당액이 해당 납세의무자에게 직전 연도에 해당 토지에 부과된 토지에 대한 총세액 상당액의 100분의 150을 초과한 경우에는 그 초과하는 세액에 대하여는 이를 없는 것으로 본다.
② 법인이 소유한 주택의 경우에는 세부담의 상한규정을 적용하지 아니한다.
③ 종합부동산세는 물납을 허용하지 않는다.
④ 종합부동산세를 신고납부방식으로 선택한 경우 부과·징수규정에 따른 결정은 없었던 것으로 본다.
⑤ 종합부동산세로 납부하여야 할 세액이 250만원을 초과하는 경우에는 그 세액의 일부를 납부기한 또는 신고기한이 경과한 날부터 9개월 이내에 분할납부하게 할 수 있다.

37. 소득세법상 양도소득세 과세대상에 해당하지 않는 것을 모두 고른 것은? (단, 국내자산에 해당됨)

ㄱ. 토지, 건물과 별도 양도한 이축권
ㄴ. 미등기 부동산임차권
ㄷ. 지역권
ㄹ. 전세권
ㅁ. 사업용 자산과 함께 양도하는 영업권
ㅂ. 신탁수익권

① ㄱ, ㄴ, ㄷ　② ㄱ, ㄹ, ㅂ
③ ㄱ, ㅁ, ㅂ　④ ㄴ, ㄷ, ㅁ
⑤ ㄴ, ㄷ, ㅂ

38. 소득세법상 장기보유특별공제에 관한 설명으로 틀린 것은? (단, 양도자산은 비과세되지 아니함)

① 100분의 70의 세율이 적용되는 미등기 건물에 대해서는 장기보유특별공제를 적용하지 아니한다.
② 상속받은 토지의 장기보유특별공제 적용 시 보유기간은 상속개시일부터 기산한다(단, 상속세 및 증여세법상 가업상속재산공제대상에 해당되지 아니함).
③ 양도소득세가 과세되는 1세대 1주택인 고가주택을 5년 보유하고 보유기간 중 5년 거주 후 양도한 경우 보유기간 및 거주기간 공제율은 양도차익의 40%로 한다.
④ 양도소득세가 과세되는 1세대 1주택인 고가주택을 5년 보유하고 보유기간 중 1년 거주 후 양도한 경우 보유기간 및 거주기간 공제율은 양도차익의 20%로 한다.
⑤ 장기보유특별공제는 국내에 소재한 3년 이상 보유한 등기된 토지·건물·주택 조합원입주권만을 대상으로 한다. 이 경우 주택 조합원입주권은 조합원으로부터 취득한 것은 제외된다.

39. 소득세법상 국외자산 양도에 관한 설명으로 틀린 것은?

① 미등기 국외부동산 양도 시 적용되는 세율은 100분의 70이다.
② 3년 이상 보유 시에도 장기보유특별공제를 적용할 수 없다.
③ 외화를 차입하여 취득한 자산을 양도하여 발생하는 소득으로서 환율변동으로 인하여 외화차입금으로부터 발생하는 환차익을 포함하고 있는 경우에는 해당 환차익을 양도소득의 범위에 제외한다.
④ 국외자산의 양도에 대한 양도소득이 있는 거주자에 대해서는 해당 과세기간의 양도소득금액에서 연 250만원을 공제한다.
⑤ 양도차익 계산 시 양도 및 취득가액은 그 자산의 양도 당시 및 취득에 든 실지거래가액으로 한다. 다만, 실지거래가액을 확인할 수 없는 경우에는 양도자산이 소재하는 국가의 양도 및 취득 당시 현황을 반영한 시가에 따르되, 시가를 산정하기 어려울 때에는 그 자산의 종류, 규모, 거래상황 등을 고려하여 대통령령으로 정하는 방법에 따른다.

40. 소득세법상 양도소득세 납부 등에 관한 설명으로 옳은 것은? (단, 주어진 조건 외에는 고려하지 않음)

① 예정신고를 한 자는 확정신고를 아니할 수 있으나, 해당 과세기간에 두 번 이상 누진세율 적용대상 자산에 대한 예정신고를 하는 경우 이미 신고한 양도소득금액과 합산하지 아니하였다면 확정신고를 해야 한다.

② 관할 세무서장은 양도소득세의 납부세액이 1천만원을 초과하는 경우에는 납세의무자의 신청을 받아 부동산에 대하여만 물납을 허가할 수 있다.

③ 부담부증여 시 양도로 보는 채무인수액의 양도소득세 예정신고기한은 그 양도일이 속하는 달의 말일부터 2개월로 한다.

④ 거주자의 양도소득 과세표준은 종합소득, 퇴직소득에 대한 과세표준과 합산하여 계산한다.

⑤ 거주자가 건물을 신축 또는 증축 후 5년 이내 양도 시 양도차익 계산에 있어 취득가액을 환산취득가액 또는 감정가액으로 적용하였다면 산출세액의 100분의 5에 해당하는 금액을 결정세액에 더한다.

정답 및 해설	p.98

시작시간: ______시 ______분 ~ 종료시간: ______시 ______분

2025년도 제36회 공인중개사 2차 국가자격시험

실전모의고사 제6회

교 시	문제형별	시험시간	시험과목
1교시	A	100분	1 공인중개사의 업무 및 부동산 거래신고에 관한 법령 및 중개실무 2 부동산공법 중 부동산중개에 관련되는 규정

수험번호		성 명	

[수험자 유의사항]

1. 시험문제지는 **단일 형별(A형)**이며, 답안카드 형별 기재란에 표시된 형별(A형)을 확인하시기 바랍니다. 시험문제지의 **총면수, 문제번호 일련순서, 인쇄상태** 등을 확인하시고, 문제지 표지에 수험번호와 성명을 기재하시기 바랍니다.

2. 답은 각 문제마다 요구하는 **가장 적합하거나 가까운 답 1개**만 선택하고, 답안카드 작성 시 시험문제지 **마킹착오**로 인한 불이익은 전적으로 **수험자에게 책임**이 있음을 알려드립니다.

3. 답안카드는 국가전문자격 공통 표준형으로 문제번호가 1번부터 125번까지 인쇄되어 있습니다. 답안 마킹 시에는 반드시 **시험문제지의 문제번호와 동일한 번호**에 마킹하여야 합니다. (2차 1교시 : 1번~80번)

4. **감독위원의 지시에 불응하거나 시험시간 종료 후 답안카드를 제출하지 않을 경우** 불이익이 발생할 수 있음을 알려 드립니다.

5. 시험문제지는 시험 종료 후 가져가시기 바랍니다.

6. 답안작성은 **시험 시행일(2025.10.25.) 현재 시행되는 법령 등**을 적용하시기 바랍니다.

7. 가답안 의견제시에 대한 개별회신 및 공고는 하지 않으며, **최종 정답 발표로 갈음**합니다.

8. 시험 중 **중간 퇴실은 불가**합니다. 단, 부득이하게 퇴실할 경우 **시험포기각서 제출 후 퇴실은 가능**하나 **재입실이 불가**하며, **해당시험은 무효처리됩니다.**

eduwill

제1과목: 공인중개사의 업무 및 부동산 거래 신고 등에 관한 법령 및 중개실무

1. 공인중개사법령상 용어에 관한 설명으로 틀린 것을 모두 고른 것은? (다툼이 있으면 판례에 따름)

ㄱ. 중개대상물을 거래당사자 간에 매매하는 행위는 '중개'에 해당한다.
ㄴ. 법정지상권을 양도하는 행위를 알선하는 것은 '중개'에 해당하지 않는다.
ㄷ. '공인중개사'에는 외국법에 따라 공인중개사 자격을 취득한 자도 포함된다.
ㄹ. 공인중개사 자격을 취득한 자는 중개사무소의 개설등록 여부와 관계없이 '공인중개사'에 해당한다.

① ㄱ, ㄴ
② ㄴ, ㄹ
③ ㄷ, ㄹ
④ ㄱ, ㄴ, ㄷ
⑤ ㄱ, ㄴ, ㄷ, ㄹ

2. 부동산 거래신고 등에 관한 법령상 부동산 거래신고에 관한 설명으로 틀린 것은?

① 「도시 및 주거환경정비법」에 따른 관리처분계획의 인가로 취득한 입주자로 선정된 지위에 관한 매매계약을 체결한 경우 부동산 거래신고를 해야 한다.
② 거래당사자 일방이 부동산 거래신고를 거부하는 경우 다른 당사자는 국토교통부령에 따라 단독으로 신고할 수 있다.
③ 공인중개사법령상 중개대상물에 해당하는 매매계약은 모두 부동산 거래신고의 대상이 된다.
④ 거래의 신고를 받은 신고관청은 그 신고내용을 확인한 후 신고인에게 부동산거래계약신고필증을 지체 없이 발급해야 한다.
⑤ 거래의 신고를 해야 하는 개업공인중개사의 위임을 받은 소속공인중개사는 부동산거래계약신고서의 제출을 대행할 수 있다.

3. 부동산 거래신고 등에 관한 법령상 부동산 매매계약에 관한 신고사항 및 신고서의 작성에 관한 설명으로 옳은 것은?

① 「국토의 계획 및 이용에 관한 법률」에 따른 개발제한사항은 신고사항에 포함된다.
② 자연인이 「주택법」상 조정대상지역의 주택을 매수하여 신고하는 경우에는 자금조달 및 입주계획서에 자금조달계획을 증명하는 서류를 첨부해야 한다.
③ 「지방공기업법」에 따른 지방공사와 법인이 매매계약을 체결한 경우 양 당사자는 공동으로 신고하여야 한다.
④ 매수인이 국내에 주소 또는 거소(잔금 지급일부터 60일을 초과하여 거주하는 장소를 말함)를 두지 않을 경우에는 위탁관리인의 인적사항을 신고해야 한다.
⑤ '거래대상'의 '종류' 중 '임대주택 분양전환'은 법인이 아닌 임대주택사업자가 임대기한이 완료되어 분양전환하는 주택인 경우에 ✓표시를 한다.

4. 부동산 거래신고 등에 관한 법령상 토지거래계약을 허가받은 자가 그 토지를 허가받은 목적대로 이용하지 않을 수 있는 예외사유가 아닌 것은? (단, 그 밖의 사유로 시·군·구도시계획위원회가 인정한 경우는 고려하지 않음)

① 「건축법 시행령」에 따른 제1종 근린생활시설인 건축물을 취득하여 실제로 이용하는 자가 해당 건축물의 일부를 임대하는 경우
② 「건축법 시행령」에 따른 공동주택 중 다세대주택인 건축물을 취득하여 실제로 이용하는 자가 해당 건축물의 일부를 임대하는 경우
③ 「산업집적활성화 및 공장설립에 관한 법률」에 따른 공장을 취득하여 실제로 이용하는 자가 해당 공장의 일부를 임대하는 경우
④ 「건축법 시행령」에 따른 제2종 근린생활시설인 건축물을 취득하여 실제로 이용하는 자가 해당 건축물의 일부를 임대하는 경우
⑤ 「건축법 시행령」에 따른 단독주택 중 다중주택인 건축물을 취득하여 실제로 이용하는 자가 해당 건축물의 일부를 임대하는 경우

5. 공인중개사법령상 공인중개사 자격시험 및 공인중개사자격증에 관한 설명으로 틀린 것은? (다툼이 있으면 판례에 따름)

① 공인중개사의 자격이 취소된 후 3년이 지나지 아니한 자는 공인중개사가 될 수 없다.
② 자격을 취득하지 않은 자가 자신의 명함에 '부동산뉴스(중개사무소의 상호임) 대표'라는 명칭을 기재하여 사용한 것은 공인중개사와 유사한 명칭을 사용한 것에 해당한다.
③ 시·도지사는 공인중개사 자격시험 합격자의 결정 공고일부터 2개월 이내에 시험합격자에 관한 사항을 공인중개사자격증교부대장에 기재한 후 자격증을 교부해야 한다.
④ 공인중개사가 자기 명의로 개설등록을 마친 후 무자격자에게 중개사무소의 경영에 관여하게 하고 이익을 분배하였더라도 그 무자격자에게 부동산거래 중개행위를 하도록 한 것이 아니라면 등록증·공인중개사자격증 대여행위에 해당하지 않는다.
⑤ 공인중개사자격증의 재교부를 신청하는 자는 재교부신청서를 자격증을 교부한 시·도지사에게 제출해야 한다.

6. 甲은 乙과 乙 소유의 X부동산의 매매계약을 체결하고, 친구 丙과의 명의신탁약정에 따라 乙로부터 바로 丙명의로 소유권이전등기를 하였다. 이와 관련하여 개업공인중개사가 甲과 丙에게 설명한 내용으로 옳은 것을 모두 고른 것은? (다툼이 있으면 판례에 따름)

> ㄱ. 甲과 丙 간의 약정이 조세포탈, 강제집행의 면탈 또는 법령상 제한의 회피를 목적으로 하지 않은 경우라 하더라도 명의신탁약정 및 그 등기는 무효이다.
> ㄴ. 甲과 乙 사이의 매매계약은 유효하므로 甲은 乙을 상대로 소유권이전등기를 청구할 수 있다.
> ㄷ. 丙이 X부동산을 제3자에게 처분한 경우 丙은 甲과의 관계에서 횡령죄가 성립한다.
> ㄹ. 甲은 丙에게 대금 상당의 부당이득반환청구권을 행사할 수 있다.

① ㄱ, ㄴ ② ㄱ, ㄹ ③ ㄴ, ㄷ
④ ㄱ, ㄴ, ㄹ ⑤ ㄱ, ㄴ, ㄷ, ㄹ

7. 공인중개사법령상 개업공인중개사가 소속공인중개사를 고용하여 신고하는 경우 신고서에 기재하는 사항이 아닌 것은?

① 소속공인중개사의 실무교육이수일
② 개업공인중개사의 종별
③ 고용일
④ 중개사무소의 명칭
⑤ 소속공인중개사의 공인중개사자격증 번호

8. 공인중개사법령상 분사무소의 설치에 관한 설명으로 옳은 것은?

① 법인 아닌 개업공인중개사는 공인중개사를 책임자로 두는 경우에 한하여 1개의 분사무소를 설치할 수 있다.
② 법인인 개업공인중개사의 분사무소 설치는 업무정지기간 중에 있는 다른 개업공인중개사의 중개사무소를 공동으로 사용하는 방법으로는 할 수 없다.
③ 법인인 개업공인중개사가 분사무소를 설치하기 위해서는 등록관청으로부터 허가를 받아야 한다.
④ 법인인 개업공인중개사가 분사무소를 설치하려는 경우 분사무소 소재지의 시장·군수 또는 구청장에게 신고해야 한다.
⑤ 다른 법률의 규정에 따라 중개업을 할 수 있는 법인의 분사무소에는 공인중개사를 책임자로 두어야 한다.

9. **개업공인중개사가 구분소유권의 목적인 건물을 매수하려는 중개의뢰인에게 집합건물의 소유 및 관리에 관한 법률에 관하여 설명한 내용으로 틀린 것은?**

① 대지 위에 구분소유권의 목적인 건물이 속하는 1동의 건물이 있을 때에는 그 대지의 공유자는 그 건물 사용에 필요한 범위의 대지에 대하여 분할을 청구할 수 있다.

② 구분소유자는 구분소유자 공동의 이익에 어긋나는 행위를 하여서는 아니 된다.

③ 전유부분이 주거의 용도로 분양된 것인 경우에는 구분소유자는 정당한 사유 없이 그 부분을 주거 외의 용도로 사용하여서는 아니 된다.

④ 전유부분이 속하는 1동의 건물의 설치 또는 보존의 흠으로 인하여 다른 자에게 손해를 입힌 경우에는 그 흠은 공용부분에 존재하는 것으로 추정한다.

⑤ 대지사용권을 가지지 아니한 구분소유자가 있을 때에는 그 전유부분의 철거를 청구할 권리를 가진 자는 그 구분소유자에 대하여 구분소유권을 시가(時價)로 매도할 것을 청구할 수 있다.

10. **공인중개사법령상 개업공인중개사가 사무소에 설치된 간판을 지체 없이 철거해야 하는 경우로 명시된 것을 모두 고른 것은?**

ㄱ. 6개월의 업무정지처분을 받은 경우
ㄴ. 중개사무소의 개설등록 취소처분을 받은 경우
ㄷ. 등록관청에 6개월을 초과하는 휴업신고를 한 경우
ㄹ. 등록관청에 폐업신고를 한 경우
ㅁ. 등록관청에 중개사무소의 이전사실을 신고한 경우

① ㄱ, ㄴ
② ㄷ, ㄹ
③ ㄴ, ㄹ, ㅁ
④ ㄷ, ㄹ, ㅁ
⑤ ㄱ, ㄴ, ㄷ, ㄹ, ㅁ

11. **공인중개사법령상 개업공인중개사의 업무정지의 기준에서 개별기준에 따른 업무정지기간이 3개월인 것은?**

① 파산선고를 받고 복권되지 아니한 자를 중개보조원으로 두고도 2개월 이내에 결격사유를 해소하지 아니한 경우

② 손해배상책임을 보장하기 위한 조치를 이행하지 아니하고 업무를 개시한 경우

③ 부동산거래정보망에 중개대상물에 관한 정보를 거짓으로 공개한 경우

④ 최근 1년 이내에 이 법에 의하여 2회 이상 업무정지 또는 과태료의 처분을 받고 다시 과태료의 처분에 해당하는 행위를 한 경우

⑤ 법령상의 전속중개계약서 서식에 따르지 않고 전속중개계약을 체결한 경우

12. **공인중개사법령상 중개사무소의 명칭 및 옥외광고물 설치 등에 관한 설명으로 옳은 것은?**

① 법인인 개업공인중개사는 그 사무소의 명칭에 '공인중개사사무소'라는 문자만을 사용하여야 한다.

② 개업공인중개사는 옥외광고물을 설치할 의무를 부담한다.

③ 개업공인중개사가 아닌 자가 사무소 간판에 '공인중개사사무소'의 명칭을 사용한 경우 등록관청은 그 간판의 철거를 명할 수 없다.

④ 개업공인중개사가 「옥외광고물 등의 관리와 옥외광고산업 진흥에 관한 법률」에 따른 옥외광고물을 설치하는 경우 개업공인중개사 성명의 표기방법 등에 관하여 필요한 사항은 국토교통부령으로 정한다.

⑤ 법인인 개업공인중개사의 분사무소에 옥외광고물을 설치하는 경우 법인 대표자의 성명을 표기해야 한다.

13. 공인중개사법령상 일반중개계약서와 전속중개계약서의 서식에 공통으로 기재된 사항이 아닌 것은?

① 개업공인중개사의 중개대상물의 정보에 관한 공개에 관한 사항
② 중개계약의 유효기간
③ 개업공인중개사의 중개대상물 확인·설명에 관한 사항
④ 개업공인중개사의 손해배상책임에 관한 사항
⑤ 개업공인중개사가 중개보수를 과다 수령한 경우 차액 환급에 관한 사항

14. 공인중개사법령상 거래계약서 작성에 관한 설명으로 옳은 것은? (다툼이 있으면 판례에 따름)

① 거래계약서는 국토교통부장관이 정하는 표준서식으로 작성해야 한다.
② 개업공인중개사는 중개가 완성되기 전이라도 중개의뢰인의 요구가 있는 경우에는 거래계약서를 작성·교부하여야 한다.
③ 법인의 분사무소가 설치되어 있는 경우, 그 분사무소에서 작성하는 거래계약서에는 대표자 및 분사무소의 책임자가 함께 서명 및 날인해야 한다.
④ 해당 중개행위를 한 소속공인중개사도 거래계약서를 작성할 수 있으며, 이 경우 소속공인중개사만 서명 및 날인하면 된다.
⑤ 개업공인중개사의 거래계약서의 원본, 사본 또는 전자문서의 보존기간(공인전자문서센터에 보관된 경우는 제외)은 5년이다.

15. 부동산 거래신고 등에 관한 법령상 과태료부과금액의 연결로 옳은 것을 모두 고른 것은?

ㄱ. 거래대금 지급을 증명할 수 있는 자료를 제출하지 아니한 자: 500만원 이하의 과태료
ㄴ. 개업공인중개사에게 거짓으로 부동산거래신고하도록 요구한 자: 3천만원 이하의 과태료
ㄷ. 부동산거래신고를 거짓으로 한 자: 해당 부동산등의 취득가액의 100분의 10 이하에 상당하는 금액의 과태료

① ㄱ ② ㄴ
③ ㄷ ④ ㄱ, ㄴ
⑤ ㄴ, ㄷ

16. 공인중개사법령상 개업공인중개사의 중개대상물 확인·설명 등에 관한 설명으로 틀린 것은? (다툼이 있으면 판례에 따름)

① 중개대상물에 대한 권리를 취득함에 따라 부담해야 할 조세의 종류 및 세율은 개업공인중개사가 확인·설명해야 할 사항이다.
② 개업공인중개사는 선량한 관리자의 주의로 중개대상물의 권리관계 등을 조사·확인하여 중개의뢰인에게 설명할 의무가 있다.
③ 개업공인중개사는 중개가 완성되어 거래계약서를 작성하는 때, 확인·설명사항을 서면으로 작성하여 거래당사자에게 교부하고 확인·설명서 원본, 사본 또는 전자문서를 3년간 보존하여야 한다.
④ 공동중개의 경우, 중개대상물 확인·설명서에는 참여한 개업공인중개사 중 1인이 서명 및 날인하면 된다.
⑤ 해당 중개행위를 한 소속공인중개사가 있는 경우에는 그 소속공인중개사는 중개대상물 확인·설명서에 개업공인중개사와 함께 서명 및 날인해야 한다.

17. **공인중개사법령상 부동산거래정보사업자 지정 등에 관한 내용이다. (　　)에 들어갈 내용으로 옳은 것은?**

> ○ 국토교통부장관은 지정신청을 받은 때에는 지정신청을 받은 날부터 (ㄱ) 이내에 이를 검토하여 지정기준에 적합하다고 인정되는 경우에는 거래정보사업자로 지정하여야 한다.
> ○ 거래정보사업자는 지정받은 날부터 (ㄴ) 이내에 부동산거래정보망의 이용 및 정보제공방법 등에 관한 운영규정을 정하여 국토교통부장관의 승인을 얻어야 한다.
> ○ 국토교통부장관은 거래정보사업자가 정당한 사유 없이 지정받은 날부터 (ㄷ) 이내에 부동산거래정보망을 설치·운영하지 아니한 경우에는 그 지정을 취소할 수 있다.

① ㄱ: 30일, ㄴ: 3개월, ㄷ: 6개월
② ㄱ: 30일, ㄴ: 3개월, ㄷ: 1년
③ ㄱ: 30일, ㄴ: 6개월, ㄷ: 1년
④ ㄱ: 3개월, ㄴ: 3개월, ㄷ: 1년
⑤ ㄱ: 3개월, ㄴ: 6개월, ㄷ: 1년

18. **부동산 거래신고 등에 관한 법령상 국토교통부장관 또는 시·도지사가 토지거래허가구역으로 지정한 때에 공고하여야 하는 사항으로 옳은 것을 모두 고른 것은?**

> ㄱ. 허가구역의 지정기간
> ㄴ. 허가대상자, 허가대상 용도와 지목
> ㄷ. 허가 면제대상 토지면적
> ㄹ. 허가구역에 대한 축척 1만분의 1 또는 5천분의 1의 지형도

① ㄱ, ㄴ　② ㄴ, ㄷ
③ ㄱ, ㄴ, ㄷ　④ ㄴ, ㄷ, ㄹ
⑤ ㄱ, ㄴ, ㄷ, ㄹ

19. **부동산 거래신고 등에 관한 법령상 토지거래허가가 면제되는 토지의 면적으로 (　　)에 들어갈 숫자로 옳은 것은? (단, 국토교통부장관 또는 시·도지사가 따로 정하여 공고한 경우와 종전 규정에 따라 공고된 면제대상 토지면적 기준은 고려하지 않음)**

> 1. 「국토의 계획 및 이용에 관한 법률」에 따른 도시지역: 다음 각 목의 세부 용도지역별 구분에 따른 면적 이하
> 가. 주거지역: (ㄱ)m^2
> 나. 상업지역: 150m^2
> 다. 공업지역: (ㄴ)m^2
> 라. 녹지지역: 200m^2
> 마. 가목부터 라목까지의 구분에 따른 용도지역의 지정이 없는 구역: 60m^2
> 2. 도시지역 외의 지역: 250m^2 이하. 다만, 농지의 경우에는 (ㄷ)m^2 이하로 하고, 임야의 경우에는 1천m^2 이하로 한다

① ㄱ: 60, ㄴ: 100, ㄷ: 500
② ㄱ: 60, ㄴ: 150, ㄷ: 500
③ ㄱ: 150, ㄴ: 150, ㄷ: 500
④ ㄱ: 150, ㄴ: 200, ㄷ: 1천
⑤ ㄱ: 200, ㄴ: 600, ㄷ: 1천

20. **개업공인중개사는 다음의 구분에 따른 금액을 보장하는 보증보험 또는 공제에 가입하거나 공탁을 해야 한다. (　　)에 들어갈 금액으로 옳은 것은?**

> ○ 법인인 개업공인중개사: (ㄱ) 이상. 다만, 분사무소를 두는 경우에는 분사무소마다 (ㄴ) 이상을 추가로 설정해야 한다.
> ○ 법인이 아닌 개업공인중개사: (ㄷ) 이상
> ○ 다른 법률에 따라 부동산중개업을 할 수 있는 자가 부동산중개업을 하려는 경우: 중개업무를 개시하기 전 보장금액 (ㄹ) 이상

① ㄱ: 2억원, ㄴ: 1억원, ㄷ: 1억원, ㄹ: 1천만원
② ㄱ: 4억원, ㄴ: 1억원, ㄷ: 2억원, ㄹ: 1천만원
③ ㄱ: 4억원, ㄴ: 2억원, ㄷ: 2억원, ㄹ: 2천만원
④ ㄱ: 4억원, ㄴ: 2억원, ㄷ: 2억원, ㄹ: 1억원
⑤ ㄱ: 4억원, ㄴ: 2억원, ㄷ: 2억원, ㄹ: 2억원

21. 공인중개사법령상 계약금등을 예치하는 경우 예치명의자가 될 수 없는 자는?

① 개업공인중개사
② 거래당사자
③ 「은행법」에 따른 은행
④ 「자본시장과 금융투자업에 관한 법률」에 따른 신탁업자
⑤ 부동산 거래계약의 이행을 보장하기 위하여 계약금·중도금 또는 잔금 및 계약 관련 서류를 관리하는 업무를 수행하는 전문회사

22. 甲은 개업공인중개사 丙에게 중개를 의뢰하여 乙 소유의 전용면적 80m² 오피스텔을 보증금 2천만원, 월차임 20만원에 임대차계약을 체결하였다. 최고요율을 받기로 협의한 경우 丙이 甲으로부터 받을 수 있는 중개보수는 얼마인가? (단, 임차한 오피스텔은 건축법령상 업무시설로 상·하수도 시설이 갖추어진 전용입식 부엌, 전용수세식 화장실 및 목욕시설을 갖춤)

① 136,000원 ② 160,000원
③ 272,000원 ④ 320,000원
⑤ 340,000원

23. 공인중개사법령상 공인중개사협회(이하 '협회'라 함)의 공제사업운영위원회에 관한 설명으로 틀린 것은?

① 공제사업에 관한 사항을 심의하고 그 업무집행을 감독하기 위하여 협회에 운영위원회를 둔다.
② 운영위원회의 위원은 협회의 임원, 중개업·법률·회계·금융·보험·부동산 분야 전문가, 관계 공무원 및 그 밖에 중개업 관련 이해관계자로 구성하되, 그 수는 19명 이내로 한다.
③ 협회의 회장 및 협회 이사회가 협회의 임원 중에서 선임하는 사람에 해당하는 위원의 수는 전체 위원 수의 3분의 1 미만으로 한다.
④ 위원의 임기는 2년으로 하며 연임할 수 없다.
⑤ 운영위원회의 부위원장은 위원장을 보좌하며, 위원장이 부득이한 사유로 그 직무를 수행할 수 없을 때에는 그 직무를 대행한다.

24. 공인중개사법령상 개업공인중개사등의 교육에 관한 설명으로 옳은 것은?

① 분사무소의 책임자가 되고자 하는 공인중개사는 분사무소설치신고일 전 1년 이내에 시·도지사가 실시하는 연수교육을 받아야 한다.
② 소속공인중개사는 고용신고일 전 1년 이내에 국토교통부장관이 실시하는 실무교육을 받아야 한다.
③ 중개보조원은 고용신고일 전 1년 이내에 시·도지사가 실시하는 실무교육을 받아야 한다.
④ 실무교육을 받은 개업공인중개사는 실무교육을 받은 후 1년마다 연수교육을 받아야 한다.
⑤ 국토교통부장관은 시·도지사가 실시하는 연수교육의 전국적인 균형유지를 위하여 필요하다고 인정하면 해당 교육의 지침을 마련하여 시행할 수 있다.

25. 공인중개사법령상 개업공인중개사의 업무정지사유인 동시에 해당 중개행위를 한 소속공인중개사의 자격정지사유에 해당하는 것은?

① 중개대상물 확인·설명서 및 거래계약서에 서명 및 날인을 하지 아니한 경우
② 전속중개계약서에 의하지 아니하고 전속중개계약을 체결한 경우
③ 전속중개계약서를 보존기간 동안 보존하지 아니한 경우
④ 중개대상물 확인·설명서 및 거래계약서를 작성·교부하지 아니한 경우
⑤ 중개대상물 확인·설명서 및 거래계약서를 보존기간 동안 보존하지 아니한 경우

26. 공인중개사법령상 개업공인중개사 중개사무소의 개설등록을 취소하여야 하는 경우를 모두 고른 것은?

> ㄱ. 최근 1년 이내에 「공인중개사법」에 의하여 2회 업무정지처분을 받고 다시 과태료처분에 해당하는 행위를 한 경우
> ㄴ. 최근 1년 이내에 「공인중개사법」에 의하여 1회 업무정지처분, 2회 과태료처분을 받고 다시 업무정지처분에 해당하는 행위를 한 경우
> ㄷ. 최근 1년 이내에 「공인중개사법」에 의하여 2회 업무정지처분을 받고 다시 업무정지처분에 해당하는 행위를 한 경우

① ㄱ　② ㄴ
③ ㄷ　④ ㄱ, ㄴ
⑤ ㄴ, ㄷ

27. 공인중개사법령상 중개대상물이 될 수 있는 것을 모두 고른 것은? (다툼이 있으면 판례에 따름)

> ㄱ. 성토되어 농경지로 회복된 포락지
> ㄴ. 무허가·미등기 건축물
> ㄷ. 특정 동·호수에 대한 분양계약이 체결되지 아니하였다고 하더라도 해당 조합 아파트의 건축이 완료됨으로써 분양대상이 될 세대 등이 객관적으로 존재하여 분양 목적물로의 현실적인 제공이 가능한 상태의 입주권
> ㄹ. 추첨기일에 신청을 하여 당첨이 되면 아파트의 분양예정자로 선정될 수 있는 지위를 가리키는 데 불과한 입주권
> ㅁ. 근저당권이 설정되어 있는 피담보채권

① ㄱ, ㄴ　② ㄴ, ㄷ
③ ㄱ, ㄴ, ㄷ　④ ㄴ, ㄷ, ㄹ, ㅁ
⑤ ㄱ, ㄴ, ㄷ, ㄹ, ㅁ

28. 공인중개사법령상 소속공인중개사의 규정 위반행위 중 자격정지기준이 3월에 해당하는 것을 모두 고른 것은?

> ㄱ. 등록하지 아니한 인장을 사용한 경우
> ㄴ. 성실·정확하게 중개대상물의 확인·설명을 하지 아니하거나 설명의 근거자료를 제시하지 아니한 경우
> ㄷ. 중개의뢰인과 직접거래를 한 경우
> ㄹ. 2 이상의 중개사무소에 소속된 경우

① ㄱ　② ㄱ, ㄴ
③ ㄴ, ㄷ　④ ㄱ, ㄴ, ㄷ
⑤ ㄱ, ㄴ, ㄷ, ㄹ

29. 공인중개사법령상 규정 위반으로 500만원 이하의 과태료가 부과되는 경우는?

① 중개가 완성된 때에 손해배상책임의 보장에 관한 사항을 설명하지 아니한 경우
② 중개의뢰인에게 본인이 중개보조원이라는 사실을 미리 알리지 아니한 경우
③ 중개사무소등록증을 게시하지 않은 경우
④ 옥외광고물에 성명을 표기하지 아니한 경우
⑤ 등록취소처분을 받고도 법정기한 내에 중개사무소등록증을 반납하지 아니한 경우

30. 공인중개사법령상 거래정보사업자의 지정취소사유에 해당하는 것을 모두 고른 것은?

> ㄱ. 거짓이나 그 밖의 부정한 방법으로 지정을 받은 경우
> ㄴ. 정당한 사유 없이 지정받은 날부터 1개월 이내에 운영규정을 제정하지 아니한 경우
> ㄷ. 정당한 사유 없이 지정받은 날부터 6개월 이내에 부동산거래정보망을 설치·운영하지 아니한 경우
> ㄹ. 개업공인중개사에 따라 정보가 차별적으로 공개되도록 한 경우
> ㅁ. 법인인 거래정보사업자의 해산으로 부동산거래정보망의 계속적인 운영이 불가능한 경우

① ㄱ, ㄴ ② ㄴ, ㄷ
③ ㄱ, ㄴ, ㄷ ④ ㄱ, ㄹ, ㅁ
⑤ ㄷ, ㄹ, ㅁ

31. 공인중개사법령상 공인중개사 자격의 취소사유에 해당하는 것을 모두 고른 것은?

> ㄱ. 부정한 방법으로 공인중개사의 자격을 취득한 경우
> ㄴ. 다른 사람에게 자기의 성명을 사용하여 중개업무를 하게 한 경우
> ㄷ. 다른 사람에게 공인중개사자격증을 양도한 경우
> ㄹ. 공인중개사의 직무와 관련하여 「형법」 제356조(업무상 횡령과 배임)를 위반하여 징역형에 대한 집행유예를 선고받은 경우
> ㅁ. 자격정지처분을 받고 그 자격정지기간 중에 중개업무를 행한 경우

① ㄱ ② ㄷ
③ ㄱ, ㄴ ④ ㄴ, ㄷ
⑤ ㄱ, ㄴ, ㄷ, ㄹ, ㅁ

32. 공인중개사법령상 3년 이하의 징역 또는 3천만원 이하의 벌금에 처해지는 경우는?

① 개업공인중개사가 관계 법령에서 양도·알선 등이 금지된 부동산의 분양·임대 등과 관련 있는 증서의 매매를 업으로 한 경우
② 공인중개사가 다른 사람에게 자기의 성명을 사용하여 중개업무를 하게 한 경우
③ 개업공인중개사가 아닌 자로서 중개업을 하기 위하여 중개대상물에 대한 표시·광고를 한 경우
④ 개업공인중개사가 임시 중개시설물을 설치한 경우
⑤ 개업공인중개사가 중개사무소의 개설등록을 하지 아니하고 중개업을 영위하는 자인 사실을 알면서 그를 통하여 중개를 의뢰받은 경우

33. 부동산 거래신고 등에 관한 법령상 개업공인중개사가 신고대상인 주택임대차계약서를 작성·교부한 경우 임대차계약의 당사자가 신고해야 하는 사항을 모두 고른 것은?

> ㄱ. 임대차계약 당사자의 인적사항
> ㄴ. 해당 주택 임대차계약을 중개한 개업공인중개사의 사무소 명칭, 사무소 소재지, 대표자 성명, 등록번호, 전화번호 및 소속공인중개사 성명
> ㄷ. 보증금 또는 월차임
> ㄹ. 계약기간

① ㄱ, ㄴ ② ㄱ, ㄷ
③ ㄱ, ㄴ, ㄷ ④ ㄴ, ㄷ, ㄹ
⑤ ㄱ, ㄴ, ㄷ, ㄹ

34. 부동산 거래신고 등에 관한 법령상 외국인등에 해당하는 것을 모두 고른 것은?

> ㄱ. 대한민국의 국적을 보유하고 있지 아니한 개인
> ㄴ. 외국의 법령에 따라 설립된 법인
> ㄷ. 사원 또는 구성원의 2분의 1 이상이 대한민국의 국적을 보유하고 있지 아니한 개인에 해당하는 자인 법인
> ㄹ. 정부 간 국제기구
> ㅁ. 국제연합

① ㄱ, ㄴ, ㄷ
② ㄴ, ㄷ, ㄹ
③ ㄱ, ㄴ, ㄷ, ㄹ
④ ㄴ, ㄷ, ㄹ, ㅁ
⑤ ㄱ, ㄴ, ㄷ, ㄹ, ㅁ

35. 부동산 거래신고 등에 관한 법령상 외국인의 부동산 취득 등에 관한 설명으로 옳은 것은? (단, 상호주의에 따른 제한은 고려하지 않음)

① 「자연유산의 보존 및 활용에 관한 법률」에 따라 지정된 천연기념물등과 이를 위한 보호물 또는 보호구역에서 외국인이 토지취득의 허가를 받지 아니하고 체결한 토지취득계약은 유효하다.
② 외국인이 건축물의 신축을 원인으로 대한민국 안의 부동산을 취득한 때에는 신고관청으로부터 부동산 취득의 허가를 받아야 한다.
③ 외국인이 취득하려는 토지가 토지거래허가구역과 「자연환경보전법」에 따른 생태·경관보전지역에 있으면 토지거래계약허가와 토지취득허가를 모두 받아야 한다.
④ 「군사기지 및 군사시설 보호법」에 따른 군사기지 및 군사시설 보호구역의 토지에 관하여 외국인으로부터 토지취득의 허가신청서를 받은 신고관청은 신청서를 받은 날부터 30일 이내에 허가 또는 불허가 처분을 해야 한다.
⑤ 외국인이 「수도법」에 따른 상수원보호구역에 있는 토지를 취득하려는 경우 토지취득계약을 체결하기 전에 신고관청으로부터 토지취득의 허가를 받아야 한다.

36. 乙은 2025.5.10. 甲으로부터 그 소유의 서울특별시 소재 X상가건물을 보증금 5억원, 월임료 500만원, 기간은 정함이 없는 것으로 하여 임차하는 상가임대차계약을 체결하면서 계약 당일 상가건물의 인도와 사업자등록을 신청하면서 임대차계약증서에 확정일자를 받았다. 상가건물 임대차보호법상 乙의 주장이 인정되는 것을 모두 고른 것은?

> ㄱ. 임대차기간 중에 X상가건물이 丙에게 양도되는 경우 乙이 丙에게 대항력을 주장하는 경우
> ㄴ. 乙이 甲에게 1년의 존속기간을 주장하는 경우
> ㄷ. 乙이 甲에게 계약갱신요구권을 주장하는 경우
> ㄹ. 임대차기간 중에 X상가건물이 「민사집행법」에 따른 경매가 행해진 경우 乙이 우선변제권을 주장하는 경우

① ㄱ
② ㄱ, ㄴ
③ ㄱ, ㄴ, ㄷ
④ ㄴ, ㄷ, ㄹ
⑤ ㄱ, ㄴ, ㄷ, ㄹ

37. 개업공인중개사가 민사집행법상 법원의 부동산경매에 관하여 의뢰인에게 설명한 내용으로 옳은 것은?

① 부동산의 매각은 기일입찰 또는 기간입찰의 두 가지 방법 중 집행법원이 정한 방법에 따른다.
② 경매개시결정을 한 부동산에 대하여 다른 강제경매의 신청이 있는 때에는 법원은 뒤의 경매신청을 각하해야 한다.
③ 「민법」·「상법」 그 밖의 법률에 의하여 우선변제청구권이 있는 채권자는 매각결정기일까지 배당요구를 할 수 있다.
④ 매각허가결정이 확정되면 법원은 대금지급기한을 정하여 매수인에게 통지해야 하고 매수인은 그 대금지급기한까지 매각대금을 지급해야 한다.
⑤ 재매각절차에서 전(前)의 매수인은 매수신청을 할 수 있으나, 매수신청의 보증을 돌려줄 것을 요구하지 못한다.

38. 주택임대차보호법상 임차인의 계약갱신요구에 대하여 임대인이 거절할 수 있는 사유를 모두 고른 것은?

> ㄱ. 임차인이 2기의 차임액에 해당하는 금액에 이르도록 차임을 연체한 사실이 있는 경우
> ㄴ. 임대인(임대인의 직계존속·직계비속을 포함)이 목적 주택에 실제 거주하려는 경우
> ㄷ. 임차인이 임차한 주택의 일부를 경미한 과실로 파손한 경우
> ㄹ. 건물이 노후·훼손되어 안전사고의 우려가 있어서 목적 주택의 일부분을 철거할 필요가 있는 경우

① ㄱ ② ㄱ, ㄴ
③ ㄴ, ㄷ ④ ㄱ, ㄴ, ㄷ
⑤ ㄱ, ㄴ, ㄷ, ㄹ

39. 상가건물 임대차보호법상 임차인의 권리금회수 기회의 보호에 관한 설명으로 틀린 것은?

① 권리금 계약이란 신규임차인이 되려는 자가 임차인에게 권리금을 지급하기로 하는 계약을 말한다.
② 임대인은 임대차기간이 끝나기 6개월 전부터 임대차 종료 시까지 권리금 계약에 따라 임차인이 주선한 신규임차인이 되려는 자로부터 권리금을 지급받는 것을 방해하여서는 아니 된다.
③ 임대차 목적물인 상가건물을 1년 이상 영리목적으로 사용하지 아니한 경우, 임대인은 임차인이 주선한 신규임차인이 되려는 자와 임대차계약의 체결을 거절할 수 있다.
④ 권리금 회수를 방해하여 임대인이 임차인에게 손해를 발생하게 한 때에 임대인이 배상해야 할 손해배상액은 신규임차인이 임차인에게 지급하기로 한 권리금과 임대차 종료 당시의 권리금 중 낮은 금액을 넘지 못한다.
⑤ 권리금 회수를 방해하여 임차인이 입은 손해를 임대인에게 청구할 권리는 임대차가 종료한 날부터 3년 이내에 행사하지 아니하면 시효의 완성으로 소멸한다.

40. 공인중개사의 매수신청대리인 등록 등에 관한 규칙에 따라 매수신청대리인으로 등록한 개업공인중개사의 매수신청대리권의 범위에 해당하는 것을 모두 고른 것은?

> ㄱ. 매각기일의 변경신청
> ㄴ. 매각에 대한 항고
> ㄷ. 「민사집행법」 제113조의 규정에 따른 매수신청 보증의 제공
> ㄹ. 「민사집행법」 제115조 제3항, 제142조 제6항의 규정에 따라 매수신청의 보증을 돌려줄 것을 신청하는 행위
> ㅁ. 「민사집행법」 제140조의 규정에 따른 공유자의 우선매수신고

① ㄱ, ㄴ, ㄷ ② ㄱ, ㄷ, ㄹ
③ ㄴ, ㄷ, ㄹ ④ ㄴ, ㄹ, ㅁ
⑤ ㄷ, ㄹ, ㅁ

제2과목: 부동산공법 중 부동산중개에 관련 되는 규정

41. 국토의 계획 및 이용에 관한 법령상 광역도시계획에 관한 설명으로 옳은 것은?

① 광역계획권이 둘 이상의 도의 관할구역에 걸쳐 있는 경우, 해당 도지사들은 공동으로 광역계획권을 지정하여야 한다.
② 시·도지사가 요청하는 경우 국토교통부장관이 광역도시계획을 수립할 수 있다.
③ 시장 또는 군수는 5년마다 관할구역의 광역도시계획에 대하여 타당성을 전반적으로 재검토하여 정비하여야 한다.
④ 국토교통부장관이 광역계획권을 변경하려면 관계 시·도지사, 시장 또는 군수의 의견을 들은 후 중앙도시계획위원회의 심의를 거쳐야 한다.
⑤ 시·도지사는 광역도시계획을 수립하거나 변경하려면 미리 시·군·구 의회와 관계 시장 또는 군수의 의견을 들어야 한다.

42. 국토의 계획 및 이용에 관한 법령상 도시·군관리계획의 내용에 해당하는 것은?

① 개발밀도관리구역의 지정에 관한 계획
② 성장관리계획구역의 지정에 관한 계획
③ 도시·군계획시설입체복합구역의 지정에 관한 계획
④ 기반시설부담구역의 지정에 관한 계획
⑤ 시범도시의 지정에 관한 계획

43. 국토의 계획 및 이용에 관한 법령상 공간재구조화계획에 관한 설명으로 틀린 것은?

① 공간재구조화계획의 입안범위와 기준, 공간재구조화계획도서 및 계획설명서의 작성기준·작성방법 등은 국토교통부장관이 정한다.
② 주민(이해관계자를 포함)은 도시혁신구역 지정을 위하여 공간재구조화계획 입안권자에게 공간재구조화계획의 입안을 제안할 수 있다.
③ 공간재구조화계획에는 용도구역 지정 위치 및 용도구역에 대한 계획 등에 관한 사항을 포함하여야 한다.
④ 공간재구조화계획 결정의 효력은 지형도면을 고시한 날의 다음 날부터 발생한다.
⑤ 국토교통부장관이 입안한 공간재구조화계획은 국토교통부장관이 결정한다.

44. 국토의 계획 및 이용에 관한 법령상 용도지역에 관한 설명으로 옳은 것은? (단, 조례는 고려하지 않음)

① 준공업지역은 환경을 저해하지 아니하는 공업의 배치를 위하여 필요한 지역이다.
② 시·도지사 또는 대도시 시장은 해당 시·도 또는 대도시의 도시·군계획조례로 정하는 바에 따라 도시·군관리계획결정으로 세분된 주거지역·상업지역·공업지역·녹지지역을 추가적으로 세분하여 지정할 수 있다.
③ 제2종 일반주거지역의 건폐율과 준공업지역의 건폐율은 상호 동일하다.
④ 제1종 전용주거지역의 용적률과 보전녹지지역의 용적률은 상호 동일하다.
⑤ 「어촌·어항법」 제17조 제1항에 따른 어항구역으로서 농림지역에 연접한 공유수면은 농림지역의 결정·고시로 본다.

45. 국토의 계획 및 이용에 관한 법령상 자연취락지구 안에 건축할 수 있는 건축물에 해당하는 것은? (단, 4층 이하의 건축물에 한하며 조례는 고려하지 않음)

① 자동차관련시설
② 관광숙박시설
③ 안마시술소
④ 단란주점
⑤ 방송통신시설

46. 국토의 계획 및 이용에 관한 법령상 시가화조정구역에 관한 설명으로 <u>틀린</u> 것은?

① 국가계획과 연계하여 시가화조정구역의 지정 또는 변경이 필요한 경우에는 국토교통부장관이 직접 시가화조정구역의 지정 또는 변경을 도시·군관리계획으로 결정할 수 있다.
② 시가화조정구역은 유보기간이 만료되고 실효고시를 하는 경우 고시가 끝난 날의 다음 날부터 그 효력을 잃는다.
③ 도시·군계획사업의 시행은 관계 중앙행정기관의 장의 요청과 국토교통부장관의 인정이 있어야 한다.
④ 도시·군계획사업에 의하지 아니하는 마을공동시설인 새마을회관의 설치는 허가를 받아 할 수 있다.
⑤ 시가화유보기간은 20년을 초과할 수 없다.

47. 국토의 계획 및 이용에 관한 법령상 도시·군계획시설에 관한 설명으로 옳은 것은?

① 도시지역에서 사회복지시설을 설치하고자 하는 경우 미리 도시·군관리계획으로 결정하여야 한다.
② 공동구가 설치된 경우 가스관, 하수도관은 공동구협의회의 심의를 거쳐야 공동구에 수용할 수 있다.
③ 도시·군계획시설사업이 같은 도의 관할구역에 속하는 둘 이상의 시 또는 군에 걸쳐 시행되는 경우에는 국토교통부장관이 시행자를 정한다.
④ 시행자는 사업시행을 위하여 특히 필요하다고 인정되는 도시·군계획시설에 인접한 건축물을 일시 수용할 수 있다.
⑤ 국·공유지를 그 도시·군관리계획으로 정해진 목적 외의 목적으로 양도한 경우 취소사유에 해당한다.

48. 국토의 계획 및 이용에 관한 법령상 장기미집행 도시·군계획시설부지에 관한 설명으로 옳은 것은?

① 고시일부터 20년이 지날 때까지 사업이 시행되지 아니하는 도시·군계획시설결정은 그 고시일부터 20년이 되는 날에 그 효력을 잃는다.
② 시장 또는 군수는 도시·군계획시설결정이 고시된 도시·군계획시설을 설치할 필요성이 없어진 경우 국토교통부장관에게 그 내용을 보고하여야 한다.
③ 시장 또는 군수는 도지사가 결정한 도시·군관리계획의 해제가 필요한 경우에는 도지사에게 그 결정을 신청하여야 한다.
④ 결정·고시된 도시·군계획시설에 대해서 토지소유자는 해제 입안을 신청할 수 없다.
⑤ 국토교통부장관에게 해제를 권고받은 결정권자는 3개월 내에 해제결정을 하여야 한다.

49. 국토의 계획 및 이용에 관한 법령상 지구단위계획에 관한 설명으로 틀린 것은?

① 특정개발진흥지구가 계획관리지역에 위치하는 경우 지구단위계획구역을 지정할 수 있다.

② 지구단위계획에는 건축물의 배치·형태·색채 또는 건축선에 관한 계획이 포함될 수 있다.

③ 도시지역에 개발진흥지구를 지정하고 당해 지구를 지구단위계획구역으로 지정한 경우 당해 용도지역에 적용되는 용적률의 200% 이내에서 용적률을 완화하여 적용할 수 있다.

④ 도시지역 외의 지구단위계획구역에서는 지구단위계획으로 당해 용도지역 또는 개발진흥지구에 적용되는 건폐율의 150% 및 용적률의 200% 이내에서 건폐율 및 용적률을 완화하여 적용할 수 있다.

⑤ 지구단위계획구역의 지정에 관한 도시·군관리계획결정의 고시일부터 3년 이내에 지구단위계획이 결정·고시되지 아니하면 그 3년이 되는 날의 다음 날에 그 지구단위계획구역의 지정에 관한 도시·군관리계획결정은 효력을 잃는다.

50. 국토의 계획 및 이용에 관한 법령상 개발행위허가에 관한 설명으로 옳은 것은? (단, 조례는 고려하지 않음)

① 전·답 사이의 지목변경을 수반하는 경작을 위한 토지의 형질변경은 개발행위허가의 대상이 아니다.

② 개발행위허가를 받은 사업면적을 5% 범위 안에서 축소하거나 확장하는 경우에는 별도의 변경허가를 받을 필요가 없다.

③ 토지의 일부가 도시·군계획시설로 지형도면 고시가 된 당해 토지의 분할은 개발행위허가를 받아야 한다.

④ 개발행위로 인하여 주변의 국가유산 등이 크게 손상될 우려가 있는 지역에 대해서는 최대 5년까지 개발행위허가를 제한할 수 있다.

⑤ 행정청이 아닌 자가 개발행위허가를 받아 새로 공공시설을 설치한 경우, 종래의 공공시설은 개발행위허가를 받은 자에게 전부 무상으로 귀속된다.

51. 국토의 계획 및 이용에 관한 법령상 기반시설부담구역에 관한 설명으로 틀린 것은?

① 기반시설부담구역의 지정·고시일부터 1년이 되는 날까지 기반시설설치계획을 수립하지 아니하면 그 1년이 되는 날의 다음 날에 기반시설부담구역의 지정은 해제된 것으로 본다.

② 기반시설부담구역의 지정기준 등에 관하여 필요한 사항은 특별시·광역시·특별자치시·특별자치도·시 또는 군의 조례로 정한다.

③ 기반시설부담구역에서 기반시설설치비용의 부과대상인 건축행위는 200m²를 초과하는 건축물의 신축·증축행위로 한다.

④ 군지역에서 해당 지역의 전년도 인구증가율이 그 군의 전년도 인구증가율보다 20% 이상 높은 지역인 경우에는 기반시설부담구역으로 지정하여야 한다.

⑤ 기반시설설치비용의 납부의무자는 사용승인신청 시까지 기반시설설치비용을 내야 한다.

52. 국토의 계획 및 이용에 관한 법령상 성장관리계획구역과 성장관리계획에 관한 설명으로 틀린 것은?

① 성장관리계획구역 내 자연녹지지역에서는 30% 이하의 범위에서 조례로 정하는 비율까지 건폐율을 완화하여 적용할 수 있다.

② 성장관리계획구역을 지정하려면 관계 행정기관과의 협의 및 지방도시계획위원회의 심의를 거쳐야 한다.

③ 지방의회는 특별한 사유가 없으면 60일 이내에 의견을 제시하여야 하며, 그 기한까지 의견을 제시하지 아니하면 의견이 없는 것으로 본다.

④ 개발수요가 많아 무질서한 개발이 진행되고 있거나 진행될 것으로 예상되는 주거지역은 성장관리계획구역을 지정할 수 있다.

⑤ 성장관리계획구역의 면적을 10% 이내에서 변경하는 경우에는 주민과 해당 지방의회의 의견을 듣지 않아도 된다.

53. 도시개발법령상 도시개발구역의 지정제안에 관한 설명으로 옳은 것은?

① 도시개발구역의 지정을 제안하려는 지역이 둘 이상의 시·군 또는 구의 행정구역에 걸쳐 있는 경우에는 그 지역에 포함된 면적이 가장 큰 행정구역의 시장·군수 또는 구청장에게 서류를 제출하여야 한다.

② 지방공사인 시행자가 도시개발구역의 지정을 제안하려는 경우에는 대상 구역 토지면적의 3분의 2 이상에 해당하는 토지소유자(지상권자를 포함)의 동의를 받아야 한다.

③ 특별자치도지사·시장·군수 또는 구청장은 제안자에게 도시개발구역의 지정을 위하여 필요한 비용의 전부를 부담하게 하여야 한다.

④ 도시개발조합이 30만m^2의 도시개발구역의 지정 제안을 시장·군수 또는 구청장에게 할 수 있다.

⑤ 도시개발구역 지정의 제안을 받은 경우 제안내용의 수용 여부를 45일 이내에 제안자에게 통보하여야 한다.

54. 도시개발법령상 지방공사가 시행하는 환지방식의 도시개발사업의 계획(이하 '개발계획'이라 함) 수립 시 받아야 하는 동의 등에 관한 설명으로 옳은 것은?

① 도시개발구역의 토지면적을 산정하는 경우: 국·공유지를 제외하고 산정할 것

② 「집합건물의 소유 및 관리에 관한 법률」 제2조 제2호에 따른 구분소유자: 대표하는 1인을 토지소유자로 볼 것

③ 1인이 둘 이상 필지의 토지를 단독으로 소유한 경우: 필지의 수에 해당하는 토지소유자로 볼 것

④ 둘 이상 필지의 토지를 소유한 공유자가 동일한 경우: 공유자 각각을 토지소유자로 볼 것

⑤ 도시개발구역의 지정이 제안되기 전에 동의를 철회하는 사람이 있는 경우: 그 사람은 동의자 수에서 제외할 것

55. 도시개발법령상 도시개발사업의 시행에 관한 설명으로 옳은 것은?

① 도시개발사업의 시행자는 국토교통부관이 지정한다.

② 사업시행자는 도시개발사업의 일부인 도로, 공원 등 공공시설의 건설을 지방공사에 위탁하여 시행할 수 없다.

③ 조합을 설립하려면 도시개발구역의 토지소유자 7명 이상이 정관을 작성하여 시장·군수·구청장에게 조합설립의 인가를 받아야 한다.

④ 조합설립인가신청을 위한 동의자 수 산정에 있어 도시개발구역의 토지면적은 국·공유지를 포함하여 산정한다.

⑤ 사업시행자가 도시개발사업에 관한 실시계획의 인가를 받은 후 1년 이내에 사업을 착수하지 아니하는 경우 지정권자는 시행자를 변경할 수 있다.

56. 도시개발법령상 실시계획에 관한 설명으로 <u>틀린</u> 것은?

① 실시계획에는 사업시행에 필요한 설계 도서, 자금 계획, 시행기간, 그 밖에 대통령령으로 정하는 사항과 서류를 명시하거나 첨부하여야 한다.

② 시행자(지정권자가 시행자인 경우는 제외)는 작성된 실시계획에 관하여 지정권자의 인가를 받아야 한다.

③ 시행자가 작성하는 실시계획에는 지구단위계획이 포함되어야 한다.

④ 인가받은 실시계획의 내용 중 사업비의 100분의 10의 범위에서 사업비의 증액은 변경인가를 받지 아니한다.

⑤ 국토교통부장관인 지정권자가 실시계획을 작성하거나 인가한 경우에는 이를 관보에 고시하고 직접 30일 이상 일반인에게 공람시켜야 한다.

57. 도시개발법령상 수용 또는 사용방법에 의한 도시개발사업으로 조성된 토지등의 공급에 관한 설명으로 틀린 것은?

① 시행자는 조성토지등을 공급하려고 할 때에는 조성토지등의 공급계획을 작성하여야 하며, 지정권자가 아닌 시행자는 작성한 조성토지등의 공급계획에 대하여 지정권자의 승인을 받아야 한다.

② 일반에게 분양할 수 없는 공공용지를 국가에게 공급하는 경우 추첨방법으로 공급하여야 한다.

③ 시행자는 지방자치단체에 임대주택 건설용지를 공급하는 경우에는 해당 토지의 가격을 감정평가한 가격 이하로 정하여야 한다.

④ 도시개발사업의 시행자는 「국토의 계획 및 이용에 관한 법률」에 따른 기반시설의 원활한 설치를 위하여 필요하면 공급대상자의 자격을 제한할 수 있다.

⑤ 조성토지등의 가격평가는 「감정평가 및 감정평가사에 관한 법률」에 따른 감정평가법인등이 평가한 감정가격으로 한다.

58. 도시개발법령상 환지계획에 관한 설명으로 틀린 것은?

① 환지설계에는 축척 1,200분의 1 이상의 환지예정지도, 환지전후대비도, 과부족면적표시도 및 환지전후 평가단가 표시도가 첨부되어야 한다.

② 시행자는 건축물의 일부와 그 건축물이 있는 토지의 공유지분을 부여(입체환지)하고자 하는 경우에는 지정권자의 승인을 받아야 한다.

③ 환지계획의 작성에 따른 환지계획의 기준, 보류지(체비지·공공시설 용지)의 책정기준 등에 관하여 필요한 사항은 국토교통부령으로 정할 수 있다.

④ 환지계획은 종전의 토지와 환지의 위치·지목·면적·토질·수리(水利)·이용 상황·환경, 그 밖의 사항을 종합적으로 고려하여 합리적으로 정하여야 한다.

⑤ 행정청이 아닌 시행자가 환지계획을 작성한 경우에는 특별자치도지사·시장·군수 또는 구청장의 인가를 받아야 한다.

59. 도시 및 주거환경정비법령상 정비구역에서 시장·군수등의 허가를 받아야 하는 행위는? (단, 국토의 계획 및 이용에 관한 법률에 따른 개발행위허가의 대상이 아님)

① 경작지에서의 관상용 죽목의 임시식재

② 정비구역에 존치하기로 결정된 대지에 물건을 쌓아놓는 행위

③ 경작을 위한 토지의 형질변경

④ 이동이 쉽지 아니한 물건을 20일간 이상 쌓아놓는 행위

⑤ 농산물의 생산에 직접 이용되는 종묘배양장의 설치

60. 도시 및 주거환경정비법령상 도시·주거환경정비기본계획(이하 '기본계획'이라 함)에 관한 설명으로 옳은 것은?

① 특별시장·광역시장·특별자치시장·특별자치도지사·시장 또는 군수는 관할구역에 대하여 기본계획을 10년 단위로 수립하여야 한다.

② 기본계획에는 세입자 주거대책이 포함되어야 한다.

③ 기본계획의 수립권자는 기본계획을 수립하거나 변경하려는 경우에는 30일 이상 주민에게 공람하여 의견을 들어야 한다.

④ 기본계획의 수립권자는 지방의회의 의견을 들어야 하며 이 경우 지방의회는 수립자가 기본계획을 통지한 날부터 30일 이내에 의견을 제시하여야 한다.

⑤ 건폐율 및 용적률을 각 20% 미만의 범위에서 변경하는 경우에는 주민과 지방의회 의견청취를 생략할 수 있다.

61. 도시 및 주거환경정비법령상 정비사업조합(이하 '조합'이라 함)에 관한 설명으로 옳은 것은?

① 투기과열지구 안에서 재건축사업의 경우 조합설립인가 후 당해 정비사업의 건축물 또는 토지를 상속으로 양수한 자는 조합원이 될 수 없다.
② 조합원의 자격에 관한 사항의 정관을 변경하려는 경우에는 총회를 개최하여 조합원 3분의 2 이상의 찬성을 받아야 한다.
③ 조합임원은 같은 목적의 정비사업을 하는 다른 조합의 임원 또는 직원을 겸할 수 있다.
④ 조합임원의 임기는 2년 이하의 범위에서 정관으로 정하되, 연임할 수 있다.
⑤ 대의원회는 총회 의결사항 중 정비사업전문관리업자의 선정 및 변경에 대해서 총회의 권한을 대행할 수 있다.

62. 도시 및 주거환경정비법령상 조합에 의한 재개발사업의 시행에 관한 설명으로 <u>틀린</u> 것은?

① 정비구역 안의 토지만 소유한 자도 조합원이 될 수 있다.
② 사업시행계획서에는 일부 건축물의 존치 또는 리모델링에 관한 내용이 포함될 수 있다.
③ 조합이 시·도지사 또는 토지주택공사등에게 재개발사업의 시행으로 건설된 임대주택의 인수를 요청하는 경우 토지주택공사등이 우선하여 인수하여야 한다.
④ 사업시행으로 철거되는 주택의 소유자 또는 세입자를 위하여 사업시행자가 지방자치단체의 건축물을 임시거주시설로 사용하는 경우 사용료 또는 대부료는 면제된다.
⑤ 사업을 시행하고자 하는 경우 시장·군수등에게 사업시행인가를 받아야 한다.

63. 도시 및 주거환경정비법령상 관리처분계획 등에 관한 설명으로 <u>틀린</u> 것은?

① 관리처분계획에는 분양대상자의 종전의 토지 또는 건축물에 관한 소유권 외의 권리명세가 포함되어 있다.
② 투기과열지구에서 분양대상자로 선정된 자는 5년 이내에 상속으로 조합원 자격을 취득한 경우라도 분양신청을 할 수 없다.
③ 사업시행자는 관리처분계획을 중지 또는 폐지하고자 하는 경우에도 인가를 받아야 하지만, 대통령령으로 정하는 경미한 사항을 변경하려는 경우에는 시장·군수등에게 신고하여야 한다.
④ 사업시행자는 분양신청을 받은 후 잔여분이 있는 경우에는 정관등 또는 사업시행계획이 정하는 목적을 위하여 보류지로 정하거나 조합원 또는 토지등소유자 이외의 자에게 분양할 수 있다.
⑤ 분양대상자별 종전의 토지 또는 건축물의 가격은 원칙적으로 사업시행인가의 고시가 있은 날을 기준으로 평가한 가격으로 한다.

64. 도시 및 주거환경정비법령상 정비사업의 준공인가 및 이전고시에 관한 설명으로 <u>틀린</u> 것은?

① 정비사업의 시행자가 지방공사인 경우에는 정비사업에 관한 공사를 완료한 때에 시장·군수등의 준공인가를 받아야 한다.
② 시장·군수등은 효율적인 준공검사를 위하여 필요한 때에는 관계 행정기관·공공기관·연구기관, 그 밖의 전문기관 또는 단체에 준공검사의 실시를 의뢰할 수 있다.
③ 건축물을 분양받은 자는 사업시행자가 소유권이전에 관한 내용을 공보에 고시한 날에 건축물에 대한 소유권을 취득한다.
④ 정비사업에 의하여 건축물을 분양받을 자에게 소유권을 이전한 경우 종전의 건축물에 설정된 저당권 등 등기된 권리는 소유권을 이전받은 건축물에 설정된 것으로 본다.
⑤ 시장·군수등은 준공인가를 하기 전이라도 완공된 건축물이 사용에 지장이 없는 등 대통령령으로 정하는 기준에 적합한 경우에는 입주예정자가 완공된 건축물을 사용할 수 있도록 사업시행자에게 허가할 수 있다.

65. 주택법령상 도시형 생활주택에 관한 설명으로 <u>틀린</u> 것은?

① 300세대인 아파트는 도시형 생활주택에 해당하지 아니한다.

② 아파트형 주택의 경우 지하층에는 세대를 설치하지 않아야 한다.

③ 도시형 생활주택과 주거전용면적이 $85m^2$를 초과하는 주택 1세대를 함께 건축할 수 없다.

④ 하나의 건축물에는 단지형 연립주택 또는 단지형 다세대주택과 아파트형 주택을 함께 건축할 수 없다.

⑤ 준주거지역 또는 상업지역에서 아파트형 주택과 도시형 생활주택 외의 주택을 함께 건축할 수 있다.

66. 주택법령상 지역주택조합에 관한 설명으로 <u>틀린</u> 것은?

① 전용면적 $60m^2$인 주택을 1채 소유한 세대주인 자는 지역주택조합의 조합원이 될 수 있다.

② 해당 주택조합의 공동사업주체인 등록사업자 또는 업무대행사의 임직원은 주택조합의 조합원이 될 수 없다.

③ 주택조합은 설립인가를 받는 날부터 사용검사를 받는 날까지 계속하여 주택건설 예정 세대수(임대주택은 제외)의 50% 이상의 조합원으로 구성하되 조합원은 20명 이상이어야 한다.

④ 주택조합설립인가를 받으려는 경우 해당 주택건설대지의 100분의 80 이상에 해당하는 토지의 사용권원과 15% 이상 소유권을 확보하여야 한다.

⑤ 조합원 추가모집의 경우 조합원 자격요건 충족 여부의 판단은 해당 주택조합의 설립인가신청일을 기준으로 한다.

67. 주택법령상 사업계획승인 등에 관한 설명으로 <u>틀린</u> 것은? (단, 다른 법률에 따른 사업은 제외함)

① 사업주체는 공사의 착수기간이 연장되지 않는 한 주택건설사업계획의 승인을 받은 날부터 3년 이내에 공사를 시작하여야 한다.

② 사업계획승인권자는 착공신고를 받은 날부터 20일 이내에 신고수리 여부를 신고인에게 통지하여야 한다.

③ 사업계획승인권자는 사업계획승인의 신청을 받았을 때에는 정당한 사유가 없으면 신청받은 날부터 60일 이내에 사업주체에게 승인 여부를 통보하여야 한다.

④ 주택건설사업을 시행하려는 자는 전체 세대수가 600세대 이상인 주택단지를 공구별로 분할하여 주택을 건설·공급할 수 있다.

⑤ 사업계획에는 부대시설 및 복리시설의 설치에 관한 계획 등이 포함되어야 한다.

68. 주택법령상 주택건설사업 등에 의한 임대주택의 건설 등에 관한 설명으로 옳은 것은?

① 사업주체가 임대주택의 건설·공급에 관한 사항을 포함한 사업계획승인신청서를 제출하는 경우 사업계획승인권자는 건폐율과 용적률을 완화하여 적용할 수 있다.

② 용적률을 완화하여 적용하는 경우 사업주체는 완화된 용적률의 30% 이하의 범위에서 대통령령으로 정하는 비율 이상에 해당하는 면적을 임대주택으로 공급하여야 한다.

③ 사업주체는 임대주택을 국토교통부장관, 시·도지사, 한국토지주택공사 또는 지방공사에 공급하여야 하며 시·도지사가 우선 인수할 수 있다.

④ 공급되는 임대주택의 공급가격 중 건축비는 감정가격으로 한다.

⑤ 공급되는 임대주택의 부속토지의 공급가격은 공시지가로 한다.

69. 주택법령상 주택상환사채에 관한 설명으로 옳은 것은?

① 한국토지주택공사가 주택상환사채를 발행하려는 경우 금융기관 또는 주택도시보증공사의 보증을 받은 경우에만 주택상환사채를 발행할 수 있다.

② 주택상환사채를 발행하려는 자는 주택상환사채 발행계획을 수립하여 행정안전부장관의 승인을 받아야 한다.

③ 주택상환사채는 무기명증권으로 하며 양도가 가능하다.

④ 등록사업자의 등록이 말소된 경우 등록사업자가 발행한 주택상환사채의 효력에는 영향을 미치지 아니한다.

⑤ 주택상환사채의 발행에 관하여 이 법에서 규정한 것 외에는 「지방재정법」을 적용한다.

70. 주택법령상 분양가상한제 적용주택 등에 관한 설명으로 <u>틀린</u> 것은?

① 「공공주택 특별법」 제2조 제3호 마목에 따른 도심 공공주택 복합사업에서 건설·공급하는 주택은 분양가격 제한을 받지 아니한다.

② 분양가격의 구성항목 중 건축비는 국토교통부장관이 정하여 고시하는 건축비(기본형 건축비)에 국토교통부령이 정하는 바에 따라 가산한 금액으로 한다.

③ 분양가상한제적용직전월부터 소급하여 3개월간의 주택매매거래량이 전년 동기 대비 20% 이상 증가한 지역은 분양가상한제 적용지역으로 지정할 수 있다.

④ 사업주체는 분양가상한제 적용주택으로서 공공택지에서 공급하는 주택에 대하여 입주자 모집승인을 받았을 때에는 입주자 모집공고에 분양가격을 공시하여야 한다.

⑤ 시·도지사가 분양가상한제 적용지역을 지정하는 경우에는 미리 국토교통부장관과 협의를 하여야 한다.

71. 주택법령상 한국토지주택공사의 동의를 받은 경우 분양가상한제 적용주택의 입주자로 선정된 지위나 주택을 전매할 수 있는 경우는?

① 세대원이 결혼으로 인하여 세대원 전원이 수도권 안에서 이전하는 경우

② 주택의 전부를 그 배우자에게 증여하는 경우

③ 세대원 전원이 해외로 이주하거나 1년 이상의 기간 동안 해외에 체류하고자 하는 경우

④ 이혼으로 인하여 입주자로 선정된 지위 또는 주택을 그 배우자에게 이전하는 경우

⑤ 상속에 의하여 취득한 주택으로 세대원 일부가 이전하는 경우

72. 건축법령상 건축과 대수선에 관한 설명으로 <u>틀린</u> 것은?

① 연면적 $100m^2$인 주된 건축물이 있는 대지에 $30m^2$의 부속건축물을 건축하는 행위는 증축이다.

② 3층인 건축물의 기둥 3개를 증설하여 건축물의 높이를 높이는 행위는 대수선이다.

③ 주요구조부를 해체하지 아니하고 다른 대지로 이전하는 행위는 이전에 해당하지 아니한다.

④ 건축물의 외벽에 사용하는 방화에 지장이 없는 마감재료를 $10m^2$ 증설하는 행위는 대수선이다.

⑤ 연면적 $300m^2$이고 3층인 건축물의 전부를 철거하고 그 대지에 연면적 $200m^2$이고 2층인 건축물을 건축하는 행위는 개축이다.

73. 건축법령의 적용이 배제되는 건축물에 해당하는 것을 모두 고른 것은?

> ㄱ. 「문화유산의 보존 및 활용에 관한 법률」에 따른 임시지정문화유산
> ㄴ. 고속도로 통행료 징수시설
> ㄷ. 국도변에 설치한 과적차량 검문소
> ㄹ. 주택으로 사용하는 용지에 설치하는 컨테이너를 이용한 간이창고

① ㄱ
② ㄱ, ㄴ
③ ㄱ, ㄴ, ㄷ
④ ㄱ, ㄴ, ㄹ
⑤ ㄱ, ㄷ, ㄹ

74. 건축법령상 시장·군수가 건축허가를 하기 위해 도지사의 사전승인을 받아야 하는 건축물은?

① 연면적의 10분의 4를 증축하여 층수가 21층이 되는 공장
② 연면적의 합계가 10만m^2인 창고
③ 자연환경을 보호하기 위하여 도지사가 지정·공고한 구역에 건축하는 연면적의 합계가 900m^2인 3층의 위락시설
④ 주거환경 등 주변 환경을 보호하기 위하여 도지사가 지정·공고한 구역에 건축하는 공동주택
⑤ 수질을 보호하기 위하여 도지사가 지정·공고한 구역에 건축하는 연면적의 합계가 900m^2인 2층의 숙박시설

75. 건축법령상 특별시에서 건축물의 용도를 변경하고자 하는 경우에 관한 설명으로 옳은 것은?

① 공장을 통신시설로 용도변경하는 경우 관할 구청장에게 신고를 하여야 한다.
② 노유자시설을 위락시설로 용도변경하는 경우 특별시장의 허가를 받아야 한다.
③ 업무시설을 판매시설로 용도변경하는 경우 관할 구청장에게 신고를 하여야 한다.
④ 종교시설을 운동시설로 용도변경하는 경우 관할 구청장에게 건축물대장 기재내용의 변경을 신청하여야 한다.
⑤ 단독주택을 다중주택으로 용도변경하는 경우 관할 구청장에게 건축물대장 기재내용의 변경을 신청하여야 한다.

76. 건축법령상 건축허가 등의 제한에 관한 설명으로 <u>틀린</u> 것은?

① 도지사는 지역계획이나 도시·군계획에 특히 필요하다고 인정하면 시장 또는 군수의 건축허가를 제한할 수 있다.
② 국토교통장관은 주무부장관이 요청하면 허가권자의 건축허가나 허가를 받은 건축물의 착공을 제한할 수 있다.
③ 건축허가나 건축허가를 받은 건축물의 착공을 제한하려는 경우에는 「토지이용규제 기본법」에 따라 주민의견을 청취한 후 건축위원회의 심의를 거쳐야 한다.
④ 국토교통부장관이 허가권자의 건축허가를 제한하는 기간은 3년을 초과하지 못한다.
⑤ 특별시장이 구청장의 건축허가를 제한한 경우 지방자치단체의 공보에 공고하고 그 내용을 구청장에게 통보하면 구청장은 일반에게 열람시켜야 한다.

77. 다음 자료를 보고 1,000m^2인 대지에 증축할 수 있는 면적은?

> ㅇ 용적률은 조례에서 500%로 정했다.
> ㅇ 지하 2층, 지상 5층의 건축물이 건축되어 있다.
> ㅇ 지하 2층과 지하 1층은 각층 바닥면적이 400m^2로 건축되어 있다.
> ㅇ 지상 1층은 바닥면적이 600m^2인 필로티구조로 건축되어 있으며 주차장으로 사용하고 있다.
> ㅇ 지상 2층, 3층, 4층은 각층 바닥면적이 600m^2로 건축되어 있다.
> ㅇ 5층은 400m^2로 건축되어 있다.

① 1,800m^2 ② 2,200m^2
③ 2,600m^2 ④ 2,500m^2
⑤ 2,800m^2

78. 건축법령상 건축협정에 관한 설명으로 <u>틀린</u> 것은?

① 「국토의 계획 및 이용에 관한 법률」에 따라 지정된 지구단위계획구역에서 건축물의 건축·대수선 또는 리모델링에 관한 협정(이하 '건축협정'이라 함)을 체결할 수 있다.
② 건축협정은 건축물의 건축·대수선 또는 리모델링에 관한 사항을 포함하여야 한다.
③ 협정체결자 또는 건축협정운영회의 대표자는 건축협정서를 작성하여 국토교통부령으로 정하는 바에 따라 해당 건축협정인가권자의 인가를 받아야 한다.
④ 건축협정을 폐지하려는 경우에는 협정체결자 전원의 동의를 받아 인가를 받아야 한다.
⑤ 건축협정이 체결된 지역 또는 구역에서 건축물의 건축·대수선 또는 리모델링을 하거나 그 밖에 대통령령으로 정하는 행위를 하려는 소유자등은 인가·변경인가된 건축협정에 따라야 한다.

79. 농지법령상 농지취득자격증명에 관한 설명으로 <u>틀린</u> 것은?

① 시·구·읍·면의 장은 1필지를 공유로 취득하려는 자가 시·군·구의 조례로 정한 수를 초과한 경우에는 농지취득자격증명을 발급하지 아니할 수 있다.
② 농업경영계획서에는 농지취득자격증명을 발급받으려는 자의 직업·영농경력·영농거리가 포함되어야 한다.
③ 국가나 지방자치단체가 농지를 소유하는 경우는 농지취득자격증명을 발급받지 않아도 된다.
④ 농지취득자격증명은 농지 소재지를 관할하는 시장·구청장·읍장·면장이 발급한다.
⑤ 농업법인의 합병으로 농지를 취득하는 경우 농지취득자격증명을 발급받아야 한다.

80. 농지법령상 임대차 등에 관한 설명으로 <u>틀린</u> 것은?

① 다년생식물 재배지 등 대통령령으로 정하는 농지의 경우에는 임대차기간을 5년 이상으로 하여야 한다.
② 임대차계약의 당사자는 임대차기간, 임차료 등 임대차계약에 관하여 서로 협의가 이루어지지 아니한 경우에는 농지 소재지를 관할하는 시장·군수 또는 자치구구청장에게 조정을 신청할 수 있다.
③ 농지임대차조정위원회에서 작성한 조정안을 임대차계약 당사자가 수락한 때에는 이를 해당 임대차의 당사자 간에 체결된 계약의 내용으로 본다.
④ 임대차계약은 서면계약을 원칙으로 한다.
⑤ 임대인은 질병, 징집 등 대통령령으로 정하는 불가피한 사유가 있는 경우에는 임대차기간을 3년(다년생식물 재배지 등은 5년) 이상으로 하여야 한다.

정답 및 해설	p.113

정답 및 해설 p.113

시작시간: ______ 시 ______ 분 ~ 종료시간: ______ 시 ______ 분

2025년도 제36회 공인중개사 2차 국가자격시험

실전모의고사 제6회

교 시	문제형별	시험시간	시험과목
2교시	A	50분	1 부동산공시에 관한 법령 및 부동산 관련 세법

수험번호		성 명	

[수험자 유의사항]

1. 시험문제지는 **단일 형별(A형)**이며, 답안카드 형별 기재란에 표시된 형별(A형)을 확인하시기 바랍니다. 시험문제지의 **총면수, 문제번호 일련순서, 인쇄상태** 등을 확인하시고, 문제지 표지에 수험번호와 성명을 기재하시기 바랍니다.

2. 답은 각 문제마다 요구하는 **가장 적합하거나 가까운 답 1개**만 선택하고, 답안카드 작성 시 시험문제지 **마킹착오**로 인한 불이익은 전적으로 **수험자에게 책임**이 있음을 알려드립니다.

3. 답안카드는 국가전문자격 공통 표준형으로 문제번호가 1번부터 125번까지 인쇄되어 있습니다. 답안 마킹 시에는 반드시 **시험문제지의 문제번호와 동일한 번호**에 마킹하여야 합니다. (2차 2교시 : 1번~40번)

4. **감독위원의 지시에 불응하거나 시험시간 종료 후 답안카드를 제출하지 않을 경우** 불이익이 발생할 수 있음을 알려 드립니다.

5. 시험문제지는 시험 종료 후 가져가시기 바랍니다.

6. 답안작성은 **시험 시행일(2025.10.25.) 현재 시행되는 법령 등**을 적용하시기 바랍니다.

7. 가답안 의견제시에 대한 개별회신 및 공고는 하지 않으며, **최종 정답 발표로 갈음**합니다.

8. 시험 중 **중간 퇴실은 불가**합니다. 단, 부득이하게 퇴실할 경우 **시험포기각서 제출 후 퇴실은 가능**하나 **재입실이 불가**하며, **해당시험은 무효처리됩니다.**

eduwill

제1과목: 부동산공시에 관한 법령 및 부동산 관련 세법

1. 공간정보의 구축 및 관리 등에 관한 법령상 원칙적으로 '종전에 사용했던 지번 중 본번'으로 지번을 부여하는 경우를 모두 고른 것은?

ㄱ. '신규등록'으로 지번을 부여하는 경우 ㄴ. '농어촌정비사업'으로 지번을 부여하는 경우 ㄷ. '등록전환'으로 지번을 부여하는 경우 ㄹ. '축척변경'으로 지번을 부여하는 경우

① ㄱ, ㄷ
② ㄴ, ㄷ
③ ㄴ, ㄹ
④ ㄱ, ㄴ, ㄹ
⑤ ㄱ, ㄷ, ㄹ

2. 공간정보의 구축 및 관리 등에 관한 법령상 지목에 관한 설명으로 틀린 것은?

① 공항시설 및 항만시설 부지는 '잡종지'이다.
② 전기 또는 수소 등의 판매를 위하여 일정한 설비를 갖춘 시설물의 부지는 '주유소용지'이다.
③ 자동차 등의 판매 목적으로 설치된 물류장 및 야외전시장은 '주차장'이다.
④ 온수·약수·석유류 등을 일정한 장소로 운송하는 송수관·송유관 및 저장시설의 부지는 '광천지'에서 제외한다.
⑤ 조수가 드나드는 갯벌인 간석지는 '임야'로 볼 수 없다.

3. 공간정보의 구축 및 관리 등에 관한 법령상 토지대장과 지적도에 공통으로 등록하는 사항을 모두 고른 것은?

ㄱ. 지번 ㄴ. 토지의 고유번호 ㄷ. 지목 ㄹ. 토지이동사유 ㅁ. 축척

① ㄱ, ㄴ, ㄷ
② ㄱ, ㄷ, ㄹ
③ ㄱ, ㄷ, ㅁ
④ ㄴ, ㄷ, ㄹ
⑤ ㄴ, ㄹ, ㅁ

4. 공간정보의 구축 및 관리 등에 관한 법령상 경계점좌표등록부에 관한 설명으로 옳은 것은?

① 경계점좌표등록부를 갖춰 두는 지역의 지적도에는 도면의 제명 끝에 (좌표)라고 표시하고, 도곽선의 오른쪽 아래 끝에 '이 도면에 의하여 측량할 수 없음'이라고 적어야 한다.
② 경계점좌표등록부에는 좌표에 의하여 계산된 경계점 간의 거리를 등록한다.
③ 경계점좌표등록부에 부호 및 부호도는 등록하지만 장번호는 등록하지 아니한다.
④ 경계점좌표등록부를 갖춰 두는 토지는 축척변경을 위한 측량을 실시하여 경계점을 좌표로 등록한 지역의 토지로 한정한다.
⑤ 경계점좌표등록부를 작성하여 갖춰 둔 지역에서 토지의 경계결정과 지표상의 복원은 '지적도'에 의한다.

5. 공간정보의 구축 및 관리 등에 관한 법령상 지적소관청이 직권으로 등록사항을 정정할 수 없는 경우는?

① 지적도 및 임야도에 등록된 필지가 면적의 증감 없이 경계의 위치만 잘못된 경우
② 토지이동정리결의서의 내용과 다르게 정리된 경우
③ 면적 환산이 잘못된 경우
④ 연속지적도가 잘못 작성된 경우
⑤ 지적측량성과와 다르게 정리된 경우

6. 공간정보의 구축 및 관리 등에 관한 법령상 부동산종합공부에 관한 설명으로 틀린 것은?

① 지적소관청은 부동산종합공부의 등록사항 정정을 위하여 등록사항 상호간에 일치하지 않는 사항을 확인 및 관리하여야 한다.
② 지적소관청은 불일치 등록사항에 대해서는 등록사항을 관리하는 기관의 장에게 그 내용을 통지하여 등록사항 정정을 요청할 수 있다.
③ 부동산의 효율적 이용과 부동산과 관련된 정보의 종합적 관리·운영을 위하여 「부동산등기법」에 따른 부동산의 권리에 관한 사항을 등록한다.
④ 부동산종합공부를 열람하거나 부동산종합공부 기록사항의 전부 또는 일부에 관한 증명서(부동산종합증명서)를 발급받으려는 자는 지적소관청이나 읍·면·동의 장에게 신청할 수 있다.
⑤ 지적소관청은 부동산종합공부에 「부동산등기법」 제48조에 따른 부동산의 권리에 관한 사항에서 건축물의 소유자에 관한 사항(토지에 건축물이 있는 경우만 해당)을 등록하여야 한다.

7. 공간정보의 구축 및 관리 등에 관한 법령상 도시개발사업 등 시행지역의 토지이동신청 특례에 관한 설명으로 옳은 것은?

① 도시개발사업 등의 사업시행자는 그 사업의 착수·변경 및 완료 사실을 그 사유가 발생한 날부터 20일 이내에 지적소관청에 신고하여야 한다.
② 도시개발사업 등에 따른 토지의 이동신청은 그 신청대상지역이 환지를 수반하는 경우에는 도시개발사업 등의 완료신고로써 이를 갈음할 수 없다.
③ 「주택법」에 따른 주택건설사업의 시행자가 파산 등의 이유로 토지의 이동신청을 할 수 없을 때에는 법원이 선임한 파산관재인이 토지이동을 신청할 수 있다.
④ 도시개발사업 등과 관련하여 토지의 이동이 필요한 경우에는 해당 사업의 시행자가 지적소관청에 토지의 이동을 신청하여야 한다.
⑤ 토지의 이동은 토지의 형질변경 등의 공사가 착수된 때에 이루어진 것으로 본다.

8. 공간정보의 구축 및 관리 등에 관한 법령상 분할과 합병에 관한 설명으로 틀린 것을 모두 고른 것은?

ㄱ. 소유권이전, 매매를 위한 토지를 분할하는 경우 토지소유자는 60일 이내에 지적소관청에 토지의 분할을 신청하여야 한다.
ㄴ. 관계 법령에 따라 해당 토지에 대한 분할이 개발행위허가 등의 대상인 경우에는 개발행위허가 등을 받기 이전에 분할을 신청하여야 한다.
ㄷ. 합병의 경우는 분할과 다르게 지적측량을 하지 아니한다.
ㄹ. 합병하려는 토지 전부에 대한 등기원인 및 그 연월일과 접수번호가 같은 저당권의 등기가 있는 경우에는 합병할 수 있다.

① ㄱ, ㄴ
② ㄱ, ㄹ
③ ㄷ, ㄹ
④ ㄱ, ㄴ, ㄷ
⑤ ㄴ, ㄷ, ㄹ

9. 공간정보의 구축 및 관리 등에 관한 법령상 축척변경의 청산금에 관한 설명이다. (　　)에 들어갈 내용으로 옳은 것은?

> ○ 지적소관청은 청산금을 산정하였을 때에는 청산금 조서를 작성하고, 청산금이 결정되었다는 뜻을 (ㄱ) 이상 공고하여 일반인이 열람할 수 있게 하여야 한다.
> ○ 지적소관청은 청산금의 결정을 공고한 날부터 (ㄴ) 이내에 토지소유자에게 청산금의 납부고지 또는 수령통지를 하여야 한다.
> ○ 청산금의 납부고지를 받은 자는 그 고지를 받은 날부터 (ㄷ) 이내에 청산금을 지적소관청에 내야 한다.
> ○ 지적소관청은 청산금의 수령통지를 한 날부터 (ㄹ) 이내에 청산금을 지급하여야 한다.

① ㄱ: 15일, ㄴ: 15일, ㄷ: 3개월, ㄹ: 3개월
② ㄱ: 15일, ㄴ: 20일, ㄷ: 3개월, ㄹ: 3개월
③ ㄱ: 15일, ㄴ: 20일, ㄷ: 6개월, ㄹ: 6개월
④ ㄱ: 20일, ㄴ: 15일, ㄷ: 3개월, ㄹ: 6개월
⑤ ㄱ: 20일, ㄴ: 20일, ㄷ: 6개월, ㄹ: 3개월

10. 공간정보의 구축 및 관리 등에 관한 법령상 지적측량 적부(재)심사에 관한 설명으로 옳은 것은?

① 지적측량수행자는 지적측량성과에 대하여 다툼이 있는 경우에는 관할 시·도지사에게 지적측량 적부심사를 청구할 수 있다.
② 지적측량 적부심사청구를 회부받은 지방지적위원회는 그 심사청구를 회부받은 날부터 90일 이내에 심의·의결하여야 한다.
③ 지방지적위원회는 지적측량 적부심사를 의결하였으면 위원장과 참석위원 전원이 서명 및 날인한 지적측량 적부심사 의결서를 지체 없이 시·도지사에게 송부하여야 한다.
④ 시·도지사는 의결서를 받은 날부터 5일 이내에 지적측량 적부심사 청구인 및 이해관계인에게 그 의결서를 통지하여야 한다.
⑤ 의결서를 받은 자가 지방지적위원회의 의결에 불복하는 경우에는 그 의결서를 받은 날부터 90일 이내에 중앙지적위원회에 재심사를 청구할 수 있다.

11. 공간정보의 구축 및 관리 등에 관한 법령상 지적공부가 멸실된 경우, 토지의 표시의 복구자료에 해당하는 것을 모두 고른 것은?

> ㄱ. 토지이동정리 결의서
> ㄴ. 소유자정리 결의서
> ㄷ. 지적공부의 등본
> ㄹ. 한국국토정보공사가 발행한 지적도 사본

① ㄱ, ㄷ
② ㄴ, ㄷ
③ ㄱ, ㄴ, ㄷ
④ ㄱ, ㄷ, ㄹ
⑤ ㄴ, ㄷ, ㄹ

12. 공간정보의 구축 및 관리 등에 관한 법령상 지적측량절차에 관한 설명이다. (　　) 안에 들어갈 내용으로 옳은 것은?

> ○ 지적측량의 측량기간은 (ㄱ)로 하며, 측량검사기간은 (ㄴ)로 한다. 다만, 지적기준점을 설치하여 측량 또는 측량검사를 하는 경우 지적기준점이 15점 이하인 경우에는 4일을, 15점을 초과하는 경우에는 4일에 15점을 초과하는 4점마다 1일을 가산한다.
> ○ 지적측량 의뢰인과 지적측량수행자가 서로 합의하여 따로 기간을 정하는 경우에는 그 기간에 따르되, 전체 기간의 (ㄷ)은 측량기간으로, 전체 기간의 (ㄹ)은 측량검사기간으로 본다.

① ㄱ: 4일, ㄴ: 5일, ㄷ: 4분의 1, ㄹ: 4분의 3
② ㄱ: 4일, ㄴ: 5일, ㄷ: 4분의 3, ㄹ: 4분의 1
③ ㄱ: 5일, ㄴ: 4일, ㄷ: 4분의 1, ㄹ: 4분의 3
④ ㄱ: 5일, ㄴ: 4일, ㄷ: 4분의 3, ㄹ: 4분의 1
⑤ ㄱ: 5일, ㄴ: 4일, ㄷ: 5분의 3, ㄹ: 5분의 2

13. 소유권보존등기에 관한 설명으로 옳은 것은?

① 등기관이 소유권보존등기를 할 때에는 등기원인과 그 연월일을 기록해야 한다.

② 미등기건물의 건축물대장상 '국'으로부터 이전등록을 받은 자는 건물에 대한 소유권보존등기를 신청할 수 있다.

③ 미등기부동산에 대하여 체납처분으로 인한 압류등기를 촉탁하는 관공서는 소유자의 승낙이 없더라도 소유자를 갈음하여 소유권보존등기를 압류등기와 함께 촉탁할 수 있다.

④ 미등기토지에 가압류등기를 하기 위하여 등기관이 직권으로 소유권보존등기를 한 경우, 법원의 말소촉탁으로 가압류등기가 말소되는 경우에는 등기관이 보존등기를 직권으로 말소한다.

⑤ 1동의 건물에 속하는 구분건물 중 일부만에 관하여 소유권보존등기를 신청하는 경우에는 나머지 구분건물의 소유권보존등기를 동시에 신청하여야 한다.

14. 구분건물의 등기에 관한 설명으로 <u>틀린</u> 것은?

① 구분건물에 대한 등기사항증명서의 발급에 관하여는 1동의 건물의 표제부와 해당 전유부분에 관한 등기기록을 1개의 등기기록으로 본다.

② 대지권을 등기한 후에 한 건물의 권리에 관한 등기는 건물만에 관한 것이라는 뜻의 부기등기가 없으면 대지권에 대하여 동일한 등기로서 효력이 있다.

③ 등기관이 대지권등기를 하였을 때에는 직권으로 대지권의 목적인 토지의 등기기록의 해당 구에 소유권, 지상권, 전세권 또는 임차권이 대지권이라는 뜻을 기록하여야 한다.

④ 대지권이 등기된 구분건물의 등기기록에는 건물만에 관한 전세권설정등기를 할 수 있다.

⑤ 대지권에 대한 등기로서의 효력이 있는 등기와 대지권의 목적인 토지의 등기기록 중 해당 구에 한 등기의 순서는 순위번호에 따른다.

15. 부동산등기법상 관련 사건의 관할에 관한 특례에 관한 설명이다. (　　) 안에 들어갈 내용으로 옳은 것은?

> 등기관이 당사자의 신청이나 직권에 의한 등기를 하고 (　　　　), 공동저당, 공동전세 등기 또는 대법원규칙으로 정하는 바에 따라 다른 부동산에 대하여 등기를 하여야 하는 경우에는 그 부동산의 관할 등기소가 다른 때에도 해당 등기를 할 수 있다.

① 승역지지역권

② 요역지지역권

③ 전세권

④ 지상권

⑤ 임차권

16. 부동산등기법상 등기에 관한 설명으로 <u>틀린</u> 것은?

① 신청서나 그 밖의 부속서류의 열람신청은 해당 등기신청의 당사자와 열람을 위임받은 자격자대리인이 할 수 있다.

② 인감증명을 제출하여야 하는 자는 인감증명을 제출하는 대신 신청서 등에 서명을 하고 본인서명사실확인서를 제출하거나 전자본인서명확인서의 발급증을 제출할 수 있다.

③ 신청정보의 등기의무자의 표시에 관한 사항 중 주민등록번호는 등기기록과 일치하고 주소가 일치하지 아니하여 등기의무자의 동일성 확인이 필요한 경우, 등기의무자의 주소를 증명하는 정보를 제공하여야 한다.

④ 위 ③의 경우 주소를 증명하는 정보에 의해 등기의무자의 등기기록상 주소가 신청정보상의 주소로 변경된 사실이 확인되어 등기의무자의 동일성이 인정되는 경우에는 각하사유에 해당하지 않는다.

⑤ 위 ③의 경우, 주소를 증명하는 정보에 의해 등기의무자의 등기기록상 주소가 신청정보상의 주소로 변경된 사실이 확인되면 등기관은 직권으로 등기명의인의 표시변경등기를 하여야 한다.

17. 등기관이 직권으로 말소할 수 있는 등기를 모두 고른 것은? (단, 등기는 실체관계와 부합함)

> ㄱ. 수용으로 인한 소유권이전등기를 하는 경우 그 부동산의 등기기록 중 그 부동산을 위하여 존재하는 지역권등기
> ㄴ. 첨부서류를 위조하여 저당권설정등기를 신청하였으나 등기관이 이를 간과하여 마쳐진 저당권설정등기
> ㄷ. 지상권설정청구권보전의 가등기에 의하여 지상권설정의 본등기를 한 경우, 가등기 이후 본등기 이전에 동일부분에 이루어진 임차권등기
> ㄹ. 가처분채권자의 신청에 따라 가처분채권자의 권리를 침해하는 가처분등기 이후의 등기를 말소하는 경우 해당 가처분등기

① ㄴ, ㄷ
② ㄷ, ㄹ
③ ㄱ, ㄴ, ㄷ
④ ㄱ, ㄷ, ㄹ
⑤ ㄴ, ㄷ, ㄹ

18. 등기를 공동신청하는 경우, 등기권리자와 등기의무자로 <u>틀린</u> 것은?

① 근저당권설정등기 후 소유권이 제3자에게 이전된 경우, 피담보채권의 변제로 인한 근저당권설정등기의 말소등기는 근저당권자가 등기의무자, 근저당권설정자 또는 제3취득자가 등기권리자이다.

② 채무자변경을 원인으로 하는 저당권변경등기는 저당권설정자가 등기의무자, 저당권자가 등기권리자이다.

③ 공동저당 대위등기는 선순위 저당권자가 등기의무자로 되고 대위자(차순위 저당권자)가 등기권리자로 되어 공동으로 신청하여야 한다.

④ 저당권이 채권양도로 이전된 후 피담보채권의 소멸로 인한 저당권말소등기의 등기의무자는 채권양도인, 등기권리자는 저당권설정자이다.

⑤ 합유자 중 1인이 다른 합유자 전원의 동의를 얻어 합유지분을 처분하는 경우 합유지분을 처분한 합유자가 등기의무자, 지분을 취득한 합유자와 잔존합유자가 등기권리자이다.

19. 전자신청을 하고자 하는 당사자 또는 자격자대리인의 사용자등록에 관한 설명으로 <u>틀린</u> 것은?

① 등기신청 시 첨부정보를 '컴퓨터 등 정보처리능력을 가진 장치에 의하여 전자적인 형태로 작성되어 송신·수신 또는 저장되는 정보' 등 전자문서로 등기소에 제공할 수 있는 경우 전자신청이 가능하다.

② 등기신청 시 첨부정보를 '전자적 형태로 작성되지 아니한 문서를 정보처리능력을 가진 장치가 처리할 수 있는 형태로 변환한 정보' 등 전자문서로 등기소에 제공할 수 있는 경우 전자신청이 가능하다.

③ 사용자등록을 한 법무사에게 전자신청에 대한 대리권을 수여한 등기권리자는 별도의 사용자등록을 요하지 않는다.

④ 전자신청을 위한 사용자등록의 유효기간은 3년으로, 이를 단축할 수는 없다.

⑤ 법인 아닌 사단이나 재단은 전자신청을 할 수 없다.

20. 다음 중 등기할 수 있는 경우는?

① 법령에 근거가 없는 특약사항의 등기를 신청한 경우

② 농지를 전세권설정의 목적으로 하는 등기를 신청한 경우

③ 관공서 또는 법원의 촉탁으로 실행되어야 할 등기를 신청한 경우

④ 합유지분의 이전등기를 신청한 경우

⑤ 가등기상의 권리의 이전등기를 금지하는 가처분등기가 촉탁된 경우

21. 소유권이전등기에 관한 설명으로 틀린 것을 모두 고른 것은?

> ㄱ. 환매특약등기 이후 환매권 행사 전에 마쳐진 제3자 명의의 소유권 이외의 권리에 관한 등기는 환매권행사로 인한 소유권이전등기를 실행할 때 등기관이 직권말소한다.
> ㄴ. 수탁자를 등기의무자로 하는 처분제한등기나 경매개시결정등기 등의 촉탁이 있는 경우에는 이를 수리할 수 있지만, 위탁자를 등기의무자로 하는 위 등기의 촉탁이 있는 경우에는 이를 수리할 수 없는 것이 원칙이다.
> ㄷ. 유증으로 인한 소유권이전등기 전에 상속등기가 이미 마쳐진 경우에는 상속등기를 말소한 후 피상속인으로부터 유증으로 인한 소유권이전등기를 신청해야 한다.

① ㄱ ② ㄴ
③ ㄷ ④ ㄱ, ㄴ
⑤ ㄱ, ㄷ

22. 용익권등기에 관한 설명으로 틀린 것은?

① 승역지의 지상권을 목적으로 한 지역권의 설정등기는 부기등기로 한다.
② 전세권설정자와 전세권자의 합의해지로 전세권이 소멸한 경우 전세금반환채권의 일부 양도를 원인으로 한 전세권 일부이전등기를 할 수 없다.
③ 전세권이 존속기간의 만료로 종료된 경우 그 전세권을 목적으로 하는 근저당권은 설정할 수 없다.
④ 임차권의 목적인 범위가 건물의 일부로서 특정 층 전부인 경우에는 임차권설정등기 신청서에 그 층의 도면을 첨부정보로 제공해야 하는 것은 아니다.
⑤ 지하 또는 공중의 일정한 범위에 대하여 구분지상권설정등기를 신청하는 경우에 도면은 첨부하지 아니한다.

23. 부동산등기법상 등기절차에 관한 설명으로 틀린 것은?

① 등기관이 등기사무를 처리한 때에는 등기사무를 처리한 등기관이 누구인지 알 수 있도록 각 등기관이 등기전자서명을 하여 미리 부여받은 식별부호를 기록하는 방법으로 한다.
② 공유자 중 일부가 공유물의 보존행위로서 공유자 전원을 등기권리자로 하여 권리에 관한 등기를 신청하여 마친 경우, 신청한 등기권리자뿐만 아니라 나머지 등기권리자에게도 등기필정보를 통지하여야 한다.
③ 공유자 중 일부가 공유물의 보존행위로서 공유자 전원을 등기권리자로 하여 권리에 관한 등기를 신청하여 마친 경우, 나머지 공유자에게 등기완료통지를 하여야 한다.
④ 등기관이 신청정보를 받았을 때에는 접수장에 접수번호를 적어야 하는데, 접수번호는 전국 모든 등기소를 통합하여 부여한다.
⑤ 접수번호는 매년 새로 부여하여야 한다.

24. 가등기에 관한 설명으로 틀린 것은?

① 가등기권리자는 가등기의무자의 승낙이 있음을 증명하는 정보를 첨부하여 단독으로 가등기를 신청할 수 있다.
② 일부의 가등기권자는 공유물보존행위에 준하여 가등기 전부에 관한 본등기를 신청할 수 있다.
③ 저당권설정등기청구권보전 가등기에 의하여 저당권설정의 본등기를 한 경우 가등기 후 본등기 전에 마쳐진 등기는 직권말소의 대상이 되지 아니한다.
④ 가등기의무자 또는 가등기에 관하여 등기상 이해관계 있는 자는 가등기명의인의 승낙을 받아 단독으로 가등기의 말소를 신청할 수 있다.
⑤ 가등기에 의한 본등기신청의 등기의무자는 가등기를 할 때의 소유자이며, 가등기 후에 제3자에게 소유권이 이전된 경우에도 가등기의무자는 변동되지 않는다.

25. 국세기본법령상 국세의 부과제척기간 및 소멸시효에 관한 설명으로 <u>틀린</u> 것은?

① 부담부증여에 대한 양도소득세의 과세표준신고서를 법정신고기한까지 제출하지 아니한 경우 부과제척기간은 15년이다.

② 납세자가 「조세범 처벌법」에 따른 사기나 그 밖의 부정한 행위로 종합소득세를 포탈하는 경우(역외거래 제외) 그 국세를 부과할 수 있는 날부터 10년을 부과제척기간으로 한다.

③ 종합부동산세의 경우 부과제척기간의 기산일은 과세기준일이다.

④ 종합소득세의 경우 부과제척기간의 기산일은 과세표준과 세액에 대한 신고기한의 다음 날이다.

⑤ 가산세를 제외한 국세가 10억원인 경우 국세징수권은 5년 동안 행사하지 아니하면 소멸시효가 완성된다.

26. 지방세기본법령상 이의신청과 심판청구에 관한 설명으로 <u>틀린</u> 것을 모두 고른 것은?

> ㄱ. 지방세에 관한 불복 시 불복청구인은 이의신청을 거친 후에만 심판청구를 할 수 있다.
> ㄴ. 심판청구는 그 처분의 집행에 효력이 미치지 아니하지만 압류한 재산에 대하여는 심판청구의 결정이 있는 날부터 30일까지 그 공매처분을 보류할 수 있다.
> ㄷ. 과태료의 부과처분을 받은 자는 이의신청 또는 심판청구를 할 수 없다.
> ㄹ. 이의신청인은 신청 금액이 3천만원 미만인 경우에는 그의 배우자, 4촌 이내의 혈족 또는 그의 배우자의 4촌 이내 혈족을 대리인으로 선임할 수 있다.

① ㄴ　　② ㄱ, ㄹ
③ ㄴ, ㄷ　　④ ㄱ, ㄷ, ㄹ
⑤ ㄱ, ㄴ, ㄷ, ㄹ

27. 지방세법령상 취득세에 관한 설명으로 <u>틀린</u> 것은?

① 직계비속이 권리의 이전에 등기가 필요한 직계존속의 부동산을 서로 교환하는 경우 무상으로 취득한 것으로 본다.

② 직계비속이 경매를 통하여 배우자의 부동산을 취득하는 경우에는 유상으로 취득한 것으로 본다.

③ 부동산의 취득은 「민법」 등 관계 법령에 따른 등기를 하지 아니한 경우라도 사실상 취득하면 취득한 것으로 본다.

④ 증여로 인한 승계취득의 경우 해당 취득물건을 등기·등록하지 않고 취득일에 속하는 달의 말일부터 3개월 이내에 화해조서·인낙조서에 의하여 계약이 해제된 사실이 입증되는 경우에는 취득한 것으로 보지 아니한다.

⑤ 상속회복청구의 소에 의한 법원의 확정판결에 의하여 특정 상속인이 당초 상속분을 초과하여 취득하게 되는 재산가액은 상속분이 감소한 상속인으로부터 증여받아 취득한 것으로 보지 아니한다.

28. 지방세법령상 취득세의 표준세율이 가장 높은 것은?

① 공유수면을 매립하여 토지를 취득한 경우

② 상속으로 농지를 취득한 경우

③ 법령으로 정한 영리사업자가 상속 외 무상취득한 경우

④ 유상거래를 원인으로 상가용 건축물을 취득한 경우

⑤ 총유물의 분할로 인한 취득의 경우

29. 지방세법령상 취득세에 관한 설명으로 옳은 것은?

① 상속을 제외한 무상취득(부담부증여 포함)으로 인한 경우는 취득일로부터 3개월 이내에 그 과세표준에 세율을 적용하여 산출한 세액을 신고하고 납부하여야 한다.

② 취득세가 경감된 과세물건이 추징대상이 된 때에는 그 사유발생일부터 60일 이내에 그 산출세액에서 이미 납부한 세액(가산세 포함)을 공제한 세액을 신고·납부하여야 한다.

③ 등기·등록관서의 장은 등기 또는 등록 후에 취득세가 납부되지 아니하였거나 납부부족액을 발견하였을 때에는 다음 달 10일까지 납세지를 관할하는 시장·군수·구청장에게 통보하여야 한다.

④ 국가가 취득세 과세물건을 매각하면 매각일부터 60일 이내에 지방자치단체의 장에게 신고하여야 한다.

⑤ 「주택법」에 따른 공동주택의 개수(건축법에 따른 대수선 포함)로 인한 취득 중 개수로 인한 취득 당시 「지방세법」에 따른 주택의 시가표준액이 9억원 이하인 주택과 관련된 개수로 인한 취득에 대해서는 취득세를 부과하지 아니한다.

30. 지방세법령상 부동산등기에 대한 등록면허세의 과세표준과 표준세율로서 옳은 것은? (단, 부동산 등기에 대한 표준세율을 적용하여 산출한 세액이 그 밖의 등기 또는 등록세율보다 크다고 가정하며, 중과세 및 비과세와 지방세특례제한법은 고려하지 않음)

① 부동산의 등록에 대한 등록면허세의 과세표준은 등록자가 신고한 당시의 가액으로 하고, 신고가 없거나 신고가액이 시가표준액보다 적은 경우에도 신고가액을 과세표준으로 한다.

② 취득세에 대한 부과제척기간이 경과한 물건의 등기 또는 등록은 등록 당시의 가액과 취득 당시의 가액 중 낮은 가액을 등록면허세 과세표준으로 한다.

③ 상속으로 인한 소유권이전등기 시 등록면허세 표준세율은 부동산가액의 1천분의 28로 한다.

④ 임차권설정 및 이전등기 시 등록면허세의 표준세율은 임차보증금의 1천분의 2이다.

⑤ 전세권설정 및 이전등기 시 등록면허세의 표준세율은 전세금액의 1천분의 2이다.

31. 지방세법령상 등록에 대한 등록면허세에 관한 설명으로 틀린 것은?

① 주택의 토지와 건축물을 한꺼번에 평가하여 토지나 건축물에 대한 과세표준이 구분되지 아니하는 경우에는 한꺼번에 평가한 개별주택가격을 토지나 건축물의 가액 비율로 나눈 금액을 각각 토지와 건축물의 과세표준으로 한다.

② 등기 담당 공무원의 착오로 인한 지번의 오기에 대한 경정등기에 대해서는 등록면허세를 부과하지 아니한다.

③ 같은 등록에 관계되는 재산이 둘 이상의 지방자치단체에 걸쳐 있어 등록면허세를 지방자치단체별로 부과할 수 없을 때에는 등록관청 소재지를 납세지로 한다.

④ 채권자대위자는 납세의무자를 대위하여 부동산의 등기에 대한 등록면허세를 신고납부할 수 없다.

⑤ 등록을 하려는 자가 신고의무를 다하지 않은 경우 등록면허세 산출세액을 등록하기 전까지 납부하였을 때에는 신고·납부한 것으로 본다. 이 경우 무신고가산세 및 과소신고가산세를 부과하지 아니한다.

32. 지방세법령상 2025년 재산세의 과세기준일 현재 납세의무자에 관한 설명으로 틀린 것은?

① 공유재산인 경우 그 지분에 해당하는 부분(지분의 표시가 없는 경우에는 지분이 균등한 것으로 봄)에 대해서는 그 지분권자를 납세의무자로 본다.
② 상속이 개시된 재산으로서 상속등기가 이행되지 아니하고 사실상의 소유자를 신고하지 아니하였을 때에는 공동상속인 각자가 받았거나 받을 재산에 따라 납부할 의무를 진다.
③ 공부상의 소유자가 매매 등의 사유로 소유권이 변동되었는데도 신고하지 아니하여 사실상의 소유자를 알 수 없을 때에는 공부상 소유자를 납세의무자로 본다.
④ 「신탁법」에 따라 수탁자 명의로 등기·등록된 신탁재산의 경우에는 그 위탁자를 납세의무자로 본다.
⑤ 「도시개발법」에 따라 시행하는 환지방식에 의한 도시개발사업 및 「도시 및 주거환경정비법」에 따른 주택재개발사업의 시행에 따른 환지계획에서 일정한 토지를 환지로 정하지 아니하고 체비지로 정한 경우에는 그 사업시행자가 납세의무가 있다.

33. 지방세법령상 2025년 과세기준일 현재 재산세에 관한 설명으로 틀린 것은 모두 몇 개인가?

ㄱ. 특별시 지역에서 「국토의 계획 및 이용에 관한 법률」과 그 밖의 관계 법령에 따라 지정된 주거지역 및 해당 지방자치단체의 조례로 정하는 지역의 대통령령으로 정하는 공장용 건축물의 표준세율은 과세표준의 1천분의 5이다.
ㄴ. 법령에서 정하는 고급선박 및 고급오락장용 건축물의 경우 고급오락장용 건축물의 표준세율이 고급선박의 표준세율보다 높다.
ㄷ. 지방자치단체의 장은 특별한 재정수요나 재해 등의 발생으로 재산세의 세율 조정이 불가피하다고 인정되는 경우 조례로 정하는 바에 따라 표준세율의 100분의 50의 범위에서 가감할 수 있다. 다만, 가감한 세율은 해당 연도를 포함하여 3년간 적용한다.
ㄹ. 관계 법령에 따라 허가 등을 받아야 함에도 불구하고 허가 등을 받지 않고 재산세의 과세대상 물건을 이용하는 경우로서 사실상 현황에 따라 재산세를 부과하면 오히려 재산세 부담이 낮아지는 경우 공부상 등재현황에 따라 부과한다.

① 0개 ② 1개
③ 2개 ④ 3개
⑤ 4개

34. 종합부동산세법령상 종합부동산세에 관한 설명으로 옳은 것은? (단, 감면 및 비과세와 지방세특례제한법 또는 조세특례제한법은 고려하지 않음)

① 관할 세무서장이 종합부동산세를 징수하려면 납세고지서에 주택 및 토지로 구분한 과세표준과 세액을 기재하여 납부기간 개시 5일 전까지 발급하여야 한다.

② 종합부동산세를 신고납부방식으로 납부하고자 하는 납세의무자는 종합부동산세의 과세표준과 세액을 관할 세무서장이 결정하기 전인 해당 연도 11월 16일부터 11월 30일까지 관할 세무서장에게 신고하여야 한다.

③ 납세자에게 부정행위가 없으며 특례제척기간에 해당하지 않은 경우 원칙적으로 납세의무 성립일부터 3년이 지나면 종합부동산세를 부과할 수 없다.

④ 1세대 1주택자에 대하여는 주택분 종합부동산세 산출세액에서 소유자의 연령과 주택 보유기간에 따른 공제액을 공제율 합계 100분의 70의 범위에서 중복하여 공제한다.

⑤ 종합합산과세대상인 토지에 대한 종합부동산세의 과세표준은 해당 토지의 공시가격을 합산한 금액에서 5억원을 공제한 금액에 100분의 50을 한도로 공정시장가액비율을 곱한 금액으로 한다.

35. 소득세법령상 거주자가 국내 소재 부동산 등을 임대하여 발생하는 소득에 관한 설명으로 옳은 것은?

① 부동산임대업에서 발생하는 사업소득의 납세지는 부동산 소재지로 한다.

② 주택을 임대하여 얻은 소득에 대하여 거주자는 사업자등록을 한 경우에 한하여 소득세 납세의무가 있다.

③ 사업자가 부동산을 임대하고 임대료 외에 전기료·수도료 등 공공요금의 명목으로 지급받은 금액이 공공요금의 납부액을 초과할 때 그 초과하는 금액은 사업소득 총수입금액에 산입하지 아니한다.

④ 3주택(주택 수에 포함되지 않는 주택 제외) 이상을 소유한 거주자가 주택과 주택 부수토지를 임대(주택 부수토지만 임대하는 경우 제외)한 경우에는 법령으로 정하는 바에 따라 계산한 금액(간주임대료)을 총수입금액에 산입한다.

⑤ 해당 과세기간의 주거용 건물 임대업에서 발생한 결손금은 종합소득 과세표준을 계산할 때 공제한다.

36. 소득세법령상 1세대 1주택자인 거주자 甲이 2025년 양도한 국내 소재 A주택(조정대상지역이 아니며 등기됨)에 대한 양도소득 과세표준은? (단, 2025년에 A주택 외 양도한 자산은 없으며, 법령에 따른 적격증명서류를 수취·보관하고 있고 주어진 조건 이외에는 고려하지 않음)

구분	기준시가	실지거래가액
양도 시	15억원	20억원
취득 시	11억 5천만원	16억 3천만원
추가 사항	• 양도비 및 자본적 지출액: 7천만원 • 보유기간 및 거주기간: 각각 5년 • 장기보유특별공제율: 보유기간별 공제율과 거주기간별 공제율은 각각 20%	

① 68,000,000원
② 69,500,000원
③ 72,500,000원
④ 120,000,000원
⑤ 300,000,000원

37. 소득세법령상 배우자 간 증여재산의 이월과세에 관한 설명으로 <u>틀린</u> 것은? (단, 2023년 1월 1일 이후 증여받은 자산으로 가정함)

① 거주자가 양도일부터 소급하여 10년 이내에 그 배우자(양도 당시 혼인관계가 소멸된 경우를 포함)로부터 증여받은 토지를 양도할 경우에 이월과세를 적용한다.

② 이월과세를 적용하는 경우 거주자가 배우자로부터 증여받은 자산에 대하여 납부한 증여세는 필요경비에 산입한다.

③ 거주자의 배우자 또는 직계존비속이 해당 자산에 대하여 지출한 자본적 지출에 따른 금액은 수증자의 필요경비에 포함하지 아니한다.

④ 수증자가 양도소득세 납세의무자가 되며, 증여자와 수증자 간의 양도소득세에 대한 연대납세의무는 없다.

⑤ 거주자가 사업인정고시일부터 소급하여 2년 이전에 배우자로부터 증여받은 경우로서 「공익사업을 위한 토지 등의 취득 및 보상에 관한 법률」에 따라 수용된 경우에는 이월과세를 적용하지 아니한다.

38. 소득세법령상 거주자의 양도소득 과세표준 계산에 관한 설명으로 틀린 것은?

① 「소득세법」 제97조 제3항에 따른 취득가액을 계산할 때 감가상각비를 공제하는 것은 취득가액을 실지거래가액으로 하는 경우에만 적용하므로 취득가액을 환산취득가액으로 하는 때에는 적용하지 아니한다.

② 양도자산의 보유기간 중에 그 현재가치할인차금의 상각액을 각 연도의 사업소득금액 계산 시 필요경비로 산입하였거나 산입할 금액이 있을 때에는 그 금액을 취득가액에서 공제한다.

③ 거주자가 특수관계인과의 거래(시가와 거래가액의 차액이 4억원임)에 있어서 토지를 시가에 미달하게 양도함으로써 조세의 부담을 부당히 감소시킨 것으로 인정되는 때에는 그 양도가액을 시가에 의하여 계산한다.

④ 장기보유특별공제 적용 시 주택으로 보유한 기간은 해당 자산을 사실상 주거용으로 사용한 날부터 기산한다. 다만, 사실상 주거용으로 사용한 날이 분명하지 아니한 경우에는 그 자산의 공부상 용도를 주택으로 변경한 날부터 기산한다.

⑤ 건물의 양도로 발생한 양도차손은 토지의 양도에서 발생한 양도소득금액에서 공제할 수 있다.

39. 소득세법령상 국외자산 양도에 관한 설명으로 틀린 것은? (단, 해당 과세기간에 다른 자산의 양도는 없음)

① 양도소득세의 납세의무자는 국외자산의 양도일까지 계속하여 5년간 국내에 주소를 둔 거주자이다.

② 국외 양도자산이 양도 당시 거주자가 소유한 유일한 주택으로서 보유기간이 2년 이상인 경우에도 1세대 1주택 비과세 규정을 적용받을 수 없다.

③ 국외자산의 양도에 대한 양도소득이 있는 거주자는 양도소득 기본공제는 적용받을 수 있으나 장기보유특별공제는 적용받을 수 없다.

④ 국외자산 양도로 발생하는 소득이 환율변동으로 인하여 외화차입금으로부터 발생하는 환차익을 포함하고 있는 경우에는 해당 환차익을 양도소득의 범위에서 제외한다.

⑤ 국외 부동산을 양도하여 발생한 양도차손은 동일한 과세기간에 국내 부동산을 양도하여 발생한 양도소득금액에서 통산할 수 있다.

40. 소득세법령상 거주자의 양도소득세 신고 및 납부에 관한 설명으로 옳은 것은?

① 양도차익이 없거나 양도차손이 발생한 경우에는 양도소득 과세표준 예정신고의무가 없다.

② 2025년 3월 21일에 주택을 양도하고 잔금을 청산한 경우 2025년 5월 20일까지 예정신고하여야 한다.

③ 건물을 신축하고 그 신축한 건물의 취득일부터 5년 이내에 해당 건물을 양도하는 경우로서 취득 당시의 실지거래가액을 확인할 수 없어 감정가액을 그 취득가액으로 하는 경우에는 양도소득세 산출세액의 100분의 5에 해당하는 금액을 양도소득 결정세액에 더한다.

④ 예정신고납부를 하는 경우 예정신고 산출세액에서 감면세액을 빼고, 수시부과세액이 있을 때에는 이를 공제한 세액을 납부한다.

⑤ 양도소득 과세표준 예정신고 시에는 납부할 세액이 1천만원을 초과하더라도 그 납부할 세액의 일부를 납부기한이 지난 후 2개월 이내에 분할납부할 수 없다.

MEMO

삶의 순간순간이
아름다운 마무리이며
새로운 시작이어야 한다.

– 법정 스님

2025 에듀윌 공인중개사 2차 실전모의고사

발 행 일	2025년 5월 26일 초판
편 저 자	에듀윌 공인중개사 대표교수진
펴 낸 이	양형남
펴 낸 곳	(주)에듀윌
I S B N	979-11-360-3735-0
등록번호	제25100-2002-000052호
주 소	08378 서울특별시 구로구 디지털로34길 55 코오롱싸이언스밸리 2차 3층

www.eduwill.net

대표전화 1600-6700

여러분의 작은 소리
에듀윌은 크게 듣겠습니다.

본 교재에 대한 여러분의 목소리를 들려주세요.
공부하시면서 어려웠던 점, 궁금한 점,
칭찬하고 싶은 점, 개선할 점, 어떤 것이라도 좋습니다.

에듀윌은 여러분께서 나누어 주신 의견을
통해 끊임없이 발전하고 있습니다.

에듀윌 도서몰 book.eduwill.net
- 부가학습자료 및 정오표: 에듀윌 도서몰 → 도서자료실
- 교재 문의: 에듀윌 도서몰 → 문의하기 → 교재(내용, 출간) / 주문 및 배송

✂ 절취선

성 명 (필적감정용)

(   )년도 (   ) 제(   )차 국가전문자격시험 답안카드

교시 기재란			
( )교시	①	②	③
형별 기재란	A형		
	Ⓐ		

선 택 과 목 1

선 택 과 목 2

수 험 번 호							
⓪	⓪	⓪	⓪	⓪	⓪	⓪	⓪
①	①	①	①	①	①	①	①
②	②	②	②	②	②	②	②
③	③	③	③	③	③	③	③
④	④	④	④	④	④	④	④
⑤	⑤	⑤	⑤	⑤	⑤	⑤	⑤
⑥	⑥	⑥	⑥	⑥	⑥	⑥	⑥
⑦	⑦	⑦	⑦	⑦	⑦	⑦	⑦
⑧	⑧	⑧	⑧	⑧	⑧	⑧	⑧
⑨	⑨	⑨	⑨	⑨	⑨	⑨	⑨

감독위원 확인
인

1	① ② ③ ④ ⑤	21	① ② ③ ④ ⑤	41	① ② ③ ④ ⑤	61	① ② ③ ④ ⑤	81	① ② ③ ④ ⑤	101	① ② ③ ④ ⑤	121	① ② ③ ④ ⑤
2	① ② ③ ④ ⑤	22	① ② ③ ④ ⑤	42	① ② ③ ④ ⑤	62	① ② ③ ④ ⑤	82	① ② ③ ④ ⑤	102	① ② ③ ④ ⑤	122	① ② ③ ④ ⑤
3	① ② ③ ④ ⑤	23	① ② ③ ④ ⑤	43	① ② ③ ④ ⑤	63	① ② ③ ④ ⑤	83	① ② ③ ④ ⑤	103	① ② ③ ④ ⑤	123	① ② ③ ④ ⑤
4	① ② ③ ④ ⑤	24	① ② ③ ④ ⑤	44	① ② ③ ④ ⑤	64	① ② ③ ④ ⑤	84	① ② ③ ④ ⑤	104	① ② ③ ④ ⑤	124	① ② ③ ④ ⑤
5	① ② ③ ④ ⑤	25	① ② ③ ④ ⑤	45	① ② ③ ④ ⑤	65	① ② ③ ④ ⑤	85	① ② ③ ④ ⑤	105	① ② ③ ④ ⑤	125	① ② ③ ④ ⑤
6	① ② ③ ④ ⑤	26	① ② ③ ④ ⑤	46	① ② ③ ④ ⑤	66	① ② ③ ④ ⑤	86	① ② ③ ④ ⑤	106	① ② ③ ④ ⑤		
7	① ② ③ ④ ⑤	27	① ② ③ ④ ⑤	47	① ② ③ ④ ⑤	67	① ② ③ ④ ⑤	87	① ② ③ ④ ⑤	107	① ② ③ ④ ⑤		
8	① ② ③ ④ ⑤	28	① ② ③ ④ ⑤	48	① ② ③ ④ ⑤	68	① ② ③ ④ ⑤	88	① ② ③ ④ ⑤	108	① ② ③ ④ ⑤		
9	① ② ③ ④ ⑤	29	① ② ③ ④ ⑤	49	① ② ③ ④ ⑤	69	① ② ③ ④ ⑤	89	① ② ③ ④ ⑤	109	① ② ③ ④ ⑤		
10	① ② ③ ④ ⑤	30	① ② ③ ④ ⑤	50	① ② ③ ④ ⑤	70	① ② ③ ④ ⑤	90	① ② ③ ④ ⑤	110	① ② ③ ④ ⑤		
11	① ② ③ ④ ⑤	31	① ② ③ ④ ⑤	51	① ② ③ ④ ⑤	71	① ② ③ ④ ⑤	91	① ② ③ ④ ⑤	111	① ② ③ ④ ⑤		
12	① ② ③ ④ ⑤	32	① ② ③ ④ ⑤	52	① ② ③ ④ ⑤	72	① ② ③ ④ ⑤	92	① ② ③ ④ ⑤	112	① ② ③ ④ ⑤		
13	① ② ③ ④ ⑤	33	① ② ③ ④ ⑤	53	① ② ③ ④ ⑤	73	① ② ③ ④ ⑤	93	① ② ③ ④ ⑤	113	① ② ③ ④ ⑤		
14	① ② ③ ④ ⑤	34	① ② ③ ④ ⑤	54	① ② ③ ④ ⑤	74	① ② ③ ④ ⑤	94	① ② ③ ④ ⑤	114	① ② ③ ④ ⑤		
15	① ② ③ ④ ⑤	35	① ② ③ ④ ⑤	55	① ② ③ ④ ⑤	75	① ② ③ ④ ⑤	95	① ② ③ ④ ⑤	115	① ② ③ ④ ⑤		
16	① ② ③ ④ ⑤	36	① ② ③ ④ ⑤	56	① ② ③ ④ ⑤	76	① ② ③ ④ ⑤	96	① ② ③ ④ ⑤	116	① ② ③ ④ ⑤		
17	① ② ③ ④ ⑤	37	① ② ③ ④ ⑤	57	① ② ③ ④ ⑤	77	① ② ③ ④ ⑤	97	① ② ③ ④ ⑤	117	① ② ③ ④ ⑤		
18	① ② ③ ④ ⑤	38	① ② ③ ④ ⑤	58	① ② ③ ④ ⑤	78	① ② ③ ④ ⑤	98	① ② ③ ④ ⑤	118	① ② ③ ④ ⑤		
19	① ② ③ ④ ⑤	39	① ② ③ ④ ⑤	59	① ② ③ ④ ⑤	79	① ② ③ ④ ⑤	99	① ② ③ ④ ⑤	119	① ② ③ ④ ⑤		
20	① ② ③ ④ ⑤	40	① ② ③ ④ ⑤	60	① ② ③ ④ ⑤	80	① ② ③ ④ ⑤	100	① ② ③ ④ ⑤	120	① ② ③ ④ ⑤		

수험자
여러분의
합격을
기원합니다.

마킹주의	바르게 마킹 : ● 잘 못 마킹 : ⊗, ⊙, ⓥ, ◎, ⦶, ⊖, ◒, ●

(예 시) →

수험자 유의사항

1. 시험 중에는 통신기기(휴대전화·소형 무전기 등) 및 전자기기(초소형 카메라 등)를 소지하거나 사용할 수 없습니다.
2. 부정행위 예방을 위해 시험문제지에도 수험번호와 성명을 반드시 기재하시기 바랍니다.
3. **시험시간이 종료되면 즉시 답안작성을 멈춰야** 하며, 종료시간 이후 계속 답안을 작성하거나 감독위원의 답안카드 제출지시에 불응할 때에는 당해 시험이 무효처리 됩니다.
4. 기타 감독위원의 정당한 지시에 불응하여 타 수험자의 시험에 방해가 될 경우 퇴실조치 될 수 있습니다.

답안카드 작성 시 유의사항

1. 답안카드 기재·마킹 시에는 **반드시 검은색 사인펜**을 사용해야 합니다.
2. 답안카드를 잘못 작성했을 시에는 카드를 교체하거나 수정테이프를 사용하여 수정할 수 있습니다.
   그러나 불완전한 수정처리로 인해 발생하는 전산자동판독불가 등 불이익은 수험자의 귀책사유입니다.
   – 수정테이프 이외의 수정액, 스티커 등은 사용 불가
   – 답안카드 왼쪽(성명·수험번호 등)을 제외한 '답안란'만 수정테이프로 수정 가능
3. 성명란은 수험자 본인의 성명을 정자체로 기재합니다.
4. 교시 기재란은 해당교시를 기재하고 해당 란에 마킹합니다.
5. 시험문제지 형별기재란에 표시된 형별(A형 공통)을 확인합니다.
6. 수험번호란은 숫자로 기재하고 아래 해당번호에 마킹합니다.
7. 시험문제지 형별 및 수험번호 등 마킹착오로 인한 불이익은 전적으로 수험자의 귀책사유입니다.
8. 감독위원의 날인이 없는 답안카드는 무효처리 됩니다.
9. 상단과 우측의 검은색 띠(▮▮▮) 부분은 낙서를 금지합니다.
10. 답안카드의 채점은 전산 판독결과에 따르며, 마킹누락, 마킹착오, 불완전한 마킹 등은 수험자의 귀책사유에 해당하므로 이의제기를 하더라도 받아들여지지 않습니다.

부정행위 처리규정

시험 중 다음과 같은 행위를 하는 자는 당해 시험을 무효처리하고 자격별 관련 규정에 따라 일정기간 동안 시험에 응시할 수 있는 자격을 정지합니다.

1. 시험과 관련된 대화, 답안카드 교환, 다른 수험자의 답안·문제지를 보고 답안 작성, 대리시험을 치르거나 치르게 하는 행위, 시험문제 내용과 관련된 물건을 휴대하거나 이를 주고받는 행위
2. 시험장 내외로부터 도움을 받아 답안을 작성하는 행위, 공인어학성적 및 응시자격서류를 허위기재하여 제출하는 행위
3. 통신기기(휴대전화·소형 무전기 등) 및 전자기기(초소형 카메라 등)를 휴대하거나 사용하는 행위
4. 다른 수험자와 성명 및 수험번호를 바꾸어 작성·제출하는 행위
5. 기타 부정 또는 불공정한 방법으로 시험을 치르는 행위

성 명 (필적감정용)
홍 길 동

교시 기재란	
(1)교시	● ② ③
형별 기재란	A형 ●
선 택 과 목 1	
선 택 과 목 2	

수	험	번	호				
0	1	3	2	9	8	0	1
●	⓪	⓪	⓪	⓪	⓪	●	⓪
①	●	①	①	①	①	①	●
②	②	②	●	②	②	②	②
③	③	●	③	③	③	③	③
④	④	④	④	④	④	④	④
⑤	⑤	⑤	⑤	⑤	⑤	⑤	⑤
⑥	⑥	⑥	⑥	⑥	⑥	⑥	⑥
⑦	⑦	⑦	⑦	⑦	⑦	⑦	⑦
⑧	⑧	⑧	⑧	⑧	●	⑧	⑧
⑨	⑨	⑨	⑨	●	⑨	⑨	⑨

감독위원 확인
김 (인) 독

✂ 절취선

(　　　　)년도 (　　　　　　　　) 제(　　)차 국가전문자격시험 답안카드

성 명 (필적감정용)

교시 기재란	
(　　)교시	① ② ③
형별 기재란	A형 ●
선 택 과 목 1	
선 택 과 목 2	

수 험 번 호							
⓪	⓪	⓪	⓪	⓪	⓪	⓪	⓪
①	①	①	①	①	①	①	①
②	②	②	②	②	②	②	②
③	③	③	③	③	③	③	③
④	④	④	④	④	④	④	④
⑤	⑤	⑤	⑤	⑤	⑤	⑤	⑤
⑥	⑥	⑥	⑥	⑥	⑥	⑥	⑥
⑦	⑦	⑦	⑦	⑦	⑦	⑦	⑦
⑧	⑧	⑧	⑧	⑧	⑧	⑧	⑧
⑨	⑨	⑨	⑨	⑨	⑨	⑨	⑨

감독위원 확인
㉐

1	① ② ③ ④ ⑤	21	① ② ③ ④ ⑤	41	① ② ③ ④ ⑤	61	① ② ③ ④ ⑤	81	① ② ③ ④ ⑤	101	① ② ③ ④ ⑤	121	① ② ③ ④ ⑤
2	① ② ③ ④ ⑤	22	① ② ③ ④ ⑤	42	① ② ③ ④ ⑤	62	① ② ③ ④ ⑤	82	① ② ③ ④ ⑤	102	① ② ③ ④ ⑤	122	① ② ③ ④ ⑤
3	① ② ③ ④ ⑤	23	① ② ③ ④ ⑤	43	① ② ③ ④ ⑤	63	① ② ③ ④ ⑤	83	① ② ③ ④ ⑤	103	① ② ③ ④ ⑤	123	① ② ③ ④ ⑤
4	① ② ③ ④ ⑤	24	① ② ③ ④ ⑤	44	① ② ③ ④ ⑤	64	① ② ③ ④ ⑤	84	① ② ③ ④ ⑤	104	① ② ③ ④ ⑤	124	① ② ③ ④ ⑤
5	① ② ③ ④ ⑤	25	① ② ③ ④ ⑤	45	① ② ③ ④ ⑤	65	① ② ③ ④ ⑤	85	① ② ③ ④ ⑤	105	① ② ③ ④ ⑤	125	① ② ③ ④ ⑤
6	① ② ③ ④ ⑤	26	① ② ③ ④ ⑤	46	① ② ③ ④ ⑤	66	① ② ③ ④ ⑤	86	① ② ③ ④ ⑤	106	① ② ③ ④ ⑤		
7	① ② ③ ④ ⑤	27	① ② ③ ④ ⑤	47	① ② ③ ④ ⑤	67	① ② ③ ④ ⑤	87	① ② ③ ④ ⑤	107	① ② ③ ④ ⑤		
8	① ② ③ ④ ⑤	28	① ② ③ ④ ⑤	48	① ② ③ ④ ⑤	68	① ② ③ ④ ⑤	88	① ② ③ ④ ⑤	108	① ② ③ ④ ⑤		
9	① ② ③ ④ ⑤	29	① ② ③ ④ ⑤	49	① ② ③ ④ ⑤	69	① ② ③ ④ ⑤	89	① ② ③ ④ ⑤	109	① ② ③ ④ ⑤		
10	① ② ③ ④ ⑤	30	① ② ③ ④ ⑤	50	① ② ③ ④ ⑤	70	① ② ③ ④ ⑤	90	① ② ③ ④ ⑤	110	① ② ③ ④ ⑤		
11	① ② ③ ④ ⑤	31	① ② ③ ④ ⑤	51	① ② ③ ④ ⑤	71	① ② ③ ④ ⑤	91	① ② ③ ④ ⑤	111	① ② ③ ④ ⑤		
12	① ② ③ ④ ⑤	32	① ② ③ ④ ⑤	52	① ② ③ ④ ⑤	72	① ② ③ ④ ⑤	92	① ② ③ ④ ⑤	112	① ② ③ ④ ⑤		
13	① ② ③ ④ ⑤	33	① ② ③ ④ ⑤	53	① ② ③ ④ ⑤	73	① ② ③ ④ ⑤	93	① ② ③ ④ ⑤	113	① ② ③ ④ ⑤		
14	① ② ③ ④ ⑤	34	① ② ③ ④ ⑤	54	① ② ③ ④ ⑤	74	① ② ③ ④ ⑤	94	① ② ③ ④ ⑤	114	① ② ③ ④ ⑤		
15	① ② ③ ④ ⑤	35	① ② ③ ④ ⑤	55	① ② ③ ④ ⑤	75	① ② ③ ④ ⑤	95	① ② ③ ④ ⑤	115	① ② ③ ④ ⑤		
16	① ② ③ ④ ⑤	36	① ② ③ ④ ⑤	56	① ② ③ ④ ⑤	76	① ② ③ ④ ⑤	96	① ② ③ ④ ⑤	116	① ② ③ ④ ⑤		
17	① ② ③ ④ ⑤	37	① ② ③ ④ ⑤	57	① ② ③ ④ ⑤	77	① ② ③ ④ ⑤	97	① ② ③ ④ ⑤	117	① ② ③ ④ ⑤		
18	① ② ③ ④ ⑤	38	① ② ③ ④ ⑤	58	① ② ③ ④ ⑤	78	① ② ③ ④ ⑤	98	① ② ③ ④ ⑤	118	① ② ③ ④ ⑤		
19	① ② ③ ④ ⑤	39	① ② ③ ④ ⑤	59	① ② ③ ④ ⑤	79	① ② ③ ④ ⑤	99	① ② ③ ④ ⑤	119	① ② ③ ④ ⑤		
20	① ② ③ ④ ⑤	40	① ② ③ ④ ⑤	60	① ② ③ ④ ⑤	80	① ② ③ ④ ⑤	100	① ② ③ ④ ⑤	120	① ② ③ ④ ⑤		

수험자
여러분의
합격을
기원합니다.

마킹주의

바르게 마킹 : ●
잘 못 마킹 : ⊗, ⊙, ⓥ, ◎, ⦶, ⊖, ◔, ●

(예 시)

성 명 (필적감정용)
홍 길 동

교시 기재란			
(1)교시	●	②	③
형별 기재란	A형		
	●		
선 택 과 목 1			
선 택 과 목 2			

수 험 번 호							
0	1	3	2	9	8	0	1
●	⓪	⓪	⓪	⓪	⓪	●	⓪
①	●	①	①	①	①	①	●
②	②	②	●	②	②	②	②
③	③	●	③	③	③	③	③
④	④	④	④	④	④	④	④
⑤	⑤	⑤	⑤	⑤	⑤	⑤	⑤
⑥	⑥	⑥	⑥	⑥	⑥	⑥	⑥
⑦	⑦	⑦	⑦	⑦	⑦	⑦	⑦
⑧	⑧	⑧	⑧	⑧	●	⑧	⑧
⑨	⑨	⑨	⑨	●	⑨	⑨	⑨

감독위원 확인
김 (인) 독

수험자 유의사항

1. 시험 중에는 통신기기(휴대전화·소형 무전기 등) 및 전자기기(초소형 카메라 등)를 소지하거나 사용할 수 없습니다.
2. 부정행위 예방을 위해 시험문제지에도 수험번호와 성명을 반드시 기재하시기 바랍니다.
3. **시험시간이 종료되면 즉시 답안작성을 멈춰야** 하며, 종료시간 이후 계속 답안을 작성하거나 감독위원의 답안카드 제출지시에 불응할 때에는 당해 시험이 무효처리 됩니다.
4. 기타 감독위원의 정당한 지시에 불응하여 타 수험자의 시험에 방해가 될 경우 퇴실조치 될 수 있습니다.

답안카드 작성 시 유의사항

1. 답안카드 기재·마킹 시에는 **반드시 검은색 사인펜**을 사용해야 합니다.
2. 답안카드를 잘못 작성했을 시에는 카드를 교체하거나 수정테이프를 사용하여 수정할 수 있습니다.
   그러나 불완전한 수정처리로 인해 발생하는 전산자동판독불가 등 불이익은 수험자의 귀책사유입니다.
   – 수정테이프 이외의 수정액, 스티커 등은 사용 불가
   – 답안카드 왼쪽(성명·수험번호 등)을 제외한 '답안란'만 수정테이프로 수정 가능
3. 성명란은 수험자 본인의 성명을 정자체로 기재합니다.
4. 교시 기재란은 해당교시를 기재하고 해당 란에 마킹합니다.
5. 시험문제지 형별기재란에 표시된 형별(A형 공통)을 확인합니다.
6. 수험번호란은 숫자로 기재하고 아래 해당번호에 마킹합니다.
7. 시험문제지 형별 및 수험번호 등 마킹착오로 인한 불이익은 전적으로 수험자의 귀책사유입니다.
8. 감독위원의 날인이 없는 답안카드는 무효처리 됩니다.
9. 상단과 우측의 검은색 띠(▌▌▌) 부분은 낙서를 금지합니다.
10. 답안카드의 채점은 전산 판독결과에 따르며, 마킹누락, 마킹착오, 불완전한 마킹 등은 수험자의 귀책사유에 해당하므로 이의제기를 하더라도 받아들여지지 않습니다.

부정행위 처리규정

시험 중 다음과 같은 행위를 하는 자는 당해 시험을 무효처리하고 자격별 관련 규정에 따라 일정기간 동안 시험에 응시할 수 있는 자격을 정지합니다.

1. 시험과 관련된 대화, 답안카드 교환, 다른 수험자의 답안·문제지를 보고 답안 작성, 대리시험을 치르거나 치르게 하는 행위, 시험문제 내용과 관련된 물건을 휴대하거나 이를 주고받는 행위
2. 시험장 내외로부터 도움을 받아 답안을 작성하는 행위, 공인어학성적 및 응시자격서류를 허위기재하여 제출하는 행위
3. 통신기기(휴대전화·소형 무전기 등) 및 전자기기(초소형 카메라 등)를 휴대하거나 사용하는 행위
4. 다른 수험자와 성명 및 수험번호를 바꾸어 작성·제출하는 행위
5. 기타 부정 또는 불공정한 방법으로 시험을 치르는 행위

✂ 절취선

성 명
(필적감정용)

(   )년도 (   ) 제(   )차 국가전문자격시험 답안카드

교시 기재란	
( )교시	① ② ③
형별 기재란	A형 ●
선 택 과 목 1	
선 택 과 목 2	

수 험 번 호							
⓪	⓪	⓪	⓪	⓪	⓪	⓪	⓪
①	①	①	①	①	①	①	①
②	②	②	②	②	②	②	②
③	③	③	③	③	③	③	③
④	④	④	④	④	④	④	④
⑤	⑤	⑤	⑤	⑤	⑤	⑤	⑤
⑥	⑥	⑥	⑥	⑥	⑥	⑥	⑥
⑦	⑦	⑦	⑦	⑦	⑦	⑦	⑦
⑧	⑧	⑧	⑧	⑧	⑧	⑧	⑧
⑨	⑨	⑨	⑨	⑨	⑨	⑨	⑨

감독위원 확인
㊞

1	① ② ③ ④ ⑤	21	① ② ③ ④ ⑤	41	① ② ③ ④ ⑤	61	① ② ③ ④ ⑤	81	① ② ③ ④ ⑤	101	① ② ③ ④ ⑤	121	① ② ③ ④ ⑤
2	① ② ③ ④ ⑤	22	① ② ③ ④ ⑤	42	① ② ③ ④ ⑤	62	① ② ③ ④ ⑤	82	① ② ③ ④ ⑤	102	① ② ③ ④ ⑤	122	① ② ③ ④ ⑤
3	① ② ③ ④ ⑤	23	① ② ③ ④ ⑤	43	① ② ③ ④ ⑤	63	① ② ③ ④ ⑤	83	① ② ③ ④ ⑤	103	① ② ③ ④ ⑤	123	① ② ③ ④ ⑤
4	① ② ③ ④ ⑤	24	① ② ③ ④ ⑤	44	① ② ③ ④ ⑤	64	① ② ③ ④ ⑤	84	① ② ③ ④ ⑤	104	① ② ③ ④ ⑤	124	① ② ③ ④ ⑤
5	① ② ③ ④ ⑤	25	① ② ③ ④ ⑤	45	① ② ③ ④ ⑤	65	① ② ③ ④ ⑤	85	① ② ③ ④ ⑤	105	① ② ③ ④ ⑤	125	① ② ③ ④ ⑤
6	① ② ③ ④ ⑤	26	① ② ③ ④ ⑤	46	① ② ③ ④ ⑤	66	① ② ③ ④ ⑤	86	① ② ③ ④ ⑤	106	① ② ③ ④ ⑤		
7	① ② ③ ④ ⑤	27	① ② ③ ④ ⑤	47	① ② ③ ④ ⑤	67	① ② ③ ④ ⑤	87	① ② ③ ④ ⑤	107	① ② ③ ④ ⑤		
8	① ② ③ ④ ⑤	28	① ② ③ ④ ⑤	48	① ② ③ ④ ⑤	68	① ② ③ ④ ⑤	88	① ② ③ ④ ⑤	108	① ② ③ ④ ⑤		
9	① ② ③ ④ ⑤	29	① ② ③ ④ ⑤	49	① ② ③ ④ ⑤	69	① ② ③ ④ ⑤	89	① ② ③ ④ ⑤	109	① ② ③ ④ ⑤		
10	① ② ③ ④ ⑤	30	① ② ③ ④ ⑤	50	① ② ③ ④ ⑤	70	① ② ③ ④ ⑤	90	① ② ③ ④ ⑤	110	① ② ③ ④ ⑤		
11	① ② ③ ④ ⑤	31	① ② ③ ④ ⑤	51	① ② ③ ④ ⑤	71	① ② ③ ④ ⑤	91	① ② ③ ④ ⑤	111	① ② ③ ④ ⑤		
12	① ② ③ ④ ⑤	32	① ② ③ ④ ⑤	52	① ② ③ ④ ⑤	72	① ② ③ ④ ⑤	92	① ② ③ ④ ⑤	112	① ② ③ ④ ⑤		
13	① ② ③ ④ ⑤	33	① ② ③ ④ ⑤	53	① ② ③ ④ ⑤	73	① ② ③ ④ ⑤	93	① ② ③ ④ ⑤	113	① ② ③ ④ ⑤		
14	① ② ③ ④ ⑤	34	① ② ③ ④ ⑤	54	① ② ③ ④ ⑤	74	① ② ③ ④ ⑤	94	① ② ③ ④ ⑤	114	① ② ③ ④ ⑤		
15	① ② ③ ④ ⑤	35	① ② ③ ④ ⑤	55	① ② ③ ④ ⑤	75	① ② ③ ④ ⑤	95	① ② ③ ④ ⑤	115	① ② ③ ④ ⑤		
16	① ② ③ ④ ⑤	36	① ② ③ ④ ⑤	56	① ② ③ ④ ⑤	76	① ② ③ ④ ⑤	96	① ② ③ ④ ⑤	116	① ② ③ ④ ⑤		
17	① ② ③ ④ ⑤	37	① ② ③ ④ ⑤	57	① ② ③ ④ ⑤	77	① ② ③ ④ ⑤	97	① ② ③ ④ ⑤	117	① ② ③ ④ ⑤		
18	① ② ③ ④ ⑤	38	① ② ③ ④ ⑤	58	① ② ③ ④ ⑤	78	① ② ③ ④ ⑤	98	① ② ③ ④ ⑤	118	① ② ③ ④ ⑤		
19	① ② ③ ④ ⑤	39	① ② ③ ④ ⑤	59	① ② ③ ④ ⑤	79	① ② ③ ④ ⑤	99	① ② ③ ④ ⑤	119	① ② ③ ④ ⑤		
20	① ② ③ ④ ⑤	40	① ② ③ ④ ⑤	60	① ② ③ ④ ⑤	80	① ② ③ ④ ⑤	100	① ② ③ ④ ⑤	120	① ② ③ ④ ⑤		

수험자
여러분의
합격을
기원합니다.

마킹주의	바르게 마킹 : ● 잘 못 마킹 : ⊗, ⊙, ⓥ, ◎, ⦶, ⊖, ◔, ●

(예 시)

성 명 (필적감정용)
홍 길 동

교시 기재란			
(1)교시	●	②	③
형별 기재란	A형 ●		
선 택 과 목 1			
선 택 과 목 2			

수 험 번 호: 0 1 3 2 9 8 0 1

감독위원 확인
김 (인) 독

수험자 유의사항

1. 시험 중에는 통신기기(휴대전화·소형 무전기 등) 및 전자기기(초소형 카메라 등)를 소지하거나 사용할 수 없습니다.
2. 부정행위 예방을 위해 시험문제지에도 수험번호와 성명을 반드시 기재하시기 바랍니다.
3. **시험시간이 종료되면 즉시 답안작성을 멈춰야** 하며, 종료시간 이후 계속 답안을 작성하거나 감독위원의 답안카드 제출지시에 불응할 때에는 당해 시험이 무효처리 됩니다.
4. 기타 감독위원의 정당한 지시에 불응하여 타 수험자의 시험에 방해가 될 경우 퇴실조치 될 수 있습니다.

답안카드 작성 시 유의사항

1. 답안카드 기재·마킹 시에는 **반드시 검은색 사인펜**을 사용해야 합니다.
2. 답안카드를 잘못 작성했을 시에는 카드를 교체하거나 수정테이프를 사용하여 수정할 수 있습니다.
   그러나 불완전한 수정처리로 인해 발생하는 전산자동판독불가 등 불이익은 수험자의 귀책사유입니다.
   – 수정테이프 이외의 수정액, 스티커 등은 사용 불가
   – 답안카드 왼쪽(성명·수험번호 등)을 제외한 '답안란'만 수정테이프로 수정 가능
3. 성명란은 수험자 본인의 성명을 정자체로 기재합니다.
4. 교시 기재란은 해당교시를 기재하고 해당 란에 마킹합니다.
5. 시험문제지 형별기재란에 표시된 형별(A형 공통)을 확인합니다.
6. 수험번호란은 숫자로 기재하고 아래 해당번호에 마킹합니다.
7. 시험문제지 형별 및 수험번호 등 마킹착오로 인한 불이익은 전적으로 수험자의 귀책사유입니다.
8. 감독위원의 날인이 없는 답안카드는 무효처리 됩니다.
9. 상단과 우측의 검은색 띠(▌▌▌) 부분은 낙서를 금지합니다.
10. 답안카드의 채점은 전산 판독결과에 따르며, 마킹누락, 마킹착오, 불완전한 마킹 등은 수험자의 귀책사유에 해당하므로 이의제기를 하더라도 받아들여지지 않습니다.

부정행위 처리규정

시험 중 다음과 같은 행위를 하는 자는 당해 시험을 무효처리하고 자격별 관련 규정에 따라 일정기간 동안 시험에 응시할 수 있는 자격을 정지합니다.

1. 시험과 관련된 대화, 답안카드 교환, 다른 수험자의 답안·문제지를 보고 답안 작성, 대리시험을 치르거나 치르게 하는 행위, 시험문제 내용과 관련된 물건을 휴대하거나 이를 주고받는 행위
2. 시험장 내외로부터 도움을 받아 답안을 작성하는 행위, 공인어학성적 및 응시자격서류를 허위기재하여 제출하는 행위
3. 통신기기(휴대전화·소형 무전기 등) 및 전자기기(초소형 카메라 등)를 휴대하거나 사용하는 행위
4. 다른 수험자와 성명 및 수험번호를 바꾸어 작성·제출하는 행위
5. 기타 부정 또는 불공정한 방법으로 시험을 치르는 행위

✂ 절취선

성　　명 (필적감정용)

교시 기재란	
(　　)교시	① ② ③
형별 기재란	A형 Ⓐ
선 택 과 목 1	
선 택 과 목 2	

수 험 번 호							
⓪	⓪	⓪	⓪	⓪	⓪	⓪	⓪
①	①	①	①	①	①	①	①
②	②	②	②	②	②	②	②
③	③	③	③	③	③	③	③
④	④	④	④	④	④	④	④
⑤	⑤	⑤	⑤	⑤	⑤	⑤	⑤
⑥	⑥	⑥	⑥	⑥	⑥	⑥	⑥
⑦	⑦	⑦	⑦	⑦	⑦	⑦	⑦
⑧	⑧	⑧	⑧	⑧	⑧	⑧	⑧
⑨	⑨	⑨	⑨	⑨	⑨	⑨	⑨

감독위원 확인
㉠

(　　　)년도 (　　　　　) 제(　　)차 국가전문자격시험 답안카드

1	① ② ③ ④ ⑤	21	① ② ③ ④ ⑤	41	① ② ③ ④ ⑤	61	① ② ③ ④ ⑤	81	① ② ③ ④ ⑤	101	① ② ③ ④ ⑤	121	① ② ③ ④ ⑤
2	① ② ③ ④ ⑤	22	① ② ③ ④ ⑤	42	① ② ③ ④ ⑤	62	① ② ③ ④ ⑤	82	① ② ③ ④ ⑤	102	① ② ③ ④ ⑤	122	① ② ③ ④ ⑤
3	① ② ③ ④ ⑤	23	① ② ③ ④ ⑤	43	① ② ③ ④ ⑤	63	① ② ③ ④ ⑤	83	① ② ③ ④ ⑤	103	① ② ③ ④ ⑤	123	① ② ③ ④ ⑤
4	① ② ③ ④ ⑤	24	① ② ③ ④ ⑤	44	① ② ③ ④ ⑤	64	① ② ③ ④ ⑤	84	① ② ③ ④ ⑤	104	① ② ③ ④ ⑤	124	① ② ③ ④ ⑤
5	① ② ③ ④ ⑤	25	① ② ③ ④ ⑤	45	① ② ③ ④ ⑤	65	① ② ③ ④ ⑤	85	① ② ③ ④ ⑤	105	① ② ③ ④ ⑤	125	① ② ③ ④ ⑤
6	① ② ③ ④ ⑤	26	① ② ③ ④ ⑤	46	① ② ③ ④ ⑤	66	① ② ③ ④ ⑤	86	① ② ③ ④ ⑤	106	① ② ③ ④ ⑤		
7	① ② ③ ④ ⑤	27	① ② ③ ④ ⑤	47	① ② ③ ④ ⑤	67	① ② ③ ④ ⑤	87	① ② ③ ④ ⑤	107	① ② ③ ④ ⑤		
8	① ② ③ ④ ⑤	28	① ② ③ ④ ⑤	48	① ② ③ ④ ⑤	68	① ② ③ ④ ⑤	88	① ② ③ ④ ⑤	108	① ② ③ ④ ⑤		
9	① ② ③ ④ ⑤	29	① ② ③ ④ ⑤	49	① ② ③ ④ ⑤	69	① ② ③ ④ ⑤	89	① ② ③ ④ ⑤	109	① ② ③ ④ ⑤		
10	① ② ③ ④ ⑤	30	① ② ③ ④ ⑤	50	① ② ③ ④ ⑤	70	① ② ③ ④ ⑤	90	① ② ③ ④ ⑤	110	① ② ③ ④ ⑤		
11	① ② ③ ④ ⑤	31	① ② ③ ④ ⑤	51	① ② ③ ④ ⑤	71	① ② ③ ④ ⑤	91	① ② ③ ④ ⑤	111	① ② ③ ④ ⑤		
12	① ② ③ ④ ⑤	32	① ② ③ ④ ⑤	52	① ② ③ ④ ⑤	72	① ② ③ ④ ⑤	92	① ② ③ ④ ⑤	112	① ② ③ ④ ⑤		
13	① ② ③ ④ ⑤	33	① ② ③ ④ ⑤	53	① ② ③ ④ ⑤	73	① ② ③ ④ ⑤	93	① ② ③ ④ ⑤	113	① ② ③ ④ ⑤		
14	① ② ③ ④ ⑤	34	① ② ③ ④ ⑤	54	① ② ③ ④ ⑤	74	① ② ③ ④ ⑤	94	① ② ③ ④ ⑤	114	① ② ③ ④ ⑤		
15	① ② ③ ④ ⑤	35	① ② ③ ④ ⑤	55	① ② ③ ④ ⑤	75	① ② ③ ④ ⑤	95	① ② ③ ④ ⑤	115	① ② ③ ④ ⑤		
16	① ② ③ ④ ⑤	36	① ② ③ ④ ⑤	56	① ② ③ ④ ⑤	76	① ② ③ ④ ⑤	96	① ② ③ ④ ⑤	116	① ② ③ ④ ⑤		
17	① ② ③ ④ ⑤	37	① ② ③ ④ ⑤	57	① ② ③ ④ ⑤	77	① ② ③ ④ ⑤	97	① ② ③ ④ ⑤	117	① ② ③ ④ ⑤		
18	① ② ③ ④ ⑤	38	① ② ③ ④ ⑤	58	① ② ③ ④ ⑤	78	① ② ③ ④ ⑤	98	① ② ③ ④ ⑤	118	① ② ③ ④ ⑤		
19	① ② ③ ④ ⑤	39	① ② ③ ④ ⑤	59	① ② ③ ④ ⑤	79	① ② ③ ④ ⑤	99	① ② ③ ④ ⑤	119	① ② ③ ④ ⑤		
20	① ② ③ ④ ⑤	40	① ② ③ ④ ⑤	60	① ② ③ ④ ⑤	80	① ② ③ ④ ⑤	100	① ② ③ ④ ⑤	120	① ② ③ ④ ⑤		

수험자
여러분의
합격을
기원합니다.

마킹주의	바르게 마킹 : ● 잘 못 마킹 : ⊗, ⊙, ⓥ, ◎, ⦶, ⊖, ◌, ●

──────── (예 시) ────────→

성 명 (필적감정용)
홍 길 동

교시 기재란			
(1)교시	●	②	③
형별 기재란	A형		
	●		
선 택 과 목 1			
선 택 과 목 2			

수험자 유의사항

1. 시험 중에는 통신기기(휴대전화·소형 무전기 등) 및 전자기기(초소형 카메라 등)를 소지하거나 사용할 수 없습니다.
2. 부정행위 예방을 위해 시험문제지에도 수험번호와 성명을 반드시 기재하시기 바랍니다.
3. **시험시간이 종료되면 즉시 답안작성을 멈춰야** 하며, 종료시간 이후 계속 답안을 작성하거나 감독위원의 답안카드 제출지시에 불응할 때에는 당해 시험이 무효처리 됩니다.
4. 기타 감독위원의 정당한 지시에 불응하여 타 수험자의 시험에 방해가 될 경우 퇴실조치 될 수 있습니다.

답안카드 작성 시 유의사항

1. 답안카드 기재·마킹 시에는 **반드시 검은색 사인펜**을 사용해야 합니다.
2. 답안카드를 잘못 작성했을 시에는 카드를 교체하거나 수정테이프를 사용하여 수정할 수 있습니다.
   그러나 불완전한 수정처리로 인해 발생하는 전산자동판독불가 등 불이익은 수험자의 귀책사유입니다.
   – 수정테이프 이외의 수정액, 스티커 등은 사용 불가
   – 답안카드 왼쪽(성명·수험번호 등)을 제외한 '답안란'만 수정테이프로 수정 가능
3. 성명란은 수험자 본인의 성명을 정자체로 기재합니다.
4. 교시 기재란은 해당교시를 기재하고 해당 란에 마킹합니다.
5. 시험문제지 형별기재란에 표시된 형별(A형 공통)을 확인합니다.
6. 수험번호란은 숫자로 기재하고 아래 해당번호에 마킹합니다.
7. 시험문제지 형별 및 수험번호 등 마킹착오로 인한 불이익은 전적으로 수험자의 귀책사유입니다.
8. 감독위원의 날인이 없는 답안카드는 무효처리 됩니다.
9. 상단과 우측의 검은색 띠(▌▌▌) 부분은 낙서를 금지합니다.
10. 답안카드의 채점은 전산 판독결과에 따르며, 마킹누락, 마킹착오, 불완전한 마킹 등은 수험자의 귀책사유에 해당하므로 이의제기를 하더라도 받아들여지지 않습니다.

부정행위 처리규정

시험 중 다음과 같은 행위를 하는 자는 당해 시험을 무효처리하고 자격별 관련 규정에 따라 일정기간 동안 시험에 응시할 수 있는 자격을 정지합니다.

1. 시험과 관련된 대화, 답안카드 교환, 다른 수험자의 답안·문제지를 보고 답안 작성, 대리시험을 치르거나 치르게 하는 행위, 시험문제 내용과 관련된 물건을 휴대하거나 이를 주고받는 행위
2. 시험장 내외로부터 도움을 받아 답안을 작성하는 행위, 공인어학성적 및 응시자격서류를 허위기재하여 제출하는 행위
3. 통신기기(휴대전화·소형 무전기 등) 및 전자기기(초소형 카메라 등)를 휴대하거나 사용하는 행위
4. 다른 수험자와 성명 및 수험번호를 바꾸어 작성·제출하는 행위
5. 기타 부정 또는 불공정한 방법으로 시험을 치르는 행위

수 험 번 호

0	1	3	2	9	8	0	1
●	⓪	⓪	⓪	⓪	⓪	●	⓪
①	●	①	①	①	①	①	●
②	②	②	●	②	②	②	②
③	③	●	③	③	③	③	③
④	④	④	④	④	④	④	④
⑤	⑤	⑤	⑤	⑤	⑤	⑤	⑤
⑥	⑥	⑥	⑥	⑥	⑥	⑥	⑥
⑦	⑦	⑦	⑦	⑦	⑦	⑦	⑦
⑧	⑧	⑧	⑧	⑧	●	⑧	⑧
⑨	⑨	⑨	⑨	●	⑨	⑨	⑨

감독위원 확인
김 (인) 독

(　　　)년도 (　　　　　　) 제(　　)차 국가전문자격시험 답안카드

성 명 (필적감정용)

교시 기재란: (　　)교시 ① ② ③

형별 기재란: A형 Ⓐ

선 택 과 목 1

선 택 과 목 2

수 험 번 호

⓪	⓪	⓪	⓪	⓪	⓪	⓪	⓪
①	①	①	①	①	①	①	①
②	②	②	②	②	②	②	②
③	③	③	③	③	③	③	③
④	④	④	④	④	④	④	④
⑤	⑤	⑤	⑤	⑤	⑤	⑤	⑤
⑥	⑥	⑥	⑥	⑥	⑥	⑥	⑥
⑦	⑦	⑦	⑦	⑦	⑦	⑦	⑦
⑧	⑧	⑧	⑧	⑧	⑧	⑧	⑧
⑨	⑨	⑨	⑨	⑨	⑨	⑨	⑨

감독위원 확인 ㉑

1	① ② ③ ④ ⑤	21	① ② ③ ④ ⑤	41	① ② ③ ④ ⑤	61	① ② ③ ④ ⑤	81	① ② ③ ④ ⑤	101	① ② ③ ④ ⑤	121	① ② ③ ④ ⑤
2	① ② ③ ④ ⑤	22	① ② ③ ④ ⑤	42	① ② ③ ④ ⑤	62	① ② ③ ④ ⑤	82	① ② ③ ④ ⑤	102	① ② ③ ④ ⑤	122	① ② ③ ④ ⑤
3	① ② ③ ④ ⑤	23	① ② ③ ④ ⑤	43	① ② ③ ④ ⑤	63	① ② ③ ④ ⑤	83	① ② ③ ④ ⑤	103	① ② ③ ④ ⑤	123	① ② ③ ④ ⑤
4	① ② ③ ④ ⑤	24	① ② ③ ④ ⑤	44	① ② ③ ④ ⑤	64	① ② ③ ④ ⑤	84	① ② ③ ④ ⑤	104	① ② ③ ④ ⑤	124	① ② ③ ④ ⑤
5	① ② ③ ④ ⑤	25	① ② ③ ④ ⑤	45	① ② ③ ④ ⑤	65	① ② ③ ④ ⑤	85	① ② ③ ④ ⑤	105	① ② ③ ④ ⑤	125	① ② ③ ④ ⑤
6	① ② ③ ④ ⑤	26	① ② ③ ④ ⑤	46	① ② ③ ④ ⑤	66	① ② ③ ④ ⑤	86	① ② ③ ④ ⑤	106	① ② ③ ④ ⑤		
7	① ② ③ ④ ⑤	27	① ② ③ ④ ⑤	47	① ② ③ ④ ⑤	67	① ② ③ ④ ⑤	87	① ② ③ ④ ⑤	107	① ② ③ ④ ⑤		
8	① ② ③ ④ ⑤	28	① ② ③ ④ ⑤	48	① ② ③ ④ ⑤	68	① ② ③ ④ ⑤	88	① ② ③ ④ ⑤	108	① ② ③ ④ ⑤		
9	① ② ③ ④ ⑤	29	① ② ③ ④ ⑤	49	① ② ③ ④ ⑤	69	① ② ③ ④ ⑤	89	① ② ③ ④ ⑤	109	① ② ③ ④ ⑤		
10	① ② ③ ④ ⑤	30	① ② ③ ④ ⑤	50	① ② ③ ④ ⑤	70	① ② ③ ④ ⑤	90	① ② ③ ④ ⑤	110	① ② ③ ④ ⑤		
11	① ② ③ ④ ⑤	31	① ② ③ ④ ⑤	51	① ② ③ ④ ⑤	71	① ② ③ ④ ⑤	91	① ② ③ ④ ⑤	111	① ② ③ ④ ⑤		
12	① ② ③ ④ ⑤	32	① ② ③ ④ ⑤	52	① ② ③ ④ ⑤	72	① ② ③ ④ ⑤	92	① ② ③ ④ ⑤	112	① ② ③ ④ ⑤		
13	① ② ③ ④ ⑤	33	① ② ③ ④ ⑤	53	① ② ③ ④ ⑤	73	① ② ③ ④ ⑤	93	① ② ③ ④ ⑤	113	① ② ③ ④ ⑤		
14	① ② ③ ④ ⑤	34	① ② ③ ④ ⑤	54	① ② ③ ④ ⑤	74	① ② ③ ④ ⑤	94	① ② ③ ④ ⑤	114	① ② ③ ④ ⑤		
15	① ② ③ ④ ⑤	35	① ② ③ ④ ⑤	55	① ② ③ ④ ⑤	75	① ② ③ ④ ⑤	95	① ② ③ ④ ⑤	115	① ② ③ ④ ⑤		
16	① ② ③ ④ ⑤	36	① ② ③ ④ ⑤	56	① ② ③ ④ ⑤	76	① ② ③ ④ ⑤	96	① ② ③ ④ ⑤	116	① ② ③ ④ ⑤		
17	① ② ③ ④ ⑤	37	① ② ③ ④ ⑤	57	① ② ③ ④ ⑤	77	① ② ③ ④ ⑤	97	① ② ③ ④ ⑤	117	① ② ③ ④ ⑤		
18	① ② ③ ④ ⑤	38	① ② ③ ④ ⑤	58	① ② ③ ④ ⑤	78	① ② ③ ④ ⑤	98	① ② ③ ④ ⑤	118	① ② ③ ④ ⑤		
19	① ② ③ ④ ⑤	39	① ② ③ ④ ⑤	59	① ② ③ ④ ⑤	79	① ② ③ ④ ⑤	99	① ② ③ ④ ⑤	119	① ② ③ ④ ⑤		
20	① ② ③ ④ ⑤	40	① ② ③ ④ ⑤	60	① ② ③ ④ ⑤	80	① ② ③ ④ ⑤	100	① ② ③ ④ ⑤	120	① ② ③ ④ ⑤		

수험자
여러분의
합격을
기원합니다.

마킹주의

바르게 마킹 : ●
잘 못 마킹 : ⊗, ⊙, ⓥ, ◎, ⦶, ⊖, ◌̣, ●

(예 시) →

성 명 (필적감정용)
홍 길 동

교시 기재란			
(1)교시	●	②	③
형별 기재란	A형 ●		
선 택 과 목 1			
선 택 과 목 2			

수 험 번 호

0	1	3	2	9	8	0	1
●	⓪	⓪	⓪	⓪	⓪	●	⓪
①	●	①	①	①	①	①	●
②	②	②	●	②	②	②	②
③	③	●	③	③	③	③	③
④	④	④	④	④	④	④	④
⑤	⑤	⑤	⑤	⑤	⑤	⑤	⑤
⑥	⑥	⑥	⑥	⑥	⑥	⑥	⑥
⑦	⑦	⑦	⑦	⑦	⑦	⑦	⑦
⑧	⑧	⑧	⑧	⑧	●	⑧	⑧
⑨	⑨	⑨	⑨	●	⑨	⑨	⑨

감독위원 확인
김 (인) 독

수험자 유의사항

1. 시험 중에는 통신기기(휴대전화·소형 무전기 등) 및 전자기기(초소형 카메라 등)를 소지하거나 사용할 수 없습니다.
2. 부정행위 예방을 위해 시험문제지에도 수험번호와 성명을 반드시 기재하시기 바랍니다.
3. **시험시간이 종료되면 즉시 답안작성을 멈춰야** 하며, 종료시간 이후 계속 답안을 작성하거나 감독위원의 답안카드 제출지시에 불응할 때에는 당해 시험이 무효처리 됩니다.
4. 기타 감독위원의 정당한 지시에 불응하여 타 수험자의 시험에 방해가 될 경우 퇴실조치 될 수 있습니다.

답안카드 작성 시 유의사항

1. 답안카드 기재·마킹 시에는 **반드시 검은색 사인펜**을 사용해야 합니다.
2. 답안카드를 잘못 작성했을 시에는 카드를 교체하거나 수정테이프를 사용하여 수정할 수 있습니다.
   그러나 불완전한 수정처리로 인해 발생하는 전산자동판독불가 등 불이익은 수험자의 귀책사유입니다.
   – 수정테이프 이외의 수정액, 스티커 등은 사용 불가
   – 답안카드 왼쪽(성명·수험번호 등)을 제외한 '답안란'만 수정테이프로 수정 가능
3. 성명란은 수험자 본인의 성명을 정자체로 기재합니다.
4. 교시 기재란은 해당교시를 기재하고 해당 란에 마킹합니다.
5. 시험문제지 형별기재란에 표시된 형별(A형 공통)을 확인합니다.
6. 수험번호란은 숫자로 기재하고 아래 해당번호에 마킹합니다.
7. 시험문제지 형별 및 수험번호 등 마킹착오로 인한 불이익은 전적으로 수험자의 귀책사유입니다.
8. 감독위원의 날인이 없는 답안카드는 무효처리 됩니다.
9. 상단과 우측의 검은색 띠(▌▌▌) 부분은 낙서를 금지합니다.
10. 답안카드의 채점은 전산 판독결과에 따르며, 마킹누락, 마킹착오, 불완전한 마킹 등은 수험자의 귀책사유에 해당하므로 이의제기를 하더라도 받아들여지지 않습니다.

부정행위 처리규정

시험 중 다음과 같은 행위를 하는 자는 당해 시험을 무효처리하고 자격별 관련 규정에 따라 일정기간 동안 시험에 응시할 수 있는 자격을 정지합니다.

1. 시험과 관련된 대화, 답안카드 교환, 다른 수험자의 답안·문제지를 보고 답안 작성, 대리시험을 치르거나 치르게 하는 행위, 시험문제 내용과 관련된 물건을 휴대하거나 이를 주고받는 행위
2. 시험장 내외로부터 도움을 받아 답안을 작성하는 행위, 공인어학성적 및 응시자격서류를 허위기재하여 제출하는 행위
3. 통신기기(휴대전화·소형 무전기 등) 및 전자기기(초소형 카메라 등)를 휴대하거나 사용하는 행위
4. 다른 수험자와 성명 및 수험번호를 바꾸어 작성·제출하는 행위
5. 기타 부정 또는 불공정한 방법으로 시험을 치르는 행위

(　　　)년도 (　　　　　　) 제(　)차 국가전문자격시험 답안카드

성 명 (필적감정용)

교시 기재란	
(　)교시	① ② ③

형별 기재란	A형
	Ⓐ

선 택 과 목 1

선 택 과 목 2

수 험 번 호							
⓪	⓪	⓪	⓪	⓪	⓪	⓪	⓪
①	①	①	①	①	①	①	①
②	②	②	②	②	②	②	②
③	③	③	③	③	③	③	③
④	④	④	④	④	④	④	④
⑤	⑤	⑤	⑤	⑤	⑤	⑤	⑤
⑥	⑥	⑥	⑥	⑥	⑥	⑥	⑥
⑦	⑦	⑦	⑦	⑦	⑦	⑦	⑦
⑧	⑧	⑧	⑧	⑧	⑧	⑧	⑧
⑨	⑨	⑨	⑨	⑨	⑨	⑨	⑨

감독위원 확인
㊞

1	① ② ③ ④ ⑤	21	① ② ③ ④ ⑤	41	① ② ③ ④ ⑤	61	① ② ③ ④ ⑤	81	① ② ③ ④ ⑤	101	① ② ③ ④ ⑤	121	① ② ③ ④ ⑤
2	① ② ③ ④ ⑤	22	① ② ③ ④ ⑤	42	① ② ③ ④ ⑤	62	① ② ③ ④ ⑤	82	① ② ③ ④ ⑤	102	① ② ③ ④ ⑤	122	① ② ③ ④ ⑤
3	① ② ③ ④ ⑤	23	① ② ③ ④ ⑤	43	① ② ③ ④ ⑤	63	① ② ③ ④ ⑤	83	① ② ③ ④ ⑤	103	① ② ③ ④ ⑤	123	① ② ③ ④ ⑤
4	① ② ③ ④ ⑤	24	① ② ③ ④ ⑤	44	① ② ③ ④ ⑤	64	① ② ③ ④ ⑤	84	① ② ③ ④ ⑤	104	① ② ③ ④ ⑤	124	① ② ③ ④ ⑤
5	① ② ③ ④ ⑤	25	① ② ③ ④ ⑤	45	① ② ③ ④ ⑤	65	① ② ③ ④ ⑤	85	① ② ③ ④ ⑤	105	① ② ③ ④ ⑤	125	① ② ③ ④ ⑤
6	① ② ③ ④ ⑤	26	① ② ③ ④ ⑤	46	① ② ③ ④ ⑤	66	① ② ③ ④ ⑤	86	① ② ③ ④ ⑤	106	① ② ③ ④ ⑤		
7	① ② ③ ④ ⑤	27	① ② ③ ④ ⑤	47	① ② ③ ④ ⑤	67	① ② ③ ④ ⑤	87	① ② ③ ④ ⑤	107	① ② ③ ④ ⑤		
8	① ② ③ ④ ⑤	28	① ② ③ ④ ⑤	48	① ② ③ ④ ⑤	68	① ② ③ ④ ⑤	88	① ② ③ ④ ⑤	108	① ② ③ ④ ⑤		
9	① ② ③ ④ ⑤	29	① ② ③ ④ ⑤	49	① ② ③ ④ ⑤	69	① ② ③ ④ ⑤	89	① ② ③ ④ ⑤	109	① ② ③ ④ ⑤		
10	① ② ③ ④ ⑤	30	① ② ③ ④ ⑤	50	① ② ③ ④ ⑤	70	① ② ③ ④ ⑤	90	① ② ③ ④ ⑤	110	① ② ③ ④ ⑤		
11	① ② ③ ④ ⑤	31	① ② ③ ④ ⑤	51	① ② ③ ④ ⑤	71	① ② ③ ④ ⑤	91	① ② ③ ④ ⑤	111	① ② ③ ④ ⑤		
12	① ② ③ ④ ⑤	32	① ② ③ ④ ⑤	52	① ② ③ ④ ⑤	72	① ② ③ ④ ⑤	92	① ② ③ ④ ⑤	112	① ② ③ ④ ⑤		
13	① ② ③ ④ ⑤	33	① ② ③ ④ ⑤	53	① ② ③ ④ ⑤	73	① ② ③ ④ ⑤	93	① ② ③ ④ ⑤	113	① ② ③ ④ ⑤		
14	① ② ③ ④ ⑤	34	① ② ③ ④ ⑤	54	① ② ③ ④ ⑤	74	① ② ③ ④ ⑤	94	① ② ③ ④ ⑤	114	① ② ③ ④ ⑤		
15	① ② ③ ④ ⑤	35	① ② ③ ④ ⑤	55	① ② ③ ④ ⑤	75	① ② ③ ④ ⑤	95	① ② ③ ④ ⑤	115	① ② ③ ④ ⑤		
16	① ② ③ ④ ⑤	36	① ② ③ ④ ⑤	56	① ② ③ ④ ⑤	76	① ② ③ ④ ⑤	96	① ② ③ ④ ⑤	116	① ② ③ ④ ⑤		
17	① ② ③ ④ ⑤	37	① ② ③ ④ ⑤	57	① ② ③ ④ ⑤	77	① ② ③ ④ ⑤	97	① ② ③ ④ ⑤	117	① ② ③ ④ ⑤		
18	① ② ③ ④ ⑤	38	① ② ③ ④ ⑤	58	① ② ③ ④ ⑤	78	① ② ③ ④ ⑤	98	① ② ③ ④ ⑤	118	① ② ③ ④ ⑤		
19	① ② ③ ④ ⑤	39	① ② ③ ④ ⑤	59	① ② ③ ④ ⑤	79	① ② ③ ④ ⑤	99	① ② ③ ④ ⑤	119	① ② ③ ④ ⑤		
20	① ② ③ ④ ⑤	40	① ② ③ ④ ⑤	60	① ② ③ ④ ⑤	80	① ② ③ ④ ⑤	100	① ② ③ ④ ⑤	120	① ② ③ ④ ⑤		

수험자
여러분의
합격을
기원합니다.

마킹주의	바르게 마킹 : ● 잘 못 마킹 : ⊗, ⊙, ⓥ, ◎, ⦶, ⊖, ◔, ●

——— (예 시) ———→

수험자 유의사항

1. 시험 중에는 통신기기(휴대전화·소형 무전기 등) 및 전자기기(초소형 카메라 등)를 소지하거나 사용할 수 없습니다.
2. 부정행위 예방을 위해 시험문제지에도 수험번호와 성명을 반드시 기재하시기 바랍니다.
3. **시험시간이 종료되면 즉시 답안작성을 멈춰야** 하며, 종료시간 이후 계속 답안을 작성하거나 감독위원의 답안카드 제출지시에 불응할 때에는 당해 시험이 무효처리 됩니다.
4. 기타 감독위원의 정당한 지시에 불응하여 타 수험자의 시험에 방해가 될 경우 퇴실조치 될 수 있습니다.

답안카드 작성 시 유의사항

1. 답안카드 기재·마킹 시에는 **반드시 검은색 사인펜**을 사용해야 합니다.
2. 답안카드를 잘못 작성했을 시에는 카드를 교체하거나 수정테이프를 사용하여 수정할 수 있습니다.
   그러나 불완전한 수정처리로 인해 발생하는 전산자동판독불가 등 불이익은 수험자의 귀책사유입니다.
   - 수정테이프 이외의 수정액, 스티커 등은 사용 불가
   - 답안카드 왼쪽(성명·수험번호 등)을 제외한 '답안란'만 수정테이프로 수정 가능
3. 성명란은 수험자 본인의 성명을 정자체로 기재합니다.
4. 교시 기재란은 해당교시를 기재하고 해당 란에 마킹합니다.
5. 시험문제지 형별기재란에 표시된 형별(A형 공통)을 확인합니다.
6. 수험번호란은 숫자로 기재하고 아래 해당번호에 마킹합니다.
7. 시험문제지 형별 및 수험번호 등 마킹착오로 인한 불이익은 전적으로 수험자의 귀책사유입니다.
8. 감독위원의 날인이 없는 답안카드는 무효처리 됩니다.
9. 상단과 우측의 검은색 띠(▌▌▌) 부분은 낙서를 금지합니다.
10. 답안카드의 채점은 전산 판독결과에 따르며, 마킹누락, 마킹착오, 불완전한 마킹 등은 수험자의 귀책사유에 해당하므로 이의제기를 하더라도 받아들여지지 않습니다.

부정행위 처리규정

시험 중 다음과 같은 행위를 하는 자는 당해 시험을 무효처리하고 자격별 관련 규정에 따라 일정기간 동안 시험에 응시할 수 있는 자격을 정지합니다.

1. 시험과 관련된 대화, 답안카드 교환, 다른 수험자의 답안·문제지를 보고 답안 작성, 대리시험을 치르거나 치르게 하는 행위, 시험문제 내용과 관련된 물건을 휴대하거나 이를 주고받는 행위
2. 시험장 내외로부터 도움을 받아 답안을 작성하는 행위, 공인어학성적 및 응시자격서류를 허위기재하여 제출하는 행위
3. 통신기기(휴대전화·소형 무전기 등) 및 전자기기(초소형 카메라 등)를 휴대하거나 사용하는 행위
4. 다른 수험자와 성명 및 수험번호를 바꾸어 작성·제출하는 행위
5. 기타 부정 또는 불공정한 방법으로 시험을 치르는 행위

성 명 (필적감정용)
홍 길 동

교시 기재란			
(1)교시	●	②	③
형별 기재란	A형		
	●		
선 택 과 목 1			
선 택 과 목 2			

수	험	번	호				
0	1	3	2	9	8	0	1
●	⓪	⓪	⓪	⓪	⓪	●	⓪
①	●	①	①	①	①	①	●
②	②	②	●	②	②	②	②
③	③	●	③	③	③	③	③
④	④	④	④	④	④	④	④
⑤	⑤	⑤	⑤	⑤	⑤	⑤	⑤
⑥	⑥	⑥	⑥	⑥	⑥	⑥	⑥
⑦	⑦	⑦	⑦	⑦	⑦	⑦	⑦
⑧	⑧	⑧	⑧	⑧	●	⑧	⑧
⑨	⑨	⑨	⑨	●	⑨	⑨	⑨

감독위원 확인
김 (인) 독

✂ 절취선

성 명 (필적감정용)

교시 기재란	
(　　)교시	① ② ③
형별 기재란	A형 ●

선 택 과 목 1

선 택 과 목 2

수 험 번 호							
⓪	⓪	⓪	⓪	⓪	⓪	⓪	⓪
①	①	①	①	①	①	①	①
②	②	②	②	②	②	②	②
③	③	③	③	③	③	③	③
④	④	④	④	④	④	④	④
⑤	⑤	⑤	⑤	⑤	⑤	⑤	⑤
⑥	⑥	⑥	⑥	⑥	⑥	⑥	⑥
⑦	⑦	⑦	⑦	⑦	⑦	⑦	⑦
⑧	⑧	⑧	⑧	⑧	⑧	⑧	⑧
⑨	⑨	⑨	⑨	⑨	⑨	⑨	⑨

감독위원 확인
㊞

(　　　)년도 (　　　　　) 제(　　)차 국가전문자격시험 답안카드

1	①②③④⑤	21	①②③④⑤	41	①②③④⑤	61	①②③④⑤	81	①②③④⑤	101	①②③④⑤	121	①②③④⑤
2	①②③④⑤	22	①②③④⑤	42	①②③④⑤	62	①②③④⑤	82	①②③④⑤	102	①②③④⑤	122	①②③④⑤
3	①②③④⑤	23	①②③④⑤	43	①②③④⑤	63	①②③④⑤	83	①②③④⑤	103	①②③④⑤	123	①②③④⑤
4	①②③④⑤	24	①②③④⑤	44	①②③④⑤	64	①②③④⑤	84	①②③④⑤	104	①②③④⑤	124	①②③④⑤
5	①②③④⑤	25	①②③④⑤	45	①②③④⑤	65	①②③④⑤	85	①②③④⑤	105	①②③④⑤	125	①②③④⑤
6	①②③④⑤	26	①②③④⑤	46	①②③④⑤	66	①②③④⑤	86	①②③④⑤	106	①②③④⑤		
7	①②③④⑤	27	①②③④⑤	47	①②③④⑤	67	①②③④⑤	87	①②③④⑤	107	①②③④⑤		
8	①②③④⑤	28	①②③④⑤	48	①②③④⑤	68	①②③④⑤	88	①②③④⑤	108	①②③④⑤		
9	①②③④⑤	29	①②③④⑤	49	①②③④⑤	69	①②③④⑤	89	①②③④⑤	109	①②③④⑤		
10	①②③④⑤	30	①②③④⑤	50	①②③④⑤	70	①②③④⑤	90	①②③④⑤	110	①②③④⑤		
11	①②③④⑤	31	①②③④⑤	51	①②③④⑤	71	①②③④⑤	91	①②③④⑤	111	①②③④⑤		수험자 여러분의 합격을 기원합니다.
12	①②③④⑤	32	①②③④⑤	52	①②③④⑤	72	①②③④⑤	92	①②③④⑤	112	①②③④⑤		
13	①②③④⑤	33	①②③④⑤	53	①②③④⑤	73	①②③④⑤	93	①②③④⑤	113	①②③④⑤		
14	①②③④⑤	34	①②③④⑤	54	①②③④⑤	74	①②③④⑤	94	①②③④⑤	114	①②③④⑤		
15	①②③④⑤	35	①②③④⑤	55	①②③④⑤	75	①②③④⑤	95	①②③④⑤	115	①②③④⑤		
16	①②③④⑤	36	①②③④⑤	56	①②③④⑤	76	①②③④⑤	96	①②③④⑤	116	①②③④⑤		
17	①②③④⑤	37	①②③④⑤	57	①②③④⑤	77	①②③④⑤	97	①②③④⑤	117	①②③④⑤		
18	①②③④⑤	38	①②③④⑤	58	①②③④⑤	78	①②③④⑤	98	①②③④⑤	118	①②③④⑤		
19	①②③④⑤	39	①②③④⑤	59	①②③④⑤	79	①②③④⑤	99	①②③④⑤	119	①②③④⑤		
20	①②③④⑤	40	①②③④⑤	60	①②③④⑤	80	①②③④⑤	100	①②③④⑤	120	①②③④⑤		

마킹주의

바르게 마킹 : ●
잘 못 마킹 : ⊗, ⊙, ⓥ, ◎, ⦶, ⊖, ◔, ●

(예 시)

성 명 (필적감정용)
홍 길 동

교시 기재란			
(1)교시	●	②	③

형별 기재란	A형
	●

선 택 과 목 1

선 택 과 목 2

수험번호							
0	1	3	2	9	8	0	1

감독위원 확인
김 감 독

수험자 유의사항

1. 시험 중에는 통신기기(휴대전화·소형 무전기 등) 및 전자기기(초소형 카메라 등)를 소지하거나 사용할 수 없습니다.
2. 부정행위 예방을 위해 시험문제지에도 수험번호와 성명을 반드시 기재하시기 바랍니다.
3. **시험시간이 종료되면 즉시 답안작성을 멈춰야** 하며, 종료시간 이후 계속 답안을 작성하거나 감독위원의 답안카드 제출지시에 불응할 때에는 당해 시험이 무효처리 됩니다.
4. 기타 감독위원의 정당한 지시에 불응하여 타 수험자의 시험에 방해가 될 경우 퇴실조치 될 수 있습니다.

답안카드 작성 시 유의사항

1. 답안카드 기재·마킹 시에는 **반드시 검은색 사인펜**을 사용해야 합니다.
2. 답안카드를 잘못 작성했을 시에는 카드를 교체하거나 수정테이프를 사용하여 수정할 수 있습니다.
   그러나 불완전한 수정처리로 인해 발생하는 전산자동판독불가 등 불이익은 수험자의 귀책사유입니다.
   – 수정테이프 이외의 수정액, 스티커 등은 사용 불가
   – 답안카드 왼쪽(성명·수험번호 등)을 제외한 '답안란'만 수정테이프로 수정 가능
3. 성명란은 수험자 본인의 성명을 정자체로 기재합니다.
4. 교시 기재란은 해당교시를 기재하고 해당 란에 마킹합니다.
5. 시험문제지 형별기재란에 표시된 형별(A형 공통)을 확인합니다.
6. 수험번호란은 숫자로 기재하고 아래 해당번호에 마킹합니다.
7. 시험문제지 형별 및 수험번호 등 마킹착오로 인한 불이익은 전적으로 수험자의 귀책사유입니다.
8. 감독위원의 날인이 없는 답안카드는 무효처리 됩니다.
9. 상단과 우측의 검은색 띠(▌▌▌) 부분은 낙서를 금지합니다.
10. 답안카드의 채점은 전산 판독결과에 따르며, 마킹누락, 마킹착오, 불완전한 마킹 등은 수험자의 귀책사유에 해당하므로 이의제기를 하더라도 받아들여지지 않습니다.

부정행위 처리규정

시험 중 다음과 같은 행위를 하는 자는 당해 시험을 무효처리하고 자격별 관련 규정에 따라 일정기간 동안 시험에 응시할 수 있는 자격을 정지합니다.

1. 시험과 관련된 대화, 답안카드 교환, 다른 수험자의 답안·문제지를 보고 답안 작성, 대리시험을 치르거나 치르게 하는 행위, 시험문제 내용과 관련된 물건을 휴대하거나 이를 주고받는 행위
2. 시험장 내외로부터 도움을 받아 답안을 작성하는 행위, 공인어학성적 및 응시자격서류를 허위기재하여 제출하는 행위
3. 통신기기(휴대전화·소형 무전기 등) 및 전자기기(초소형 카메라 등)를 휴대하거나 사용하는 행위
4. 다른 수험자와 성명 및 수험번호를 바꾸어 작성·제출하는 행위
5. 기타 부정 또는 불공정한 방법으로 시험을 치르는 행위

✂ 절취선

(　　　　)년도 (　　　　　　　　) 제(　　)차 국가전문자격시험 답안카드

성　명 (필적감정용)

교시 기재란			
(　　)교시	①	②	③

형별 기재란	A형
	Ⓐ

선 택 과 목 1

선 택 과 목 2

수 험 번 호							
⓪	⓪	⓪	⓪	⓪	⓪	⓪	⓪
①	①	①	①	①	①	①	①
②	②	②	②	②	②	②	②
③	③	③	③	③	③	③	③
④	④	④	④	④	④	④	④
⑤	⑤	⑤	⑤	⑤	⑤	⑤	⑤
⑥	⑥	⑥	⑥	⑥	⑥	⑥	⑥
⑦	⑦	⑦	⑦	⑦	⑦	⑦	⑦
⑧	⑧	⑧	⑧	⑧	⑧	⑧	⑧
⑨	⑨	⑨	⑨	⑨	⑨	⑨	⑨

감독위원 확인
인

1	① ② ③ ④ ⑤	21	① ② ③ ④ ⑤	41	① ② ③ ④ ⑤	61	① ② ③ ④ ⑤	81	① ② ③ ④ ⑤	101	① ② ③ ④ ⑤	121	① ② ③ ④ ⑤
2	① ② ③ ④ ⑤	22	① ② ③ ④ ⑤	42	① ② ③ ④ ⑤	62	① ② ③ ④ ⑤	82	① ② ③ ④ ⑤	102	① ② ③ ④ ⑤	122	① ② ③ ④ ⑤
3	① ② ③ ④ ⑤	23	① ② ③ ④ ⑤	43	① ② ③ ④ ⑤	63	① ② ③ ④ ⑤	83	① ② ③ ④ ⑤	103	① ② ③ ④ ⑤	123	① ② ③ ④ ⑤
4	① ② ③ ④ ⑤	24	① ② ③ ④ ⑤	44	① ② ③ ④ ⑤	64	① ② ③ ④ ⑤	84	① ② ③ ④ ⑤	104	① ② ③ ④ ⑤	124	① ② ③ ④ ⑤
5	① ② ③ ④ ⑤	25	① ② ③ ④ ⑤	45	① ② ③ ④ ⑤	65	① ② ③ ④ ⑤	85	① ② ③ ④ ⑤	105	① ② ③ ④ ⑤	125	① ② ③ ④ ⑤
6	① ② ③ ④ ⑤	26	① ② ③ ④ ⑤	46	① ② ③ ④ ⑤	66	① ② ③ ④ ⑤	86	① ② ③ ④ ⑤	106	① ② ③ ④ ⑤		
7	① ② ③ ④ ⑤	27	① ② ③ ④ ⑤	47	① ② ③ ④ ⑤	67	① ② ③ ④ ⑤	87	① ② ③ ④ ⑤	107	① ② ③ ④ ⑤		
8	① ② ③ ④ ⑤	28	① ② ③ ④ ⑤	48	① ② ③ ④ ⑤	68	① ② ③ ④ ⑤	88	① ② ③ ④ ⑤	108	① ② ③ ④ ⑤		
9	① ② ③ ④ ⑤	29	① ② ③ ④ ⑤	49	① ② ③ ④ ⑤	69	① ② ③ ④ ⑤	89	① ② ③ ④ ⑤	109	① ② ③ ④ ⑤		
10	① ② ③ ④ ⑤	30	① ② ③ ④ ⑤	50	① ② ③ ④ ⑤	70	① ② ③ ④ ⑤	90	① ② ③ ④ ⑤	110	① ② ③ ④ ⑤		
11	① ② ③ ④ ⑤	31	① ② ③ ④ ⑤	51	① ② ③ ④ ⑤	71	① ② ③ ④ ⑤	91	① ② ③ ④ ⑤	111	① ② ③ ④ ⑤		수험자
12	① ② ③ ④ ⑤	32	① ② ③ ④ ⑤	52	① ② ③ ④ ⑤	72	① ② ③ ④ ⑤	92	① ② ③ ④ ⑤	112	① ② ③ ④ ⑤		여러분의
13	① ② ③ ④ ⑤	33	① ② ③ ④ ⑤	53	① ② ③ ④ ⑤	73	① ② ③ ④ ⑤	93	① ② ③ ④ ⑤	113	① ② ③ ④ ⑤		합격을
14	① ② ③ ④ ⑤	34	① ② ③ ④ ⑤	54	① ② ③ ④ ⑤	74	① ② ③ ④ ⑤	94	① ② ③ ④ ⑤	114	① ② ③ ④ ⑤		기원합니다.
15	① ② ③ ④ ⑤	35	① ② ③ ④ ⑤	55	① ② ③ ④ ⑤	75	① ② ③ ④ ⑤	95	① ② ③ ④ ⑤	115	① ② ③ ④ ⑤		
16	① ② ③ ④ ⑤	36	① ② ③ ④ ⑤	56	① ② ③ ④ ⑤	76	① ② ③ ④ ⑤	96	① ② ③ ④ ⑤	116	① ② ③ ④ ⑤		
17	① ② ③ ④ ⑤	37	① ② ③ ④ ⑤	57	① ② ③ ④ ⑤	77	① ② ③ ④ ⑤	97	① ② ③ ④ ⑤	117	① ② ③ ④ ⑤		
18	① ② ③ ④ ⑤	38	① ② ③ ④ ⑤	58	① ② ③ ④ ⑤	78	① ② ③ ④ ⑤	98	① ② ③ ④ ⑤	118	① ② ③ ④ ⑤		
19	① ② ③ ④ ⑤	39	① ② ③ ④ ⑤	59	① ② ③ ④ ⑤	79	① ② ③ ④ ⑤	99	① ② ③ ④ ⑤	119	① ② ③ ④ ⑤		
20	① ② ③ ④ ⑤	40	① ② ③ ④ ⑤	60	① ② ③ ④ ⑤	80	① ② ③ ④ ⑤	100	① ② ③ ④ ⑤	120	① ② ③ ④ ⑤		

마킹주의	바르게 마킹 : ● 잘 못 마킹 : ⊗, ⊙, ⓥ, ◎, ⦶, ⊖, ◔, ●

(예 시)

성 명 (필적감정용)
홍 길 동

수험자 유의사항

1. 시험 중에는 통신기기(휴대전화·소형 무전기 등) 및 전자기기(초소형 카메라 등)를 소지하거나 사용할 수 없습니다.
2. 부정행위 예방을 위해 시험문제지에도 수험번호와 성명을 반드시 기재하시기 바랍니다.
3. **시험시간이 종료되면 즉시 답안작성을 멈춰야** 하며, 종료시간 이후 계속 답안을 작성하거나 감독위원의 답안카드 제출지시에 불응할 때에는 당해 시험이 무효처리 됩니다.
4. 기타 감독위원의 정당한 지시에 불응하여 타 수험자의 시험에 방해가 될 경우 퇴실조치 될 수 있습니다.

답안카드 작성 시 유의사항

1. 답안카드 기재·마킹 시에는 **반드시 검은색 사인펜**을 사용해야 합니다.
2. 답안카드를 잘못 작성했을 시에는 카드를 교체하거나 수정테이프를 사용하여 수정할 수 있습니다.
   그러나 불완전한 수정처리로 인해 발생하는 전산자동판독불가 등 불이익은 수험자의 귀책사유입니다.
   - 수정테이프 이외의 수정액, 스티커 등은 사용 불가
   - 답안카드 왼쪽(성명·수험번호 등)을 제외한 '답안란'만 수정테이프로 수정 가능
3. 성명란은 수험자 본인의 성명을 정자체로 기재합니다.
4. 교시 기재란은 해당교시를 기재하고 해당 란에 마킹합니다.
5. 시험문제지 형별기재란에 표시된 형별(A형 공통)을 확인합니다.
6. 수험번호란은 숫자로 기재하고 아래 해당번호에 마킹합니다.
7. 시험문제지 형별 및 수험번호 등 마킹착오로 인한 불이익은 전적으로 수험자의 귀책사유입니다.
8. 감독위원의 날인이 없는 답안카드는 무효처리 됩니다.
9. 상단과 우측의 검은색 띠(▮▮▮) 부분은 낙서를 금지합니다.
10. 답안카드의 채점은 전산 판독결과에 따르며, 마킹누락, 마킹착오, 불완전한 마킹 등은 수험자의 귀책사유에 해당하므로 이의제기를 하더라도 받아들여지지 않습니다.

부정행위 처리규정

시험 중 다음과 같은 행위를 하는 자는 당해 시험을 무효처리하고 자격별 관련 규정에 따라 일정기간 동안 시험에 응시할 수 있는 자격을 정지합니다.

1. 시험과 관련된 대화, 답안카드 교환, 다른 수험자의 답안·문제지를 보고 답안 작성, 대리시험을 치르거나 치르게 하는 행위, 시험문제 내용과 관련된 물건을 휴대하거나 이를 주고받는 행위
2. 시험장 내외로부터 도움을 받아 답안을 작성하는 행위, 공인어학성적 및 응시자격서류를 허위기재하여 제출하는 행위
3. 통신기기(휴대전화·소형 무전기 등) 및 전자기기(초소형 카메라 등)를 휴대하거나 사용하는 행위
4. 다른 수험자와 성명 및 수험번호를 바꾸어 작성·제출하는 행위
5. 기타 부정 또는 불공정한 방법으로 시험을 치르는 행위

교시 기재란			
(1)교시	●	②	③
형별 기재란	A형 ●		
선 택 과 목 1			
선 택 과 목 2			

수	험	번	호				
0	1	3	2	9	8	0	1
●	⓪	⓪	⓪	⓪	⓪	●	⓪
①	●	①	①	①	①	①	●
②	②	②	●	②	②	②	②
③	③	●	③	③	③	③	③
④	④	④	④	④	④	④	④
⑤	⑤	⑤	⑤	⑤	⑤	⑤	⑤
⑥	⑥	⑥	⑥	⑥	⑥	⑥	⑥
⑦	⑦	⑦	⑦	⑦	⑦	⑦	⑦
⑧	⑧	⑧	⑧	⑧	●	⑧	⑧
⑨	⑨	⑨	⑨	●	⑨	⑨	⑨

감독위원 확인
김 (인) 감 독

✂ 절취선

성 명 (필적감정용)

교시 기재란	
( )교시	① ② ③

형별 기재란	A형
	●

선 택 과 목 1

선 택 과 목 2

수 험 번 호							
⓪	⓪	⓪	⓪	⓪	⓪	⓪	⓪
①	①	①	①	①	①	①	①
②	②	②	②	②	②	②	②
③	③	③	③	③	③	③	③
④	④	④	④	④	④	④	④
⑤	⑤	⑤	⑤	⑤	⑤	⑤	⑤
⑥	⑥	⑥	⑥	⑥	⑥	⑥	⑥
⑦	⑦	⑦	⑦	⑦	⑦	⑦	⑦
⑧	⑧	⑧	⑧	⑧	⑧	⑧	⑧
⑨	⑨	⑨	⑨	⑨	⑨	⑨	⑨

감독위원 확인
㊞

(　　　)년도 (　　　　　) 제(　)차 국가전문자격시험 답안카드

1	① ② ③ ④ ⑤	21	① ② ③ ④ ⑤	41	① ② ③ ④ ⑤	61	① ② ③ ④ ⑤	81	① ② ③ ④ ⑤	101	① ② ③ ④ ⑤	121	① ② ③ ④ ⑤
2	① ② ③ ④ ⑤	22	① ② ③ ④ ⑤	42	① ② ③ ④ ⑤	62	① ② ③ ④ ⑤	82	① ② ③ ④ ⑤	102	① ② ③ ④ ⑤	122	① ② ③ ④ ⑤
3	① ② ③ ④ ⑤	23	① ② ③ ④ ⑤	43	① ② ③ ④ ⑤	63	① ② ③ ④ ⑤	83	① ② ③ ④ ⑤	103	① ② ③ ④ ⑤	123	① ② ③ ④ ⑤
4	① ② ③ ④ ⑤	24	① ② ③ ④ ⑤	44	① ② ③ ④ ⑤	64	① ② ③ ④ ⑤	84	① ② ③ ④ ⑤	104	① ② ③ ④ ⑤	124	① ② ③ ④ ⑤
5	① ② ③ ④ ⑤	25	① ② ③ ④ ⑤	45	① ② ③ ④ ⑤	65	① ② ③ ④ ⑤	85	① ② ③ ④ ⑤	105	① ② ③ ④ ⑤	125	① ② ③ ④ ⑤
6	① ② ③ ④ ⑤	26	① ② ③ ④ ⑤	46	① ② ③ ④ ⑤	66	① ② ③ ④ ⑤	86	① ② ③ ④ ⑤	106	① ② ③ ④ ⑤		
7	① ② ③ ④ ⑤	27	① ② ③ ④ ⑤	47	① ② ③ ④ ⑤	67	① ② ③ ④ ⑤	87	① ② ③ ④ ⑤	107	① ② ③ ④ ⑤		
8	① ② ③ ④ ⑤	28	① ② ③ ④ ⑤	48	① ② ③ ④ ⑤	68	① ② ③ ④ ⑤	88	① ② ③ ④ ⑤	108	① ② ③ ④ ⑤		
9	① ② ③ ④ ⑤	29	① ② ③ ④ ⑤	49	① ② ③ ④ ⑤	69	① ② ③ ④ ⑤	89	① ② ③ ④ ⑤	109	① ② ③ ④ ⑤		
10	① ② ③ ④ ⑤	30	① ② ③ ④ ⑤	50	① ② ③ ④ ⑤	70	① ② ③ ④ ⑤	90	① ② ③ ④ ⑤	110	① ② ③ ④ ⑤		
11	① ② ③ ④ ⑤	31	① ② ③ ④ ⑤	51	① ② ③ ④ ⑤	71	① ② ③ ④ ⑤	91	① ② ③ ④ ⑤	111	① ② ③ ④ ⑤		
12	① ② ③ ④ ⑤	32	① ② ③ ④ ⑤	52	① ② ③ ④ ⑤	72	① ② ③ ④ ⑤	92	① ② ③ ④ ⑤	112	① ② ③ ④ ⑤		수험자
13	① ② ③ ④ ⑤	33	① ② ③ ④ ⑤	53	① ② ③ ④ ⑤	73	① ② ③ ④ ⑤	93	① ② ③ ④ ⑤	113	① ② ③ ④ ⑤		여러분의
14	① ② ③ ④ ⑤	34	① ② ③ ④ ⑤	54	① ② ③ ④ ⑤	74	① ② ③ ④ ⑤	94	① ② ③ ④ ⑤	114	① ② ③ ④ ⑤		합격을
15	① ② ③ ④ ⑤	35	① ② ③ ④ ⑤	55	① ② ③ ④ ⑤	75	① ② ③ ④ ⑤	95	① ② ③ ④ ⑤	115	① ② ③ ④ ⑤		기원합니다.
16	① ② ③ ④ ⑤	36	① ② ③ ④ ⑤	56	① ② ③ ④ ⑤	76	① ② ③ ④ ⑤	96	① ② ③ ④ ⑤	116	① ② ③ ④ ⑤		
17	① ② ③ ④ ⑤	37	① ② ③ ④ ⑤	57	① ② ③ ④ ⑤	77	① ② ③ ④ ⑤	97	① ② ③ ④ ⑤	117	① ② ③ ④ ⑤		
18	① ② ③ ④ ⑤	38	① ② ③ ④ ⑤	58	① ② ③ ④ ⑤	78	① ② ③ ④ ⑤	98	① ② ③ ④ ⑤	118	① ② ③ ④ ⑤		
19	① ② ③ ④ ⑤	39	① ② ③ ④ ⑤	59	① ② ③ ④ ⑤	79	① ② ③ ④ ⑤	99	① ② ③ ④ ⑤	119	① ② ③ ④ ⑤		
20	① ② ③ ④ ⑤	40	① ② ③ ④ ⑤	60	① ② ③ ④ ⑤	80	① ② ③ ④ ⑤	100	① ② ③ ④ ⑤	120	① ② ③ ④ ⑤		

마킹주의	바르게 마킹 : ● 잘 못 마킹 : ⊗, ⊙, ⊘, ◎, ⦶, ⊖, ◌, ●

(예 시) →

성 명 (필적감정용)
홍 길 동

수험자 유의사항

1. 시험 중에는 통신기기(휴대전화·소형 무전기 등) 및 전자기기(초소형 카메라 등)를 소지하거나 사용할 수 없습니다.
2. 부정행위 예방을 위해 시험문제지에도 수험번호와 성명을 반드시 기재하시기 바랍니다.
3. **시험시간이 종료되면 즉시 답안작성을 멈춰야** 하며, 종료시간 이후 계속 답안을 작성하거나 감독위원의 답안카드 제출지시에 불응할 때에는 당해 시험이 무효처리 됩니다.
4. 기타 감독위원의 정당한 지시에 불응하여 타 수험자의 시험에 방해가 될 경우 퇴실조치 될 수 있습니다.

답안카드 작성 시 유의사항

1. 답안카드 기재·마킹 시에는 **반드시 검은색 사인펜**을 사용해야 합니다.
2. 답안카드를 잘못 작성했을 시에는 카드를 교체하거나 수정테이프를 사용하여 수정할 수 있습니다.
   그러나 불완전한 수정처리로 인해 발생하는 전산자동판독불가 등 불이익은 수험자의 귀책사유입니다.
   - 수정테이프 이외의 수정액, 스티커 등은 사용 불가
   - 답안카드 왼쪽(성명·수험번호 등)을 제외한 '답안란'만 수정테이프로 수정 가능
3. 성명란은 수험자 본인의 성명을 정자체로 기재합니다.
4. 교시 기재란은 해당교시를 기재하고 해당 란에 마킹합니다.
5. 시험문제지 형별기재란에 표시된 형별(A형 공통)을 확인합니다.
6. 수험번호란은 숫자로 기재하고 아래 해당번호에 마킹합니다.
7. 시험문제지 형별 및 수험번호 등 마킹착오로 인한 불이익은 전적으로 수험자의 귀책사유입니다.
8. 감독위원의 날인이 없는 답안카드는 무효처리 됩니다.
9. 상단과 우측의 검은색 띠(▌▌▌) 부분은 낙서를 금지합니다.
10. 답안카드의 채점은 전산 판독결과에 따르며, 마킹누락, 마킹착오, 불완전한 마킹 등은 수험자의 귀책사유에 해당하므로 이의제기를 하더라도 받아들여지지 않습니다.

부정행위 처리규정

시험 중 다음과 같은 행위를 하는 자는 당해 시험을 무효처리하고 자격별 관련 규정에 따라 일정기간 동안 시험에 응시할 수 있는 자격을 정지합니다.

1. 시험과 관련된 대화, 답안카드 교환, 다른 수험자의 답안·문제지를 보고 답안 작성, 대리시험을 치르거나 치르게 하는 행위, 시험문제 내용과 관련된 물건을 휴대하거나 이를 주고받는 행위
2. 시험장 내외로부터 도움을 받아 답안을 작성하는 행위, 공인어학성적 및 응시자격서류를 허위기재하여 제출하는 행위
3. 통신기기(휴대전화·소형 무전기 등) 및 전자기기(초소형 카메라 등)를 휴대하거나 사용하는 행위
4. 다른 수험자와 성명 및 수험번호를 바꾸어 작성·제출하는 행위
5. 기타 부정 또는 불공정한 방법으로 시험을 치르는 행위

교시 기재란			
(1)교시	●	②	③

형별 기재란	A형
	●

선 택 과 목 1

선 택 과 목 2

수	험	번	호				
0	1	3	2	9	8	0	1
●	⓪	⓪	⓪	⓪	⓪	●	⓪
①	●	①	①	①	①	①	●
②	②	②	●	②	②	②	②
③	③	●	③	③	③	③	③
④	④	④	④	④	④	④	④
⑤	⑤	⑤	⑤	⑤	⑤	⑤	⑤
⑥	⑥	⑥	⑥	⑥	⑥	⑥	⑥
⑦	⑦	⑦	⑦	⑦	⑦	⑦	⑦
⑧	⑧	⑧	⑧	⑧	●	⑧	⑧
⑨	⑨	⑨	⑨	●	⑨	⑨	⑨

감독위원 확인
김 (인) 독

✂ 절취선

(   )년도 (   ) 제(   )차 국가전문자격시험 답안카드

성 명 (필적감정용)

교시 기재란	
( )교시	① ② ③
형별 기재란	A형 Ⓐ
선 택 과 목 1	
선 택 과 목 2	

수 험 번 호							
⓪	⓪	⓪	⓪	⓪	⓪	⓪	⓪
①	①	①	①	①	①	①	①
②	②	②	②	②	②	②	②
③	③	③	③	③	③	③	③
④	④	④	④	④	④	④	④
⑤	⑤	⑤	⑤	⑤	⑤	⑤	⑤
⑥	⑥	⑥	⑥	⑥	⑥	⑥	⑥
⑦	⑦	⑦	⑦	⑦	⑦	⑦	⑦
⑧	⑧	⑧	⑧	⑧	⑧	⑧	⑧
⑨	⑨	⑨	⑨	⑨	⑨	⑨	⑨

감독위원 확인
㊞

1	① ② ③ ④ ⑤	21	① ② ③ ④ ⑤	41	① ② ③ ④ ⑤	61	① ② ③ ④ ⑤	81	① ② ③ ④ ⑤	101	① ② ③ ④ ⑤	121	① ② ③ ④ ⑤
2	① ② ③ ④ ⑤	22	① ② ③ ④ ⑤	42	① ② ③ ④ ⑤	62	① ② ③ ④ ⑤	82	① ② ③ ④ ⑤	102	① ② ③ ④ ⑤	122	① ② ③ ④ ⑤
3	① ② ③ ④ ⑤	23	① ② ③ ④ ⑤	43	① ② ③ ④ ⑤	63	① ② ③ ④ ⑤	83	① ② ③ ④ ⑤	103	① ② ③ ④ ⑤	123	① ② ③ ④ ⑤
4	① ② ③ ④ ⑤	24	① ② ③ ④ ⑤	44	① ② ③ ④ ⑤	64	① ② ③ ④ ⑤	84	① ② ③ ④ ⑤	104	① ② ③ ④ ⑤	124	① ② ③ ④ ⑤
5	① ② ③ ④ ⑤	25	① ② ③ ④ ⑤	45	① ② ③ ④ ⑤	65	① ② ③ ④ ⑤	85	① ② ③ ④ ⑤	105	① ② ③ ④ ⑤	125	① ② ③ ④ ⑤
6	① ② ③ ④ ⑤	26	① ② ③ ④ ⑤	46	① ② ③ ④ ⑤	66	① ② ③ ④ ⑤	86	① ② ③ ④ ⑤	106	① ② ③ ④ ⑤		
7	① ② ③ ④ ⑤	27	① ② ③ ④ ⑤	47	① ② ③ ④ ⑤	67	① ② ③ ④ ⑤	87	① ② ③ ④ ⑤	107	① ② ③ ④ ⑤		
8	① ② ③ ④ ⑤	28	① ② ③ ④ ⑤	48	① ② ③ ④ ⑤	68	① ② ③ ④ ⑤	88	① ② ③ ④ ⑤	108	① ② ③ ④ ⑤		
9	① ② ③ ④ ⑤	29	① ② ③ ④ ⑤	49	① ② ③ ④ ⑤	69	① ② ③ ④ ⑤	89	① ② ③ ④ ⑤	109	① ② ③ ④ ⑤		
10	① ② ③ ④ ⑤	30	① ② ③ ④ ⑤	50	① ② ③ ④ ⑤	70	① ② ③ ④ ⑤	90	① ② ③ ④ ⑤	110	① ② ③ ④ ⑤		
11	① ② ③ ④ ⑤	31	① ② ③ ④ ⑤	51	① ② ③ ④ ⑤	71	① ② ③ ④ ⑤	91	① ② ③ ④ ⑤	111	① ② ③ ④ ⑤		
12	① ② ③ ④ ⑤	32	① ② ③ ④ ⑤	52	① ② ③ ④ ⑤	72	① ② ③ ④ ⑤	92	① ② ③ ④ ⑤	112	① ② ③ ④ ⑤		수험자
13	① ② ③ ④ ⑤	33	① ② ③ ④ ⑤	53	① ② ③ ④ ⑤	73	① ② ③ ④ ⑤	93	① ② ③ ④ ⑤	113	① ② ③ ④ ⑤		여러분의
14	① ② ③ ④ ⑤	34	① ② ③ ④ ⑤	54	① ② ③ ④ ⑤	74	① ② ③ ④ ⑤	94	① ② ③ ④ ⑤	114	① ② ③ ④ ⑤		합격을
15	① ② ③ ④ ⑤	35	① ② ③ ④ ⑤	55	① ② ③ ④ ⑤	75	① ② ③ ④ ⑤	95	① ② ③ ④ ⑤	115	① ② ③ ④ ⑤		기원합니다.
16	① ② ③ ④ ⑤	36	① ② ③ ④ ⑤	56	① ② ③ ④ ⑤	76	① ② ③ ④ ⑤	96	① ② ③ ④ ⑤	116	① ② ③ ④ ⑤		
17	① ② ③ ④ ⑤	37	① ② ③ ④ ⑤	57	① ② ③ ④ ⑤	77	① ② ③ ④ ⑤	97	① ② ③ ④ ⑤	117	① ② ③ ④ ⑤		
18	① ② ③ ④ ⑤	38	① ② ③ ④ ⑤	58	① ② ③ ④ ⑤	78	① ② ③ ④ ⑤	98	① ② ③ ④ ⑤	118	① ② ③ ④ ⑤		
19	① ② ③ ④ ⑤	39	① ② ③ ④ ⑤	59	① ② ③ ④ ⑤	79	① ② ③ ④ ⑤	99	① ② ③ ④ ⑤	119	① ② ③ ④ ⑤		
20	① ② ③ ④ ⑤	40	① ② ③ ④ ⑤	60	① ② ③ ④ ⑤	80	① ② ③ ④ ⑤	100	① ② ③ ④ ⑤	120	① ② ③ ④ ⑤		

마킹주의	바르게 마킹 : ● 잘 못 마킹 : ⊗, ⊙, ⓥ, ◎, ⦶, ⊖, ◌, ◉

(예 시) →

성 명 (필적감정용)
홍 길 동

교시 기재란	
(1)교시	● ② ③
형별 기재란	A형 ●
선 택 과 목 1	
선 택 과 목 2	

수	험	번	호				
0	1	3	2	9	8	0	1
●	⓪	⓪	⓪	⓪	⓪	●	⓪
①	●	①	①	①	①	①	●
②	②	②	●	②	②	②	②
③	③	●	③	③	③	③	③
④	④	④	④	④	④	④	④
⑤	⑤	⑤	⑤	⑤	⑤	⑤	⑤
⑥	⑥	⑥	⑥	⑥	⑥	⑥	⑥
⑦	⑦	⑦	⑦	⑦	⑦	⑦	⑦
⑧	⑧	⑧	⑧	⑧	●	⑧	⑧
⑨	⑨	⑨	⑨	●	⑨	⑨	⑨

감독위원 확인
김 (인) 독

수험자 유의사항

1. 시험 중에는 통신기기(휴대전화·소형 무전기 등) 및 전자기기(초소형 카메라 등)를 소지하거나 사용할 수 없습니다.
2. 부정행위 예방을 위해 시험문제지에도 수험번호와 성명을 반드시 기재하시기 바랍니다.
3. **시험시간이 종료되면 즉시 답안작성을 멈춰야** 하며, 종료시간 이후 계속 답안을 작성하거나 감독위원의 답안카드 제출지시에 불응할 때에는 당해 시험이 무효처리 됩니다.
4. 기타 감독위원의 정당한 지시에 불응하여 타 수험자의 시험에 방해가 될 경우 퇴실조치 될 수 있습니다.

답안카드 작성 시 유의사항

1. 답안카드 기재·마킹 시에는 **반드시 검은색 사인펜**을 사용해야 합니다.
2. 답안카드를 잘못 작성했을 시에는 카드를 교체하거나 수정테이프를 사용하여 수정할 수 있습니다.
   그러나 불완전한 수정처리로 인해 발생하는 전산자동판독불가 등 불이익은 수험자의 귀책사유입니다.
   – 수정테이프 이외의 수정액, 스티커 등은 사용 불가
   – 답안카드 왼쪽(성명·수험번호 등)을 제외한 '답안란'만 수정테이프로 수정 가능
3. 성명란은 수험자 본인의 성명을 정자체로 기재합니다.
4. 교시 기재란은 해당교시를 기재하고 해당 란에 마킹합니다.
5. 시험문제지 형별기재란에 표시된 형별(A형 공통)을 확인합니다.
6. 수험번호란은 숫자로 기재하고 아래 해당번호에 마킹합니다.
7. 시험문제지 형별 및 수험번호 등 마킹착오로 인한 불이익은 전적으로 수험자의 귀책사유입니다.
8. 감독위원의 날인이 없는 답안카드는 무효처리 됩니다.
9. 상단과 우측의 검은색 띠(▌▌▌) 부분은 낙서를 금지합니다.
10. 답안카드의 채점은 전산 판독결과에 따르며, 마킹누락, 마킹착오, 불완전한 마킹 등은 수험자의 귀책사유에 해당하므로 이의제기를 하더라도 받아들여지지 않습니다.

부정행위 처리규정

시험 중 다음과 같은 행위를 하는 자는 당해 시험을 무효처리하고 자격별 관련 규정에 따라 일정기간 동안 시험에 응시할 수 있는 자격을 정지합니다.

1. 시험과 관련된 대화, 답안카드 교환, 다른 수험자의 답안·문제지를 보고 답안 작성, 대리시험을 치르거나 치르게 하는 행위, 시험문제 내용과 관련된 물건을 휴대하거나 이를 주고받는 행위
2. 시험장 내외로부터 도움을 받아 답안을 작성하는 행위, 공인어학성적 및 응시자격서류를 허위기재하여 제출하는 행위
3. 통신기기(휴대전화·소형 무전기 등) 및 전자기기(초소형 카메라 등)를 휴대하거나 사용하는 행위
4. 다른 수험자와 성명 및 수험번호를 바꾸어 작성·제출하는 행위
5. 기타 부정 또는 불공정한 방법으로 시험을 치르는 행위

✂ 절취선

성 명 (필적감정용)

교시 기재란			
( )교시	①	②	③
형별 기재란	A형		
	Ⓐ		
선 택 과 목 1			
선 택 과 목 2			

수 험 번 호							
⓪	⓪	⓪	⓪	⓪	⓪	⓪	⓪
①	①	①	①	①	①	①	①
②	②	②	②	②	②	②	②
③	③	③	③	③	③	③	③
④	④	④	④	④	④	④	④
⑤	⑤	⑤	⑤	⑤	⑤	⑤	⑤
⑥	⑥	⑥	⑥	⑥	⑥	⑥	⑥
⑦	⑦	⑦	⑦	⑦	⑦	⑦	⑦
⑧	⑧	⑧	⑧	⑧	⑧	⑧	⑧
⑨	⑨	⑨	⑨	⑨	⑨	⑨	⑨

감독위원 확인
㊞

(　　　)년도 (　　　　　) 제(　　)차 국가전문자격시험 답안카드

1	①②③④⑤	21	①②③④⑤	41	①②③④⑤	61	①②③④⑤	81	①②③④⑤	101	①②③④⑤	121	①②③④⑤
2	①②③④⑤	22	①②③④⑤	42	①②③④⑤	62	①②③④⑤	82	①②③④⑤	102	①②③④⑤	122	①②③④⑤
3	①②③④⑤	23	①②③④⑤	43	①②③④⑤	63	①②③④⑤	83	①②③④⑤	103	①②③④⑤	123	①②③④⑤
4	①②③④⑤	24	①②③④⑤	44	①②③④⑤	64	①②③④⑤	84	①②③④⑤	104	①②③④⑤	124	①②③④⑤
5	①②③④⑤	25	①②③④⑤	45	①②③④⑤	65	①②③④⑤	85	①②③④⑤	105	①②③④⑤	125	①②③④⑤
6	①②③④⑤	26	①②③④⑤	46	①②③④⑤	66	①②③④⑤	86	①②③④⑤	106	①②③④⑤		
7	①②③④⑤	27	①②③④⑤	47	①②③④⑤	67	①②③④⑤	87	①②③④⑤	107	①②③④⑤		
8	①②③④⑤	28	①②③④⑤	48	①②③④⑤	68	①②③④⑤	88	①②③④⑤	108	①②③④⑤		
9	①②③④⑤	29	①②③④⑤	49	①②③④⑤	69	①②③④⑤	89	①②③④⑤	109	①②③④⑤		
10	①②③④⑤	30	①②③④⑤	50	①②③④⑤	70	①②③④⑤	90	①②③④⑤	110	①②③④⑤		
11	①②③④⑤	31	①②③④⑤	51	①②③④⑤	71	①②③④⑤	91	①②③④⑤	111	①②③④⑤		
12	①②③④⑤	32	①②③④⑤	52	①②③④⑤	72	①②③④⑤	92	①②③④⑤	112	①②③④⑤		
13	①②③④⑤	33	①②③④⑤	53	①②③④⑤	73	①②③④⑤	93	①②③④⑤	113	①②③④⑤		
14	①②③④⑤	34	①②③④⑤	54	①②③④⑤	74	①②③④⑤	94	①②③④⑤	114	①②③④⑤		
15	①②③④⑤	35	①②③④⑤	55	①②③④⑤	75	①②③④⑤	95	①②③④⑤	115	①②③④⑤		
16	①②③④⑤	36	①②③④⑤	56	①②③④⑤	76	①②③④⑤	96	①②③④⑤	116	①②③④⑤		
17	①②③④⑤	37	①②③④⑤	57	①②③④⑤	77	①②③④⑤	97	①②③④⑤	117	①②③④⑤		
18	①②③④⑤	38	①②③④⑤	58	①②③④⑤	78	①②③④⑤	98	①②③④⑤	118	①②③④⑤		
19	①②③④⑤	39	①②③④⑤	59	①②③④⑤	79	①②③④⑤	99	①②③④⑤	119	①②③④⑤		
20	①②③④⑤	40	①②③④⑤	60	①②③④⑤	80	①②③④⑤	100	①②③④⑤	120	①②③④⑤		

수험자
여러분의
합격을
기원합니다.

마킹주의	바르게 마킹 : ● 잘 못 마킹 : ⨂, ⊙, ⓥ, ◎, ⦶, ⊖, ◔, ●

(예 시)

성 명 (필적감정용)
홍 길 동

수험자 유의사항

1. 시험 중에는 통신기기(휴대전화·소형 무전기 등) 및 전자기기(초소형 카메라 등)를 소지하거나 사용할 수 없습니다.
2. 부정행위 예방을 위해 시험문제지에도 수험번호와 성명을 반드시 기재하시기 바랍니다.
3. **시험시간이 종료되면 즉시 답안작성을 멈춰야** 하며, 종료시간 이후 계속 답안을 작성하거나 감독위원의 답안카드 제출지시에 불응할 때에는 당해 시험이 무효처리 됩니다.
4. 기타 감독위원의 정당한 지시에 불응하여 타 수험자의 시험에 방해가 될 경우 퇴실조치 될 수 있습니다.

답안카드 작성 시 유의사항

1. 답안카드 기재·마킹 시에는 **반드시 검은색 사인펜**을 사용해야 합니다.
2. 답안카드를 잘못 작성했을 시에는 카드를 교체하거나 수정테이프를 사용하여 수정할 수 있습니다.
   그러나 불완전한 수정처리로 인해 발생하는 전산자동판독불가 등 불이익은 수험자의 귀책사유입니다.
   – 수정테이프 이외의 수정액, 스티커 등은 사용 불가
   – 답안카드 왼쪽(성명·수험번호 등)을 제외한 '답안란'만 수정테이프로 수정 가능
3. 성명란은 수험자 본인의 성명을 정자체로 기재합니다.
4. 교시 기재란은 해당교시를 기재하고 해당 란에 마킹합니다.
5. 시험문제지 형별기재란에 표시된 형별(A형 공통)을 확인합니다.
6. 수험번호란은 숫자로 기재하고 아래 해당번호에 마킹합니다.
7. 시험문제지 형별 및 수험번호 등 마킹착오로 인한 불이익은 전적으로 수험자의 귀책사유입니다.
8. 감독위원의 날인이 없는 답안카드는 무효처리 됩니다.
9. 상단과 우측의 검은색 띠(▌▌▌) 부분은 낙서를 금지합니다.
10. 답안카드의 채점은 전산 판독결과에 따르며, 마킹누락, 마킹착오, 불완전한 마킹 등은 수험자의 귀책사유에 해당하므로 이의제기를 하더라도 받아들여지지 않습니다.

부정행위 처리규정

시험 중 다음과 같은 행위를 하는 자는 당해 시험을 무효처리하고 자격별 관련 규정에 따라 일정기간 동안 시험에 응시할 수 있는 자격을 정지합니다.

1. 시험과 관련된 대화, 답안카드 교환, 다른 수험자의 답안·문제지를 보고 답안 작성, 대리시험을 치르거나 치르게 하는 행위, 시험문제 내용과 관련된 물건을 휴대하거나 이를 주고받는 행위
2. 시험장 내외로부터 도움을 받아 답안을 작성하는 행위, 공인어학성적 및 응시자격서류를 허위기재하여 제출하는 행위
3. 통신기기(휴대전화·소형 무전기 등) 및 전자기기(초소형 카메라 등)를 휴대하거나 사용하는 행위
4. 다른 수험자와 성명 및 수험번호를 바꾸어 작성·제출하는 행위
5. 기타 부정 또는 불공정한 방법으로 시험을 치르는 행위

교시 기재란			
(1)교시	●	②	③

형별 기재란	A형
	●

선 택 과 목 1

선 택 과 목 2

수 험 번 호							
0	1	3	2	9	8	0	1
●	⓪	⓪	⓪	⓪	⓪	●	⓪
①	●	①	①	①	①	①	●
②	②	②	●	②	②	②	②
③	③	●	③	③	③	③	③
④	④	④	④	④	④	④	④
⑤	⑤	⑤	⑤	⑤	⑤	⑤	⑤
⑥	⑥	⑥	⑥	⑥	⑥	⑥	⑥
⑦	⑦	⑦	⑦	⑦	⑦	⑦	⑦
⑧	⑧	⑧	⑧	⑧	●	⑧	⑧
⑨	⑨	⑨	⑨	●	⑨	⑨	⑨

감독위원 확인
김 (인) 독

✂ 절취선

(　　　　)년도 (　　　　　　　　) 제(　　)차 국가전문자격시험 답안카드

성 명 (필적감정용)

교시 기재란		
(　　)교시	① ② ③	
형별 기재란	A형	Ⓐ

선 택 과 목 1

선 택 과 목 2

수 험 번 호							
⓪	⓪	⓪	⓪	⓪	⓪	⓪	⓪
①	①	①	①	①	①	①	①
②	②	②	②	②	②	②	②
③	③	③	③	③	③	③	③
④	④	④	④	④	④	④	④
⑤	⑤	⑤	⑤	⑤	⑤	⑤	⑤
⑥	⑥	⑥	⑥	⑥	⑥	⑥	⑥
⑦	⑦	⑦	⑦	⑦	⑦	⑦	⑦
⑧	⑧	⑧	⑧	⑧	⑧	⑧	⑧
⑨	⑨	⑨	⑨	⑨	⑨	⑨	⑨

감독위원 확인
㊞

1	① ② ③ ④ ⑤	21	① ② ③ ④ ⑤	41	① ② ③ ④ ⑤	61	① ② ③ ④ ⑤	81	① ② ③ ④ ⑤	101	① ② ③ ④ ⑤	121	① ② ③ ④ ⑤
2	① ② ③ ④ ⑤	22	① ② ③ ④ ⑤	42	① ② ③ ④ ⑤	62	① ② ③ ④ ⑤	82	① ② ③ ④ ⑤	102	① ② ③ ④ ⑤	122	① ② ③ ④ ⑤
3	① ② ③ ④ ⑤	23	① ② ③ ④ ⑤	43	① ② ③ ④ ⑤	63	① ② ③ ④ ⑤	83	① ② ③ ④ ⑤	103	① ② ③ ④ ⑤	123	① ② ③ ④ ⑤
4	① ② ③ ④ ⑤	24	① ② ③ ④ ⑤	44	① ② ③ ④ ⑤	64	① ② ③ ④ ⑤	84	① ② ③ ④ ⑤	104	① ② ③ ④ ⑤	124	① ② ③ ④ ⑤
5	① ② ③ ④ ⑤	25	① ② ③ ④ ⑤	45	① ② ③ ④ ⑤	65	① ② ③ ④ ⑤	85	① ② ③ ④ ⑤	105	① ② ③ ④ ⑤	125	① ② ③ ④ ⑤
6	① ② ③ ④ ⑤	26	① ② ③ ④ ⑤	46	① ② ③ ④ ⑤	66	① ② ③ ④ ⑤	86	① ② ③ ④ ⑤	106	① ② ③ ④ ⑤		
7	① ② ③ ④ ⑤	27	① ② ③ ④ ⑤	47	① ② ③ ④ ⑤	67	① ② ③ ④ ⑤	87	① ② ③ ④ ⑤	107	① ② ③ ④ ⑤		
8	① ② ③ ④ ⑤	28	① ② ③ ④ ⑤	48	① ② ③ ④ ⑤	68	① ② ③ ④ ⑤	88	① ② ③ ④ ⑤	108	① ② ③ ④ ⑤		
9	① ② ③ ④ ⑤	29	① ② ③ ④ ⑤	49	① ② ③ ④ ⑤	69	① ② ③ ④ ⑤	89	① ② ③ ④ ⑤	109	① ② ③ ④ ⑤		
10	① ② ③ ④ ⑤	30	① ② ③ ④ ⑤	50	① ② ③ ④ ⑤	70	① ② ③ ④ ⑤	90	① ② ③ ④ ⑤	110	① ② ③ ④ ⑤		
11	① ② ③ ④ ⑤	31	① ② ③ ④ ⑤	51	① ② ③ ④ ⑤	71	① ② ③ ④ ⑤	91	① ② ③ ④ ⑤	111	① ② ③ ④ ⑤		
12	① ② ③ ④ ⑤	32	① ② ③ ④ ⑤	52	① ② ③ ④ ⑤	72	① ② ③ ④ ⑤	92	① ② ③ ④ ⑤	112	① ② ③ ④ ⑤		
13	① ② ③ ④ ⑤	33	① ② ③ ④ ⑤	53	① ② ③ ④ ⑤	73	① ② ③ ④ ⑤	93	① ② ③ ④ ⑤	113	① ② ③ ④ ⑤		
14	① ② ③ ④ ⑤	34	① ② ③ ④ ⑤	54	① ② ③ ④ ⑤	74	① ② ③ ④ ⑤	94	① ② ③ ④ ⑤	114	① ② ③ ④ ⑤		
15	① ② ③ ④ ⑤	35	① ② ③ ④ ⑤	55	① ② ③ ④ ⑤	75	① ② ③ ④ ⑤	95	① ② ③ ④ ⑤	115	① ② ③ ④ ⑤		
16	① ② ③ ④ ⑤	36	① ② ③ ④ ⑤	56	① ② ③ ④ ⑤	76	① ② ③ ④ ⑤	96	① ② ③ ④ ⑤	116	① ② ③ ④ ⑤		
17	① ② ③ ④ ⑤	37	① ② ③ ④ ⑤	57	① ② ③ ④ ⑤	77	① ② ③ ④ ⑤	97	① ② ③ ④ ⑤	117	① ② ③ ④ ⑤		
18	① ② ③ ④ ⑤	38	① ② ③ ④ ⑤	58	① ② ③ ④ ⑤	78	① ② ③ ④ ⑤	98	① ② ③ ④ ⑤	118	① ② ③ ④ ⑤		
19	① ② ③ ④ ⑤	39	① ② ③ ④ ⑤	59	① ② ③ ④ ⑤	79	① ② ③ ④ ⑤	99	① ② ③ ④ ⑤	119	① ② ③ ④ ⑤		
20	① ② ③ ④ ⑤	40	① ② ③ ④ ⑤	60	① ② ③ ④ ⑤	80	① ② ③ ④ ⑤	100	① ② ③ ④ ⑤	120	① ② ③ ④ ⑤		

수험자
여러분의
합격을
기원합니다.

마킹주의	바르게 마킹 : ● 잘 못 마킹 : ⊗, ⊙, ⓥ, ◎, ⦶, ⊖, ◔, ●

(예 시)

수험자 유의사항

1. 시험 중에는 통신기기(휴대전화·소형 무전기 등) 및 전자기기(초소형 카메라 등)를 소지하거나 사용할 수 없습니다.
2. 부정행위 예방을 위해 시험문제지에도 수험번호와 성명을 반드시 기재하시기 바랍니다.
3. **시험시간이 종료되면 즉시 답안작성을 멈춰야** 하며, 종료시간 이후 계속 답안을 작성하거나 감독위원의 답안카드 제출지시에 불응할 때에는 당해 시험이 무효처리 됩니다.
4. 기타 감독위원의 정당한 지시에 불응하여 타 수험자의 시험에 방해가 될 경우 퇴실조치 될 수 있습니다.

답안카드 작성 시 유의사항

1. 답안카드 기재·마킹 시에는 **반드시 검은색 사인펜**을 사용해야 합니다.
2. 답안카드를 잘못 작성했을 시에는 카드를 교체하거나 수정테이프를 사용하여 수정할 수 있습니다.
   그러나 불완전한 수정처리로 인해 발생하는 전산자동판독불가 등 불이익은 수험자의 귀책사유입니다.
   - 수정테이프 이외의 수정액, 스티커 등은 사용 불가
   - 답안카드 왼쪽(성명·수험번호 등)을 제외한 '답안란'만 수정테이프로 수정 가능
3. 성명란은 수험자 본인의 성명을 정자체로 기재합니다.
4. 교시 기재란은 해당교시를 기재하고 해당 란에 마킹합니다.
5. 시험문제지 형별기재란에 표시된 형별(A형 공통)을 확인합니다.
6. 수험번호란은 숫자로 기재하고 아래 해당번호에 마킹합니다.
7. 시험문제지 형별 및 수험번호 등 마킹착오로 인한 불이익은 전적으로 수험자의 귀책사유입니다.
8. 감독위원의 날인이 없는 답안카드는 무효처리 됩니다.
9. 상단과 우측의 검은색 띠(▌▌▌) 부분은 낙서를 금지합니다.
10. 답안카드의 채점은 전산 판독결과에 따르며, 마킹누락, 마킹착오, 불완전한 마킹 등은 수험자의 귀책사유에 해당하므로 이의제기를 하더라도 받아들여지지 않습니다.

부정행위 처리규정

시험 중 다음과 같은 행위를 하는 자는 당해 시험을 무효처리하고 자격별 관련 규정에 따라 일정기간 동안 시험에 응시할 수 있는 자격을 정지합니다.

1. 시험과 관련된 대화, 답안카드 교환, 다른 수험자의 답안·문제지를 보고 답안 작성, 대리시험을 치르거나 치르게 하는 행위, 시험문제 내용과 관련된 물건을 휴대하거나 이를 주고받는 행위
2. 시험장 내외로부터 도움을 받아 답안을 작성하는 행위, 공인어학성적 및 응시자격서류를 허위기재하여 제출하는 행위
3. 통신기기(휴대전화·소형 무전기 등) 및 전자기기(초소형 카메라 등)를 휴대하거나 사용하는 행위
4. 다른 수험자와 성명 및 수험번호를 바꾸어 작성·제출하는 행위
5. 기타 부정 또는 불공정한 방법으로 시험을 치르는 행위

성 명 (필적감정용)
홍 길 동

교시 기재란			
(1)교시	●	②	③
형별 기재란	A형		
	●		
선 택 과 목 1			
선 택 과 목 2			

수 험 번 호

0	1	3	2	9	8	0	1
●	⓪	⓪	⓪	⓪	⓪	●	⓪
①	●	①	①	①	①	①	●
②	②	②	●	②	②	②	②
③	③	●	③	③	③	③	③
④	④	④	④	④	④	④	④
⑤	⑤	⑤	⑤	⑤	⑤	⑤	⑤
⑥	⑥	⑥	⑥	⑥	⑥	⑥	⑥
⑦	⑦	⑦	⑦	⑦	⑦	⑦	⑦
⑧	⑧	⑧	⑧	⑧	●	⑧	⑧
⑨	⑨	⑨	⑨	●	⑨	⑨	⑨

감독위원 확인
김 (인) 독

✂ 절취선

(　　　)년도 (　　　　　) 제(　　)차 국가전문자격시험 답안카드

성 명 (필적감정용)	

교시 기재란	
(　　)교시	① ② ③
형별 기재란	A형 Ⓐ
선 택 과 목 1	
선 택 과 목 2	

수 험 번 호							
⓪	⓪	⓪	⓪	⓪	⓪	⓪	⓪
①	①	①	①	①	①	①	①
②	②	②	②	②	②	②	②
③	③	③	③	③	③	③	③
④	④	④	④	④	④	④	④
⑤	⑤	⑤	⑤	⑤	⑤	⑤	⑤
⑥	⑥	⑥	⑥	⑥	⑥	⑥	⑥
⑦	⑦	⑦	⑦	⑦	⑦	⑦	⑦
⑧	⑧	⑧	⑧	⑧	⑧	⑧	⑧
⑨	⑨	⑨	⑨	⑨	⑨	⑨	⑨

감독위원 확인
㊞

1	①②③④⑤	21	①②③④⑤	41	①②③④⑤	61	①②③④⑤	81	①②③④⑤	101	①②③④⑤	121	①②③④⑤
2	①②③④⑤	22	①②③④⑤	42	①②③④⑤	62	①②③④⑤	82	①②③④⑤	102	①②③④⑤	122	①②③④⑤
3	①②③④⑤	23	①②③④⑤	43	①②③④⑤	63	①②③④⑤	83	①②③④⑤	103	①②③④⑤	123	①②③④⑤
4	①②③④⑤	24	①②③④⑤	44	①②③④⑤	64	①②③④⑤	84	①②③④⑤	104	①②③④⑤	124	①②③④⑤
5	①②③④⑤	25	①②③④⑤	45	①②③④⑤	65	①②③④⑤	85	①②③④⑤	105	①②③④⑤	125	①②③④⑤
6	①②③④⑤	26	①②③④⑤	46	①②③④⑤	66	①②③④⑤	86	①②③④⑤	106	①②③④⑤		
7	①②③④⑤	27	①②③④⑤	47	①②③④⑤	67	①②③④⑤	87	①②③④⑤	107	①②③④⑤		
8	①②③④⑤	28	①②③④⑤	48	①②③④⑤	68	①②③④⑤	88	①②③④⑤	108	①②③④⑤		
9	①②③④⑤	29	①②③④⑤	49	①②③④⑤	69	①②③④⑤	89	①②③④⑤	109	①②③④⑤		
10	①②③④⑤	30	①②③④⑤	50	①②③④⑤	70	①②③④⑤	90	①②③④⑤	110	①②③④⑤		
11	①②③④⑤	31	①②③④⑤	51	①②③④⑤	71	①②③④⑤	91	①②③④⑤	111	①②③④⑤		
12	①②③④⑤	32	①②③④⑤	52	①②③④⑤	72	①②③④⑤	92	①②③④⑤	112	①②③④⑤		
13	①②③④⑤	33	①②③④⑤	53	①②③④⑤	73	①②③④⑤	93	①②③④⑤	113	①②③④⑤		
14	①②③④⑤	34	①②③④⑤	54	①②③④⑤	74	①②③④⑤	94	①②③④⑤	114	①②③④⑤		
15	①②③④⑤	35	①②③④⑤	55	①②③④⑤	75	①②③④⑤	95	①②③④⑤	115	①②③④⑤		
16	①②③④⑤	36	①②③④⑤	56	①②③④⑤	76	①②③④⑤	96	①②③④⑤	116	①②③④⑤		
17	①②③④⑤	37	①②③④⑤	57	①②③④⑤	77	①②③④⑤	97	①②③④⑤	117	①②③④⑤		
18	①②③④⑤	38	①②③④⑤	58	①②③④⑤	78	①②③④⑤	98	①②③④⑤	118	①②③④⑤		
19	①②③④⑤	39	①②③④⑤	59	①②③④⑤	79	①②③④⑤	99	①②③④⑤	119	①②③④⑤		
20	①②③④⑤	40	①②③④⑤	60	①②③④⑤	80	①②③④⑤	100	①②③④⑤	120	①②③④⑤		

수험자 여러분의 합격을 기원합니다.

마킹주의

바르게 마킹 : ●
잘 못 마킹 : ⊗, ⊙, ⓥ, ◎, ⦶, ⊖, ◔, ●

(예 시) →

성 명 (필적감정용)
홍 길 동

교시 기재란			
(1)교시	●	②	③

형별 기재란	A형
	●

선 택 과 목 1

선 택 과 목 2

수 험 번 호							
0	1	3	2	9	8	0	1
●	⓪	⓪	⓪	⓪	⓪	●	⓪
①	●	①	①	①	①	①	●
②	②	②	●	②	②	②	②
③	③	●	③	③	③	③	③
④	④	④	④	④	④	④	④
⑤	⑤	⑤	⑤	⑤	⑤	⑤	⑤
⑥	⑥	⑥	⑥	⑥	⑥	⑥	⑥
⑦	⑦	⑦	⑦	⑦	⑦	⑦	⑦
⑧	⑧	⑧	⑧	⑧	●	⑧	⑧
⑨	⑨	⑨	⑨	●	⑨	⑨	⑨

감독위원 확인
김 (인) 독

수험자 유의사항

1. 시험 중에는 통신기기(휴대전화·소형 무전기 등) 및 전자기기(초소형 카메라 등)를 소지하거나 사용할 수 없습니다.
2. 부정행위 예방을 위해 시험문제지에도 수험번호와 성명을 반드시 기재하시기 바랍니다.
3. **시험시간이 종료되면 즉시 답안작성을 멈춰야** 하며, 종료시간 이후 계속 답안을 작성하거나 감독위원의 답안카드 제출지시에 불응할 때에는 당해 시험이 무효처리 됩니다.
4. 기타 감독위원의 정당한 지시에 불응하여 타 수험자의 시험에 방해가 될 경우 퇴실조치 될 수 있습니다.

답안카드 작성 시 유의사항

1. 답안카드 기재·마킹 시에는 **반드시 검은색 사인펜**을 사용해야 합니다.
2. 답안카드를 잘못 작성했을 시에는 카드를 교체하거나 수정테이프를 사용하여 수정할 수 있습니다.
   그러나 불완전한 수정처리로 인해 발생하는 전산자동판독불가 등 불이익은 수험자의 귀책사유입니다.
   - 수정테이프 이외의 수정액, 스티커 등은 사용 불가
   - 답안카드 왼쪽(성명·수험번호 등)을 제외한 '답안란'만 수정테이프로 수정 가능
3. 성명란은 수험자 본인의 성명을 정자체로 기재합니다.
4. 교시 기재란은 해당교시를 기재하고 해당 란에 마킹합니다.
5. 시험문제지 형별기재란에 표시된 형별(A형 공통)을 확인합니다.
6. 수험번호란은 숫자로 기재하고 아래 해당번호에 마킹합니다.
7. 시험문제지 형별 및 수험번호 등 마킹착오로 인한 불이익은 전적으로 수험자의 귀책사유입니다.
8. 감독위원의 날인이 없는 답안카드는 무효처리 됩니다.
9. 상단과 우측의 검은색 띠(▮▮▮) 부분은 낙서를 금지합니다.
10. 답안카드의 채점은 전산 판독결과에 따르며, 마킹누락, 마킹착오, 불완전한 마킹 등은 수험자의 귀책사유에 해당하므로 이의제기를 하더라도 받아들여지지 않습니다.

부정행위 처리규정

시험 중 다음과 같은 행위를 하는 자는 당해 시험을 무효처리하고 자격별 관련 규정에 따라 일정기간 동안 시험에 응시할 수 있는 자격을 정지합니다.

1. 시험과 관련된 대화, 답안카드 교환, 다른 수험자의 답안·문제지를 보고 답안 작성, 대리시험을 치르거나 치르게 하는 행위, 시험문제 내용과 관련된 물건을 휴대하거나 이를 주고받는 행위
2. 시험장 내외로부터 도움을 받아 답안을 작성하는 행위, 공인어학성적 및 응시자격서류를 허위기재하여 제출하는 행위
3. 통신기기(휴대전화·소형 무전기 등) 및 전자기기(초소형 카메라 등)를 휴대하거나 사용하는 행위
4. 다른 수험자와 성명 및 수험번호를 바꾸어 작성·제출하는 행위
5. 기타 부정 또는 불공정한 방법으로 시험을 치르는 행위

✂ 절취선

(　　　　)년도 (　　　　　　　　) 제(　　)차 국가전문자격시험 답안카드

성　명 (필적감정용)

교시 기재란		
(　　)교시	① ② ③	
형별 기재란	A형	Ⓐ
선 택 과 목 1		
선 택 과 목 2		

수 험 번 호							
⓪	⓪	⓪	⓪	⓪	⓪	⓪	⓪
①	①	①	①	①	①	①	①
②	②	②	②	②	②	②	②
③	③	③	③	③	③	③	③
④	④	④	④	④	④	④	④
⑤	⑤	⑤	⑤	⑤	⑤	⑤	⑤
⑥	⑥	⑥	⑥	⑥	⑥	⑥	⑥
⑦	⑦	⑦	⑦	⑦	⑦	⑦	⑦
⑧	⑧	⑧	⑧	⑧	⑧	⑧	⑧
⑨	⑨	⑨	⑨	⑨	⑨	⑨	⑨

감독위원 확인
㊞

1	① ② ③ ④ ⑤	21	① ② ③ ④ ⑤	41	① ② ③ ④ ⑤	61	① ② ③ ④ ⑤	81	① ② ③ ④ ⑤	101	① ② ③ ④ ⑤	121	① ② ③ ④ ⑤
2	① ② ③ ④ ⑤	22	① ② ③ ④ ⑤	42	① ② ③ ④ ⑤	62	① ② ③ ④ ⑤	82	① ② ③ ④ ⑤	102	① ② ③ ④ ⑤	122	① ② ③ ④ ⑤
3	① ② ③ ④ ⑤	23	① ② ③ ④ ⑤	43	① ② ③ ④ ⑤	63	① ② ③ ④ ⑤	83	① ② ③ ④ ⑤	103	① ② ③ ④ ⑤	123	① ② ③ ④ ⑤
4	① ② ③ ④ ⑤	24	① ② ③ ④ ⑤	44	① ② ③ ④ ⑤	64	① ② ③ ④ ⑤	84	① ② ③ ④ ⑤	104	① ② ③ ④ ⑤	124	① ② ③ ④ ⑤
5	① ② ③ ④ ⑤	25	① ② ③ ④ ⑤	45	① ② ③ ④ ⑤	65	① ② ③ ④ ⑤	85	① ② ③ ④ ⑤	105	① ② ③ ④ ⑤	125	① ② ③ ④ ⑤
6	① ② ③ ④ ⑤	26	① ② ③ ④ ⑤	46	① ② ③ ④ ⑤	66	① ② ③ ④ ⑤	86	① ② ③ ④ ⑤	106	① ② ③ ④ ⑤		
7	① ② ③ ④ ⑤	27	① ② ③ ④ ⑤	47	① ② ③ ④ ⑤	67	① ② ③ ④ ⑤	87	① ② ③ ④ ⑤	107	① ② ③ ④ ⑤		
8	① ② ③ ④ ⑤	28	① ② ③ ④ ⑤	48	① ② ③ ④ ⑤	68	① ② ③ ④ ⑤	88	① ② ③ ④ ⑤	108	① ② ③ ④ ⑤		
9	① ② ③ ④ ⑤	29	① ② ③ ④ ⑤	49	① ② ③ ④ ⑤	69	① ② ③ ④ ⑤	89	① ② ③ ④ ⑤	109	① ② ③ ④ ⑤		
10	① ② ③ ④ ⑤	30	① ② ③ ④ ⑤	50	① ② ③ ④ ⑤	70	① ② ③ ④ ⑤	90	① ② ③ ④ ⑤	110	① ② ③ ④ ⑤		
11	① ② ③ ④ ⑤	31	① ② ③ ④ ⑤	51	① ② ③ ④ ⑤	71	① ② ③ ④ ⑤	91	① ② ③ ④ ⑤	111	① ② ③ ④ ⑤		
12	① ② ③ ④ ⑤	32	① ② ③ ④ ⑤	52	① ② ③ ④ ⑤	72	① ② ③ ④ ⑤	92	① ② ③ ④ ⑤	112	① ② ③ ④ ⑤		
13	① ② ③ ④ ⑤	33	① ② ③ ④ ⑤	53	① ② ③ ④ ⑤	73	① ② ③ ④ ⑤	93	① ② ③ ④ ⑤	113	① ② ③ ④ ⑤		
14	① ② ③ ④ ⑤	34	① ② ③ ④ ⑤	54	① ② ③ ④ ⑤	74	① ② ③ ④ ⑤	94	① ② ③ ④ ⑤	114	① ② ③ ④ ⑤		
15	① ② ③ ④ ⑤	35	① ② ③ ④ ⑤	55	① ② ③ ④ ⑤	75	① ② ③ ④ ⑤	95	① ② ③ ④ ⑤	115	① ② ③ ④ ⑤		
16	① ② ③ ④ ⑤	36	① ② ③ ④ ⑤	56	① ② ③ ④ ⑤	76	① ② ③ ④ ⑤	96	① ② ③ ④ ⑤	116	① ② ③ ④ ⑤		
17	① ② ③ ④ ⑤	37	① ② ③ ④ ⑤	57	① ② ③ ④ ⑤	77	① ② ③ ④ ⑤	97	① ② ③ ④ ⑤	117	① ② ③ ④ ⑤		
18	① ② ③ ④ ⑤	38	① ② ③ ④ ⑤	58	① ② ③ ④ ⑤	78	① ② ③ ④ ⑤	98	① ② ③ ④ ⑤	118	① ② ③ ④ ⑤		
19	① ② ③ ④ ⑤	39	① ② ③ ④ ⑤	59	① ② ③ ④ ⑤	79	① ② ③ ④ ⑤	99	① ② ③ ④ ⑤	119	① ② ③ ④ ⑤		
20	① ② ③ ④ ⑤	40	① ② ③ ④ ⑤	60	① ② ③ ④ ⑤	80	① ② ③ ④ ⑤	100	① ② ③ ④ ⑤	120	① ② ③ ④ ⑤		

수험자
여러분의
합격을
기원합니다.

마킹주의	바르게 마킹 : ● 잘 못 마킹 : ⊗, ⊙, ⓥ, ◎, ⓘ, ⊖, ◔, ●

—— (예 시) ——→

성 명 (필적감정용)
홍 길 동

교시 기재란	
(1)교시	● ② ③
형별 기재란	A형 ●
선 택 과 목 1	
선 택 과 목 2	

수 험 번 호							
0	1	3	2	9	8	0	1

감독위원 확인
김 (인) 독

수험자 유의사항

1. 시험 중에는 통신기기(휴대전화·소형 무전기 등) 및 전자기기(초소형 카메라 등)를 소지하거나 사용할 수 없습니다.
2. 부정행위 예방을 위해 시험문제지에도 수험번호와 성명을 반드시 기재하시기 바랍니다.
3. **시험시간이 종료되면 즉시 답안작성을 멈춰야** 하며, 종료시간 이후 계속 답안을 작성하거나 감독위원의 답안카드 제출지시에 불응할 때에는 당해 시험이 무효처리 됩니다.
4. 기타 감독위원의 정당한 지시에 불응하여 타 수험자의 시험에 방해가 될 경우 퇴실조치 될 수 있습니다.

답안카드 작성 시 유의사항

1. 답안카드 기재·마킹 시에는 **반드시 검은색 사인펜**을 사용해야 합니다.
2. 답안카드를 잘못 작성했을 시에는 카드를 교체하거나 수정테이프를 사용하여 수정할 수 있습니다.
   그러나 불완전한 수정처리로 인해 발생하는 전산자동판독불가 등 불이익은 수험자의 귀책사유입니다.
   – 수정테이프 이외의 수정액, 스티커 등은 사용 불가
   – 답안카드 왼쪽(성명·수험번호 등)을 제외한 '답안란'만 수정테이프로 수정 가능
3. 성명란은 수험자 본인의 성명을 정자체로 기재합니다.
4. 교시 기재란은 해당교시를 기재하고 해당 란에 마킹합니다.
5. 시험문제지 형별기재란에 표시된 형별(A형 공통)을 확인합니다.
6. 수험번호란은 숫자로 기재하고 아래 해당번호에 마킹합니다.
7. 시험문제지 형별 및 수험번호 등 마킹착오로 인한 불이익은 전적으로 수험자의 귀책사유입니다.
8. 감독위원의 날인이 없는 답안카드는 무효처리 됩니다.
9. 상단과 우측의 검은색 띠(▌▌▌) 부분은 낙서를 금지합니다.
10. 답안카드의 채점은 전산 판독결과에 따르며, 마킹누락, 마킹착오, 불완전한 마킹 등은 수험자의 귀책사유에 해당하므로 이의제기를 하더라도 받아들여지지 않습니다.

부정행위 처리규정

시험 중 다음과 같은 행위를 하는 자는 당해 시험을 무효처리하고 자격별 관련 규정에 따라 일정기간 동안 시험에 응시할 수 있는 자격을 정지합니다.

1. 시험과 관련된 대화, 답안카드 교환, 다른 수험자의 답안·문제지를 보고 답안 작성, 대리시험을 치르거나 치르게 하는 행위, 시험문제 내용과 관련된 물건을 휴대하거나 이를 주고받는 행위
2. 시험장 내외로부터 도움을 받아 답안을 작성하는 행위, 공인어학성적 및 응시자격서류를 허위기재하여 제출하는 행위
3. 통신기기(휴대전화·소형 무전기 등) 및 전자기기(초소형 카메라 등)를 휴대하거나 사용하는 행위
4. 다른 수험자와 성명 및 수험번호를 바꾸어 작성·제출하는 행위
5. 기타 부정 또는 불공정한 방법으로 시험을 치르는 행위

✂ 절취선

성 명 (필적감정용)

(　　　)년도 (　　　　　　) 제(　　)차 국가전문자격시험 답안카드

교시 기재란			
(　　)교시	①	②	③
형별 기재란	A형		
	Ⓐ		
선 택 과 목 1			
선 택 과 목 2			

수 험 번 호							
⓪	⓪	⓪	⓪	⓪	⓪	⓪	⓪
①	①	①	①	①	①	①	①
②	②	②	②	②	②	②	②
③	③	③	③	③	③	③	③
④	④	④	④	④	④	④	④
⑤	⑤	⑤	⑤	⑤	⑤	⑤	⑤
⑥	⑥	⑥	⑥	⑥	⑥	⑥	⑥
⑦	⑦	⑦	⑦	⑦	⑦	⑦	⑦
⑧	⑧	⑧	⑧	⑧	⑧	⑧	⑧
⑨	⑨	⑨	⑨	⑨	⑨	⑨	⑨

감독위원 확인
㊞

1	① ② ③ ④ ⑤	21	① ② ③ ④ ⑤	41	① ② ③ ④ ⑤	61	① ② ③ ④ ⑤	81	① ② ③ ④ ⑤	101	① ② ③ ④ ⑤	121	① ② ③ ④ ⑤
2	① ② ③ ④ ⑤	22	① ② ③ ④ ⑤	42	① ② ③ ④ ⑤	62	① ② ③ ④ ⑤	82	① ② ③ ④ ⑤	102	① ② ③ ④ ⑤	122	① ② ③ ④ ⑤
3	① ② ③ ④ ⑤	23	① ② ③ ④ ⑤	43	① ② ③ ④ ⑤	63	① ② ③ ④ ⑤	83	① ② ③ ④ ⑤	103	① ② ③ ④ ⑤	123	① ② ③ ④ ⑤
4	① ② ③ ④ ⑤	24	① ② ③ ④ ⑤	44	① ② ③ ④ ⑤	64	① ② ③ ④ ⑤	84	① ② ③ ④ ⑤	104	① ② ③ ④ ⑤	124	① ② ③ ④ ⑤
5	① ② ③ ④ ⑤	25	① ② ③ ④ ⑤	45	① ② ③ ④ ⑤	65	① ② ③ ④ ⑤	85	① ② ③ ④ ⑤	105	① ② ③ ④ ⑤	125	① ② ③ ④ ⑤
6	① ② ③ ④ ⑤	26	① ② ③ ④ ⑤	46	① ② ③ ④ ⑤	66	① ② ③ ④ ⑤	86	① ② ③ ④ ⑤	106	① ② ③ ④ ⑤		
7	① ② ③ ④ ⑤	27	① ② ③ ④ ⑤	47	① ② ③ ④ ⑤	67	① ② ③ ④ ⑤	87	① ② ③ ④ ⑤	107	① ② ③ ④ ⑤		
8	① ② ③ ④ ⑤	28	① ② ③ ④ ⑤	48	① ② ③ ④ ⑤	68	① ② ③ ④ ⑤	88	① ② ③ ④ ⑤	108	① ② ③ ④ ⑤		
9	① ② ③ ④ ⑤	29	① ② ③ ④ ⑤	49	① ② ③ ④ ⑤	69	① ② ③ ④ ⑤	89	① ② ③ ④ ⑤	109	① ② ③ ④ ⑤		
10	① ② ③ ④ ⑤	30	① ② ③ ④ ⑤	50	① ② ③ ④ ⑤	70	① ② ③ ④ ⑤	90	① ② ③ ④ ⑤	110	① ② ③ ④ ⑤		
11	① ② ③ ④ ⑤	31	① ② ③ ④ ⑤	51	① ② ③ ④ ⑤	71	① ② ③ ④ ⑤	91	① ② ③ ④ ⑤	111	① ② ③ ④ ⑤		
12	① ② ③ ④ ⑤	32	① ② ③ ④ ⑤	52	① ② ③ ④ ⑤	72	① ② ③ ④ ⑤	92	① ② ③ ④ ⑤	112	① ② ③ ④ ⑤		
13	① ② ③ ④ ⑤	33	① ② ③ ④ ⑤	53	① ② ③ ④ ⑤	73	① ② ③ ④ ⑤	93	① ② ③ ④ ⑤	113	① ② ③ ④ ⑤		
14	① ② ③ ④ ⑤	34	① ② ③ ④ ⑤	54	① ② ③ ④ ⑤	74	① ② ③ ④ ⑤	94	① ② ③ ④ ⑤	114	① ② ③ ④ ⑤		
15	① ② ③ ④ ⑤	35	① ② ③ ④ ⑤	55	① ② ③ ④ ⑤	75	① ② ③ ④ ⑤	95	① ② ③ ④ ⑤	115	① ② ③ ④ ⑤		
16	① ② ③ ④ ⑤	36	① ② ③ ④ ⑤	56	① ② ③ ④ ⑤	76	① ② ③ ④ ⑤	96	① ② ③ ④ ⑤	116	① ② ③ ④ ⑤		
17	① ② ③ ④ ⑤	37	① ② ③ ④ ⑤	57	① ② ③ ④ ⑤	77	① ② ③ ④ ⑤	97	① ② ③ ④ ⑤	117	① ② ③ ④ ⑤		
18	① ② ③ ④ ⑤	38	① ② ③ ④ ⑤	58	① ② ③ ④ ⑤	78	① ② ③ ④ ⑤	98	① ② ③ ④ ⑤	118	① ② ③ ④ ⑤		
19	① ② ③ ④ ⑤	39	① ② ③ ④ ⑤	59	① ② ③ ④ ⑤	79	① ② ③ ④ ⑤	99	① ② ③ ④ ⑤	119	① ② ③ ④ ⑤		
20	① ② ③ ④ ⑤	40	① ② ③ ④ ⑤	60	① ② ③ ④ ⑤	80	① ② ③ ④ ⑤	100	① ② ③ ④ ⑤	120	① ② ③ ④ ⑤		

수험자
여러분의
합격을
기원합니다.

마킹주의	바르게 마킹 : ● 잘 못 마킹 : ⊗, ⊙, ⓥ, ◎, ⦶, ⊖, ◔, ●

(예 시) →

수험자 유의사항

1. 시험 중에는 통신기기(휴대전화·소형 무전기 등) 및 전자기기(초소형 카메라 등)를 소지하거나 사용할 수 없습니다.
2. 부정행위 예방을 위해 시험문제지에도 수험번호와 성명을 반드시 기재하시기 바랍니다.
3. **시험시간이 종료되면 즉시 답안작성을 멈춰야** 하며, 종료시간 이후 계속 답안을 작성하거나 감독위원의 답안카드 제출지시에 불응할 때에는 당해 시험이 무효처리 됩니다.
4. 기타 감독위원의 정당한 지시에 불응하여 타 수험자의 시험에 방해가 될 경우 퇴실조치 될 수 있습니다.

답안카드 작성 시 유의사항

1. 답안카드 기재·마킹 시에는 **반드시 검은색 사인펜**을 사용해야 합니다.
2. 답안카드를 잘못 작성했을 시에는 카드를 교체하거나 수정테이프를 사용하여 수정할 수 있습니다.
   그러나 불완전한 수정처리로 인해 발생하는 전산자동판독불가 등 불이익은 수험자의 귀책사유입니다.
   - 수정테이프 이외의 수정액, 스티커 등은 사용 불가
   - 답안카드 왼쪽(성명·수험번호 등)을 제외한 '답안란'만 수정테이프로 수정 가능
3. 성명란은 수험자 본인의 성명을 정자체로 기재합니다.
4. 교시 기재란은 해당교시를 기재하고 해당 란에 마킹합니다.
5. 시험문제지 형별기재란에 표시된 형별(A형 공통)을 확인합니다.
6. 수험번호란은 숫자로 기재하고 아래 해당번호에 마킹합니다.
7. 시험문제지 형별 및 수험번호 등 마킹착오로 인한 불이익은 전적으로 수험자의 귀책사유입니다.
8. 감독위원의 날인이 없는 답안카드는 무효처리 됩니다.
9. 상단과 우측의 검은색 띠(▮▮▮) 부분은 낙서를 금지합니다.
10. 답안카드의 채점은 전산 판독결과에 따르며, 마킹누락, 마킹착오, 불완전한 마킹 등은 수험자의 귀책사유에 해당하므로 이의제기를 하더라도 받아들여지지 않습니다.

부정행위 처리규정

시험 중 다음과 같은 행위를 하는 자는 당해 시험을 무효처리하고 자격별 관련 규정에 따라 일정기간 동안 시험에 응시할 수 있는 자격을 정지합니다.

1. 시험과 관련된 대화, 답안카드 교환, 다른 수험자의 답안·문제지를 보고 답안 작성, 대리시험을 치르거나 치르게 하는 행위, 시험문제 내용과 관련된 물건을 휴대하거나 이를 주고받는 행위
2. 시험장 내외로부터 도움을 받아 답안을 작성하는 행위, 공인어학성적 및 응시자격서류를 허위기재하여 제출하는 행위
3. 통신기기(휴대전화·소형 무전기 등) 및 전자기기(초소형 카메라 등)를 휴대하거나 사용하는 행위
4. 다른 수험자와 성명 및 수험번호를 바꾸어 작성·제출하는 행위
5. 기타 부정 또는 불공정한 방법으로 시험을 치르는 행위

성 명 (필적감정용)
홍 길 동

교시 기재란	
(1)교시	● ② ③
형별 기재란	A형 ●
선 택 과 목 1	
선 택 과 목 2	

수 험 번 호							
0	1	3	2	9	8	0	1
●	⓪	⓪	⓪	⓪	⓪	●	⓪
①	●	①	①	①	①	①	●
②	②	②	●	②	②	②	②
③	③	●	③	③	③	③	③
④	④	④	④	④	④	④	④
⑤	⑤	⑤	⑤	⑤	⑤	⑤	⑤
⑥	⑥	⑥	⑥	⑥	⑥	⑥	⑥
⑦	⑦	⑦	⑦	⑦	⑦	⑦	⑦
⑧	⑧	⑧	⑧	⑧	●	⑧	⑧
⑨	⑨	⑨	⑨	●	⑨	⑨	⑨

감독위원 확인
김 (인) 독

✂ 절취선

(   )년도 (   ) 제(   )차 국가전문자격시험 답안카드

성 명 (필적감정용)	

교시 기재란	
( )교시	① ② ③
형별 기재란	A형 Ⓐ
선 택 과 목 1	
선 택 과 목 2	

수 험 번 호

⓪	⓪	⓪	⓪	⓪	⓪	⓪	⓪
①	①	①	①	①	①	①	①
②	②	②	②	②	②	②	②
③	③	③	③	③	③	③	③
④	④	④	④	④	④	④	④
⑤	⑤	⑤	⑤	⑤	⑤	⑤	⑤
⑥	⑥	⑥	⑥	⑥	⑥	⑥	⑥
⑦	⑦	⑦	⑦	⑦	⑦	⑦	⑦
⑧	⑧	⑧	⑧	⑧	⑧	⑧	⑧
⑨	⑨	⑨	⑨	⑨	⑨	⑨	⑨

감독위원 확인

(인)

1	① ② ③ ④ ⑤	21	① ② ③ ④ ⑤	41	① ② ③ ④ ⑤	61	① ② ③ ④ ⑤	81	① ② ③ ④ ⑤	101	① ② ③ ④ ⑤	121	① ② ③ ④ ⑤
2	① ② ③ ④ ⑤	22	① ② ③ ④ ⑤	42	① ② ③ ④ ⑤	62	① ② ③ ④ ⑤	82	① ② ③ ④ ⑤	102	① ② ③ ④ ⑤	122	① ② ③ ④ ⑤
3	① ② ③ ④ ⑤	23	① ② ③ ④ ⑤	43	① ② ③ ④ ⑤	63	① ② ③ ④ ⑤	83	① ② ③ ④ ⑤	103	① ② ③ ④ ⑤	123	① ② ③ ④ ⑤
4	① ② ③ ④ ⑤	24	① ② ③ ④ ⑤	44	① ② ③ ④ ⑤	64	① ② ③ ④ ⑤	84	① ② ③ ④ ⑤	104	① ② ③ ④ ⑤	124	① ② ③ ④ ⑤
5	① ② ③ ④ ⑤	25	① ② ③ ④ ⑤	45	① ② ③ ④ ⑤	65	① ② ③ ④ ⑤	85	① ② ③ ④ ⑤	105	① ② ③ ④ ⑤	125	① ② ③ ④ ⑤
6	① ② ③ ④ ⑤	26	① ② ③ ④ ⑤	46	① ② ③ ④ ⑤	66	① ② ③ ④ ⑤	86	① ② ③ ④ ⑤	106	① ② ③ ④ ⑤		
7	① ② ③ ④ ⑤	27	① ② ③ ④ ⑤	47	① ② ③ ④ ⑤	67	① ② ③ ④ ⑤	87	① ② ③ ④ ⑤	107	① ② ③ ④ ⑤		
8	① ② ③ ④ ⑤	28	① ② ③ ④ ⑤	48	① ② ③ ④ ⑤	68	① ② ③ ④ ⑤	88	① ② ③ ④ ⑤	108	① ② ③ ④ ⑤		
9	① ② ③ ④ ⑤	29	① ② ③ ④ ⑤	49	① ② ③ ④ ⑤	69	① ② ③ ④ ⑤	89	① ② ③ ④ ⑤	109	① ② ③ ④ ⑤		
10	① ② ③ ④ ⑤	30	① ② ③ ④ ⑤	50	① ② ③ ④ ⑤	70	① ② ③ ④ ⑤	90	① ② ③ ④ ⑤	110	① ② ③ ④ ⑤		
11	① ② ③ ④ ⑤	31	① ② ③ ④ ⑤	51	① ② ③ ④ ⑤	71	① ② ③ ④ ⑤	91	① ② ③ ④ ⑤	111	① ② ③ ④ ⑤		
12	① ② ③ ④ ⑤	32	① ② ③ ④ ⑤	52	① ② ③ ④ ⑤	72	① ② ③ ④ ⑤	92	① ② ③ ④ ⑤	112	① ② ③ ④ ⑤	수험자	
13	① ② ③ ④ ⑤	33	① ② ③ ④ ⑤	53	① ② ③ ④ ⑤	73	① ② ③ ④ ⑤	93	① ② ③ ④ ⑤	113	① ② ③ ④ ⑤	여러분의	
14	① ② ③ ④ ⑤	34	① ② ③ ④ ⑤	54	① ② ③ ④ ⑤	74	① ② ③ ④ ⑤	94	① ② ③ ④ ⑤	114	① ② ③ ④ ⑤	합격을	
15	① ② ③ ④ ⑤	35	① ② ③ ④ ⑤	55	① ② ③ ④ ⑤	75	① ② ③ ④ ⑤	95	① ② ③ ④ ⑤	115	① ② ③ ④ ⑤	기원합니다.	
16	① ② ③ ④ ⑤	36	① ② ③ ④ ⑤	56	① ② ③ ④ ⑤	76	① ② ③ ④ ⑤	96	① ② ③ ④ ⑤	116	① ② ③ ④ ⑤		
17	① ② ③ ④ ⑤	37	① ② ③ ④ ⑤	57	① ② ③ ④ ⑤	77	① ② ③ ④ ⑤	97	① ② ③ ④ ⑤	117	① ② ③ ④ ⑤		
18	① ② ③ ④ ⑤	38	① ② ③ ④ ⑤	58	① ② ③ ④ ⑤	78	① ② ③ ④ ⑤	98	① ② ③ ④ ⑤	118	① ② ③ ④ ⑤		
19	① ② ③ ④ ⑤	39	① ② ③ ④ ⑤	59	① ② ③ ④ ⑤	79	① ② ③ ④ ⑤	99	① ② ③ ④ ⑤	119	① ② ③ ④ ⑤		
20	① ② ③ ④ ⑤	40	① ② ③ ④ ⑤	60	① ② ③ ④ ⑤	80	① ② ③ ④ ⑤	100	① ② ③ ④ ⑤	120	① ② ③ ④ ⑤		

마킹주의

바르게 마킹 : ●
잘 못 마킹 : ⊗, ⊙, ⓥ, ◎, ⦶, ⊖, ◔, ●

(예 시) →

성 명 (필적감정용)
홍 길 동

교시 기재란	
(1)교시	● ② ③
형별 기재란	A형 ●
선 택 과 목 1	
선 택 과 목 2	

수	험	번	호				
0	1	3	2	9	8	0	1
●	⓪	⓪	⓪	⓪	⓪	●	⓪
①	●	①	①	①	①	①	●
②	②	②	●	②	②	②	②
③	③	●	③	③	③	③	③
④	④	④	④	④	④	④	④
⑤	⑤	⑤	⑤	⑤	⑤	⑤	⑤
⑥	⑥	⑥	⑥	⑥	⑥	⑥	⑥
⑦	⑦	⑦	⑦	⑦	⑦	⑦	⑦
⑧	⑧	⑧	⑧	⑧	●	⑧	⑧
⑨	⑨	⑨	⑨	●	⑨	⑨	⑨

감독위원 확인
김 (인) 독

수험자 유의사항

1. 시험 중에는 통신기기(휴대전화·소형 무전기 등) 및 전자기기(초소형 카메라 등)를 소지하거나 사용할 수 없습니다.
2. 부정행위 예방을 위해 시험문제지에도 수험번호와 성명을 반드시 기재하시기 바랍니다.
3. **시험시간이 종료되면 즉시 답안작성을 멈춰야** 하며, 종료시간 이후 계속 답안을 작성하거나 감독위원의 답안카드 제출지시에 불응할 때에는 당해 시험이 무효처리 됩니다.
4. 기타 감독위원의 정당한 지시에 불응하여 타 수험자의 시험에 방해가 될 경우 퇴실조치 될 수 있습니다.

답안카드 작성 시 유의사항

1. 답안카드 기재·마킹 시에는 **반드시 검은색 사인펜**을 사용해야 합니다.
2. 답안카드를 잘못 작성했을 시에는 카드를 교체하거나 수정테이프를 사용하여 수정할 수 있습니다.
   그러나 불완전한 수정처리로 인해 발생하는 전산자동판독불가 등 불이익은 수험자의 귀책사유입니다.
   – 수정테이프 이외의 수정액, 스티커 등은 사용 불가
   – 답안카드 왼쪽(성명·수험번호 등)을 제외한 '답안란'만 수정테이프로 수정 가능
3. 성명란은 수험자 본인의 성명을 정자체로 기재합니다.
4. 교시 기재란은 해당교시를 기재하고 해당 란에 마킹합니다.
5. 시험문제지 형별기재란에 표시된 형별(A형 공통)을 확인합니다.
6. 수험번호란은 숫자로 기재하고 아래 해당번호에 마킹합니다.
7. 시험문제지 형별 및 수험번호 등 마킹착오로 인한 불이익은 전적으로 수험자의 귀책사유입니다.
8. 감독위원의 날인이 없는 답안카드는 무효처리 됩니다.
9. 상단과 우측의 검은색 띠(▮▮▮) 부분은 낙서를 금지합니다.
10. 답안카드의 채점은 전산 판독결과에 따르며, 마킹누락, 마킹착오, 불완전한 마킹 등은 수험자의 귀책사유에 해당하므로 이의제기를 하더라도 받아들여지지 않습니다.

부정행위 처리규정

시험 중 다음과 같은 행위를 하는 자는 당해 시험을 무효처리하고 자격별 관련 규정에 따라 일정기간 동안 시험에 응시할 수 있는 자격을 정지합니다.

1. 시험과 관련된 대화, 답안카드 교환, 다른 수험자의 답안·문제지를 보고 답안 작성, 대리시험을 치르거나 치르게 하는 행위, 시험문제 내용과 관련된 물건을 휴대하거나 이를 주고받는 행위
2. 시험장 내외로부터 도움을 받아 답안을 작성하는 행위, 공인어학성적 및 응시자격서류를 허위기재하여 제출하는 행위
3. 통신기기(휴대전화·소형 무전기 등) 및 전자기기(초소형 카메라 등)를 휴대하거나 사용하는 행위
4. 다른 수험자와 성명 및 수험번호를 바꾸어 작성·제출하는 행위
5. 기타 부정 또는 불공정한 방법으로 시험을 치르는 행위

합격하고 꼭 해야 할 것 1

에듀윌 공인중개사 동문회 특권

1. 에듀윌 공인중개사 합격자 모임

2. 성공 DREAM 지원금 가입 자격 부여

3. 동문회 인맥북

4. 개업 축하 선물

5. 온라인 커뮤니티

6. 오프라인 커뮤니티

7. 공인중개사 취업박람회

8. 동문회 주최 실무 특강

9. 프리미엄 복지혜택

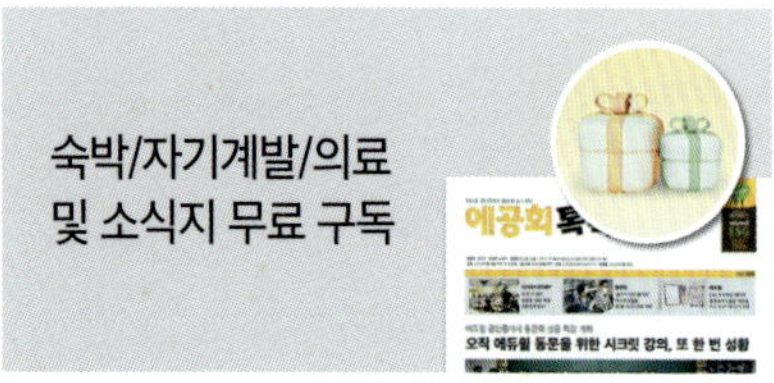

10. 마이오피스

11. 동문회와 함께하는 사회공헌활동

※ 성공 DREAM 지원금 신청은 에듀윌 공인중개사 VVIP 프리미엄 성공패스 수강 후 2027년까지 공인중개사 최종 합격자에 한해 가능합니다. (상세 내용 홈페이지 유의사항 확인 필수)
※ 본 특권은 회원별로 상이하며, 예고 없이 변경될 수 있습니다.

에듀윌 공인중개사 동문회 | dongmun.eduwill.net
문의 | 1600-6700

2025

에듀윌 공인중개사 실전모의고사

2차 공인중개사법령 및 중개실무 | 부동산공법 | 부동산공시법 | 부동산세법

약점 보완! 실력 향상!

정답 및 해설

eduwill

2025

에듀윌 공인중개사 실전모의고사

2차 공인중개사법령 및 중개실무 | 부동산공법 | 부동산공시법 | 부동산세법

2025

에듀윌 공인중개사 실전모의고사

2차 공인중개사법령 및 중개실무 | 부동산공법 | 부동산공시법 | 부동산세법

약점 보완! 실력 향상!

정답 및 해설

eduwill

빠른! 정답체크

제 1 회

| 1교시 |

제1과목 | 공인중개사의 업무 및 부동산 거래신고 등에 관한 법령 및 중개실무 pp.10~18

01	③	02	④	03	④	04	④	05	③
06	②	07	⑤	08	⑤	09	⑤	10	③
11	⑤	12	②	13	②	14	③	15	⑤
16	②	17	④	18	①	19	①	20	②
21	①	22	②	23	③	24	⑤	25	②
26	④	27	④	28	①	29	①	30	⑤
31	①	32	⑤	33	③	34	①	35	③
36	④	37	②	38	④	39	①	40	③

제2과목 | 부동산공법 중 부동산중개에 관련되는 규정 pp.19~28

41	①	42	③	43	④	44	④	45	②
46	①	47	③	48	⑤	49	③	50	①
51	④	52	①	53	①	54	③	55	②
56	②	57	④	58	⑤	59	⑤	60	③
61	②	62	③	63	④	64	③	65	②
66	③	67	②	68	②	69	①	70	③
71	③	72	⑤	73	①	74	②	75	①
76	②	77	③	78	①	79	①	80	⑤

| 2교시 |

제1과목 | 부동산공시에 관한 법령 및 부동산 관련 세법 pp.30~39

01	④	02	②	03	④	04	④	05	①
06	①	07	②	08	③	09	⑤	10	③
11	⑤	12	②	13	③	14	⑤	15	③
16	②	17	③	18	④	19	②	20	②
21	③	22	①	23	④	24	④	25	④
26	②	27	④	28	⑤	29	③	30	④
31	③	32	③	33	⑤	34	①	35	③
36	①	37	③	38	②	39	③	40	②

제 2 회

| 1교시 |

제1과목 | 공인중개사의 업무 및 부동산 거래신고 등에 관한 법령 및 중개실무 pp.42~52

01	①	02	③	03	②	04	④	05	⑤
06	①	07	③	08	⑤	09	②	10	④
11	②	12	①	13	③	14	⑤	15	④
16	④	17	⑤	18	①	19	③	20	②
21	④	22	②	23	⑤	24	①	25	③
26	②	27	①	28	③	29	④	30	⑤
31	③	32	⑤	33	①	34	②	35	④
36	⑤	37	④	38	①	39	②	40	③

제2과목 | 부동산공법 중 부동산중개에 관련되는 규정 pp.52~62

41	②	42	①	43	③	44	⑤	45	④
46	④	47	①	48	①	49	④	50	③
51	①	52	②	53	②	54	④	55	⑤
56	②	57	②	58	⑤	59	①	60	②
61	④	62	③	63	④	64	①	65	②
66	④	67	①	68	①	69	③	70	⑤
71	③	72	⑤	73	④	74	②	75	⑤
76	③	77	⑤	78	③	79	③	80	⑤

| 2교시 |

제1과목 | 부동산공시에 관한 법령 및 부동산 관련 세법 pp.64~74

01	③	02	⑤	03	④	04	⑤	05	③
06	①	07	③	08	⑤	09	①	10	②
11	①	12	④	13	②	14	④	15	④
16	③	17	①	18	⑤	19	⑤	20	③
21	②	22	①	23	④	24	①	25	④
26	④	27	②	28	⑤	29	①	30	③
31	①	32	④	33	②	34	⑤	35	③
36	③	37	④	38	①	39	②	40	⑤

제 3 회

| 1교시 |

제1과목 | 공인중개사의 업무 및 부동산 거래신고 등에 관한 법령 및 중개실무 pp.76~85

01	②	02	④	03	④	04	①	05	①
06	②	07	①	08	⑤	09	⑤	10	⑤
11	④	12	④	13	①	14	⑤	15	④
16	③	17	⑤	18	②	19	⑤	20	⑤
21	①	22	②	23	④	24	④	25	⑤
26	⑤	27	⑤	28	①	29	⑤	30	⑤
31	③	32	⑤	33	④	34	③	35	③
36	⑤	37	④	38	⑤	39	⑤	40	④

제2과목 | 부동산공법 중 부동산중개에 관련되는 규정 pp.86~96

41	②	42	⑤	43	④	44	②	45	⑤
46	④	47	②	48	②	49	①	50	③
51	⑤	52	④	53	③	54	③	55	①
56	⑤	57	②	58	⑤	59	①	60	②
61	③	62	④	63	④	64	①	65	⑤
66	①	67	⑤	68	③	69	②	70	⑤
71	②	72	②	73	④	74	①	75	③
76	①	77	①	78	④	79	④	80	①

| 2교시 |

제1과목 | 부동산공시에 관한 법령 및 부동산 관련 세법 pp.98~107

01	①	02	⑤	03	④	04	⑤	05	③
06	②	07	⑤	08	⑤	09	④	10	②
11	④	12	①	13	⑤	14	①	15	③
16	④	17	②	18	⑤	19	①	20	④
21	⑤	22	④	23	②	24	③	25	②
26	④	27	⑤	28	②	29	②	30	④
31	④	32	③	33	③	34	②	35	③
36	⑤	37	②	38	②	39	②	40	③

제 4 회

| 1교시 |

제1과목 | 공인중개사의 업무 및 부동산 거래신고 등에 관한 법령 및 중개실무 pp.110~119

01	③	02	①	03	②	04	④	05	⑤
06	①	07	③	08	④	09	②	10	⑤
11	⑤	12	②	13	①	14	④	15	②
16	③	17	③	18	③	19	①	20	⑤
21	②	22	⑤	23	①	24	③	25	④
26	④	27	③	28	①	29	②	30	⑤
31	①	32	③	33	⑤	34	②	35	④
36	⑤	37	①	38	②	39	④	40	③

제2과목 | 부동산공법 중 부동산중개에 관련되는 규정 pp.120~129

41	①	42	③	43	⑤	44	③	45	②
46	⑤	47	①	48	①	49	①	50	③
51	③	52	④	53	④	54	①	55	②
56	①	57	⑤	58	②	59	④	60	④
61	③	62	②	63	⑤	64	①	65	④
66	⑤	67	③	68	②	69	④	70	⑤
71	④	72	③	73	②	74	⑤	75	②
76	⑤	77	①	78	②	79	⑤	80	③

| 2교시 |

제1과목 | 부동산공시에 관한 법령 및 부동산 관련 세법 pp.132~143

01	②	02	④	03	③	04	⑤	05	③
06	①	07	①	08	②	09	⑤	10	⑤
11	①	12	④	13	②	14	④	15	⑤
16	①	17	③	18	④	19	②	20	④
21	②	22	④	23	③	24	④	25	③
26	③	27	⑤	28	④	29	①	30	②
31	③	32	①	33	⑤	34	④	35	②
36	⑤	37	④	38	②	39	③	40	①

제 5 회

| 1교시 |

제1과목 | 공인중개사의 업무 및 부동산 거래신고 등에 관한 법령 및 중개실무 pp.146~156

01	②	02	③	03	⑤	04	①	05	②
06	①	07	②	08	⑤	09	②	10	④
11	②	12	⑤	13	②	14	④	15	⑤
16	②	17	②	18	②	19	⑤	20	①
21	④	22	④	23	⑤	24	②	25	①
26	③	27	③	28	③	29	②	30	②
31	④	32	①	33	①	34	④	35	⑤
36	③	37	④	38	③	39	⑤	40	③

제2과목 | 부동산공법 중 부동산중개에 관련되는 규정 pp.156~166

41	④	42	①	43	④	44	②	45	④
46	⑤	47	②	48	③	49	③	50	⑤
51	②	52	③	53	⑤	54	②	55	①
56	①	57	④	58	③	59	⑤	60	⑤
61	②	62	④	63	⑤	64	②	65	④
66	②	67	③	68	③	69	⑤	70	④
71	⑤	72	⑤	73	①	74	④	75	①
76	⑤	77	⑤	78	④	79	④	80	⑤

| 2교시 |

제1과목 | 부동산공시에 관한 법령 및 부동산 관련 세법 pp.168~177

01	③	02	⑤	03	①	04	②	05	③
06	③	07	④	08	⑤	09	②	10	①
11	⑤	12	④	13	②	14	④	15	⑤
16	④	17	③	18	②	19	②	20	③
21	④	22	⑤	23	②	24	②	25	③
26	③	27	⑤	28	⑤	29	④	30	①
31	③	32	④	33	①	34	④	35	④
36	⑤	37	①	38	④	39	①	40	①

제 6 회

| 1교시 |

제1과목 | 공인중개사의 업무 및 부동산 거래신고 등에 관한 법령 및 중개실무 pp.180~189

01	④	02	③	03	④	04	⑤	05	③
06	①	07	①	08	②	09	①	10	③
11	⑤	12	④	13	①	14	⑤	15	③
16	④	17	②	18	③	19	②	20	③
21	②	22	①	23	④	24	⑤	25	①
26	③	27	②	28	②	29	②	30	④
31	⑤	32	①	33	⑤	34	⑤	35	④
36	①	37	④	38	②	39	③	40	⑤

제2과목 | 부동산공법 중 부동산중개에 관련되는 규정 pp.190~199

41	④	42	③	43	④	44	②	45	⑤
46	②	47	②	48	③	49	③	50	①
51	②	52	④	53	①	54	⑤	55	④
56	⑤	57	②	58	②	59	①	60	⑤
61	②	62	③	63	②	64	③	65	③
66	②	67	①	68	③	69	④	70	⑤
71	④	72	②	73	②	74	③	75	①
76	⑤	77	⑤	78	④	79	⑤	80	⑤

| 2교시 |

제1과목 | 부동산공시에 관한 법령 및 부동산 관련 세법 pp.202~212

01	③	02	③	03	③	04	①	05	④
06	⑤	07	④	08	①	09	③	10	③
11	①	12	④	13	③	14	⑤	15	②
16	⑤	17	②	18	④	19	④	20	⑤
21	⑤	22	②	23	②	24	②	25	⑤
26	②	27	①	28	④	29	③	30	⑤
31	④	32	②	33	③	34	①	35	⑤
36	②	37	③	38	①	39	⑤	40	④

찐 실전모의고사

| 1교시 |

제1과목 | 공인중개사의 업무 및 부동산 거래신고 등에 관한 법령 및 중개실무

부록 pp.2~8

01	②	02	①	03	②	04	④	05	④
06	①	07	②	08	④	09	⑤	10	⑤
11	④	12	⑤	13	①	14	①	15	⑤
16	②	17	④	18	④	19	④	20	③
21	⑤	22	④	23	④	24	④	25	③
26	⑤	27	④	28	⑤	29	④	30	⑤
31	④	32	⑤	33	⑤	34	④	35	②
36	③	37	①	38	③	39	⑤	40	①

제2과목 | 부동산공법 중 부동산중개에 관련되는 규정

부록 pp.9~16

41	③	42	④	43	⑤	44	①	45	⑤
46	④	47	⑤	48	⑤	49	⑤	50	①
51	④	52	①	53	②	54	③	55	③
56	③	57	②	58	③	59	④	60	④
61	③	62	②	63	①	64	④	65	⑤
66	①	67	①	68	①	69	②	70	③
71	⑤	72	⑤	73	②	74	④	75	④
76	④	77	②	78	③	79	④	80	②

| 2교시 |

제1과목 | 부동산공시에 관한 법령 및 부동산 관련 세법

부록 pp.19~28

01	④	02	③	03	②	04	④	05	③
06	⑤	07	①	08	③	09	⑤	10	②
11	③	12	④	13	①	14	⑤	15	①
16	②	17	④	18	⑤	19	②	20	①
21	④	22	②	23	①	24	⑤	25	④
26	③	27	①	28	②	29	③	30	③
31	②	32	④	33	③	34	②	35	②
36	①	37	④	38	⑤	39	④	40	④

제1회 정답 및 해설

• **집필진** [공인중개사법령 및 중개실무] 임선정 교수, [부동산공법] 오시훈 교수, [부동산공시법] 김민석 교수, [부동산세법] 한영규 교수

| 1교시 |

제1과목 | 공인중개사의 업무 및 부동산 거래신고 등에 관한 법령 및 중개실무 pp.10~18

01	③	02	④	03	④	04	④	05	③
06	②	07	⑤	08	⑤	09	⑤	10	③
11	⑤	12	②	13	②	14	③	15	⑤
16	②	17	④	18	①	19	①	20	②
21	①	22	②	23	③	24	⑤	25	②
26	④	27	④	28	①	29	①	30	⑤
31	①	32	⑤	33	③	34	①	35	③
36	④	37	②	38	④	39	①	40	③

점수: __________점

1 답 ③

공인중개사법령 > 총칙

③ 중개대상물이 되기 위한 요건은 다음과 같다.

1. 법정중개대상물일 것: 토지, 건축물 그 밖의 토지의 정착물, 입목, 공장재단 및 광업재단
2. 사적 소유물로서 거래가 가능한 물건일 것
3. 중개행위의 개입이 필요하거나 개입이 가능한 물건일 것

따라서 '상업용으로 이용되는 컨테이너'는 중개대상물에 해당하지 않는다.

2 답 ④

공인중개사법령 > 총칙

④ '중개보조원'이라 함은 공인중개사가 아닌 자로서 개업공인중개사에 소속되어 중개대상물에 대한 현장안내 및 일반서무 등 개업공인중개사의 중개업무와 관련된 단순한 업무를 보조하는 자를 말한다.

3 답 ④

공인중개사법령 > 총칙

④ 판례에 의하면 이행업무라 하더라도 거래계약을 알선한 개업공인중개사가 계약체결 후에도 중도금 및 잔금의 지급, 목적물의 인도와 같은 거래당사자의 이행의 문제에 관여함으로써 계약상 의무가 원만하게 이행되도록 주선할 것이 예정되어 있는 때에는 그러한 개업공인중개사의 행위는 객관적·외형적으로 보아 사회통념상 거래의 알선·중개를 위한 행위로서 중개행위의 범주에 포함된다고 한다(대판 2007.2.8, 2005다55008).

4 답 ④

공인중개사법령 > 총칙

④ 대토권은 주택이 철거될 경우 일정한 요건하에 택지개발지구 내에 이주자 택지를 공급받을 지위에 불과하고, 특정한 토지나 건물 기타 정착물 또는 「공인중개사법 시행령」이 정하는 재산권 및 물건에 해당한다고 볼 수 없으므로 「공인중개사법」 제3조에서 정한 중개대상물에 해당하지 않는다(대판 2011.5.26, 2011다23682).

5 답 ③

공인중개사법령 > 중개업무

③ 소속공인중개사의 중개행위가 금지행위에 해당하여 징역형을 받은 경우 개업공인중개사는 벌금형을 선고받는다. 다만, 개업공인중개사가 그 위반행위를 방지하기 위하여 해당 업무에 관하여 상당한 주의와 감독을 게을리하지 아니한 경우에는 그러하지 아니하다.

6 답 ②

공인중개사법령 > 중개사무소 개설등록 및 결격사유

ㄴ. 금고 이상의 형을 선고받고 복역 후 3년이 경과되었으므로 결격사유에 해당하지 않는다.

ㄹ. 금고 이상의 형의 선고유예를 받은 경우는 등록 등의 결격사유에 해당하지 않는다.

ㅁ. 벌금형은 「공인중개사법」을 위반한 경우로서, 300만원 이상인 경우 결격사유에 해당한다.

ㅂ. 등록이 취소된 후 3년이 경과되었으므로 결격사유에 해당하지 않는다.

7 답 ⑤

공인중개사법령 > 공인중개사제도

⑤ 심의위원회에서 공인중개사시험 등 자격취득에 관한 사항을 심의한 경우 시·도지사는 이에 따라야 한다.

8 답 ⑤

공인중개사법령 > 중개사무소 개설등록 및 결격사유

⑤ 개업공인중개사가 양벌규정에 따른 벌금형을 선고받은 경우는 '이 법을 위반한 벌금형의 선고'에 해당되지 않는다(대판 2008.5.29, 2007두26568). 따라서 3년간 결격사유에 해당되지 않는다.

9 답 ⑤

공인중개사법령 > 중개사무소 개설등록 및 결격사유

⑤ 등록증 재교부사항은 통보사항에 해당하지 않는다.

빈출개념 체크 등록관청의 협회통보사항

1. 중개사무소등록증 교부사항
2. 분사무소 설치신고사항
3. 중개업의 휴·폐업 또는 재개, 휴업기간 변경신고사항(②)
4. 개업공인중개사에 대한 행정처분(등록취소, 업무정지)사항(④)
5. 중개사무소 이전신고사항(③)
6. 소속공인중개사 또는 중개보조원의 고용 및 고용관계 종료신고사항(①)

10 답 ③

고난도

공인중개사법령 > 중개업무

ㄷ. 분사무소는 주된 사무소의 소재지가 속한 시·군·구를 제외한 시·군·구별로 설치하되, 시·군·구별로 1개소를 초과할 수 없다.

ㅁ. 중개사무소 이전신고의무를 위반한 경우에는 100만원 이하의 과태료에 처한다.

11 답 ⑤

공인중개사법령 > 중개업무

⑤ 일반인을 대상으로 한 중개업의 경영기법 및 경영정보의 제공을 겸업할 수 없다. 경영기법 및 경영정보의 제공은 개업공인중개사만을 대상으로 한다.

12 답 ②

공인중개사법령 > 공인중개사협회 및 교육·보칙·신고센터 등

ㄱ. 직무교육은 고용인 중 중개보조원만 수료하는 교육이다.

ㄷ. 소속공인중개사는 고용신고일 전 1년 이내에 시·도지사가 실시하는 실무교육을 받아야 한다.

ㄹ. 시·도지사가 실시하는 연수교육을 받아야 한다.

ㅁ. 폐업신고 후 1년 이내에 중개사무소의 개설등록을 다시 신청하려는 공인중개사는 실무교육을 받지 않아도 된다.

13 답 ②

공인중개사법령 > 개업공인중개사의 의무 및 책임

② 개업공인중개사는 중개대상물 확인·설명서의 그 원본, 사본 또는 전자문서를 3년간 보존하여야 한다. 다만, 공인전자문서센터에 보관된 경우에는 그러하지 아니하다.

14 답 ③

공인중개사법령 > 중개업무

③ 타인의 건물을 임차하여 사용하는 개업공인중개사의 중개사무소를 공동으로 사용하고자 하는 다른 개업공인중개사는 중개사무소 개설등록신청서 또는 중개사무소이전신고서에 다른 개업공인중개사의 승낙서를 첨부하여야 한다.

15 답 ⑤

공인중개사법령 > 중개업무

⑤ 개업공인중개사가 아닌 자는 중개대상물에 대한 표시·광고를 하여서는 아니 된다. 이를 위반한 경우 1년 이하의 징역 또는 1천만원 이하의 벌금에 처한다.

16 답 ②

공인중개사법령 > 중개업무

② 개업공인중개사가 6개월을 초과하여 휴업을 할 수 있는 사유는 취학, 질병으로 인한 요양, 징집으로 인한 입영에 한하는 것이 아니라 임신 또는 출산 그 밖에 이에 준하는 부득이한 사유로서 국토교통부장관이 정하여 고시하는 사유에도 가능하다.

17 답 ④

공인중개사법령 > 손해배상책임과 반환채무이행보장

① 보증설정은 중개사무소 개설등록신청을 할 때가 아니라 개설등록을 한 후 업무개시 전에 해야 한다.
② 다른 법률의 규정에 따라 중개업을 할 수 있는 법인도 보증을 설정해야 한다.
③ 보증기간 만료일까지 다시 보증을 설정해야 한다.
⑤ 손해배상 후 15일 이내에 보증보험 또는 공제에 다시 가입하거나 공탁금 중 부족하게 된 금액을 보전하여야 한다.

18 답 ①

공인중개사법령 > 중개업무

① 등록한 인장을 변경한 경우에는 개업공인중개사는 변경일부터 7일 이내에 그 변경된 인장을 등록관청에 등록해야 한다.

19 답 ①

공인중개사법령 > 중개보수

① 약정이 없을 때에는 거래대금 지급이 완료된 날로 한다.

20 답 ②

공인중개사법령 > 공인중개사협회 및 교육·보칙·신고센터 등

② 협회는 정관으로 정하는 바에 따라 시·도에 지부를, 시(구가 설치되지 아니한 시와 특별자치도의 행정시를 말함)·군·구에 지회를 둘 수 있다.

21 답 ①

공인중개사법령 > 벌칙(행정벌)

① 중개의뢰인과 직접 거래를 한 개업공인중개사는 3년 이하의 징역 또는 3천만원 이하의 벌금에 처한다.
②③④⑤ 1년 이하의 징역 또는 1천만원 이하의 벌금에 처한다.

22 답 ②

공인중개사법령 > 공인중개사협회 및 교육·보칙·신고센터 등

다음의 어느 하나에 해당하는 자는 해당 지방자치단체의 조례로 정하는 바에 따라 수수료를 납부하여야 한다.

1. 공인중개사자격시험에 응시하는 자(①)
2. 공인중개사자격증의 재교부를 신청하는 자
3. 중개사무소의 개설등록을 신청하는 자(③)
4. 중개사무소등록증의 재교부를 신청하는 자(④)
5. 분사무소설치의 신고를 하는 자(⑤)
6. 분사무소설치신고확인서의 재교부를 신청하는 자

23 답 ③

공인중개사법령 > 벌칙(행정벌)

③ 중개대상물에 대하여 표시·광고를 하는 경우로서 중개사무소, 개업공인중개사에 관한 사항 등을 명시하지 아니한 개업공인중개사는 100만원 이하의 과태료에 해당한다.

24 답 ⑤

공인중개사법령 > 개업공인중개사의 의무 및 책임

⑤ 국토교통부장관은 일반중개계약서의 표준이 되는 서식을 정하여 그 사용을 권장할 수 있다.

25 답 ②

공인중개사법령 > 지도·감독 및 행정처분

② 개업공인중개사가 서로 다른 계약서를 작성하거나 거짓 기재한 경우는 그 등록을 취소할 수 있다(상대적 등록취소사유).

26 답 ④

공인중개사법령 > 중개보수

- 보증금 3,800만원 + (10만원 × 100) = 4,800만원이고, 5천만원 미만이므로 100이 아닌 70을 곱하여 계산한다. 따라서 보증금 3,800만원 + (10만원 × 70) = 4,500만원이 거래가액이 된다.
- 4,500만원 × 요율 0.5% = 22만 5천원이지만, 한도액이 20만원이므로 일방으로부터 20만원까지 받을 수 있다. 따라서 중개의뢰인들로부터 받을 수 있는 최대 중개보수 총액은 40만원이 된다.

27 답 ④

공인중개사법령 > 부동산 거래신고 등에 관한 법률

④ 정정신청을 받은 신고관청은 정정사항을 확인한 후 지체 없이 해당 내용을 정정하고, 정정사항을 반영한 부동산거래신고필증을 재발급해야 한다.

28 답 ①

공인중개사법령 > 부동산 거래신고 등에 관한 법률

② 신고필증을 지체 없이 발급하여야 한다.
③ 승인 없이 단독으로 신고할 수 있다. 신고를 받은 신고관청은 단독신고사유에 해당하는지 여부를 확인하여야 한다.
④ 개업공인중개사가 거래계약서를 작성·교부한 경우 거래당사자는 신고의무가 없다. 해당 개업공인중개사가 신고를 하여야 한다.
⑤ 매수인이 부동산 거래신고를 한 경우 「부동산등기 특별조치법」에 따른 검인을 받은 것으로 본다.

29 답 ①

공인중개사법령 > 손해배상책임과 반환채무이행보장

① 다른 법률의 규정에 의하여 중개업을 영위할 수 있는 법인은 2천만원 이상의 보증보험, 공제, 공탁으로 업무보증을 설정해야 한다.

30 답 ⑤

고난도

공인중개사법령 > 부동산 거래신고 등에 관한 법률

⑤ 건물의 취득은 허가대상이 아니다.
④ 외국인등이 대한민국 안의 부동산등을 취득하는 계약(교환, 증여 등)을 체결하였을 때에는 계약체결일부터 60일 이내에 신고관청에 신고하여야 한다. 매매계약은 부동산 거래신고대상이며 30일 이내에 신고하여야 한다.

빈출개념 체크 외국인등의 토지거래허가

외국인등이 취득하려는 토지가 다음의 어느 하나에 해당하는 구역·지역 등에 있으면 토지취득계약을 체결하기 전에 신고관청으로부터 토지취득의 허가를 받아야 한다. 다만, 토지거래계약에 관한 허가를 받은 경우에는 그러하지 아니하다.

1. 「군사기지 및 군사시설 보호법」에 따른 군사기지 및 군사시설 보호구역, 그 밖에 국방목적을 위하여 외국인등의 토지취득을 특별히 제한할 필요가 있는 지역으로서 대통령령으로 정하는 지역
2. 「문화유산의 보존 및 활용에 관한 법률」에 따른 지정문화유산과 이를 위한 보호물 또는 보호구역
3. 「자연유산의 보존 및 활용에 관한 법률」에 따른 천연기념물등과 이를 위한 보호물 또는 보호구역
4. 「자연환경보전법」에 따른 생태·경관보전지역
5. 「야생생물 보호 및 관리에 관한 법률」에 따른 야생생물 특별보호구역

31 답 ①

공인중개사법령 > 부동산 거래신고 등에 관한 법률

② 5년 이내의 기간을 정하여 토지거래계약에 관한 허가구역으로 지정할 수 있다.
③ 행위제한이 완화되는 지역에 대하여 토지거래허가구역으로 지정할 수 있다.
④ 허가구역이 동일한 시·도 안의 일부지역인 경우 시·도지사가 지정한다.
⑤ 해제하려는 경우에도 중앙도시계획위원회의 심의를 거쳐야 한다.

32 답 ⑤

중개실무 > 개별적 중개실무

⑤ 임차인이 2기의 차임액에 달하도록 차임을 연체하거나 그 밖에 임차인으로서의 의무를 현저히 위반한 경우에는 법정갱신을 인정하지 않는다.

33 답 ③

공인중개사법령 > 부동산 거래신고 등에 관한 법률

③ 토지를 수용하거나 사용할 수 있는 사업을 시행하는 자가 그 사업을 시행하기 위하여 필요한 경우 – 4년

34 답 ①

중개실무 > 중개대상물 조사 및 확인

① 내부·외부 시설물의 상태는 개업공인중개사 세부 확인사항이다.

35 답 ③

중개실무 > 개별적 중개실무

③ 등기명의신탁에서 명의수탁자가 제3자에게 임의로 부동산을 처분하고 등기를 이전한 경우 그 명의수탁자는 타인의 재물을 보관하는 자가 아니므로 형사상 횡령죄가 성립되지 않는다. 명의신탁자가 매수한 부동산에 관하여 「부동산 실권리자명의 등기에 관한 법률」을 위반하여 명의수탁자와 맺은 명의신탁약정에 따라 매도인에게서 바로 명의수탁자 명의로 소유권이전등기를 마친 이른바 중간생략등기형 명의신탁을 한 경우, 명의수탁자가 횡령죄에서 말하는 '타인의 재물을 보관하는 자'의 지위에 있다고 볼 수는 없다. 그러므로 명의수탁자가 신탁받은 부동산을 임의로 처분하여도 명의신탁자에 대한 관계에서 횡령죄가 성립하지 아니한다(대판 전합체 2016.5.19, 2014도6992).

36 답 ④

중개실무 > 중개대상물 조사 및 확인

④ 분묘가 멸실되면 분묘기지권은 소멸하는 것이 원칙이지만, 분묘가 멸실된 경우라 하더라도 유골이 존재하여 분묘의 원상회복이 가능하여 일시적인 멸실에 불과한 경우라면 분묘기지권은 소멸하지 아니하고 존속한다(대판 2007.6.28, 2005다44114).

37 답 ②

중개실무 > 개별적 중개실무

② 임대인은 임대차기간이 끝나기 6개월 전부터 임대차 종료 시까지 임차인이 주선한 신규임차인이 되려는 자로부터 권리금을 지급받는 것을 방해해서는 아니 된다.

38 답 ④

중개실무 > 개별적 중개실무

법원에 매수신청대리인으로 등록된 개업공인중개사가 매수신청대리의 위임을 받은 경우 다음의 행위를 할 수 있다(공인중개사의 매수신청대리인 등록 등에 관한 규칙 제2조).

1. 매수신청보증의 제공(①)
2. 입찰표의 작성 및 제출(②)
3. 차순위 매수신고(③)
4. 매수신청의 보증을 돌려줄 것을 신청하는 행위
5. 공유자의 우선매수신고(⑤)
6. 임차인의 임대주택 우선매수신고
7. 공유자 또는 임대주택 임차인의 우선매수신고에 따라 차순위 매수신고인으로 보게 되는 경우 그 차순위 매수신고인의 지위를 포기하는 행위

39 답 ①

중개실무 > 개별적 중개실무

① 말소기준권리인 선순위 담보물권보다 시간이 앞서 설정된 지상권은 소멸되지 아니하고 매수인에게 인수된다.

40 답 ③

중개실무 > 개별적 중개실무

③ 항고를 하고자 하는 자는 보증으로 매각대금의 10분의 1에 해당하는 금전 또는 법원이 인정한 유가증권을 공탁하여야 한다(민사집행법 제130조 제3항).

제2과목 | 부동산공법 중 부동산중개에 관련되는 규정

pp.19~28

41	①	42	③	43	④	44	④	45	②
46	①	47	③	48	⑤	49	③	50	①
51	④	52	①	53	①	54	③	55	②
56	②	57	④	58	⑤	59	⑤	60	③
61	②	62	③	63	④	64	③	65	②
66	③	67	②	68	②	69	①	70	③
71	③	72	⑤	73	①	74	②	75	①
76	②	77	③	78	①	79	①	80	⑤

점수: ________ 점

41 답 ①

국토의 계획 및 이용에 관한 법률 > 도시·군계획

① 관할구역 전부에 대하여 광역도시계획이 수립되어 있는 시 또는 군으로서 당해 광역도시계획에 도시·군기본계획의 내용이 모두 포함된 시 또는 군은 도시·군기본계획을 수립하지 아니할 수 있지만, 도시·군관리계획은 수립한다.

42 답 ③

국토의 계획 및 이용에 관한 법률 > 용도지역·용도지구·용도구역

①②④⑤ 도시·군계획조례가 정하는 바에 따라 건축할 수 있는 건축물에 해당한다.

43 답 ④

국토의 계획 및 이용에 관한 법률 > 개발행위의 허가 등

① 개발밀도관리구역에서는 해당 용도지역에 적용되는 건폐율 또는 용적률을 강화하여 적용한다.

② 군수가 개발밀도관리구역을 지정하는 경우 도지사의 승인을 받을 필요가 없다.

③ 주거·상업지역에서의 개발행위로 기반시설의 수용능력이 부족할 것으로 예상되는 지역 중 기반시설의 설치가 곤란한 지역은 개발밀도관리구역으로 지정할 수 있다.

⑤ 기반시설부담구역 안에서 기반시설설치비용의 부과대상인 건축행위는 단독주택 및 숙박시설 등 「건축법」에 의한 건축물로서 200m²(기존 건축물의 연면적을 포함)를 초과하는 건축물의 신축·증축행위로 한다. 다만, 기존 건축물을 철거하고 신축하는 경우에는 기존 건축물의 건축연면적을 초과하는 건축행위에 대하여만 부과대상으로 한다. 따라서 개발행위허가를 받고자 하는 자는 기반시설설치비용의 부과대상에 해당하지 않는다.

44 답 ④

국토의 계획 및 이용에 관한 법률 > 광역도시계획

① 중앙행정기관의 장, 시·도지사, 시장 또는 군수는 국토교통부장관이나 도지사에게 광역계획권의 변경을 요청할 수 있다.
② 광역계획권이 같은 도의 관할구역에 속한 경우에는 관할 시장·군수가 공동으로 광역도시계획을 수립하여야 한다.
③ 동일 지역에 대하여 수립된 광역도시계획의 내용과 도시·군기본계획의 내용이 다를 때에는 광역도시계획의 내용이 우선한다.
⑤ 광역도시계획의 수립은 시장·군수가 공동으로 수립하여 도지사에게 승인을 신청하여야 한다.

45 답 ②

국토의 계획 및 이용에 관한 법률 > 용도지역·용도지구·용도구역

ㄱ. 대도시 시장은 도시자연공원구역의 지정을 도시·군관리계획으로 결정할 수 있다.
ㄹ. 시가화조정구역에서는 도시·군계획사업에 의한 행위가 아닌 경우에도 다음의 어느 하나에 해당하는 행위에 한정하여 개발행위를 허가할 수 있다.

> 1. 농업·임업 또는 어업을 영위하는 자가 농업·임업 또는 어업용의 건축물(축사, 퇴비사, 잠실, 양어장, 창고, 생산시설, 관리용 건축물 $33m^2$ 이하)이나 그 밖의 시설을 건축하는 행위
> 2. 주민의 생활을 영위하는 데에 필요한 행위
>   (1) 주택의 증축(기존주택의 면적을 포함하여 $100m^2$ 이하), 부속건축물의 건축(기존건축물의 면적을 포함하여 $33m^2$ 이하에 해당하는 면적의 신축·증축·재축 또는 대수선)
>   (2) 마을공동시설의 설치
>   (3) 공익시설·공용시설 및 공공시설 등의 설치
>   (4) 광공업 등을 위한 건축물 및 공작물 설치
>   (5) 기존 건축물의 동일한 용도 및 규모 안에서의 개축·재축 및 대수선
>   (6) 종교시설의 증축(새로운 대지조성은 허용되지 아니하며, 증축면적은 시가화조정구역 지정 당시의 종교시설 연면적의 200%를 초과할 수 없음)
> 3. 입목의 벌채, 조림, 육림, 토석의 채취, 토지의 합병 및 분할 등 경미한 행위

46 답 ①

고난도

국토의 계획 및 이용에 관한 법률 > 도시·군계획시설사업의 시행

다음에 해당하지 아니하는 자가 도시·군계획시설사업의 시행자로 지정을 받으려면 도시·군계획시설사업의 대상인 토지(국·공유지는 제외)면적의 3분의 2 이상에 해당하는 토지를 소유하고, 토지소유자 총수의 2분의 1 이상에 해당하는 자의 동의를 얻어야 한다.

> 1. 국가 또는 지방자치단체
> 2. 공공기관(한국토지주택공사, 한국도로공사, 한국철도공사 등)
> 3. 지방공사 및 지방공단 등

47 답 ③

국토의 계획 및 이용에 관한 법률 > 용도지역·용도지구·용도구역

③ 근린상업지역(900% 이하), 일반공업지역(350% 이하), 제2종 일반주거지역(250% 이하), 자연녹지지역(100% 이하), 농림지역(80% 이하)

48 답 ⑤

국토의 계획 및 이용에 관한 법률 > 보칙 및 벌칙 등

국토교통부장관, 시·도지사, 시장·군수 또는 구청장은 다음의 어느 하나에 해당하는 처분을 하려면 청문을 하여야 한다.

> 1. 개발행위허가의 취소
> 2. 도시·군계획시설사업의 시행자 지정의 취소
> 3. 실시계획인가의 취소

49 답 ③

국토의 계획 및 이용에 관한 법률 > 개발행위의 허가 등

① 도시·군계획사업에 의한 경우에는 개발행위허가를 받지 아니한다.
② 녹지지역에서 관계 법령에 따른 허가·인가 등을 받지 아니하고 행하는 토지의 분할은 개발행위허가대상이다.
④ 「국가유산기본법」에 따른 국가유산 등의 손상우려로 개발행위허가를 제한하는 경우에는 연장할 수 없으므로 최장 3년까지 제한할 수 있다.
⑤ 재해복구나 재난수습을 위한 응급조치를 한 경우에는 1개월 이내에 특별시장·광역시장·특별자치시장·특별자치도지사·시장 또는 군수에게 신고하여야 한다.

50 답 ①

국토의 계획 및 이용에 관한 법률 > 총칙

② 용도지구는 용도지역의 제한을 강화 또는 완화하여 적용하며, 도시·군관리계획의 결정으로 지정한다.
③ 국가계획이란 중앙행정기관이 법률에 따라 수립하거나 국가의 정책적인 목적달성을 위하여 수립하는 계획 중 도시·군기본계획의 내용 또는 도시·군관리계획으로 결정하여야 할 사항이 포함된 계획을 말하며, 광역도시계획으로 정할 사항이 포함되어야 하는 것은 아니다.
④ 성장관리계획은 도시·군관리계획이 아니다.
⑤ 기반시설 중 도시·군관리계획으로 결정된 시설은 도시·군계획시설이다.

51 답 ④

국토의 계획 및 이용에 관한 법률 > 지구단위계획

① 세 개 이상의 노선이 교차하는 대중교통 결절지(結節地)로부터 1km 이내에 위치한 지역에 지구단위계획구역을 지정할 수 있다.
② 지정하려는 구역 면적의 50% 이상이 계획관리지역이고 나머지가 생산관리지역 또는 보전관리지역인 지역에 지구단위계획구역을 지정할 수 있다.
③ 지구단위계획구역 안에서는 「건축법」에 의한 대지분할제한의 규정을 완화하여 적용할 수 없다.
⑤ 도시지역 외의 지역에 지정된 지구단위계획구역 안에서는 지구단위계획으로 당해 용도지역에 적용되는 용적률은 200% 이내에서 완화하여 적용할 수 있다.

52 답 ①

국토의 계획 및 이용에 관한 법률 > 도시·군계획시설사업의 시행

② 매수청구를 받은 토지가 비업무용 토지인 경우 매수대금이 3천만원을 초과하여 그 초과하는 금액을 지급하는 경우 도시·군계획시설채권을 발행하여 지급할 수 있다.
③ 매수의무자는 매수청구를 받은 날부터 6개월 이내에 매수 여부를 결정하여 토지소유자에게 알려야 한다.
④ 도시·군계획시설채권의 상환기간은 10년 이내로 한다.
⑤ 매수청구된 토지의 매수가격·매수절차 등에 관하여 이 법에 특별한 규정이 있는 경우 외에는 「공익사업을 위한 토지 등의 취득 및 보상에 관한 법률」을 준용한다.

53 답 ①

도시개발법 > 도시개발계획 및 구역 지정

① 국가 및 지방자치단체와 도시개발조합을 제외한 나머지 사업시행자는 국토교통부령으로 정하는 서류를 국토교통부장관, 특별자치도지사, 시장·군수·구청장에게 제출하여 특별자치도지사, 시장·군수 또는 구청장에게 도시개발구역의 지정을 제안할 수 있다.

54 답 ③

도시개발법 > 도시개발사업

① 조합설립인가를 받은 후 정관기재사항인 주된 사무소의 소재지를 변경하려는 경우에는 지정권자에게 변경신고를 하여야 한다.
② 조합설립의 인가를 신청하고자 하는 때에는 해당 도시개발구역 안의 토지면적의 3분의 2 이상에 해당하는 토지소유자와 그 구역 안의 토지소유자 총수의 2분의 1 이상의 동의를 얻어야 한다.
④ 보유토지의 면적에 관계없이 평등한 의결권을 갖는다.
⑤ 의결권을 가진 조합원의 수가 50인 이상인 조합은 총회의 권한을 대행하게 하기 위하여 대의원회를 둘 수 있다.

55 답 ②

도시개발법 > 도시개발계획 및 구역 지정

도시개발구역으로 지정할 수 있는 면적은 다음과 같다.

<table>
<tr><td rowspan="4">도시지역 안</td><td>주거지역 및 상업지역</td><td>1만m² 이상</td></tr>
<tr><td>공업지역</td><td>3만m² 이상</td></tr>
<tr><td>자연녹지지역</td><td>1만m² 이상</td></tr>
<tr><td>생산녹지지역(생산녹지지역이 도시개발구역 지정면적의 100분의 30 이하인 경우만 해당)</td><td>1만m² 이상</td></tr>
<tr><td>도시지역 밖</td><td colspan="2">30만m² 이상. 다만, 공동주택 중 아파트 또는 연립주택의 건설계획이 포함되는 경우로서 다음 요건을 모두 갖춘 경우에는 10만m² 이상으로 한다.
• 도시개발구역에 초등학교용지를 확보(도시개발구역 내 또는 도시개발구역으로부터 통학이 가능한 거리에 학생을 수용할 수 있는 초등학교가 있는 경우를 포함)하여 관할 교육청과 협의한 경우
• 도시개발구역에서 「도로법」 제12조부터 제15조까지의 규정에 해당하는 도로 또는 국토교통부령으로 정하는 도로와 연결되거나 4차로 이상의 도로를 설치하는 경우</td></tr>
</table>

56 답 ②

도시개발법 > 도시개발사업

ㄱ. 도시개발조합은 환지방식으로만 시행하기 때문에 수용할 권한이 없다.
ㄷ. 지방공사인 시행자는 지급보증을 요하지 아니한다.

57 답 ④

도시개발법 > 도시개발사업

① 분할 혼용방식은 수용 또는 사용방식이 적용되는 지역과 환지방식이 적용되는 지역을 사업시행지구별로 분할하여 시행하는 방식으로 가능하다.
② 시행자가 아닌 지정권자는 도시개발사업에 필요한 토지 등을 수용할 수 없다.
③ 국가나 지방자치단체인 시행자가 토지를 수용할 경우에는 토지소유자의 동의를 받을 필요가 없다.
⑤ 수용의 대상이 되는 토지의 세부목록을 고시한 경우에는 「공익사업을 위한 토지 등의 취득 및 보상에 관한 법률」에 따른 사업인정 및 그 고시가 있었던 것으로 본다.

58 답 ⑤

도시개발법 > 도시개발사업

⑤ 토지상환채권의 이율은 발행 당시의 금융기관의 예금금리 및 부동산 수급상황을 고려하여 발행자가 정한다.

59 답 ⑤

도시 및 주거환경정비법 > 기본계획 수립 및 정비구역 지정

① 기본계획의 수립권자는 기본계획을 수립하거나 변경하려는 경우에는 14일 이상 주민에게 공람하여 의견을 들어야 하며, 제시된 의견이 타당하다고 인정되면 이를 기본계획에 반영하여야 한다.
② 시장은 기본계획을 수립하거나 변경한 때에는 국토교통부령으로 정하는 방법 및 절차에 따라 국토교통부장관에게 보고하여야 한다.
③ 기본계획의 수립권자는 기본계획에 생활권의 설정, 생활권별 기반시설 설치계획 및 주택수급계획을 포함하는 경우에 정비예정구역의 개략적 범위와 단계별 정비사업추진계획을 생략할 수 있다.
④ 군수를 제외한 특별시장·광역시장·특별자치시장·특별자치도지사·시장은 관할구역에 대하여 도시·주거환경정비기본계획을 10년 단위로 수립하고, 5년마다 그 타당성을 검토하여야 한다.

60 답 ③

도시 및 주거환경정비법 > 정비사업

③ 재개발사업의 사업시행자는 사업시행으로 이주하는 상가세입자가 사용할 수 있도록 정비구역 또는 정비구역의 인근에 임시상가를 설치할 수 있다.

61 답 ②

도시 및 주거환경정비법 > 정비사업

② 시장·군수등은 사업시행자의 관리처분계획인가의 신청이 있은 날부터 30일 이내에 인가 여부를 결정하여 사업시행자에게 통보하여야 한다. 다만, 시장·군수등은 관리처분계획의 타당성 검증을 요청하는 경우에는 관리처분계획인가의 신청을 받은 날부터 60일 이내에 인가 여부를 결정하여 사업시행자에게 통지하여야 한다.

62 답 ③

도시 및 주거환경정비법 > 정비사업

① 재개발사업의 경우 정비구역의 토지등소유자(지상권자는 제외)에게 분양하여야 한다. 다만, 공동주택을 분양하는 경우 시·도조례로 정하는 금액·규모·취득 시기 또는 유형에 대한 기준에 부합하지 아니하는 토지등소유자는 시·도조례로 정하는 바에 따라 분양대상에서 제외할 수 있다.
② 재건축사업의 경우 조합이 조합원 전원의 동의를 받아 관리처분의 기준을 따로 정할 수 있다.
④ 종전의 토지 또는 건축물의 소유자·지상권자·전세권자·임차권자 등 권리자는 관리처분계획인가의 고시가 있은 때에는 이전고시가 있는 날까지 종전의 토지 또는 건축물을 사용하거나 수익할 수 없다. 다만, 다음의 어느 하나에 해당하는 경우에는 그러하지 아니하다.

> 1. 사업시행자의 동의를 받은 경우
> 2. 「공익사업을 위한 토지 등의 취득 및 보상에 관한 법률」에 따른 손실보상이 완료되지 아니한 경우

⑤ 시장·군수등은 사업시행자의 관리처분계획인가의 신청이 있은 날부터 30일 이내에 인가 여부를 결정하여 사업시행자에게 통보하여야 한다.

63 답 ④

도시 및 주거환경정비법 > 정비사업

① 주거환경개선사업·재개발사업에 있어 '토지등소유자'는 정비구역에 소재한 토지 또는 건축물의 소유자와 지상권자를 말하며, 재건축사업의 경우에는 정비구역에 위치한 건축물 및 그 부속토지의 소유자를 말한다.

② 재개발사업의 사업시행자는 사업시행으로 이주하는 상가 세입자가 사용할 수 있도록 정비구역 또는 정비구역 인근에 임시상가를 설치할 수 있다.
③ 재건축사업의 추진위원회가 조합을 설립하고자 하는 때에는 법령상 요구되는 토지등소유자의 동의를 얻어 시장·군수등에게 인가받아야 한다.
⑤ 재건축사업의 재건축진단에 드는 비용은 정비계획의 시장·군수등이 부담한다.

64 답 ③

고난도

도시 및 주거환경정비법 > 정비사업

③ 재건축사업은 조합이 시행하거나 조합이 조합원의 과반수의 동의를 받아 시장·군수등, 토지주택공사등, 건설사업자 또는 등록사업자와 공동으로 시행할 수 있다.

65 답 ②

주택법 > 총칙

① '간선시설'이란 도로·상하수도·전기시설·가스시설·통신시설 및 지역난방시설 등 주택단지 안의 기간시설을 그 주택단지 밖에 있는 같은 종류의 기간시설에 연결시키는 시설을 말한다.
③ 기숙사는 준주택에 해당한다.
④ '주택'이란 세대의 구성원이 장기간 독립된 주거생활을 할 수 있는 구조로 된 건축물의 전부 또는 일부를 말하며, 그 부속토지를 포함한다.
⑤ 공구란 하나의 주택단지에서 둘 이상으로 구분되는 일단의 구역으로서 공구별 세대수는 300세대 이상으로 해야 한다.

66 답 ③

주택법 > 주택의 건설

③ 조합원의 탈퇴 등으로 조합원 수가 주택건설 예정 세대수의 50% 미만이 되어야 충원이 가능한데, 60%면 50% 미만이 아니므로 충원이 불가능하다.

67 답 ②

주택법 > 총칙

ㄷ. 세대구분형 공동주택의 세대수가 해당 주택단지 안의 공동주택 전체 세대수의 3분의 1을 넘지 않을 것

68 답 ②

고난도

주택법 > 주택의 건설

② 시·도지사는 품질점검단의 설치·운영에 관한 사항을 조례로 정하는 바에 따라 대도시 시장에게 위임할 수 있다.

69 답 ①

주택법 > 주택의 건설

② 고용자가 그 근로자의 주택을 건설하는 경우에는 등록사업자와 공동으로 사업을 시행하여야 한다.
③ 토지소유자가 등록사업자와 공동으로 주택건설사업을 시행하는 경우 토지소유자와 등록사업자는 공동사업주체로 본다.
④ 세대수를 증가하지 아니하는 리모델링주택조합은 등록사업자와 공동으로 사업을 시행할 수 없다. 주택조합(세대수를 증가하지 아니하는 리모델링주택조합은 제외)이 그 구성원의 주택을 건설하는 경우에는 등록사업자(지방자치단체·한국토지주택공사 및 지방공사를 포함)와 공동으로 사업을 시행할 수 있다.
⑤ 거짓이나 그 밖의 부정한 방법으로 등록한 경우 또는 등록증 대여한 경우에는 등록을 말소하여야 한다.

70 답 ③

주택법 > 주택의 건설

ㄱ. 민영주택이란 국민주택을 제외한 주택을 말한다.
ㄴ. 체비지의 양도가격은 국토교통부령으로 정하는 바에 따라 「감정평가 및 감정평가사에 관한 법률」에 따른 감정평가법인등이 감정평가한 감정가격을 기준으로 한다. 다만, 임대주택을 건설하는 경우 등 국토교통부령(85m² 이하의 임대주택을 건설하거나 60m² 이하의 국민주택을 건설하는 경우)으로 정하는 경우에는 국토교통부령으로 정하는 조성원가를 기준으로 할 수 있다.

71 답 ③

주택법 > 주택의 건설

③ 세대원이 근무로 인하여 세대원 전원이 다른 행정구역으로 이전하여야 한다.

72 답 ⑤

건축법 > 건축물의 건축

⑤ 허가권자는 허가를 받은 자가 허가를 받은 날부터 2년(산업집적활성화 및 공장설립에 관한 법률에 따라 공장의 신설·증설 또는 업종변경의 승인을 받은 공장은 3년) 이내에 공사에 착수하지 아니한 경우 허가를 취소하여야 한다.

73 답 ①

건축법 > 지역 및 지구 안의 건축물

ㄹ. 건축물의 높이제한은 법률과 시행령뿐만 아니라 조례로 정할 수 있다.

74 답 ②

건축법 > 건축물의 대지와 도로

① 대지는 인접한 도로면보다 낮아서는 아니 된다. 다만, 대지의 배수에 지장이 없거나 건축물의 용도상 방습의 필요가 없는 경우에는 인접한 도로면보다 낮아도 된다.

③ 습한 토지, 물이 나올 우려가 많은 토지, 쓰레기, 그 밖에 이와 유사한 것으로 매립된 토지에 건축물을 건축하는 경우에는 성토, 지반 개량 등 필요한 조치를 하여야 한다.

④ 손궤의 우려가 있는 토지에 대지를 조성하려면 옹벽 외벽면에는 이의 지지·배수를 위한 시설 외의 구조물이 밖으로 튀어 나오지 아니하게 하여야 한다.

⑤ 연면적의 합계가 1천500m^2 미만인 물류시설은 조경 등의 조치를 하지 아니할 수 있다. 다만, 주거지역 또는 상업지역에 건축하는 것은 하여야 한다.

75 답 ① 고난도

건축법 > 건축물의 건축

① 연면적 200m^2 미만이고 3층 미만인 건축물의 피난계단 증설은 건축신고를 하면 건축허가를 받은 것으로 본다.

76 답 ②

건축법 > 총칙

② 판매시설과 운동시설은 영업시설군으로서 같은 시설군 내에서 용도를 변경하고자 하는 경우에는 건축물대장 기재사항의 변경을 신청하여야 한다. 나머지는 상위시설군으로의 변경이므로 허가사항이다.

77 답 ③

건축법 > 지역 및 지구 안의 건축물

- 용적률 = (지상층 연면적 ÷ 대지면적) × 100이다. 용적률은 300%이고, 대지면적이 300m^2이므로 300% = (지상층 연면적 ÷ 300m^2) × 100이다.
- 지상층 연면적 = (300 × 300) ÷ 100에서 이 건축물의 지상층 연면적은 900m^2가 된다. 여기에서 지하층은 용적률 산정 시 연면적(각 층의 바닥면적 합계)에서 제외되기 때문에 지상 6층만 계산하면 건축물의 바닥면적은 900m^2 ÷ 6 = 150m^2이다.

78 답 ① 고난도

건축법 > 건축물의 구조 및 재료

① 건축주는 6층 이상인 건축물로서 연면적 2,000m^2 이상인 건축물을 건축하고자 하는 경우에는 승강기를 설치하여야 한다.

79 답 ①

농지법 > 농지의 소유

① 주말·체험영농을 하려고 농지를 소유하는 경우에는 주말·체험영농계획서를 작성하여 농지취득자격증명을 발급받아야 한다.

80 답 ⑤

농지법 > 농지의 보전

⑤ 농림축산식품부장관은 농지보전부담금을 내야 하는 자가 납부기한까지 내지 아니하면 납부기한이 지난 후 10일 이내에 납부기한으로부터 30일 이내의 기간을 정한 독촉장을 발급하여야 한다.

| 2교시 |

제1과목 | 부동산공시에 관한 법령 및 부동산 관련 세법

pp.30~39

01	④	02	②	03	④	04	④	05	①
06	①	07	②	08	③	09	⑤	10	③
11	⑤	12	②	13	③	14	⑤	15	③
16	②	17	③	18	④	19	②	20	②
21	③	22	①	23	④	24	④	25	④
26	②	27	④	28	⑤	29	③	30	④
31	③	32	③	33	⑤	34	①	35	③
36	①	37	③	38	②	39	③	40	②

점수: ________ 점

1 답 ④

공간정보의 구축 및 관리 등에 관한 법률 > 토지의 등록

④ 지적도의 축척이 600분의 1인 지역과 경계점좌표등록부 시행지역에서 $0.1m^2$ 미만의 끝수가 있는 경우 $0.05m^2$ 미만일 때에는 버리고, $0.05m^2$를 초과할 때에는 올린다(영 제60조 제1항 제2호). $350.652m^2$에서 등록해야 할 자리의 숫자는 0.6이고 끝수는 0.052이다. 끝수 0.052는 0.05를 초과하므로 0.052를 올려서 $350.7m^2$로 등록한다.

빈출개념 체크 등록단위

축척	1/1,000 ~ 1/6,000, 임야도지역	1/600, 경계점좌표등록부 시행지역
내용	• m^2 단위까지 등록 • $1m^2$ 미만이면 $1m^2$로 등록	• m^2 이하 한 자리까지 등록 • $0.1m^2$ 미만이면 $0.1m^2$로 등록

2 답 ②

공간정보의 구축 및 관리 등에 관한 법률 > 토지의 등록

② 고속도로 안의 휴게소 부지의 지목은 '도로'이다. 현행법상 지목을 '대'로 할 수 있는 것은 다음과 같다.

> 1. 영구적 건축물 중 주거·사무실·점포의 부지
> 2. 영구적 건축물 중 박물관·극장·미술관 등 문화시설의 부지(①)
> 3. 주거·사무실 등에 접속된 정원
> 4. 「국토의 계획 및 이용에 관한 법률」 등 관계 법령에 의한 택지조성공사가 준공된 토지(④)
> 5. 과수원 내에 있는 주거용 건축물의 부지(③)
> 6. 목장용지 내에 있는 주거용 건축물의 부지
> 7. 묘지의 관리를 위한 건축물의 부지(⑤)

3 답 ④

공간정보의 구축 및 관리 등에 관한 법률 > 토지의 등록

① 지번은 본번과 부번으로 구성하되, 본번과 부번 사이에 '–' 표시로 연결한다. 이 경우 '–' 표시는 '의'라고 읽는다(영 제56조 제2항).

② 지번은 지적소관청이 지번부여지역별로 차례대로 부여한다(법 제66조 제1항).

③ 지번은 아라비아숫자로 표기하되, 임야대장 및 임야도에 등록하는 토지의 지번은 숫자 앞에 '산'자를 붙인다(영 제56조 제1항).

⑤ 분할의 경우는 필지의 숫자가 늘어나므로 결번이 발생하지 않는다(규칙 제63조).

4 답 ④

공간정보의 구축 및 관리 등에 관한 법률 > 토지의 등록

• 국토교통부장관은 모든 토지에 대하여 필지별로 소재·지번·지목·면적·경계 또는 좌표 등을 조사·측량하여 지적공부에 등록하여야 한다(법 제64조 제1항).

• 지적공부에 등록하는 지번·지목·면적·경계 또는 좌표는 토지의 이동이 있을 때 토지소유자(법인이 아닌 사단이나 재단의 경우에는 그 대표자나 관리인을 말함)의 신청을 받아 지적소관청이 결정한다. 다만, 신청이 없으면 지적소관청이 직권으로 조사·측량하여 결정할 수 있다(법 제64조 제2항).

5 답 ①

공간정보의 구축 및 관리 등에 관한 법률 > 지적공부 및 부동산종합공부

① 지적도면에 색인도는 등록하지만, 일람도는 등록하지 않는다. 참고로, 일람도란 지적도 및 임야도의 배치나 그에 관한 접속관계를 한눈에 알아볼 수 있도록 지번부여지역마다 그 대략적인 지적내용을 표시한 보조도면을 말한다.

⑤ 축척이 1/600인 지적도상의 두 점 간의 거리가 가로 4cm인 경우, 실제 거리는 4cm × 600 = 2,400cm = 24m이다.

6 답 ①

공간정보의 구축 및 관리 등에 관한 법률 > 지적공부 및 부동산종합공부

ㄱ. 측량결과도는 복구자료에 해당하지만, 측량준비파일은 복구자료에 해당하지 않는다.

7 답 ②

공간정보의 구축 및 관리 등에 관한 법률 > 지적공부 및 부동산종합공부

① '국토교통부장관'은 연속지적도의 관리 및 정비에 관한 정책을 수립·시행하여야 한다(법 제90조의2 제1항).
③ '국토교통부장관'은 연속지적도 정비에 필요한 경비의 전부 또는 일부를 지원할 수 있다(법 제90조의2 제3항).
④ '국토교통부장관'은 연속지적도를 체계적으로 관리하기 위하여 연속지적도 정보관리체계를 구축·운영할 수 있다(법 제90조의2 제4항).
⑤ '국토교통부장관'은 연속지적도 정보관리체계의 구축·운영에 관한 업무를 대통령령으로 정하는 법인, 단체 또는 기관에 위탁할 수 있다(법 제90조의2 제5항).

8 답 ③

공간정보의 구축 및 관리 등에 관한 법률 > 토지의 이동 및 지적정리

①②④⑤의 경우는 사유가 발생한 때로부터 60일 이내에 신청하여야 하지만, ③ 공유물분할판결에 따라 토지를 분할하는 경우는 '소유권이전을 위하여 분할하는 경우'로 판결이 확정되더라도 소유자에게 신청의무가 부여되는 것은 아니다.

빈출개념 체크 분할대상토지의 신청의무

신청의무 有 (60일 이내)	지적공부에 등록된 1필지의 일부가 형질변경 등으로 용도가 변경된 경우
신청의무 無	• 소유권이전, 매매 등을 위하여 필요한 경우 • 토지이용상 불합리한 지상경계를 시정하기 위한 경우

9 답 ⑤

공간정보의 구축 및 관리 등에 관한 법률 > 토지의 이동 및 지적정리

⑤ 지적소관청은 지적공부의 등록사항에 잘못이 있음을 발견하면 직권으로 조사·측량하여 정정할 수 있다(법 제84조 제2항).

10 답 ③

공간정보의 구축 및 관리 등에 관한 법률 > 토지의 이동 및 지적정리

ㄹ. 도시개발사업지역 등의 경우는 형질변경 등의 '공사가 준공'된 때 토지이동이 있는 것으로 본다(법 제86조 제3항).

11 답 ⑤

공간정보의 구축 및 관리 등에 관한 법률 > 지적측량

① 중앙지적위원회의 위원장은 국토교통부의 지적업무 담당 국장이, 부위원장은 국토교통부의 지적업무 담당 과장이 된다(영 제20조 제2항).
② 중앙지적위원회의 회의는 재적위원 과반수의 출석으로 개의(開議)하고, 출석위원 과반수의 찬성으로 의결한다(영 제21조 제3항).
③ 중앙지적위원회는 위원장 및 부위원장 각 1명을 포함하여 5명 이상 10명 이내의 위원으로 구성한다(영 제20조 제1항).
④ 지적측량에 대한 적부심사(適否審査) 청구사항을 심의·의결하기 위하여 특별시·광역시·특별자치시·도 또는 특별자치도(이하 '시·도'라 함)에 지방지적위원회를 두고(법 제28조 제2항), 적부재심사 청구사항을 심의·의결하기 위하여 국토교통부에 중앙지적위원회를 둔다(법 제28조 제1항).

12 답 ②

공간정보의 구축 및 관리 등에 관한 법률 > 지적측량

② 토지소유자 및 이해관계인 등 지적측량을 의뢰하려는 자는 지적측량 의뢰서(전자문서로 된 의뢰서를 포함)에 의뢰 사유를 증명하는 서류(전자문서를 포함)를 첨부하여 지적측량수행자에게 제출하여야 한다(규칙 제25조 제1항).

13 답 ③

부동산등기법 > 등기제도 총칙

③ 등기의 순서는 등기기록 중 같은 구(區)에서 한 등기 상호간에는 순위번호에 따르고, 다른 구에서 한 등기 상호간에는 접수번호에 따른다(법 제4조 제2항). 즉, 갑구에서 한 등기나 을구에서 한 등기는 같은 구에서 한 등기이므로 순위번호에 따라 등기의 순서를 정한다.

14 답 ⑤

부동산등기법 > 등기절차 총론

⑤ 등기권리자의 채권자가 등기권리자를 대위하여 등기를 신청하여 마친 경우 등기명의인을 위한 등기필정보를 작성하여 통지하지 않는다(법 제50조 제1항 제3호, 규칙 제109조 제2항 제4호).

빈출개념 체크 등기필정보를 작성·통지할 필요가 없는 경우

1. 등기권리자가 등기필정보의 통지를 원하지 아니하는 경우
2. 등기필정보를 전산정보처리조직으로 통지받아야 할 자가 수신이 가능한 때부터 3개월 이내에 전산정보처리조직을 이용하여 수신하지 않은 경우
3. 등기필정보통지서를 수령할 자가 등기를 마친 때부터 3개월 이내에 그 서면을 수령하지 않은 경우
4. 승소한 등기의무자가 등기신청을 한 경우
5. 등기권리자를 대위하여 등기신청을 한 경우
6. 등기관이 직권으로 소유권보존등기를 한 경우
7. 국가 또는 지방자치단체가 등기권리자인 경우
8. 관공서가 등기를 촉탁한 경우. 다만, 관공서가 등기권리자를 위해 등기를 촉탁하는 경우에는 그러하지 아니하다.
9. 「민법」 제265조 단서에 따른 공유물의 보존행위로서 공유자 전원을 등기권리자로 하여 권리에 관한 등기를 신청한 경우(등기권리자가 그 나머지 공유자인 경우로 한정함)

15 답 ③

부동산등기법 > 등기절차 총론

③ 등기관의 결정 또는 처분에 이의가 있는 자는 그 결정 또는 처분을 한 등기관이 속한 지방법원(= 관할 지방법원)에 이의신청을 할 수 있다(법 제100조). 이의신청은 결정 또는 처분을 한 등기관이 속한 등기소에 이의신청서를 제출하거나 전산정보처리조직을 이용하여 이의신청정보를 보내는 방법으로 한다(법 제101조).

16 답 ②

부동산등기법 > 등기절차 총론

② 관공서가 등기촉탁을 하는 경우에는 등기기록과 대장상의 부동산의 표시가 부합하지 않더라도 그 등기촉탁을 수리하여야 한다(등기예규 제1810호).

17 답 ③

부동산등기법 > 등기기관과 그 설비

③ 관할 등기소가 다른 여러 개의 부동산과 관련하여 대법원 규칙으로 정한 다음과 같은 등기신청이 있는 경우에는 그 중 하나의 관할 등기소에서 해당 신청에 따른 등기사무를 담당할 수 있다(법 제7조의2 제1항, 규칙 제163조 제2항).

1. 소유자가 다른 여러 부동산에 대한 공동저당, 공동전세, 전전세 등기의 신청
2. 소유자가 다른 여러 부동산에 대한 공동저당, 공동전세, 전전세 등기에 대한 이전·변경·말소등기의 신청
3. 공동저당 목적으로 새로 추가되는 부동산이 종전에 등기한 부동산과 다른 등기소의 관할에 속하는 경우에는 종전의 등기소에 추가되는 부동산에 대한 저당권설정등기의 신청

18 답 ④

부동산등기법 > 각종 권리의 등기절차

ㄴ. 상속등기는 반드시 상속인 전원 명의로 등기를 하여야 하므로 공동상속인 중 1인이 자기 지분만에 관한 상속등기를 신청하는 경우 「부동산등기법」 제29조 제2호 '사건이 등기할 것이 아닌 경우'에 해당하여 각하된다.

ㄷ. 강박을 원인으로 계약을 취소하면 그 효력은 소급해서 무효가 된다. 이 경우 甲이 소유권을 회복하는 방법으로 말소등기를 하지 않고 소유권이전등기를 할 수 있는데, 이를 진정명의회복을 위한 소유권이전등기라고 한다.

19 답 ②

부동산등기법 > 각종 권리의 등기절차

② 유증으로 인한 소유권이전등기는 포괄유증이든 특정유증이든 불문하고 수증자를 등기권리자로, 유언집행자 또는 상속인을 등기의무자로 하여 공동으로 신청한다.

20 답 ② 고난도

부동산등기법 > 각종 권리의 등기절차

ㄴ. 환매특약등기는 소유권이전등기와 별개의 신청정보로 동시에 신청하여야 한다.

ㄷ. 등기관이 환매특약의 등기를 할 때에는 신청정보에 매수인이 지급한 대금과 매매비용을 제공하여야 한다. 반면, 환매기간은 등기원인에 그 사항이 정하여져 있는 경우에만 기록하는 임의적 사항이다(법 제53조, 규칙 제113조).

ㄱ. 환매등기의 경우 매도인이 아닌 제3자를 등기권리자로 하는 환매특약등기를 할 수 없다(1991.11.20. 등기선례 제3-566호).

21 답 ③

부동산등기법 > 각종 권리의 등기절차

ㄱ. 존속기간은 근저당권의 등기사항에는 해당하지만, 저당권의 등기사항에는 해당하지 않는다.
ㄷ. 채무자와 채권액은 근저당권 및 저당권의 필요적 등기사항이다.
ㄴ, ㄹ. 변제기, 이자, 위약금은 저당권의 등기사항에는 해당하지만 근저당권의 등기사항에는 해당하지 않는다.

22 답 ①

부동산등기법 > 각종의 등기절차

ㄱ, ㅁ. 등기명의인의 표시변경등기나 경정의 등기, 권리소멸의 약정등기는 부기등기로 실행한다.
ㄴ. 가등기상의 권리의 이전등기는 소유권 외의 권리의 이전등기로, 부기등기로 실행한다.
ㄷ. 전세권설정등기는 소유권자가 설정하는 등기이므로 주등기로 실행한다.
ㄹ. 권리변경등기는 등기상 이해관계인의 승낙을 얻으면 부기등기로 실행할 수 있고, 승낙이 없으면 주등기로 실행하여야 한다.

23 답 ④

부동산등기법 > 각종의 등기절차

④ 말소등기에서 '이해관계 있는 제3자'란 등기의 말소로 인하여 손해를 입을 우려가 있다는 것이 등기기록에 의하여 형식적으로 인정되는 자를 의미한다. 소유권보존등기를 말소하는 경우 이를 목적으로 하는 가압류등기도 말소되므로 가압류권자는 이해관계인에 해당한다.
⑤ 말소등기와 양립할 수 있어야 등기상 이해관계인이 될 수 있는데, 소유권과 소유권은 서로 양립할 수 없으므로 乙 명의의 소유권이전등기를 말소할 때의 丙은 등기상 이해관계인이 될 수 없다.

24 답 ④

부동산등기법 > 각종의 등기절차

④ 하나의 가등기에 관하여 수인의 가등기권자가 있는 경우에 가등기권자 모두가 공동의 이름으로 본등기를 신청하거나, 그중 일부의 가등기권자가 자기의 가등기지분에 관하여 본등기를 신청할 수 있다. 하지만 일부의 가등기권자가 공유물보존행위에 준하여 가등기 전부에 대한 본등기를 신청할 수는 없다(등기예규 제1632호).

25 답 ④

조세총론 > 납세의무의 성립·확정·소멸

④ 농어촌특별세: 본세의 납세의무가 성립하는 때

26 답 ②

조세총론 > 납세의무의 성립·확정·소멸

② 상속을 원인으로 취득한 주택에 대한 취득세 과세표준신고서를 법정신고기한까지 제출하지 아니한 경우 10년을 부과제척기간으로 한다.

27 답 ④

지방세 > 취득세

④ 등기된 부동산임차권은 양도소득세 과세대상이다.

28 답 ⑤

지방세 > 취득세

⑤ 대한민국 정부기관의 취득에 대하여 과세하는 외국정부가 취득세 과세대상 물건을 취득한 경우에는 취득세가 과세된다.
① 법인설립 시 발행하는 주식을 취득하여 과점주주가 된 경우에는 취득으로 보지 아니한다.
② 차량은 승계취득에 대해서만 과세한다.
③ 건물을 유상취득한 후 이를 등기하지 아니하고 취득일부터 60일 이내에 계약이 해제된 사실이 인낙조서에 의하여 입증되는 경우 취득으로 보지 아니한다.
④ 등기된 부동산임차권은 취득세 과세대상에 해당하지 아니한다.

29 답 ③

지방세 > 취득세

① 취득세 과세물건을 증여취득한 자가 등기·등록하지 아니하고 화해조서에 의하여 취득일이 속하는 달의 말일부터 3개월 이내에 계약이 해제된 사실을 입증하는 경우 취득한 것으로 보지 아니한다.
② 납세의무자가 취득세 신고기한까지 취득세를 시가인정액으로 신고한 후 지방자치단체의 장이 세액을 경정하기 전에 그 시가인정액을 수정신고한 경우에는 「지방세기본법」 제53조 및 제54조에 따른 가산세를 부과하지 아니한다.
④ 법인의 취득당시가액을 증명할 수 있는 장부가 없는 경우 지방자치단체의 장은 그 산출된 세액의 100분의 10을 징수하여야 할 세액에 가산한다.

⑤ 인접한 부동산을 취득한 경우는 이를 1건의 취득으로 보아 면세점 여부를 판정한다. 따라서 취득가액 총액이 50만원을 초과하므로 취득세가 과세된다.

30 답 ④

지방세 > 등록에 대한 등록면허세

④ 등기·등록 당시에 자산재평가 또는 감가상각 등의 사유로 그 가액이 달라진 경우에는 변경된 가액을 과세표준으로 한다.

31 답 ③

고난도

지방세 > 재산세

③ 재산세 과세대상은 토지, 건축물, 주택, 선박, 항공기이다. 영업권은 양도소득세 과세대상이 될 수 있으며, 입목(ㄹ), 기계장비(ㅁ)는 취득세 과세대상이다.

32 답 ③

지방세 > 재산세

③ 언제나 과세기준일 현재 시가표준액을 기준으로 과세표준을 산정한다.

33 답 ⑤

지방세 > 재산세

① 재산세는 관할 지방자치단체의 장이 세액을 산정하여 보통징수의 방법으로 부과·징수한다.
② 고지서 1장당 재산세로 징수할 세액이 2천원 미만인 경우에는 해당 재산세를 징수하지 아니한다.
③ 재산세의 과세기준일은 매년 6월 1일로 한다.
④ 지방자치단체의 장은 재산세의 납부세액이 250만원을 초과하는 경우에는 납부할 세액의 일부를 납부기한이 지난 날부터 3개월 이내에 분할납부하게 할 수 있다.

34 답 ①

국세 > 종합부동산세

① 법인(공익법인 등 제외) 소유 주택에 대한 종합부동산세는 비례세율 구조로 되어 있다.

35 답 ③

국세 > 종합부동산세

③ 종합부동산세는 물납규정을 두고 있지 않다.

36 답 ①

국세 > 양도소득세

② 점유시효완성에 의한 취득의 경우에는 점유를 개시한 날을 취득시기로 본다.
③ 완성되지 아니한 자산을 양도하는 경우로서 해당 자산의 대금을 청산한 날까지 그 목적물이 완성되지 아니한 경우에는 그 목적물이 완성 또는 확정된 날이다.
④ 수용에 있어 소유권에 관한 소송으로 보상금이 공탁된 경우에는 소유권에 관한 소송판결확정일이다.
⑤ 건축허가를 받지 아니하고 건축하는 건축물은 그 사실상의 사용일이다.

37 답 ③

국세 > 양도소득세

양도가액		100,000,000원
− 환산취득가액	−	50,000,000원*
− 개산공제액	−	750,000원**
= 양도차익	=	49,250,000원

* 환산취득가액:

$$1억원 \times \frac{2천5백만원(취득\ 당시\ 기준시가)}{5천만원(양도\ 당시\ 기준시가)} = 5천만원$$

** 개산공제액: 2천5백만원 × 3% = 750,000원

※ 취득가액을 추계가액으로 적용한 경우 실제 자본적 지출액 등을 공제하지 못한다.

38 답 ②

국세 > 양도소득세

① 양도소득세 납세의무자는 수증자이다.
③ 증여받은 자산에 대하여 납부하였거나 납부할 증여세 상당액은 필요경비에 산입한다.
④ 증여한 배우자 및 직계존비속과 수증자는 연대납세의무가 없다.
⑤ 사망으로 혼인관계가 소멸된 경우에는 이월과세규정을 적용하지 아니한다.

39 답 ③

고난도

국세 > 양도소득세

③ 쌍방 토지가액의 차액이 큰 편의 4분의 1 이하인 경우 비과세한다.

② 국내 소재 1주택을 2년 이상 보유하고 양도한 경우 양도소득세가 과세되지 아니한다. 지문은 취득 당시 조정대상지역이 아니기에 거주요건은 필요없으며, 양도가액도 12억원을 초과하지 아니하였다.

40 답 ②

국세 > 양도소득세

② 토지 등을 양도한 경우 양도차익이 없거나 양도차손이 발생한 경우에도 예정신고는 하여야 한다.

제2회 정답 및 해설

• **집필진** [공인중개사법령 및 중개실무] 한병용 교수, [부동산공법] 정경택 교수, [부동산공시법] 박정환 교수, [부동산세법] 정낙일 교수

| 1교시 |

제1과목 | 공인중개사의 업무 및 부동산 거래신고 등에 관한 법령 및 중개실무 pp.42~52

01	①	02	③	03	②	04	④	05	⑤
06	①	07	③	08	⑤	09	②	10	④
11	②	12	①	13	③	14	⑤	15	④
16	④	17	⑤	18	①	19	③	20	②
21	④	22	②	23	⑤	24	①	25	③
26	②	27	①	28	③	29	④	30	⑤
31	③	32	⑤	33	①	34	②	35	④
36	⑤	37	④	38	①	39	②	40	③

점수: ________점

1 답 ①

공인중개사법령 > 중개계약 및 부동산거래정보망

ㄴ. 중개대상물에 설정된 저당권자의 주소·성명 등 인적사항은 공개하여서는 아니 된다.

ㄷ. 임대차의 경우이므로 공시지가는 공개하지 아니할 수 있다.

ㄹ. 중개대상물에 대한 권리를 취득함에 따라 부담하여야 할 조세의 종류 및 세율은 공개하여야 할 정보에 해당하지 않는다.

> **영 제20조【전속중개계약】** ② 전속중개계약을 체결한 개업공인중개사가 법 제23조 제3항의 규정에 따라 공개하여야 할 중개대상물에 관한 정보의 내용은 다음 각 호와 같다.
> 1. 중개대상물의 종류, 소재지, 지목 및 면적, 건축물의 용도·구조 및 건축연도 등 중개대상물을 특정하기 위하여 필요한 사항
> 2. 벽면 및 도배의 상태
> 3. 수도·전기·가스·소방·열공급·승강기 설비, 오수·폐수·쓰레기 처리시설 등의 상태
> 4. 도로 및 대중교통수단과의 연계성, 시장·학교 등과의 근접성, 지형 등 입지조건, 일조(日照)·소음·진동 등 환경조건
> 5. 소유권·전세권·저당권·지상권 및 임차권 등 중개대상물의 권리관계에 관한 사항. 다만, 각 권리자의 주소·성명 등 인적사항에 관한 정보는 공개하여서는 아니 된다.
> 6. 공법상의 이용제한 및 거래규제에 관한 사항
> 7. 중개대상물의 거래예정금액 및 공시지가. 다만, 임대차의 경우에는 공시지가를 공개하지 아니할 수 있다.

2 답 ③

공인중개사법령 > 총칙

ㄱ. 타인의 의뢰에 의하여 일정한 보수를 받고 부동산에 대한 저당권설정행위의 알선을 업으로 하는 경우, 그 행위의 알선이 금전소비대차의 알선에 부수하여 이루어졌더라도 중개업에 해당한다(대판 2000.6.19, 2000도837).

ㄹ. '개업공인중개사'라 함은 「공인중개사법」에 의하여 중개사무소의 개설등록을 한 자를 말한다.

ㅁ. '중개보조원'은 공인중개사가 아닌 자로서 개업공인중개사에 소속되어 중개대상물에 대한 현장안내 및 일반서무 등 개업공인중개사의 중개업무와 관련된 단순한 업무를 보조하는 자를 말한다.

빈출개념 체크 | 용어의 정의(법 제2조)

1. '중개'라 함은 「공인중개사법」 제3조에 따른 중개대상물에 대하여 거래당사자 간의 매매·교환·임대차 그 밖의 권리의 득실변경에 관한 행위를 알선하는 것을 말한다.
2. '공인중개사'라 함은 「공인중개사법」에 의한 공인중개사 자격을 취득한 자를 말한다.
3. '중개업'이라 함은 다른 사람의 의뢰에 의하여 일정한 보수를 받고 중개를 업으로 행하는 것을 말한다.
4. '개업공인중개사'라 함은 「공인중개사법」에 의하여 중개사무소의 개설등록을 한 자를 말한다.
5. '소속공인중개사'라 함은 개업공인중개사에 소속된 공인중개사(개업공인중개사인 법인의 사원 또는 임원으로서 공인중개사인 자를 포함)로서 중개업무를 수행하거나 개업공인중개사의 중개업무를 보조하는 자를 말한다.
6. '중개보조원'이라 함은 공인중개사가 아닌 자로서 개업공인중개사에 소속되어 중개대상물에 대한 현장안내 및 일반서무 등 개업공인중개사의 중개업무와 관련된 단순한 업무를 보조하는 자를 말한다.

3 답 ②

공인중개사법령 > 총칙

ㄱ. 대토권은 주택이 철거될 경우 일정한 요건하에 택지개발지구 내의 이주자 택지를 공급받을 지위에 불과하고 특정한 토지나 건물, 기타 정착물 또는 「공인중개사법 시행령」이 정하는 재산권 및 물건에 해당한다고 볼 수 없으므로 중개대상물에 해당하지 않는다고 볼 것이다. 또한, 대토권이 중개대상물에서 제외되는 이상 대토권의 매매 등을 알선한 행위가 공제사업자를 상대로 개업공인중개사의 손해배상책임을 물을 수 있는 중개행위에 해당한다고도 할 수 없다(대판 2011.5.26, 2011다23682).

ㄷ. 세차장구조물은 콘크리트 지반 위에 볼트조립방식 등을 사용하여 철제파이프 또는 철골의 기둥을 세우고 그 상부에 철골 트러스트 또는 샌드위치 판넬 지붕을 덮었으며, 기둥과 기둥 사이에 차량이 드나드는 쪽을 제외한 나머지 2면 또는 3면에 천막이나 유리 등으로 된 구조물로서 주벽이라고 할 만한 것이 없고, 볼트만 해체하면 쉽게 토지로부터 분리·철거가 가능하므로 이를 토지의 정착물이라 볼 수는 없다고 할 것이다(대판 2009.1.15, 2008도9427).

ㅁ. 영업용 건물의 영업시설·비품 등 유형물이나 거래처, 신용, 영업상의 노하우 또는 점포 위치에 따른 영업상의 이점 등 무형의 재산적 가치는 「공인중개사법」 제3조에서 정한 중개대상물이라고 할 수 없다(대판 2009.1.15, 2008도9427).

4 답 ④

공인중개사법령 > 공인중개사제도

① 부동산 중개업의 육성에 관한 사항을 심의하기 위하여 국토교통부에 공인중개사 정책심의위원회를 둘 수 있다.

> **법 제2조의2 【공인중개사 정책심의위원회】** ① 공인중개사의 업무에 관한 다음 각 호의 사항을 심의하기 위하여 국토교통부에 공인중개사 정책심의위원회를 둘 수 있다.
> 1. 공인중개사의 시험 등 공인중개사의 자격취득에 관한 사항
> 2. 부동산 중개업의 육성에 관한 사항
> 3. 중개보수 변경에 관한 사항
> 4. 손해배상책임의 보장 등에 관한 사항

② 심의위원회는 위원장 1명을 포함하여 7명 이상 11명 이내의 위원으로 구성한다.

③ 심의위원회 위원장은 국토교통부 제1차관이 되고, 위원은 국토교통부장관이 임명하거나 위촉한다.

⑤ 심의위원회의 회의는 재적위원 과반수의 출석으로 개의(開議)하고, 출석위원 과반수의 찬성으로 심의사항을 의결한다.

5 답 ⑤

공인중개사법령 > 중개사무소 개설등록 및 결격사유

① 공인중개사(소속공인중개사는 제외함) 또는 법인이 아닌 자는 중개사무소의 개설등록을 신청할 수 없다(법 제9조 제2항). 따라서 법인이 아닌 사단 및 소속공인중개사는 중개사무소의 개설등록을 신청할 수 없다.

② 「협동조합 기본법」 제2조 제3호에 따른 사회적 협동조합은 중개사무소의 개설등록을 할 수 없다. 중개사무소의 개설등록을 신청할 수 있는 법인은 「상법」상 회사 또는 「협동조합 기본법」 제2조 제1호에 따른 협동조합(같은 조 제3호에 따른 사회적 협동조합은 제외함)으로서 자본금이 5천만원 이상이어야 한다(영 제13조 제1항 제2호).

③ 중개사무소의 개설등록을 신청할 수 있는 법인의 대표자는 공인중개사이어야 하며, 대표자를 제외한 임원 또는 사원(합명회사 또는 합자회사의 무한책임사원을 말함)의 3분의 1 이상은 공인중개사이어야 한다. 따라서 법인의 대표자가 공인중개사가 아닌 경우에는 중개사무소의 개설등록을 할 수 없다(영 제13조 제1항 제2호).

④ 중개사무소 개설등록의 신청을 받은 등록관청은 개업공인중개사의 종별에 따라 구분하여 개설등록을 하고, 개설등록신청을 받은 날부터 7일 이내에 등록신청인에게 서면으로 통지하여야 한다(규칙 제4조 제2항).

6 답 ①

공인중개사법령 > 중개사무소 개설등록 및 결격사유

① 업무정지처분을 받고 폐업신고를 하였더라도 업무정지기간(폐업에도 불구하고 진행되는 것으로 봄)이 지나지 아니하였으므로 중개사무소 개설등록 결격사유에 해당한다.

② 파산선고를 받고 복권된 자는 복권과 동시에 중개사무소 개설등록 결격사유에서 벗어난다. 따라서 2025년 5월 20일 현재는 복권된 상태이므로 중개사무소 개설등록 결격사유에 해당하지 않는다.

③ 피특정후견심판을 받은 자(피특정후견인)는 중개사무소 개설등록 결격사유에 해당하지 않는다.

④ 업무정지처분을 받은 개업공인중개사인 법인의 업무정지의 사유가 발생한 당시의 사원 또는 임원이었던 자로서 해당 개업공인중개사에 대한 업무정지기간이 지나지 아니한 자는 중개사무소 개설등록 결격사유에 해당한다. 그러나 업무정지처분을 받은 개업공인중개사인 법인의 업무정지의 사유가 발생한 이후에 임용된 사원 또는 임원이었던 자는 해당 개업공인중개사에 대한 업무정지기간이 지나지 아니하였더라도 중개사무소 개설등록 결격사유에 해당하지 않는다.

⑤ 개업공인중개사인 법인이 해산하여 중개사무소의 개설등록이 취소된 경우는 중개사무소 개설등록 결격사유에 해당하지 않는다. 따라서 그 법인의 대표이었던 자는 중개사무소 개설등록 결격사유에 해당하지 않는다.

> **법 제10조【등록의 결격사유 등】** ① 다음 각 호의 어느 하나에 해당하는 자는 중개사무소의 개설등록을 할 수 없다.
> 1. 미성년자
> 2. 피성년후견인 또는 피한정후견인
> 3. 파산선고를 받고 복권되지 아니한 자
> 4. 금고 이상의 실형의 선고를 받고 그 집행이 종료(집행이 종료된 것으로 보는 경우를 포함)되거나 집행이 면제된 날부터 3년이 지나지 아니한 자
> 5. 금고 이상의 형의 집행유예를 받고 그 유예기간이 만료된 날부터 2년이 지나지 아니한 자
> 6. 제35조 제1항에 따라 공인중개사의 자격이 취소된 후 3년이 지나지 아니한 자
> 7. 제36조 제1항에 따라 공인중개사의 자격이 정지된 자로서 자격정지기간 중에 있는 자
> 8. 제38조 제1항 제2호·제4호부터 제8호까지, 같은 조 제2항 제2호부터 제11호까지에 해당하는 사유로 중개사무소의 개설등록이 취소된 후 3년(제40조 제3항에 따라 등록이 취소된 경우에는 3년에서 같은 항 제1호에 따른 폐업기간을 공제한 기간을 말함)이 지나지 아니한 자
> 9. 제39조에 따라 업무정지처분을 받고 제21조에 따른 폐업신고를 한 자로서 업무정지기간(폐업에도 불구하고 진행되는 것으로 봄)이 지나지 아니한 자
> 10. 제39조에 따라 업무정지처분을 받은 개업공인중개사인 법인의 업무정지의 사유가 발생한 당시의 사원 또는 임원이었던 자로서 해당 개업공인중개사에 대한 업무정지기간이 지나지 아니한 자
> 11. 「공인중개사법」을 위반하여 300만원 이상의 벌금형의 선고를 받고 3년이 지나지 아니한 자
> 12. 사원 또는 임원 중 제1호부터 제11호까지의 어느 하나에 해당하는 자가 있는 법인
>
> ② 제1항 제1호부터 제11호까지의 어느 하나에 해당하는 자는 소속공인중개사 또는 중개보조원이 될 수 없다.

7 답 ③

공인중개사법령 > 중개업무

ㄴ. 상업용 건축물 및 주택의 분양대행은 할 수 있으나, 주택용지, 상업용지 등 토지의 분양대행은 할 수 없다.

ㄹ. 중개의뢰인의 의뢰에 따른 도배·이사업체의 소개 등 주거이전에 부수되는 용역의 알선은 할 수 있으나, 중개의뢰인의 의뢰에 따른 도배·이사업체의 운영 등 용역의 제공은 할 수 없다.

> **법 제14조【개업공인중개사의 겸업제한 등】** ① 법인인 개업공인중개사는 다른 법률에 규정된 경우를 제외하고는 중개업 및 다음 각 호에 규정된 업무와 제2항에 규정된 업무 외에 다른 업무를 함께 할 수 없다.
> 1. 상업용 건축물 및 주택의 임대관리 등 부동산의 관리대행
> 2. 부동산의 이용·개발 및 거래에 관한 상담
> 3. 개업공인중개사를 대상으로 한 중개업의 경영기법 및 경영정보의 제공
> 4. 상업용 건축물 및 주택의 분양대행
> 5. 그 밖에 중개업에 부수되는 업무로서 대통령령으로 정하는 업무(중개의뢰인의 의뢰에 따른 도배·이사업체의 소개 등 주거이전에 부수되는 용역의 알선)
>
> ② 개업공인중개사는 「민사집행법」에 의한 경매 및 「국세징수법」 그 밖의 법령에 의한 공매대상 부동산에 대한 권리분석 및 취득의 알선과 매수신청 또는 입찰신청의 대리를 할 수 있다.
>
> ③ 개업공인중개사가 제2항의 규정에 따라 「민사집행법」에 의한 경매대싱 부동산의 매수신청 또는 입찰신청의 대리를 하고자 하는 때에는 대법원규칙으로 정하는 요건을 갖추어 법원에 등록을 하고 그 감독을 받아야 한다.

8 답 ⑤

공인중개사법령 > 중개업무

개업공인중개사가 인터넷을 이용하여 중개대상물에 대한 표시·광고를 하는 때에는 다음의 사항을 명시하여야 하며, 중개보조원에 관한 사항은 명시해서는 아니 된다(법 제18조의2 제1항, 영 제17조의2 제1항·제2항).

> 1. 중개사무소의 명칭, 소재지, 연락처 및 등록번호(ㄴ)
> 2. 개업공인중개사의 성명(법인인 경우에는 대표자의 성명)
>   ※ 소속공인중개사의 성명은 명시의무 없음(ㄱ)
> 3. 중개대상물의 종류별로 대통령령으로 정하는 다음의 사항
>   (1) 소재지
>   (2) 면적
>   (3) 중개대상물 종류(ㄷ)
>   (4) 가격
>   (5) 거래 형태
>   (6) 건축물 및 그 밖의 토지의 정착물인 경우 다음의 사항
>   • 총 층수
>   • 「건축법」 또는 「주택법」 등 관련 법률에 따른 사용승인·사용검사·준공검사 등을 받은 날
>   • 해당 건축물의 방향, 방의 개수, 욕실의 개수, 입주가능일(ㄹ), 주차대수 및 관리비(ㅁ)

9 답 ②

공인중개사법령 > 중개업무

① 개업공인중개사는 소속공인중개사를 고용한 경우에는 실무교육을 받도록 한 후 업무개시 전까지 등록관청에 신고하여야 한다.

③ 중개보조원 고용신고를 받은 등록관청은 직무교육 수료 여부를 확인하여야 한다.

④ 소속공인중개사에 대한 고용신고를 받은 등록관청은 시·도지사에게 그 소속공인중개사의 공인중개사 자격 확인을 요청해야 한다.

⑤ 개업공인중개사는 중개보조원과의 고용관계가 종료된 때에는 고용관계가 종료된 날부터 10일 이내에 등록관청에 신고하여야 한다.

10 답 ④

공인중개사법령 > 중개업무

④ 수시 모니터링 업무를 완료한 날부터 15일 이내에 모니터링 결과보고서를 국토교통부장관에게 제출해야 한다.

11 답 ②

공인중개사법령 > 중개업무

ㄷ. 분사무소는 주된 사무소와 별도로 휴업할 수 있다.

ㄹ. 휴업신고서에는 휴업기간을 기재해야 한다.

ㅁ. 휴업기간 변경신고서에는 중개사무소등록증을 첨부하지 않는다. 중개사무소등록증은 휴업신고를 할 때에 이미 등록관청에 제출하였기 때문이다.

12 답 ①

공인중개사법령 > 개업공인중개사의 의무 및 책임

ㄱ. 분양대행업무는 중개업무가 아니므로 이에 관한 업무는 「공인중개사법」이 적용되지 않는다. 따라서 상업용 건축물의 분양을 대행하고 법정의 중개보수 또는 실비를 초과하여 금품을 받는 행위는 개업공인중개사 등의 금지행위에 해당하지 아니한다(대판 1999.7.23, 98도1914).

ㄷ. 매도인으로부터 매도중개의뢰를 받은 개업공인중개사 乙의 중개로 X부동산을 매수한 개업공인중개사 甲이 매수중개의뢰를 받은 다른 개업공인중개사 丙의 중개로 X부동산을 매도한 행위는 중개의뢰인과 직접 거래에 해당하지 아니하므로 개업공인중개사등의 금지행위에 해당하지 아니한다(대판 1991.3.27, 90도2858).

> **법 제33조 【금지행위】** ① 개업공인중개사등은 다음 각 호의 행위를 하여서는 아니된다.
> 1. 「공인중개사법」 제3조에 따른 중개대상물의 매매를 업으로 하는 행위
> 2. 「공인중개사법」 제9조에 따른 중개사무소의 개설등록을 하지 아니하고 중개업을 영위하는 자인 사실을 알면서 그를 통하여 중개를 의뢰받거나 그에게 자기의 명의를 이용하게 하는 행위
> 3. 사례·증여, 그 밖의 어떠한 명목으로도 「공인중개사법」 제32조에 따른 보수 또는 실비를 초과하여 금품을 받는 행위
> 4. 해당 중개대상물의 거래상의 중요사항에 관하여 거짓된 언행, 그 밖의 방법으로 중개의뢰인의 판단을 그르치게 하는 행위
> 5. 관계 법령에서 양도·알선 등이 금지된 부동산의 분양·임대 등과 관련 있는 증서 등의 매매·교환 등을 중개하거나 그 매매를 업으로 하는 행위
> 6. 중개의뢰인과 직접 거래를 하거나 거래당사자 쌍방을 대리하는 행위
> 7. 탈세 등 관계 법령을 위반할 목적으로 소유권보존등기 또는 이전등기를 하지 아니한 부동산이나 관계 법령의 규정에 의하여 전매 등 권리의 변동이 제한된 부동산의 매매를 중개하는 등 부동산투기를 조장하는 행위
> 8. 부당한 이익을 얻거나 제3자에게 부당한 이익을 얻게 할 목적으로 거짓으로 거래가 완료된 것처럼 꾸미는 등 중개대상물의 시세에 부당한 영향을 주거나 줄 우려가 있는 행위
> 9. 단체를 구성하여 특정 중개대상물에 대하여 중개를 제한하거나 단체 구성원 이외의 자와 공동중개를 제한하는 행위

13 답 ③

공인중개사법령 > 중개업무

ㄹ. 개업공인중개사는 등록한 인장을 변경한 경우 변경일부터 7일 이내에 그 변경된 인장을 등록관청에 등록해야 한다.

14 답 ⑤

공인중개사법령 > 중개업무

ㄱ. 이전한 날부터 10일 이내에 이전 후 등록관청에 신고하여야 한다.

ㄴ. 개업공인중개사인 법인의 분사무소를 이전한 때에는 중개사무소이전신고서에 분사무소설치신고확인서 등을 첨부하여 주된 사무소의 소재지를 관할하는 등록관청에 제출하여야 한다.

ㄷ. 이전신고 전에 발생한 사유로 인한 개업공인중개사에 대한 행정처분은 이전 후 등록관청이 이를 행한다.

15 답 ④

공인중개사법령 > 손해배상책임과 반환채무이행보장

① 개업공인중개사등이 아닌 제3자의 중개행위로 거래당사자에게 재산상 손해가 발생한 경우 그 제3자는 「공인중개사법」에 따른 손해배상책임을 지지 않는다(대판 2007.11.15, 2007다44156).

② 개업공인중개사는 자기의 중개사무소를 다른 사람의 중개행위의 장소로 제공함으로써 거래당사자에게 재산상 손해를 발생하게 한 때에는 그 손해를 배상할 책임이 있다.

③ 공인중개사인 개업공인중개사는 업무를 개시하기 전에 손해배상책임을 보장하기 위하여 2억원 이상의 보증보험 또는 공제에 가입하거나 공탁을 해야 한다.

⑤ 개업공인중개사는 보증보험금·공제금 또는 공탁금으로 손해배상을 한 때에는 15일 이내에 보증보험 또는 공제에 다시 가입하거나 공탁금 중 부족하게 된 금액을 보전하여야 한다.

빈출개념 체크 손해배상책임의 보장금액(보증설정금액)

1. 법인인 개업공인중개사: 4억원 이상. 다만, 분사무소를 두는 경우에는 분사무소마다 2억원 이상을 추가로 설정해야 한다.
2. 법인이 아닌 개업공인중개사: 2억원 이상
3. 다른 법률에 따라 부동산중개업을 할 수 있는 자: 2천만원 이상

16 답 ④

공인중개사법령 > 중개보수

④ 중개대상물인 주택 소재지와 중개사무소 소재지가 다른 경우 중개사무소 소재지를 관할하는 시·도 조례에서 정한 기준에 따라 중개보수를 받아야 한다.

17 답 ⑤

공인중개사법령 > 공인중개사협회 및 교육·보칙·신고센터 등

⑤ 실무교육은 그에 관한 업무의 위탁이 없는 경우 시·도지사가 실시한다.

빈출개념 체크 교육의 구별

구분	실무교육	직무교육	연수교육	부동산거래사고 예방교육
실시 권자	시·도지사	시·도지사 또는 등록관청	시·도지사	국토교통부장관, 시·도지사, 등록관청
이수 대상	• 등록을 신청하는 공인중개사, 법인의 사원·임원(대표자 포함) • 분사무소 책임자 • 소속공인중개사	중개 보조원	실무교육을 받은 개업 공인중개사 및 소속 공인중개사	개업 공인중개사등
교육 시간	28시간 이상 32시간 이하	3시간 이상 4시간 이하	12시간 이상 16시간 이하	규정 없음

18 답 ①

공인중개사법령 > 지도·감독 및 행정처분

ㄱ. 둘 이상의 중개사무소를 두거나 임시중개시설물을 설치한 경우는 중개사무소 개설등록을 취소할 수 있는 사유에 해당한다.

빈출개념 체크 등록취소사유 비교

절대적 등록취소사유(법 제38조 제1항)

등록관청은 개업공인중개사가 다음의 어느 하나에 해당하는 경우에는 중개사무소의 개설등록을 취소하여야 한다.

1. 개인인 개업공인중개사가 사망하거나 개업공인중개사인 법인이 해산한 경우
2. 거짓이나 그 밖의 부정한 방법으로 중개사무소의 개설등록을 한 경우
3. 「공인중개사법」 제10조 제1항 제2호부터 제6호까지 또는 같은 항 제11호·제12호에 따른 결격사유에 해당하게 된 경우. 다만, 같은 항 제12호에 따른 결격사유에 해당하는 경우로서 그 사유가 발생한 날부터 2개월 이내에 그 사유를 해소한 경우에는 그러하지 아니하다.
4. 「공인중개사법」 제12조 제1항의 규정을 위반하여 이중으로 중개사무소의 개설등록을 한 경우
5. 「공인중개사법」 제12조 제2항의 규정을 위반하여 다른 개업공인중개사의 소속공인중개사·중개보조원 또는 개업공인중개사인 법인의 사원·임원이 된 경우
6. 「공인중개사법」 제19조 제1항의 규정을 위반하여 다른 사람에게 자기의 성명 또는 상호를 사용하여 중개업무를 하게 하거나 중개사무소등록증을 양도 또는 대여한 경우

7. 업무정지기간 중에 중개업무를 하거나 자격정지처분을 받은 소속공인중개사로 하여금 자격정지기간 중에 중개업무를 하게 한 경우
8. 최근 1년 이내에 이 법에 의하여 2회 이상 업무정지처분을 받고 다시 업무정지처분에 해당하는 행위를 한 경우
9. 개업공인중개사와 소속공인중개사를 합한 수의 5배를 초과하여 중개보조원을 고용한 경우

상대적 등록취소사유(법 제38조 제2항)

등록관청은 개업공인중개사가 다음의 어느 하나에 해당하는 경우에는 중개사무소의 개설등록을 취소할 수 있다.

1. 「공인중개사법」 제9조 제3항에 따른 등록기준에 미달하게 된 경우
2. 「공인중개사법」 제13조 제1항의 규정을 위반하여 둘 이상의 중개사무소를 둔 경우
3. 「공인중개사법」 제13조 제2항의 규정을 위반하여 임시중개시설물을 설치한 경우
4. 「공인중개사법」 제14조 제1항의 규정을 위반하여 겸업을 한 경우
5. 「공인중개사법」 제21조 제2항의 규정을 위반하여 계속하여 6개월을 초과하여 휴업한 경우
6. 「공인중개사법」 제23조 제3항의 규정을 위반하여 중개대상물에 관한 정보를 공개하지 아니하거나 중개의뢰인의 비공개요청에도 불구하고 정보를 공개한 경우
7. 「공인중개사법」 제26조 제3항의 규정을 위반하여 거래계약서에 거래금액 등 거래내용을 거짓으로 기재하거나 서로 다른 둘 이상의 거래계약서를 작성한 경우
8. 「공인중개사법」 제30조 제3항에 따른 손해배상책임을 보장하기 위한 조치를 이행하지 아니하고 업무를 개시한 경우
9. 「공인중개사법」 제33조 제1항 각 호에 규정된 금지행위를 한 경우
10. 최근 1년 이내에 「공인중개사법」에 의하여 3회 이상 업무정지 또는 과태료의 처분을 받고 다시 업무정지 또는 과태료의 처분에 해당하는 행위를 한 경우(제1항 제8호에 해당하는 경우는 제외)
11. 개업공인중개사가 조직한 사업자단체 또는 그 구성원인 개업공인중개사가 「독점규제 및 공정거래에 관한 법률」 제26조를 위반하여 같은 법 제27조 또는 제28조에 따른 처분을 최근 2년 이내에 2회 이상 받은 경우

19 답 ③

공인중개사법령 > 공인중개사협회 및 교육·보칙·신고센터 등

③ 검사가 고발사건에 대하여 기소유예의 결정을 한 경우에도 포상금을 지급한다. 포상금은 포상금 지급의 신고 또는 고발의 대상에 해당하는 자가 행정기관에 의하여 발각되기 전에 등록관청, 수사기관이나 부동산거래질서교란행위 신고센터에 신고 또는 고발한 자에 대하여 검사가 공소제기 또는 기소유예의 결정을 한 경우에 한하여 지급한다.

20 답 ②

고난도

공인중개사법령 > 지도·감독 및 행정처분

ㄷ. 다른 개업공인중개사의 소속공인중개사가 된 경우에는 등록관청은 업무정지처분을 할 수 없고 중개사무소의 개설등록을 취소하여야 한다.

ㄹ. 최근 1년 이내에 1회 처분을 받고 다시 위반행위를 한 경우에는 가중처분을 할 수 없다. 따라서 최근 1년 이내에 1회 업무정지처분을 받고 다시 과태료처분에 해당하는 행위를 한 경우에는 업무정지처분을 할 수 없고 과태료 부과처분을 한다.

21 답 ④

공인중개사법령 > 공인중개사협회 및 교육·보칙·신고센터 등

④ 공제사업의 양도는 공인중개사협회의 공제사업 운영에 대하여 개선조치로서 명할 수 있는 것으로 명시되어 있지 않다.

법 제42조의4 【공제사업 운영의 개선명령】 국토교통부장관은 협회의 공제사업 운영이 적정하지 아니하거나 자산상황이 불량하여 중개사고 피해자 및 공제 가입자 등의 권익을 해칠 우려가 있다고 인정하면 다음 각 호의 조치를 명할 수 있다.

1. 업무집행방법의 변경(①)
2. 자산예탁기관의 변경
3. 자산의 장부가격의 변경(②)
4. 불건전한 자산에 대한 적립금의 보유(⑤)
5. 가치가 없다고 인정되는 자산의 손실 처리(③)
6. 그 밖에 이 법 및 공제규정을 준수하지 아니하여 공제사업의 건전성을 해할 우려가 있는 경우 이에 대한 개선명령

22 답 ②

공인중개사법령 > 지도·감독 및 행정처분

ㄴ. 폐업기간이 1년을 초과하지 않았으므로 재등록 개업공인중개사에 대해 폐업신고 전의 업무정지사유에 해당하는 위반행위를 이유로 업무정지처분을 할 수 있다.

ㄷ. 폐업신고 전에 개업공인중개사에게 한 과태료처분의 효과는 과태료처분일부터 1년간 재등록을 한 개업공인중개사에게 승계된다.

23 답 ⑤

공인중개사법령 > 공인중개사협회 및 교육·보칙·신고센터 등

ㄱ. 국토교통부장관이 시행하는 공인중개사시험에 응시하는 자는 국토교통부장관이 결정·공고하는 수수료를 납부하여야 한다.

ㄴ. 공인중개사시험에 합격하여 공인중개사자격증을 처음으로 교부받는 자는 수수료를 납부하지 않는다.

> **법 제47조 【수수료】** ① 다음 각 호의 어느 하나에 해당하는 자는 해당 지방자치단체의 조례로 정하는 바에 따라 수수료를 납부하여야 한다. 다만, 공인중개사자격시험을 국토교통부장관이 시행하는 경우 제1호에 해당하는 자는 국토교통부장관이 결정·공고하는 수수료를 납부하여야 한다.
> 1. 시·도지사가 시행하는 공인중개사자격시험에 응시하는 자
> 2. 공인중개사자격증의 재교부를 신청하는 자
> 3. 중개사무소의 개설등록을 신청하는 자
> 4. 중개사무소등록증의 재교부를 신청하는 자
> 5. 분사무소설치의 신고를 하는 자
> 6. 분사무소설치신고확인서의 재교부를 신청하는 자
>
> ② 공인중개사자격시험 또는 공인중개사자격증 재교부업무를 위탁한 경우에는 해당 업무를 위탁받은 자가 위탁한 자의 승인을 얻어 결정·공고하는 수수료를 각각 납부하여야 한다.

24 답 ①

공인중개사법령 > 지도·감독 및 행정처분

① 자격정지처분을 받고 그 자격정지기간 중에 다른 개업공인중개사의 소속공인중개사가 된 경우에는 공인중개사 자격을 취소하여야 한다.

빈출개념 체크 **자격취소 및 자격정지사유**

자격취소사유: 자격을 취소해야 한다.
1. 부정한 방법으로 공인중개사의 자격을 취득한 경우 2. 다른 사람에게 자기의 성명을 사용하여 중개업무를 하게 하거나 공인중개사자격증을 양도 또는 대여한 경우 3. 자격정지처분을 받고 그 자격정지기간 중에 중개업무를 행한 경우(자격정지처분을 받고 그 자격정지기간 중에 다른 개업공인중개사의 소속공인중개사·중개보조원 또는 법인인 개업공인중개사의 사원·임원이 되는 경우를 포함) 4. 이 법 또는 공인중개사의 직무와 관련하여 「형법」 제114조, 제231조, 제234조, 제347조, 제355조 또는 제356조를 위반하여 금고 이상의 형(집행유예를 포함)을 선고받은 경우
자격정지사유: 자격을 정지할 수 있다.
1. 둘 이상의 중개사무소에 소속된 경우 2. 인장등록을 하지 아니하고 업무를 개시하거나 등록하지 아니한 인장을 사용한 경우 3. 성실·정확하게 중개대상물의 확인·설명을 하지 아니하거나 설명의 근거자료를 제시하지 아니한 경우 4. 해당 중개행위를 하였음에도 중개완성 시 중개대상물 확인·설명서에 서명 및 날인을 하지 아니한 경우 5. 해당 중개행위를 하였음에도 중개완성 시 거래계약서에 서명 및 날인을 하지 아니한 경우 6. 거래계약서에 거래금액 등 거래내용을 거짓으로 기재하거나 서로 다른 둘 이상의 거래계약서를 작성한 경우 7. 「공인중개사법」 제33조 제1항 각 호에 규정된 다음의 금지행위를 한 경우 (1) 중개대상물의 매매를 업으로 하는 행위 (2) 중개사무소의 개설등록을 하지 아니하고 중개업을 영위하는 자인 사실을 알면서 그를 통하여 중개를 의뢰받거나 그에게 자기의 명의를 이용하게 하는 행위 (3) 사례·증여 그 밖의 어떠한 명목으로도 법정 중개보수 또는 실비를 초과하여 금품을 받는 행위 (4) 해당 중개대상물의 거래상의 중요사항에 관하여 거짓된 언행 그 밖의 방법으로 중개의뢰인의 판단을 그르치게 하는 행위 (5) 관계 법령에서 양도·알선 등이 금지된 부동산의 분양·임대 등과 관련 있는 증서 등의 매매·교환 등을 중개하거나 그 매매를 업으로 하는 행위 (6) 중개의뢰인과 직접 거래를 하거나 거래당사자 쌍방을 대리하는 행위 (7) 탈세 등 관계 법령을 위반할 목적으로 소유권보존등기 또는 이전등기를 하지 아니한 부동산이나 관계 법령의 규정에 의하여 전매 등 권리의 변동이 제한된 부동산의 매매를 중개하는 등 부동산투기를 조장하는 행위 (8) 부당한 이익을 얻거나 제3자에게 부당한 이익을 얻게 할 목적으로 거짓으로 거래가 완료된 것처럼 꾸미는 등 중개대상물의 시세에 부당한 영향을 주거나 줄 우려가 있는 행위 (9) 단체를 구성하여 특정 중개대상물에 대하여 중개를 제한하거나 단체 구성원 이외의 자와 공동중개를 제한하는 행위

25 답 ③

공인중개사법령 > 지도·감독 및 행정처분

③ 시·도지사는 공인중개사의 자격취소처분을 한 때에는 5일 이내에 이를 국토교통부장관과 다른 시·도지사에게 통보하여야 한다.

26 답 ②

공인중개사법령 > 벌칙(행정벌)

ㄴ, ㄷ. 3년 이하의 징역 또는 3천만원 이하의 벌금에 처한다.

ㄱ, ㄹ. 1년 이하의 징역 또는 1천만원 이하의 벌금에 처한다.

빈출개념 체크 **행정형벌(징역 또는 벌금)사유**

3년 이하의 징역 또는 3천만원 이하의 벌금
1. 중개사무소의 개설등록을 하지 아니하고 중개업을 한 자 2. 거짓이나 그 밖의 부정한 방법으로 중개사무소의 개설등록을 한 자

3. 「공인중개사법」 제33조 제1항 제5호부터 제9호에 규정된 금지행위를 한 개업공인중개사등
   (1) 관계 법령에서 양도·알선 등이 금지된 부동산의 분양·임대 등과 관련 있는 증서 등의 매매·교환 등을 중개하거나 그 매매를 업으로 하는 행위
   (2) 중개의뢰인과 직접 거래를 하거나 거래당사자 쌍방을 대리하는 행위
   (3) 탈세 등 관계 법령을 위반할 목적으로 소유권보존등기 또는 이전등기를 하지 아니한 부동산이나 관계 법령의 규정에 의하여 전매 등 권리의 변동이 제한된 부동산의 매매를 중개하는 등 부동산투기를 조장하는 행위
   (4) 부당한 이익을 얻거나 제3자에게 부당한 이익을 얻게 할 목적으로 거짓으로 거래가 완료된 것처럼 꾸미는 등 중개대상물의 시세에 부당한 영향을 주거나 줄 우려가 있는 행위
   (5) 단체를 구성하여 특정 중개대상물에 대하여 중개를 제한하거나 단체 구성원 이외의 자와 공동중개를 제한하는 행위
4. 「공인중개사법」 제33조 제2항에 규정된 금지행위를 한 자
   (1) 안내문, 온라인 커뮤니티 등을 이용하여 특정 개업공인중개사등에 대한 중개의뢰를 제한하거나 제한을 유도하는 행위
   (2) 안내문, 온라인 커뮤니티 등을 이용하여 중개대상물에 대하여 시세보다 현저하게 높게 표시·광고 또는 중개하는 특정 개업공인중개사등에게만 중개의뢰를 하도록 유도함으로써 다른 개업공인중개사등을 부당하게 차별하는 행위
   (3) 안내문, 온라인 커뮤니티 등을 이용하여 특정 가격 이하로 중개를 의뢰하지 아니하도록 유도하는 행위
   (4) 정당한 사유 없이 개업공인중개사등의 중개대상물에 대한 정당한 표시·광고 행위를 방해하는 행위
   (5) 개업공인중개사등에게 중개대상물을 시세보다 현저하게 높게 표시·광고하도록 강요하거나 대가를 약속하고 시세보다 현저하게 높게 표시·광고하도록 유도하는 행위

1년 이하의 징역 또는 1천만원 이하의 벌금

1. 이중으로 중개사무소의 개설등록을 한 자
2. 다른 사람에게 자기의 성명을 사용하여 중개업무를 하게 하거나 공인중개사자격증을 양도·대여한 자 또는 다른 사람의 공인중개사자격증을 양수·대여받은 자 및 양도·양수 등을 알선한 자
3. 다른 사람에게 자기의 성명 또는 상호를 사용하여 중개업무를 하게 하거나 중개사무소등록증을 다른 사람에게 양도·대여한 개업공인중개사 또는 다른 사람의 성명·상호를 사용하여 중개업무를 하거나 중개사무소등록증을 양수·대여받은 자 및 양도·양수 등을 알선한 자
4. 둘 이상의 중개사무소에 소속된 자
5. 둘 이상의 중개사무소를 두거나 임시중개시설물을 설치한 개업공인중개사
6. 「공인중개사법」 제24조 제4항의 규정을 위반하여 정보를 공개한 거래정보사업자(거래정보사업자가 개업공인중개사로부터 공개의뢰받지 아니한 정보를 공개하거나 의뢰받은 내용과 다르게 공개한 경우 또는 개업공인중개사에 따라 정보가 차별적으로 공개되도록 한 경우)
7. 업무상 비밀을 누설한 개업공인중개사등(피해자의 명시한 의사에 반하여 벌하지 아니함)
8. 공인중개사가 아닌 자로서 공인중개사 또는 이와 유사한 명칭을 사용한 자
9. 개업공인중개사가 아닌 자로서 '공인중개사사무소', '부동산중개' 또는 이와 유사한 명칭을 사용하거나 중개업을 하기 위하여 중개대상물에 대한 표시·광고를 한 자
10. 「공인중개사법」 제33조 제1항 제1호부터 제4호까지의 규정을 위반한 개업공인중개사등
    (1) 중개대상물의 매매를 업으로 하는 행위를 한 경우
    (2) 중개사무소의 개설등록을 하지 아니하고 중개업을 영위하는 자인 사실을 알면서 그를 통하여 중개를 의뢰받거나 그에게 자기의 명의를 이용하게 하는 행위를 한 경우
    (3) 사례·증여 그 밖의 어떠한 명목으로도 법정 중개보수 또는 실비를 초과하여 금품을 받는 행위를 한 경우
    (4) 해당 중개대상물의 거래상의 중요사항에 관하여 거짓된 언행 그 밖의 방법으로 중개의뢰인의 판단을 그르치게 하는 행위를 한 경우
11. 개업공인중개사와 소속공인중개사를 합한 수의 5배를 초과하여 중개보조원을 고용한 경우

27 답 ①

공인중개사법령 > 벌칙(행정벌)

① 중개의뢰인에게 본인이 중개보조원이라는 사실을 미리 알리지 아니한 사람에 대한 과태료의 부과·징수권자는 등록관청이다.

빈출개념 체크 **과태료 부과권자 및 부과대상자**

부과권자	부과대상자
국토교통부 장관	• 정보통신서비스 제공자 • 거래정보사업자 • 공인중개사협회
시·도지사	• 연수교육을 받지 아니한 자 • 자격취소처분을 받은 자
등록관청	• 개업공인중개사 • 등록취소처분을 받은 자

28 답 ③

공인중개사법령 > 부동산 거래신고 등에 관한 법률

③ 분양권에 대한 거래신고를 하는 경우 '실제 거래가격(전체)'란에는 부가가치세를 포함한 금액을 적는다.

29 답 ④

공인중개사법령 > 부동산 거래신고 등에 관한 법률

④ 국가가 투기과열지구에 소재하는 주택을 매수하는 경우 거래금액과 관계 없이 거래대상 주택의 취득에 필요한 자금의 조달계획을 신고하지 않는다. 주택의 매수인이 국가등이거나 매수인 중에 국가등이 포함되어 있는 경우에는 거래대상 주택의 취득에 필요한 자금의 조달계획 등은 신고사항에 해당하지 않는다.

30 답 ⑤ 고난도

공인중개사법령 > 부동산 거래신고 등에 관한 법률

ㄱ. 토지의 거래로서 매수인이 국가등이거나 매수인에 국가등이 포함되어 있는 경우 및 토지거래허가를 받아야 하는 경우에는 실제 거래가격과 관계 없이 거래대상 토지의 취득에 필요한 자금의 조달계획, 거래대상 토지의 이용계획은 신고사항에서 제외된다.

빈출개념 체크 매수인의 토지취득 자금조달 및 토지이용계획을 신고해야 하는 지역 및 거래가격

매수인	매도인	토지 매수	지분으로 매수
법인, 자연인	자연인, 법인, 국가등	수도권등: 1억원 이상 수도권등 외: 6억원 이상	수도권등: 무조건 신고 수도권등 외: 6억원 이상
국가등이 포함		신고 ×	신고 ×

다만, 매수인이 국가등이거나 매수인 중에 국가등이 포함된 경우, 토지거래허가를 받아야 하는 경우를 제외한다.

31 답 ③

공인중개사법령 > 부동산 거래신고 등에 관한 법률

③ 임차인이 주택 임대차계약서를 제출하여 「주민등록법」에 따라 전입신고를 하는 경우에는 주택 임대차계약의 신고를 한 것으로 본다. 따라서 이 경우에는 주택 임대차계약의 신고를 할 의무가 없다.

32 답 ⑤

공인중개사법령 > 부동산 거래신고 등에 관한 법률

① 계약체결일부터 60일 이내에 신고관청에 신고하여야 한다.
② 부동산등을 취득한 날부터 6개월 이내에 신고관청에 신고하여야 한다.
③ 대한민국 국적을 상실한 날부터 6개월 이내에 신고관청에 신고하여야 한다.
④ 외국인등이 취득하려는 토지가 허가대상인 「자연환경보전법」에 따른 생태·경관보전지역에 있더라도 토지거래계약에 관한 허가를 받은 경우에는 신고관청으로부터 토지취득의 허가를 받지 아니한다.

빈출개념 체크 외국인등의 토지취득의 허가구역·지역(법 제9조 제1항)

외국인등이 취득하려는 토지가 다음의 어느 하나에 해당하는 구역·지역 등에 있으면 토지취득계약을 체결하기 전에 신고관청으로부터 토지취득의 허가를 받아야 한다. 다만, 법 제11조에 따라 토지거래계약에 관한 허가를 받은 경우에는 그러하지 아니하다.

1. 「군사기지 및 군사시설 보호법」에 따른 군사기지 및 군사시설 보호구역, 그 밖에 국방목적을 위하여 외국인등의 토지취득을 특별히 제한할 필요가 있는 지역으로서 대통령령으로 정하는 지역
2. 「문화유산의 보존 및 활용에 관한 법률」에 따른 지정문화유산과 이를 위한 보호물 또는 보호구역
3. 「자연유산의 보존 및 활용에 관한 법률」에 따라 지정된 천연기념물등과 이를 위한 보호물 또는 보호구역
4. 「자연환경보전법」에 따른 생태·경관보전지역
5. 「야생생물 보호 및 관리에 관한 법률」에 따른 야생생물 특별보호구역

33 답 ①

공인중개사법령 > 부동산 거래신고 등에 관한 법률

① 허가구역이 둘 이상의 시·도의 관할구역에 걸쳐 있는 경우에는 국토교통부장관이 허가구역을 지정한다.

34 답 ②

공인중개사법령 > 부동산 거래신고 등에 관한 법률

② 토지취득가액의 100분의 5에 상당하는 금액의 이행강제금을 부과한다.

35 답 ④ 고난도

공인중개사법령 > 부동산 거래신고 등에 관한 법률

ㄹ. 신고관청 또는 허가관청은 포상금 지급신청서가 접수된 날부터 2개월 이내에 포상금을 지급하여야 한다.

36 답 ⑤

고난도

중개실무 > 중개대상물 조사 및 확인

ㄱ, ㄴ, ㄷ, ㄹ, ㅁ. 모두 옳은 내용이다.

빈출개념 체크 주거용 건축물 중개대상물 확인·설명서의 기재사항

구분	기재사항
기본 확인사항	1. 대상물건의 표시: 내진설계 적용 여부 등 2. 권리관계: 등기부 기재사항 (1) 대상물건에 신탁등기가 되어 있는 경우에는 수탁자 및 신탁물건(신탁원부 번호)임을 적는다(ㄱ). (2) 대상물건에 공동담보가 설정되어 있는 경우에는 공동담보의 채권최고액을 적는다(ㄴ). 3. 토지이용계획, 공법상 이용제한 및 거래규제에 관한 사항 4. 임대차 확인사항(ㄷ): 확정일자 부여현황 정보, 국세 및 지방세 체납정보, 전입세대 확인서, 최우선변제금, 민간임대등록 여부, 계약갱신요구권행사 여부 5. 입지조건 6. 관리에 관한 사항: 경비실의 유무 및 관리주체, 관리비[관리비는 직전 1년간 월평균 관리비 등을 기초로 산출한 총 금액을 적는다(ㄹ)]. 7. 비선호시설 8. 거래예정금액 등 9. 취득 시 부담하여야 할 조세의 종류 및 세율
세부 확인사항	10. 실제 권리관계 또는 공시되지 아니한 물건의 권리에 관한 사항 11. 내부·외부시설물의 상태: 아파트를 제외한 주택의 경우 단독경보형감지기 설치 유무 등 12. 벽면, 바닥면 및 도배 상태 13. 환경조건 14. 현장안내(ㅁ)
중개보수 등에 관한 사항	15. 중개보수 및 실비의 금액과 산출내역

37 답 ④

중개실무 > 개별적 중개실무

④ 계약해지 통지를 받은 날부터 3개월이 지나면 그 효력이 발생한다.

38 답 ①

고난도

중개실무 > 개별적 중개실무

ㄱ. 환산보증금이 적용범위를 초과하므로 乙은 1년의 임대차를 주장할 수 없다.

ㄷ. 환산보증금이 적용범위를 초과하므로 乙은 동 건물의 경매 시 환가금액에서 후순위 저당권자에 우선하여 보증금을 변제받을 수 없다.

ㄹ. 乙의 차임연체액이 1천500만원에 달해야 甲은 임대차계약을 해지할 수 있다.

ㅁ. 乙이 3기의 차임액에 해당하는 금액에 이르도록 차임을 연체한 사실이 있는 경우 甲은 乙의 계약갱신요구를 거절할 수 있다.

빈출개념 체크 보증금(환산보증금 포함)이 상가건물임대차보호법령의 적용금액을 초과하는 경우에도 동법이 적용되는 사항

1. 대항력 규정
2. 계약갱신요구권 규정
3. 임차인의 차임연체액이 3기의 차임액에 달하는 때에야 임대인은 계약을 해지할 수 있다는 규정
4. 임차인이 집합제한 또는 집합금지조치를 3개월 이상 받아 폐업을 한 경우 임차인의 해지권 규정
5. 권리금회수기회보호 규정
6. 상가건물임대차표준계약서 사용권장 규정
7. 표준권리금계약서 사용권장 규정
8. 권리금평가기준에 관한 규정
9. 보증금·차임의 증감청구에 관한 특례 규정. 다만, 증액청구는 약정한 보증금·차임의 100분의 5를 초과할 수 없다는 규정은 적용하지 않는다.

39 답 ②

고난도

중개실무 > 개별적 중개실무

② 압류는 부동산에 대한 채무자의 관리·이용에 영향을 미치지 않는다(민사집행법 제83조 제2항).

빈출개념 체크 「민사집행법」 제83조(경매개시결정 등)

1. 경매절차를 개시하는 결정에는 동시에 그 부동산의 압류를 명하여야 한다.
2. 압류는 부동산에 대한 채무자의 관리·이용에 영향을 미치지 아니한다.
3. 경매절차를 개시하는 결정을 한 뒤에는 법원은 직권으로 또는 이해관계인의 신청에 따라 부동산에 대한 침해행위를 방지하기 위하여 필요한 조치를 할 수 있다.
4. 압류는 채무자에게 그 결정이 송달된 때 또는 제94조의 규정에 따른 등기가 된 때에 효력이 생긴다.
5. 강제경매신청을 기각하거나 각하하는 재판에 대하여는 즉시항고를 할 수 있다.

40 답 ③

중개실무 > 개별적 중개실무

① 「공인중개사의 매수신청대리인 등록 등에 관한 규칙」상 매수신청대리인 등록은 법인인 개업공인중개사 및 공인중개사인 개업공인중개사가 할 수 있다. 따라서 중개사무소의 개설등록을 하지 않은 공인중개사는 매수신청대리인으로 등록할 수 없다.
② 폐업신고를 하여 매수신청대리인 등록이 취소된 자는 매수신청대리인 등록의 결격사유에 해당하지 아니하므로 등록이 취소된 후 3년이 지나지 아니한 경우라도 매수신청대리인 등록을 할 수 있다.
④ 매수신청대리인 등록을 하고자 하는 공인중개사인 개업공인중개사는 등록신청일 전 1년 이내에 법원행정처장이 지정하는 교육기관에서 부동산 경매에 관한 실무교육을 이수하여야 한다.
⑤ 매수신청대리인으로 등록된 개업공인중개사는 매수신청대리의 위임을 받은 경우 법원의 부당한 매각허가결정에 대하여 항고할 수 없다.

빈출개념 체크 **매수신청대리권의 범위(공인중개사의 매수신청대리인 등록 등에 관한 규칙 제2조)**

법원에 매수신청대리인으로 등록된 개업공인중개사가 매수신청대리의 위임을 받은 경우 다음의 행위를 할 수 있다.
1. 「민사집행법」 제113조의 규정에 따른 매수신청 보증의 제공
2. 입찰표의 작성 및 제출
3. 「민사집행법」 제114조의 규정에 따른 차순위 매수신고
4. 「민사집행법」 제115조 제3항, 제142조 제6항의 규정에 따라 매수신청의 보증을 돌려 줄 것을 신청하는 행위
5. 「민사집행법」 제140조의 규정에 따른 공유자의 우선매수신고
6. 구 「임대주택법」(법률 제13499호로 전면 개정되기 전의 것) 제22조의 규정에 따른 임차인의 임대주택 우선매수신고
7. 공유자 또는 임대주택 임차인의 우선매수신고에 따라 차순위 매수신고인으로 보게 되는 경우 그 차순위 매수신고인의 지위를 포기하는 행위

제2과목 | 부동산공법 중 부동산중개에 관련되는 규정
pp.52~62

41	②	42	①	43	③	44	⑤	45	④
46	④	47	①	48	①	49	④	50	③
51	①	52	②	53	②	54	④	55	⑤
56	②	57	②	58	⑤	59	①	60	②
61	④	62	③	63	④	64	①	65	②
66	④	67	①	68	①	69	③	70	⑤
71	③	72	⑤	73	④	74	②	75	⑤
76	③	77	⑤	78	③	79	③	80	⑤

점수: ________ 점

41 답 ②

국토의 계획 및 이용에 관한 법률 > 광역도시계획

① 광역계획권은 국토교통부장관 또는 도지사가 지정할 수 있다.
③ 광역계획권이 둘 이상의 시·도의 관할구역에 걸쳐 있는 경우에는 국토교통부장관이 광역계획권을 지정할 수 있다.
⇨ 광역계획권이 둘 이상의 시·도의 관할구역에 걸쳐 있는 경우에 관할 시·도지사가 공동으로 광역도시계획을 수립하여야 한다.
④ 국토교통부장관이 광역계획권을 변경하려면 관계 시·도지사, 시장 또는 군수의 의견을 들은 후 중앙도시계획위원회의 심의를 거쳐야 한다.
⑤ 광역계획권은 인접한 둘 이상의 특별시·광역시·특별자치시·특별자치도·시 또는 군의 관할구역 단위로 지정할 수도 있고, 그 관할구역의 일부만을 광역계획권에 포함시킬 수도 있다.

42 답 ①

국토의 계획 및 이용에 관한 법률 > 도시·군계획

① 광역시장이 도시·군기본계획을 수립하려는 경우 국토교통부장관의 승인을 받지 않는다. ⇨ 시장 또는 군수는 도시·군기본계획을 수립하려면 도지사의 승인을 받아야 한다. 그런데 특별시장·광역시장·특별자치시장 또는 특별자치도지사가 도시·군기본계획을 수립하려는 경우에는 국토교통부장관의 승인을 받지 않고 스스로 확정한다.

43 답 ③

고난도

국토의 계획 및 이용에 관한 법률 > 도시·군계획

① 주민은 용도지역·용도지구의 지정에 관한 사항에 대하여 도시·군관리계획의 입안을 제안할 수 없다.

빈출개념 체크 **주민이 입안을 제안할 수 있는 사항**

1. 기반시설의 설치·정비 또는 개량에 관한 사항
2. 지구단위계획구역의 지정 및 변경과 지구단위계획의 수립 및 변경에 관한 사항
3. 산업·유통개발진흥지구의 지정 및 변경에 관한 사항
4. 용도지구 중 해당 용도지구에 따른 건축물의 용도·종류 및 규모 등의 제한을 지구단위계획으로 대체하기 위한 용도지구의 지정 및 변경에 관한 사항
5. 도시·군계획시설 입체복합구역의 지정 및 변경과 도시·군계획시설 입체복합구역의 건축제한·건폐율·용적률·높이 등에 관한 사항

② 기반시설의 설치·정비 또는 개량에 관한 사항에 대한 도시·군관리계획의 입안을 제안하려는 자는 국·공유지를 제외한 토지 면적의 5분의 4 이상의 토지소유자의 동의를 받아야 한다.

④ 도시·군관리계획의 입안을 제안받은 자는 제안일로부터 45일 내에 제안자에게 도시·군관리계획에의 반영 여부를 통보하여야 한다.

⑤ 도시·군관리계획의 입안을 제안받은 자는 제안자와 협의하여 제안된 도시·군관리계획의 입안 및 결정에 필요한 비용의 전부 또는 일부를 제안자에게 부담시킬 수 있다.

44 답 ⑤

국토의 계획 및 이용에 관한 법률 > 도시·군계획

⑤ 고시된 공간재구조화계획의 내용은 도시·군계획으로 관리하여야 한다.

45 답 ④

국토의 계획 및 이용에 관한 법률 > 용도지역·용도지구·용도구역

④ 일반상업지역(1,300% 이하) - 준주거지역(500% 이하) - 준공업지역(400% 이하)

① 근린상업지역(900% 이하) - 제3종 일반주거지역(300% 이하) - 준공업지역(400% 이하)

② 제2종 일반주거지역(250% 이하) - 생산관리지역(80% 이하) - 생산녹지지역(100% 이하)

③ 계획관리지역(100% 이하) - 제2종 전용주거지역(150% 이하) - 일반공업지역(350% 이하)

⑤ 제1종 전용주거지역(100% 이하) - 제1종 일반주거지역(200% 이하) - 자연녹지지역(100% 이하)

46 답 ④

국토의 계획 및 이용에 관한 법률 > 용도지역·용도지구·용도구역

④ 지구단위계획 또는 관계 법률에 따른 개발계획을 수립하는 개발진흥지구에서는 지구단위계획 또는 관계 법률에 따른 개발계획에 위반하여 건축물을 건축할 수 없으며, 지구단위계획 또는 개발계획이 수립되기 전에는 개발진흥지구의 계획적 개발에 위배되지 아니하는 범위에서 도시·군계획조례로 정하는 건축물을 건축할 수 있다.

① 녹지지역·관리지역·농림지역 또는 자연환경보전지역 안의 취락을 정비하기 위하여 필요한 지구에 자연취락지구를 지정할 수 있다.

② 시·도지사는 법률에서 정하고 있는 용도지구 외에 새로운 용도지구를 신설할 수 있다.

③ 자연취락지구에서 4층 이하의 방송통신시설을 건축할 수 있다. ⇨ 자연취락지구에서 건축할 수 있는 건축물은 4층 이하의 건축물에 한한다.

⑤ 용도지역·용도지구 안에서의 건축제한에 대한 규정은 도시·군계획시설에 대해서는 적용하지 아니한다.

47 답 ① 고난도

국토의 계획 및 이용에 관한 법률 > 도시·군계획시설사업의 시행

① 도시지역에서 장사시설·종합의료시설·사회복지시설·폐차장 등의 기반시설을 설치하고자 하는 경우에는 도시·군관리계획으로 결정하지 않고 설치할 수 있다.

48 답 ①

국토의 계획 및 이용에 관한 법률 > 도시·군계획시설사업의 시행

② 같은 도의 관할구역에 속하는 둘 이상의 시·군에 걸쳐 시행되는 사업의 시행자를 정함에 있어 관계 시장·군수 간 협의가 성립되지 않는 경우에는 관할 도지사가 시행자를 지정한다.

③ 민간이 도시·군계획시설사업의 시행자로 지정받으려면 사업 대상 토지면적의 3분의 2 이상에 해당하는 토지를 소유하고, 토지소유자 총수의 2분의 1 이상에 해당하는 자의 동의를 받아야 한다. ⇨ 행정청이 아닌 자는 국토교통부장관, 시·도지사, 시장 또는 군수로부터 시행자로 지정을 받아 도시·군계획시설사업을 시행할 수 있다. 이 경우 행정청이 아닌 자 중 민간이 시행자로 지정받으려면 도시계획시설사업의 대상인 토지(국·공유지 제외)면적의 3분의 2 이상에 해당하는 토지를 소유하고, 토지소유자 총수의 2분의 1 이상에 해당하는 자의 동의를 받아야 한다. 다만,

행정청이 아닌 자 중에서 한국토지주택공사 등 공공기관이 도시·군계획시설사업의 시행자로 지정받으려는 경우에는 토지소유자의 동의를 받지 않아도 된다.

④ 도시·군관리계획결정을 고시한 경우 사업에 필요한 국·공유지는 그 도시·군관리계획으로 정해진 목적 외의 목적으로 양도할 수 없다.

⑤ 도시·군계획시설사업의 시행자가 행정청인 경우 시행자의 처분에 대하여 행정심판을 제기할 수 있다.

49 답 ④

고난도

국토의 계획 및 이용에 관한 법률 > 지구단위계획

① 정비구역 및 택지개발지구에서 시행되는 사업이 끝난 후 10년이 지난 지역은 지구단위계획구역으로 지정하여야 한다.

② 계획관리지역에 지정된 주거개발진흥지구는 지구단위계획을 수립하여 개발할 수 있다. ⇨ 도시지역 외의 지역 중 개발진흥지구에 지구단위계획구역을 지정할 수 있다. 그런데 주거개발진흥지구의 경우 계획관리지역에 지정된 주거개발진흥지구에만 지구단위계획구역을 지정할 수 있다. 따라서 생산관리지역에 지정된 주거개발진흥지구에는 지구단위계획구역을 지정할 수 없다.

③ 지구단위계획의 수립기준 등은 대통령령으로 정하는 바에 따라 국토교통부장관이 정한다.

⑤ 지구단위계획이 수립되어 있는 지구단위계획구역에서 공사기간 중 이용하는 공사용 가설건축물을 건축하려면 그 지구단위계획에 맞게 하지 않아도 된다. ⇨ 지구단위계획구역에서 건축물을 건축 또는 용도변경하거나 공작물을 설치하려면 그 지구단위계획에 맞게 하여야 한다. 다만, 일정 기간 내 철거가 예상되는 경우 등 대통령령으로 정하는 가설건축물은 그러하지 아니하다.

50 답 ③

국토의 계획 및 이용에 관한 법률 > 개발행위의 허가 등

③ 도시·군계획사업에 의하지 않는 개발행위로서 주거지역에서 면적 9천m^2의 토지형질변경을 하는 경우에 허가를 받아야 한다. ⇨ 주거지역에서 개발행위허가의 규모는 1만m^2 미만이다. 이 경우 개발행위허가의 규모는 허가를 할 수 있는 규모이지, 허가를 받지 않아도 되는 규모가 아니다.

① 자연녹지지역은 유보용도에 속하고, 유보용도에서는 도시계획위원회의 심의를 통하여 개발행위허가의 기준을 강화 또는 완화하여 적용할 수 있다.

④ 도시·군계획사업에 의한 개발행위는 허가를 받지 않아도 된다.

⑤ 개발행위로 인하여 주변의 국가유산 등이 크게 손상될 우려가 있는 지역에 대해서는 제한 기간을 연장할 수 없으므로 3년 이내의 기간 동안만 개발행위허가를 제한할 수 있다.

51 답 ①

국토의 계획 및 이용에 관한 법률 > 개발행위의 허가 등

① 특별시장·광역시장·특별자치시장·특별자치도지사·시장 또는 군수는 녹지지역, 관리지역, 농림지역 및 자연환경보전지역 중 주변지역과 연계하여 체계적인 관리가 필요한 지역에 대하여 성장관리계획구역을 지정할 수 있다.

52 답 ②

국토의 계획 및 이용에 관한 법률 > 개발행위의 허가 등

① 대학은 기반시설부담구역에 설치가 필요한 기반시설에 해당하지 않는다. ⇨ 대학을 제외한 학교는 기반시설부담구역에 설치가 필요한 기반시설에 해당한다.

③ 기반시설부담구역은 개발밀도관리구역과 중첩하여 지정될 수 없다. ⇨ 기반시설부담구역은 개발밀도관리구역 외의 지역에 지정한다.

④ 기반시설부담구역으로 지정된 지역에 대해 개발행위허가를 제한하였다가 이를 연장하기 위해서는 도시계획위원회의 심의를 거치지 않아도 된다. ⇨ 기반시설부담구역으로 지정된 지역은 도시계획위원회의 심의를 거쳐 개발행위허가를 제한할 수 있다. 다만, 2년 이내의 기간 동안 개발행위허가의 제한을 연장하려는 경우에는 도시계획위원회의 심의를 거치지 않아도 된다.

⑤ 기반시설부담구역의 지정권자는 특별시장·광역시장·특별자치시장·특별자치도지사·시장 또는 군수이다.

53 답 ②

도시개발법 > 도시개발계획 및 구역 지정

② 관계 중앙행정기관의 장이 도시개발구역의 지정을 요청하는 경우 ⇨ 시장(대도시 시장은 제외)·군수 또는 구청장은 시·도지사에게 도시개발구역의 지정을 요청할 수 있다.

54 답 ④

도시개발법 > 도시개발사업

① 지방자치단체가 도시개발사업의 전부를 환지방식으로 시행하려고 할 때에는 도시개발사업에 관한 시행규정을 정하여야 한다.

② 도시개발구역 전부를 환지방식으로 시행하는 시행자가 도시개발구역 지정의 고시일부터 1년 이내에 실시계획의 인가를 신청하지 아니하는 경우 지정권자는 시행자를 변경할 수 있다.

③ 사업시행자가 도시개발사업에 관한 실시계획의 인가를 받은 후 2년 이내에 사업을 착수하지 아니하는 경우 지정권자는 시행자를 변경할 수 있다.

⑤ 공공사업시행자는 조성된 토지의 분양을 「주택법」에 따른 주택건설사업자에게 대행하게 할 수 있다. ⇨ 토지소유자인 사업시행자는 민간사업시행자이므로 조성된 토지의 분양을 「주택법」에 따른 주택건설사업자에게 대행하게 할 수 없다.

55 답 ⑤

도시개발법 > 도시개발사업

⑤ 감사는 임원이고, 임원의 선임은 총회의 의결을 거쳐야 한다.

① 조합설립의 인가를 신청하려면 해당 도시개발구역의 토지면적의 3분의 2 이상에 해당하는 토지소유자와 그 구역의 토지소유자 총수의 2분의 1 이상의 동의를 받아야 한다.

② 조합설립인가에 동의한 자로부터 토지를 취득한 자는 조합설립인가 신청 전에 동의를 철회할 수 있다.

③ 도시개발구역의 토지소유자가 미성년자인 경우에는 조합의 임원이 될 수 없다. ⇨ 미성년자는 임원의 결격사유에 해당하므로 임원이 될 수 없다. 도시개발구역의 토지소유자가 미성년자인 경우에도 조합의 조합원은 될 수 있다.

④ 조합원은 보유토지의 면적과 관계없는 평등한 의결권을 갖는다.

56 답 ② 고난도

도시개발법 > 도시개발사업

② 고시된 실시계획의 내용 중 「국토의 계획 및 이용에 관한 법률」에 따라 도시·군관리계획으로 결정하여야 하는 사항이 종전에 도시·군관리계획으로 결정된 사항에 저촉되면 고시된 실시계획의 내용으로 변경된 것으로 본다.

③ 사업비의 100분의 10의 범위에서 사업비를 증감하는 경우는 경미한 변경에 해당하므로 지정권자의 변경인가를 받지 않아도 된다.

57 답 ② 고난도

도시개발법 > 도시개발사업

② '민간시행자'가 도시개발사업에 필요한 토지등을 수용하려면 토지면적의 3분의 2 이상에 해당하는 토지를 소유하고 토지소유자 총수의 2분의 1 이상에 해당하는 자의 동의를 받아야 한다. '토지소유자'인 시행자는 민간시행자에 해당하므로 옳은 지문이다.

① '수용 또는 사용의 대상이 되는 토지의 세부목록을 고시한 경우'에는 「공익사업을 위한 토지 등의 취득 및 보상에 관한 법률」에 따른 사업인정 및 그 고시가 있었던 것으로 본다.

③ 시행자는 토지등의 매수대금의 일부를 지급하기 위하여 토지상환채권을 발행할 수 있다.

④ 시행자는 지정권자의 승인을 받아 원형지를 공급할 수 있는데, 이 경우 공급될 수 있는 원형지의 면적은 도시개발구역 전체 토지면적의 3분의 1 이내로 한정한다.

⑤ 원형지개발자(국가 및 지방자치단체는 제외)는 원형지에 대한 공사완료공고일부터 5년, 원형지 공급계약일부터 10년 중 먼저 끝나는 기간 안에는 원형지를 매각할 수 없다.

58 답 ⑤

도시개발법 > 도시개발사업

⑤ 환지로 지정된 토지나 건축물을 금전으로 청산하는 내용으로 환지계획을 변경하는 경우는 경미한 사항의 변경에 해당하므로 변경인가를 받지 않아도 된다.

59 답 ①

도시 및 주거환경정비법 > 총칙

① 주민이 공동으로 사용하는 놀이터, 마을회관, 공동작업장은 공동이용시설에 해당하지만, 공원, 공용주차장은 정비기반시설에 해당한다.

60 답 ②

도시 및 주거환경정비법 > 기본계획 수립 및 정비구역 지정

① 특별시장·광역시장·특별자치시장·특별자치도지사 또는 시장은 기본계획을 10년 단위로 수립하여야 하고, 5년마다 그 타당성을 검토하여 그 결과를 기본계획에 반영하여야 한다.

③ 기본계획을 변경하려면 관계 행정기관의 장과 협의한 후 지방도시계획위원회의 심의를 거쳐야 한다.

④ 대도시의 시장이 아닌 시장은 기본계획의 내용 중 정비사업의 계획기간을 단축하는 경우 도지사의 변경승인을 받지 아니할 수 있다(경미한 변경). ⇨ 정비사업의 계획기간을 연장하는 경우에는 도지사의 변경승인을 받아야 한다.

⑤ 기본계획의 작성기준 및 작성방법은 국토교통부장관이 정하여 고시한다.

61 답 ④

고난도

도시 및 주거환경정비법 > 정비사업

① 주거환경개선사업의 경우 시장·군수등은 세입자의 세대수가 토지등소유자의 2분의 1 이하인 경우 세입자의 동의절차 없이 토지주택공사등을 사업시행자로 지정할 수 있다.
② 재개발사업은 토지등소유자가 20인 미만인 경우에는 조합을 설립하지 않고 토지등소유자가 직접 시행할 수 있다. ⇨ 재건축사업의 경우 토지등소유자는 시행자가 될 수 없다.
③ 재개발사업은 조합이 이를 시행하거나 조합이 조합원 과반수의 동의를 받아 시장·군수등, 토지주택공사등과 공동으로 이를 시행할 수 있다.
⑤ 조합설립인가 후 시장·군수등이 토지주택공사등을 사업시행자로 지정·고시한 때에는 그 고시일 다음 날에 조합설립인가가 취소된 것으로 본다.

62 답 ③

도시 및 주거환경정비법 > 정비사업

ㄱ. 이사는 임원이고, 임원의 선임 및 해임에 관한 사항은 대의원회가 대행할 수 없다.
ㄴ. 조합의 합병 또는 해산에 관한 사항은 대의원회가 대행할 수 없다. 다만, 사업완료로 인한 해산의 경우는 대의원회가 대행할 수 있다.

63 답 ④

도시 및 주거환경정비법 > 정비사업

④ 시장·군수등은 재개발사업의 사업시행계획인가를 하는 경우 사업시행자가 지정개발자인 때에는 정비사업비의 100분의 20의 범위에서 시·도조례로 정하는 금액을 예치하게 할 수 있다.

64 답 ①

도시 및 주거환경정비법 > 정비사업

② 관리처분계획은 정비사업에 관한 공사를 착수하기 전에 작성한다. ⇨ 관리처분계획은 분양신청기간이 종료된 때에 수립한다.
③ 관리처분계획의 인가·고시가 있는 때에는 종전의 토지의 임차권자는 사업시행자의 동의를 받은 경우 소유권의 이전고시가 있은 날까지 종전의 토지를 사용할 수 있다. ⇨ 관리처분계획의 인가·고시가 있는 때에 종전의 토지의 임차권자는 소유권의 이전고시가 있은 날까지 종전의 토지를 사용할 수 없다. 다만, 사업시행자의 동의를 받은 경우에는 종전의 토지를 사용할 수 있다.
④ 재개발사업의 관리처분은 정비구역의 지상권자에 대한 분양을 제외한다. ⇨ 재개발사업의 관리처분은 정비구역의 토지등소유자에 대한 분양을 포함하여야 한다. 다만, 토지등소유자 중 지상권자는 제외한다.
⑤ 재건축사업의 관리처분의 기준은 조합원 전원의 동의를 받은 경우에는 법령상 정하여진 관리처분의 기준과 달리 정할 수 있다.

65 답 ②

주택법 > 총칙

② 공공사업주체가 건설하는 주택으로서 국민주택규모 이하인 주택은 국민주택이다. ⇨ 지문의 경우 한국토지주택공사는 공공사업주체에 해당하고, 수도권에 건설한 주거전용면적이 1세대당 $80m^2$인 아파트는 국민주택규모에 해당하므로 옳은 지문이다.
① 세대구분형 공동주택이란 공동주택의 주택 내부 공간의 일부를 세대별로 구분하여 생활이 가능한 구조로 하되 그 구분된 공간의 일부를 구분소유할 수 없는 주택이다.
③ 폭 20m 이상인 일반도로로 분리된 토지는 각각 별개의 주택단지이다.
④ 주택에 딸린 「건축법」에 따른 건축설비는 부대시설에 해당한다.
⑤ 기간시설이란 도로·상하수도·전기시설·가스시설·통신시설·지역난방시설 등을 말한다. ⇨ 간선시설이란 도로·상하수도·전기시설·가스시설·통신시설 및 지역난방시설 등 주택단지 안의 기간시설을 그 주택단지 밖에 있는 같은 종류의 기간시설에 연결시키는 시설을 말한다.

66 답 ④

주택법 > 주택의 건설

① 조합원을 공개모집한 이후 조합원의 자격상실로 인한 결원을 충원하는 경우에는 신고하지 아니하고 선착순의 방법으로 조합원을 모집할 수 있다.
② 국민주택을 공급받기 위하여 직장주택조합을 설립하려는 자는 관할 시장·군수·구청장에게 신고하여야 한다.
③ 지역주택조합 설립인가를 받으려는 자는 해당 주택건설대지의 80% 이상에 해당하는 토지의 사용권원을 확보하여야 하고, 15% 이상에 해당하는 토지의 소유권을 확보하여야 한다.
⑤ 조합원의 탈퇴 등으로 조합원 수가 주택건설 예정 세대수의 50% 미만이 되는 경우에는 조합원을 충원할 수 있다.

67 답 ①

주택법 > 주택의 건설

① 한국토지주택공사와 등록사업자는 주택상환사채를 발행할 수 있다.

68 답 ① 고난도

주택법 > 주택의 건설

② 지역주택조합은 설립인가를 받은 날부터 2년 이내에 사업계획승인을 신청하여야 한다.
③ 등록사업자는 동일한 규모의 주택을 대량으로 건설하려는 경우에는 국토교통부장관에게 주택의 형별로 표본설계도서를 작성·제출하여 승인을 받을 수 있다.
④ 지방공사가 사업주체인 경우 건축물의 설계와 용도별 위치를 변경하지 아니하는 범위에서의 건축물의 배치조정은 사업계획변경승인을 받지 않아도 된다. ⇨ 공공사업주체(지방공사)인 경우 건축물의 설계와 용도별 위치를 변경하지 아니하는 범위에서의 건축물의 배치조정은 경미한 사항의 변경에 해당하므로 사업계획변경승인을 받지 않아도 된다.
⑤ 공공사업주체가 승인받은 총사업비의 10%를 감액하는 변경을 하려면 변경승인을 받지 않아도 된다. ⇨ 공공사업주체가 승인받은 총사업비의 20%의 범위에서의 사업비 증감은 경미한 사항의 변경에 해당하므로 변경승인을 받지 않아도 된다. 이 경우 사업주체가 주택조합(민간사업주체)인 때에는 경미한 변경을 적용하지 않으므로 변경승인을 받아야 한다.

69 답 ③

주택법 > 주택의 건설

③ 매도청구대상이 되는 대지의 소유자와 매도청구를 하기 전에 3개월 이상 협의를 하여야 한다.

70 답 ⑤

주택법 > 주택의 공급

① 민간사업주체가 입주자를 모집하려는 경우에는 시장·군수·구청장의 승인을 받아야 한다. ⇨ 공공주택사업자(국가, 지방자치단체, 한국토지주택공사, 지방공사)가 입주자를 모집하려는 경우에는 승인을 받지 않아도 된다. 지문의 경우 한국토지주택공사는 공공주택사업자에 해당하므로 입주자를 모집하려는 경우에 시장·군수·구청장의 승인을 받지 않아도 된다.
② 등록사업자(민간사업주체)가 복리시설의 입주자를 모집하려는 경우 시장·군수·구청장에게 신고하여야 한다.
③ 「관광진흥법」에 따라 지정된 관광특구에서 건설·공급하는 층수가 40층이고 높이가 160m인 아파트는 분양가상한제를 적용하지 아니한다. ⇨ 관광특구에서 건설·공급하는 공동주택으로서 해당 건축물의 층수가 50층 이상이거나 높이가 150m 이상인 경우에는 분양가상한제를 적용하지 아니한다. 여기서 층수 50층 이상이거나 높이 150m 이상은 둘 중의 하나의 요건만 갖추어도 분양가상한제를 적용하지 아니한다. 따라서 높이가 160m인 경우는 150m 이상에 해당하므로 분양가상한제의 적용대상이 아니다.
④ 시장·군수·구청장은 사업계획승인 신청이 있는 날부터 20일 이내에 분양가심사위원회를 설치·운영하여야 한다.

71 답 ③

주택법 > 주택의 공급

① 시·도지사가 투기과열지구를 지정하는 경우 국토교통부장관과 협의하여야 한다.
② 국토교통부장관은 반기마다 주거정책심의위원회의 회의를 소집하여 주택가격 안정 여건의 변화 등을 고려하여 투기과열지구 지정의 유지 여부를 재검토하여야 한다.
④ 투기과열지구지정직전월의 주택분양실적이 전달보다 30% 이상 감소한 곳으로서 주택공급이 위축될 우려가 있는 곳은 투기과열지구로 지정할 수 있다.
⑤ 국토교통부장관은 주택분양 등이 과열된 지역이나 주택의 거래가 위축된 지역으로서 대통령령으로 정하는 기준을 충족하는 지역을 주거정책심의위원회의 심의를 거쳐 조정대상지역으로 지정할 수 있다.

72 답 ⑤

건축법 > 총칙

⑤ 관광휴게시설은 다중이용건축물에 해당하지 않는다.
①②③④ 다중이용건축물에 해당한다.

73 답 ④

건축법 > 총칙

④ 지역자치센터는 「건축법」의 적용을 받는 건축물에 해당한다.

빈출개념 체크 「건축법」의 적용대상에서 제외되는 건축물

1. 「문화유산의 보존 및 활용에 관한 법률」에 따른 지정문화유산이나 임시지정문화유산 또는 「자연유산의 보존 및 활용에 관한 법률」에 따라 지정된 천연기념물등이나 임시지정천연기념물(①), 임시지정명승, 임시지정시·도자연유산

2. 철도나 궤도의 선로 부지에 있는 다음의 시설
   (1) 운전보안시설(②)
   (2) 철도 선로의 위나 아래를 가로지르는 보행시설
   (3) 플랫폼
   (4) 해당 철도 또는 궤도사업용 급수·급탄 및 급유시설
3. 고속도로 통행료 징수시설(③)
4. 공장의 대지에서 이동이 쉬운 컨테이너를 이용한 간이창고(⑤)
5. 「하천법」에 따른 하천구역 내의 수문조작실

74 답 ②

고난도

건축법 > 건축물의 건축

② 3층 이상도 아니고 연면적의 합계가 1,000m² 이상도 아니므로 도지사의 사전승인대상이 아니다. ⇨ 수질을 보호하기 위하여 도지사가 지정·공고한 구역에 3층 이상 또는 연면적의 합계가 1,000m² 이상인 숙박시설의 건축은 도지사의 사전승인대상이다.

① 공장, 창고는 연면적의 합계가 10만m² 이상이라 할지라도 특별시장이 허가하지 않고 구청장이 허가권자이다.

③ 연면적이 200m² 미만이고 3층 미만인 건축물의 대수선은 건축신고대상이다. ⇨ 180m²는 200m² 미만에 해당하고, 2층은 3층 미만에 해당하므로 옳은 지문이다.

④ 건축물의 높이를 3m 이하의 범위에서 증축하는 경우는 건축신고대상이다. ⇨ 높이 2m 증축은 3m 이하의 증축에 해당하므로 건축신고대상이다.

75 답 ⑤

건축법 > 건축물의 대지와 도로

⑤ 연면적 합계가 1,500m² 미만인 물류시설이라 하더라도 상업지역에 건축하는 경우에는 조경을 하여야 한다. ⇨ 연면적의 합계가 1,500m² 미만인 물류시설(주거지역 또는 상업지역에 건축하는 것은 제외)로서 국토교통부령으로 정하는 것은 조경을 하지 아니할 수 있다.

76 답 ③

건축법 > 지역 및 지구 안의 건축물

① 벽·기둥의 구획이 없는 건축물에 있어서는 그 지붕 끝부분으로부터 수평거리 1m를 후퇴한 선으로 둘러싸인 수평투영면적으로 한다.

② 건축물의 노대 등의 바닥은 노대 등의 면적에서 노대 등이 접한 가장 긴 외벽에 접한 길이에 1.5m를 곱한 값을 뺀 면적을 바닥면적에 산입한다.

④ 필로티 기타 이와 유사한 구조의 부분은 당해 부분이 공중의 통행이나 차량의 통행 또는 주차에 전용되는 경우와 공동주택의 경우에는 이를 바닥면적에 산입하지 아니한다.

⑤ 건축물을 리모델링하는 경우로서 미관 향상, 열의 손실 방지 등을 위하여 외벽에 부가하여 마감재 등을 설치하는 부분은 바닥면적에 산입하지 아니한다.

77 답 ⑤

건축법 > 특별건축구역·건축협정 및 결합건축

⑤ 개발제한구역, 보전산지, 자연공원, 접도구역에는 특별건축구역을 지정할 수 없다.

78 답 ③

건축법 > 특별건축구역·건축협정 및 결합건축

① 토지 또는 건축물의 소유자, 지상권자 등은 전원의 합의로 지구단위계획구역에서 건축물의 건축·대수선 또는 리모델링에 관한 협정(건축협정)을 체결할 수 있다.

② 주거환경개선사업을 시행하기 위하여 지정·고시된 정비구역에서 건축협정을 체결할 수 있다.

빈출개념 체크 건축협정을 체결할 수 있는 지역 또는 구역

1. 「국토의 계획 및 이용에 관한 법률」에 따라 지정된 지구단위계획구역
2. 「도시 및 주거환경정비법」에 따른 주거환경개선사업을 시행하기 위하여 지정·고시된 정비구역
3. 「도시재생 활성화 및 지원에 관한 특별법」에 따른 도시재생활성화지역
4. 「도시재정비 촉진을 위한 특별법」에 따른 존치지역
5. 그 밖에 건축협정인가권자가 도시 및 주거환경개선이 필요하다고 인정하여 해당 지방자치단체의 조례로 정하는 구역

④ 건축협정 체결대상 토지가 둘 이상의 특별자치시 또는 시·군·구에 걸치는 경우 건축협정 체결대상 토지면적의 과반이 속하는 건축협정인가권자에게 인가를 신청할 수 있다.

⑤ 협정체결자는 건축협정을 폐지하려는 경우에는 협정체결자 과반수의 동의를 받아 건축협정인가권자의 인가를 받아야 한다.

79 답 ③

농지법 > 총칙

③ 관상용 수목의 묘목을 조경목적으로 식재한 재배지로 실제로 이용되는 토지는 농지에 해당하지 않는다. ⇨ 조경 또는 관상용 수목과 그 묘목의 재배지는 농지에 해당한다. 다만, 조경목적으로 식재한 것은 농지에 해당하지 않는다. 지문은 조경목적으로 식재한 재배지이므로 농지에 해당하지 않는다.

① 지목이 임야인 토지로서 「산지관리법」에 따른 산지전용허가를 거치지 아니하고 농작물의 경작에 이용되는 토지는 경작 기간에 관계없이 농지에 해당하지 않는다.

② 지목이 전·답·과수원인 토지인 경우에는 농작물의 경작이나 다년생식물의 재배지로 이용되는 기간에 관계없이 농지이다. 지문은 지목이 전이므로 인삼의 재배지(다년생식물의 재배지)로 이용되는 기간에 관계없이 농지이다. ⇨ 지목이 전·답·과수원이 아닌 토지인 경우에는 농작물의 경작이나 다년생식물의 재배지로 계속하여 이용되는 기간이 3년 이상인 토지는 농지이고 3년 미만인 토지는 농지가 아니다.

④ 1,000m^2 이상의 농지에서 농작물 또는 다년생식물을 경작 또는 재배하거나 1년 중 90일 이상 농업에 종사하는 자는 농업인에 해당한다. 따라서 1,000m^2 이상 경작 또는 90일 이상 농업종사 중 어느 하나만 갖추어도 농업인에 해당한다. ⇨ 지문은 1,000m^2 이상 경작 면적은 갖추지 못하였지만 90일 이상 농업에 종사하였으므로 농업인에 해당한다.

⑤ 대가축 2두, 중가축 10두, 소가축 100두, 가금 1천수 또는 꿀벌 10군 이상을 사육하거나 1년 중 120일 이상 축산업에 종사하는 자는 '농업인'에 해당한다. 따라서 소가축 100두 이상 사육 또는 120일 이상 축산업 종사 중 어느 하나만 갖추어도 농업인에 해당한다. ⇨ 지문은 소가축 100두 이상을 사육하였으므로 축산업 종사 기간이 120일 이상이 아닐지라도 농업인에 해당한다.

80 답 ⑤

농지법 > 농지의 보전

① 전용허가를 받은 농지의 위치를 동일 필지 안에서 변경하는 경우 등 중요사항을 변경하려는 경우에는 농지전용허가를 받아야 한다.

② 산지전용허가를 받지 아니하고 불법으로 개간한 농지를 다시 산림으로 복구하는 경우에는 농지전용허가를 받지 않아도 된다.

③ 농지전용신고를 하고 농지를 전용하는 경우에는 농지를 전·답·과수원 외의 지목으로 변경할 수 있다.

④ 농지의 타용도 일시사용허가를 받는 자는 농지보전부담금을 납입하지 않아도 된다. ⇨ 농지전용허가를 받는 자, 농지전용신고를 하고 농지를 전용하려는 자, 농지전용협의를 거친 농지를 전용하려는 자 등은 농지보전부담금을 납입하여야 한다.

| 2교시 |

제1과목 | 부동산공시에 관한 법령 및 부동산 관련 세법

pp.64~74

01	③	02	⑤	03	④	04	⑤	05	③
06	①	07	③	08	⑤	09	①	10	②
11	①	12	④	13	②	14	④	15	④
16	③	17	①	18	⑤	19	⑤	20	③
21	②	22	①	23	④	24	①	25	④
26	④	27	②	28	⑤	29	①	30	③
31	①	32	④	33	②	34	⑤	35	③
36	③	37	④	38	①	39	②	40	⑤

점수: ________점

1 답 ③

공간정보의 구축 및 관리 등에 관한 법률 > 토지의 등록

신규등록 및 등록전환의 경우에는 그 지번부여지역에서 인접토지의 본번에 부번을 붙여서 지번을 부여한다. 다만, 다음의 어느 하나에 해당하는 경우에는 그 지번부여지역의 최종 본번의 다음 순번부터 본번으로 하여 순차적으로 지번을 부여할 수 있다(영 제56조 제3항 제2호).

1. 대상토지가 그 지번부여지역의 최종 지번의 토지에 인접하여 있는 경우
2. 대상토지가 이미 등록된 토지와 멀리 떨어져 있어서 등록된 토지의 본번에 부번을 부여하는 것이 불합리한 경우
3. 대상토지가 여러 필지로 되어 있는 경우

2 답 ⑤

공간정보의 구축 및 관리 등에 관한 법률 > 토지의 등록

① 2필지 이상에 진입하는 통로로 이용되는 토지는 '도로'로 하지만, 아파트와 같이 단일용도의 단지 안에 설치된 통로는 '도로'에서 제외한다.

② 묘지공원으로 결정·고시된 토지는 '묘지'로 한다.

③ 물을 상시적으로 이용하지 않고 닥나무·묘목·관상수 등의 식물을 주로 재배하는 토지는 '전'으로 한다.

④ 지하에서 용출하는 온수·약수·석유류 등을 일정한 장소로 운송하는 송수관이나 송유관의 부지는 '광천지'에서 제외한다.

3 답 ④

공간정보의 구축 및 관리 등에 관한 법률 > 토지의 등록

④ 경계점좌표등록부에 등록하는 지역이므로 면적을 측정한 값이 158.570m^2이면 끝수가 0.070m^2이므로 0.05m^2를 초과하기 때문에 올려서 처리하면 158.6m^2로 토지대장에 등록한다.

빈출개념 체크 면적의 결정 및 측량계산의 끝수처리(영 제60조 제1항 제2호)

지적도의 축척이 600분의 1인 지역과 경계점좌표등록부에 등록하는 지역의 토지 면적은 제곱미터 이하 한 자리 단위로 하되, 0.1제곱미터 미만의 끝수가 있는 경우 0.05제곱미터 미만일 때에는 버리고 0.05제곱미터를 초과할 때에는 올리며, 0.05제곱미터일 때에는 구하려는 끝자리의 숫자가 0 또는 짝수이면 버리고, 홀수이면 올린다. 다만, 1필지의 면적이 0.1제곱미터 미만일 때에는 0.1제곱미터로 한다.

4 답 ⑤

공간정보의 구축 및 관리 등에 관한 법률 > 지적공부 및 부동산종합공부

① 토지대장에는 좌표를 등록하지 않는다. 좌표는 경계점좌표등록부의 등록사항이다.
② 공유지연명부에는 면적을 등록하지 않는다. 면적은 토지(임야)대장의 등록사항이다.
③ 대지권등록부에는 도면번호를 등록하지 않는다. 도면번호는 도면과 경계점좌표등록부의 등록사항이다.
④ 경계점좌표등록부에는 지목을 등록하지 않는다. 지목은 토지(임야)대장과 지적도(임야도)의 등록사항이다.

5 답 ③

공간정보의 구축 및 관리 등에 관한 법률 > 지적공부 및 부동산종합공부

③ 지적전산자료를 신청하려는 자는 지적전산자료의 이용 또는 활용 목적 등에 관하여 미리 관계 중앙행정기관의 심사를 받아야 한다. 다만, 중앙행정기관의 장, 그 소속 기관의 장 또는 지방자치단체의 장이 신청하는 경우에는 그러하지 아니하다(법 제76조 제2항).

6 답 ①

공간정보의 구축 및 관리 등에 관한 법률 > 토지의 이동 및 지적정리

① 임야도에 등록된 토지가 사실상 형질변경되었으나 지목변경을 할 수 없는 경우에 지적소관청에 등록전환을 신청하여야 한다.

빈출개념 체크 지적소관청의 직권정정사유(영 제64조 제1항)

등록전환을 신청할 수 있는 경우는 다음과 같다.

1. 「산지관리법」에 따른 산지전용허가·신고, 산지일시사용허가·신고, 「건축법」에 따른 건축허가·신고 또는 그 밖의 관계 법령에 따른 개발행위허가 등을 받은 경우
2. 대부분의 토지가 등록전환되어 나머지 토지를 임야도에 계속 존치하는 것이 불합리한 경우
3. 임야도에 등록된 토지가 사실상 형질변경되었으나 지목변경을 할 수 없는 경우
4. 도시·군관리계획선에 따라 토지를 분할하는 경우

7 답 ③

공간정보의 구축 및 관리 등에 관한 법률 > 토지의 이동 및 지적정리

③ 청산금의 납부 및 지급이 완료되었을 때에는 지적소관청은 축척변경의 확정공고를 하여야 한다(영 제78조 제1항).

8 답 ⑤

공간정보의 구축 및 관리 등에 관한 법률 > 토지의 이동 및 지적정리

⑤ 토지이동정리결의서와 다르게 정리된 사항과 같이 직권정정대상인 경우에는 지적소관청이 직권으로 정정하는 것이지 토지소유자에게 정정신청할 것을 통지하는 것이 아니다.

빈출개념 체크 지적소관청의 직권정정사유(법 제84조 제2항, 영 제82조 제1항)

1. 토지이동정리결의서의 내용과 다르게 정리된 경우
2. 지적도 및 임야도에 등록된 필지가 면적의 증감 없이 경계의 위치만 잘못된 경우
3. 1필지가 각각 다른 지적도나 임야도에 등록되어 있는 경우로서 지적공부에 등록된 면적과 측량한 실제면적은 일치하지만 지적도나 임야도에 등록된 경계가 서로 접합되지 않아 지적도나 임야도에 등록된 경계를 지상의 경계에 맞추어 정정하여야 하는 토지가 발견된 경우
4. 지적공부의 작성 또는 재작성 당시 잘못 정리된 경우
5. 지적측량성과와 다르게 정리된 경우
6. 지적공부의 등록사항을 정정하여야 하는 경우

7. 지적공부의 등록사항이 잘못 입력된 경우
8. 합필등기신청의 각하에 따른 등기관의 통지가 있는 경우 (지적소관청의 착오로 잘못 합병한 경우만 해당)
9. 면적 환산이 잘못된 경우

9 답 ①

공간정보의 구축 및 관리 등에 관한 법률 > 토지의 이동 및 지적정리

① 지적소관청의 등기촉탁은 지적소관청이 지적공부에 토지표시를 정리한 경우 등기부에 토지표시를 일치시키기 위하여 하는 것이다. 따라서 신규등록한 경우 등기부 자체가 없기 때문에 등기촉탁을 하지 않는다.

10 답 ②

공간정보의 구축 및 관리 등에 관한 법률 > 지적측량

② 지적측량은 토지를 지적공부에 등록하거나 지적공부에 등록된 경계점을 지상에 복원하기 위하여 필지의 경계 또는 좌표와 면적을 정하는 측량을 말하며, 지적확정측량 및 지적재조사측량을 포함한다. 따라서 지상건축물과 인접 건축물과의 관계를 파악하고자 하는 경우는 도면의 경계와 무관한 측량으로서 일반측량이지 지적측량이 아니다.

11 답 ①

공간정보의 구축 및 관리 등에 관한 법률 > 지적측량

① 토지소유자등 이해관계인은 지적측량을 할 필요가 있는 경우에는 지적측량수행자에게 지적측량을 의뢰하여야 한다(법 제24조 제1항).

12 답 ④

공간정보의 구축 및 관리 등에 관한 법률 > 지적측량

- 토지소유자, 이해관계인 또는 지적측량수행자는 지적측량성과에 대하여 다툼이 있는 경우에는 관할 시·도지사를 거쳐 지방지적위원회에 지적측량 적부심사를 청구할 수 있다(법 제29조 제1항).
- 지적측량 적부심사청구를 회부받은 지방지적위원회는 그 심사청구를 회부받은 날부터 60일 이내에 심의·의결하여야 한다. 다만, 부득이한 경우에는 그 심의기간을 해당 지적위원회의 의결을 거쳐 30일 이내에서 한 번만 연장할 수 있다(법 제29조 제3항).

13 답 ②

부동산등기법 > 각종의 등기절차

② 부기등기는 순위번호와 접수번호 모두 그 주등기에 따른다.

14 답 ④

부동산등기법 > 등기제도 총칙

④ 사망자 명의의 신청으로 마쳐진 이전등기에 대해서는 추정력이 부정되므로 그 등기의 유효를 주장하는 자가 현재의 실체관계와 부합함을 증명할 책임이 있다(대판 2018.11.29, 2018다200730).

15 답 ④

부동산등기법 > 등기절차 총론

④ 피상속인 사망 후에 그의 소유로 등기되어 있는 부동산을 그의 상속인으로부터 매수하였다면 상속인 명의의 상속등기를 한 후 매수인에게 소유권이전등기를 신청할 수 있다.

16 답 ③

부동산등기법 > 등기절차 총론

③ 지목변경으로 인한 토지표시변경등기는 토지소유권의 등기명의인이 단독으로 신청할 수 있다.

17 답 ①

부동산등기법 > 등기절차 총론

① 촉탁에 따른 등기절차는 법률에 다른 규정이 없는 경우에는 신청에 따른 등기에 관한 규정을 준용한다(법 제22조 제2항).

빈출개념 체크 **관공서의 등기촉탁 시 신청에 관한 규정을 준용하지 않는 경우**

1. 관공서가 등기촉탁을 하는 경우에는 본인이나 대리인의 출석을 필요로 하지 않으므로 우편에 의한 등기촉탁을 할 수 있다. 다만, 관공서가 촉탁에 의하지 아니하고 등기권리자와 등기의무자의 공동으로 등기를 신청할 수도 있다.
2. 관공서가 등기의무자로서 촉탁하든지 등기권리자로서 촉탁하든지 등기필정보를 제공할 필요가 없다.
3. 매각 또는 공매처분 등을 원인으로 관공서가 소유권이전등기를 촉탁하는 경우에는 등기의무자의 주소를 증명하는 정보를 제공할 필요가 없다.
4. 관공서가 등기촉탁을 하는 경우에는 등기기록의 부동산표시가 대장과 일치하지 않아도 그 등기촉탁을 각하하지 아니하고 수리하여야 한다.

18 답 ⑤

부동산등기법 > 등기절차 총론

⑤ 1필지의 일부에 대한 지상권설정등기는 등기할 사항이다. ①「부동산등기법」 제29조 제4호의 각하사유, ② 제8호의 각하사유, ③④ 제2호의 각하사유(사건이 등기할 것이 아닌 경우)로서 모두 각하하여야 한다.

19 답 ⑤

부동산등기법 > 각종 권리의 등기절차

등기관은 근저당권(根抵當權)인 경우에는 법 제48조에서 규정한 사항 외에 다음의 사항을 기록하여야 한다. 다만, 3. 및 4.는 등기원인에 그 약정이 있는 경우에만 기록한다(법 제75조 제2항).

1. 채권의 최고액(ㄱ)
2. 채무자의 성명 또는 명칭과 주소 또는 사무소 소재지(ㄴ)
3. 「민법」 제358조 단서의 약정
4. 존속기간(ㄷ)

20 답 ③

부동산등기법 > 각종 권리의 등기절차

③ 「부동산등기법」 제65조 제4호 '특별자치도지사, 시장·군수 또는 구청장(자치구의 구청장을 말함)의 확인에 의하여 자기의 소유권을 증명하는 자'는 건물에 한하여만 적용되는 것이므로 토지에 대한 보존등기는 허용되지 않는다.

21 답 ②

부동산등기법 > 각종 권리의 등기절차

② 유증이란 유언에 의한 증여로서 수증자가 등기권리자가 되고 유언집행자 또는 유언자의 상속인이 등기의무자가 되어 공동으로 신청한다.

22 답 ①

부동산등기법 > 각종 권리의 등기절차

ㄱ. 토지소유자 중 1인의 지분을 목적으로 용익권을 설정할 수 없다. 즉, 구분지상권을 설정할 수 없다.
ㄴ. 「주택임대차보호법」상 임차권등기명령에 의한 주택임차권등기에 기초하여 임차권이전등기를 할 수 없다.
ㄹ. 전세권의 존속기간 만료 전에 전세금반환채권의 일부양도를 원인으로 전세권일부이전등기할 수 없다.
ㄷ. 지상권이전등기를 신청하는 경우 토지소유자의 승낙서를 첨부할 필요가 없다.
ㅁ. 전세권의 존속기간 만료 후에는 전세권이 소멸하므로 전세권을 목적으로 저당권을 설정할 수 없다.

23 답 ④

부동산등기법 > 각종의 등기절차

④ 채권적 청구권에 대하여는 가등기할 수 있지만 물권적 청구권에 대하여는 가등기할 수 없다.
① 소유권이전청구권가등기 후에 제3자에게 소유권이 이전되었다면 그 가등기에 의한 본등기의무자는 가등기 당시 소유명의인이다.
② 가등기를 명하는 가처분명령은 부동산 소재지를 관할하는 지방법원이 할 수 있다.
③ 가등기에 의한 본등기를 한 경우 본등기의 순위는 가등기의 순위에 의하나, 본등기의 효력은 가등기한 때에 발생하지 않고 본등기한 때에 발생한다.
⑤ 하나의 가등기에 관한 여러 사람의 가등기권자가 있는 경우, 그중 일부의 가등기권자는 공유물보존행위에 준하여 가등기 전부에 관한 본등기를 신청할 수 없다.

24 답 ①

부동산등기법 > 등기의 기관과 그 설비

① 등기기록은 1동 건물의 전부에 대한 표제부를 두고, 각 구분건물에 대하여는 전유부분마다 표제부와 갑구, 을구를 둔다. 즉, 1동 건물 전부에 대하여는 표제부만을 두지 갑구와 을구를 두지 않는다.

25 답 ④

조세총론 > 조세의 기초이론

④ 서류송달을 받아야 할 자의 주소 또는 영업소가 분명하지 아니한 경우에는 서류의 주요 내용을 공고한 날로부터 14일이 지나면 서류의 송달이 된 것으로 본다(지방세기본법 제33조 제1항 제2호).

26 답 ④

조세총론 > 조세와 타 채권과의 관계

ㄷ. 강제집행으로 부동산을 매각할 때 그 매각금액 중에 국세를 징수하는 경우, 강제집행비용은 국세에 우선한다(국세기본법 제35조 제1항 제2호).

27 답 ②

지방세 > 취득세

② 건축물을 교환으로 취득하는 경우에는 교환으로 이전받는 건축물의 시가인정액과 이전하는 건축물의 시가인정액 중 높은 가액을 취득당시가액으로 한다(지방세법 시행령 제18조의4 제1항 제1호 나목).

28 답 ⑤

지방세 > 취득세

⑤ 취득세 과세물건을 취득한 후에 과세물건이 중과세율의 적용대상이 되었을 때에는 중과세율을 적용하여 산출한 세액에서 이미 납부한 세액(가산세 제외)을 공제한 금액을 세액으로 하여 신고·납부하여야 한다(지방세법 제20조 제2항).

29 답 ① 고난도

지방세 > 취득세

② 지방자치단체의 장은 취득세 납세의무가 있는 법인이 장부 등의 작성과 보존의무를 이행하지 아니한 경우에는 산출된 세액 또는 부족세액의 100분의 10에 상당하는 금액을 징수하여야 할 세액에 가산한다(지방세법 제22조의2 제2항).

③ 납세의무자가 토지의 지목을 사실상 변경한 후 산출세액에 대한 신고를 하지 아니하고 그 토지를 매각하는 경우에는 중가산세(100분의 80)를 적용하지 아니한다(지방세법 시행령 제37조).

④ 「도시 및 주거환경정비법」에 따른 재건축조합이 재건축사업을 하면서 조합원으로부터 취득하는 토지 중 조합원에게 귀속되지 아니하는 토지를 취득하는 경우에는 「도시 및 주거환경정비법」에 따른 소유권이전 고시일의 다음 날에 그 토지를 취득한 것으로 본다(지방세법 시행령 제20조 제7항).

⑤ 형제자매인 증여자의 채무를 인수하는 부담부증여의 경우에는 그 채무액에 상당하는 부분은 부동산을 유상으로 취득하는 것으로 본다(지방세법 제7조 제12항).

30 답 ③

지방세 > 등록에 대한 등록면허세

③ 취득당시가액을 과세표준으로 하는 경우 등록 당시에 자산재평가 또는 감가상각 등의 사유로 그 가액이 달라진 경우에는 변경된 가액(등기일 또는 등록일 현재의 법인장부 또는 결산서 등으로 증명되는 가액)을 과세표준으로 한다(지방세법 제27조 제3항 단서).

31 답 ①

지방세 > 재산세

② 고급오락장 및 회원제 골프장용 토지는 분리과세대상 토지이다.

③ 고급주택의 부속토지는 주택용 건물과 부속토지를 합산하여 주택분 재산세로 과세한다.

④ 일반영업용 건축물의 시가표준액이 해당 부속토지의 시가표준액의 100분의 2에 미달하는 건축물의 부속토지 중 그 건축물의 바닥면적을 제외한 부속토지는 종합합산과세대상 토지이다.

⑤ 광주광역시의 공업지역에 있는 법정 기준면적 초과의 공장용지는 종합합산과세대상 토지이다.

32 답 ④

지방세 > 재산세

ㄷ. 주택에 대한 재산세는 주택별로 세율을 적용한다(지방세법 제113조 제2항).

33 답 ②

지방세 > 재산세

② 주택에 대한 재산세의 경우 해당 연도에 부과·징수할 세액의 2분의 1은 매년 7월 16일부터 7월 31일까지, 나머지 2분의 1은 9월 16일부터 9월 30일까지를 납기로 한다. 다만, 해당 연도에 부과할 세액이 20만원 이하인 경우에는 조례로 정하는 바에 따라 납기를 7월 16일부터 7월 31일까지로 하여 한꺼번에 부과·징수할 수 있다(지방세법 제115조 제1항 제3호).

34 답 ⑤

국세 > 종합부동산세

⑤ 과세기준일 현재 세대원 중 1인과 배우자만이 공동으로 1주택을 소유하고 해당 세대원 및 다른 세대원이 다른 주택을 소유하지 아니한 경우 9월 16일부터 9월 30일까지 신청한 경우 공동명의 1주택자를 해당 1주택에 대한 납세의무자로 한다(종합부동산세법 제10조의2 제1항·제2항).

35 답 ③

고난도

국세 > 종합부동산세

③ 「신탁법」 제2조에 따른 수탁자의 명의로 등기된 신탁주택의 경우에는 위탁자가 종합부동산세를 납부할 의무가 있으며, 이 경우 위탁자가 신탁주택을 소유한 것으로 본다(종합부동산세법 제7조 제2항).

36 답 ③

국세 > 양도소득세

ㄴ. 지역권은 양도소득세 과세대상이 아니다.

ㅁ. 토지 및 건물과 함께 양도하는 「개발제한구역의 지정 및 관리에 관한 특별조치법」에 따른 이축권(해당 이축권의 가액을 대통령령으로 정하는 방법에 따라 별도로 평가하여 신고함)은 종합소득세 과세대상이다.

37 답 ④

국세 > 양도소득세

④ 완성 또는 확정되지 아니한 자산을 양도 또는 취득한 경우로서 해당 자산의 대금을 청산한 날까지 그 목적물이 완성 또는 확정되지 아니한 경우에는 그 목적물이 완성 또는 확정된 날을 그 양도일 또는 취득일로 본다. 이 경우 건설 중인 건물의 완성된 날에 관하여는 제1항 제4호를 준용한다(소득세법 시행령 제162조 제1항 제8호). 건설 중인 아파트의 분양계약에 따라 잔금청산일까지 해당 아파트가 완공되지 않은 경우가 이에 해당한다.

38 답 ①

국세 > 양도소득세

① 상속받은 주택과 상속개시 당시 보유한 일반주택을 국내에 각각 1개씩 소유한 1세대가 일반주택을 양도하는 경우에는 국내에 1개의 주택을 소유하고 있는 것으로 보아 1세대 1주택 비과세 규정을 적용한다. 이 경우 상속받은 주택을 먼저 양도하는 경우에는 상속받은 주택에 대하여는 양도소득세를 과세한다.

39 답 ②

고난도

국세 > 양도소득세

취득가액을 환산취득가액으로 하는 경우에는 ㉠ 환산취득가액과 개산공제액의 합계액, ㉡ 실제 지출된 자본적 지출액과 양도비용의 합계액 중 큰 금액을 필요경비로 할 수 있다(소득세법 제97조 제2항 제2호). 이 경우 甲의 양도소득세 부담을 최소화하기 위한 양도차익은 2가지 방법 중 양도차익이 적은 경우를 선택하는 것이다.

1. 취득가액을 환산취득가액으로 하는 경우의 양도차익(2억 4천4백만원)

항목	금액	취득가액을 환산취득가액으로 하는 경우
양도가액	5억원	실지거래가액
(−) 취득가액	2억 5천만원	환산취득가액 = 양도 당시 실지거래가액(5억원) × 취득 당시 기준시가(2억) / 양도 당시 기준시가(4억) = 2억 5천만원
(−) 양도비용	600만원	개산공제금액 = 취득 당시 기준시가 2억원 × 3% = 600만원
양도차익	2억 4천4백만원	

2. 자본적 지출 및 양도비용 금액을 적용한 양도차익(2억 5천만원)

항목	금액	자본적 지출 및 양도비용 금액으로 하는 경우
양도가액	5억원	실지거래가액
(−) 양도비용	2억 5천만원	자본적 지출 및 소개비
양도차익	2억 5천만원	

40 답 ⑤

국세 > 양도소득세

① 보유기간이 8개월인 등기된 상가건물의 양도소득세 세율은 100분의 50이다.

② 보유기간이 6개월인 「소득세법」에 따른 분양권의 양도소득세 세율은 100분의 70이다.

③ 보유기간이 2년 6개월인 「소득세법」에 따른 분양권의 양도소득세 세율은 100분의 60이다.

④ 보유기간이 1년 10개월인 1주택 소유자의 주택의 양도소득세 세율은 100분의 60이다.

제3회 정답 및 해설

• 집필진 [공인중개사법령 및 중개실무] 임선정 교수, [부동산공법] 오시훈 교수, [부동산공시법] 김민석 교수, [부동산세법] 한영규 교수

| 1교시 |

제1과목 | 공인중개사의 업무 및 부동산 거래신고 등에 관한 법령 및 중개실무 pp.76~85

01	②	02	④	03	④	04	①	05	①
06	②	07	①	08	⑤	09	⑤	10	⑤
11	④	12	④	13	①	14	⑤	15	④
16	③	17	⑤	18	②	19	⑤	20	⑤
21	①	22	②	23	④	24	④	25	⑤
26	⑤	27	⑤	28	①	29	⑤	30	⑤
31	③	32	⑤	33	④	34	③	35	③
36	⑤	37	④	38	⑤	39	⑤	40	④

점수: ________점

1 답 ② 고난도

공인중개사법령 > 총칙

② 개업공인중개사란 이 법에 의하여 중개사무소 개설등록을 한 '자'를 말한다.

2 답 ④

공인중개사법령 > 총칙

④ 판례에 따르면 중개대상물로 규정된 건물에는 기존의 건축물뿐만 아니라 장래 건축될 건물(분양계약이 체결된 분양권)도 포함된다(대판 1990.2.13, 89도1885).

3 답 ④

공인중개사법령 > 공인중개사제도

① 공인중개사의 업무에 관한 사항을 심의하기 위하여 국토교통부에 공인중개사 정책심의위원회를 둘 수 있다.
② 정책심의위원회의 위원장은 국토교통부 제1차관이 된다.
③ 정책심의위원회는 위원장 1명을 포함하여 7명 이상 11명 이내로 구성한다.
⑤ 국토교통부장관은 위원이 제척사유의 어느 하나에 해당하는 데에도 불구하고 회피하지 아니한 경우에는 해당 위원을 해촉할 수 있다.

4 답 ①

공인중개사법령 > 공인중개사제도

② 부정행위자라 하더라도 중개보조원·중개법인의 임원·사원으로 중개업무에는 종사할 수 있다.
③ 시·도지사가 시험을 시행하려는 경우에는 정책심의위원회의 의결을 거치지 않는다.
④ 시·도지사가 자격증을 교부하여야 한다.
⑤ 응시원서 접수마감일의 다음 날부터 7일 이내에 접수를 취소하는 경우, 납입한 수수료의 100분의 60을 반환하여 준다.

5 답 ① 고난도

공인중개사법령 > 개업공인중개사의 의무 및 책임

ㄱ. 분양대행은 「공인중개사법」 제14조에 규정된 겸업에 해당한다. 겸업은 중개보수 규정이 적용되지 않으므로 개업공인중개사의 금지행위에 해당하지 않는다.

6 답 ②

공인중개사법령 > 중개업무

② 인터넷을 이용한 중개대상물의 표시·광고 모니터링 업무 수탁기관은 기본계획서에 따라 분기별로 기본 모니터링 업무를 수행한다.

7 답 ①

공인중개사법령 > 총칙

ㄱ, ㅂ, ㅇ. 중개대상인 권리이다.
ㅁ. 등기된 환매권의 경우에도 중개대상이 될 수 있으나, 물권이 아닌 채권이므로 정답이 아니다.

8 답 ⑤

공인중개사법령 > 중개사무소 개설등록 및 결격사유

① 등록관청은 개설등록을 하고 등록신청을 받은 날부터 7일 이내에 등록신청인에게 서면으로 통지하여야 한다.
② 합명회사가 개설등록을 하려면 대표자는 공인중개사이어야 하며, 대표자를 제외하고 임원 또는 사원의 3분의 1 이상이 공인중개사이어야 한다.

③ 등록신청인에게 등록사실을 서면으로 통지한 후 보증설정 여부를 확인한 다음 지체 없이 등록증을 교부한다.
④ 다른 법률의 규정에 따라 중개업을 할 수 있는 법인은 「공인중개사법」상의 등록기준을 적용하지 아니하므로 대표자가 공인중개사일 것을 요하지 아니한다.

9 답 ⑤

공인중개사법령 > 중개사무소 개설등록 및 결격사유

⑤ 「공인중개사법」을 위반하여 300만원 이상의 벌금형의 선고를 받은 경우는 결격사유에 해당하므로 3년이 지나야 결격사유를 벗어나지만, 과태료의 경우는 기간의 경과와 무관하며 결격사유에 해당하지 않는다.

10 답 ⑤

공인중개사법령 > 공인중개사협회 및 교육·보칙·신고센터 등

⑤ 국토교통부장관은 신고센터의 업무를 「한국부동산원법」에 따른 한국부동산원에 위탁한다.

11 답 ④

고난도

공인중개사법령 > 중개사무소 개설등록 및 결격사유

① 벌금형의 선고일부터 3년간 등록 등의 결격사유가 적용된다.
② 자격취소일부터 3년간 등록 등의 결격사유가 적용된다.
③ 결격사유를 적용하지 아니한다.
⑤ 등록취소일에서 폐업기간을 공제한 기간만 등록 등의 결격사유가 적용된다.

12 답 ④

공인중개사법령 > 중개업무

④ 법인의 분사무소의 옥외광고물을 설치하는 경우 분사무소 설치신고확인서에 기재된 분사무소 책임자의 성명을 표기해야 한다.

13 답 ①

공인중개사법령 > 중개업무

① 법인인 개업공인중개사는 등록관청에 신고하고 그 관할구역 외의 지역에 분사무소를 둘 수 있다.

14 답 ⑤

공인중개사법령 > 중개계약 및 부동산거래정보망

① 중개보수의 50% 범위 안에서 개업공인중개사가 지출한 비용을 지불해야 한다.
② 7일 이내에 중개대상물에 관한 정보를 공개하여야 한다.
③ 지체 없이 통지하여야 한다.
④ 3년간 이를 보존하여야 한다.

15 답 ④

공인중개사법령 > 중개업무

④ 임신 또는 출산 등 법령에서 정하는 사유를 제외하고 휴업은 6개월을 초과할 수 없다.

16 답 ③

공인중개사법령 > 중개계약 및 부동산거래정보망

③ 중개대상물의 상태, 입지(ㄴ) 및 취득 관련 조세(ㅅ)의 경우는 확인·설명사항과 연관되는 내용이다.

17 답 ⑤

공인중개사법령 > 중개계약 및 부동산거래정보망

① 국토교통부장관은 개업공인중개사 상호간에 부동산의 매매 등에 관한 정보의 공개와 유통을 촉진하기 위하여 부동산거래정보망을 설치·운영할 자를 지정할 수 있다.
② 개인도 가능하다.
③ 거래정보사업자로 지정받고자 하는 자는 전국적으로 500명 이상의 개업공인중개사(그중 2개 이상의 시·도에서 각 30명 이상의 개업공인중개사)로부터 해당 정보망의 가입·신청을 받아야 한다.
④ 거래정보사업자가 정당한 사유 없이 1년 이내에 부동산거래정보망을 설치·운영하지 아니하는 경우 국토교통부장관은 그 지정을 취소할 수 있다.

18 답 ②

공인중개사법령 > 중개업무

ㄱ. 중개의뢰인의 의뢰에 따른 도배·이사업체의 소개 등 주거이전에 부수되는 용역의 알선
ㄹ. 개업공인중개사를 대상으로 한 중개업의 경영기법 및 경영정보의 제공

19 답 ⑤

공인중개사법령 > 손해배상책임과 반환채무이행보장

① 고의인 경우에도 업무보증금으로 그 손해배상을 받을 수 있다.
② 개업공인중개사는 중개가 완성된 때에는 거래당사자에게 보장기간, 보증기관의 명칭 및 그 소재지, 보장금액을 설명하고 관계증서 사본을 교부 또는 관계증서에 관한 전자문서를 제공하여야 한다.
③ 15일 이내에 공탁금 중 부족하게 된 금액(5천만원)을 보전하여야 한다.
④ 2천만원 이상의 보증을 설정하여 등록관청에 신고하여야 한다.

20 답 ⑤

공인중개사법령 > 개업공인중개사의 의무 및 책임

⑤ 거래당사자 쌍방을 대리하는 행위가 금지행위이고, 일방을 대리하는 행위는 금지행위가 아니다.
② 개업공인중개사가 남편인 甲을 통하여 거래를 한 경우 직접 거래에 해당한다.
④ 중개의뢰인과 직접 거래한 금지행위에 해당한다.

21 답 ①

공인중개사법령 > 벌칙(행정벌)

① 휴업기간의 변경신고를 하지 않은 경우는 100만원 이하의 과태료사유에 해당한다.

22 답 ②

공인중개사법령 > 개업공인중개사의 의무 및 책임

ㄴ, ㅁ. 중개대상물 확인·설명사항 및 정보공개사항에 해당한다.

23 답 ④ 고난도

공인중개사법령 > 손해배상책임과 반환채무이행보장

① 개업공인중개사 명의로 예치하는 경우에 한하여 주어진 의무이다.
② 예치명의자에게 교부하고 미리 수령할 수 있다.
③ 거래당사자의 동의가 없는 경우에는 예치된 계약금등을 미리 인출하여서는 아니 된다.
⑤ 업무정지처분을 받을 수 있다.

24 답 ④

공인중개사법령 > 중개보수

④ 중개보수산정에 관한 지방자치단체의 조례를 잘못 해석하여 법정한도를 초과한 중개보수를 받은 경우 「공인중개사법」상 금지행위에 해당한다(대판 2005.5.27, 2004도62).

25 답 ⑤

공인중개사법령 > 지도·감독 및 행정처분

⑤ 등록관청은 다른 사람에게 자기의 성명 또는 상호를 사용하여 중개업무를 하게 하거나 중개사무소등록증을 양도 또는 대여한 개업공인중개사는 그 등록을 취소하여야 한다.

26 답 ⑤

공인중개사법령 > 지도·감독 및 행정처분

⑤ 폐업신고 전의 개업공인중개사에 대하여 행한 행정처분의 효과는 그 처분일부터 1년간 다시 재등록 개업공인중개사에게 승계된다.

27 답 ⑤

공인중개사법령 > 지도·감독 및 행정처분

⑤ 시·도지사는 공인중개사의 자격취소처분을 한 때에는 5일 이내에 이를 국토교통부장관과 다른 시·도지사에게 통보해야 한다.

28 답 ①

공인중개사법령 > 벌칙(행정벌)

① 개업공인중개사로부터 공개 의뢰받지 아니한 정보를 공개하거나, 의뢰받은 내용과 다르게 공개하거나 또는 개업공인중개사에 따라 차별하여 정보가 공개되도록 한 경우에는 지정을 취소할 수 있으며, 1년 이하의 징역 또는 1천만원 이하의 벌금에 처한다.
②③ 지정을 취소할 수 있으며, 500만원 이하의 과태료에 처한다.
④⑤ 지정취소사유에만 해당한다.

29 답 ⑤

중개실무 > 개별적 중개실무

ㄱ, ㄴ, ㄷ, ㄹ. 모두 환산보증금의 액수와 상관없이 「상가건물 임대차보호법」의 적용대상이 되는 내용이다.

30 답 ⑤

공인중개사법령 > 공인중개사협회 및 교육·보칙·신고센터 등

① 검사가 공소제기 또는 기소유예한 사건이어야 한다.
② 포상금은 등록관청이 지급한다.
③ 등록관청은 포상금의 지급을 결정한 후 1개월 이내에 포상금을 지급하여야 한다.
④ 포상금은 1건당 50만원을 지급하고, 국고에서 보조할 수 있는 비율은 100분의 50 이내이다.

31 답 ③

공인중개사법령 > 중개사무소 개설등록 및 결격사유

① 중개보조원도 둘 이상의 중개사무소에 소속할 수 없다.
② 자격을 취소하여야 한다.
④ 이중소속금지 규정을 위반한 위법행위이다.
⑤ 업무정지기간 중에는 다시 등록을 할 수 없다.

32 답 ⑤

공인중개사법령 > 부동산 거래신고 등에 관한 법률

① 신고를 받은 신고관청은 그 신고내용을 확인한 후 신고인에게 신고필증을 지체 없이 발급하여야 한다.
② 거래당사자 중 1인이 시장 등에게 제출할 수 있다.
③ 거래당사자 중 다른 1인이 단독으로 부동산 거래계약 신고서에 서명 또는 날인을 한 후 그 사유서를 첨부하여 이를 제출할 수 있다.
④ 정정신청을 받은 신고관청은 정정사항을 확인한 후 지체 없이 해당 내용을 정정하고, 정정사항을 반영한 부동산거래 신고필증을 재발급하여야 한다.

33 답 ④ 고난도

중개실무 > 개별적 중개실무

④ 3자 간 등기명의신탁의 경우 매도인 乙은 당연히 甲과 丙 간 명의신탁약정사실을 알 수밖에 없고 이 경우 수탁자 丙 명의의 소유권이전등기는 무효가 되며, 소유권은 乙에게 남아있다.

34 답 ③ 고난도

공인중개사법령 > 부동산 거래신고 등에 관한 법률

③ 농지에 대하여 토지거래계약허가를 받은 경우에는 「농지법」에 따른 농지취득자격증명을 받은 것으로 본다.
① 시장·군수 또는 구청장은 이행명령이 정하여진 기간에 이행되지 아니한 경우에는 토지취득가액(실제 거래가격)의 100분의 10의 범위에서 다음에서 정하는 금액의 이행강제금을 부과한다.

> 1. 토지거래계약허가를 받아 토지를 취득한 자가 당초의 목적대로 이용하지 아니하고 방치한 경우: 토지취득가액의 100분의 10에 상당하는 금액
> 2. 토지거래계약허가를 받아 토지를 취득한 자가 직접 이용하지 아니하고 임대한 경우: 토지취득가액의 100분의 7에 상당하는 금액
> 3. 토지거래계약허가를 받아 토지를 취득한 자가 허가관청의 승인 없이 당초의 이용목적을 변경하여 이용하는 경우: 토지취득가액의 100분의 5에 상당하는 금액
> 4. 위 1.부터 3.까지에 해당하지 아니하는 경우: 토지취득가액의 100분의 7에 상당하는 금액

⑤ 토지거래허가구역 내에서 허가 또는 변경허가를 받지 아니하고 토지거래계약을 체결하거나 속임수나 그 밖의 부정한 방법으로 토지거래계약허가를 받은 경우 2년 이하의 징역 또는 토지가격의 100분의 30에 해당하는 금액 이하의 벌금에 처한다.

35 답 ③

중개실무 > 중개대상물 조사 및 확인

③ 관리비는 직전 1년간 월평균 관리비 등을 기초로 산출한 총 금액을 적는다.

36 답 ⑤

공인중개사법령 > 개업공인중개사의 의무 및 책임

ㅂ. 개업공인중개사가 직접 거래를 하는 행위는 금지행위에 해당하지만, 포상금사유는 아니다.

37 답 ④

중개실무 > 중개대상물 조사 및 확인

④ 입지조건에 '주차장'은 없고 '도로와의 관계'와 '대중교통'만 있다.

38 답 ⑤

중개실무 > 중개대상물 조사 및 확인

⑤ 분묘기지권이 시효취득된 경우 시효취득자는 토지소유자가 분묘기지에 관한 지료를 청구하면 그 청구한 날부터 지료를 지급할 의무가 있다(대판 전합체 2021.4.29, 2017다228007).

39 답 ⑤

고난도

중개실무 > 개별적 중개실무

⑤ 매수신청대리수수료는 위임계약체결 전에 감정가의 1% 또는 최저매각가격의 1.5% 이하의 범위에서 협의로 정할 수 있다.

40 답 ④

중개실무 > 개별적 중개실무

① 배당요구의 종기일까지 배당요구 신청을 하여야 한다.
② 매수신청의 보증금액은 최저매각금액의 10분의 1로 한다.
③ 매각결정기일까지 이를 증명하여야 한다.
⑤ 경매신청이 취하되면 그 경매신청으로 발생된 압류의 효력은 소멸된다.

제2과목 | 부동산공법 중 부동산중개에 관련되는 규정

pp.86~96

41	②	42	⑤	43	④	44	②	45	⑤
46	④	47	②	48	②	49	①	50	③
51	⑤	52	④	53	③	54	③	55	①
56	⑤	57	②	58	⑤	59	①	60	②
61	③	62	④	63	④	64	①	65	⑤
66	①	67	⑤	68	③	69	②	70	⑤
71	②	72	②	73	④	74	①	75	③
76	①	77	①	78	④	79	④	80	①

점수: __________점

41 답 ②

국토의 계획 및 이용에 관한 법률 > 광역도시계획

② 시·도지사, 시장 또는 군수는 광역도시계획을 수립하거나 변경하려면 미리 관계 시·도, 시 또는 군의 의회와 관계 시장 또는 군수의 의견을 들어야 한다.

42 답 ⑤

국토의 계획 및 이용에 관한 법률 > 용도지역·용도지구·용도구역

① 공유수면(바다만 해당)의 매립 목적이 그 매립구역과 이웃하고 있는 용도지역의 내용과 같으면 도시·군관리계획의 입안·결정절차 없이 그 매립준공구역은 매립의 준공인가일부터 이와 이웃하고 있는 용도지역으로 지정된 것으로 본다.
② 위 ①의 경우 관계 특별시장·광역시장·특별자치시장·특별자치도지사·시장 또는 군수는 그 사실을 지체 없이 고시하여야 한다.
③ 공유수면의 매립 목적이 그 매립구역과 이웃하고 있는 용도지역의 내용과 다른 경우 및 그 매립구역이 둘 이상의 용도지역에 걸쳐 있거나 이웃하고 있는 경우 그 매립구역이 속할 용도지역은 원칙에 따라 도시·군관리계획결정으로 지정하여야 한다.
④ 「항만법」에 따른 항만구역으로서 도시지역에 연접한 공유수면으로 지정·고시된 지역은 이 법에 따른 도시지역으로 결정·고시된 것으로 본다.

43 답 ④

국토의 계획 및 이용에 관한 법률 > 개발행위의 허가 등

④ 녹지지역·관리지역 또는 농림지역 안에서의 농림어업용 비닐하우스의 설치는 허가를 받지 않아도 되지만, 「양식산업발전법」에 따른 양식업을 하기 위하여 설치하는 양식장은 허가를 받아야 한다.

44 답 ②

국토의 계획 및 이용에 관한 법률 > 용도지역·용도지구·용도구역

② 도시지역 외의 지역에 지정된 개발진흥지구에서의 건폐율은 40% 이하의 범위에서 특별시·광역시·특별자치시·특별자치도·시 또는 군의 도시·군계획조례로 정하는 비율을 초과하여서는 아니 된다.

45 답 ⑤

국토의 계획 및 이용에 관한 법률 > 도시·군계획

⑤ 공업지역에 있는 「산업입지 및 개발에 관한 법률」의 규정에 의한 국가산업단지, 일반산업단지, 도시첨단산업단지와 준산업단지: 80% 이하

① 취락지구: 60% 이하(집단취락지구에 대하여는 개발제한구역의 지정 및 관리에 관한 특별조치법령이 정하는 바에 의함)

② 「산업입지 및 개발에 관한 법률」의 규정에 의한 농공단지: 70% 이하

③ 수산자원보호구역: 40% 이하

④ 개발진흥지구(도시지역 외의 지역 또는 자연녹지지역만 해당): 도시지역 외의 지역에 지정된 경우 40% 이하, 자연녹지지역에 지정된 경우 30% 이하

46 답 ④

국토의 계획 및 이용에 관한 법률 > 도시·군계획

환경성 검토를 실시하지 아니할 수 있는 요건은 다음과 같다.

1. 지구단위계획구역이 도심지(상업지역과 상업지역에 연접한 지역을 말함)에 위치하는 경우
2. 지구단위계획구역 안의 나대지 면적이 구역면적의 2%에 미달하는 경우
3. 지구단위계획구역 또는 도시·군계획시설부지가 다른 법률에 따라 지역·지구·구역 등으로 지정되거나 개발계획이 수립된 경우
4. 지구단위계획구역의 지정목적이 해당 구역을 정비 또는 관리하려는 경우로서 지구단위계획의 내용에 너비 12m 이상 도로의 설치계획이 없는 경우
5. 도시·군계획시설의 결정을 해제하려는 경우
6. 「환경영향평가법」에 따른 전략·환경영향평가대상인 도시·군관리계획을 입안하는 경우

47 답 ②

국토의 계획 및 이용에 관한 법률 > 지구단위계획

① '지구단위계획'이란 도시·군계획 수립대상 지역의 일부에 대하여 수립하는 도시·군관리계획을 말한다.

③ 주거개발진흥지구, 복합개발진흥지구(주거기능이 포함된 경우에 한함) 및 특정개발진흥지구에 지구단위계획구역을 지정하고자 하는 경우에는 계획관리지역에 위치하고 있어야 한다.

④ 개발제한구역은 의무지정대상에 해당하지 아니한다.

⑤ 지구단위계획구역(도시지역 외에 지정하는 경우로 한정)에서는 지구단위계획으로 당해 용도지역 또는 개발진흥지구에 적용되는 건폐율의 150% 및 용적률의 200% 이내에서 건폐율 및 용적률을 완화하여 적용할 수 있다.

48 답 ②

국토의 계획 및 이용에 관한 법률 > 도시·군계획

① 토지적성평가와 재해취약성분석을 포함하여야 하며, 환경성 검토는 포함하여야 할 사항이 아니다.

③ 「수도권정비계획법」에 의한 수도권에 속하지 아니하고 광역시와 경계를 같이하지 아니한 시 또는 군으로서 인구 10만명 이하인 시 또는 군의 경우 도시·군기본계획을 수립하지 아니할 수 있다.

④ 시장 또는 군수는 도시·군기본계획을 수립하거나 변경하려면 도지사의 승인을 받아야 하며, 특별시장이나 광역시장이 수립하는 경우에는 승인받을 필요가 없다.

⑤ 도시·군관리계획의 입안을 제안할 수 있다.

49 답 ①

국토의 계획 및 이용에 관한 법률 > 도시·군계획시설사업의 시행

① 공동구관리자는 5년마다 해당 공동구의 안전 및 유지관리계획을 수립·시행하여야 한다.

50 답 ③

국토의 계획 및 이용에 관한 법률 > 총칙

기반시설 중 도로는 일반도로(①), 고가도로(④), 지하도로(⑤), 자동차전용도로, 자전거전용도로(②), 보행자전용도로, 보행자우선도로로 세분할 수 있다.

51 답 ⑤

국토의 계획 및 이용에 관한 법률 > 도시·군계획시설사업의 시행

⑤ 도시·군계획시설의 부지로 되어 있는 토지 중 지목(地目)이 대(垈)인 토지(그 토지에 있는 건축물 및 정착물을 포함)의 소유자는 그 토지의 매수를 청구할 수 있다.

52 답 ④

국토의 계획 및 이용에 관한 법률 > 개발행위의 허가 등

① 기반시설부담구역은 특별시장·광역시장·특별자치시장·특별자치도지사·시장 또는 군수가 지정한다.
② 개발행위로 인하여 기반시설의 수용능력이 부족할 것이 예상되는 지역 중 기반시설의 설치가 곤란한 지역은 개발밀도관리구역의 지정대상이다.
③ 기반시설부담구역은 최소 10만m^2 이상의 규모가 되도록 지정하여야 한다.
⑤ 기반시설부담구역의 지정고시일부터 1년이 되는 날까지 기반시설설치계획을 수립하지 아니하면 그 1년이 되는 날의 다음 날에 기반시설부담구역의 지정은 해제된 것으로 본다.

53 답 ③

도시개발법 > 도시개발계획 및 구역 지정

③ 지방공사의 장은 국토교통부장관에게 도시개발구역의 지정을 제안할 수 없다.

빈출개념 체크 **국토교통부장관이 도시개발구역을 지정할 수 있는 경우**

1. 국가가 도시개발사업을 실시할 필요가 있는 경우(①)
2. 관계 중앙행정기관의 장이 요청하는 경우(②)
3. 공공기관의 장이 또는 정부출연기관의 장이 30만m^2 이상으로 국가계획과 밀접한 관련이 있는 도시개발구역의 지정을 제안하는 경우(④)
4. 둘 이상의 시·도 또는 대도시의 행정구역에 걸치는 경우로서 시·도지사 또는 대도시 시장의 협의가 성립되지 아니하는 경우
5. 천재지변 그 밖의 사유로 인하여 긴급히 도시개발사업이 필요한 경우(⑤)

54 답 ③

도시개발법 > 도시개발사업

① 도시개발구역의 토지소유자가 미성년자인 경우에는 조합의 조합원 결격사유가 아니라 조합임원의 결격사유에 해당한다.
② 토지 소유권을 여러 명이 공유하는 경우에는 다른 공유자의 동의를 받은 대표 공유자 1명만을 해당 토지소유자로 본다. 따라서 공유 토지의 경우 대표 공유자 1인만이 의결권을 행사한다.
④ 조합설립의 인가를 신청하려면 해당 도시개발구역의 토지면적의 3분의 2 이상에 해당하는 토지소유자와 그 구역의 토지소유자 총수의 2분의 1 이상의 동의를 받아야 한다.
⑤ 토지소유자는 조합설립인가의 신청 전에 동의를 철회할 수 있다. 이 경우 그 토지소유자는 동의자 수에서 제외한다.

55 답 ①

도시개발법 > 도시개발사업

① 지정권자는 도시개발구역 지정 이후 도시개발사업의 시행방식을 변경할 수 있다.

56 답 ⑤

도시개발법 > 도시개발사업

⑤ 원형지를 학교나 공장 등의 부지로 직접 사용하는 자에 해당하는 경우에는 원형지개발자의 선정은 경쟁입찰의 방식으로 하며, 경쟁입찰이 2회 이상 유찰된 경우에는 수의계약의 방법으로 할 수 있다.

57 답 ②

도시개발법 > 도시개발계획 및 구역 지정

② 지구단위계획은 실시계획에 포함되고, 개발계획에는 포함되지 않는다.

58 답 ⑤

도시개발법 > 도시개발사업

⑤ 시행자는 지정권자에 의한 준공검사를 받은 경우(지정권자가 시행자인 경우에는 공사 완료 공고가 있는 때)에는 60일 이내에 환지처분을 하여야 한다.

59 답 ①

도시 및 주거환경정비법 > 기본계획 수립 및 정비구역 지정

② 정비구역의 지정권자는 정비구역 지정을 위하여 직접 정비계획을 입안할 수 있다.
③ 정비구역의 지정권자는 정비구역의 진입로 설치를 위하여 필요한 경우에는 진입로 지역과 그 인접지역을 포함하여 정비구역을 지정할 수 있다.
④ 시장·군수등은 재건축진단의 결과와 도시계획 및 지역 여건 등을 종합적으로 검토하여 사업시행계획 인가 여부를 결정하여야 한다.
⑤ 정비구역의 지정권자는 특별시장·광역시장·특별자치시장·특별자치도지사·시장 또는 군수이다.

60 답 ②

도시 및 주거환경정비법 > 정비사업

① 토지등소유자 과반수의 동의를 받아야 한다.
③ 추진위원회가 정비사업전문관리업자를 선정하려는 경우에는 추진위원회 승인을 받은 후 경쟁입찰 또는 수의계약(2회 이상 경쟁입찰이 유찰된 경우로 한정)의 방법으로 선정하여야 한다.
④ 설계자의 선정 및 변경에 관한 업무를 수행할 수 있다.
⑤ 추진위원회는 추진위원회를 대표하는 추진위원장 1명과 감사를 두어야 한다. 즉, 이사는 두지 않는다.

61 답 ③

도시 및 주거환경정비법 > 정비사업

지번 1과 지번 4의 A는 1명(1인이 수개 소유해도 1명), 지번 1의 B도 1명(토지소유자 또는 건축물소유자 각각), 지번 2의 경우 C, D 중 대표자 1명, 지번 3의 경우 E, F 공유이므로 대표자 1명, G, H 공유이므로 대표자 1명, 즉 각각 2명(토지소유자 또는 건축물소유자 각각)이다. 따라서 조합원은 모두 5명이다.

62 답 ④

도시 및 주거환경정비법 > 정비사업

- 재건축사업의 추진위원회(추진위원회를 구성하지 아니하는 경우에는 토지등소유자를 말함)가 조합을 설립하려는 때에는 주택단지의 공동주택의 각 동별 구분소유자의 과반수(복리시설인 경우에는 3분의 1 이상) 동의와 주택단지의 전체 구분소유자의 100분의 70 이상 및 토지면적의 100분의 70 이상의 토지소유자의 동의를 받아 정관 등의 일정한 서류를 첨부하여 시장·군수등의 인가를 받아야 한다.
- 재개발사업의 추진위원회(추진위원회를 구성하지 아니하는 경우에는 토지등소유자를 말함)가 조합을 설립하려면 토지등소유자의 4분의 3 이상 및 토지면적의 2분의 1 이상의 토지소유자의 동의를 받아 정비구역 지정·고시 후 시장·군수등의 인가를 받아야 한다.

63 답 ④

도시 및 주거환경정비법 > 총칙

④ 재개발사업의 경우 토지등소유자는 정비구역에 위치한 토지 또는 건축물의 소유자 또는 그 지상권자를 말한다.

64 답 ① 고난도

도시 및 주거환경정비법 > 정비사업

② 재개발사업의 경우 1개의 건축물의 대지는 1필지의 토지가 되도록 정하여야 한다. 다만, 주택단지의 경우에는 그러하지 아니하다.
③ 정비사업에서 재산 또는 권리를 평가할 때에는 다음의 방법에 따른다.

> 1. 주거환경개선사업 또는 재개발사업: 시장·군수등이 선정·계약한 2인 이상의 감정평가법인등이 평가한 금액을 산술평균하여 산정
> 2. 재건축사업: 시장·군수등이 선정·계약한 1인 이상의 감정평가법인등과 조합총회의 의결로 선정·계약한 1인 이상의 감정평가법인등이 평가한 금액을 산술평균하여 산정

④ 국가, 지방자치단체 및 토지주택공사등인 토지등소유자에게는 소유한 주택 수만큼 공급할 수 있다.
⑤ 주거환경개선사업은 다음의 어느 하나에 해당하는 방법 또는 이를 혼용하는 방법으로 시행할 수 있다.

> 1. 사업시행자가 정비구역에서 정비기반시설 및 공동이용시설을 새로 설치하거나 확대하고 토지등소유자가 스스로 주택을 보전·정비하거나 개량하는 방법
> 2. 사업시행자가 정비구역의 전부 또는 일부를 수용하여 주택을 건설한 후 토지등소유자에게 우선 공급하거나 대지를 토지등소유자 또는 토지등소유자 외의 자에게 공급하는 방법
> 3. 사업시행자가 환지로 공급하는 방법
> 4. 사업시행자가 정비구역에서 인가받은 관리처분계획에 따라 주택 및 부대시설·복리시설을 건설하여 공급하는 방법

따라서 관리처분계획을 반드시 수립하지는 않는다.

65 답 ⑤

주택법 > 총칙

⑤ 주택에 딸린 자전거보관소는 부대시설에 해당한다.

66 답 ①

주택법 > 주택의 건설

① 미성년자·피성년후견인 또는 피한정후견인은 주택건설사업 등의 등록을 할 수 없지만, 성년이 되거나 후견이 취소된 경우에는 기간에 상관없이 주택건설사업의 등록을 할 수 있다.

67 답 ⑤

주택법 > 주택의 건설

⑤ 등록사업자의 등록이 말소된 경우에도 등록사업자가 발행한 주택상환사채의 효력에는 영향을 미치지 아니한다.

68 답 ③

주택법 > 주택의 건설

③ 甲이 최초로 공사를 진행하는 공구 외의 공구에서 해당 주택단지에 대한 최초 착공신고일부터 2년이 지났음에도 사업주체가 공사를 시작하지 아니한 경우 乙은 사업계획승인을 취소할 수 없다.

69 답 ②

주택법 > 주택의 공급

ㄱ. 도시개발채권의 양도는 공급질서 교란행위와 상관없으며 주택상환사채의 양도가 공급질서 교란행위에 속한다.
ㄴ. 입주자저축 증서의 양도·양수는 공급질서 교란행위이지만, 상속·저당의 경우는 제외한다.

70 답 ⑤ 고난도

주택법 > 주택의 건설

⑤ 토지임대부 분양주택의 토지에 대한 임대차기간은 40년 이내로 한다. 이 경우 토지임대부 분양주택 소유자의 75% 이상이 계약갱신을 청구하는 경우 40년의 범위에서 이를 갱신할 수 있다.

71 답 ② 고난도

주택법 > 주택의 건설

① 지역주택조합 또는 직장주택조합의 설립인가를 받기 위하여 조합원을 모집하려는 자는 해당 주택건설대지의 50% 이상에 해당하는 토지의 사용권원을 확보하여 관할 시장·군수·구청장에게 신고하고, 공개모집의 방법으로 조합원을 모집하여야 한다.
③ 리모델링의 허가를 신청하기 위한 동의율을 확보한 경우 리모델링 결의를 한 리모델링주택조합은 그 리모델링 결의에 찬성하지 아니하는 자의 주택 및 토지에 대하여 매도청구를 할 수 있다.
④ 주택조합은 주택조합의 설립인가를 받은 날부터 3년이 되는 날까지 사업계획승인을 받지 못하는 경우 대통령령으로 정하는 바에 따라 총회의 의결을 거쳐 해산 여부를 결정하여야 한다.
⑤ 주택조합의 발기인은 조합원 모집신고가 수리된 날부터 2년이 되는 날까지 주택조합설립인가를 받지 못하는 경우 대통령령으로 정하는 바에 따라 주택조합 가입신청자 전원으로 구성되는 총회 의결을 거쳐 주택조합사업의 종결 여부를 결정하도록 하여야 한다.

72 답 ②

건축법 > 건축물의 건축

② 자연환경을 보호하기 위하여 도지사가 지정·공고한 구역에 건축하는 3층 이상인 위락시설, 숙박시설, 공동주택, 일반음식점, 일반업무시설에 해당하는 건축물은 도지사의 승인을 받아야 한다. 즉, 다가구주택은 사전승인대상에 해당하지 않는다.

73 답 ④

건축법 > 건축물의 대지와 도로

④ 공개공지 설치대상 지역은 일반주거지역, 준주거지역, 상업지역, 준공업지역이다.

74 답 ①

건축법 > 총칙

① B구청장은 甲이 운동시설과 위락시설의 복수 용도로 용도변경신청을 한 경우 지방건축위원회의 심의를 거쳐 이를 허용할 수 있다.

75 답 ③ 고난도

건축법 > 건축물의 구조 및 재료

③ 노유자시설 중 노인요양시설은 층간바닥이 아닌 경계벽의 소음방지에 관한 사항이다.

76 답 ①

건축법 > 특별건축구역·건축협정 및 결합건축

① 토지 또는 건축물의 소유자, 지상권자 등 대통령령으로 정하는 자('소유자등')는 전원의 합의로 건축물의 건축·대수선 또는 리모델링에 관한 협정('건축협정')을 체결할 수 있다.

77 답 ①

건축법 > 건축물의 건축

① 연면적이 $200m^2$ 미만이고 3층 미만인 건축물의 대수선이 신고대상이다.

78 답 ④

건축법 > 지역 및 지구 안의 건축물

④ 정북방향으로 도로, 공원, 하천 등 건축이 금지된 공지에 접하는 대지인 경우에는 건축물의 높이를 정남방향의 인접 대지경계선으로부터의 거리에 따라 대통령령으로 정하는 높이 이하로 할 수 있다.

79 답 ④

농지법 > 농지의 소유

④ 농지를 임대하거나 무상사용하게 하는 경우에는 소유 상한을 초과할지라도 그 기간에는 그 농지를 계속 소유할 수 있다.

80 답 ①

농지법 > 총칙

다음의 토지는 농지에서 제외된다.

1. 「공간정보의 구축 및 관리 등에 관한 법률」에 따른 지목이 전·답, 과수원이 아닌 토지(지목이 임야인 토지는 제외)로서 농작물 경작지 또는 다년생식물 재배지로 계속하여 이용되는 기간이 3년 미만인 토지
2. 「공간정보의 구축 및 관리 등에 관한 법률」에 따른 지목이 임야인 토지로서 「산지관리법」에 따른 산지전용허가(다른 법률에 따라 산지전용허가가 의제되는 인가·허가·승인 등을 포함)를 거치지 아니하고 농작물의 경작 또는 다년생식물의 재배에 이용되는 토지
3. 「초지법」에 따라 조성된 초지

| 2교시 |

제1과목 | 부동산공시에 관한 법령 및 부동산 관련 세법

pp.98~107

01	①	02	⑤	03	④	04	⑤	05	③
06	②	07	⑤	08	⑤	09	④	10	②
11	④	12	①	13	⑤	14	①	15	③
16	④	17	②	18	⑤	19	①	20	④
21	⑤	22	④	23	②	24	③	25	②
26	④	27	⑤	28	②	29	②	30	④
31	④	32	③	33	③	34	②	35	③
36	⑤	37	②	38	②	39	②	40	③

점수: ________점

1 답 ①

공간정보의 구축 및 관리 등에 관한 법률 > 토지의 등록

② 합병의 경우에는 합병대상 지번 중 선순위의 지번을 그 지번으로 하되, 본번으로 된 지번이 있을 때에는 본번 중 선순위의 지번을 합병 후의 지번으로 하는 것을 원칙으로 한다(영 제56조 제3항 제4호).

③ 지번변경으로 지번을 새로 부여하는 경우에는 도시개발사업의 지번부여방법을 준용한다(영 제56조 제3항 제6호). 도시개발사업 등이 완료됨에 따라 지적확정측량을 실시한 지역 안의 각 필지에 지번을 새로 부여하는 경우에는 종전 지번 중 본번으로 부여하는 것이 원칙이다(영 제56조 제3항 제5호).

④ 도시개발사업이 완료된 후 지번을 부여하는 데 있어 지적확정측량을 실시한 지역의 종전의 지번과 지적확정측량을 실시한 지역 밖에 있는 본번이 같은 지번이 있을 때 그 지번은 제외된다(영 제56조 제3항 제5호).

⑤ 지적소관청은 도시개발사업 시행 등의 사유로 지번에 결번이 생긴 때에는 지체 없이 그 사유를 결번대장에 적어 영구히 보존하여야 한다(규칙 제63조).

2 답 ⑤

공간정보의 구축 및 관리 등에 관한 법률 > 토지의 등록

ㄱ. 자동차 등의 주차에 필요한 독립적인 시설을 갖춘 부지와 주차전용 건축물 및 이에 접속된 부속시설물의 부지의 지목은 '주차장'이다.

ㄴ. 여객자동차터미널, 자동차운전학원 및 폐차장 등 자동차와 관련된 독립적인 시설물을 갖춘 부지의 지목은 '잡종지'이다.

ㄷ. 2필지 이상에 진입하는 통로로 이용되는 토지의 지목은 '도로'이다.

ㄹ. 교통 운수를 위하여 일정한 궤도 등의 설비와 형태를 갖추어 이용되는 토지의 지목은 '철도용지'이다.

3 답 ④

공간정보의 구축 및 관리 등에 관한 법률 > 토지의 등록

지상경계점등록부에는 다음의 사항을 등록하여야 한다(법 제65조 제2항, 규칙 제60조).

1. 토지의 소재
2. 지번
3. 경계점표지의 종류 및 경계점 위치
4. 경계점 위치 설명도
5. 경계점좌표(경계점좌표등록부 시행지역에 한정)
6. 경계점의 사진 파일
7. 공부상 지목과 실제 토지이용 지목(④)

4 답 ⑤

공간정보의 구축 및 관리 등에 관한 법률 > 토지의 등록

⑤ 지적도의 축척이 1,200분의 1인 지역에 등록하는 지역의 토지 면적은 1필지의 면적이 $1m^2$ 미만일 때에는 $1m^2$로 등록한다(영 제60조 제1항 제1호).

5 답 ③

공간정보의 구축 및 관리 등에 관한 법률 > 지적공부 및 부동산종합공부

③ 지적소관청은 지적도·임야도에 등록된 사항에 대하여 토지의 이동 또는 오류사항을 정비한 때에는 이를 연속지적도에 반영하여야 한다(법 제90조의2 제2항). 국토교통부장관은 제2항에 따른 지적소관청의 연속지적도 정비에 필요한 경비의 전부 또는 일부를 지원할 수 있다(법 제90조의2 제3항).

6 답 ②

공간정보의 구축 및 관리 등에 관한 법률 > 지적공부 및 부동산종합공부

② 국토교통부장관은 지적공부의 효율적인 관리 및 활용을 위하여 지적정보 전담 관리기구를 설치·운영한다(법 제70조 제1항).

7 답 ⑤

공간정보의 구축 및 관리 등에 관한 법률 > 지적공부 및 부동산종합공부

⑤ 부동산종합공부의 등록사항 정정에 관하여는 지적공부의 등록사항 정정규정을 준용하므로(법 제76조의5), 토지소유자는 부동산종합공부의 토지의 표시에 관한 사항(공간정보의 구축 및 관리 등에 관한 법률에 따른 지적공부의 내용)의 등록사항에 잘못이 있음을 발견하면 부동산종합공부의 관리주체인 지적소관청에 그 정정을 신청할 수 있는 것이고, 읍·면·동의 장에게 정정을 신청할 수는 없다.

8 답 ⑤

공간정보의 구축 및 관리 등에 관한 법률 > 토지의 이동 및 지적정리

다음의 어느 하나에 해당하는 경우에는 토지의 합병을 신청할 수 없다(법 제80조 제3항, 영 제66조 제3항).

1. 합병하려는 토지의 지번부여지역, 지목 또는 소유자가 서로 다른 경우(ㄱ)
2. 합병하려는 각 필지가 서로 연접하지 않은 경우
3. 합병하려는 토지의 지적도 및 임야도의 축척이 서로 다른 경우
4. 합병하려는 토지가 등기된 토지와 등기되지 아니한 토지인 경우
5. 합병하려는 토지가 구획정리, 경지정리 또는 축척변경을 시행하고 있는 지역의 토지와 그 지역 밖의 토지인 경우(ㄷ)
6. 합병하려는 각 필지의 지목은 같으나 일부 토지의 용도가 다르게 되어 분할대상 토지인 경우(다만, 합병신청과 동시에 토지의 용도에 따라 분할신청을 하는 경우는 제외)
7. 합병하려는 토지의 소유자별 공유지분이 다른 경우(ㄴ)
8. 합병하려는 토지소유자의 주소가 서로 다른 경우. 다만, 신청을 접수받은 지적소관청이 「전자정부법」에 따른 행정정보의 공동이용을 통하여 다음의 사항을 확인(신청인이 주민등록표 초본 확인에 동의하지 않는 경우에는 해당 자료를 첨부하도록 하여 확인)한 결과 토지소유자가 동일인임을 확인할 수 있는 경우는 제외한다.
   (1) 토지등기사항증명서
   (2) 법인등기사항증명서(신청인이 법인인 경우만 해당)
   (3) 주민등록표 초본(신청인이 개인인 경우만 해당)
9. 합병하려는 토지에 용익권 외의 등기(저당권설정등기, 가압류등기, 가처분등기, 담보가등기 등)가 있는 경우

9 답 ④

공간정보의 구축 및 관리 등에 관한 법률 > 토지의 이동 및 지적정리

ㄴ, ㄷ. 지적소관청은 필요하다고 인정하는 경우에는 관할 등기관서의 등기부를 열람하여 지적공부와 부동산등기부가 일치하는지 여부를 조사·확인하여야 하며, 일치하지 아니하는 사항을 발견하면 등기사항증명서 또는 등기관서에서 제공한 등기전산정보자료에 따라 지적공부를 직권으로 정리하거나, 토지소유자나 그 밖의 이해관계인에게 그 지적공부와 부동산등기부가 일치하게 하는 데에 필요한 신청 등을 하도록 요구할 수 있다(법 제88조 제4항).

ㄱ. 등기부에 적혀 있는 토지의 표시가 지적공부와 일치하지 아니하면 지적소관청은 토지소유자를 정리할 수 없다. 이 경우 토지의 표시와 지적공부가 일치하지 아니하다는 사실을 관할 등기관서에 통지하여야 한다(법 제88조 제3항).

10 답 ②

공간정보의 구축 및 관리 등에 관한 법률 > 토지의 이동 및 지적정리

지적소관청은 축척변경에 관한 측량을 한 결과 측량 전에 비하여 면적의 증감이 있는 경우에는 그 증감면적에 대하여 청산을 하여야 한다. 다만, 다음의 어느 하나에 해당하는 경우에는 그러하지 아니하다(영 제75조 제1항).

1. 필지별 증감면적이 법령의 규정에 따른 허용범위 이내인 경우. 다만, 축척변경위원회의 의결이 있는 경우는 제외한다.
2. 토지소유자 전원이 청산하지 아니하기로 합의하여 서면으로 제출한 경우

11 답 ④

공간정보의 구축 및 관리 등에 관한 법률 > 지적측량

④ 지적측량의 종류는 13가지로 법정되어 있다(법 제23조 제1항). 지번부여지역의 전부 또는 일부에 대하여 지번 배열이 불규칙하여 지번을 변경하는 경우는 지적측량의 대상이 되지 않는다.

12 답 ①

공간정보의 구축 및 관리 등에 관한 법률 > 지적측량

① 지적측량성과를 검사하는 경우와 지적재조사측량은 토지소유자 등의 의뢰를 받고 실시하는 측량이 아니다.

13 답 ⑤

부동산등기법 > 등기기관과 그 설비

관할 등기소가 다른 여러 개의 부동산과 관련하여 대법원규칙으로 정한 다음과 같은 등기신청이 있는 경우에는 그중 하나의 관할 등기소에서 해당 신청에 따른 등기사무를 담당할 수 있다(법 제7조의2 제1항, 규칙 제163조 제2항).

1. 소유자가 다른 여러 부동산에 대한 공동저당, 공동전세, 전전세 등기의 신청
2. 소유자가 다른 여러 부동산에 대한 공동저당, 공동전세, 전전세 등기에 대한 이전·변경·말소등기의 신청
3. 공동저당 목적으로 새로 추가되는 부동산이 종전에 등기한 부동산과 다른 등기소의 관할에 속하는 경우에는 종전의 등기소에 추가되는 부동산에 대한 저당권설정등기의 신청(⑤)

14 답 ① 고난도

부동산등기법 > 등기기관과 그 설비

① '인터넷등기소'란 부동산등기규칙에서 정한 바에 따라 등기사항의 증명과 열람, 전자문서를 이용한 등기신청 등을 할 수 있도록 전산정보처리조직에 의하여 구축된 인터넷 활용공간을 말한다. '전산정보처리조직'이란 법에 따른 절차에 필요한 전자문서의 작성·제출·통지·관리, 등기부의 보관·관리 및 등기자료의 제공·활용 등 등기사무처리를 지원할 수 있도록 하드웨어·소프트웨어·데이터베이스·네트워크·보안요소 등을 결합시켜 구축·운영하는 정보처리능력을 가진 전자적 장치 또는 체계로서 법원행정처에 둔 등기전산정보시스템을 말한다.

15 답 ③

부동산등기법 > 등기절차 총론

① 소유권이전청구권보전가등기 이후에 소유권이 제3자에게 이전된 경우 그 가등기에 기한 본등기의 등기의무자는 가등기 당시의 소유자이다. 제3취득자는 본등기 후에 직권말소된다.
② 채무자변경으로 인한 저당권변경등기의 등기의무자는 저당권설정자인 소유자이다.
④ 저당권이전등기의 등기의무자는 양도인인 저당권자이다.
⑤ 근저당권의 채권최고액을 증액하는 근저당권변경등기의 등기의무자는 근저당권설정자이다.

16 답 ④

부동산등기법 > 등기절차 총론

④ 대리인에 의한 등기신청의 경우 신청정보에는 대리인의 성명과 주소를 제공하지만, 등기기록에는 대리인의 표시를 기록하지 않는다.
③ 위임인의 사망으로 대리권은 소멸한다. 무권대리인의 등기신청은 「부동산등기법」 제29조 제3호에 해당하여 각하하여야 하지만, 이를 간과하고 실행한 등기가 실체관계와 부합하다면 그 등기의 유효성을 인정한다.

17 답 ②

부동산등기법 > 등기절차 총론

② 소유권 외의 권리가 등기되어 있는 건물에 대한 멸실등기의 신청이 있는 경우에 등기관은 그 권리의 등기명의인에게 1개월 이내의 기간을 정하여 그 기간까지 이의를 진술하지 아니하면 멸실등기를 한다는 뜻을 알려야 한다(법 제45조 제1항). 즉, 소유권 외의 권리가 등기되어 있는 건물에 대해 멸실등기를 신청한 경우, 등기관은 일정한 절차를 거치면 멸실등기 신청을 수리하여야 한다.
① 지상권설정등기에 있어 지상권의 양도금지 및 담보제공금지특약을 신청정보로 제공한 경우는 '법령에 근거가 없는 특약사항의 등기를 신청한 경우'에 해당하여 각하된다.
③ 「하천법」상 하천에 대한 지상권, 지역권, 전세권, 임차권 등 용익권의 설정등기는 허용되지 않는 반면, 근저당권 등 용익권 외의 등기는 허용된다(등기예규 제1387호).
④ 대지권이 등기된 구분건물의 등기기록에 건물만에 관한 소유권이전등기를 신청한 경우는 '구분건물의 전유부분과 대지사용권의 분리처분 금지에 위반한 등기를 신청한 경우'에 해당하여 각하된다.
⑤ 가압류결정에 의하여 가압류채권자 甲이 乙 소유 토지에 대하여 가압류등기를 신청한 경우는 '관공서 또는 법원의 촉탁으로 실행되어야 할 등기를 신청한 경우'에 해당하여 각하된다.

빈출개념 체크 **사건이 등기할 것이 아닌 경우(법 제29조 제2호, 규칙 제52조)**

1. 등기능력 없는 물건 또는 권리에 대한 등기를 신청한 경우
2. 법령에 근거가 없는 특약사항의 등기를 신청한 경우
3. 구분건물의 전유부분과 대지사용권의 분리처분 금지에 위반한 등기를 신청한 경우
4. 농지를 전세권설정의 목적으로 하는 등기를 신청한 경우
5. 저당권을 피담보채권과 분리하여 양도하거나, 피담보채권과 분리하여 다른 채권의 담보로 하는 등기를 신청한 경우
6. 일부지분에 대한 소유권보존등기를 신청한 경우

7. 공동상속인 중 일부가 자신의 상속지분만에 대한 상속등기를 신청한 경우
8. 관공서 또는 법원의 촉탁으로 실행되어야 할 등기를 신청한 경우
9. 이미 보존등기된 부동산에 대하여 다시 보존등기를 신청한 경우
10. 그 밖에 신청취지 자체에 의하여 법률상 허용될 수 없음이 명백한 등기를 신청한 경우

18 답 ⑤

부동산등기법 > 각종 권리의 등기절차

⑤ 대장상 최초의 소유자로부터 특정유증을 받은 수증자는 직접 자신 명의로 보존등기를 신청할 수 없고, 상속인 명의로 보존등기를 한 후 자신 명의로 소유권이전등기를 하여야 한다.

19 답 ①

부동산등기법 > 각종 권리의 등기절차

① 법인 아닌 사단이 등기권리자로서 등기를 신청하는 경우는 사원총회결의서를 제공할 필요는 없지만, 등기의무자로서 등기를 신청하는 경우는 사원총회결의서를 제공하여야 한다(규칙 제48조 제3호). 지문의 경우 법인 아닌 사단 甲이 등기의무자로서 등기를 신청하는 경우이므로 사원총회결의가 있음을 증명하는 정보를 제공하여야 한다.
② 농지에 대하여 공유물분할을 원인으로 하는 소유권이전등기를 신청하는 경우, 농지취득자격증명정보의 제공을 요하지 않는다.
③ 공유자 중 1인의 지분포기로 인한 소유권이전등기는 공유지분권을 포기하는 공유자를 등기의무자로 하고 다른 공유자를 등기권리자로 하여 공동으로 신청하여야 한다.
④ 소유형태를 공유에서 합유로 변경하는 경우, 공유자들의 공동신청으로 '변경계약'을 등기원인으로 소유권변경등기를 신청할 수 있다.
⑤ 등기된 공유물분할금지기간 약정을 갱신하는 경우, 이에 대한 변경등기는 공유자 전원이 신청하여야 한다.

20 답 ④

부동산등기법 > 각종 권리의 등기절차

ㄷ. 등기관이 전세금반환채권의 일부양도를 원인으로 한 전세권 일부이전등기를 할 때에는 양도액을 기록한다(법 제73조 제1항).

21 답 ⑤

부동산등기법 > 각종 권리의 등기절차

① 변제기는 근저당권설정등기의 등기사항이 아니다.
② 채무자의 성명(명칭)과 주소(사무소 소재지)는 등기기록에 기록하여야 하지만, 주민등록번호는 기록하지 않는다(법 제75조).
③ 채권최고액을 외국통화로 표시하여 신청정보로 제공한 경우에는 외화표시금액을 채권최고액으로 기록한다(예 '미화금 ○○달러', 등기예규 제1816호).
④ 등기관은 추가하는 부동산과 전에 등기한 부동산을 합하여 5개 이상인 경우에도 공동담보목록을 작성하여야 한다.

22 답 ④

부동산등기법 > 각종의 등기절차

④ 권리의 변경등기는 등기상 이해관계 있는 제3자가 존재하지 않거나, 등기상 이해관계 있는 제3자가 있더라도 그 자의 승낙이 있는 경우 부기등기로 하여야 한다(법 제52조 제5호). 즉, 권리의 변경등기를 신청할 때 이해관계인의 승낙이 없는 경우, 등기관은 등기신청을 각하하는 것이 아니라 주등기로 변경등기를 실행한다.

23 답 ②

부동산등기법 > 각종의 등기절차

② 등기관이 가처분채권자의 승소판결에 따라 가처분등기 이후의 등기를 말소할 때에는 직권으로 그 가처분등기도 말소하여야 한다(법 제94조 제2항).

24 답 ③

부동산등기법 > 각종의 등기절차

ㄹ. 가등기를 한 후 본등기의 신청이 있을 때에는 가등기의 순위번호를 사용하여 본등기를 하여야 하므로(규칙 제146조) 본등기의 순위번호를 따로 기록할 필요는 없다.

25 답 ②

조세총론 > 조세의 기초이론

② 지방교육세: 취득, 보유 시
① 지방소득세: 보유, 양도 시
③ 소방분지역자원시설세: 보유 시
④ 종합부동산세: 보유 시
⑤ 양도소득세: 양도 시

26 답 ④

조세총론 > 납세의무의 성립·확정·소멸

① 납세자의 사망은 납세의무 소멸사유에 해당하지 아니한다(상속인에게 상속받은 재산가액을 한도로 승계됨).
② 양도소득세 납세자가 법정신고기한까지 과세표준신고서를 제출하지 아니한 경우 제척기간은 해당 소득세를 부과할 수 있는 날부터 7년간이다.
③ 부담부증여 시 양도소득세가 과세되는 경우로 양도소득세 과세표준신고서를 법정신고기한까지 제출하지 아니한 경우 제척기간은 부과할 수 있는 날부터 15년이다(증여세 제척기간을 적용함).
⑤ 「지방세법」에 따른 분할납부기간에는 지방세징수권의 소멸시효는 진행되지 아니한다.

27 답 ⑤

지방세 > 취득세

① 연부로 취득하는 것(취득가액의 총액이 면세점에 해당하지 아니함)은 그 사실상의 연부금 지급일과 등기·등록일 중 빠른 날을 취득일로 본다.
② 토지의 지목변경에 따른 취득은 토지의 지목이 사실상 변경된 날과 공부상 변경된 날 중 빠른 날을 취득일로 본다. 다만, 토지의 지목변경일 이전에 사용하는 부분에 대해서는 그 사실상의 사용일을 취득일로 본다.
③ 주택조합이 주택건설사업을 하면서 조합원으로부터 취득하는 토지 중 조합원에게 귀속되지 아니하는 토지를 취득하는 경우에는 「주택법」 제49조에 따른 사용검사를 받은 날에 그 토지를 취득한 것으로 본다.
④ 유상승계취득의 경우에는 사실상의 잔금지급일(신고인이 제출한 자료로 사실상의 잔금지급일을 확인할 수 없는 경우에는 계약상의 잔금지급일을 말하고, 계약상 잔금지급일이 명시되지 않은 경우에는 계약일부터 60일이 경과한 날을 말함)에 취득한 것으로 본다.

28 답 ②

지방세 > 취득세

② 건설자금에 충당한 차입금의 이자(ㄱ), 「공인중개사법」에 따른 공인중개사에게 지급한 중개보수(ㄷ), 할부 또는 연부계약에 따른 이자상당액(ㅁ)은 법인이 아닌 자가 취득 시 과세표준에 포함되지 아니한다.

29 답 ②

지방세 > 취득세

② 1세대 4주택 이상에 해당하는 주택으로서 조정대상지역 외의 지역에 있는 주택을 유상취득하는 경우 표준세율(1천분의 40)에 중과기준세율의 100분의 400을 합한 세율을 적용한다.

30 답 ④

지방세 > 등록에 대한 등록면허세

④ 납세지가 분명하지 아니한 경우에는 등록관청 소재지를 납세지로 한다.

31 답 ④

지방세 > 재산세

④ 「체육시설의 설치·이용에 관한 법률 시행령」에 따른 스키장 및 골프장용 토지 중 원형이 보전되는 임야는 별도합산과세대상 토지이다. 나머지는 1천분의 2의 세율이 적용되는 분리과세대상 토지이다.

32 답 ③

지방세 > 재산세

③ 상속이 개시된 재산으로서 상속등기가 이행되지 아니하고 사실상 소유자를 신고하지 아니하였을 경우 주된 상속자가 재산세를 납부할 의무가 있다.

33 답 ③

지방세 > 재산세

국가, 지방자치단체 또는 지방자치단체조합이 1년 이상 공용 또는 공공용으로 사용(1년 이상 사용할 것이 계약서 등에 의하여 입증되는 경우를 포함)하는 재산에 대하여는 재산세를 부과하지 아니한다. 다만, 다음의 어느 하나에 해당하는 경우에는 재산세를 부과한다.

1. 유료로 사용하는 경우
2. 소유권의 유상이전을 약정한 경우로서 그 재산을 취득하기 전에 미리 사용하는 경우

34 답 ②

국세 > 종합부동산세

ㄴ. 신탁주택의 위탁자가 종합부동산세 등을 체납한 경우로서 그 위탁자의 다른 재산에 대하여 강제징수를 하여도 징수할 금액에 미치지 못할 때에는 해당 신탁주택의 수탁자는 그 신탁주택으로써 위탁자의 종합부동산세 등을 납부할 의무가 있다.

35 답 ③

국세 > 종합소득세

③ 해당 과세기간에 주택임대에서 발생하는 총수입금액이 2천만원 이하이나 이를 제외한 종합소득금액이 2천만원을 초과하는 경우에는 추가공제금액이 없는 것이지 분리과세를 선택할 수 없는 것이 아니다.

36 답 ⑤

국세 > 양도소득세

① 파산선고에 의한 처분으로 발생하는 소득은 비과세대상이다.
② 등기되지 아니한 부동산임차권의 양도는 국내자산의 경우 과세대상이 아니다.
③ 토지, 건물과 함께 양도하는 이축권의 가액을 별도로 평가하여 신고하는 경우는 기타소득으로 과세된다.
④ 「지적재조사에 관한 특별법」에 따른 경계의 확정으로 지적공부상의 면적이 감소되어 지급받는 조정금은 비과세대상이다.

37 답 ②

국세 > 양도소득세

② 장기할부조건의 경우에는 소유권등기접수일, 인도일 또는 사용수익일 중 빠른 날

38 답 ②

국세 > 양도소득세

② 과세표준은 양도소득금액에서 양도소득기본공제액을 차감한 금액으로 한다.

39 답 ② 고난도

국세 > 양도소득세

- 양도차익 10억원 × (15 − 12)억원/15억원 = 2억원
- 장기보유특별공제액: 2억원 × (보유기간 공제율 40% + 거주기간 공제율 40%) = 1억 6천만원

40 답 ③

국세 > 양도소득세

③ 양도자산의 취득 후 쟁송이 있는 경우 그 소유권확보를 위해 직접 소요된 소송비용으로서 그 지출한 연도의 각 사업소득금액 계산 시 필요경비에 산입된 금액은 양도차익계산 시 양도가액에서 필요경비로 공제할 수 없다.

제4회 정답 및 해설

• **집필진** [공인중개사법령 및 중개실무] 한병용 교수, [부동산공법] 이동휘 교수, [부동산공시법] 박정환 교수, [부동산세법] 정낙일 교수

| 1교시 |

제1과목 | 공인중개사의 업무 및 부동산 거래신고 등에 관한 법령 및 중개실무 pp.110~119

01	③	02	①	03	②	04	④	05	⑤
06	①	07	③	08	④	09	②	10	⑤
11	⑤	12	②	13	①	14	④	15	②
16	③	17	③	18	③	19	①	20	⑤
21	②	22	⑤	23	①	24	③	25	④
26	④	27	③	28	①	29	②	30	⑤
31	①	32	③	33	⑤	34	②	35	④
36	⑤	37	①	38	②	39	④	40	③

점수: ________ 점

1 답 ③

공인중개사법령 > 중개업무

ㄱ. 甲은 乙 및 丙을 고용한 경우에는 乙에게는 실무교육, 丙에게는 직무교육을 받도록 한 후 업무개시 전에 등록관청에 신고하여야 한다.

ㄴ. 중개보조원 丙은 현장안내 등 중개업무를 보조하는 경우 중개의뢰인에게 본인이 중개보조원이라는 사실을 미리 알려야 한다. 그러나 소속공인중개사 乙은 이러한 의무가 없다.

2 답 ①

공인중개사법령 > 총칙

ㄹ. '금전채권'은 「공인중개사법」 제3조, 같은 법 시행령 제2조에서 정한 중개대상물이 아니다. 금전채권 매매계약을 중개한 것은 「공인중개사법」이 규율하고 있는 중개행위에 해당하지 않으므로, 「공인중개사법」이 규정하고 있는 중개수수료의 한도액은 금전채권 매매계약의 중개행위에는 적용되지 않는다(대판 2019.7.11, 2017도13559).

ㅁ. 공장재단 및 광업재단은 중개대상물에 해당하지만, 어업재단은 중개대상물에 해당하지 않는다.

3 답 ②

공인중개사법령 > 중개사무소 개설등록 및 결격사유

ㄱ. 개설등록을 신청하는 법인의 대표자는 공인중개사이어야 하며, 대표자를 제외한 임원 또는 사원(합명회사 또는 합자회사의 무한책임사원을 말함)의 3분의 1 이상은 공인중개사이어야 한다. 따라서 대표자가 공인중개사가 아닌 법인은 개설등록을 할 수 없다.

ㄹ. 등록관청은 매월 중개사무소의 등록에 관한 사항을 중개사무소등록·행정처분통지서에 기재하여 다음달 10일까지 공인중개사협회에 통보하여야 한다.

빈출개념 체크 | 법인이 중개사무소를 개설하려는 경우 개설등록의 기준(영 제13조)

1. 「상법」상 회사 또는 「협동조합 기본법」 제2조 제1호에 따른 협동조합(같은 조 제3호에 따른 사회적 협동조합은 제외)으로서 자본금이 5천만원 이상일 것
2. 법 제14조에 규정된 업무만을 영위할 목적으로 설립된 법인일 것
3. 대표자는 공인중개사이어야 하며, 대표자를 제외한 임원 또는 사원(합명회사 또는 합자회사의 무한책임사원을 말함)의 3분의 1 이상은 공인중개사일 것
4. 대표자, 임원 또는 사원 전원 및 분사무소의 책임자(법 제13조 제3항에 따라 분사무소를 설치하려는 경우에만 해당)가 법 제34조 제1항에 따른 실무교육을 받았을 것
5. 건축물대장에 기재된 건물에 중개사무소를 확보(소유·전세·임대차 또는 사용대차 등의 방법에 의하여 사용권을 확보하여야 함)할 것

4 답 ④

공인중개사법령 > 중개사무소 개설등록 및 결격사유

ㄱ. 파산선고를 받고 복권되지 아니한 자는 등록의 결격사유에 해당한다. 그러나 개인회생인가결정을 받은 자는 등록의 결격사유에 해당하지 않는다.

ㄷ. 「공인중개사법」을 위반하여 300만원 이상의 벌금형 선고를 받고 3년이 지나지 아니한 자는 등록의 결격사유에 해당한다. 그러나 「공인중개사법」이 아닌 법률을 위반하여 벌금형의 선고를 받은 자는 등록의 결격사유에 해당하지 않는다.

5 답 ⑤

공인중개사법령 > 공인중개사제도

ㄱ, ㄴ, ㄷ, ㄹ. 모두 공인중개사 정책심의위원회의 심의사항에 해당한다.

> **법 제2조의2【공인중개사 정책심의위원회의 심의사항】** ① 공인중개사의 업무에 관한 다음 각 호의 사항을 심의하기 위하여 국토교통부에 공인중개사 정책심의위원회를 둘 수 있다.
> 1. 공인중개사의 시험 등 공인중개사의 자격취득에 관한 사항
> 2. 부동산 중개업의 육성에 관한 사항(ㄴ)
> 3. 중개보수 변경에 관한 사항(ㄷ)
> 4. 손해배상책임의 보장 등에 관한 사항(ㄹ)
>
> **영 제3조【국토교통부장관이 시행하는 자격시험】** 국토교통부장관이 직접 시험문제를 출제하거나 시험을 시행하려는 경우에는 심의위원회의 의결을 미리 거쳐야 한다(ㄱ).

6 답 ①

공인중개사법령 > 중개사무소 개설등록 및 결격사유

ㄴ. 개업공인중개사의 공인중개사자격증은 원본을 게시하여야 한다.

ㄷ, ㄹ. 소속공인중개사의 고용신고서 및 개업공인중개사의 실무교육 수료확인증은 게시하여야 하는 사항이 아니다.

빈출개념 체크 중개사무소 안의 게시 사항

개업공인중개사는 다음의 사항을 해당 중개사무소 안의 보기 쉬운 곳에 게시하여야 한다(법 제17조, 규칙 제10조).
1. 중개사무소등록증 원본(법인인 개업공인중개사의 분사무소의 경우에는 분사무소설치신고확인서 원본을 말함)
2. 중개보수·실비의 요율 및 한도액표
3. 개업공인중개사 및 소속공인중개사의 공인중개사자격증 원본(해당되는 자가 있는 경우로 한정)
4. 보증의 설정을 증명할 수 있는 서류
5. 「부가가치세법 시행령」 제11조에 따른 사업자등록증(ㄱ)

7 답 ③

공인중개사법령 > 중개업무

① 중개사무소를 이전한 날부터 10일 이내에 신고해야 한다.
② 이전신고를 할 때 중개사무소등록증을 제출하여야 한다.
④ 중개사무소의 이전신고를 받은 등록관청은 제출받은 중개사무소등록증에 변경사항을 적어 이를 교부할 수 있다.
⑤ 개업공인중개사가 등록관청에 중개사무소의 이전사실을 신고한 경우에는 지체 없이 사무소의 간판을 철거하여야 한다.

8 답 ④

공인중개사법령 > 중개업무

① 개업공인중개사 및 소속공인중개사는 업무를 개시하기 전에 중개행위에 사용할 인장을 등록관청에 등록(전자문서에 의한 등록을 포함)하여야 하나, 중개보조원은 인장등록 의무규정이 없다.
② 개업공인중개사의 인장등록은 중개사무소 개설등록신청과 같이 할 수 있다.
③ 인장등록 및 등록한 인장의 변경등록은 전자문서로 할 수 있다.
⑤ 개업공인중개사가 등록한 인장을 변경한 경우 변경일부터 7일 이내에 그 변경된 인장을 등록하지 아니한 것은 공인중개사 업무정지사유에 해당한다.

9 답 ②

공인중개사법령 > 중개계약 및 부동산거래정보망

ㄱ. 중개대상물의 표시와 ㄹ. 권리관계는 매도·임대 등 권리이전에 관한 중개의뢰를 받았을 때에 기재하는 사항이다.

빈출개념 체크 일반중개계약서 서식 기재사항

일반중개계약서 (앞쪽)
1. 개업공인중개사의 의무사항 2. 중개의뢰인의 권리·의무사항 3. 유효기간 4. 중개보수 5. 개업공인중개사의 손해배상책임 (1) 중개보수 또는 실비의 과다수령: 차액 환급 (2) 중개대상물의 확인·설명을 소홀히 하여 재산상의 피해를 발생하게 한 경우: 손해액 배상 6. 그 밖의 사항: 중개의뢰인과 개업공인중개사의 서명 또는 인

일반중개계약서 (뒤쪽)	
Ⅰ. 권리이전용(매도·임대 등)	Ⅱ. 권리취득용(매수·임차 등)
1. 소유자 및 등기명의인 2. 중개대상물의 표시(ㄱ) 3. 권리관계(ㄹ) 4. 거래규제 및 공법상 제한사항 5. 중개의뢰금액 6. 그 밖의 사항	1. 희망물건의 종류 2. 취득 희망가격 3. 희망지역 4. 그 밖의 희망조건
첨부서류: 중개보수 요율표	

10 답 ⑤

공인중개사법령 > 중개업무

ㄱ, ㄴ, ㄷ, ㄹ. 모두 옳은 내용이다.

11 답 ⑤

고난도

공인중개사법령 > 개업공인중개사의 의무 및 책임

①②③④ 법 제33조 제1항에 규정된 개업공인중개사등이 하여서는 아니 되는 행위이다.

법 제33조 【금지행위】 ① 개업공인중개사등은 다음 각 호의 행위를 하여서는 아니 된다.

1. 제3조에 따른 중개대상물의 매매를 업으로 하는 행위(①)
2. 제9조에 따른 중개사무소의 개설등록을 하지 아니하고 중개업을 영위하는 자인 사실을 알면서 그를 통하여 중개를 의뢰받거나 그에게 자기의 명의를 이용하게 하는 행위
3. 사례·증여 그 밖의 어떠한 명목으로도 제32조에 따른 보수 또는 실비를 초과하여 금품을 받는 행위(②)
4. 해당 중개대상물의 거래상의 중요사항에 관하여 거짓된 언행 그 밖의 방법으로 중개의뢰인의 판단을 그르치게 하는 행위
5. 관계 법령에서 양도·알선 등이 금지된 부동산의 분양·임대 등과 관련 있는 증서 등의 매매·교환 등을 중개하거나 그 매매를 업으로 하는 행위
6. 중개의뢰인과 직접 거래를 하거나 거래당사자 쌍방을 대리하는 행위
7. 탈세 등 관계 법령을 위반할 목적으로 소유권보존등기 또는 이전등기를 하지 아니한 부동산이나 관계 법령의 규정에 의하여 전매 등 권리의 변동이 제한된 부동산의 매매를 중개하는 등 부동산투기를 조장하는 행위
8. 부당한 이익을 얻거나 제3자에게 부당한 이익을 얻게 할 목적으로 거짓으로 거래가 완료된 것처럼 꾸미는 등 중개대상물의 시세에 부당한 영향을 주거나 줄 우려가 있는 행위(③)
9. 단체를 구성하여 특정 중개대상물에 대하여 중개를 제한하거나 단체 구성원 이외의 자와 공동중개를 제한하는 행위(④)

② 누구든지 시세에 부당한 영향을 줄 목적으로 다음 각 호의 어느 하나의 방법으로 개업공인중개사등의 업무를 방해해서는 아니 된다.

1. 안내문, 온라인 커뮤니티 등을 이용하여 특정 개업공인중개사등에 대한 중개의뢰를 제한하거나 제한을 유도하는 행위
2. 안내문, 온라인 커뮤니티 등을 이용하여 중개대상물에 대하여 시세보다 현저하게 높게 표시·광고 또는 중개하는 특정 개업공인중개사등에게만 중개의뢰를 하도록 유도함으로써 다른 개업공인중개사등을 부당하게 차별하는 행위
3. 안내문, 온라인 커뮤니티 등을 이용하여 특정 가격 이하로 중개를 의뢰하지 아니하도록 유도하는 행위(⑤)
4. 정당한 사유 없이 개업공인중개사등의 중개대상물에 대한 정당한 표시·광고 행위를 방해하는 행위
5. 개업공인중개사등에게 중개대상물을 시세보다 현저하게 높게 표시·광고하도록 강요하거나 대가를 약속하고 시세보다 현저하게 높게 표시·광고하도록 유도하는 행위

12 답 ②

공인중개사법령 > 개업공인중개사의 의무 및 책임

ㄴ. 공시지가 및 공시가격은 확인·설명하여야 할 사항에 해당하지 않는다.

영 제21조 【중개대상물의 확인·설명】 ① 법 제25조 제1항에 따라 개업공인중개사가 확인·설명해야 하는 사항은 다음 각 호와 같다. 다만, 제3호의2 및 제10호부터 제12호까지의 사항은 주택 임대차 중개의 경우에만 적용한다.

1. 중개대상물의 종류·소재지·지번·지목·면적·용도·구조 및 건축연도 등 중개대상물에 관한 기본적인 사항
2. 소유권·전세권·저당권·지상권 및 임차권 등 중개대상물의 권리관계에 관한 사항
3. 거래예정금액·중개보수 및 실비의 금액과 그 산출내역(ㄱ)

3의2. 관리비 금액과 그 산출내역(ㄷ)

4. 토지이용계획, 공법상의 거래규제 및 이용제한에 관한 사항
5. 수도·전기·가스·소방·열공급·승강기 및 배수 등 시설물의 상태
6. 벽면·바닥면 및 도배의 상태
7. 일조·소음·진동 등 환경조건
8. 도로 및 대중교통수단과의 연계성, 시장·학교와의 근접성 등 입지조건
9. 중개대상물에 대한 권리를 취득함에 따라 부담하여야 할 조세의 종류 및 세율
10. 「주택임대차보호법」 제3조의7에 따른 임대인의 정보 제시 의무 및 같은 법 제8조에 따른 보증금 중 일정액의 보호에 관한 사항(ㄹ)
11. 「주민등록법」 제29조의2에 따른 전입세대확인서의 열람 또는 교부에 관한 사항

12. 「민간임대주택에 관한 특별법」 제49조에 따른 임대보증금에 대한 보증에 관한 사항(중개대상물인 주택이 같은 법에 따른 민간임대주택인 경우만 해당한다)

13 답 ①

공인중개사법령 > 개업공인중개사의 의무 및 책임

ㄴ. 거래금액·계약금액 및 그 지급일자 등 지급에 관한 사항을 기재해야 하고, 거래예정금액은 기재하지 않는다.
ㅁ. 공법상 거래규제 및 이용제한에 관한 사항은 기재하지 않는다.

빈출개념 체크 거래계약서 필수기재사항(영 제22조)

1. 거래당사자의 인적사항
2. 물건의 표시
3. 계약일
4. 거래금액·계약금액 및 그 지급일자 등 지급에 관한 사항
5. 물건의 인도일시
6. 권리이전의 내용(ㄷ)
7. 계약의 조건이나 기한이 있는 경우에는 그 조건 또는 기한(ㄹ)
8. 중개대상물 확인·설명서 교부일자(ㄱ)
9. 그 밖의 약정내용

14 답 ④

공인중개사법령 > 개업공인중개사의 의무 및 책임

① 개업공인중개사는 업무를 개시하기 전에 손해배상책임을 보장하기 위하여 대통령령으로 정하는 바에 따라 보증보험 또는 「공인중개사법」 제42조에 따른 공제에 가입하거나 공탁을 하여야 한다.
② 개업공인중개사는 중개가 완성된 때에는 거래당사자에게 손해배상책임의 보장에 관한 보장금액, 보증보험회사등 보증기관 및 그 소재지, 보장기간을 설명하고 관계 증서의 사본을 교부하거나 관계 증서에 관한 전자문서를 제공하여야 한다.
③ 개업공인중개사가 공탁한 공탁금은 개업공인중개사가 폐업한 날부터 3년 이내에는 이를 회수할 수 없다.
⑤ 개업공인중개사는 보증보험금으로 손해배상을 한 때에는 15일 이내에 보증보험에 다시 가입해야 한다. 부족하게 된 금액을 보전하여야 하는 것은 공탁금으로 배상한 경우이다.

15 답 ②

공인중개사법령 > 중개보수

ㄴ. 오피스텔은 주택 외의 중개대상물이므로 甲이 乙과 丙으로부터 받을 수 있는 중개보수는 국토교통부령에서 정한 기준에 따른다.
ㄷ. 거래금액의 1천분의 9이다.

16 답 ③

공인중개사법령 > 공인중개사협회 및 교육·보칙·신고센터 등

① 국토교통부장관의 인가를 받아야 한다.
② 100인 이상의 회원이 참여하여야 한다.
④ 협회는 부동산 정보제공에 관한 업무를 수행할 수 있다.
⑤ 3개월 이내에 공시해야 한다.

17 답 ③

공인중개사법령 > 공인중개사협회 및 교육·보칙·신고센터 등

- A는 포상금 지급의 신고 또는 고발의 대상자가 아니므로 甲은 포상금을 받을 수 없다.
- B의 행위는 포상금 지급의 신고·고발대상에 해당하고 검사가 기소유예결정을 하였으므로, 甲은 50만원을 받을 수 있다.
- C의 행위는 포상금 지급의 신고·고발대상에 해당하고 C가 무죄판결을 받았어도 이는 검사가 공소를 제기한 것이 전제되어 있으므로 최초로 신고한 乙은 50만원을 받을 수 있다.

따라서 甲과 乙은 각각 50만원을 받을 수 있다.

빈출개념 체크 포상금 지급의 신고 또는 고발대상행위(법 제46조)

1. 「공인중개사법」 제9조에 따른 중개사무소의 개설등록을 하지 아니하고 중개업을 한 자
2. 거짓이나 그 밖의 부정한 방법으로 중개사무소의 개설등록을 한 자
3. 중개사무소등록증 또는 공인중개사자격증을 다른 사람에게 양도·대여하거나 다른 사람으로부터 양수·대여받은 자
4. 「공인중개사법」 제18조의2 제3항(개업공인중개사가 아닌 자는 중개대상물에 대한 표시·광고를 하여서는 아니 된다)을 위반하여 표시·광고를 한 자
5. 「공인중개사법」 제33조 제1항 제8호 또는 제9호에 따른 행위를 한 자
   (1) 부당한 이익을 얻거나 제3자에게 부당한 이익을 얻게 할 목적으로 거짓으로 거래가 완료된 것처럼 꾸미는 등 중개대상물의 시세에 부당한 영향을 주거나 줄 우려가 있는 행위
   (2) 단체를 구성하여 특정 중개대상물에 대하여 중개를 제한하거나 단체 구성원 이외의 자와 공동중개를 제한하는 행위

6. 「공인중개사법」 제33조 제2항을 위반하여 개업공인중개사등의 업무를 방해한 자
   (1) 안내문, 온라인 커뮤니티 등을 이용하여 특정 개업공인중개사등에 대한 중개의뢰를 제한하거나 제한을 유도하는 행위
   (2) 안내문, 온라인 커뮤니티 등을 이용하여 중개대상물에 대하여 시세보다 현저하게 높게 표시·광고 또는 중개하는 특정 개업공인중개사등에게만 중개의뢰를 하도록 유도함으로써 다른 개업공인중개사등을 부당하게 차별하는 행위
   (3) 안내문, 온라인 커뮤니티 등을 이용하여 특정 가격 이하로 중개를 의뢰하지 아니하도록 유도하는 행위
   (4) 정당한 사유 없이 개업공인중개사등의 중개대상물에 대한 정당한 표시·광고 행위를 방해하는 행위
   (5) 개업공인중개사등에게 중개대상물을 시세보다 현저하게 높게 표시·광고하도록 강요하거나 대가를 약속하고 시세보다 현저하게 높게 표시·광고하도록 유도하는 행위

18 답 ③

공인중개사법령 > 중개사무소 개설등록 및 결격사유

ㄱ. 등록관청은 중개사무소등록증을 교부한 때에는 그 사실을 공인중개사협회에 통보하여야 한다. 그러나 중개사무소등록증을 재교부한 때에는 그 사실을 공인중개사협회에 통보하지 않는다.

ㄴ. 업무보증설정신고를 받은 것은 공인중개사법령상 등록관청이 공인중개사협회에 통보해야 하는 경우에 해당하지 않는다.

빈출개념 체크 등록사항 등의 통보(영 제14조)

등록관청은 다음의 어느 하나에 해당하는 때에는 그 사실을 국토교통부령이 정하는 바에 따라 「공인중개사법」 제41조에 따른 공인중개사협회에 통보하여야 한다.

1. 중개사무소등록증을 교부한 때
2. 분사무소설치신고를 받은 때, 중개사무소 이전신고를 받은 때, 휴업·폐업·휴업한 중개업의 재개 및 휴업기간의 변경신고를 받은 때
3. 소속공인중개사 또는 중개보조원의 고용이나 고용관계 종료의 신고를 받은 때(ㄷ)
4. 행정처분(등록취소처분 또는 업무정지처분)을 한 때(ㄹ)

19 답 ①

공인중개사법령 > 지도·감독 및 행정처분

ㄹ. 거래계약서에 거래금액 등 거래내용을 거짓으로 기재하거나 서로 다른 둘 이상의 거래계약서를 작성한 경우에는 중개사무소의 개설등록을 취소할 수 있다.

ㅁ. 최근 1년 이내에 과태료처분 1회와 업무정지처분 2회를 받고 다시 과태료처분에 해당하는 행위를 한 경우에는 중개사무소의 개설등록을 취소할 수 있다.

빈출개념 체크 등록의 취소(법 제38조 제1항)

등록관청은 개업공인중개사가 다음의 어느 하나에 해당하는 경우에는 중개사무소의 개설등록을 취소하여야 한다.

1. 개인인 개업공인중개사가 사망하거나 개업공인중개사인 법인이 해산한 경우
2. 거짓이나 그 밖의 부정한 방법으로 중개사무소의 개설등록을 한 경우
3. 「공인중개사법」 제10조 제1항 제2호부터 제6호까지 또는 같은 항 제11호·제12호에 따른 중개사무소 개설등록 등 결격사유에 해당하게 된 경우. 다만, 같은 항 제12호에 따른 결격사유에 해당하는 경우(개업공인중개사인 법인의 사원 또는 임원이 결격사유에 해당하는 경우)로서 그 사유가 발생한 날부터 2개월 이내에 그 사유를 해소한 경우에는 그러하지 아니하다.
4. 「공인중개사법」 제12조 제1항의 규정을 위반하여 이중으로 중개사무소의 개설등록을 한 경우
5. 「공인중개사법」 제12조 제2항의 규정을 위반하여 다른 개업공인중개사의 소속공인중개사·중개보조원 또는 개업공인중개사인 법인의 사원·임원이 된 경우
6. 「공인중개사법」 제15조 제3항을 위반하여 고용 가능한 수를 초과하여 중개보조원을 고용한 경우
7. 「공인중개사법」 제19조 제1항의 규정을 위반하여 다른 사람에게 자기의 성명 또는 상호를 사용하여 중개업무를 하게 하거나 중개사무소등록증을 양도 또는 대여한 경우
8. 업무정지기간 중에 중개업무를 하거나 자격정지처분을 받은 소속공인중개사로 하여금 자격정지기간 중에 중개업무를 하게 한 경우
9. 최근 1년 이내에 이 법에 의하여 2회 이상 업무정지처분을 받고 다시 업무정지처분에 해당하는 행위를 한 경우

20 답 ⑤

공인중개사법령 > 지도·감독 및 행정처분

ㄱ. 2023.8.10. 업무정지처분을 받은 효과는 업무정지처분을 받은 날부터 1년간 승계된다. 2024.9.10. 다시 중개사무소의 개설등록을 하였다면, 위 업무정지처분의 효과는 승계되지 않고 소멸한다.

ㄴ. 폐업기간이 1년을 초과하였으므로 폐업신고 전의 위반행위를 사유로 등록관청은 업무정지처분을 할 수 없다.

ㄷ. 폐업기간이 3년을 초과하였으므로 폐업신고 전의 위반행위를 사유로 등록관청은 중개사무소의 개설등록을 취소할 수 없다.

> **법 제40조 【행정제재처분효과의 승계 등】** ① 개업공인중개사가 제21조에 따른 폐업신고 후 제9조에 따라 다시 중개사무소의 개설등록을 한 때에는 폐업신고 전의 개업공인중개사의 지위를 승계한다.
>
> ② 제1항의 경우 폐업신고 전의 개업공인중개사에 대하여 제39조 제1항 각 호, 제51조 제1항 각 호, 같은 조 제2항 각 호 및 같은 조 제3항 각 호의 위반행위를 사유로 행한 행정처분의 효과는 그 처분일부터 1년간 다시 중개사무소의 개설등록을 한 자(이하 '재등록 개업공인중개사'라 함)에게 승계된다.
>
> ③ 제1항의 경우 재등록 개업공인중개사에 대하여 폐업신고 전의 제38조 제1항 각 호, 같은 조 제2항 각 호 및 제39조 제1항 각 호의 위반행위에 대한 행정처분을 할 수 있다. 다만, 다음 각 호의 어느 하나에 해당하는 경우는 제외한다.
>
> 1. 폐업신고를 한 날부터 다시 중개사무소의 개설등록을 한 날까지의 기간(이하 '폐업기간'이라 함)이 3년을 초과한 경우
> 2. 폐업신고 전의 위반행위에 대한 행정처분이 업무정지에 해당하는 경우로서 폐업기간이 1년을 초과한 경우
>
> ④ 제3항에 따라 행정처분을 하는 경우에는 폐업기간과 폐업의 사유 등을 고려하여야 한다.
>
> ⑤ 개업공인중개사인 법인의 대표자에 관하여는 제1항부터 제4항까지를 준용한다. 이 경우 '개업공인중개사'는 '법인의 대표자'로 본다.

21 답 ② 고난도

공인중개사법령 > 지도·감독 및 행정처분

ㄱ, ㄷ. 자격정지기준: 6개월

ㄴ, ㄹ. 자격정지기준: 3개월

빈출개념 체크 | 자격정지기준

1. 자격정지기준: 6개월
   (1) 둘 이상의 중개사무소에 소속된 경우
   (2) 거래계약서에 거래금액 등 거래내용을 거짓으로 기재하거나 서로 다른 둘 이상의 거래계약서를 작성한 경우
   (3) 법 제33조 제1항에 규정된 다음의 금지행위를 한 경우
   - ㉠ 중개대상물의 매매를 업으로 하는 행위
   - ㉡ 무등록중개업을 하는 자인 사실을 알면서 그를 통하여 중개를 의뢰받거나 그에게 자기의 명의를 이용하게 하는 행위
   - ㉢ 법정중개보수 또는 실비를 초과하여 금품을 받는 행위
   - ㉣ 해당 중개대상물의 거래상의 중요사항에 관하여 거짓된 언행 그 밖의 방법으로 중개의뢰인의 판단을 그르치게 하는 행위
   - ㉤ 관계 법령에서 양도·알선 등이 금지된 부동산의 분양·임대 등과 관련 있는 증서 등의 매매·교환 등을 중개하거나 그 매매를 업으로 하는 행위
   - ㉥ 중개의뢰인과 직접 거래하는 행위
   - ㉦ 거래당사자 쌍방을 대리하는 행위
   - ㉧ 탈세 등 관계 법령을 위반할 목적으로 소유권보존등기 또는 이전등기를 하지 아니한 부동산이나 관계 법령의 규정에 의하여 전매 등 권리의 변동이 제한된 부동산의 매매를 중개하는 등 부동산투기를 조장하는 행위
   - ㉨ 부당한 이익을 얻거나 제3자에게 부당한 이익을 얻게 할 목적으로 거짓으로 거래가 완료된 것처럼 꾸미는 등 중개대상물의 시세에 부당한 영향을 주거나 줄 우려가 있는 행위
   - ㉩ 단체를 구성하여 특정 중개대상물에 대하여 중개를 제한하거나 단체 구성원 이외의 자와 공동중개를 제한하는 행위
2. 자격정지기준: 3개월
   (1) 인장등록을 하지 아니하고 업무를 하거나, 등록하지 아니한 인장을 사용한 경우
   (2) 성실·정확하게 확인·설명을 하지 않거나 설명의 근거자료를 제시하지 아니한 경우
   (3) 해당 중개행위를 하였음에도 중개대상물 확인·설명서에 서명 및 날인하지 아니한 경우
   (4) 해당 중개행위를 하였음에도 거래계약서에 서명 및 날인하지 아니한 경우

22 답 ⑤ 고난도

공인중개사법령 > 벌칙(행정벌)

⑤ 3개월을 초과하여 휴업을 하였음에도 휴업신고를 하지 않은 경우 - 20만원

빈출개념 체크 100만원 이하의 과태료사유에 관한 개별기준

1. 개별기준: 50만원
   (1) 법인 및 공인중개사인 개업공인중개사가 법 제18조 제1항 또는 제3항을 위반하여 사무소의 명칭에 '공인중개사사무소', '부동산중개'라는 문자를 사용하지 않은 경우 또는 개업공인중개사가 옥외광고물에 성명을 표기하지 않거나 거짓으로 표기한 경우
   (2) 법률 제7638호 부동산중개업법 전부개정법률 부칙 제6조 제3항을 위반하여 법 부칙 제6조 제2항에 규정된 개업공인중개사가 사무소의 명칭에 '공인중개사사무소'의 문자를 사용한 경우
   (3) 개업공인중개사가 중개대상물의 중개에 관한 표시·광고를 하면서 법 제18조의2 제1항 또는 제2항을 위반하여 명시할 사항을 명시하지 않거나 중개보조원에 관한 사항을 명시한 경우
   (4) 법 제38조 제4항을 위반하여 등록취소처분을 받고도 중개사무소등록증을 반납하지 않은 경우
2. 개별기준: 30만원
   (1) 법 제17조를 위반하여 중개사무소 안에 중개사무소등록증 등을 게시하지 않은 경우
   (2) 중개사무소를 이전하고도 법 제20조 제1항을 위반하여 중개사무소의 이전신고를 하지 않은 경우
   (3) 중개가 완성된 때에 법 제30조 제5항을 위반하여 손해배상책임에 관한 사항을 설명하지 않거나 관계 증서의 사본 또는 관계 증서에 관한 전자문서를 교부하지 않은 경우
   (4) 공인중개사자격 취소처분을 받고도 법 제35조 제3항 또는 제4항을 위반하여 공인중개사자격증을 반납하지 않거나 공인중개사자격증을 반납할 수 없는 사유서를 제출하지 않은 경우 또는 거짓으로 공인중개사자격증을 반납할 수 없는 사유서를 제출한 경우
3. 개별기준: 20만원
   법 제21조 제1항을 위반하여 휴업, 폐업, 휴업한 중개업의 재개 또는 휴업기간의 변경 신고를 하지 않은 경우

23 답 ①

공인중개사법령 > 부동산 거래신고 등에 관한 법률

① 거래당사자가 외국인인 경우 거래당사자의 국적을 반드시 적어야 한다.

24 답 ③ 고난도

공인중개사법령 > 부동산 거래신고 등에 관한 법률

ㄹ. 매수자 丁은 국가등이다. 매수자 중에 국가등이 포함되어 있는 경우에는 '주택취득 자금조달 및 입주계획'은 신고사항에서 제외한다. 국가등이란 국가, 지방자치단체, 공공기관, 지방직영기업, 지방공사, 지방공단을 말한다.

빈출개념 체크 주택취득 자금조달·입주계획을 신고해야 하는 경우

매수자	매도자	주택 소재지·실제거래가격
법인	자연인, 법인, 국가등	주택의 소재지 및 거래금액과 관계없음
자연인		• 투기과열지구·조정대상지역: 금액과 상관없음 • 투기과열지구 및 조정대상지역 외의 장소: 6억원 이상
국가등		신고사항에서 제외

25 답 ④ 고난도

공인중개사법령 > 부동산 거래신고 등에 관한 법률

ㄱ. 수도권 등 외의 장소에 소재하는 토지인 경우 실제거래가격 6억원 이상으로 매수하는 경우에 적용된다. 지문은 6억원 미만으로 매수하는 경우이므로 '거래대상 토지의 취득에 필요한 자금의 조달계획 및 거래대상 토지의 이용계획'은 신고사항에서 제외한다.

ㄹ. 매수자 丁은 국가등이다. 매수자 중에 국가등이 포함되어 있는 경우나 토지거래허가를 받아야 하는 토지인 경우에는 '거래대상 토지의 취득에 필요한 자금조달 및 거래대상 토지의 이용계획'은 신고사항에서 제외한다.

26 답 ④

공인중개사법령 > 부동산 거래신고 등에 관한 법률

① 서울특별시에 소재하는 주택에 대하여 보증금이 6천만원을 초과하거나 월차임이 30만원을 초과하는 임대차계약을 신규로 체결한 경우, 임대차계약 당사자는 계약체결일부터 30일 이내에 공동으로 신고하여야 한다.

② 보증금 및 차임의 증감 없이 임대차기간만 연장하는 계약을 체결한 경우에는 주택임대차계약의 신고의무가 적용되지 않는다.

③ 주택임대차계약 당사자 중 일방이 국가등인 경우에는 국가등이 신고하여야 한다.

⑤ 임차인이 임대차계약서를 제출하면서 「주민등록법」에 따라 전입신고를 하는 경우 이 법에 따른 주택임대차계약의 신고를 한 것으로 본다.

27 답 ③

공인중개사법령 > 부동산 거래신고 등에 관한 법률

- 외국인이 토지를 매수하는 계약을 체결하면 계약체결일부터 30일 이내에 신고해야 한다.
- 외국인이 토지를 증여받는 계약을 체결하면 계약체결일부터 60일 이내에 신고해야 한다.
- 외국인이 건축물을 신축하여 취득하면 취득일부터 6개월 이내에 신고해야 한다.
- 대한민국 안의 부동산을 가지고 있는 대한민국국민이 외국인으로 변경된 경우 그 외국인이 해당 부동산을 계속보유하려는 경우에는 외국인으로 변경된 날부터 6개월 이내에 신고해야 한다.

28 답 ①

공인중개사법령 > 부동산 거래신고 등에 관한 법률

② 토지취득가액의 100분의 5에 상당하는 금액의 이행강제금을 부과한다.
③ 그 처분을 고지받은 날부터 30일 이내에 해야 한다.
④ 군수는 A에 대한 허가를 취소할 수 있다.
⑤ A로부터 허가신청을 받은 군수는 국가, 지방자치단체, 한국토지주택공사, 대통령령으로 정하는 공공기관 또는 공공단체가 매수를 원하는 경우 「감정평가 및 감정평가사에 관한 법률」에 따라 감정평가법인등이 감정평가한 감정가격을 기준으로 그 토지를 협의 매수하게 할 수 있다. 다만, 토지거래계약허가신청서에 적힌 가격이 감정가격보다 낮은 경우에는 허가신청서에 적힌 가격으로 매수하게 할 수 있다.

29 답 ②

공인중개사법령 > 부동산 거래신고 등에 관한 법률

① 국토교통부장관 또는 시·도지사는 국토의 이용 및 관리에 관한 계획의 원활한 수립과 집행, 합리적인 토지 이용 등을 위하여 토지의 투기적인 거래가 성행하거나 지가(地價)가 급격히 상승하는 지역과 그러한 우려가 있는 지역으로서 대통령령으로 정하는 지역에 대해서는 5년 이내의 기간을 정하여 토지거래계약에 관한 허가구역으로 지정할 수 있다. 따라서 법령에 따른 개발사업이 예정되어 있어서 투기가 성행할 우려가 있어도 5년을 넘는 기간으로 허가구역을 지정할 수 없다.
③ 「국토의 계획 및 이용에 관한 법률」에 따른 도시지역 중 녹지지역의 경우 $200m^2$ 이하의 토지에 대해서는 토지거래계약허가가 면제된다.
④ 토지의 소유권자에게 부과된 토지 이용에 관한 의무는 그 토지에 관한 소유권의 변동과 동시에 그 승계인에게 이전한다.
⑤ 허가 또는 변경허가를 받지 아니하고 토지거래계약을 체결하거나, 속임수나 그 밖의 부정한 방법으로 토지거래계약 허가를 받은 자는 2년 이하의 징역 또는 계약 체결 당시의 개별공시지가에 따른 해당 토지가격의 100분의 30에 해당하는 금액 이하의 벌금에 처한다.

30 답 ⑤

공인중개사법령 > 부동산 거래신고 등에 관한 법률

ㄱ, ㄴ, ㄷ. 모두 옳은 내용이다.

31 답 ①

공인중개사법령 > 부동산 거래신고 등에 관한 법률

① 「지방공기업법」에 따른 지방공사는 불허가처분에 대한 매수청구 시 매수할 지 또는 허가신청 시 선매자로 지정될 수 있는 자에 해당하지 않는다.

빈출개념 체크 | 불허가처분에 대한 매수청구 시 매수할 자 또는 허가신청에 대하여 선매할 수 있는 자

1. 국가
2. 지방자치단체
3. 「한국농수산식품유통공사법」에 따른 한국농수산식품유통공사
4. 「대한석탄공사법」에 따른 대한석탄공사
5. 「한국토지주택공사법」에 따른 한국토지주택공사
6. 「한국관광공사법」에 따른 한국관광공사
7. 「한국농어촌공사 및 농지관리기금법」에 따른 한국농어촌공사
8. 「한국도로공사법」에 따른 한국도로공사
9. 「한국석유공사법」에 따른 한국석유공사
10. 「한국수자원공사법」에 따른 한국수자원공사
11. 「한국전력공사법」에 따른 한국전력공사
12. 「한국철도공사법」에 따른 한국철도공사

32 답 ③

공인중개사법령 > 부동산 거래신고 등에 관한 법률

ㄷ, ㄹ, ㅁ. 신고포상금 지급대상에 해당하는 위반행위이다.

빈출개념 체크 | 신고포상금의 지급

시장·군수 또는 구청장은 다음의 어느 하나에 해당하는 자를 관계 행정기관이나 수사기관에 신고하거나 고발한 자에게 예산의 범위에서 포상금을 지급할 수 있다.

1. 부동산 거래신고대상인 거래계약을 체결하지 아니하였음에도 불구하고 거짓으로 부동산거래신고를 한 자

2. 부동산 거래신고 후 해당 계약이 해제등이 되지 아니하였음에도 불구하고 거짓으로 해제등신고를 한 자
3. 주택임대차계약의 신고 및 변경·해제신고와 관련하여 보증금, 차임 등 계약금액을 거짓으로 신고한 자(ㄷ)
4. 부동산등의 실제거래가격 등 거래내용을 거짓으로 신고한 자
5. 토지거래허가 또는 변경허가를 받지 아니하고 토지거래계약을 체결한 자 또는 거짓이나 그 밖의 부정한 방법으로 토지거래계약허가를 받은 자(ㄹ)
6. 토지거래계약허가를 받아 취득한 토지에 대하여 허가받은 목적대로 이용하지 아니한 자(ㅁ)

33 답 ⑤

중개실무 > 중개대상물 조사 및 확인

⑤ 분묘기지권의 효력이 미치는 범위는 분묘의 기지 자체뿐만 아니라 분묘의 봉제사에 필요한 범위 안에서 상석, 비석 등 주변의 공지에도 미친다.

34 답 ②

중개실무 > 중개대상물 조사 및 확인

ㄱ. 토지이용계획, 공법상 이용제한 및 거래규제에 관한 사항(토지)의 '건폐율 상한 및 용적률 상한'은 시·군의 조례에 따라 적고, '도시·군계획시설', '지구단위계획구역, 그 밖의 도시·군관리계획'은 개업공인중개사가 확인하여 적으며, '그 밖의 이용제한 및 거래규제사항'은 토지이용계획확인서의 내용을 확인하고, 공부에서 확인할 수 없는 사항은 부동산종합공부시스템 등에서 확인하여 적는다(임대차의 경우에는 생략할 수 있음).

ㄴ. 거래예정금액 등의 '거래예정금액'은 중개가 완성되기 전 거래예정금액을, '개별공시지가(m^2당)' 및 '건물(주택)공시가격'은 중개가 완성되기 전 공시된 공시지가 또는 공시가격을 적는다[임대차의 경우에는 '개별공시지가(m^2당)' 및 '건물(주택)공시가격'을 생략할 수 있음].

ㄷ. 취득 시 부담할 조세의 종류 및 세율은 중개가 완성되기 전 「지방세법」의 내용을 확인하여 적는다(임대차의 경우에는 제외).

35 답 ④

중개실무 > 중개대상물 조사 및 확인

ㄴ. 소화전 및 비상벨의 위치는 내부·외부 시설물의 상태란에 기재하므로 개업공인중개사 세부 확인사항이다.

빈출개념 체크 비주거용 건축물 확인·설명서

구분	기재사항
개업공인중개사 기본 확인사항	1. 대상물건의 표시(내진설계적용 여부 및 내진능력 등)(ㄱ) 2. 권리관계(등기부 기재사항, 민간임대등록 여부 등)(ㄷ) 3. 토지이용계획·공법상 이용제한 및 거래규제에 관한 사항 4. 입지조건(주차장 등)(ㄹ) 5. 관리에 관한 사항 6. 거래예정금액 등(ㅁ) 7. 취득 시 부담하여야 할 조세의 종류 및 세율
개업공인중개사 세부 확인사항	8. 실제 권리관계 또는 공시되지 아니한 물건의 권리에 관한 사항 9. 내부·외부시설물의 상태(소화전 및 비상벨의 유무, 위치 등)(ㄴ) 10. 벽면·바닥면의 상태
중개보수 등에 관한 사항	11. 중개보수 및 실비의 금액과 그 산출내역

36 답 ⑤

중개실무 > 개별적 중개실무

ㄱ. 명의신탁약정을 丙이 알지 못한 경우에도 그 약정은 효력이 없다.

ㄷ. 乙이 X토지의 소유권을 취득하였으므로 甲은 乙에 대하여 X토지의 소유권이전을 청구할 수 없다.

37 답 ①

중개실무 > 개별적 중개실무

② 최우선변제를 받을 수 있는 임차인의 보증금액이 서울특별시인 경우는 1억 6천500만원 이하이어야 한다. 이 경우는 보증금이 이에 해당하지 않으므로 동 주택의 경매 시 보증금 중 일정액에 대하여 다른 담보물권자보다 우선하여 변제받을 수 없다.

③ 주택임대차계약이 묵시적으로 갱신된 경우, 임차인은 언제든지 임대인에게 계약해지를 통지할 수 있다.

④ 대항력을 갖춘 임차인이라도 저당권설정등기 이후 증액된 임차보증금에 관하여 저당권에 기해 주택을 경락받은 소유자에게 대항할 수 없다.

⑤ 주택임차인이 그 지위를 강화하고자 별도로 전세권설정등기를 마쳤더라도 「주택임대차보호법」상 대항요건을 상실하면 이미 취득한 「주택임대차보호법」상 대항력 및 우선변제권을 상실한다.

38 답 ②

중개실무 > 개별적 중개실무

ㄱ. 甲과 乙이 계약기간을 정하지 않은 경우 그 기간을 1년으로 본다.

ㄷ. 甲의 동의를 받고 전대차계약을 체결한 전차인은 乙의 계약갱신요구권 행사기간(임대차기간이 만료되기 6개월 전부터 1개월 전까지) 사이에 乙을 대위하여 甲에게 계약갱신요구권을 행사할 수 있다.

39 답 ④

중개실무 > 개별적 중개실무

① 매수인은 매각대금을 다 낸 때에 매각의 목적인 권리를 취득한다.

② 경매개시결정에 따른 압류의 효력이 생긴 때에는 집행법원은 절차에 필요한 기간을 고려하여 배당요구를 할 수 있는 종기(終期)를 첫 매각기일 이전으로 정한다.

③ 가압류채권에 대항할 수 있는 전세권이라도 그 전세권자가 배당요구를 하면 매각으로 소멸된다.

⑤ 매수인은 매각부동산에 대하여 경매개시결정의 기입등기 전에 유치권을 취득한 자에게 그 유치권으로 담보하는 채권을 변제할 책임이 있다.

40 답 ③

중개실무 > 개별적 중개실무

① 공인중개사인 개업공인중개사이거나 법인인 개업공인중개사이어야 매수신청대리인등록을 신청할 수 있다. 따라서 소속공인중개사는 매수신청대리인 등록을 할 수 없다.

② 개업공인중개사는 매수신청대리에 관한 보수표와 보수에 대하여 위임계약 전에 위임인에게 설명해야 한다. 개업공인중개사는 위임계약을 체결한 경우 확인·설명사항을 서면으로 작성하여 서명날인한 후 위임인에게 교부하고, 그 사본을 사건카드에 철하여 5년간 보존하여야 한다.

④ 매수신청대리 업무의 정지처분을 받을 수 있는 기간은 1월 이상 2년 이하이다.

⑤ 보수의 지급시기는 매수신청인과 매수신청대리인의 약정에 따르며, 약정이 없을 때에는 매각대금의 지급기한일로 한다.

제2과목 | 부동산공법 중 부동산중개에 관련되는 규정

pp.120~129

41	①	42	③	43	⑤	44	③	45	②
46	⑤	47	①	48	①	49	①	50	③
51	③	52	④	53	④	54	①	55	②
56	①	57	⑤	58	②	59	④	60	④
61	③	62	②	63	⑤	64	①	65	④
66	⑤	67	③	68	②	69	④	70	⑤
71	④	72	③	73	②	74	⑤	75	②
76	⑤	77	①	78	②	79	⑤	80	③

점수: ＿＿＿＿＿ 점

41 답 ①

국토의 계획 및 이용에 관한 법률 > 도시·군계획

② 시와 군에 수립되는 도시·군기본계획은 도지사의 승인을 받아야 하고, 도지사는 승인 후 시장·군수에게 송부하며 시장·군수는 공보에 공고하여 일반인이 열람하게 하여야 한다.

③ 시장·군수는 인접한 시·군의 전부 또는 일부를 포함하는 도시·군기본계획을 수립할 수 있다.

④ 특별시장·광역시장·특별자치시장 또는 특별자치도지사는 도시·군기본계획을 수립하거나 변경한 경우에는 국토교통부장관의 승인을 받지 아니하고 직접 확정한다.

⑤ 시장 또는 군수가 기초조사정보체계를 구축한 경우에는 등록된 정보의 현황을 5년마다 확인하고 변동사항을 반영하여야 한다.

42 답 ③

국토의 계획 및 이용에 관한 법률 > 도시·군계획

③ 주민은 도시·군계획시설입체복합구역의 지정제안을 하려는 경우 대상 토지면적의 5분의 4 이상 토지소유자의 동의를 받아야 한다. 이 경우 동의 대상 토지면적에서 국·공유지는 제외한다.

43 답 ⑤

국토의 계획 및 이용에 관한 법률 > 용도지역·용도지구·용도구역

① 「어촌·어항법」에 따른 어항구역으로 지정·고시된 도시지역에 연접한 공유수면

② 취락지구와 지구단위계획구역에서는 도시지역의 결정·고시로 보지 아니한다.

③ 「항만법」 제2조 제4호에 따른 항만구역으로 지정·고시된 도시지역에 연접한 공유수면

④ 관리지역에서 「산업입지 및 개발에 관한 법률」에 따른 국가산업단지, 일반산업단지, 도시첨단산업단지로 지정·고시된 지역

44 답 ③

국토의 계획 및 이용에 관한 법률 > 용도지역·용도지구·용도구역

③ 시·도지사 또는 대도시 시장은 지역여건상 필요한 때에는 해당 시·도 또는 대도시의 도시·군계획조례로 정하는 바에 따라 경관지구를 추가적으로 세분(특화경관지구의 세분을 포함)하거나 중요시설물보호지구 및 특정용도제한지구를 세분하여 지정할 수 있다.

45 답 ②

국토의 계획 및 이용에 관한 법률 > 용도지역·용도지구·용도구역

② 국토교통부장관 또는 시·도지사가 공간재구조화계획을 결정하려면 미리 관계 행정기관의 장(국토교통부장관을 포함)과 협의하고 중앙도시계획위원회 또는 지방도시계획위원회의 심의를 거쳐야 한다. 이 경우 협의 요청을 받은 기관의 장은 특별한 사유가 없으면 그 요청을 받은 날부터 30일(도시혁신구역 지정을 위한 공간재구조화계획 결정의 경우에는 근무일 기준으로 10일) 이내에 의견을 제시하여야 한다.

46 답 ⑤ 고난도

국토의 계획 및 이용에 관한 법률 > 용도지역·용도지구·용도구역

- 자연환경보전지역에 지정된 관광휴양개발진흥지구에서의 용적률은 100%를 적용한다. 또한 도시지역 외의 지구단위계획구역에서는 용적률을 200%(2배) 이내에서 완화가 가능하다.
- 관광휴양개발진흥지구 용적률(100%) × 200%(2배) = 200%가 된다.

47 답 ①

국토의 계획 및 이용에 관한 법률 > 도시·군계획시설사업의 시행

① 특별시장·광역시장·특별자치시장·특별자치도지사·시장 또는 군수는 도시·군계획시설에 대하여 도시·군계획시설결정의 고시일부터 3개월 이내에 대통령령으로 정하는 바에 따라 재원조달계획, 보상계획 등을 포함하는 단계별 집행계획을 수립하여야 한다. 다만, 대통령령으로 정하는 법률에 따라 도시·군관리계획의 결정이 의제되는 경우에는 해당 도시·군계획시설결정의 고시일부터 2년 이내에 단계별 집행계획을 수립할 수 있다.

48 답 ①

국토의 계획 및 이용에 관한 법률 > 도시·군계획시설사업의 시행

① 도시·군계획시설에 대한 도시·군관리계획결정의 고시일부터 10년 이내에 그 도시·군계획시설의 설치에 관한 도시·군계획시설사업이 시행되지 아니하는 경우(실시계획의 인가나 그에 상당하는 절차가 진행된 경우는 제외) 그 도시·군계획시설의 부지로 되어 있는 토지 중 지목(地目)이 대(垈)인 토지(그 토지에 있는 건축물 및 정착물을 포함)의 소유자는 대통령령으로 정하는 바에 따라 특별시장·광역시장·특별자치시장·특별자치도지사·시장 또는 군수에게 그 토지의 매수를 청구할 수 있다. 따라서 지목이 대가 아닌 경우에는 매수청구를 할 수 없다.

49 답 ①

국토의 계획 및 이용에 관한 법률 > 개발행위의 허가 등

① 국토교통부장관, 시·도지사, 시장 또는 군수는 기반시설부담구역으로 지정된 지역으로서 도시·군관리계획상 특히 필요하다고 인정되는 지역에 대해서는 최장 5년간 개발행위허가를 제한할 수 있다.

50 답 ③

국토의 계획 및 이용에 관한 법률 > 개발행위의 허가 등

③ 기반시설부담구역에서 기반시설설치비용의 부과대상인 건축행위는 $200m^2$를 초과하는 건축물의 신축·증축행위로 한다.

51 답 ③

국토의 계획 및 이용에 관한 법률 > 개발행위의 허가 등

③ 특별시·광역시·특별자치시·특별자치도·시 또는 군의 의회는 특별한 사유가 없으면 60일 이내에 특별시장·광역시장·특별자치시장·특별자치도지사·시장 또는 군수에게 의견을 제시하여야 하며, 그 기한까지 의견을 제시하지 아니하면 의견이 없는 것으로 본다.

52 답 ④ 고난도

국토의 계획 및 이용에 관한 법률 > 보칙 및 벌칙 등

국토교통부장관, 시·도지사, 시장·군수 또는 구청장은 다음의 어느 하나에 해당하는 처분을 하려면 청문을 하여야 한다.

1. 개발행위허가의 취소(④) 2. 도시·군계획시설사업의 시행자 지정의 취소 3. 실시계획인가의 취소

53 답 ④ 고난도

도시개발법 > 도시개발계획 및 구역 지정

① 지정권자는 관계 행정기관의 장과 협의하는 경우 지정하려는 도시개발구역이 50만m² 이상 또는 국가계획과 관련되는 경우에 해당하면 국토교통부장관과 협의하여야 한다.
② 지방공사의 장이 도시개발구역의 지정을 제안하려는 경우에는 특별자치도지사·시장·군수 또는 구청장에게 도시개발구역의 지정을 제안할 수 있다.
③ 도시개발구역의 지정을 제안하려는 자는 도시개발구역이 둘 이상의 시·군·구의 행정구역에 걸치는 경우에는 가장 큰 면적이 걸친 행정구역의 시장·군수 또는 구청장에게 제안서류를 제출하여야 한다.
⑤ 도시개발사업이 필요하다고 인정되는 지역이 둘 이상의 광역시·대도시의 행정구역에 걸치는 경우에는 해당 광역시장과 대도시 시장이 협의하여 지정할 자를 정하되, 협의가 성립되지 않은 경우에는 국토교통부장관이 도시개발구역을 지정할 수 있다.

54 답 ① 고난도

도시개발법 > 도시개발계획 및 구역 지정

① 경작지에서의 관상용 죽목의 임시 식재는 허가를 받아야 한다.
②③④⑤ 허가를 받지 아니하고 할 수 있는 행위이다.

55 답 ②

도시개발법 > 도시개발사업

공공시행자가 주택건설사업자 등에게 대행하게 할 수 있는 도시개발사업의 범위는 다음과 같다.

1. 실시설계(①) 2. 부지조성공사(⑤) 3. 기반시설공사(③) 4. 조성된 토지의 분양(④)

따라서 토지보상업무는 대행하게 할 수 없다.

56 답 ①

도시개발법 > 도시개발사업

② 파산선고를 받은 자로서 복권되지 아니한 자는 조합의 임원이 될 수 없다.
③ 조합은 그 주된 사무소의 소재지에서 등기를 하면 성립한다.
④ 조합의 임원으로 선임된 자가 결격사유의 하나에 해당하게 된 경우에는 그 다음 날부터 임원의 자격을 상실한다.
⑤ 조합설립의 인가를 신청하려면 해당 도시개발구역 토지면적의 3분의 2 이상에 해당하는 토지소유자의 동의와 그 도시개발구역의 토지소유자 총수의 2분의 1 이상의 동의를 받아야 한다.

57 답 ⑤

도시개발법 > 도시개발사업

① 공급될 수 있는 원형지의 면적은 해당 도시개발구역 전체 토지면적의 3분의 1 이내로 한정한다.
② 원형지개발자가 공급받은 토지의 전부나 일부를 시행자의 동의 없이 제3자에게 매각하는 경우 원형지 공급계약을 해제할 수 있다.
③ 원형지개발자(국가 및 지방자치단체는 제외)는 10년의 범위에서 대통령령으로 정하는 기간 안에는 원형지를 매각할 수 없다. 따라서 지방자체단체는 기간에 관계 없이 원형지를 매각할 수 있다.
④ 원형지를 공장부지로 직접 사용하는 자를 원형지개발자로 선정하는 경우 경쟁입찰의 방식으로 하며, 경쟁입찰이 2회 이상 유찰된 경우에는 수의계약의 방법으로 할 수 있다.

58 답 ② 고난도

도시개발법 > 도시개발사업

① 시행자는 지정권자에 의한 준공검사를 받은 경우에는 60일 내에 환지처분을 하여야 한다.
③ 청산금은 환지처분이 공고된 날의 다음 날에 확정된다.
④ 환지계획에서 환지를 정하지 아니한 종전의 토지에 있던 권리는 그 환지처분이 공고된 날이 끝나는 때에 소멸한다.
⑤ 환지계획에서 정하여진 환지는 그 환지처분이 공고된 날의 다음 날부터 종전의 토지로 본다.

59 답 ④ 고난도

도시 및 주거환경정비법 > 기본계획 수립 및 정비구역 지정

① 특별시장·광역시장·특별자치시장·특별자치도지사 또는 시장은 기본계획에 대하여 5년마다 타당성을 검토하여 그 결과를 기본계획에 반영하여야 한다.

② 기본계획의 수립권자는 지방의회의 의견을 들어야 하며 지방의회는 기본계획을 통지한 날부터 60일 이내에 의견을 제시하여야 한다.
③ 건폐율 및 용적률을 각 20% 미만의 범위에서 변경하는 경우 주민 의견청취를 생략할 수 있다.
⑤ 대도시 시장이 아닌 시장은 기본계획을 수립하거나 변경하려면 도지사의 승인을 받아야 한다.

60 답 ④

도시 및 주거환경정비법 > 총칙

'공동이용시설'이란 주민이 공동으로 사용하는 놀이터·마을회관·공동작업장, 그 밖에 대통령령으로 정하는 다음의 시설을 말한다.

1. 공동으로 사용하는 구판장·세탁장·화장실 및 수도
2. 탁아소·어린이집(④)·경로당 등 노유자시설
3. 그 밖에 1. 및 2.의 시설과 유사한 용도의 시설로서 시·도조례로 정하는 시설

61 답 ③

도시 및 주거환경정비법 > 정비사업

③ 재개발사업은 정비구역에서 「도시 및 주거환경정비법」 제74조에 따라 인가받은 관리처분계획에 따라 건축물을 건설하여 공급하거나 「도시 및 주거환경정비법」 제69조 제2항에 따라 환지로 공급하는 방법으로 한다. 따라서 혼용방법은 허용되지 않는다.

62 답 ②

도시 및 주거환경정비법 > 정비사업

② 조합장이 아닌 조합임원은 대의원이 될 수 없다.

63 답 ⑤ 고난도

도시 및 주거환경정비법 > 정비사업

⑤ 특별시장·광역시장 또는 도지사는 정비사업의 시행으로 정비구역 주변 지역에 주택이 현저하게 부족하거나 주택시장이 불안정하게 되는 등 특별시·광역시 또는 도의 조례로 정하는 사유가 발생하는 경우에는 「주거기본법」 제9조에 따른 시·도 주거정책심의위원회의 심의를 거쳐 사업시행계획인가 또는 관리처분계획인가의 시기를 조정하도록 해당 시장·군수 또는 구청장에게 요청할 수 있다. 이 경우 요청을 받은 시장·군수 또는 구청장은 특별한 사유가 없으면 그 요청에 따라야 하며, 사업시행계획인가 또는 관리처분계획인가의 조정 시기는 인가를 신청한 날부터 1년을 넘을 수 없다.

64 답 ①

도시 및 주거환경정비법 > 정비사업

① 과밀억제권역에 위치한 재건축사업의 경우에는 토지등소유자가 소유한 주택 수의 범위에서 3주택까지 공급할 수 있다. 다만, 투기과열지구 또는 조정대상지역에서 사업시행계획인가(최초 사업시행계획인가를 말함)를 신청하는 재건축사업의 경우에는 그러하지 아니하다.

65 답 ④

주택법 > 총칙

ㄱ. 근린생활시설과 ㅁ. 어린이 놀이터는 복리시설에 해당한다.
'부대시설'이란 주택에 딸린 다음의 시설 또는 설비를 말한다.

1. 주차장, 관리사무소, 담장 및 주택단지 안의 도로
2. 「건축법」 제2조 제1항 제4호에 따른 건축설비
3. 1. 및 2.의 시설·설비에 준하는 것으로서 대통령령으로 정하는 시설 또는 설비
   (1) 보안등, 대문, 경비실 및 자전거보관소
   (2) 조경시설, 옹벽 및 축대
   (3) 안내표지판 및 공중화장실
   (4) 저수시설, 지하양수시설 및 대피시설
   (5) 쓰레기 수거 및 처리시설, 오수처리시설, 정화조
   (6) 소방시설, 냉난방공급시설(지역난방공급시설은 제외) 및 방범설비
   (7) 「환경친화적 자동차의 개발 및 보급 촉진에 관한 법률」 제2조 제3호에 따른 전기자동차에 전기를 충전하여 공급하는 시설
   (8) 「전기통신사업법」 등 다른 법령에 따라 거주자의 편익을 위해 주택단지에 의무적으로 설치해야 하는 시설로서 사업주체 또는 입주자의 설치 및 관리 의무가 없는 시설
   (9) 그 밖에 (1)부터 (8)까지의 시설 또는 설비와 비슷한 것으로서 사업계획승인권자가 주택의 사용 및 관리를 위해 필요하다고 인정하는 시설 또는 설비

66 답 ⑤

고난도

주택법 > 주택의 건설

① 지역주택조합의 설립인가를 받으려면 해당 주택건설대지의 80% 이상에 해당하는 토지의 사용권원을 확보하고 해당 주택건설대지의 15% 이상에 해당하는 토지의 소유권을 확보하여야 하며 시장·군수·구청장의 설립인가를 받아야 한다.

② 동을 리모델링하고자 리모델링주택조합을 설립하려는 경우에는 그 동의 구분소유자 및 의결권의 3분의 2 이상의 결의가 있어야 한다.

③ 조합의 설립인가를 받은 후 승인을 얻어 조합원을 추가모집하는 경우 추가모집되는 자의 조합원 자격요건의 충족 여부는 해당 조합의 설립인가 신청일을 기준으로 판단한다.

④ 총회의 의결로 제명된 조합원은 조합에 자신이 부담한 비용의 환급을 청구할 수 있다.

67 답 ③

고난도

주택법 > 주택의 건설

③ A도 B시에서 한국토지주택공사가 시행하는 주택건설사업의 대지면적이 5만m^2인 경우 국토교통부장관의 사업계획 승인을 받아야 한다. 다음에 해당하는 경우 국토교통부장관의 사업계획승인을 받아야 한다.

> 1. 국가 및 한국토지주택공사가 시행하는 경우
> 2. 330만m^2 이상의 규모로 「택지개발촉진법」에 따른 택지개발사업 또는 「도시개발법」에 따른 도시개발사업을 추진하는 지역 중 국토교통부장관이 지정·고시하는 지역에서 주택건설사업을 시행하는 경우
> 3. 수도권 또는 광역시 지역의 긴급한 주택난 해소가 필요하거나 지역균형개발 또는 광역적 차원의 조정이 필요하여 국토교통부장관이 지정·고시하는 지역에서 주택건설사업을 시행하는 경우
> 4. 다음의 자가 단독 또는 공동으로 총지분의 50%를 초과하여 출자한 위탁관리 부동산투자회사(해당 부동산투자회사의 자산관리회사가 한국토지주택공사인 경우만 해당)가 「공공주택 특별법」 제2조 제3호 나목에 따른 공공주택건설사업을 시행하는 경우
>   (1) 국가
>   (2) 지방자치단체
>   (3) 한국토지주택공사
>   (4) 지방공사

68 답 ②

주택법 > 주택의 건설

② 주택건설대지면적의 95% 이상의 사용권원을 확보한 경우 사용권원을 확보하지 못한 대지의 모든 소유자에게 매도청구할 수 있다.

69 답 ④

고난도

주택법 > 주택의 공급

④ 다음의 어느 하나에 해당하는 주택의 입주자(상속받은 자는 제외)는 해당 주택의 최초 입주가능일부터 3년 이내(토지임대부 분양주택의 경우에는 최초 입주가능일을 말함)에 입주하여야 하고, 해당 주택의 분양가격과 국토교통부장관이 고시한 방법으로 결정된 인근지역 주택매매가격의 비율에 따라 5년 이내의 범위에서 대통령령으로 정하는 기간 동안 계속하여 해당 주택에 거주하여야 한다. 다만, 해외 체류 등 대통령령으로 정하는 부득이한 사유가 있는 경우 그 기간은 해당 주택에 거주한 것으로 본다.

> 1. 사업주체가 「수도권정비계획법」 제2조 제1호에 따른 수도권에서 건설·공급하는 분양가상한제 적용주택
> 2. 토지임대부 분양주택

70 답 ⑤

고난도

주택법 > 주택의 공급

⑤ 누구든지 이 법에 따라 건설·공급되는 주택을 공급받거나 공급받게 하기 위하여 다음의 어느 하나에 해당하는 증서 또는 지위를 양도·양수(매매·증여나 그 밖에 권리 변동을 수반하는 모든 행위를 포함하되, 상속·저당의 경우는 제외) 또는 이를 알선하거나 양도·양수 또는 이를 알선할 목적으로 하는 광고(각종 간행물·인쇄물·전화·인터넷, 그 밖의 매체를 통한 행위를 포함)를 하여서는 아니 된다.

> 1. 제11조에 따라 주택을 공급받을 수 있는 지위
> 2. 제56조에 따른 입주자저축 증서
> 3. 제80조에 따른 주택상환사채
> 4. 시장·군수·구청장이 발행한 무허가건물 확인서, 건물철거예정 증명서 또는 건물철거 확인서
> 5. 공공사업의 시행으로 인한 이주대책에 따라 주택을 공급받을 수 있는 지위 또는 이주대책대상자 확인서(⑤)

③ 도시개발채권은 주택법령에 의해 주택을 공급받을 수 있는 지위나 증서에 해당하지 아니한다. 따라서 주택법령상 공급질서 교란행위에 해당하지 아니한다.

71 답 ④

고난도

주택법 > 주택의 리모델링

④ 동을 리모델링하는 경우에는 그 동의 구분소유자 및 의결권의 각 75% 이상의 동의를 받아야 한다.
② 일반적으로 대도시의 시장이 도지자의 승인을 받는 경우가 없지만, 리모델링 기본계획을 수립한 대도시의 시장은 도지사의 승인을 받아야 한다.

72 답 ③

건축법 > 총칙

③ '지하층'이란 바닥이 지표면 아래에 있는 층으로서 바닥에서 지표면까지의 평균 높이가 해당 층 높이의 2분의 1 이상인 것을 말한다.

73 답 ②

건축법 > 총칙

② 4층이고 연면적 200m²인 건축물의 전부를 해체하고 동일대지에 6층이고 연면적 700m²인 건축물을 다시 축조하는 행위는 신축이다.

74 답 ⑤

건축법 > 건축물의 건축

① 종교시설을 위락시설로 변경: 건축물대장 기재내용의 변경을 신청하여야 한다.
② 종교시설을 자동차 관련 시설로 변경: 허가대상이다.
③ 의료시설을 판매시설로 변경: 허가대상이다.
④ 단독주택을 의료시설로 변경: 허가대상이다.

75 답 ②

건축법 > 건축물의 건축

② 국토교통부장관은 국토관리를 위하여 특히 필요하다고 인정하거나 주무부장관이 국방, 「국가유산기본법」 제3조에 따른 국가유산의 보존, 환경보전 또는 국민경제를 위하여 특히 필요하다고 인정하여 요청하면 허가권자의 건축허가나 허가를 받은 건축물의 착공을 제한할 수 있다. 국토교통부장관이나 시·도지사는 건축허가나 건축허가를 받은 건축물의 착공을 제한하려는 경우에는 「토지이용규제 기본법」 제8조에 따라 주민의견을 청취한 후 건축위원회의 심의를 거쳐야 한다. 건축허가나 건축물의 착공을 제한하는 경우 제한기간은 2년 이내로 한다. 다만, 1회에 한하여 1년 이내의 범위에서 제한기간을 연장할 수 있다. 따라서 국토교통부장관이 시장의 건축허가를 제한할 경우 도지사의 의견을 듣지 아니하며 제한기간은 최장 3년까지 가능하다.

76 답 ⑤

고난도

건축법 > 건축물의 건축

⑤ 3층 이상 또는 연면적 200m² 이상인 건축물의 보를 3개 증설하는 대수선은 허가대상 건축물에 해당한다.

빈출개념 체크 건축신고

허가대상 건축물이라 하더라도 다음의 어느 하나에 해당하는 경우에는 미리 특별자치시장·특별자치도지사 또는 시장·군수·구청장에게 신고를 하면 건축허가를 받은 것으로 본다.

1. 바닥면적의 합계가 85m² 이내의 증축·개축 또는 재축. 다만, 3층 이상 건축물인 경우에는 증축·개축 또는 재축하려는 부분의 바닥면적의 합계가 건축물 연면적의 10분의 1 이내인 경우로 한정한다.
2. 「국토의 계획 및 이용에 관한 법률」에 따른 관리지역, 농림지역 또는 자연환경보전지역에서 연면적이 200m² 미만이고 3층 미만인 건축물의 건축. 다만, 다음의 어느 하나에 해당하는 구역에서의 건축은 제외한다.
   (1) 지구단위계획구역
   (2) 방재지구 등 재해취약지역으로서 대통령령으로 정하는 구역
3. 연면적이 200m² 미만이고 3층 미만인 건축물의 대수선
4. 주요구조부의 해체가 없는 등 대통령령으로 정하는 다음의 대수선
   (1) 내력벽의 면적을 30m² 이상 수선하는 것
   (2) 기둥을 세 개 이상 수선하는 것
   (3) 보를 세 개 이상 수선하는 것
   (4) 지붕틀을 세 개 이상 수선하는 것
   (5) 방화벽 또는 방화구획을 위한 바닥 또는 벽을 수선하는 것
   (6) 주계단·피난계단 또는 특별피난계단을 수선하는 것
5. 그 밖에 소규모 건축물로서 대통령령으로 정하는 다음 건축물의 건축
   (1) 연면적의 합계가 100m² 이하인 건축물
   (2) 건축물의 높이를 3m 이하의 범위에서 증축하는 건축물
   (3) 「건축법」 제23조 제4항에 따른 표준설계도서에 따라 건축하는 건축물로서 그 용도 및 규모가 주위환경이나 미관에 지장이 없다고 인정하여 건축조례로 정하는 건축물
   (4) 「국토의 계획 및 이용에 관한 법률」 제36조 제1항 제1호 다목에 따른 공업지역, 같은 법 제51조 제3항에 따른 지구단위계획구역(같은 법 시행령 제48조 제10호에 따른 산업·유통형만 해당) 및 「산업입지 및 개발에 관한 법률」에 따른 산업단지에서 건축하는 2층 이하인 건축물로서 연면적 합계 500m² 이하인 공장(별표 1 제4호 너목에 따른 제조업소 등 물품의 제조·가공을 위한 시설을 포함)

(5) 농업이나 수산업을 경영하기 위하여 읍·면지역(특별자치시장·특별자치도지사·시장·군수가 지역계획 또는 도시·군계획에 지장이 있다고 지정·공고한 구역은 제외)에서 건축하는 연면적 200m² 이하의 창고 및 연면적 400m² 이하의 축사, 작물재배사(作物栽培舍), 종묘배양시설, 화초 및 분재 등의 온실

77 답 ①

건축법 > 건축물의 대지와 도로

① 건축물의 대지는 2m 이상이 도로(자동차만의 통행에 사용되는 도로는 제외)에 접하여야 한다. 다만, 다음의 어느 하나에 해당하면 그러하지 아니하다.

1. 해당 건축물의 출입에 지장이 없다고 인정되는 경우
2. 건축물의 주변에 대통령령으로 정하는 공지가 있는 경우
3. 「농지법」 제2조 제1호 나목에 따른 농막을 건축하는 경우

78 답 ②

건축법 > 지역 및 지구 안의 건축물

② 지하주차장의 경사로(지상층에서 지하 1층으로 내려가는 부분으로 한정)는 바닥면적에 산입하지 않는다.

79 답 ⑤

농지법 > 농지의 소유

⑤ 학교가 실습지로 쓰기 위하여 농지를 취득하는 경우에는 농업경영계획서는 작성하지 아니하나 농지취득자격증명은 받아야 한다.

80 답 ③

농지법 > 농지의 이용

③ 「농지법」 제23조 제1항 각 호(제8호는 제외)의 임대차기간은 3년 이상으로 하여야 한다. 다만, 다년생식물 재배지 등 대통령령으로 정하는 농지의 경우에는 5년 이상으로 하여야 한다.

| 2교시 |

제1과목 | 부동산공시에 관한 법령 및 부동산 관련 세법

pp.132~143

01	②	02	④	03	③	04	⑤	05	③
06	①	07	①	08	②	09	⑤	10	⑤
11	①	12	④	13	②	14	④	15	⑤
16	①	17	③	18	④	19	②	20	④
21	②	22	④	23	③	24	④	25	③
26	③	27	⑤	28	④	29	①	30	②
31	③	32	①	33	⑤	34	④	35	②
36	⑤	37	④	38	②	39	③	40	①

점수: ________ 점

1 답 ②

공간정보의 구축 및 관리 등에 관한 법률 > 토지의 등록

① 지적공부에 등록하는 지번·지목·면적·경계 또는 좌표는 토지의 이동이 있을 때 토지소유자의 신청을 받아 지적소관청이 결정한다(법 제64조 제2항).

③ 1필지가 둘 이상의 용도로 활용되는 경우라도 주된 용도에 따라 지목을 설정한다(영 제59조 제1항 제2호).

④ 지적소관청은 토지의 이동에 따라 지상경계를 새로 정한 경우에는 지상경계점등록부를 작성·관리하는 것이지, 분할에 따라 지적도에 경계를 새로 정하는 경우에 지상경계점등록부를 작성·관리하는 것이 아니다(법 제65조 제2항 참조).

⑤ 지적도의 축척이 600분의 1인 지역과 경계점좌표등록부에 등록하는 지역의 1필지 면적이 0.1m² 미만일 때에는 0.1m²로 한다(영 제60조 제1항).

2 답 ④

공간정보의 구축 및 관리 등에 관한 법률 > 토지의 등록

지적소관청은 토지의 이동에 따라 지상경계를 새로 정한 경우에는 다음의 사항을 등록한 지상경계점등록부를 작성·관리하여야 한다(법 제65조 제2항, 규칙 제60조 제2항).

1. 토지의 소재
2. 지번(①)
3. 경계점좌표(경계점좌표등록부 시행지역에 한정)
4. 경계점 위치 설명도
5. 공부상 지목과 실제 토지이용 지목(③)
6. 경계점의 사진 파일
7. 경계점표지의 종류(⑤) 및 경계점 위치(②)

3 답 ③

공간정보의 구축 및 관리 등에 관한 법률 > 지적공부 및 부동산종합공부

③ 경계점좌표등록부를 갖춰 두는 지역의 지적도에는 해당 도면의 제명 끝에 '(좌표)'라고 표시하고, 도곽선의 오른쪽 아래 끝에 '이 도면에 의하여 측량을 할 수 없음'이라고 적어야 한다(규칙 제69조 제3항).

4 답 ⑤

공간정보의 구축 및 관리 등에 관한 법률 > 토지의 등록

ㄱ. '장사 등에 관한 법률' 제2조 제9호에 따른 봉안시설은 '묘지'로 하지만, 묘지의 관리를 위한 건축물의 부지의 지목은 '대'로 한다(영 제58조 제27호).

ㄴ. 교통 운수를 위하여 일정한 궤도 등의 설비와 형태를 갖추어 이용되는 토지는 '철도용지'로 한다(영 제58조 제15호).

ㄷ. 자연의 유수가 있거나 있을 것으로 예상되는 소규모 수로부지는 '구거'로 한다(영 제58조 제17호).

ㄹ. 모래·바람 등을 막기 위하여 설치된 방사제·방파제 등의 부지는 '제방'으로 한다(영 제58조 제16호).

ㅁ. 지하에서 석유류가 용출되는 용출구(湧出口)는 '광천지'로 하지만, 석유류를 일정한 장소로 운송하는 송유관 및 저장시설의 부지는 '광천지'에서 제외한다(영 제58조 제6호).

5 답 ③

공간정보의 구축 및 관리 등에 관한 법률 > 토지의 이동 및 지적정리

③ 임야대장의 면적과 등록전환될 면적의 차이가 법령의 허용범위 이내인 경우에는 등록전환될 면적을 등록전환 면적으로 결정한다.

6 답 ①

공간정보의 구축 및 관리 등에 관한 법률 > 토지의 이동 및 지적정리

① 소유자정리결의서가 아닌 토지이동정리결의서의 내용과 다르게 정리된 경우에 지적소관청이 직권으로 정정할 수 있다.

빈출개념 체크 | **지적소관청의 직권정정사유(법 제84조 제2항, 영 제82조 제1항)**

1. 토지이동정리결의서의 내용과 다르게 정리된 경우
2. 지적도 및 임야도에 등록된 필지가 면적의 증감 없이 경계의 위치만 잘못된 경우
3. 1필지가 각각 다른 지적도나 임야도에 등록되어 있는 경우로서 지적공부에 등록된 면적과 측량한 실제면적은 일치하지만 지적도나 임야도에 등록된 경계가 서로 접합되지 않아 지적도나 임야도에 등록된 경계를 지상의 경계에 맞추어 정정하여야 하는 토지가 발견된 경우
4. 지적공부의 작성 또는 재작성 당시 잘못 정리된 경우
5. 지적측량성과와 다르게 정리된 경우
6. 지적공부의 등록사항을 정정하여야 하는 경우
7. 지적공부의 등록사항이 잘못 입력된 경우
8. 합필등기신청의 각하에 따른 등기관의 통지가 있는 경우(지적소관청의 착오로 잘못 합병한 경우만 해당)
9. 면적 환산이 잘못된 경우

7 답 ①

공간정보의 구축 및 관리 등에 관한 법률 > 토지의 등록

- 지번은 지적소관청이 지번부여지역별로 차례대로 부여한다(법 제66조 제1항).
- 지적소관청은 행정구역의 변경, 도시개발사업의 시행, 지번변경, 축척변경, 지번정정 등의 사유로 지번에 결번이 생긴 때에는 지체 없이 그 사유를 결번대장에 적어 영구히 보존하여야 한다(규칙 제63조).

8 답 ②

공간정보의 구축 및 관리 등에 관한 법률 > 토지의 이동 및 지적정리

② 지적소관청은 지적도·임야도에 등록된 사항에 대하여 토지의 이동 또는 오류사항을 정비한 때에는 이를 연속지적도에 반영하여야 한다(법 제90조의2 제2항).

9 답 ⑤

공간정보의 구축 및 관리 등에 관한 법률 > 지적측량

⑤ 신규등록측량을 20일로 의뢰인과 지적측량수행자가 서로 합의한 경우에는 20일에 따르되, 전체 기간의 4분의 3이 측량기간이므로 20일 × 4분의 3 = 15일이 된다.
지적측량 의뢰인과 지적측량수행자가 서로 합의하여 따로 기간을 정하는 경우에는 그 기간에 따르되, 전체 기간의 4분의 3은 측량기간으로, 전체 기간의 4분의 1은 측량검사기간으로 본다(규칙 제25조 제4항).

10 답 ⑤

공간정보의 구축 및 관리 등에 관한 법률 > 지적공부 및 부동산종합공부

⑤ 부동산의 보상에 관한 사항은 부동산종합공부의 등록사항이 아니다. 지적소관청은 부동산종합공부에 다음의 사항을 등록하여야 한다(법 제76조의3, 영 제62조의2).

> 1. 토지의 표시와 소유자에 관한 사항: 「공간정보의 구축 및 관리 등에 관한 법률」에 따른 지적공부의 내용
> 2. 건축물의 표시와 소유자에 관한 사항(토지에 건축물이 있는 경우만 해당): 「건축법」 제38조에 따른 건축물대장의 내용
> 3. 토지의 이용 및 규제에 관한 사항: 「토지이용규제 기본법」 제10조에 따른 토지이용계획확인서의 내용
> 4. 부동산의 가격에 관한 사항: 「부동산 가격공시에 관한 법률」 제10조에 따른 개별공시지가, 같은 법 제16조, 제17조 및 제18조에 따른 개별주택가격 및 공동주택가격 공시내용
> 5. 부동산의 권리에 관한 사항: 「부동산등기법」 제48조에 따른 부동산의 권리에 관한 사항

11 답 ①

공간정보의 구축 및 관리 등에 관한 법률 > 지적공부 및 부동산종합공부

② 대지권등록부에는 면적을 등록하지 않는다.
③ 경계점좌표등록부에는 지목을 등록하지 않는다.
④ 지적도에는 토지의 고유번호를 등록하지 않는다.
⑤ 공유지연명부에는 지목을 등록하지 않는다.

12 답 ④

공간정보의 구축 및 관리 등에 관한 법률 > 지적측량

④ 지적기준점을 설치하여 측량 또는 측량검사를 하는 경우, 지적기준점이 15점을 초과하는 경우에는 4일에 15점을 초과하는 4점마다 1일을 가산한다(규칙 제25조 제3항 단서).

13 답 ②

부동산등기법 > 등기제도 총칙

② 부동산에 대한 가처분등기는 갑구에, 전세권설정등기는 을구에 등기하므로 가처분등기와 전세권설정등기의 등기한 순서는 순위번호가 아닌 접수번호에 따른다.

14 답 ④

부동산등기법 > 각종 권리의 등기절차

④ 선순위 전세권설정등기에 전세금을 감액하는 변경등기에는 후순위 근저당권자가 있는 경우라도 후순위 근저당권자가 이해관계 있는 제3자가 될 수 없으므로 부기등기로 한다.
① 권리자가 2인 이상인 경우에는 권리자별 지분을 기록하여야 하고, 등기할 권리가 합유(合有)인 때에는 그 뜻을 기록하여야 한다(법 제48조 제4항). 따라서 등기할 권리가 합유인 경우에는 합유자의 지분을 기록하지 않는다.
② 토지에 전세권등기명의인 표시변경등기를 마친 때에는 지적소관청에 등기완료사실을 통지하지 않는다. 토지의 경우에는 소유권보존등기, 소유권이전등기, 소유권말소등기, 소유권말소회복등기, 소유권변경등기, 소유권경정등기, 소유권등기명의인 표시의 변경(경정)등기를 마친 때에만 지적소관청에 그 등기완료사실을 알려야 한다.
③ 소유자를 가처분채무자로 하여 저당권설정등기청구권을 보전하고자 하는 가처분등기는 갑구에 기록하여야 한다(규칙 제151조 제2항).
⑤ 권리에 관한 등기를 할 때에는 순위번호에 등기한 순서를 기록한다.

15 답 ⑤

부동산등기법 > 각종 권리의 등기절차

① 환매특약등기를 신청하는 때에는 환매기간은 등기원인에 약정이 있는 경우에만 등기소에 제공하여야 한다.
② 지상권설정등기를 신청하는 때에는 지료는 등기원인에 약정이 있는 때에만 등기소에 제공하여야 한다.
③ 전세권설정등기를 신청하는 때에는 설정의 목적은 신청정보가 아니므로 등기소에 제공하지 않는다.
④ 근저당권설정등기를 신청하는 때에는 이자는 채권최고액에 포함되어 있기 때문에 등기소에 제공하는 신청정보가 아니다.

16 답 ①

부동산등기법 > 등기절차 총론

① 수인의 가등기권리자 중 1인의 자기지분만에 관한 본등기 신청은 등기할 사항이지만, 전원지분에 관한 본등기신청은 「부동산등기법」 제29조 제2호 '사건이 등기할 것이 아닌 경우'로 각하하여야 한다.
②③④⑤ 「부동산등기법」 제29조 제2호 '사건이 등기할 것이 아닌 경우'에 해당하므로 등기할 수 없다.

17 답 ③

고난도

부동산등기법 > 각종 권리의 등기절차

③ 협의분할에 의한 상속을 원인으로 소유권이전등기를 신청할 때에는 등기원인일자에 '피상속인의 사망일'을 기재하여야 한다.

18 답 ④

부동산등기법 > 각종 권리의 등기절차

④ 등기관이 권리의 이전 또는 보존이나 설정등기와 함께 신탁등기를 할 때에는 하나의 순위번호를 사용하여야 한다(규칙 제139조 제7항).
① 신탁재산이 수탁자의 고유재산이 되었을 때에는 그 뜻의 등기를 주등기로 하여야 한다(규칙 제143조).
② 수익자나 위탁자가 수탁자를 대위하여 신탁등기를 신청할 때에는 해당 부동산에 관한 권리의 이전등기와 신탁등기의 동시신청을 적용하지 아니한다(법 제82조 제2항).
③ 법원은 다음의 어느 하나에 해당하는 재판을 한 경우 지체 없이 신탁원부기록의 변경등기를 등기소에 촉탁하여야 한다(법 제85조 제1항).

> 1. 수탁자 해임의 재판
> 2. 신탁관리인의 선임 또는 해임의 재판
> 3. 신탁 변경의 재판

⑤ 등기관이 신탁등기를 할 때에는 신탁원부의 번호 및 신탁재산에 속하는 부동산의 거래에 관한 주의사항을 기록하여야 한다(법 제81조 제1항).

19 답 ②

부동산등기법 > 등기의 기관 및 그 설비

② 누구든지 수수료를 내고 대법원규칙으로 정하는 바에 따라 등기기록에 기록되어 있는 사항의 전부 또는 일부의 열람과 이를 증명하는 등기사항증명서의 발급을 청구할 수 있다. 다만, 등기기록의 부속서류에 대하여는 이해관계 있는 부분만 열람을 청구할 수 있다(법 제19조 제1항).

20 답 ④

부동산등기법 > 각종의 등기절차

① 가등기가처분명령에 의한 가등기는 법원의 촉탁이 아닌 가등기권리자가 단독신청할 수 있다.
② 임차권변동등기청구권도 가등기의 대상이 된다.
③ 등기상 이해관계인은 가등기명의인의 승낙서를 첨부하면 단독으로 가등기를 말소신청할 수 있다.
⑤ 소유권이전청구권가등기에 기하여 본등기를 하는 경우 등기관은 그 가등기를 말소하는 표시를 하지 않는다.

21 답 ②

부동산등기법 > 각종 권리의 등기절차

② 전세권의 존속기간 만료 전에 전세금반환채권의 일부양도를 원인으로 한 전세권일부이전등기를 할 수 없다.

22 답 ④

부동산등기법 > 등기절차 총론

ㄹ. 법인 아닌 사단은 등기신청의 방법 중 전자신청을 할 수 없다.

23 답 ③

부동산등기법 > 각종의 등기절차

① 가압류등기 또는 가처분등기는 처분제한의 등기이지만 상대적 효력밖에 없으므로, 가압류등기가 된 부동산에 대하여는 처분하는 소유권이전등기를 신청할 수 있다.
② 가처분채권자가 가처분채무자를 등기의무자로 하여 소유권이전등기를 신청하는 경우, 그 가처분 이후에 마쳐진 소유권이전등기는 등기관의 직권이 아닌 가처분채권자의 단독신청으로 말소한다(규칙 제152조 제1항).
④ 처분금지가처분등기의 피보전권리에는 가처분채권자가 채무자에게 보전받고자 하는 채권을 기록하는데, 보전받고자 하는 채권은 금전채권 이외의 채권(소유권이전청구권, 저당권설정청구권 등)을 기록한다.
⑤ 합유자의 지분은 처분의 자유가 없으므로 합유지분에 대한 처분제한인 가처분은 등기할 사항이 아니다.

24 답 ④

부동산등기법 > 등기의 기관 및 그 설비

④ 상속 또는 유증으로 인한 등기신청의 경우에는 부동산의 관할 등기소가 아닌 등기소도 그 신청에 따른 등기사무를 담당할 수 있다(법 제7조의3 제1항).
① 법 제7조 제1항
②③ 규칙 제163조 제1항 제1호·제2호
⑤ 법 제8조

25 답 ③

조세총론 > 조세의 기초이론

③ 취득단계에서 부담할 수 있는 세금은 ㄱ, ㄴ, ㅁ 총 3개이다.

세목	취득단계	보유단계	양도단계
ㄱ. 농어촌특별세	○	○	○
ㄴ. 취득세	○	-	-
ㄷ. 종합부동산세	-	○	-
ㄹ. 양도소득세	-	-	○
ㅁ. 지방교육세	○	○	-

26 답 ③

조세총론 > 조세의 불복제도

③ 통고처분은 이의신청 또는 심판청구의 대상이 되는 처분에 포함되지 아니한다(지방세기본법 제89조 제2항).

27 답 ⑤

지방세 > 취득세

① 무상승계취득한 취득물건을 취득일에 등기·등록하지 않고 공정증서에 의하여 취득일부터 취득일이 속하는 달의 말일부터 3개월 이내에 계약이 해제된 사실이 입증되는 경우에는 취득한 것으로 보지 않는다(지방세법 시행령 제20조 제1항 단서).

② 증여자가 배우자 및 직계존비속이 아닌 경우 증여자의 채무를 인수하는 부담부증여의 경우에 그 채무액에 상당하는 부분은 부동산등을 유상취득한 것으로 본다(지방세법 제7조 제12항).

③ 건축물 중 조작설비로서 그 주체구조부와 하나가 되어 건축물로서의 효용가치를 이루고 있는 것에 대하여는 주체구조부 취득자 외의 자가 가설한 경우에도 주체구조부의 취득자가 함께 취득한 것으로 본다(지방세법 제7조 제3항).

④ 법인설립 시 발행하는 주식을 취득함으로써 「지방세기본법」에 따른 과점주주가 되었을 때에는 그 과점주주가 해당 법인의 부동산등을 취득한 것으로 보지 아니한다(지방세법 제7조 제5항).

28 답 ④

지방세 > 취득세

④ 「도시 및 주거환경정비법」 제16조 제2항에 따른 주택재건축조합이 주택재건축사업을 하면서 조합원으로부터 취득하는 토지 중 조합원에게 귀속되지 아니하는 토지를 취득하는 경우에는 「도시 및 주거환경정비법」 제54조 제2항에 따른 소유권이전 고시일의 다음 날에 그 토지를 취득한 것으로 본다(지방세법 시행령 제20조 제7항).

29 답 ①

지방세 > 취득세

ㄱ. 법인이 아닌 자가 건축물을 건축하여 취득하는 경우로서 사실상 취득가격을 확인할 수 없는 경우에는 시가표준액을 취득당시가액으로 한다(지방세법 제10조의4 제2항).

30 답 ②

지방세 > 등록에 대한 등록면허세

① 지방자치단체의 장은 등록면허세의 세율을 표준세율의 100분의 50의 범위에서 가감할 수 있다(지방세법 제28조 제6항).

③ 「여신전문금융업법」 제2조 제12호에 따른 할부금융업(대도시 중과 제외 업종)을 영위하기 위하여 대도시에서 법인을 설립함에 따른 등기를 하는 경우에는 등록면허세를 중과세하지 아니한다(지방세법 제28조 제2항 단서, 동법 시행령 제26조 제1항 제23호).

④ 등록하려는 자가 신고의무를 다하지 아니하고 등록면허세 산출세액을 등록하기 전까지 납부하였을 때에는 등록면허세를 신고하고 납부한 것으로 보고, 무신고가산세를 부과하지 아니한다(지방세법 제30조 제4항).

⑤ 부동산등기에 대한 등록면허세 납세지는 부동산 소재지이다(지방세법 제25조 제1항).

31 답 ③

지방세 > 재산세

③ 무허가 주택인 경우, 주거용으로 사용하는 면적이 전체 건축물 면적의 100분의 50 이상인 경우에는 그 건축물 전체를 주택으로 보지 아니하고, 그 부속토지는 종합합산과세대상 토지로 본다.

32 답 ① 고난도

지방세 > 재산세

① 분리과세대상 자경농지: 1천분의 0.7
② 종합합산과세대상 토지: 1천분의 2
③ 별도합산과세대상 토지: 1천분의 2
④ 분리과세대상 공장용지: 1천분의 2
⑤ 주택(단, 1세대 1주택이 아님): 1천분의 1

33 답 ⑤

지방세 > 재산세

① 토지분 재산세 납기는 납부세액에 관계없이 9월 16일부터 9월 30일까지로 하여 부과·징수한다(지방세법 제115조 제1항 제1호).
② 재산세를 징수하려면 토지, 건축물, 주택, 선박 및 항공기로 구분한 납세고지서에 과세표준과 세액을 적어 늦어도 납기개시 5일 전까지 발급하여야 한다(지방세법 제116조 제2항).
③ 지방자치단체의 장은 재산세의 납부세액이 250만원을 초과하는 경우 법령에 따라 납부할 세액의 일부를 납부기한이 지난 날부터 3개월 이내에 분할납부하게 할 수 있다(지방세법 제118조).
④ 지방자치단체의 장은 재산세의 납부세액(도시지역분 포함)이 1천만원을 초과하는 경우에는 납세의무자의 신청을 받아 해당 지방자치단체의 관할구역에 있는 부동산에 대하여만 물납을 허가할 수 있다(지방세법 제117조).

34 답 ④

국세 > 종합부동산세

④ 종합합산과세대상 토지의 재산세로 부과된 세액이 세부담상한을 적용받은 경우에는 그 상한을 적용받은 세액은 토지분 종합합산과세대상에서 이를 공제한다(종합부동산세법 제14조 제3항).

35 답 ②

국세 > 종합소득세

② 해당 과세기간의 부동산 임대업에서 발생한 결손금은 그 과세기간의 종합소득과세표준을 계산할 때 공제하지 아니한다. 다만, 주거용 건물 임대업에서 발생한 결손금은 종합소득과세표준을 계산할 때 공제한다(소득세법 제45조 제2항).

36 답 ⑤

국세 > 양도소득세

① 「도시개발법」이나 그 밖의 법률에 따른 환지처분으로 지목 또는 지번이 변경되는 경우에는 양도로 보지 아니한다(소득세법 제88조 제1호 가목).
② 증여자가 배우자 및 직계존비속이 아닌 경우로서 부동산을 부담부증여 시 그 증여가액 중 채무액에 해당하는 부분을 제외한 부분은 그 자산이 무상(증여)으로 이전된 것으로 본다(소득세법 제88조 제1호 후단).
③ 공동소유의 토지를 공유자 지분 변경 없이 2개 이상의 공유토지로 분할하였다가 공동지분의 변경 없이 그 공유토지를 소유지분별로 단순히 재분할하는 경우에는 양도로 보지 아니한다(기본통칙 88-0…1 ③).
④ 매매원인무효의 소에 의하여 그 매매사실이 원인무효로 판시되어 환원될 경우에는 양도로 보지 아니한다(기본통칙 88-0…1 ②).

37 답 ④ 고난도

국세 > 양도소득세

① 현재가치할인차금을 취득원가에 포함하는 경우에 있어서 양도자산의 보유기간 중에 동 현재가치할인차금의 상각액을 각 연도의 사업소득금액의 계산 시 필요경비로 산입하였거나 산입할 금액이 있는 때에는 이를 취득가액에서 공제한다(소득세법 시행령 제163조 제2항).
② 실지거래가액에 따라 필요경비를 계산할 때 양도자산 보유기간에 그 자산에 대한 감가상각비로서 각 과세기간의 사업소득금액을 계산하는 경우 필요경비에 산입하였거나 산입할 금액이 있을 때에는 이를 취득가액에서 공제한다(소득세법 제97조 제3항).
③ 토지·건물을 취득함에 있어서 법령 등의 규정에 따라 매입한 국민주택채권 및 토지개발채권을 만기 전에 금융기관 등에 양도함으로써 발생하는 매각차손은 양도비용에 포함한다. 다만, 기획재정부령으로 정하는 금융기관 외의 자에게 양도한 경우에는 동일한 날에 금융기관에 양도하였을 경우 발생하는 매각차손을 한도로 한다(소득세법 시행령 제163조 제5항 제2호).
⑤ 취득가액을 실지거래가액에 의하는 경우 당초 약정에 의한 지급기일의 지연으로 인하여 추가로 발생하는 이자상당액은 취득원가에 포함하지 아니한다.

38 답 ②

국세 > 양도소득세

② 이월과세를 적용하는 경우 거주자가 배우자로부터 증여받은 자산에 대하여 납부한 증여세는 필요경비에 산입한다(소득세법 제97조의2 제1항 제3호).

39 답 ③

국세 > 양도소득세

③ 미등기 자산을 양도하는 경우에도 필요경비개산공제는 1,000분의 3(0.3%)으로 저율 공제한다(소득세법 시행령 제163조 제6항).

40 답 ①

국세 > 양도소득세

② 양도차익이 없거나 양도차손이 발생한 경우에도 양도소득 과세표준 예정신고의무가 있다(소득세법 제105조 제3항).
③ 법령에 따른 부담부증여 자산 양도 시 양도로 보는 부분은 그 양도일이 속하는 달의 말일부터 3개월 이내에 양도소득세 예정신고·납부를 하여야 한다(소득세법 제105조 제1항 제3호).
④ 건물을 신축하고 그 신축한 건물의 취득일부터 5년 이내에 해당 건물을 양도하는 경우로서 취득 당시의 실지거래가액을 확인할 수 없어 감정가액을 그 취득가액으로 하는 경우에는 해당 건물 감정가액의 100분의 5에 해당하는 금액을 양도소득 결정세액에 더한다(소득세법 제114조의2 제1항).
⑤ 양도소득 과세표준과 세액을 결정 또는 경정한 경우 관할 세무서장이 결정한 양도소득 총결정세액이 이미 납부한 확정신고세액을 초과할 때에는 그 초과하는 세액을 해당 거주자에게 알린 날부터 30일 이내에 징수한다(소득세법 제116조 제2항).

제5회 정답 및 해설

• **집필진** [공인중개사법령 및 중개실무] 임선정 교수, [부동산공법] 오시훈 교수, [부동산공시법] 김민석 교수, [부동산세법] 한영규 교수

| 1교시 |

제1과목 | 공인중개사의 업무 및 부동산 거래신고 등에 관한 법령 및 중개실무 pp.146~156

01	②	02	③	03	⑤	04	①	05	②
06	①	07	②	08	⑤	09	②	10	④
11	②	12	⑤	13	②	14	④	15	⑤
16	②	17	②	18	②	19	⑤	20	①
21	④	22	④	23	⑤	24	②	25	①
26	③	27	③	28	③	29	②	30	②
31	④	32	①	33	①	34	④	35	⑤
36	③	37	④	38	③	39	⑤	40	③

점수: ________점

1 답 ②

공인중개사법령 > 중개업무

② 중개의뢰인의 의뢰에 따른 주거이전에 부속되는 이사업체의 소개 등 용역의 알선을 할 수 있다.

2 답 ③

공인중개사법령 > 총칙

ㄱ, ㄴ, ㄷ, ㄹ, ㅁ. 중개대상물이 될 수 없다.

3 답 ⑤

공인중개사법령 > 중개사무소 개설등록 및 결격사유

⑤ 등록관청은 등록기준에 적합하면 개설등록신청을 받은 날부터 7일 이내에 서면으로 등록통지를 하고 업무보증설정 여부를 확인한 후 지체 없이 등록증을 교부하여야 한다.

4 답 ①

공인중개사법령 > 공인중개사협회 및 교육·보칙·신고센터 등

① 개업공인중개사가 중개행위로 인한 손해배상책임을 보장하기 위하여 가입해야 하는 보증보험이나 공제에 가입하지 않은 경우는 부동산거래질서교란행위에 해당하지 않는다.

5 답 ②

공인중개사법령 > 총칙

① 부동산 분양대행과 관리대행업무는 중개업무와는 성격상 다른 겸업 가능한 업무이다.

③ 일반인이 우연히 1회에 그치는 중개를 한 경우, 중개보수를 받았더라도 중개업에 해당되지 아니한다(대판 1991.7.23, 91도1274).

④ 중개사무소의 개설등록을 하지 아니한 자가 다른 사람의 의뢰에 의하여 건물의 매매를 알선하면서 중개보수를 받기로 약정하였거나 단순히 보수를 요구한 경우 중개업에 해당한다고 할 수 없다(대판 2006.9.22, 2006도4842).

⑤ 다른 사람의 의뢰에 의하여 일정한 보수를 받고 저당권설정행위의 알선을 업으로 하는 경우, 그것이 금전소비대차의 알선에 부수하여 이루어졌다 하더라도 중개업에 해당된다(대판 2000.6.19, 2000도837).

6 답 ①

공인중개사법령 > 공인중개사협회 및 교육·보칙·신고센터 등

① 신고센터는 매월 10일까지 직전 달의 신고사항 접수 및 처리 결과 등을 국토교통부장관에게 제출해야 한다.

7 답 ②

공인중개사법령 > 개업공인중개사의 의무 및 책임

② 乙은 「공인중개사법」 제33조 제4호에 규정된 금지행위 위반으로 공인중개사자격이 정지될 수 있으며, 1년 이하의 징역 또는 1천만원 이하의 벌금에 처해질 수 있다. 또한 甲은 양벌규정에 의하여 벌금형을 선고받을 수 있으나, 양벌규정에 의하여 300만원 이상의 벌금형을 선고받은 경우는 등록 등의 결격사유에 해당하지 아니하므로 등록취소는 되지 않는다.

8 답 ⑤

공인중개사법령 > 중개계약 및 부동산거래정보망

⑤ 공시지가는 매매의 경우 공개하여야 하며, 임대차의 경우는 공개하지 아니할 수 있다.

① 중개의뢰인이 정보 비공개를 요청한 경우, 이를 공개하여서는 아니 된다.

② 개업공인중개사는 7일 이내에 부동산거래정보망 또는 일간신문에 중개대상물에 관한 정보를 공개하여야 하며, 중개대상물을 공개한 때에는 지체 없이 의뢰인에게 그 내용을 문서로써 통지하여야 한다.
③ 토지이용계획은 확인·설명사항이며, 공개사항이 아니다.
④ 각 권리자의 인적사항에 관한 정보는 공개하여서는 아니 된다.

9 답 ②

공인중개사법령 > 개업공인중개사의 의무 및 책임

② 개업공인중개사등에게 중개대상물을 시세보다 현저하게 높게 표시·광고하도록 강요하는 행위는 법 제33조 제2항의 금지행위에 해당한다.

빈출개념 체크 **법 제33조 제2항의 금지행위**

1. 안내문, 온라인 커뮤니티 등을 이용하여 특정 개업공인중개사 등에 대한 중개의뢰를 제한하거나 제한을 유도하는 행위
2. 안내문, 온라인 커뮤니티 등을 이용하여 중개대상물에 대하여 시세보다 현저하게 높게 표시·광고 또는 중개하는 특정 개업공인중개사 등에게만 중개의뢰를 하도록 유도함으로써 다른 개업공인중개사 등을 부당하게 차별하는 행위
3. 안내문, 온라인 커뮤니티 등을 이용하여 특정 가격 이하로 중개를 의뢰하지 아니하도록 유도하는 행위
4. 정당한 사유 없이 개업공인중개사 등의 중개대상물에 대한 정당한 표시·광고 행위를 방해하는 행위
5. 개업공인중개사 등에게 중개대상물을 시세보다 현저하게 높게 표시·광고하도록 강요하거나 대가를 약속하고 시세보다 현저하게 높게 표시·광고하도록 유도하는 행위

10 답 ④

공인중개사법령 > 중개업무

① 고용인과 고용관계가 종료된 경우, 10일 이내에 등록관청에 신고하여야 한다.
② 업무정지처분을 할 수 있다.
③ 무과실을 입증하더라도 개업공인중개사는 책임을 진다.
⑤ 해당 조에 규정된 벌금형을 과한다.

11 답 ②

공인중개사법령 > 중개업무

② 사무소의 명칭에 '공인중개사 사무소' 또는 '부동산중개'라는 문자를 사용하지 아니한 개업공인중개사는 100만원 이하의 과태료에 처한다.

12 답 ⑤

공인중개사법령 > 중개업무

⑤ 중개대상물의 내용을 사실과 다르게 거짓으로 표시·광고한 자를 신고한 자는 포상금 지급대상에 포함되지 않는다.

13 답 ②

공인중개사법령 > 중개보수

② 주택 외의 중개대상물에 대한 중개보수의 범위는 일방으로부터 받을 수 있는 한도가 1천분의 9 이내이므로, 쌍방으로부터 합산하여 받을 수 있는 중개보수의 한도는 거래금액의 1천분의 18 이내이다.

14 답 ④

공인중개사법령 > 공인중개사협회 및 교육·보칙·신고센터 등

④ 금융감독원장은 국토교통부장관으로부터 요청이 있는 경우에는 협회의 공제사업에 관하여 검사를 할 수 있다.

15 답 ⑤

공인중개사법령 > 지도·감독 및 행정처분

⑤ 등록관청은 재등록 개업공인중개사에 대하여 폐업신고 전의 등록취소처분 및 업무정지처분의 위반행위에 대한 행정처분을 할 수 있다. 다만, 다음에 해당하는 경우를 제외한다.

1. 폐업기간이 3년을 초과한 경우: 등록취소
2. 폐업기간이 1년을 초과한 경우: 업무정지

16 답 ②

공인중개사법령 > 지도·감독 및 행정처분

② 부정한 방법으로 공인중개사의 자격을 취득한 경우는 자격취소사유에 해당한다.

17 답 ②

공인중개사법령 > 지도·감독 및 행정처분

② 시·도지사는 공인중개사의 자격취소처분을 한 때에는 5일 이내에 이를 국토교통부장관과 다른 시·도지사에게 통보해야 한다.

18 답 ②

공인중개사법령 > 공인중개사협회 및 교육·보칙·신고센터 등

② 신고 또는 고발된 사건이더라도 검사가 공소를 제기하거나 기소유예결정이 있어야 한다.

19 답 ⑤

공인중개사법령 > 중개사무소 개설등록 및 결격사유

⑤ 잔여형기 1년이 있으므로 4년이 지나야 결격사유에서 벗어난다.

20 답 ①

공인중개사법령 > 벌칙(행정벌)

① 거래정보사업자가 국토교통부장관의 보고, 자료제출, 조사 또는 검사를 거부·방해 또는 기피한 경우 지정취소사유가 아닌 500만원 이하의 과태료사유에 해당한다.

21 답 ④

공인중개사법령 > 손해배상책임과 반환채무이행보장

④ 부동산중개계약에 따른 개업공인중개사의 확인·설명의무(법 제25조 제1항)와 이에 위반한 경우의 손해배상의무(법 제30조 제1항)는 중개의뢰인이 개업공인중개사에게 소정의 중개보수를 지급하지 아니하였다고 해서 당연히 소멸되는 것은 아니다(대판 2002.2.5, 2001다71484).

22 답 ④

공인중개사법령 > 벌칙(행정벌)

④ 개업공인중개사가 아닌 자로서 '공인중개사 사무소', '부동산중개' 또는 이와 유사한 명칭을 사용한 자는 1년 이하의 징역 또는 1천만원 이하의 벌금에 처한다.

23 답 ⑤

공인중개사법령 > 부동산 거래신고 등에 관한 법률

⑤ 실제 거래가격이 수도권등(수도권, 광역시 및 세종특별자치시)에 소재하는 토지의 경우 1억원 이상인 토지를 매수하는 경우 자금의 조달계획, 토지의 이용계획을 신고하여야 하며, 수도권등 외의 지역은 6억원 이상인 토지를 매수하는 경우 신고하여야 한다.

24 답 ②

공인중개사법령 > 부동산 거래신고 등에 관한 법률

② 부동산 거래계약을 신고하려는 개업공인중개사는 부동산 거래계약 신고서에 서명 또는 날인하여 관할 신고관청에 제출하여야 한다.

25 답 ①

중개실무 > 개별적 중개실무

① 매수인은 매각대금을 다 낸 때에는 소유권이전등기 전이라 하더라도 매각의 목적인 권리를 취득한다.

26 답 ③

공인중개사법령 > 부동산 거래신고 등에 관한 법률

① 외국인등이 교환계약을 원인으로 국내 토지의 소유권을 취득하는 경우에 계약일로부터 60일 이내에 토지 소재지 시장·군수·구청장에게 신고하지 아니한 경우 300만원 이하의 과태료에 처한다.
② 외국인등이 건축물의 신축·증축·개축·재축 등 계약 외의 원인으로 대한민국 안의 부동산을 취득한 때에는 부동산을 취득한 날부터 6개월 이내에 토지 소재지 시장·군수·구청장에게 신고하지 아니한 경우 100만원 이하의 과태료에 처한다.
④ 부동산 거래신고를 하지 아니한 경우가 되어 500만원 이하의 과태료에 처한다.
⑤ 한국 국적을 갖고 있던 A가 전부터 소유하고 있던 경기도 김포시의 토지를 외국 국적을 취득한 이후에 6개월 이내에 김포시장에게 신고하지 아니한 경우 100만원 이하의 과태료에 처한다.

27 답 ③

공인중개사법령 > 중개업무

③ 시·도지사 및 등록관청은 신속하게 조사 및 조치를 완료하고, 완료한 날부터 10일 이내에 그 결과를 국토교통부장관에게 통보해야 한다.

28 답 ③

중개실무 > 개별적 중개실무

③ 알선업무는 대리인 등록을 하지 않고도 가능하다.
① 매수신청대리인 등록신청을 받은 지방법원장은 14일 이내에 개업공인중개사의 종별에 따라 구분하여 등록을 하여야 한다.

② 매수신청대리인 등록을 하고자 하는 개업공인중개사는 등록신청일 전 1년 이내에 법원행정처장이 실시하는 부동산 경매에 관한 실무교육을 이수하여야 한다.
④ 매수신청대리인으로 등록한 개업공인중개사는 동일한 물건에 대하여 이해관계가 다른 2인 이상을 대리하여서는 안 된다.
⑤ 위임계약을 체결한 경우 매수신청대리인으로 등록한 개업공인중개사는 매수신청대리대상물 확인·설명서를 작성하여 위임인에게 교부하고 5년간 보존하여야 한다.

29 답 ②

공인중개사법령 > 개업공인중개사의 의무 및 책임

ㄹ. 상업용 건축물의 분양대행은 중개업무가 아니므로 법정의 중개보수 규정을 적용하지 아니한다. 따라서 상업용 건축물의 분양을 대행하고 법정의 중개보수 또는 실비를 초과하여 금품을 받는 행위는 공인중개사법령상 금지행위에 해당하지 아니한다.

30 답 ②

중개실무 > 개별적 중개실무

② 차임 또는 보증금의 감액에 관하여는 동법상 제한이 없으므로 감액이 있은 후 1년 이내에 다시 감액을 할 수 있다.

31 답 ④

중개실무 > 개별적 중개실무

④ 매각허가결정이 확정되면 법원은 대금지급기한을 정하여 매수인과 차순위 매수신고인에게 통지하고, 최고가매수신고인에게 먼저 대금납부의 기회를 준다. 최고가매수신고인이 납부하지 아니한 경우 차순위매수신고인이 대금을 납부하고 권리를 취득할 수 있다.

32 답 ①

중개실무 > 중개대상물 조사 및 확인

ㄷ, ㄹ. 확인·설명사항이 아니다.
ㄱ, ㄴ, ㅁ, ㅂ. 중개보수 및 실비의 금액과 그 산출내역, 토지거래허가구역 여부 등 공법상 제한사항, 벽면·바닥면 및 도배의 상태, 중개대상물의 권리관계에 관한 사항은 확인·설명사항에 해당한다(법 제25조, 영 제21조 참조).

33 답 ①

중개실무 > 중개대상물 조사 및 확인

② '중개보수 등에 관한 사항'란에는 중개보수, 실비, 계, 지급시기를 기재한다.
③ '토지이용계획, 공법상 이용제한 및 거래규제에 관한 사항'란에는 건폐율·용적률의 상한뿐만 아니라 용도지역 등과 도시·군계획시설, 토지거래허가구역 여부, 지구단위계획구역 그 밖의 도시·군관리계획, 그 밖의 이용제한 및 거래규제사항을 기재한다. 등기되지 아니한 권리의 존재 사실은 '개업공인중개사 세부 확인사항'란 중 '실제 권리관계 또는 공시되지 않은 물건의 권리사항'란에 기재한다.
④ 연료공급, 승강기, 배수시설은 '내부·외부 시설물의 상태(건축물)'란에 기재한다. '환경조건'란에는 일조량, 소음, 진동에 대해 기재한다.
⑤ 미등기된 임차권은 '실제 권리관계 또는 공시되지 않은 물건의 권리사항'란에 기재한다. '권리관계'란 중 '소유권 외의 권리사항'란에는 지상권, 지역권, 전세권, 저당권, 등기된 임차권 등을 기재한다.

34 답 ④

중개실무 > 중개대상물 조사 및 확인

④ 「장사 등에 관한 법률」 시행일 이전에 타인의 토지에 분묘를 설치한 다음 20년간 평온·공연하게 그 분묘의 기지를 점유함으로써 시효취득하였더라도, 분묘기지권자는 토지소유자가 분묘기지에 관한 지료를 청구하면 그 청구한 날부터 지료를 지급할 의무가 있다(대판 전합체 2021.4.29, 2017다228007).
① 대판 2009.5.14, 2009다1092
② 대판 1991.10.25, 91다18040
③ 대판 2000.9.26, 99다14006
⑤ 대판 1967.10.12, 67다1920

35 답 ⑤

중개실무 > 개별적 중개실무

① 소유권이전등기는 유효이므로 말소청구할 수 없다.
② 신탁자는 명의신탁약정 해지를 이유로 이전등기를 청구할 수 없다.
③ 횡령죄가 인정되지 않는다.
④ 선의·악의를 불문하고 丁은 소유권을 취득한다.

36 답 ③

중개실무 > 개별적 중개실무

③ 매수신청대리 업무의 정지를 받을 수 있는 기간은 1개월 이상 2년 이하이다.

37 답 ④

중개실무 > 개별적 중개실무

④ 담보가등기보다 최선순위로 설정된 전세권자가 배당요구를 한 것은 전세 관계의 소멸을 통고한 것으로 보게 되므로 배당요구를 한 전세권은 경락에 의하여 소제(소멸)된다.

38 답 ③

중개실무 > 개별적 중개실무

① 배당요구는 배당요구의 종기까지 하여야 한다.
② 대금완납 즉시 소유권을 취득한다.
④ 호가경매, 기일입찰, 기간입찰의 3가지 방법 중 법원이 선택한다.
⑤ 경락인에게 대항하지 못하는 임차인은 인도명령의 대상이 된다.

39 답 ⑤

중개실무 > 개별적 중개실무

⑤ 임차권등기 없이 우선변제청구권이 인정되는 소액임차인의 소액보증금반환채권은 배당요구가 필요한 배당요구채권에 해당한다.

40 답 ③

중개실무 > 개별적 중개실무

③ 임대차계약의 동일성이 인정되므로 종전의 대항력이 유지된다(대판 2007.2.8, 2006다70516).

제2과목 | 부동산공법 중 부동산중개에 관련되는 규정

pp.156~166

41	④	42	①	43	④	44	②	45	④
46	⑤	47	②	48	③	49	③	50	⑤
51	②	52	③	53	⑤	54	②	55	①
56	①	57	④	58	③	59	⑤	60	⑤
61	②	62	④	63	⑤	64	②	65	④
66	②	67	③	68	③	69	⑤	70	④
71	⑤	72	⑤	73	①	74	④	75	①
76	⑤	77	⑤	78	④	79	④	80	⑤

점수: ________점

41 답 ④

국토의 계획 및 이용에 관한 법률 > 용도지역·용도지구·용도구역

④ 농업·임업 또는 어업을 영위하는 자가 행하는 다음에 해당하는 건축물 그 밖의 시설을 건축하고자 하는 경우에는 특별시장·광역시장·특별자치시장·특별자치도지사·시장 또는 군수의 허가를 받아 그 행위를 할 수 있다.

1. 축사
2. 퇴비사
3. 잠실
4. 양어장
5. 창고(저장 및 보관시설을 포함)
6. 생산시설(단순가공시설을 포함)
7. 관리용 건축물로서 기존 관리용 건축물의 면적을 포함하여 $33m^2$ 이하인 것

42 답 ①

국토의 계획 및 이용에 관한 법률 > 지구단위계획

① 지구단위계획구역의 지정에 관한 도시·군관리계획결정의 고시일부터 3년 이내에 그 지구단위계획구역에 관한 지구단위계획이 결정·고시되지 아니하면 그 3년이 되는 날의 다음 날에 그 지구단위계획구역의 지정에 관한 도시·군관리계획결정은 효력을 잃는다. 다만, 다른 법률에서 지구단위계획의 결정(결정된 것으로 보는 경우를 포함)에 관하여 따로 정한 경우에는 그 법률에 따라 지구단위계획을 결정할 때까지 지구단위계획구역의 지정은 그 효력을 유지한다. 이 경우 국토교통부장관, 시·도지사, 시장 또는 군수는 지구단위계획구역 지정 및 지구단위계획 결정이 효력을 잃으면 대통령령으로 정하는 바에 따라 지체 없이 국토교통부장관이 하는 경우에는 관보와 국토교통부 인터넷홈페이지에, 시·도지사 또는 시장·군수가 하는 경우에는 해당

시·도 또는 시·군의 공보와 인터넷 홈페이지에 게재하여 그 사실을 고시하여야 한다.

43 답 ④

고난도

국토의 계획 및 이용에 관한 법률 > 보칙 및 벌칙 등

④ 국토교통부장관의 권한은 그 일부를 대통령령으로 정하는 바에 따라 시·도지사에게 위임할 수 있으며, 시·도지사는 국토교통부장관의 승인을 받아 그 위임받은 권한을 시장·군수 또는 구청장에게 재위임할 수 있다.

44 답 ②

국토의 계획 및 이용에 관한 법률 > 도시·군계획시설사업의 시행

② 매수의무자가 지방자치단체인 경우에만 도시·군계획시설채권을 발행하여 지급할 수 있다.

45 답 ④

국토의 계획 및 이용에 관한 법률 > 개발행위의 허가 등

④ 동일한 지역에 대해 기반시설부담구역과 개발밀도관리구역을 중복하여 지정할 수 없다. 즉, 기반시설부담구역이란 개발밀도관리구역 외의 지역으로서 개발로 인하여 도로, 공원, 학교(대학 ×), 녹지 등 대통령령으로 정하는 기반시설의 설치가 필요한 지역을 대상으로 기반시설을 설치하거나 그에 필요한 용지를 확보하게 하기 위하여 지정·고시하는 구역을 말한다.

46 답 ⑤

국토의 계획 및 이용에 관한 법률 > 광역도시계획

⑤ 광역계획권이 둘 이상의 특별시·광역시·특별자치시·도 또는 특별자치도('시·도')의 관할구역에 걸쳐 있는 경우에는 국토교통부장관이 지정한다.

47 답 ②

국토의 계획 및 이용에 관한 법률 > 총칙

ㄱ. '도시·군계획'은 도시·군기본계획과 도시·군관리계획으로 구분한다.

ㄴ. 도시·군계획시설을 설치·정비 또는 개량하는 사업은 도시·군계획시설사업이다. '도시·군계획사업'이란 도시·군관리계획을 시행하기 위한 다음의 사업을 말한다.

> 1. 도시·군계획시설사업
> 2. 「도시개발법」에 따른 도시개발사업
> 3. 「도시 및 주거환경정비법」에 따른 정비사업

ㄹ. '용도지구'란 토지의 이용 및 건축물의 용도·건폐율·용적률·높이 등에 대한 용도지역의 제한을 강화 또는 완화하여 적용함으로써 용도지역의 기능을 증진시키고 경관·안전 등을 도모하기 위하여 도시·군관리계획으로 결정하는 지역을 말한다.

48 답 ③

국토의 계획 및 이용에 관한 법률 > 도시·군계획

③ 국토교통부장관, 시·도지사, 시장 또는 군수는 「국토의 계획 및 이용에 관한 법률」 제28조 제5항에 따라 도시·군관리계획의 입안에 관하여 주민의 의견을 청취하려는 때에는 도시·군관리계획안의 주요 내용을 해당 지방자치단체의 공보나 둘 이상의 일반 일간신문(전국 또는 해당 지방자치단체를 주된 보급지역으로 등록한 일반 일간신문을 말함), 해당 지방자치단체의 인터넷 홈페이지 등의 매체 및 국토교통부장관이 구축·운영하는 국토이용정보체계에 각각 공고하고 도시·군관리계획안을 14일 이상 일반인이 열람할 수 있도록 해야 한다.

49 답 ③

국토의 계획 및 이용에 관한 법률 > 용도지역·용도지구·용도구역

③ 도시의 녹지공간의 확보, 도시확산의 방지, 장래 도시용지의 공급 등을 위하여 보전할 필요가 있는 지역으로서 불가피한 경우에 한하여 제한적인 개발이 허용되는 지역은 자연녹지지역이다.

50 답 ⑤

국토의 계획 및 이용에 관한 법률 > 도시·군계획시설사업의 시행

① 도시·군계획시설결정이 고시된 도시·군계획시설에 대하여 그 고시일로부터 20년이 경과될 때까지 사업이 시행되지 아니하는 경우 그 고시일부터 20년이 되는 날의 다음날에 그 효력을 상실한다.
② 장사시설, 도축장은 광역시설이 될 수 있다.
③ 도시·군계획시설은 교통시설, 공간시설 등 기반시설 중 도시·군관리계획으로 결정된 시설을 말한다.
④ 장기미집행 도시·군계획시설결정의 해제를 신청받은 도지사는 특별한 사유가 없으면 신청을 받은 날부터 1년 이내에

해당 도시·군계획시설의 해제를 위한 도시·군관리계획결정을 하여야 한다.

51 답 ②

국토의 계획 및 이용에 관한 법률 > 개발행위의 허가 등

① 도시·군계획사업에 의한 행위는 개발행위허가대상이 아니다.
③ 「건축법」에 따라 신고하고 설치할 수 있는 건축물의 증축과 이에 필요한 범위에서의 토지의 형질변경은 개발행위허가를 받지 아니하고 할 수 있다.
④ 재해복구 또는 재난수습을 위한 응급조치를 한 경우에는 1개월 이내에 신고하여야 한다.
⑤ 지구단위계획 또는 성장관리계획이 수립된 지역에서 하는 개발행위허가는 도시계획위원회의 심의를 거치지 아니한다.

52 답 ③ 고난도

국토의 계획 및 이용에 관한 법률 > 보칙 및 벌칙 등

③ 국토교통부장관, 시·도지사, 시장·군수 또는 구청장은 '개발행위허가의 취소(ㄱ), 도시·군계획시설사업의 시행자 지정의 취소(ㄷ), 도시·군계획시설사업의 실시계획 인가의 취소(ㅁ)'의 어느 하나에 해당하는 처분을 하려면 청문을 실시하여야 한다.

53 답 ⑤

도시개발법 > 비용부담 등

① 도시개발채권을 발행하는 경우 발행총액에 대하여 행정안전부장관의 승인을 받아야 한다.
② 시행자가 지방자치단체인 경우에는 공원·녹지의 조성비 전부를 국고에서 보조하거나 융자할 수 있다.
③ 도시개발구역 안의 전기시설을 사업시행자가 지중선로로 설치할 것을 요청하는 경우에는 전기시설을 공급하는 자와 지중에 설치할 것을 요청하는 자가 각각 2분의 1의 비율로 그 설치비용을 부담한다. 전부 환지방식으로 도시개발사업을 시행하는 경우에는 전기시설을 공급하는 자가 3분의 2, 지중에 설치할 것을 요청하는 자가 3분의 1의 비율로 부담한다.
④ 도시개발채권이 매입의무자가 아닌 자가 착오로 도시개발채권을 매입한 경우에는 중도에 상환할 수 있다.

54 답 ②

도시개발법 > 도시개발계획 및 구역 지정

② 지정권자는 직접 또는 관계 중앙행정기관의 장 또는 시장(대도시 시장을 제외)·군수·구청장 또는 도시개발사업의 시행자의 요청을 받아 개발계획을 변경할 수 있다.

55 답 ①

도시개발법 > 도시개발사업

② 시행자는 도시개발사업의 원활한 시행을 위하여 특히 필요한 때에는 토지 또는 건축물소유자의 신청을 받아 입체환지를 할 수 있다.
③ 환지계획의 작성에 따른 환지계획의 기준, 보류지의 책정기준 등에 관하여 필요한 사항은 국토교통부령으로 정할 수 있다.
④ 도시개발사업의 시행자는 체비지의 용도로 환지예정지가 지정된 때에는 도시개발사업에 소요되는 비용을 충당하기 위하여 이를 사용·수익·처분할 수 있으며, 이미 처분된 체비지는 그 체비지를 매입한 자가 소유권이전등기를 마친 때에 소유권을 취득한다.
⑤ 환지를 정한 경우 그 과부족분에 대한 청산금은 환지처분을 하는 때에 결정하여야 하며, 환지처분이 공고된 날의 다음 날에 확정된다.

56 답 ① 고난도

도시개발법 > 도시개발사업

① 환지예정지의 지정은 임시적으로 사용 및 수익권만의 변경을 의미하며, 물권변동의 효력과는 아무 관련이 없다.

57 답 ④

도시개발법 > 도시개발사업

1. 토지소유자의 2분의 1 이상 동의: 총인원 14명(국·공유지 포함) × 1/2 = 7명 이상
2. 토지면적의 3분의 2 이상에 해당하는 소유자의 동의(국·공유지 포함): $20,000m^2 \times 2/3 = 13,333.3m^2$ 이상인 경우 최소한 인원이므로
   12,000(2,000 × 6명) + 2,000(1,000 × 2명)
   = $14,000m^2$

∴ 1.과 2.를 모두 충족하여야 하므로 최소한 8명의 동의가 필요하다.

58 답 ③

도시개발법 > 도시개발사업

① 시행자는 조성토지등을 공급하려고 할 때에는 조성토지등의 공급계획을 작성하여야 하며, 지정권자가 아닌 시행자는 작성한 조성토지등의 공급계획에 대하여 지정권자의 승인을 받아야 한다. 조성토지등의 공급계획을 변경하려는 경우에도 또한 같다. 지정권자가 위에 따라 조성토지등의 공급계획을 작성하거나 승인하는 경우 국토교통부장관이 지정권자이면 시·도지사 또는 대도시 시장의 의견을, 시·도지사가 지정권자이면 시장(대도시 시장은 제외)·군수 또는 구청장의 의견을 미리 들어야 한다.

② 「주택법」 제2조 제6호에 따른 국민주택규모 이하의 주택건설용지(임대주택건설용지를 포함), 「주택법」 제2조 제24호에 따른 공공택지, 330m² 이하의 단독주택용지 및 공장용지에 대하여는 추첨의 방법으로 분양할 수 있다.

④⑤ 학교용지, 공공청사용지 등 일반에게 분양할 수 없는 공공용지를 국가, 지방자치단체, 그 밖의 법령에 따라 해당 시설을 설치할 수 있는 자에게 공급하는 경우와 토지상환채권에 의하여 토지로 상환하는 경우에는 수의계약으로 공급할 수 있다.

59 답 ⑤

도시 및 주거환경정비법 > 총칙

⑤ 구거(도랑)는 정비기반시설이다. 공동이용시설이란 주민이 공동으로 사용하는 놀이터·마을회관·공동작업장, 탁아소·어린이집·경로당 등 노유자시설, 공동으로 사용하는 구판장·세탁장·화장실 및 수도를 말한다.

60 답 ⑤

도시 및 주거환경정비법 > 정비사업

ㄱ. 조합의 명칭 및 사무소의 소재지를 변경하기 위해 정관을 변경하는 경우에는 총회를 개최하여 조합원 과반수 찬성으로 시장·군수등의 인가를 받아야 한다.

빈출개념 체크 **정관을 변경하기 위하여 조합원 3분의 2 이상의 동의가 필요한 경우**

1. 조합원의 자격에 관한 사항(ㄴ), 조합원의 제명 탈퇴 및 교체에 관한 사항
2. 조합의 비용부담 및 조합의 회계(ㅁ)
3. 정비구역의 위치 및 면적
4. 정비사업비의 부담 시기 및 절차(ㄹ)
5. 시공자·설계자의 선정 및 계약서에 포함될 내용(ㄷ)

61 답 ②

도시 및 주거환경정비법 > 기본계획 수립 및 정비구역 지정

② 기본계획의 내용 중 공동이용시설에 대한 설치계획을 변경하는 경우에는 지방도시계획위원회의 심의를 거치지 않아도 된다.

62 답 ④

도시 및 주거환경정비법 > 정비사업

① 등기해야 성립한다.
② 겸임할 수 없다.
③ 재개발사업에 관한 설명이다.
⑤ 조합임원이 임원의 결격사유에 해당하게 되거나 선임 당시 그에 해당하는 자이었음이 판명된 때에는 당연퇴임한다. 그러나 퇴임된 임원이 퇴임 전에 관여한 행위는 그 효력을 잃지 아니한다.

63 답 ⑤

도시 및 주거환경정비법 > 정비사업

⑤ 사업시행자는 관리처분계획인가를 받은 후 기존의 건축물을 철거하여야 한다.

64 답 ②

도시 및 주거환경정비법 > 기본계획 수립 및 정비구역 지정

② 청산금을 지급받을 권리 또는 이를 징수할 권리는 소유권 이전고시일의 다음 날부터 5년간 이를 행사하지 아니하면 소멸한다.

65 답 ④

주택법 > 주택의 건설

주택을 마련하기 위하여 주택조합설립인가를 받으려는 자는 다음의 요건을 모두 갖추어야 한다.

1. 해당 주택건설대지의 80% 이상에 해당하는 토지의 사용권원을 확보할 것
2. 해당 주택건설대지의 15% 이상에 해당하는 토지의 소유권을 확보할 것

66 답 ②

주택법 > 주택의 공급

① 해당 토지를 시가로 매도할 것을 청구할 수 있다.
③ 매도청구의 의사표시는 실소유자가 해당 토지의 소유권을 회복한 날부터 2년 이내에 해당 실소유자에게 송달되어야 한다.
④ 대표자를 선정하여 매도청구에 관한 소송을 하는 경우 대표자는 복리시설을 포함하여 주택의 소유자 전체의 4분의 3 이상의 동의를 받아 선정한다.
⑤ 매도청구에 관한 소송에 대한 판결은 주택의 소유자 전체에 대하여 효력이 있다.

67 답 ③

주택법 > 주택의 건설

ㄴ. 해당 사업시행지에 대한 소유권 분쟁(소송절차가 진행 중인 경우만 해당)으로 인하여 공사착수가 지연되는 경우

68 답 ③ 고난도

주택법 > 주택의 리모델링

③ 증축형 리모델링을 하려는 자는 시장·군수·구청장에게 안전진단을 요청하여야 하고, 안전진단을 요청받은 시장·군수·구청장은 해당 건축물의 증축 가능 여부의 확인을 위하여 안전진단을 실시하여야 한다.

69 답 ⑤

주택법 > 총칙

① 폭 20m 이상인 일반도로로 분리된 토지는 각각 별개의 주택단지이다.
② 공구란 하나의 주택단지에서 둘 이상으로 구분되는 일단의 구역으로서 공구별 세대수는 300세대 이상으로 해야 한다.
③ 세대구분형 공동주택이란 공동주택의 주택 내부 공간의 일부를 세대별로 구분하여 생활이 가능한 구조로 하되, 그 구분된 공간의 일부를 구분소유할 수 없는 주택으로서 대통령령으로 정하는 건설기준, 면적기준 등에 적합하게 건설된 주택을 말한다.
④ 도시형 생활주택이란 300세대 미만의 국민주택규모에 해당하는 주택을 말한다.

70 답 ④

주택법 > 주택의 건설

① 등록사업자와 공동으로 주택건설사업을 하는 조합은 국토교통부장관에게 등록하지 않아도 된다.
② 조합과 등록사업자가 공동으로 사업을 시행하면서 시공하는 경우 등록사업자는 자신의 귀책사유로 발생한 손해에 대해서는 조합원에게 배상할 책임이 있다.
③ 조합설립인가 신청일부터 해당 조합주택의 입주가능일까지 주거전용면적 85m² 이하의 주택 1채를 보유하고, 6개월 이상 지역주택조합 설립지역에 거주한 세대주인 자는 조합원의 자격이 있다.
⑤ 조합원의 사망으로 인하여 조합원의 지위를 상속받으려는 자는 무주택자에 한하지 않는다.

71 답 ⑤ 고난도

주택법 > 주택의 공급

⑤ 부기등기일 이후에 해당 대지 또는 주택을 양수하거나 제한물권을 설정받은 경우 또는 압류·가압류·가처분 등의 목적물로 한 경우에는 그 효력을 무효로 한다. 다만, 사업주체의 경영부실로 입주예정자가 그 대지를 양수받는 경우 등 대통령령으로 정하는 경우에는 그러하지 아니하다.

72 답 ⑤

건축법 > 총칙

⑤ 16층 이상이 되지 않는 관광휴게시설에 속하는 야외극장은 다중이용 건축물에 속하지 않는다.

73 답 ①

건축법 > 지역 및 지구 안의 건축물

ㄴ. 특별시장이나 광역시장은 도시의 관리를 위하여 필요하면 가로구역별 건축물의 높이를 특별시나 광역시의 조례로 정할 수 있다.
ㄷ. 중심상업지역과 일반상업지역의 경우 공동주택이라도 일조 확보를 위한 높이제한이 적용되지 아니하며 10m 이하인 부분에 대해 정북 방향의 인접 대지경계선부터 1.5m 이상을 띄어 건축하여야 하는 것은 전용주거지역 또는 일반주거지역에서이다.

74 답 ④

건축법 > 지역 및 지구 안의 건축물

① 일반공업지역: 150m^2
② 자연녹지지역: 200m^2
③ 계획관리지역: 60m^2
⑤ 제1종 전용주거지역: 60m^2

75 답 ①

건축법 > 건축물의 구조 및 재료

① 건축물의 설계자는 6층 이상인 건축물에 대한 구조의 안전을 확인하는 경우에는 건축구조기술사의 협력을 받아야 한다.

76 답 ⑤

건축법 > 건축물의 구조 및 재료

⑤ 허가권자는 지능형 건축물로 인증을 받은 건축물에 대하여 조경설치면적을 100분의 85까지 완화하여 적용할 수 있다.

77 답 ⑤

고난도

건축법 > 건축물의 건축

⑤ 건축허가 또는 허가받은 건축물의 착공을 제한하는 경우 그 제한기간은 2년 이내로 하되, 1회에 한하여 1년 이내의 범위에서 그 제한기간을 연장할 수 있다.

78 답 ④

건축법 > 건축물의 대지와 도로

④ 공개공지 또는 공개공간을 설치하여 건축하는 경우에는 해당 지역에 적용되는 건폐율의 1.2배 이하의 범위에서 완화하여 적용하지는 않는다.

79 답 ④

농지법 > 농지의 소유

④ 시·구·읍·면의 장은 농지취득자격증명의 발급신청을 받은 때에는 그 신청을 받은 날부터 7일(농업경영계획서 또는 주말·체험영농계획서를 작성하지 아니하고 농지취득자격증명의 발급신청을 할 수 있는 경우에는 4일, 농지위원회의 심의대상의 경우에는 14일) 이내에 신청인에게 농지취득자격증명을 발급하여야 한다.

80 답 ⑤

농지법 > 총칙

① 가금(家禽: 집에서 기르는 날짐승) 1,000수 이상을 사육하는 자
② 농지에 330m^2 이상의 비닐하우스를 설치하여 다년생식물을 재배하는 자
③ 농산물의 연간 판매액이 120만원 이상인 자
④ 1,000m^2 이상의 농지에서 다년생식물을 재배하면서 1년 중 90일 이상을 농업에 종사하는 자

| 2교시 |

제1과목 | 부동산공시에 관한 법령 및 부동산 관련 세법
pp.168~177

01	③	02	⑤	03	①	04	②	05	③
06	③	07	④	08	⑤	09	②	10	①
11	⑤	12	④	13	②	14	④	15	⑤
16	④	17	③	18	②	19	②	20	③
21	④	22	⑤	23	②	24	②	25	③
26	③	27	⑤	28	⑤	29	④	30	①
31	③	32	④	33	①	34	④	35	④
36	⑤	37	①	38	④	39	①	40	①

점수: ________점

1 답 ③

공간정보의 구축 및 관리 등에 관한 법률 > 토지의 등록

ㄷ. 미터법의 시행으로 면적을 환산하는 경우나 합병, 지목변경 등은 경계나 좌표의 변경이 생기는 것이 아니므로 면적측정의 대상이 아니다.

빈출개념 체크 면적측정의 대상

면적측정의 대상인 것	면적측정의 대상이 아닌 것
• 신규등록, 등록전환 • 분할 • 축척변경 • 지적공부 복구 • 지적확정측량 • 면적 또는 경계를 정정하는 경우	• 지번변경 • 지목변경 • 합병 • 미터법의 시행으로 면적을 환산하는 경우 • 경계복원측량, 지적현황측량

2 답 ⑤

공간정보의 구축 및 관리 등에 관한 법률 > 지적공부 및 부동산종합공부

⑤ 나대지이므로 대지권등록부가 있을 리 없고, 설령 있다 하더라도 대지권등록부에 용도지역을 등록하지는 않는다. 용도지역은 토지이용계획확인서로 확인하여야 한다.

3 답 ①

공간정보의 구축 및 관리 등에 관한 법률 > 지적공부 및 부동산종합공부

① 정보처리시스템을 통하여 기록·저장한 지적공부의 전부가 멸실된 경우에는 시·도지사 또는 시장·군수·구청장이 복구하여야 한다(법 제74조).

4 답 ②

공간정보의 구축 및 관리 등에 관한 법률 > 지적공부 및 부동산종합공부

② 「개인정보 보호법」 제2조 제1호에 따른 개인정보를 '제외'한 지적전산자료를 신청하는 경우에는 관계 중앙행정기관의 심사를 받지 아니할 수 있다(법 제76조 제3항).

5 답 ③ 고난도

공간정보의 구축 및 관리 등에 관한 법률 > 토지의 이동 및 지적정리

① 인접토지의 본번에 부번을 부여하는 것이 원칙이다.
② 사용승인을 받은 때가 아니라 건축허가를 받은 경우에 등록전환을 신청할 수 있다.
④ 등록전환측량을 실시하여야 한다.
⑤ 등록전환될 면적을 적는다.

6 답 ③

공간정보의 구축 및 관리 등에 관한 법률 > 토지의 등록

③ 전자면적측정기는 도해지적에서의 면적측정방법이고, 경위의측량방법으로 측량을 한 경우에는 좌표를 정하는 것이므로 좌표면적계산법에 따라 면적을 측정한다.

7 답 ④

공간정보의 구축 및 관리 등에 관한 법률 > 토지의 등록

④ 주지목추종에 따라 공장용지로 한다.
① 주차장이 아니라 잡종지로 한다.
② 과수원이 아니라 대로 한다.
③ 영속성의 원칙에 따라 잡종지로 지목변경하지 않고 원래 지목대로 둔다.
⑤ 주지목추종에 따라 주차장이 아니라 백화점 건축물부지이므로 대로 한다.

8 답 ⑤

공간정보의 구축 및 관리 등에 관한 법률 > 토지의 이동 및 지적정리

지적소관청은 축척변경에 따라 확정된 사항을 지적공부에 등록하는 때에는 다음의 기준에 따라야 한다(규칙 제92조 제2항).

1. 토지대장은 확정공고된 축척변경 지번별 조서에 따를 것
2. 지적도는 확정측량 결과도 또는 경계점좌표에 따를 것

9 답 ②

공간정보의 구축 및 관리 등에 관한 법률 > 토지의 등록

①③④⑤ 외에 경계점 위치 및 경계점표지의 종류, 경계점좌표(경계점좌표등록부 시행지역에 한정)를 등록한다. 그러나 ② 토지소유자의 성명은 지상경계점등록부의 등록사항이 아니다.

10 답 ①

공간정보의 구축 및 관리 등에 관한 법률 > 토지의 이동 및 지적정리

① 신규등록하는 경우는 등기부가 없으므로 지적소관청이 소유자를 조사하여 등록한다.

11 답 ⑤

공간정보의 구축 및 관리 등에 관한 법률 > 지적측량

ㄱ. 「지적재조사에 관한 특별법」에 의한 지적재조사측량도 지적측량에 포함된다(법 제23조 제1항).

ㄴ. 지적기준점을 설치하지 않고 분할측량을 하는 경우에 측량기간은 5일, 측량검사기간은 4일로 한다(규칙 제25조 제3항).

ㄷ. 지적측량수행자가 경계복원측량을 마친 경우에는 지적소관청의 검사를 받지 아니한다(지적측량 시행규칙 제28조 제1항).

빈출개념 체크 | 측량기간과 검사기간(규칙 제25조 제3항·제4항)

1. 측량기간은 5일, 검사기간은 4일이다.
2. 별도로 합의한 경우에는 합의기간의 4분의 3이 측량기간, 4분의 1이 검사기간이다.
3. 지적기준점을 설치하여야 하는 경우에는 15점 이하인 경우에는 4일을 가산하고, 15점을 초과하는 경우에는 4일에 15점을 초과하는 4점마다 1일을 가산한다.

12 답 ④

공간정보의 구축 및 관리 등에 관한 법률 > 토지의 등록

④ 지적측량기준점 17점을 설치하는 측량기간은 5일, 측량검사기간 또한 5일이며, 등록전환측량을 위한 측량기간은 5일, 측량검사기간은 4일이므로 측량기간과 측량검사기간의 총합은 '19일'이다.

13 답 ②

부동산등기법 > 등기절차 총론

② 변제로 인한 피담보채권의 소멸에 의한 저당권설정등기의 말소등기는 저당권설정자를 등기권리자로 하고 저당권자를 등기의무자로 하여 공동으로 신청한다.

① 이행판결은 승소한 등기권리자가 단독으로 신청한다(법 제23조 제4항).

③ 상속등기는 가족관계증명서로 진정성이 보장되므로 단독으로 신청한다.

④ 혼동으로 소멸한 저당권자가 단독으로 말소등기를 신청한다.

⑤ 주소가 변경되거나 개명한 경우에 등기명의인표시 변경등기는 등기명의인이 단독으로 신청한다(법 제23조 제6항).

14 답 ④

부동산등기법 > 등기절차 총론

④ 등기의무자가 수인이고, 등기권리자도 수인인 경우에는 일괄하여 신청할 수 없다.

빈출개념 체크 | 등기신청의 방법(법 제25조 단서, 규칙 제47조 제1항)

1. 등기목적과 등기원인이 동일한 경우에는 여러 개의 부동산에 관한 신청정보를 일괄하여 제공하는 방법으로 할 수 있다.
2. 다음의 경우에는 1건의 신청정보로 일괄하여 신청하거나 촉탁할 수 있다.
   (1) 같은 채권의 담보를 위하여 소유자가 다른 여러 개의 부동산에 대한 저당권설정등기를 신청하는 경우
   (2) 공매처분으로 인한 권리이전등기, 공매처분으로 인해 소멸한 권리의 말소등기, 체납처분에 관한 압류등기 및 공매공고등기의 말소등기를 촉탁하는 경우
   (3) 매각처분으로 인한 매수인 앞으로의 소유권이전등기, 매수인이 인수하지 아니한 부동산의 부담에 관한 기입을 말소하는 등기, 경매개시결정등기를 말소하는 등기를 촉탁하는 경우

15 답 ⑤

부동산등기법 > 등기절차 총론

⑤ 승소한 등기의무자가 단독으로 등기를 신청하는 경우에 등기의무자의 등기필정보를 제공하여야 한다. 반면, 승소한 등기의무자의 단독신청으로 등기를 마친 경우에 등기관은 등기필정보를 작성하지 않는다.

① 단독신청이므로 등기필정보를 제공하지 않고, 새로운 권리자가 발생한 것이 아니므로 등기필정보를 작성하지 않는다.

② 관공서가 촉탁하거나 관공서와 공동으로 신청하는 경우에는 등기필정보를 제공하지 않는다. 한편, 국가나 지방자치단체가 등기권리자인 경우에 등기관은 등기필정보를 작성하지 않는다.

③ 공동신청하므로 등기의무자의 등기필정보를 제공하여야 하고, 등기관은 등기를 마친 후에 지상권자에게 등기필정보를 통지하여야 한다.

④ 승소한 등기권리자의 단독신청이므로 등기의무자의 등기필정보를 제공하지 않는다. 한편, 등기관은 등기를 마친 후에 등기필정보를 작성해서 등기권리자에게 통지하여야 한다.

16 답 ④

부동산등기법 > 등기의 기관과 그 설비

④ 등기기록의 부속서류인 신청서와 첨부서면은 등기상 이해관계인에 한하여 열람을 청구할 수 있다. 그러나 증명발급 대상은 아니다.

17 답 ③

부동산등기법 > 각종 권리의 등기절차

ㄷ. 공유물분할판결이 확정된 경우에 승소한 원고나 패소한 피고도 소유권일부이전등기를 단독으로 신청할 수 있다.

18 답 ②

부동산등기법 > 등기제도 총칙

② 「하천법」상 국가하천과 지방하천도 등기대상이 된다. 하천에 대한 소유권보존등기, 소유권이전등기뿐만 아니라 저당권설정등기, 신탁등기도 신청할 수 있다. 다만, 하천은 공용의 제한을 받은 토지이므로 특정인을 위한 용익권[지상권(ㄷ), 지역권, 전세권, 임차권(ㄴ)]등기는 할 수 없다.

19 답 ②

부동산등기법 > 각종 권리의 등기절차

② 근저당권이전등기를 신청할 때에는 근저당권설정자가 물상보증인이든 제3취득자든 그 자의 승낙을 증명하는 정보를 제공하지 않는다.

20 답 ③

부동산등기법 > 등기절차 총론

③ 저당권설정등기를 마치더라도 소유권에는 변화가 없으므로 대장 소관청에 통지하지 않는다.

빈출개념 체크 **대장 소관청에 소유권변경 사실을 통지하는 등기(법 제62조)**

1. 소유권의 보존(⑤) 또는 이전등기(①)
2. 소유권의 등기명의인표시의 변경 또는 경정등기
3. 소유권의 변경 또는 경정등기(④)
4. 소유권의 말소(②) 또는 말소회복등기

21 답 ④

부동산등기법 > 각종의 등기절차

④ 소유권이전등기청구권보전가등기 이후에 마쳐진 전세권설정등기는 소유권이전의 본등기시, 가등기에 의하여 보전되는 권리인 소유권이전등기청구권을 침해하는 등기이므로 등기관이 직권으로 말소한다(법 제92조 제1항).

①②③ 지상권(전세권, 임차권)설정등기청구권보전가등기 이후에 마쳐진 가압류등기나 가처분등기, 저당권설정등기는 가등기에 의하여 보전되는 권리인 지상권(전세권, 임차권) 설정등기청구권을 침해하는 등기가 아니므로 등기관이 직권으로 말소할 수 없다.

⑤ 저당권설정등기청구권보전가등기 이후에 마쳐진 소유권이전등기는 저당권설정의 본등기 시, 가등기에 의하여 보전되는 권리인 저당권설정등기청구권을 침해하는 등기가 아니므로 등기관이 직권으로 말소할 수 없다.

22 답 ⑤

부동산등기법 > 각종 권리의 등기절차

⑤ 등기관이 신탁등기의 말소등기를 할 때에는 '신탁재산에 대한 주의사항'을 기록한 부기등기를 직권으로 말소하고, 신탁등기를 말소함으로 인하여 말소한다는 뜻을 기록하여야 한다(규칙 제144조 제3항).

23 답 ②

부동산등기법 > 각종의 등기절차

② 소유권말소, 지상권말소, 가등기말소 등 모든 권리의 말소등기는 언제나 주등기로 한다.

24 답 ② 고난도

부동산등기법 > 등기절차 총론

② 저당권이전등기에 대하여 저당권설정자는 직접 이해관계 있는 제3자가 아니므로 이의신청을 할 수 없다.

④ 소유권이전등기의 기록명령이 있더라도 이미 제3자 명의로 소유권이전등기가 마쳐진 경우에는 기록명령에 따른 등기를 할 수 없다. 이중매매의 경우 특별한 사정이 없으면 먼저 소유권이전등기를 마친 자가 소유권을 취득한 것과 유사하다.

25 답 ③

조세총론 > 조세의 기초이론

ㄱ. 지방소득세: 보유·양도단계에 과세
ㄷ. 종합소득세: 보유·양도단계에 과세
ㄹ. 농어촌특별세: 취득·보유·양도 모든 단계에 과세
ㄴ. 종합부동산세: 보유단계에 과세
ㅁ. 지방교육세: 취득·보유단계에 과세

26 답 ③

조세총론 > 조세와 타 채권과의 관계

③ 해당 재산에 부과된 상속세 및 증여세, 재산세, 종합부동산세 및 그 부가세인 농어촌특별세, 지방교육세, 소방분 지역자원시설세 등은 해당 재산에 설정된 저당권에 따라 담보된 채권보다 우선한다.

27 답 ⑤

지방세 > 취득세

⑤ 연부로 취득하는 것(취득가액의 총액이 면세점에 해당하는 것은 제외)은 그 사실상의 연부금 지급일을 취득일로 본다. 다만, 취득일 전에 등기 또는 등록을 한 경우에는 그 등기일 또는 등록일에 취득한 것으로 본다.

28 답 ⑤

지방세 > 취득세

⑤ 건축물의 개수로 인하여 건축물의 면적이 증가할 때 그 증가된 부분에 대하여는 원시취득으로 보아 세율을 적용한다.

29 답 ④

지방세 > 취득세

④ 등기·등록이 필요하지 아니한 자산(골프회원권, 승마회원권, 콘도미니엄회원권 및 종합체육시설회원권, 요트회원권 제외) 및 지목변경, 차량, 선박 등의 종류변경, 과점주주 주식 등의 취득 등은 중가산세를 적용하지 아니한다.

30 답 ①

지방세 > 등록에 대한 등록면허세

① 취득세 제척기간이 만료된 부동산소유권등기 시 과세표준은 등록 당시의 가액과 「지방세법」 제10조의2부터 제10조의6까지에서 정하는 취득당시가액 중 높은 가액으로 한다.

31 답 ③

지방세 > 등록에 대한 등록면허세

① 부동산 등기 시 납세지는 부동산 소재지이다.

② 신고의무를 다하지 아니한 경우에도 등기·등록에 대한 등록면허세 산출세액을 등록을 하기 전까지 납부한 경우 신고를 하고 납부한 것으로 본다. 따라서 가산세가 부과되지 아니한다.

④ 취득세 부과제척기간이 만료되어 취득당시가액을 과세표준으로 할 경우 등기·등록 당시에 자산재평가 또는 감가상각 등의 사유로 그 가액이 달라진 경우에는 변경된 가액을 과세표준으로 한다.

⑤ 지방자치단체의 장은 채권자대위자의 신고납부가 있는 경우 납세의무자에게 그 사실을 즉시 통보하여야 한다.

32 답 ④

지방세 > 재산세

④ 주택분 재산세는 주택별로 과세한다. 따라서 과세표준 계산 시 합산하지 아니한다.

33 답 ①

지방세 > 재산세

① 재산세 과세대상 재산을 여러 사람이 공유하는 경우에는 지분권자를 납세의무자로 본다. 이 경우 지분의 표시가 없는 경우에는 지분이 균등한 것으로 본다.

34 답 ④

지방세 > 재산세

④ 해당 연도에 부과·징수할 주택분 재산세액이 400만원인 경우 7월 31일까지를 납기로 200만원, 9월 30일까지를 납기로 200만원을 고지한다. 따라서 납기별로 납부할 세액이 250만원을 초과하지 않으므로 분할납부할 수 없다.

35 답 ④

국세 > 종합부동산세

④ 1세대 1주택자의 경우 주택에 대한 종합부동산세의 과세표준은 납세의무자별로 주택의 공시가격을 합산한 금액에서 12억원을 공제한 금액에 공정시장가액비율을 곱한 금액으로 한다.

36 답 ⑤

국세 > 종합부동산세

⑤ 종합부동산세로 납부하여야 할 세액이 250만원을 초과하는 경우에는 그 세액의 일부를 납부기한 또는 신고기한이 경과한 날부터 6개월 이내에 분할납부하게 할 수 있다.

37 답 ①

국세 > 양도소득세

ㄱ. 토지, 건물과 함께 양도한 이축권이 양도소득세 과세대상이다.

ㄴ. 국내 부동산임차권은 등기된 것만 양도소득세 과세대상이다.

ㄷ. 지역권은 양도소득세 과세대상이 아니다.

38 답 ④

국세 > 양도소득세

④ 양도소득세가 과세되는 1세대 1주택인 고가주택을 5년 보유하고 1년 거주 후 양도한 경우 장기보유 및 거주기간 공제율은 양도차익의 10%로 한다. 거주요건을 충족하지 못하였으므로 특례공제율(보유, 거주 각 40% 한도)을 적용하지 아니한다.

39 답 ①

국세 > 양도소득세

① 국외자산 양도 시 적용되는 세율은 6~45%이다.

40 답 ①

국세 > 양도소득세

② 양도소득세는 물납규정이 없다.

③ 부담부증여 시 양도로 보는 채무인수액의 양도소득세 예정신고기한은 그 양도일이 속하는 달의 말일부터 3개월로 한다.

④ 거주자의 양도소득 과세표준은 종합소득, 퇴직소득에 대한 과세표준과 구분하여 계산한다.

⑤ 거주자가 건물을 신축 또는 증축 후 5년 이내 양도 시 양도차익 계산에 있어 취득가액을 환산취득가액 또는 감정가액으로 적용하였다면 환산취득가액 또는 감정가액의 100분의 5에 해당하는 금액을 결정세액에 더한다.

제 6 회 정답 및 해설

• **집필진** [공인중개사법령 및 중개실무] 한병용 교수, [부동산공법] 이동휘 교수, [부동산공시법] 김민석 교수, [부동산세법] 정낙일 교수

| 1교시 |

제1과목 | 공인중개사의 업무 및 부동산 거래신고 등에 관한 법령 및 중개실무 pp.180~189

01	④	02	③	03	④	04	⑤	05	③
06	①	07	①	08	②	09	①	10	③
11	⑤	12	④	13	①	14	⑤	15	③
16	④	17	②	18	③	19	②	20	③
21	②	22	①	23	④	24	⑤	25	①
26	③	27	②	28	②	29	②	30	④
31	⑤	32	①	33	⑤	34	⑤	35	④
36	①	37	④	38	②	39	③	40	⑤

점수: ________ 점

1 답 ④

공인중개사법령 > 총칙

ㄱ. 중개대상물을 거래당사자 간에 매매하는 행위는 '중개'에 해당하지 않는다. 매매를 알선하는 행위가 '중개'에 해당한다.

ㄴ. 법정지상권을 양도하는 행위를 알선하는 것은 '중개'에 해당한다.

ㄷ. '공인중개사'는 이 법에 의한 공인중개사자격을 취득한 자이다. 따라서 '공인중개사'에 외국법에 따라 공인중개사 자격을 취득한 자는 포함되지 않는다.

2 답 ③

공인중개사법령 > 부동산 거래신고 등에 관한 법률

③ 공인중개사법령상 중개대상물에 해당한다고 하여 모두 부동산 거래신고의 대상이 되는 것은 아니다. 예를 들어 입목, 공장재단 및 광업재단은 중개대상물에 해당하지만 부동산 거래신고의 대상이 되지 않는다.

3 답 ④

공인중개사법령 > 부동산 거래신고 등에 관한 법률

① 「국토의 계획 및 이용에 관한 법률」에 따른 개발제한사항은 신고사항에 포함되지 않는다.

② 자연인 또는 법인이 「주택법」상 투기과열지구 안의 주택을 매수하여 신고하는 경우에는 자금조달 및 입주계획서에 자금조달계획을 증명하는 서류를 첨부해야 한다. 그러나 「주택법」상 조정대상지역 안의 주택을 매수하여 신고하는 경우에는 자금조달 및 입주계획서에 자금조달계획을 증명하는 서류를 첨부하지 아니한다.

③ 「지방공기업법」에 따른 지방공사와 법인이 매매계약을 체결한 경우 지방공사가 신고하여야 한다.

⑤ '거래대상'의 '종류' 중 '임대주택 분양전환'은 법인인 임대주택사업자가 임대기한이 완료되어 분양전환하는 주택인 경우에 ✓표시를 한다.

빈출개념 체크 부동산 거래 공통신고사항(영 별표 1)

1. 거래당사자의 인적사항
2. 계약체결일, 중도금 지급일 및 잔금 지급일
3. 거래대상 부동산등(부동산을 취득할 수 있는 권리에 관한 계약의 경우에는 그 권리의 대상인 부동산을 말함)의 소재지·지번·지목 및 면적
4. 거래대상 부동산등의 종류(부동산을 취득할 수 있는 권리에 관한 계약의 경우에는 그 권리의 종류를 말함)
5. 실제 거래가격
6. 계약의 조건이나 기한이 있는 경우에는 그 조건 또는 기한
7. 매수인이 국내에 주소 또는 거소(잔금 지급일부터 60일을 초과하여 거주하는 장소를 말함)를 두지 않을 경우(매수인이 외국인인 경우로서 출입국관리법 제31조에 따른 외국인등록을 하거나 재외동포의 출입국과 법적 지위에 관한 법률 제6조에 따른 국내거소신고를 한 경우에는 그 체류기간 만료일이 잔금 지급일부터 60일 이내인 경우를 포함)에는 위탁관리인의 인적사항
8. 개업공인중개사가 거래계약서를 작성·교부한 경우에는 다음의 사항
   (1) 개업공인중개사의 인적사항
   (2) 개업공인중개사가 「공인중개사법」 제9조에 따라 개설등록한 중개사무소의 상호·전화번호 및 소재지

4 답 ⑤

고난도

공인중개사법령 > 부동산 거래신고 등에 관한 법률

⑤ 「건축법 시행령」에 따른 단독주택을 취득하여 실제로 이용하는 자가 해당 건축물의 일부를 임대하는 경우에는 토지거래계약을 허가받은 자가 그 토지를 허가받은 목적대로 이용하지 않을 수 있는 예외사유에 해당한다. 그러나 단독주택 중 다중주택 및 공관인 건축물을 취득하여 실제로 이용하는 자가 해당 건축물의 일부를 임대하는 경우는 토지거래계약을 허가받은 자가 그 토지를 허가받은 목적대로 이용하지 않을 수 있는 예외사유에 해당하지 않는다 (영 제14조).

빈출개념 체크 토지거래계약을 허가받은 자가 그 토지를 허가받은 목적대로 이용하지 않을 수 있는 예외사유(영 제14조)

1. 토지를 취득한 후 「국토의 계획 및 이용에 관한 법률」 또는 관계 법령에 따라 용도지역 등 토지의 이용 및 관리에 관한 계획이 변경됨으로써 「국토의 계획 및 이용에 관한 법률」 또는 관계 법령에 따른 행위제한으로 인하여 당초의 목적대로 이용할 수 없게 된 경우
2. 토지를 이용하기 위하여 관계 법령에 따른 허가·인가 등을 신청하였으나 국가 또는 지방자치단체가 국토교통부령으로 정하는 사유로 일정 기간 허가·인가 등을 제한하는 경우로서 그 제한기간 내에 있는 경우
3. 법 제12조에 따른 허가기준에 맞게 당초의 이용목적을 변경하는 경우로서 허가관청의 승인을 받은 경우
4. 다른 법률에 따른 행위허가를 받아 법 제12조에 따른 허가기준에 맞게 당초의 이용목적을 변경하는 경우로서 해당 행위의 허가권자가 이용목적 변경에 관하여 허가관청과 협의를 한 경우
5. 「해외이주법」 제6조에 따라 이주하는 경우
6. 「병역법」 제18조 또는 「대체역의 편입 및 복무 등에 관한 법률」 제17조에 따라 복무하는 경우
7. 「자연재해대책법」 제2조 제1호에 따른 재해로 인하여 허가받은 목적대로 이행하는 것이 불가능한 경우
8. 공익사업의 시행 등 토지거래계약허가를 받은 자에게 책임 없는 사유로 허가받은 목적대로 이용하는 것이 불가능한 경우
9. 다음의 건축물을 취득하여 실제로 이용하는 자가 해당 건축물의 일부를 임대하는 경우
   (1) 「건축법 시행령」 별표 1 제1호의 단독주택[다중주택 및 공관(公館)은 제외](⑤)
   (2) 「건축법 시행령」 별표 1 제2호의 공동주택(기숙사는 제외)(②)
   (3) 「건축법 시행령」 별표 1 제3호의 제1종 근린생활시설(①)
   (4) 「건축법 시행령」 별표 1 제4호의 제2종 근린생활시설(④)
10. 「산업집적활성화 및 공장설립에 관한 법률」 제2조 제1호에 따른 공장을 취득하여 실제로 이용하는 자가 해당 공장의 일부를 임대하는 경우(③)
11. 그 밖에 토지거래계약허가를 받은 자가 불가피한 사유로 허가받은 목적대로 이용하는 것이 불가능하다고 「국토의 계획 및 이용에 관한 법률」 제113조 제2항에 따른 시·군·구도시계획위원회에서 인정한 경우

5 답 ③

공인중개사법령 > 공인중개사제도

③ 시·도지사는 공인중개사 자격시험 합격자의 결정 공고일부터 1개월 이내에 시험합격자에 관한 사항을 공인중개사 자격증교부대장에 기재한 후 자격증을 교부해야 한다.

6 답 ①

중개실무 > 개별적 중개실무

ㄷ. 丙이 X부동산을 제3자에게 처분한 경우 丙은 甲과의 관계에서 횡령죄가 성립하지 않는다.

ㄹ. 丙이 수탁 부동산을 처분하지 않았으므로 甲은 丙에게 대금 상당의 부당이득반환청구권을 행사할 수 없다.

7 답 ①

공인중개사법령 > 중개업무

① 소속공인중개사의 실무교육이수일은 신고서에 기재하는 사항이 아니다.

빈출개념 체크 고용신고서에 기재하는 사항

1. 개업공인중개사의 종별(②)
2. 중개사무소의 명칭(④), 소재지, 등록번호, 전화번호
3. 고용인 인적사항: 고용일(③), 성명, 주민등록번호, 소속공인중개사를 고용한 경우에는 자격증 발급 시·도 및 자격증번호(⑤)

8 답 ②

공인중개사법령 > 중개업무

① 법인 아닌 개업공인중개사는 공인중개사를 책임자로 두더라도 분사무소를 설치할 수 없다.

③ 법인인 개업공인중개사가 분사무소를 설치하기 위해서는 등록관청에 신고하여야 한다.

④ 법인인 개업공인중개사가 분사무소를 설치하려는 경우 주된 사무소 소재지의 시장·군수 또는 구청장에게 신고해야 한다.

⑤ 분사무소에는 공인중개사를 책임자로 두어야 한다. 다만, 다른 법률의 규정에 따라 중개업을 할 수 있는 법인의 분사무소인 경우에는 그러하지 아니하다. 따라서 다른 법률의 규정에 따라 중개업을 할 수 있는 법인의 분사무소에는 공인중개사를 책임자로 두지 않아도 된다.

9 답 ①

중개실무 > 개별적 중개실무

① 대지 위에 구분소유권의 목적인 건물이 속하는 1동의 건물이 있을 때에는 그 대지의 공유자는 그 건물 사용에 필요한 범위의 대지에 대하여는 분할을 청구하지 못한다(법 제8조).

10 답 ③

공인중개사법령 > 중개업무

ㄴ, ㄹ, ㅁ. 사무소의 간판을 지체 없이 철거해야 하는 경우에 해당한다.

빈출개념 체크 간판의 철거(법 제21조의2)

1. 개업공인중개사는 다음 각 호의 어느 하나에 해당하는 경우에는 지체 없이 사무소의 간판을 철거하여야 한다.
   (1) 등록관청에 중개사무소의 이전사실을 신고한 경우(ㅁ)
   (2) 등록관청에 폐업사실을 신고한 경우(ㄹ)
   (3) 중개사무소의 개설등록 취소처분을 받은 경우(ㄴ)
2. 등록관청은 1.에 따른 간판의 철거를 개업공인중개사가 이행하지 아니하는 경우에는 「행정대집행법」에 따라 대집행을 할 수 있다.

11 답 ⑤

고난도

공인중개사법령 > 지도·감독 및 행정처분

⑤ 업무정지기준: 3개월
①②③④ 업무정지기준: 6개월

빈출개념 체크 업무정지의 개별기준

1. 업무정지기준: 6개월
   (1) 부동산거래정보망에 중개대상물에 관한 정보를 거짓으로 공개한 경우
   (2) 등록을 취소할 수 있는 행위를 최근 1년 이내에 1회 위반한 경우
   (3) 등록 등의 결격사유에 해당하는 자를 소속공인중개사 또는 중개보조원으로 둔 경우 다만, 그 사유가 발생한 날부터 2개월 이내에 그 사유를 해소한 경우는 제외
   (4) 최근 1년 이내에 이 법에 따라 2회 이상 업무정지 또는 과태료의 처분을 받고 다시 과태료에 해당하는 행위를 한 경우
2. 업무정지기준: 3개월
   (1) 인장등록을 하지 아니하고 업무를 한 경우, 등록하지 아니한 인장을 사용한 경우
   (2) 전속중개계약서에 따르지 않고 전속중개계약을 체결하거나 전속계약서를 3년간 보존하지 아니한 경우
   (3) 중개대상물 확인·설명서를 거래당사자에게 교부하지 않거나, 3년간 보존하지 아니한 경우
   (4) 중개대상물 확인·설명서에 서명·날인하지 아니한 경우
   (5) 적정하게 거래계약서를 작성·교부하지 않거나 5년 보존하지 아니한 경우
   (6) 거래계약서에 서명·날인하지 아니한 경우
   (7) 거래정보사업자에게 공개를 의뢰한 중개대상물의 거래가 완성된 사실을 그 거래정보사업자에게 지체 없이 통보하지 아니한 경우
   (8) 감독상 명령을 위반하여 업무의 보고, 자료의 제출 등을 하지 아니한 경우
   (9) 부칙 제6조 제6항에 규정된 개업공인중개사가 업무지역을 위반한 경우

12 답 ④

공인중개사법령 > 중개업무

① 법인인 개업공인중개사 및 공인중개사인 개업공인중개사는 그 사무소의 명칭에 '공인중개사사무소' 또는 '부동산중개'라는 문자를 사용하여야 한다. 따라서 법인인 개업공인중개사는 그 사무소의 명칭에 '공인중개사사무소'라는 문자만을 사용하여야 하는 것이 아니고 '부동산중개'라는 문자를 사용해도 된다.
② 개업공인중개사는 옥외광고물을 설치할 수 있다. 그러나 옥외광고물을 설치할 의무를 부담하지 않는다.
③ 개업공인중개사가 아닌 자가 사무소 간판에 '공인중개사사무소'의 명칭을 사용한 경우 등록관청은 그 간판의 철거를 명할 수 있다.
⑤ 법인인 개업공인중개사의 분사무소에 옥외광고물을 설치하는 경우 분사무소 책임자의 성명을 표기해야 한다.

13 답 ①

공인중개사법령 > 중개계약 및 부동산거래정보망

① 중개대상물의 정보에 관한 공개에 관한 사항은 전속중개계약서에는 기재된 사항이지만, 일반중개계약서에 기재된 사항에는 해당하지 않는다.

14 답 ⑤

공인중개사법령 > 개업공인중개사의 의무 및 책임

① 국토교통부장관은 개업공인중개사가 작성하는 거래계약서의 표준이 되는 서식을 정하여 그 사용을 권장할 수 있다. 그러나 현재 이 법상 거래계약서는 국토교통부장관이 정한 표준 서식이 없다. 따라서 거래계약서를 표준서식으로 작성해야 하는 것이 아니고 서면으로만 작성하면 된다.
② 개업공인중개사는 중개가 완성되기 전이라면 중개의뢰인의 요구가 있더라도 거래계약서를 작성·교부하여서는 아니 된다.
③ 법인의 분사무소가 설치되어 있는 경우, 그 분사무소에서 작성하는 거래계약서에는 분사무소의 책임자가 서명 및 날인해야 한다.
④ 해당 중개행위를 한 소속공인중개사도 거래계약서를 작성할 수 있지만, 소속공인중개사가 거래계약서를 작성한 경우 개업공인중개사와 해당 소속공인중개사사가 함께 서명 및 날인하여야 한다.

15 답 ③

고난도

공인중개사법령 > 부동산 거래신고 등에 관한 법률

ㄱ. 거래대금 지급을 증명할 수 있는 자료를 제출하지 아니한 자: 3천만원 이하의 과태료
ㄴ. 개업공인중개사에게 거짓으로 부동산거래신고하도록 요구한 자: 500만원 이하의 과태료

16 답 ④

공인중개사법령 > 개업공인중개사의 의무 및 책임

④ 공동중개의 경우, 중개대상물 확인·설명서에는 참여한 개업공인중개사 모두 서명 및 날인하여야 한다.

17 답 ②

공인중개사법령 > 중개계약 및 부동산거래정보망

- 국토교통부장관은 지정신청을 받은 때에는 지정신청을 받은 날부터 30일 이내에 이를 검토하여 지정기준에 적합하다고 인정되는 경우에는 거래정보사업자로 지정하여야 한다.
- 거래정보사업자는 지정받은 날부터 3개월 이내에 부동산거래정보망의 이용 및 정보제공방법 등에 관한 운영규정을 정하여 국토교통부장관의 승인을 얻어야 한다.
- 국토교통부장관은 거래정보사업자가 정당한 사유 없이 지정받은 날부터 1년 이내에 부동산거래정보망을 설치·운영하지 아니한 경우에는 그 지정을 취소할 수 있다.

18 답 ③

공인중개사법령 > 부동산 거래신고 등에 관한 법률

ㄹ. 축척 5만분의 1 또는 2만5천분의 1의 지형도

빈출개념 체크 허가구역 공고사항

국토교통부장관 또는 시·도지사는 허가구역으로 지정한 때에는 지체 없이 다음의 사항을 공고하여야 한다.
1. 토지거래계약에 관한 허가구역의 지정기간(ㄱ)
2. 허가대상자, 허가대상 용도와 지목(ㄴ)
3. 허가구역 내 토지의 소재지·지번·지목·면적 및 용도지역
4. 허가구역에 대한 축척 5만분의 1 또는 2만5천분의 1의 지형도
5. 허가 면제대상 토지면적(ㄷ)

19 답 ②

공인중개사법령 > 부동산 거래신고 등에 관한 법률

② ㄱ: 60, ㄴ: 150, ㄷ: 500

빈출개념 체크 토지거래허가 면제대상

1. 「국토의 계획 및 이용에 관한 법률」에 따른 도시지역: 다음의 세부 용도지역별 구분에 따른 면적 이하
   (1) 주거지역: 60m^2(ㄱ)
   (2) 상업지역: 150m^2
   (3) 공업지역: 150m^2(ㄴ)
   (4) 녹지지역: 200m^2
   (5) (1)부터 (4)까지의 구분에 따른 용도지역의 지정이 없는 구역: 60m^2
2. 도시지역 외의 지역: 250m^2 이하. 다만, 농지의 경우에는 500m^2 이하(ㄷ)로 하고, 임야의 경우에는 1천m^2 이하로 한다.

20 답 ③

공인중개사법령 > 개업공인중개사의 의무 및 책임

- 법인인 개업공인중개사: 4억원 이상. 다만, 분사무소를 두는 경우에는 분사무소마다 2억원 이상을 추가로 설정해야 한다.
- 법인이 아닌 개업공인중개사: 2억원 이상
- 다른 법률에 따라 부동산중개업을 할 수 있는 자가 부동산중개업을 하려는 경우: 중개업무를 개시하기 전 보장금액 2천만원 이상

21 답 ②

공인중개사법령 > 손해배상책임과 반환채무이행보장

② 거래당사자는 예치명의자가 될 수 없다.

빈출개념 체크 계약금등의 예치명의자가 될 수 있는 자

1. 개업공인중개사(①)
2. 「은행법」에 따른 은행(③)
3. 「보험업법」에 따른 보험회사
4. 「자본시장과 금융투자업에 관한 법률」에 따른 신탁업자(④)
5. 「우체국예금·보험에 관한 법률」에 따른 체신관서
6. 「공인중개사법」 제42조의 규정에 따라 공제사업을 하는 자
7. 부동산 거래계약의 이행을 보장하기 위하여 계약금·중도금 또는 잔금 및 계약 관련 서류를 관리하는 업무를 수행하는 전문회사(⑤)

22 답 ①

공인중개사법령 > 중개보수

- 거래금액: 월차임에 100을 곱하고 여기에 보증금 2천만원 더한 금액이 5천만원 미만(4천만원)이므로 중개보수 계산 시 산정된 거래금액은 (월차임 20만원 × 70)에 보증금 2천만원을 더한 3천400만원이다.
- 보수요율: 주거시설이 완비된 85m² 이하의 오피스텔의 임대차에 관한 상한요율은 거래금액의 1천분의 4이고, 이를 적용하기로 협의하였으므로 보수요율은 1천분의 4이다.
- 중개보수 계산: 3천400만원 × 1천분의 4 = 136,000원이므로 丙이 甲으로부터 받을 수 있는 중개보수는 136,000원이다.

23 답 ④

공인중개사법령 > 공인중개사협회 및 교육·보칙·신고센터 등

④ 위원의 임기는 2년으로 하되 1회에 한하여 연임할 수 있다.

24 답 ⑤

공인중개사법령 > 공인중개사협회 및 교육·보칙·신고센터 등

① 시·도지사가 실시하는 실무교육을 받아야 한다.
② 시·도지사가 실시하는 실무교육을 받아야 한다.
③ 시·도지사 또는 등록관청이 실시하는 직무교육을 받아야 한다.
④ 실무교육을 받은 후 2년마다 연수교육을 받아야 한다.

25 답 ①

공인중개사법령 > 지도·감독 및 행정처분

②③④⑤ 개업공인중개사에게만 적용되고 소속공인중개사에게는 적용되지 않는 사항이므로 개업공인중개사에게만 업무정지사유에 해당한다.

26 답 ③

공인중개사법령 > 지도·감독 및 행정처분

ㄱ. 최근 1년 이내에 「공인중개사법」에 의하여 2회 업무정지처분을 받고 다시 과태료처분에 해당하는 행위를 한 경우: 업무정지를 명할 수 있다.
ㄴ. 최근 1년 이내에 「공인중개사법」에 의하여 1회 업무정지처분, 2회 과태료처분을 받고 다시 업무정지처분에 해당하는 행위를 한 경우: 중개사무소의 개설등록을 취소할 수 있다.

빈출개념 체크 가중처분(법 제38조, 제39조)

1. 최근 1년 이내에 이 법에 의하여 2회 이상 업무정지처분을 받고 다시 업무정지처분에 해당하는 행위를 한 경우: 등록관청은 중개사무소의 개설등록을 취소하여야 한다.
2. 최근 1년 이내에 이 법에 의하여 3회 이상 업무정지 또는 과태료의 처분을 받고 다시 업무정지 또는 과태료의 처분에 해당하는 행위를 한 경우(위 1.에 해당하는 경우는 제외): 등록관청은 중개사무소의 개설등록을 취소할 수 있다.
3. 최근 1년 이내에 이 법에 의하여 2회 이상 업무정지 또는 과태료의 처분을 받고 다시 과태료의 처분에 해당하는 행위를 한 경우: 등록관청은 6개월의 범위 안에서 기간을 정하여 업무의 정지를 명할 수 있다.

27 답 ②

공인중개사법령 > 총칙

ㄱ. 포락지는 그 후 다시 성토되어 농경지로 회복되어도 중개대상물이 될 수 없다(대판 1994.12.13, 94다25209).
ㄹ. 특정한 아파트에 입주할 수 있는 권리가 아니라 아파트에 대한 추첨기일에 신청을 하여 당첨이 되면 아파트의 분양예정자로 선정될 수 있는 지위를 가리키는 데에 불과한 입주권은 「공인중개사법」 제3조 제2호 소정의 중개대상물인 건물에 해당한다고 보기 어렵다(대판 1991.4.23, 90도1287).
ㅁ. 근저당권이 설정되어 있는 피담보채권은 금전채권으로서 중개대상물로 볼 수 없다.

28 답 ②

공인중개사법령 > 지도·감독 및 행정처분

ㄱ, ㄴ. 자격정지기준: 3월
ㄷ, ㄹ. 자격정지기준: 6월

빈출개념 체크 **공인중개사 자격정지의 기준(규칙 별표 3)**

위반행위	자격정지기간
1. 2 이상의 중개사무소에 소속된 경우	자격정지 6월
2. 인장등록을 하지 아니하거나 등록하지 아니한 인장을 사용한 경우	자격정지 3월
3. 성실·정확하게 중개대상물의 확인·설명을 하지 아니하거나 설명의 근거자료를 제시하지 아니한 경우	자격정지 3월
4. 중개대상물 확인·설명서에 서명·날인을 하지 아니한 경우	자격정지 3월
5. 거래계약서에 서명·날인을 하지 아니한 경우	자격정지 3월
6. 거래계약서에 거래금액 등 거래내용을 거짓으로 기재하거나 서로 다른 2 이상의 거래계약서를 작성한 경우	자격정지 6월
7. 「공인중개사법」 제33조 제1항 각 호에 규정된 개업공인중개사등이 금지행위를 한 경우	자격정지 6월

29 답 ②

공인중개사법령 > 벌칙(행정벌)

② 중개의뢰인에게 본인이 중개보조원이라는 사실을 미리 알리지 아니한 사람 및 그가 소속된 개업공인중개사(다만, 개업공인중개사가 그 위반행위를 방지하기 위하여 해당 업무에 관하여 상당한 주의와 감독을 게을리하지 아니한 경우는 제외)에게는 500만원 이하의 과태료를 부과한다.
①③④⑤ 100만원 이하의 과태료를 부과한다.

30 답 ④

공인중개사법령 > 지도·감독 및 행정처분

ㄴ. 정당한 사유 없이 지정받은 날부터 3개월 이내에 운영규정을 제정하지 아니한 경우
ㄷ. 정당한 사유 없이 1년 이내에 부동산거래정보망을 설치·운영하지 아니한 경우

빈출개념 체크 **지정취소(법 제24조)**

국토교통부장관은 거래정보사업자가 다음의 어느 하나에 해당하는 경우에는 그 지정을 취소할 수 있다.
1. 거짓이나 그 밖의 부정한 방법으로 지정을 받은 경우(ㄱ)
2. 지정받은 날부터 3개월 이내에 운영규정의 제정·승인을 받지 아니하거나 변경승인을 받지 아니하고 운영규정을 변경하여 운영하거나 운영규정을 위반하여 부동산거래정보망을 운영한 경우(ㄴ)
3. 「공인중개사법」 제24조 제4항의 규정(거래정보사업자는 개업공인중개사로부터 공개를 의뢰받은 중개대상물의 정보에 한정하여 이를 부동산거래정보망에 공개하여야 하며, 의뢰받은 내용과 다르게 정보를 공개하거나 어떠한 방법으로든지 개업공인중개사에 따라 정보가 차별적으로 공개되도록 하여서는 아니 된다)을 위반하여 정보를 공개한 경우(ㄹ)
4. 정당한 사유 없이 지정받은 날부터 1년 이내에 부동산거래정보망을 설치·운영하지 아니한 경우(ㄷ)
5. 개인인 거래정보사업자의 사망 또는 법인인 거래정보사업자의 해산 그 밖의 사유로 부동산거래정보망의 계속적인 운영이 불가능한 경우(ㅁ)

31 답 ⑤

공인중개사법령 > 지도·감독 및 행정처분

ㄱ, ㄴ, ㄷ, ㄹ, ㅁ. 모두 자격취소사유에 해당한다.

빈출개념 체크 **자격의 취소(법 제35조)**

시·도지사는 공인중개사가 다음의 어느 하나에 해당하는 경우에는 그 자격을 취소하여야 한다.
1. 부정한 방법으로 공인중개사의 자격을 취득한 경우(ㄱ)
2. 다른 사람에게 자기의 성명을 사용하여 중개업무를 하게 하거나 공인중개사자격증을 양도 또는 대여한 경우(ㄴ, ㄷ)
3. 자격정지처분을 받고 그 자격정지기간 중에 중개업무를 행한 경우(다른 개업공인중개사의 소속공인중개사·중개보조원 또는 법인인 개업공인중개사의 사원·임원이 되는 경우를 포함)(ㅁ)
4. 「공인중개사법」 또는 공인중개사의 직무와 관련하여 「형법」 제114조, 제231조, 제234조, 제347조, 제355조 또는 제356조를 위반하여 금고 이상의 형(집행유예를 포함)을 선고받은 경우(ㄹ)

32 답 ①

공인중개사법령 > 벌칙(행정벌)

②③④⑤ 1년 이하의 징역 또는 1천만원 이하의 벌금에 처한다.

빈출개념 체크 3년 이하의 징역 또는 3천만원 이하의 벌금 사유(법 제48조)

다음의 어느 하나에 해당하는 자는 3년 이하의 징역 또는 3천만원 이하의 벌금에 처한다.

1. 중개사무소의 개설등록을 하지 아니하고 중개업을 한 자
2. 거짓이나 그 밖의 부정한 방법으로 중개사무소의 개설등록을 한 자
3. 「공인중개사법」 제33조 제1항 제5호부터 제9호까지의 규정을 위반한 자
   (1) 관계 법령에서 양도·알선 등이 금지된 부동산의 분양·임대 등과 관련 있는 증서 등의 매매·교환 등을 중개하거나 그 매매를 업으로 하는 행위
   (2) 중개의뢰인과 직접 거래를 하거나 거래당사자 쌍방을 대리하는 행위
   (3) 탈세 등 관계 법령을 위반할 목적으로 소유권보존등기 또는 이전등기를 하지 아니한 부동산이나 관계 법령의 규정에 의하여 전매 등 권리의 변동이 제한된 부동산의 매매를 중개하는 등 부동산투기를 조장하는 행위
   (4) 부당한 이익을 얻거나 제3자에게 부당한 이익을 얻게 할 목적으로 거짓으로 거래가 완료된 것처럼 꾸미는 등 중개대상물의 시세에 부당한 영향을 주거나 줄 우려가 있는 행위
   (5) 단체를 구성하여 특정 중개대상물에 대하여 중개를 제한하거나 단체 구성원 이외의 자와 공동중개를 제한하는 행위
4. 「공인중개사법」 제33조 제2항 각 호의 규정을 위반한 자
   (1) 안내문, 온라인 커뮤니티 등을 이용하여 특정 개업공인중개사등에 대한 중개의뢰를 제한하거나 제한을 유도하는 행위
   (2) 안내문, 온라인 커뮤니티 등을 이용하여 중개대상물에 대하여 시세보다 현저하게 높게 표시·광고 또는 중개하는 특정 개업공인중개사등에게만 중개의뢰를 하도록 유도함으로써 다른 개업공인중개사등을 부당하게 차별하는 행위
   (3) 안내문, 온라인 커뮤니티 등을 이용하여 특정 가격 이하로 중개를 의뢰하지 아니하도록 유도하는 행위
   (4) 정당한 사유 없이 개업공인중개사등의 중개대상물에 대한 정당한 표시·광고 행위를 방해하는 행위
   (5) 개업공인중개사등에게 중개대상물을 시세보다 현저하게 높게 표시·광고하도록 강요하거나 대가를 약속하고 시세보다 현저하게 높게 표시·광고하도록 유도하는 행위

33 답 ⑤

공인중개사법령 > 부동산 거래신고 등에 관한 법률

ㄱ, ㄴ, ㄷ, ㄹ. 모두 주택임대차계약의 신고사항에 해당한다.

빈출개념 체크 주택임대차계약의 신고사항

1. 임대차계약 당사자의 인적사항(ㄱ)
   (1) 자연인인 경우: 성명, 주소, 주민등록번호(외국인인 경우에는 외국인등록번호를 말함) 및 연락처
   (2) 법인인 경우: 법인명, 사무소 소재지, 법인등록번호 및 연락처
   (3) 법인 아닌 단체인 경우: 단체명, 소재지, 고유번호 및 연락처
2. 임대차 목적물(주택을 취득할 수 있는 권리에 관한 계약인 경우에는 그 권리의 대상인 주택을 말함)의 소재지, 종류, 임대 면적 등 임대차 목적물 현황
3. 보증금 또는 월차임(ㄷ)
4. 계약체결일 및 계약기간(ㄹ)
5. 「주택임대차보호법」에 따른 계약갱신요구권의 행사 여부(계약을 갱신한 경우만 해당)
6. 해당 주택임대차계약을 중개한 개업공인중개사의 사무소 명칭, 사무소 소재지, 대표자 성명, 등록번호, 전화번호 및 소속공인중개사 성명(ㄴ)

34 답 ⑤

공인중개사법령 > 부동산 거래신고 등에 관한 법률

ㄱ, ㄴ, ㄷ, ㄹ, ㅁ. 모두 외국인등에 해당한다.

빈출개념 체크 외국인등의 범위

외국인등이란 다음의 어느 하나에 해당하는 개인·법인 또는 단체를 말한다.

1. 대한민국의 국적을 보유하고 있지 아니한 개인(ㄱ)
2. 외국의 법령에 따라 설립된 법인 또는 단체(ㄴ)
3. 사원 또는 구성원의 2분의 1 이상이 1.에 해당하는 자인 법인 또는 단체(ㄷ)
4. 업무를 집행하는 사원이나 이사 등 임원의 2분의 1 이상이 1.에 해당하는 자인 법인 또는 단체
5. 1.에 해당하는 사람이나 2.에 해당하는 법인 또는 단체가 자본금의 2분의 1 이상이나 의결권의 2분의 1 이상을 가지고 있는 법인 또는 단체
6. 외국 정부
7. 대통령령으로 정하는 국제기구: 대통령령으로 정하는 국제기구란 다음의 어느 하나에 해당하는 기구를 말한다.
   (1) 국제연합과 그 산하기구·전문기구(ㅁ)
   (2) 정부 간 기구(ㄹ)
   (3) 준정부 간 기구
   (4) 비정부 간 국제기구

35 답 ④

공인중개사법령 > 부동산 거래신고 등에 관한 법률

① 「자연유산의 보존 및 활용에 관한 법률」에 따라 지정된 천연기념물등과 이를 위한 보호물 또는 보호구역에서 외국인이 토지취득의 허가를 받지 아니하고 체결한 토지취득계약은 그 효력이 발생하지 아니한다(무효).

② 외국인이 건축물의 신축을 원인으로 대한민국 안의 부동산을 취득한 때에는 부동산등을 취득한 날부터 6개월 이내에 신고관청에 신고하여야 한다.

③ 외국인이 취득하려는 토지가 토지거래허가구역과 「자연환경보전법」에 따른 생태·경관보전지역에 있으면 토지거래계약허가와 토지취득허가 중에서 하나의 허가를 받으면 된다.

⑤ 「수도법」에 따른 상수원보호구역은 토지취득의 허가대상이 아니다. 따라서 외국인이 「수도법」에 따른 상수원보호구역에 있는 토지를 취득하려는 경우 토지취득계약을 체결하기 전에 신고관청으로부터 토지취득의 허가를 받지 아니한다.

빈출개념 체크 토지취득의 허가

외국인등이 취득하려는 토지가 다음의 어느 하나에 해당하는 구역·지역 등에 있으면 토지를 취득하는 계약을 체결하기 전에 대통령령으로 정하는 바에 따라 신고관청으로부터 토지취득의 허가를 받아야 한다. 이를 위반하여 체결한 토지취득계약은 그 효력이 발생하지 아니한다. 다만, 「부동산 거래신고 등에 관한 법률」 제11조에 따라 토지거래계약에 관한 허가를 받은 경우에는 그러하지 아니하다.

1. 「군사기지 및 군사시설 보호법」에 따른 군사기지 및 군사시설 보호구역, 그 밖에 국방목적을 위하여 외국인등의 토지취득을 특별히 제한할 필요가 있는 지역으로서 대통령령으로 정하는 지역
2. 「문화유산의 보존 및 활용에 관한 법률」에 따른 지정문화유산과 이를 위한 보호물 또는 보호구역
3. 「자연유산의 보존 및 활용에 관한 법률」에 따라 지정된 천연기념물등과 이를 위한 보호물 또는 보호구역
4. 「자연환경보전법」에 따른 생태·경관보전지역
5. 「야생생물 보호 및 관리에 관한 법률」에 따른 야생생물 특별보호구역

36 답 ① 고난도

중개실무 > 개별적 중개실무

ㄴ. 기간을 정하지 아니하거나 기간을 1년 미만으로 정한 임대차는 그 기간을 1년으로 본다(상가건물 임대차보호법 제9조 제1항). 그러나 이 사안은 보증금이 10억원이므로 동법이 적용되지 않기 때문에 위 규정이 적용되지 않는다. 따라서 乙은 1년의 존속기간을 주장할 수 없다.

ㄷ. 환산보증금이 10억원인 경우에도 乙의 계약갱신요구권은 인정된다(동법 제10조 제2항). 그러나 이 사안은 기간을 정하지 아니한 경우이므로 乙은 계약갱신요구권을 행사할 수 없다(대판 2021.12.30, 2021다233730).

ㄹ. 환산보증금이 10억원이므로 이 사안은 「상가건물 임대차보호법」이 적용되지 않는다, 따라서 임대차기간 중에 X상가건물이 「민사집행법」에 따른 경매가 행해진 경우 乙은 우선변제권을 주장할 수 없다.

37 답 ④

중개실무 > 개별적 중개실무

① 부동산의 매각은 호가경매, 기일입찰 또는 기간입찰의 세 가지 방법 중 집행법원이 정한 방법에 따른다.

② 경매개시결정을 한 부동산에 대하여 다른 강제경매의 신청이 있는 때에는 법원은 뒤의 경매신청에 대하여 경매개시결정을 하여야 한다. 즉, 뒤의 경매신청을 각하하여서는 아니 된다.

③ 「민법」·「상법」 그 밖의 법률에 의하여 우선변제청구권이 있는 채권자는 배당요구종기일까지 배당요구를 할 수 있다.

⑤ 재매각절차에서 전(前)의 매수인은 매수신청을 할 수 없으며, 매수신청의 보증을 돌려줄 것을 요구하지도 못한다.

38 답 ②

중개실무 > 개별적 중개실무

ㄷ. 임차인이 임차한 주택의 전부 또는 일부를 고의나 중대한 과실로 파손한 경우에는 계약갱신요구를 거절할 수 있으나, 경미한 과실로 파손한 경우에는 거절할 수 없다.

ㄹ. 건물이 노후·훼손 또는 일부 멸실되는 등 안전사고의 우려가 있어서 임대인이 주택의 전부 또는 대부분을 철거하거나 재건축하기 위하여 목적 주택의 점유를 회복할 필요가 있는 경우에는 계약갱신요구를 거절할 수 있으나, 목적 주택의 일부분을 철거할 필요가 있는 경우에는 거절할 수 없다.

빈출개념 체크 계약갱신요구에 대한 거절사유

1. 임차인이 2기의 차임액에 해당하는 금액에 이르도록 차임을 연체한 사실이 있는 경우
2. 임차인이 거짓이나 그 밖의 부정한 방법으로 임차한 경우
3. 서로 합의하여 임대인이 임차인에게 상당한 보상을 제공한 경우
4. 임차인이 임대인의 동의 없이 목적 주택의 전부 또는 일부를 전대(轉貸)한 경우
5. 임차인이 임차한 주택의 전부 또는 일부를 고의나 중대한 과실로 파손한 경우
6. 임차한 주택의 전부 또는 일부가 멸실되어 임대차의 목적을 달성하지 못할 경우
7. 임대인이 다음의 어느 하나에 해당하는 사유로 목적 주택의 전부 또는 대부분을 철거하거나 재건축하기 위하여 목적 주택의 점유를 회복할 필요가 있는 경우
   (1) 임대차계약 체결 당시 공사시기 및 소요기간 등을 포함한 철거 또는 재건축 계획을 임차인에게 구체적으로 고지하고 그 계획에 따르는 경우
   (2) 건물이 노후·훼손 또는 일부 멸실되는 등 안전사고의 우려가 있는 경우
   (3) 다른 법령에 따라 철거 또는 재건축이 이루어지는 경우
8. 임대인(임대인의 직계존속·직계비속을 포함)이 목적 주택에 실제 거주하려는 경우
9. 그 밖에 임차인이 임차인으로서의 의무를 현저히 위반하거나 임대차를 계속하기 어려운 중대한 사유가 있는 경우

39 답 ③

중개실무 > 개별적 중개실무

③ 임대차 목적물인 상가건물을 1년 6개월 이상 영리목적으로 사용하지 아니한 경우, 임대인은 임차인이 주선한 신규임차인이 되려는 자와 임대차계약의 체결을 거절할 수 있다.

40 답 ⑤

중개실무 > 개별적 중개실무

ㄱ. 매각기일의 변경신청 및 ㄴ. 매각에 대한 항고는 매수신청대리권의 범위에 해당하지 않는다.

빈출개념 체크 매수신청대리권의 범위

법원에 매수신청대리인으로 등록된 개업공인중개사가 매수신청대리의 위임을 받은 경우 다음의 행위를 할 수 있다.

1. 「민사집행법」의 규정에 따른 매수신청보증의 제공(ㄷ)
2. 입찰표의 작성 및 제출
3. 「민사집행법」의 규정에 따른 차순위매수신고
4. 「민사집행법」에 따라 매수신청의 보증을 돌려줄 것을 신청하는 행위(ㄹ)
5. 「민사집행법」에 따른 공유자의 우선매수신고(ㅁ)
6. 구 「임대주택법」(법률 제13499호로 전면 개정되기 전의 것)에 따른 임차인의 임대주택 우선매수신고
7. 공유자 또는 임대주택 임차인의 우선매수신고에 따라 차순위매수신고인으로 보게 되는 경우 그 차순위매수신고인의 지위를 포기하는 행위

제2과목 | 부동산공법 중 부동산중개에 관련되는 규정

pp.190~199

41	④	42	③	43	④	44	②	45	⑤
46	②	47	②	48	③	49	③	50	①
51	②	52	④	53	①	54	⑤	55	④
56	⑤	57	②	58	②	59	①	60	⑤
61	②	62	③	63	②	64	③	65	③
66	②	67	①	68	③	69	④	70	⑤
71	④	72	②	73	②	74	③	75	①
76	⑤	77	⑤	78	④	79	⑤	80	⑤

점수: ________점

41 답 ④

국토의 계획 및 이용에 관한 법률 > 광역도시계획

① 광역계획권이 둘 이상의 도의 관할구역에 걸쳐 있는 경우 국토교통부장관이 광역계획권을 지정할 수 있다.
② 시·도지사의 요청에 의하여 국토교통부장관이 광역도시계획을 수립하는 경우는 없다.
③ 광역도시계획은 5년마다 타당성을 재검토하여 정비하는 규정이 없다.
⑤ 시·도지사는 광역도시계획을 수립하거나 변경하려면 미리 시·도 의회와 관계 시장 또는 군수의 의견을 들어야 한다.

42 답 ③

국토의 계획 및 이용에 관한 법률 > 도시·군계획

③ 도시·군계획시설입체복합구역의 지정에 관한 계획이 도시·군관리계획의 내용에 해당한다.

빈출개념 체크 도시·군관리계획

'도시·군관리계획'이란 특별시·광역시·특별자치시·특별자치도·시 또는 군의 개발·정비 및 보전을 위하여 수립하는 토지 이용, 교통, 환경, 경관, 안전, 산업, 정보통신, 보건, 복지, 안보, 문화 등에 관한 다음의 계획을 말한다.
1. 용도지역·용도지구의 지정 또는 변경에 관한 계획
2. 개발제한구역, 도시자연공원구역, 시가화조정구역(市街化調整區域), 수산자원보호구역의 지정 또는 변경에 관한 계획
3. 기반시설의 설치·정비 또는 개량에 관한 계획
4. 도시개발사업이나 정비사업에 관한 계획
5. 지구단위계획구역의 지정 또는 변경에 관한 계획과 지구단위계획
6. 도시혁신구역의 지정 또는 변경에 관한 계획과 도시혁신계획
7. 복합용도구역의 지정 또는 변경에 관한 계획과 복합용도계획
8. 도시·군계획시설입체복합구역의 지정 또는 변경에 관한 계획(③)

43 답 ④

국토의 계획 및 이용에 관한 법률 > 도시·군계획

④ 공간재구조화계획 결정의 효력은 지형도면을 고시한 날부터 발생한다. 다만, 지형도면이 필요 없는 경우에는 공간재구조화계획의 결정을 고시한 날부터 효력이 발생한다.

44 답 ②

국토의 계획 및 이용에 관한 법률 > 용도지역·용도지구·용도구역

① 일반공업지역은 환경을 저해하지 아니하는 공업의 배치를 위하여 필요한 지역이다. 준공업지역은 경공업 그 밖의 공업을 수용하되, 주거기능·상업기능 및 업무기능의 보완이 필요한 지역이다.
③ 제2종 일반주거지역의 건폐율은 60% 이하이고 준공업지역의 건폐율 70% 이하로 그 기준이 서로 다르다.
④ 제1종 전용주거지역의 용적률은 50% 이상 100% 이하이고 보전녹지지역의 용적률은 50% 이상 80% 이하로 그 기준이 서로 다르다.
⑤ 「어촌·어항법」 제17조 제1항에 따른 어항구역으로서 도시지역에 연접한 공유수면은 도시지역의 결정·고시로 본다.

45 답 ⑤

국토의 계획 및 이용에 관한 법률 > 용도지역·용도지구·용도구역

⑤ 방송통신시설이 자연취락지구 안에 건축할 수 있는 건축물에 해당한다.

빈출개념 체크 자연취락지구 안에 건축할 수 있는 건축물 (영 별표 23)

4층 이하의 건축물. 단, 4층 이하의 범위 안에서 도시·군계획조례로 따로 층수를 정하는 경우에는 그 층수 이하의 건축물에 한한다.
1. 「건축법 시행령」 별표 1 제1호의 단독주택
2. 「건축법 시행령」 별표 1 제3호의 제1종 근린생활시설
3. 「건축법 시행령」 별표 1 제4호의 제2종 근린생활시설 [같은 호 아목(휴게음식점), 자목(일반음식점), 너목(제조업소), 더목(단란주점), 러목(안마시술소)은 제외]
4. 「건축법 시행령」 별표 1 제13호의 운동시설

5. 「건축법 시행령」 별표 1 제18호 가목의 창고(농업·임업·축산업·수산업용만 해당)
6. 「건축법 시행령」 별표 1 제21호의 동물 및 식물관련시설
7. 「건축법 시행령」 별표 1 제23호의 교정시설
8. 「건축법 시행령」 별표 1 제23호의2의 국방·군사시설
9. 「건축법 시행령」 별표 1 제24호의 방송통신시설
10. 「건축법 시행령」 별표 1 제25호의 발전시설

46 답 ②

국토의 계획 및 이용에 관한 법률 > 용도지역·용도지구·용도구역

② 시가화조정구역의 지정에 관한 도시·군관리계획의 결정은 시가화 유보기간이 끝난 날의 다음 날부터 그 효력을 잃는다.

47 답 ②

국토의 계획 및 이용에 관한 법률 > 도시·군계획시설사업의 시행

① 도시지역에서 사회복지시설을 설치하고자 하는 경우 도시·군관리계획으로 결정하지 아니한다.
③ 도시·군계획시설사업이 같은 도의 관할구역에 속하는 둘 이상의 시 또는 군에 걸쳐 시행되는 경우에는 시장·군수가 협의하여 시행자를 정하되 협의가 성립되지 않는 경우에는 도지사가 시행자를 정한다.
④ 시행자는 사업시행을 위하여 특히 필요하다고 인정되는 도시·군계획시설에 인접한 건축물을 일시 사용할 수 있다.
⑤ 도시·군관리계획결정을 고시한 경우 사업에 필요한 국·공유지는 그 도시·군관리계획으로 정해진 목적 외의 목적으로 양도할 수 없다. 이에 위반한 행위는 무효로 한다.

48 답 ③

국토의 계획 및 이용에 관한 법률 > 도시·군계획시설사업의 시행

① 도시·군계획시설결정이 고시된 도시·군계획시설에 대하여 그 고시일부터 20년이 지날 때까지 그 시설의 설치에 관한 도시·군계획시설사업이 시행되지 아니하는 경우 그 도시·군계획시설결정은 그 고시일부터 20년이 되는 날의 다음 날에 그 효력을 잃는다.
② 시장 또는 군수는 도시·군계획시설결정이 고시된 도시·군계획시설(국토교통부장관이 결정·고시한 도시·군계획시설 중 관계 중앙행정기관의 장이 직접 설치하기로 한 시설은 제외)을 설치할 필요성이 없어진 경우 또는 그 고시일부터 10년이 지날 때까지 해당 시설의 설치에 관한 도시·군계획시설사업이 시행되지 아니하는 경우에는 대통령령으로 정하는 바에 따라 그 현황과 단계별 집행계획을 해당 지방의회에 보고하여야 한다.
④ 도시·군계획시설결정의 고시일부터 10년 이내에 그 도시·군계획시설의 설치에 관한 도시·군계획시설사업이 시행되지 아니한 경우로서 단계별 집행계획상 해당 도시·군계획시설의 실효 시까지 집행계획이 없는 경우에는 그 도시·군계획시설 부지로 되어 있는 토지의 소유자는 대통령령으로 정하는 바에 따라 해당 도시·군계획시설에 대한 도시·군관리계획 입안권자에게 그 토지의 도시·군계획시설결정 해제를 위한 도시·군관리계획 입안을 신청할 수 있다.
⑤ 국토교통부장관에게 해제를 권고받은 결정권자는 6개월 내에 해제결정을 하여야 한다.

49 답 ③

국토의 계획 및 이용에 관한 법률 > 지구단위계획

③ 다음의 어느 하나에 해당하는 경우에는 「국토의 계획 및 이용에 관한 법률」 제52조 제3항의 규정에 의하여 지구단위계획으로 당해 용도지역에 적용되는 용적률의 120% 이내에서 용적률을 완화하여 적용할 수 있다.

1. 도시지역에 개발진흥지구를 지정하고 당해 지구를 지구단위계획구역으로 지정한 경우
2. 다음의 어느 하나에 해당하는 경우로서 특별시장·광역시장·특별자치시장·특별자치도지사·시장 또는 군수의 권고에 따라 공동개발을 하는 경우
   (1) 지구단위계획에 2필지 이상의 토지에 하나의 건축물을 건축하도록 되어 있는 경우
   (2) 지구단위계획에 합벽건축을 하도록 되어 있는 경우
   (3) 지구단위계획에 주차장·보행자통로 등을 공동으로 사용하도록 되어 있어 2필지 이상의 토지에 건축물을 동시에 건축할 필요가 있는 경우

50 답 ①

국토의 계획 및 이용에 관한 법률 > 개발행위의 허가 등

② 개발행위허가를 받은 사업면적을 5% 범위 안에서 축소하는 경우에는 별도의 변경허가를 받을 필요가 없으나 확장하는 경우에는 변경 허가를 받아야 한다.
③ 토지의 일부가 도시·군계획시설로 지형도면 고시가 된 당해 토지의 분할은 개발행위허가를 받지 아니한다.
④ 개발행위로 인하여 주변의 국가유산 등이 크게 손상될 우려가 있는 지역에 대해서는 최대 3년까지 개발행위허가를 제한할 수 있다.

⑤ 행정청이 아닌 자가 개발행위허가를 받아 새로 공공시설을 설치한 경우, 종래의 공공시설은 새로 설치한 공공시설의 설치비용에 상당하는 범위에서 개발행위허가를 받은 자에게 무상으로 양도할 수 있다.

51 답 ②

국토의 계획 및 이용에 관한 법률 > 개발행위의 허가 등

② 기반시설부담구역의 지정기준 등에 관하여 필요한 사항은 대통령령으로 정하는 바에 따라 국토교통부장관이 정한다.

52 답 ④

국토의 계획 및 이용에 관한 법률 > 개발행위의 허가 등

④ 특별시장·광역시장·특별자치시장·특별자치도지사·시장 또는 군수는 녹지지역·관리지역·농림지역 및 자연환경보전지역 중 다음의 어느 하나에 해당하는 지역의 전부 또는 일부에 대하여 성장관리계획구역을 지정할 수 있다.

> 1. 개발수요가 많아 무질서한 개발이 진행되거나 진행될 것으로 예상되는 지역
> 2. 주변의 토지이용이나 교통여건 변화 등으로 향후 시가화가 예상되는 지역
> 3. 주변지역과 연계하여 체계적인 관리가 필요한 지역
> 4. 「토지이용규제 기본법」에 따른 지역·지구 등의 변경으로 토지이용에 대한 행위제한이 완화되는 지역
> 5. 그 밖에 난개발의 방지와 체계적인 관리가 필요한 지역으로서 대통령령으로 정하는 지역

따라서 주거지역은 성장관리계획구역의 지정대상지역에 해당하지 아니한다.

53 답 ①

도시개발법 > 도시개발계획 및 구역 지정

② 공공시행자를 제외한 시행자가 도시개발구역의 지정을 제안하려는 경우에는 대상 구역 토지면적의 3분의 2 이상에 해당하는 토지소유자(지상권자를 포함)의 동의를 받아야 한다. 따라서 지방공사는 공공시행자에 해당하므로 동의를 요하지 아니한다.

③ 특별자치도지사·시장·군수 또는 구청장은 제안자와 협의하여 도시개발구역의 지정을 위하여 필요한 비용의 전부 또는 일부를 제안자에게 부담시킬 수 있다.

④ 도시개발조합은 도시개발구역의 지정제안을 할 수 없다.

⑤ 도시개발구역 지정의 제안을 받은 국토교통부장관·특별자치도지사·시장·군수 또는 구청장은 제안내용의 수용 여부를 1개월 이내에 제안자에게 통보하여야 한다. 단, 관계기관과의 협의가 지연되는 등 불가피한 사유가 있는 경우에는 1개월 이내의 범위에서 통보기간을 연장할 수 있다.

54 답 ⑤

도시개발법 > 도시개발계획 및 구역 지정

① 도시개발구역의 토지면적을 산정하는 경우: 국·공유지를 포함하여 산정할 것

② 「집합건물의 소유 및 관리에 관한 법률」 제2조 제2호에 따른 구분소유자: 각각을 토지소유자 1인으로 볼 것

③ 1인이 둘 이상 필지의 토지를 단독으로 소유한 경우: 필지의 수에 관계없이 토지소유자를 1인으로 볼 것

④ 둘 이상 필지의 토지를 소유한 공유자가 동일한 경우: 공유자 여럿을 대표하는 1인을 토지소유자로 볼 것

55 답 ④

도시개발법 > 도시개발사업

① 도시개발사업의 시행자는 도시개발구역의 지정권자가 지정한다.

② 사업시행자는 도시개발사업의 일부인 도로, 공원 등 공공시설의 건설을 지방공사에 위탁하여 시행할 수 있다.

③ 조합을 설립하려면 도시개발구역의 토지소유자 7명 이상이 정관을 작성하여 지정권자에게 조합설립의 인가를 받아야 한다.

⑤ 사업시행자가 도시개발사업에 관한 실시계획의 인가를 받은 후 2년 이내에 사업을 착수하지 아니하는 경우 지정권자는 시행자를 변경할 수 있다.

56 답 ⑤

도시개발법 > 도시개발사업

⑤ 지정권자가 실시계획을 작성하거나 인가한 경우에는 대통령령으로 정하는 바에 따라 이를 관보나 공보에 고시하고 시행자에게 관계 서류의 사본을 송부하며, 대도시 시장인 지정권자는 일반에게 관계 서류를 공람시켜야 하고, 대도시 시장이 아닌 지정권자는 해당 도시개발구역을 관할하는 시장(대도시 시장은 제외)·군수 또는 구청장에게 관계 서류의 사본을 보내야 한다. 이 경우 지정권자인 특별자치도지사와 관계 서류를 받은 시장(대도시 시장은 제외)·군수 또는 구청장은 이를 일반인에게 공람시켜야 한다.

57 답 ②

도시개발법 > 도시개발사업

② 학교용지, 공공청사용지 등 일반에게 분양할 수 없는 공공용지를 국가, 지방자치단체, 그 밖의 법령에 따라 해당 시설을 설치할 수 있는 자에게 공급하는 경우 수의계약의 방법으로 조성토지등을 공급할 수 있다.

58 답 ②

도시개발법 > 도시개발사업

② 시행자는 도시개발사업을 원활히 시행하기 위하여 특히 필요한 경우에는 토지 또는 건축물 소유자의 신청을 받아 건축물의 일부와 그 건축물이 있는 토지의 공유지분(입체환지)을 부여할 수 있다. 따라서 입체환지를 계획하는 경우 토지 또는 건축물 소유자의 신청은 받지만 지정권자의 승인을 받지 아니한다.

59 답 ①

도시 및 주거환경정비법 > 총칙

① 관상용 죽목의 임시식재는 허가를 받지 아니하지만, 경작지에서의 관상용 죽목의 임시식재는 허가를 받아야 한다.

60 답 ⑤

도시 및 주거환경정비법 > 기본계획 수립 및 정비구역 지정

① 특별시장·광역시장·특별자치시장·특별자치도지사 또는 시장은 관할구역에 대하여 기본계획을 10년 단위로 수립하여야 한다. 따라서 군수는 수립의무가 없다.
② 세입자 주거대책은 기본계획이 아닌 정비계획에 포함되어야 한다.
③ 기본계획의 수립권자는 기본계획을 수립하거나 변경하려는 경우에는 14일 이상 주민에게 공람하여 의견을 들어야 하며, 제시된 의견이 타당하다고 인정되면 이를 기본계획에 반영하여야 한다.
④ 기본계획의 수립권자는 지방의회의 의견을 들어야 한다. 이 경우 지방의회는 기본계획의 수립권자가 기본계획을 통지한 날부터 60일 이내에 의견을 제시하여야 한다.

61 답 ②

도시 및 주거환경정비법 > 정비사업

① 투기과열지구 안에서 재건축사업의 경우 조합설립인가 후 당해 정비사업의 건축물 또는 토지를 상속으로 양수한 자는 조합원이 될 수 있다.
③ 조합임원은 같은 목적의 정비사업을 하는 다른 조합의 임원 또는 직원을 겸할 수 없다.
④ 조합임원의 임기는 3년 이하의 범위에서 정관으로 정하되, 연임할 수 있다.
⑤ 대의원회는 총회 의결사항 중 정비사업전문관리업자의 선정 및 변경에 대해서 총회의 권한을 대행할 수 없다.

62 답 ③

도시 및 주거환경정비법 > 정비사업

③ 조합이 재개발사업의 시행으로 건설된 임대주택(이하 '재개발임대주택'이라 함)의 인수를 요청하는 경우 시·도지사 또는 시장·군수·구청장이 우선하여 인수하여야 하며, 시·도지사 또는 시장·군수·구청장이 예산·관리인력의 부족 등 부득이한 사정으로 인수하기 어려운 경우에는 국토교통부장관에게 토지주택공사등을 인수자로 지정할 것을 요청할 수 있다.

63 답 ②

도시 및 주거환경정비법 > 정비사업

② 투기과열지구의 정비사업에서 관리처분계획에 따라 분양대상자 및 그 세대에 속한 자는 분양대상자 선정일(조합원 분양분의 분양대상자는 최초 관리처분계획인가일을 말함)부터 5년 이내에는 투기과열지구에서 분양신청을 할 수 없다. 단, 상속, 결혼, 이혼으로 조합원 자격을 취득한 경우에는 분양신청을 할 수 있다.

64 답 ③

도시 및 주거환경정비법 > 정비사업

③ 사업시행자는 대지 및 건축물의 소유권을 이전하려는 때에는 그 내용을 해당 지방자치단체의 공보에 고시한 후 시장·군수등에게 보고하여야 한다. 이 경우 대지 또는 건축물을 분양받을 자는 고시가 있은 날의 다음 날에 그 대지 또는 건축물의 소유권을 취득한다.

65 답 ③

주택법 > 총칙

하나의 건축물에는 도시형 생활주택과 그 밖의 주택을 함께 건축할 수 없다. 다만, 다음의 어느 하나에 해당하는 경우는 예외로 한다.

1. 도시형 생활주택과 주거전용면적이 85m²를 초과하는 주택 1세대를 함께 건축하는 경우

2. 「국토의 계획 및 이용에 관한 법률 시행령」 제30조 제1항 제1호 다목에 따른 준주거지역 또는 같은 항 제2호에 따른 상업지역에서 아파트형 주택과 도시형 생활주택 외의 주택을 함께 건축하는 경우

66 답 ②

주택법 > 주택의 건설

② 해당 주택조합의 공동사업주체인 등록사업자 또는 업무대행사의 임직원은 주택조합의 임원이 될 수 없다.

67 답 ①

주택법 > 주택의 건설

① 사업주체는 공사의 착수기간이 연장되지 않는 한 주택건설사업계획의 승인을 받은 날부터 5년 이내에 공사를 시작하여야 한다.

68 답 ③

주택법 > 주택의 공급

① 사업주체가 임대주택의 건설·공급에 관한 사항을 포함한 사업계획승인신청서를 제출하는 경우 사업계획승인권자는 용적률을 완화하여 적용할 수 있다. 따라서 건폐율은 완화 적용대상이 아니다.

② 용적률을 완화하여 적용하는 경우 사업주체는 완화된 용적률의 60% 이하의 범위에서 대통령령으로 정하는 비율 이상에 해당하는 면적을 임대주택으로 공급하여야 한다.

④ 공급되는 임대주택의 공급가격은 「공공주택 특별법」 제50조의3 제1항에 따른 공공건설임대주택의 분양전환가격 산정기준에서 정하는 건축비로 한다.

⑤ 그 부속토지는 인수자에게 기부채납한 것으로 본다.

69 답 ④

주택법 > 주택의 건설

① 등록사업자가 주택상환사채를 발행하려는 경우 금융기관 또는 주택도시보증공사의 보증을 받은 경우에만 주택상환사채를 발행할 수 있다. 한국토지주택공사는 보증을 요하지 아니한다.

② 주택상환사채를 발행하려는 자는 주택상환사채 발행계획을 수립하여 국토교통부장관의 승인을 받아야 한다.

③ 주택상환사채는 기명증권으로 하며, 양도하거나 중도에 해약할 수 없다. 단, 해외이주 등 국토교통부령으로 정하는 부득이한 사유가 있는 경우는 예외로 한다.

⑤ 주택상환사채의 발행에 관하여 이 법에서 규정한 것 외에는 「상법」 중 사채발행에 관한 규정을 적용한다.

70 답 ⑤

주택법 > 주택의 공급

⑤ 국토교통부장관이 분양가상한제 적용지역을 지정하는 경우에는 미리 시·도지사의 의견을 들어야 한다. 즉, 분양가상한제 적용지역은 국토교통부장관이 지정하며 시·도지사는 지정권한이 없다.

71 답 ④

주택법 > 주택의 공급

다음의 어느 하나에 해당하여 한국토지주택공사의 동의를 받은 경우 전매제한규정을 적용받지 아니한다.

1. 세대원(전매제한대상 주택을 공급받은 사람이 포함된 세대의 구성원을 말함)이 근무 또는 생업상의 사정이나 질병치료·취학·결혼으로 인하여 세대원 전원이 다른 광역시, 특별자치시, 특별자치도, 시 또는 군(광역시의 관할구역에 있는 군은 제외)으로 이전하는 경우. 단, 수도권 안에서 이전하는 경우는 제외한다.
2. 상속에 따라 취득한 주택으로 세대원 전원이 이전하는 경우
3. 세대원 전원이 해외로 이주하거나 2년 이상의 기간 동안 해외에 체류하려는 경우
4. 이혼으로 인하여 입주자로 선정된 지위 또는 주택을 배우자에게 이전하는 경우
5. 「공익사업을 위한 토지 등의 취득 및 보상에 관한 법률」 제78조 제1항에 따라 공익사업의 시행으로 주거용 건축물을 제공한 자가 사업시행자로부터 이주대책용 주택을 공급받은 경우(사업시행자의 알선으로 공급받은 경우를 포함)로서 시장·군수·구청장이 확인하는 경우
6. 「주택법」 제64조 제1항 제3호부터 제5호까지의 어느 하나에 해당하는 주택의 소유자가 다음의 어느 하나에 해당하는 자에 대한 채무를 이행하지 못하여 경매 또는 공매가 시행되는 경우
   (1) 국가
   (2) 지방자치단체
   (3) 제71조 제1호 각 목의 금융기관
   (4) 주택도시보증공사
7. 입주자로 선정된 지위 또는 주택의 일부를 배우자에게 증여하는 경우
8. 실직·파산 또는 신용불량으로 경제적 어려움이 발생한 경우

72 답 ②

건축법 > 총칙

② 3층인 건축물의 기둥 3개를 증설하여 건축물의 높이를 높이는 행위는 증축이다. 기둥, 보, 지붕틀, 내력벽 등 주요 구조부를 증설하여 면적, 층수, 높이를 높인 행위는 증축에 해당한다.

73 답 ②

건축법 > 총칙

다음의 어느 하나에 해당하는 건축물에는 「건축법」을 적용하지 아니한다.

1. 「문화유산의 보존 및 활용에 관한 법률」에 따른 지정문화유산이나 임시지정문화유산 또는 「자연유산의 보존 및 활용에 관한 법률」에 따라 지정된 천연기념물등이나 임시지정천연기념물, 임시지정명승, 임시지정시·도자연유산, 임시자연유산자료(ㄱ)
2. 철도나 궤도의 선로 부지(敷地)에 있는 다음의 시설
   (1) 운전보안시설
   (2) 철도 선로의 위나 아래를 가로지르는 보행시설
   (3) 플랫폼
   (4) 해당 철도 또는 궤도사업용 급수(給水)·급탄(給炭) 및 급유(給油)시설
3. 고속도로 통행료 징수시설(ㄴ)
4. 컨테이너를 이용한 간이창고(산업집적활성화 및 공장설립에 관한 법률에 따른 공장의 용도로만 사용되는 건축물의 대지에 설치하는 것으로서 이동이 쉬운 것만 해당)
5. 「하천법」에 따른 하천구역 내의 수문조작실

74 답 ③

건축법 > 총칙

시장·군수는 다음의 어느 하나에 해당하는 건축물의 건축을 허가하려면 미리 건축계획서와 국토교통부령으로 정하는 건축물의 용도, 규모 및 형태가 표시된 기본설계도서를 첨부하여 도지사의 승인을 받아야 한다.

1. 층수가 21층 이상이거나 연면적의 합계가 10만m^2 이상인 건축물의 건축(연면적의 10분의 3 이상을 증축하여 층수가 21층 이상으로 되거나 연면적의 합계가 10만m^2 이상으로 되는 경우를 포함)을 말한다. 다만, 다음의 어느 하나에 해당하는 건축물의 건축은 제외한다.
   (1) 공장
   (2) 창고
   (3) 지방건축위원회의 심의를 거친 건축물(특별시 또는 광역시의 건축조례로 정하는 바에 따라 해당 지방건축위원회의 심의사항으로 할 수 있는 건축물에 한정하며, 초고층 건축물은 제외). 다만, 도시환경, 광역교통 등을 고려하여 해당 도의 조례로 정하는 건축물은 제외한다.
2. 자연환경이나 수질을 보호하기 위하여 도지사가 지정·공고한 구역에 건축하는 3층 이상 또는 연면적의 합계가 1천m^2 이상인 건축물로서 위락시설과 숙박시설 등 대통령령으로 정하는 용도에 해당하는 건축물
3. 주거환경이나 교육환경 등 주변 환경을 보호하기 위하여 필요하다고 인정하여 도지사가 지정·공고한 구역에 건축하는 위락시설 및 숙박시설에 해당하는 건축물

75 답 ①

건축법 > 건축물의 건축

② 노유자시설을 위락시설로 용도변경하는 경우 관할 구청장의 허가를 받아야 한다.

③ 업무시설을 판매시설로 용도변경하는 경우 관할 구청장의 허가를 받아야 한다.

④ 종교시설을 운동시설로 용도변경하는 경우 관할 구청장에게 신고를 하여야 한다. 용도변경 허가대상이나 신고대상의 경우에는 건축물대장 기재내용의 변경을 신청하지 아니한다.

⑤ 단독주택을 다중주택으로 용도변경하는 경우는 동일 호 상호간의 변경에 해당하므로 건축물대장 기재내용의 변경을 신청하지 아니한다.

76 답 ⑤

건축법 > 건축물의 건축

⑤ 국토교통부장관이나 특별시장·광역시장·도지사는 건축허가나 건축물의 착공을 제한하는 경우 제한 목적·기간, 대상 건축물의 용도와 대상 구역의 위치·면적·경계 등을 상세하게 정하여 허가권자에게 통보하여야 하며, 통보를 받은 허가권자는 지체 없이 이를 공고하여야 한다. 따라서 특별시장이 구청장의 건축허가를 제한한 경우 직접 공보에 공고하지 아니하고 그 내용을 구청장에게 통보하면 구청장이 이를 공고하여야 한다.

77 답 ⑤

건축법 > 지역 및 지구 안의 건축물

- 대지면적(1,000m²) × 용적률(500%) = 연면적(5,000m²)
- 용적률 산정 시 지하층과 1층 필로티 부분을 주차용으로 사용하는 경우 제외한다.
- 용적률 산정 시 적용되는 바닥면적은 2층(600m²), 3층(600m²), 4층(600m²), 5층(400m²)이다.
- 현재 용적률 산정 시 적용되는 연면적은 2,200m²이다.

∴ 연면적(5,000m²) − 현재 건축되어 있는 연면적(2,200m²) = 증축이 가능한 면적(2,800m²)이다.

78 답 ④

건축법 > 특별건축구역·건축협정 및 결합건축

④ 협정체결자 또는 건축협정운영회의 대표자는 건축협정을 폐지하려는 경우에는 협정체결자 과반수의 동의를 받아 국토교통부령으로 정하는 바에 따라 건축협정인가권자의 인가를 받아야 한다.

79 답 ⑤

농지법 > 농지의 소유

⑤ 농업법인의 합병으로 농지를 취득하는 경우 농지취득자격증명을 발급받지 않아도 된다.

80 답 ⑤

농지법 > 농지의 이용

⑤ 임대인은 질병, 징집 등 대통령령으로 정하는 불가피한 사유가 있는 경우에는 임대차기간을 3년(다년생식물 재배지 등은 5년) 미만으로 정할 수 있다.

| 2교시 |

제1과목 | 부동산공시에 관한 법령 및 부동산 관련 세법
pp.202~212

01	③	02	③	03	③	04	①	05	④
06	⑤	07	④	08	①	09	③	10	③
11	①	12	④	13	③	14	⑤	15	②
16	⑤	17	②	18	④	19	④	20	⑤
21	⑤	22	②	23	②	24	②	25	⑤
26	②	27	①	28	④	29	③	30	⑤
31	④	32	②	33	③	34	①	35	⑤
36	②	37	③	38	①	39	⑤	40	④

점수: ________점

1 답 ③

공간정보의 구축 및 관리 등에 관한 법률 > 토지의 등록

지적확정측량을 실시한 지역의 지번부여 방법은 다음과 같다.

1. 지적확정측량을 실시한 지역의 각 필지에 지번을 새로 부여하는 경우에는 다음의 지번을 제외한 본번으로 부여하는 것이 원칙이다(영 제56조 제3항 제5호).
   (1) 지적확정측량을 실시한 지역의 종전의 지번과 지적확정측량을 실시한 지역 밖에 있는 본번이 같은 지번이 있을 때에는 그 지번
   (2) 지적확정측량을 실시한 지역의 경계에 걸쳐 있는 지번
2. 다음의 경우는 지적확정측량실시지역의 지번부여방법을 준용한다(영 제56조 제3항 제5호).
   (1) 지번부여지역의 지번을 변경할 때
   (2) 행정구역 개편에 따라 새로 지번을 부여할 때
   (3) 축척변경 시행지역의 필지에 지번을 부여할 때

2 답 ③

공간정보의 구축 및 관리 등에 관한 법률 > 토지의 등록

③ 자동차 등의 판매 목적으로 설치된 물류장 및 야외전시장은 주차장이 아니라 잡종지로 한다.

3 답 ③

공간정보의 구축 및 관리 등에 관한 법률 > 지적공부 및 부동산종합공부

ㄱ. 지번은 모든 지적공부에 등록하므로 토지대장과 지적도에 등록한다.

ㄷ. 지목은 토지대장, 임야대장, 지적도, 임야도에 등록하고, 공유지연명부, 대지권등록부, 경계점좌표등록부에는 등록하지 않는다.
ㅁ. 축척은 토지대장, 임야대장, 지적도, 임야도에 등록하고, 공유지연명부, 대지권등록부, 경계점좌표등록부에는 등록하지 않는다.
ㄴ. 토지의 고유번호는 토지대장, 임야대장, 공유지연명부, 대지권등록부, 경계점좌표등록부에 등록하고, 지적도와 임야도에는 등록하지 않는다.
ㄹ. 토지이동사유는 토지대장과 임야대장에만 등록한다.

4 답 ①

공간정보의 구축 및 관리 등에 관한 법률 > 지적공부 및 부동산종합공부

② 경계점좌표등록부를 갖춰 두는 지역의 '지적도'에는 좌표에 의하여 계산된 경계점 간의 거리를 등록한다.
③ 경계점좌표등록부에는 부호 및 부호도와 장번호를 등록한다.
④ 경계점좌표등록부를 갖춰 두는 토지는 지적확정측량과 축척변경을 위한 측량을 실시하여 경계점을 좌표로 등록한 지역의 토지로 한다.
⑤ 경계점좌표등록부를 작성하여 갖춰 둔 지역에서 토지의 경계결정과 지표상의 복원은 '좌표'에 의한다.

5 답 ④

공간정보의 구축 및 관리 등에 관한 법률 > 토지의 이동 및 지적정리

④ 지적소관청이 지적공부의 등록사항에 잘못이 있는지를 직권으로 조사·측량하여 정정할 수 있는 경우는 법으로 정해져 있다(영 제82조 제1항). 연속지적도가 잘못 작성된 경우는 본 규정에 해당하지 않을 뿐만 아니라 연속지적도는 지적공부가 아니므로 이를 잘못 작성된 경우는 직권 정정사유에 해당하지 않는다.

빈출개념 체크 직권으로 조사·측량하여 정정할 수 있는 경우

1. 토지이동정리결의서의 내용과 다르게 정리된 경우(②)
2. 지적도 및 임야도에 등록된 필지가 면적의 증감 없이 경계의 위치만 잘못된 경우(①)
3. 1필지가 각각 다른 지적도나 임야도에 등록되어 있는 경우로서 지적공부에 등록된 면적과 측량한 실제면적은 일치하지만 지적도나 임야도에 등록된 경계가 서로 접합되지 않아 지적도나 임야도에 등록된 경계를 지상의 경계에 맞추어 정정하여야 하는 토지가 발견된 경우
4. 지적공부의 작성 또는 재작성 당시 잘못 정리된 경우
5. 지적측량성과와 다르게 정리된 경우(⑤)
6. 지방지적위원회 또는 중앙지적위원회의 의결서 사본을 받은 지적소관청이 그 내용에 따라 지적공부의 등록사항을 정정하는 경우
7. 지적공부의 등록사항이 잘못 입력된 경우
8. 「부동산등기법」 제37조 제2항(토지합필등기의 제한에 위반하여 등기의 신청을 각하하였을 때에는 등기관은 지체 없이 그 사유를 지적공부소관청에 알려야 함)에 따른 통지가 있는 경우(지적소관청의 착오로 잘못 합병한 경우만 해당)
9. 면적 환산이 잘못된 경우(③)

6 답 ⑤

공간정보의 구축 및 관리 등에 관한 법률 > 지적공부 및 부동산종합공부

⑤ 지적소관청은 부동산종합공부에 「건축법」 제38조에 따른 건축물대장의 내용에서 건축물의 표시와 소유자에 관한 사항(토지에 건축물이 있는 경우만 해당)을 등록하여야 한다(법 제76조의3).

7 답 ④

공간정보의 구축 및 관리 등에 관한 법률 > 토지의 이동 및 지적정리

① 도시개발사업 등의 사업시행자는 그 사업의 착수·변경 및 완료 사실을 그 사유가 발생한 날부터 15일 이내에 지적소관청에 신고하여야 한다(영 제83조 제2항).
② 도시개발사업 등에 따른 토지의 이동신청은 그 신청대상지역이 환지를 수반하는 경우에는 도시개발사업 등의 완료신고로써 이를 갈음할 수 있다(영 제83조 제3항).
③ 「주택법」에 따른 주택건설사업의 시행자가 파산 등의 이유로 토지의 이동신청을 할 수 없을 때에는 그 주택의 시공을 보증한 자 또는 입주예정자 등이 신청할 수 있다(영 제83조 제4항).
⑤ 토지의 이동은 토지의 형질변경 등의 공사가 준공된 때에 이루어진 것으로 본다(법 제86조 제3항).

8 답 ①

공간정보의 구축 및 관리 등에 관한 법률 > 토지의 이동 및 지적정리

ㄱ. 소유권이전, 매매를 위하여 토지를 분할하는 경우는 토지소유자에게 신청의무가 없다. 참고로, 1필지의 일부가 형질변경 등으로 용도가 변경되어 토지의 분할을 신청하는 경우, 토지소유자는 60일 이내에 토지의 분할을 신청하여야 한다.

ㄴ. 관계 법령에 따라 해당 토지에 대한 분할이 개발행위허가 등의 대상인 경우에는 개발행위허가 등을 받은 이후에 분할을 신청할 수 있다(영 제65조).

9 답 ③

공간정보의 구축 및 관리 등에 관한 법률 > 토지의 이동 및 지적정리

- 지적소관청은 청산금을 산정하였을 때에는 청산금 조서를 작성하고, 청산금이 결정되었다는 뜻을 15일 이상 공고하여 일반인이 열람할 수 있게 하여야 한다(영 제75조 제4항).
- 지적소관청은 청산금의 결정을 공고한 날부터 20일 이내에 토지소유자에게 청산금의 납부고지 또는 수령통지를 하여야 한다(영 제76조 제1항).
- 청산금의 납부고지를 받은 자는 그 고지를 받은 날부터 6개월 이내에 청산금을 지적소관청에 내야 한다(영 제76조 제2항).
- 지적소관청은 청산금의 수령통지를 한 날부터 6개월 이내에 청산금을 지급하여야 한다(영 제76조 제3항).

10 답 ③

고난도

공간정보의 구축 및 관리 등에 관한 법률 > 지적측량

① 토지소유자, 이해관계인 또는 지적측량수행자는 지적측량 성과에 대하여 다툼이 있는 경우에는 관할 시·도지사를 거쳐 지방지적위원회에 지적측량 적부심사를 청구할 수 있다(법 제29조 제1항).

② 지적측량 적부심사청구를 회부받은 지방지적위원회는 그 심사청구를 회부받은 날부터 60일 이내에 심의·의결하여야 한다. 다만, 부득이한 경우에는 그 심의기간을 해당 지적위원회의 의결을 거쳐 30일 이내에서 한 번만 연장할 수 있다(법 제29조 제3항).

④ 시·도지사는 의결서를 받은 날부터 7일 이내에 지적측량 적부심사 청구인 및 이해관계인에게 그 의결서를 통지하여야 한다(법 제29조 제5항).

⑤ 의결서를 받은 자가 지방지적위원회의 의결에 불복하는 경우에는 그 의결서를 받은 날부터 90일 이내에 국토교통부장관을 거쳐 중앙지적위원회에 재심사를 청구할 수 있다(법 제29조 제6항).

11 답 ①

공간정보의 구축 및 관리 등에 관한 법률 > 토지의 이동 및 지적정리

ㄴ. 소유자정리 결의서는 토지의 표시사항을 나타내는 것이 아니므로 토지의 표시를 복구하기 위한 자료로 사용할 수 없다.

ㄹ. 한국국토정보공사가 발행한 지적도 사본은 지적소관청이 작성하거나 발행한 서류가 아니므로 복구자료로 사용할 수 없다.

12 답 ④

공간정보의 구축 및 관리 등에 관한 법률 > 지적측량

- 일반업무: 지적측량의 측량기간은 5일로 하며, 측량검사기간은 4일로 한다. 다만, 지적기준점을 설치하여 측량 또는 측량검사를 하는 경우 지적기준점이 15점 이하인 경우에는 4일을, 15점을 초과하는 경우에는 4일에 15점을 초과하는 4점마다 1일을 가산한다(규칙 제25조 제3항).
- 합의업무: 지적측량 의뢰인과 지적측량수행자가 서로 합의하여 따로 기간을 정하는 경우에는 그 기간에 따르되, 전체 기간의 4분의 3은 측량기간으로, 전체 기간의 4분의 1은 측량검사기간으로 본다(규칙 제25조 제4항).

13 답 ③

고난도

부동산등기법 > 각종 권리의 등기절차

① 등기관이 소유권보존등기를 할 때에는 등기원인과 그 연월일을 기록하지 아니한다.

② 미등기'건물'의 건축물대장상 '국'으로부터 소유권이전등록을 받은 자는 건물에 대한 소유권보존등기를 신청할 수 없다. 다만, 미등기'토지'의 지적공부상 '국'으로부터 소유권이전등록을 받은 경우에는 보존등기를 신청할 수 있다.

④ 미등기토지에 가압류등기를 하기 위하여 등기관이 직권으로 소유권보존등기를 한 경우, 법원의 말소촉탁으로 가압류등기가 말소되는 경우라도 등기관이 보존등기를 직권으로 말소하지 아니한다.

⑤ 1동의 건물에 속하는 구분건물 중 일부만에 관하여 소유권보존등기를 신청하는 경우에는 나머지 구분건물의 '표시에 관한 등기'를 동시에 신청하여야 한다. 이 경우 구분건물의 소유자는 1동에 속하는 다른 구분건물의 소유자를 대위하여 그 건물의 표시에 관한 등기를 신청할 수 있다(법 제46조 제1항·제2항).

14 답 ⑤

부동산등기법 > 등기의 기관과 그 설비

⑤ 대지권에 대한 등기로서의 효력이 있는 등기와 대지권의 목적인 토지의 등기기록 중 해당 구에 한 등기의 순서는 서로 다른 등기기록이므로 접수번호에 따른다.

15 답 ②

부동산등기법 > 각종의 등기절차

② 등기관이 당사자의 신청이나 직권에 의한 등기를 하고 요역지지역권, 공동저당, 공동전세 등기 또는 대법원규칙으로 정하는 바에 따라 다른 부동산에 대하여 등기를 하여야 하는 경우에는 그 부동산의 관할 등기소가 다른 때에도 해당 등기를 할 수 있다(법 제7조의2 제2항).

16 답 ⑤

부동산등기법 > 등기절차 총론

⑤ 소유권이전등기를 신청함에 있어서 등기의무자의 주소변경사실이 명백한 때에는 그 등기명의인의 주소변경등기를 등기관이 직권으로 하여야 한다(규칙 제122조 본문). 반면, 신청정보의 등기의무자의 표시에 관한 사항 중 주민등록번호는 등기기록과 일치하고 주소가 일치하지 아니하는 경우, 주소를 증명하는 정보에 의해 등기의무자의 등기기록상 주소가 신청정보상의 주소로 변경된 사실이 확인되더라도 등기관은 직권으로 등기명의인의 표시변경등기를 할 수 없다(규칙 제122조 단서).

17 답 ②

부동산등기법 > 등기절차 총론

ㄷ. 지상권설정청구권보전의 가등기에 의하여 지상권설정의 본등기를 한 경우, 가등기 이후 본등기 이전에 동일부분에 이루어진 임차권등기는 양립이 불가능하므로 직권으로 말소한다.

ㄹ. 가처분채권자의 신청에 따라 가처분채권자의 권리를 침해하는 가처분등기 이후의 등기를 말소하는 경우 해당 가처분등기는 등기관이 직권으로 말소한다.

ㄱ. 수용으로 인한 소유권이전등기를 하는 경우 그 부동산의 등기기록 중 그 부동산을 위하여 존재하는 지역권등기는 직권으로 말소하지 아니한다(법 제99조 제4항).

ㄴ. 첨부서류를 위조하여 저당권설정등기를 신청하였으나 등기관이 이를 간과하여 마쳐진 저당권설정등기는 각하사유를 규정한 「부동산등기법」 제29조 제9호 '등기에 필요한 첨부정보를 제공하지 아니한 경우'에 해당하여 절차적으로 흠결이 있는 등기이다. 이 경우는 비록 절차적 흠결이 있더라도 실체관계에 부합하면 유효하므로 등기관은 이를 직권으로 말소할 수 없다.

18 답 ④

부동산등기법 > 등기절차 총론

④ 저당권이 채권양도로 이전된 후 피담보채권의 소멸로 인한 저당권말소등기의 등기의무자는 양수인, 등기권리자는 저당권설정자이다.

19 답 ④

부동산등기법 > 등기절차 총론

④ 사용자등록의 유효기간은 3년으로 한다. 다만, 자격자대리인 외의 자의 경우에는 그 기간을 단축할 수 있다(규칙 제69조 제1항). 사용자등록의 유효기간 만료일 3개월 전부터 만료일까지는 그 유효기간의 연장을 신청할 수 있으며, 그 연장기간은 3년으로 한다. 다만, 자격자대리인 외의 자의 경우에는 단축된 기간에 따른다(규칙 제69조 제3항).

20 답 ⑤

부동산등기법 > 등기절차 총론

⑤ 채무자가 가등기상의 권리를 이전등기하는 것은 채무자의 처분에 해당된다. 따라서 채권자는 처분금지가처분을 법원에 신청할 수 있고 법원의 촉탁에 의하여 가처분등기가 실행될 수 있다.

21 답 ⑤

부동산등기법 > 각종 권리의 등기절차

ㄱ. 환매특약의 등기 이후 환매권 행사 전에 마쳐진 제3자 명의의 소유권 이외의 권리에 관한 등기의 말소등기는 일반원칙에 따라 공동신청에 의하고, 그 말소등기의 원인은 '환매권행사로 인한 실효'로 기록한다.

ㄷ. 유증으로 인한 소유권이전등기 전에 상속등기가 이미 마쳐진 경우에는 상속등기를 말소함이 없이 상속인으로부터 유증으로 인한 소유권이전등기를 신청할 수 있다.

ㄴ. 「신탁법」상 신탁으로 인한 소유권이전등기가 마쳐진 경우, 등기기록상 소유자는 수탁자이므로 수탁자를 등기의무자로 하는 처분제한등기나 경매개시결정등기 등의 촉탁이 있는 경우에는 이를 수리할 수 있지만, 위탁자를 등기의무자로 하는 위 등기의 촉탁이 있는 경우에는 이를 수리할 수 없는 것이 원칙이다.

22 답 ②

부동산등기법 > 각종 권리의 등기절차

② 전세권 일부이전등기의 신청은 전세권 존속기간의 만료 전에는 할 수 없다. 다만, 존속기간 만료 전이라도 해당 전세권이 소멸하였음을 증명하여 신청하는 경우에는 그러하지 아니하다(법 제73조 제2항).

23 답 ②

부동산등기법 > 각종 권리의 등기절차

② 공유자 중 일부가 공유물의 보존행위로서 공유자 전원을 등기권리자로 하여 권리에 관한 등기를 신청하여 마친 경우, 신청한 등기권리자를 제외한 나머지 등기권리자에게는 등기필정보를 통지하지 않는다(규칙 제109조). 나머지 등기권리자는 등기를 신청하지 않았기 때문이다.

24 답 ②

부동산등기법 > 각종의 등기절차

② 하나의 가등기에 관하여 여러 사람의 가등기권자가 있는 경우에, 가등기권자 모두가 공동의 이름으로 본등기를 신청하거나, 그중 일부의 가등기권자가 자기의 가등기지분에 관하여 본등기를 신청할 수 있지만, 일부의 가등기권자가 공유물보존행위에 준하여 가등기 전부에 관한 본등기를 신청할 수는 없다.

25 답 ⑤

조세총론 > 납세의무의 성립·확정·소멸

⑤ 가산세를 제외한 국세가 5억원 이상인 경우 국세징수권은 10년 동안, 가산세를 제외한 5억원 미만인 경우에는 5년 동안 행사하지 아니하면 소멸시효가 완성된다(국세기본법 제27조 제1항).

26 답 ②

조세총론 > 조세의 불복제도

ㄱ. 지방세에 관한 불복 시 불복청구인은 이의신청을 거치지 아니하고 바로 심판청구를 할 수 있다(지방세기본법 제91조 제3항).

ㄹ. 이의신청인은 신청 금액이 2천만원 미만인 경우에는 그의 배우자, 4촌 이내의 혈족 또는 그의 배우자의 4촌 이내 혈족을 대리인으로 선임할 수 있다(지방세기본법 제93조 제2항).

27 답 ①

지방세 > 취득세

① 직계비속이 권리의 이전에 등기가 필요한 직계존속의 부동산을 서로 교환하는 경우 유상으로 취득한 것으로 본다(지방세법 제7조 제11항).

28 답 ④

지방세 > 취득세

④ 유상거래를 원인으로 상가용 건축물 취득한 경우: 1천분의 40

① 공유수면을 매립하여 토지를 취득한 경우: 1천분의 28

② 상속으로 농지를 취득한 경우: 1천분의 23

③ 법령으로 정한 영리사업자가 상속 외 무상취득한 경우: 1천분의 35

⑤ 총유물의 분할로 인한 취득의 경우: 1천분의 23

29 답 ③

지방세 > 취득세

① 상속을 제외한 무상취득(부담부증여 포함)으로 인한 경우는 취득일이 속하는 달의 말일부터 3개월 이내에 그 과세표준에 세율을 적용하여 산출한 세액을 신고하고 납부하여야 한다(지방세법 제20조 제1항).

② 취득세가 경감된 과세물건이 추징대상이 된 때에는 그 사유발생일부터 60일 이내에 그 산출세액에서 이미 납부한 세액(가산세 제외)을 공제한 세액을 신고·납부하여야 한다(지방세법 제20조 제3항).

④ 국가, 지방자치단체 또는 지방자치단체조합이 취득세 과세물건을 매각(연부로 매각한 것을 포함)하면 매각일부터 30일 이내에 지방자치단체의 장에게 통보하거나 신고하여야 한다(지방세법 제19조).

⑤ 「주택법」에 따른 공동주택의 개수(건축법에 따른 대수선은 제외)로 인한 취득 중 개수로 인한 취득 당시 「지방세법」에 따른 주택의 시가표준액이 9억원 이하인 주택과 관련된 개수로 인한 취득에 대해서는 취득세를 부과하지 아니한다(지방세법 제9조 제6항, 동법 시행령 제12조의2).

30 답 ⑤

지방세 > 등록에 대한 등록면허세

① 부동산의 등록에 대한 등록면허세의 과세표준은 등록자가 신고한 당시의 가액으로 하고, 신고가 없거나 신고가액이 시가표준액보다 적은 경우에는 시가표준액을 과세표준으로 한다(지방세법 제27조 제2항).
② 취득세에 대한 부과제척기간이 경과한 물건의 등기 또는 등록은 등록 당시의 가액과 취득 당시의 가액 중 높은 가액을 등록면허세 과세표준으로 한다(지방세법 제27조 제3항 제2호).
③ 상속으로 인한 소유권이전등기 시 등록면허세 표준세율은 부동산가액의 1천분의 8로 한다(지방세법 제28조 제1항 제1호 나목).
④ 임차권설정 및 이전등기 시 등록면허세의 표준세율은 월 임대차금액의 1천분의 2이다(지방세법 제28조 제1항 제1호 다목).

31 답 ④

지방세 > 등록에 대한 등록면허세

④ 채권자대위자는 납세의무자를 대위하여 부동산의 등기에 대한 등록면허세를 신고납부할 수 있다. 이 경우 채권자대위자는 행정안전부령으로 정하는 바에 따라 납부확인서를 발급받을 수 있다(지방세법 제30조 제5항).

32 답 ②

지방세 > 재산세

② 상속이 개시된 재산으로서 상속등기가 이행되지 아니하고 사실상의 소유자를 신고하지 아니하였을 때에는 행정안전부령으로 정하는 주된 상속자가 재산세를 납부할 의무가 있다(지방세법 제107조 제2항 제2호).

33 답 ③

지방세 > 재산세

ㄴ. 법령에서 정하는 고급선박 및 고급오락장용 건축물의 경우 고급오락장용 건축물(1천분의 40)의 표준세율이 고급선박(1천분의 50)의 표준세율보다 낮다.
ㄷ. 지방자치단체의 장은 특별한 재정수요나 재해 등의 발생으로 재산세의 세율 조정이 불가피하다고 인정되는 경우 조례로 정하는 바에 따라 표준세율의 100분의 50의 범위에서 가감할 수 있다. 다만, 가감한 세율은 해당 연도에만 적용한다(지방세법 제111조 제3항).

34 답 ①

고난도

국세 > 종합부동산세

② 정부부과과세제도에도 불구하고 종합부동산세를 신고납부방식으로 납부하고자 하는 납세의무자는 종합부동산세의 과세표준과 세액을 해당 연도 12월 1일부터 12월 15일까지 대통령령으로 정하는 바에 따라 관할 세무서장에게 신고하여야 한다(종합부동산세법 제16조 제3항).
③ 납세자에게 부정행위가 없으며 특례제척기간에 해당하지 않은 경우 원칙적으로 납세의무 성립일부터 5년이 지나면 종합부동산세를 부과할 수 없다.
④ 1세대 1주택자에 대하여는 주택분 종합부동산세 산출세액에서 소유자의 연령과 주택 보유기간에 따른 공제액을 공제율 합계 100분의 80의 범위에서 중복하여 공제한다(종합부동산세법 제9조 제5항).
⑤ 종합합산과세대상인 토지에 대한 종합부동산세의 과세표준은 해당 토지의 공시가격을 합산한 금액에서 5억원을 공제한 금액에 100분의 100을 한도로 공정시장가액비율을 곱한 금액으로 한다(종합부동산세법 제13조 제1항).

35 답 ⑤

국세 > 종합소득세

① 부동산임대업에서 발생하는 사업소득의 납세지는 납세의무자의 주소지 또는 거소지로 한다(소득세법 제6조 제1항).
② 주택을 임대하여 얻은 소득에 대하여 거주자는 사업자등록과 관계없이 소득세 납세의무가 있다.
③ 사업자가 부동산을 임대하고 임대료 외에 전기료·수도료 등 공공요금의 명목으로 지급받은 금액이 공공요금의 납부액을 초과할 때 그 초과하는 금액은 사업소득 총수입금액에 산입한다.
④ 주택을 대여하고 보증금 등을 받은 경우에는 3주택 이상을 소유하고 해당 주택의 보증금 등의 합계액이 3억원을 초과하는 경우를 말하며, 주택 수의 계산 그 밖에 필요한 사항은 대통령령으로 정한다(소득세법 제25조 제1항 단서).

36 답 ②

고난도

국세 > 양도소득세

항목	금액	비고
양도가액	2,000,000,000원	실지거래가액
(-) 취득가액	1,630,000,000원	실지거래가액
(-) 양도비용	70,000,000원	양도비 및 자본적 지출액
양도차익	300,000,000원	
고가주택 양도차익	120,000,000원	3억원 × (20억 - 12억) ÷ 20억
(-) 장기보유특별공제	48,000,000원	1억 2천만원 × 40% (보유기간 20% + 거주기간 20%)
양도소득금액	72,000,000원	
(-) 양도소득기본공제	2,500,000원	2025년도에 다른 양도 거래는 없음
과세표준	69,500,000원	-

37 답 ③

국세 > 양도소득세

③ 거주자의 배우자 또는 직계존비속이 해당 자산에 대하여 지출한 자본적 지출에 따른 금액은 수증자의 필요경비에 포함한다(소득세법 제97조의2 제1항 제2호).

38 답 ①

국세 > 양도소득세

① 실지거래가액 및 추계조사(매매사례가액·감정가액·환산취득가액)에 따라 필요경비를 계산할 때 양도자산 보유기간에 그 자산에 대한 감가상각비로서 각 과세기간의 사업소득금액을 계산하는 경우 필요경비에 산입하였거나 산입할 금액이 있을 때에는 이를 취득가액에서 공제한 금액을 그 취득가액으로 한다(소득세법 제97조 제3항). 다만, 기준시가를 취득가액으로 하는 경우에는 필요경비에 산입한 감가상각비는 공제하지 아니한다.

39 답 ⑤

국세 > 양도소득세

⑤ 국외 부동산을 양도하여 발생한 양도차손은 동일한 과세기간에 국내 부동산을 양도하여 발생한 양도소득금액에서 통산할 수 없다.

40 답 ④

국세 > 양도소득세

① 양도차익이 없거나 양도차손이 발생한 경우에도 양도소득 과세표준 예정신고의무가 있다(소득세법 제105조 제3항).

② 2025년 3월 21일에 주택을 양도하고 잔금을 청산한 경우 2025년 5월 31일까지 예정신고하여야 한다(소득세법 제105조 제1항 제1호).

③ 건물을 신축하고 그 신축한 건물의 취득일부터 5년 이내에 해당 건물을 양도하는 경우로서 취득 당시의 실지거래가액을 확인할 수 없어 감정가액을 그 취득가액으로 하는 경우에는 감정가액의 100분의 5에 해당하는 금액을 양도소득 결정세액에 더한다(소득세법 제114조의2 제1항).

⑤ 양도소득 과세표준 예정신고 시에는 납부할 세액이 1천만원을 초과하는 경우에는 그 납부할 세액의 일부를 납부기한이 지난 후 2개월 이내에 분할납부할 수 있다(소득세법 제112조).

찐 실전모의고사 정답 및 해설

• 집필진 [공인중개사법령 및 중개실무] 임선정 교수, [부동산공법] 오시훈 교수, [부동산공시법] 김민석 교수, [부동산세법] 한영규 교수

| 1교시 |

제1과목 | 공인중개사의 업무 및 부동산 거래신고 등에 관한 법령 및 중개실무

부록 pp.2~8

01	②	02	①	03	②	04	④	05	④
06	①	07	②	08	④	09	⑤	10	⑤
11	④	12	⑤	13	①	14	①	15	⑤
16	②	17	④	18	④	19	④	20	③
21	⑤	22	④	23	④	24	④	25	③
26	⑤	27	④	28	⑤	29	④	30	⑤
31	④	32	⑤	33	⑤	34	④	35	②
36	③	37	①	38	③	39	⑤	40	①

점수: ________점

1 답 ②

공인중개사법령 > 총칙

② 판례에 따르면 주택이 철거될 경우 일정한 요건하에 택지개발지구 내에 이주자 택지를 공급받을 지위인 대토권은 중개대상에 해당하지 않는다(대판 2011.5.26, 2011다23682).

2 답 ①

공인중개사법령 > 중개계약 및 부동산거래정보망

① 국토교통부장관은 거래정보사업자 지정신청을 받은 때에는 30일 이내에 이를 검토하여 지정기준에 적합하다고 인정되는 경우에는 거래정보사업자지정서를 교부하여야 한다.

3 답 ②

공인중개사법령 > 중개업무

② 중개보조원의 고용신고를 받은 등록관청은 그 사실을 공인중개사협회에 다음 달 10일까지 통보해야 한다.

4 답 ④

공인중개사법령 > 중개사무소 개설등록 및 결격사유

① 등록 등의 결격사유가 아니므로 중개업무에 종사할 수 있다.

② 등록 등의 결격사유에는 해당하지만, 공인중개사자격은 취소되지 않는다.

③ 등록 등의 결격사유도 아니고, 공인중개사자격 취소사유도 아니다.

⑤ 집행유예기간이 경과한 날부터 2년간 중개업무에 종사할 수 없다.

5 답 ④

공인중개사법령 > 중개업무

④ 개업공인중개사가 의뢰받은 중개대상물에 대하여 표시·광고를 하려면 중개사무소, 개업공인중개사에 관한 사항으로서 다음의 사항을 명시하여야 하며, 중개보조원에 관한 사항은 명시해서는 아니 된다.

> 1. 중개사무소의 명칭, 소재지, 연락처 및 등록번호
> 2. 개업공인중개사의 성명(법인인 경우에는 대표자의 성명)

6 답 ①

공인중개사법령 > 부동산 거래신고 등에 관한 법률

시장·군수 또는 구청장은 다음의 어느 하나에 해당하는 자를 관계 행정기관이나 수사기관에 신고하거나 고발한 자에게 예산의 범위에서 포상금을 지급할 수 있다.

> 1. 부동산등의 실제 거래가격을 거짓으로 신고한 자(신고의무자가 아닌 자가 거짓으로 신고를 한 경우 포함)
> 2. 계약을 체결하지 아니하였음에도 불구하고 거짓으로 부동산 거래신고를 한 자(②)
> 3. 계약이 해제등이 되지 아니하였음에도 불구하고 거짓으로 부동산 거래의 해제등 신고를 한 자(③)
> 4. 주택임대차계약의 신고, 변경 및 해제신고규정을 위반하여 주택임대차계약의 보증금·차임 등 계약금액을 거짓으로 신고한 자(⑤)
> 5. 허가 또는 변경허가를 받지 아니하고 토지거래계약을 체결한 자 또는 거짓이나 그 밖의 부정한 방법으로 토지거래계약허가를 받은 자(④)
> 6. 토지거래계약허가를 받아 취득한 토지에 대하여 허가받은 목적대로 이용하지 아니한 자

7 답 ②

공인중개사법령 > 개업공인중개사의 의무 및 책임

② 안내문, 온라인 커뮤니티 등을 이용하여 특정 개업공인중개사 등에 대한 중개의뢰를 제한하거나 제한을 유도하는 행위는 「공인중개사법」 제33조 제2항에서 규정하고 있는 금지행위에 해당한다.

8 답 ④

공인중개사법령 > 중개사무소 개설등록 및 결격사유

① 금고 이상의 형의 경우, 「공인중개사법」뿐만 아니라 다른 법을 위반한 경우에도 적용된다.
② 집행유예의 경우, 집행유예기간이 만료된 날부터 2년간 결격사유에 해당하므로 5년이 지나면 결격사유를 벗어난다.
③ 직원의 경우에는 업무정지의 효과가 미치지 아니한다.
⑤ 피성년후견인의 경우에 후견 종료선고를 받아야 결격사유를 벗어난다.

9 답 ⑤

공인중개사법령 > 중개사무소 개설등록 및 결격사유

⑤ 업무정지처분을 받고 폐업신고를 한 자의 경우, 해당 업무정지기간이 지나면 결격사유를 벗어나며, 1년이 지나야 결격사유를 벗어나는 것은 아니다.

10 답 ⑤

공인중개사법령 > 공인중개사협회 및 교육·보칙·신고센터 등

① 상대적 등록취소사유에 해당한다.
② 대전광역시 유성구청장이 처분권자가 된다.
③ 거래당사자의 경우 「공인중개사법」상의 행정처분의 규정이 없다.
④ 거짓으로 부동산 거래신고를 한 경우 부동산 취득가액의 100분의 10 이하 금액의 과태료처분대상이 된다.

11 답 ④

공인중개사법령 > 손해배상책임과 반환채무이행보장

① 개업공인중개사는 발생한 모든 손해를 배상하여야 할 책임이 있다.
② 개업공인중개사는 중개행위를 하는 경우 고의 또는 과실로 인하여 거래당사자에게 재산상의 손해를 발생하게 한 때에는 그 손해를 배상할 책임이 있다
③ 배상 후 15일 이내에 다시 보증을 설정하여 등록관청에 신고하여야 한다.
⑤ 주된 사무소는 4억원의 보증을 설정하여야 하고, 분사무소를 두는 경우 1개의 분사무소당 2억원의 보증을 설정하여야 하므로, 2개의 분사무소를 두는 경우 그 법인인 개업공인중개사의 전체 보증설정금액은 8억원이다.

12 답 ⑤

공인중개사법령 > 중개보수

⑤ 분사무소에서 주택을 중개한 경우 주된 사무소의 소재지와 분사무소의 소재지가 다른 경우에는 분사무소의 소재지를 관할하는 시·도의 조례에서 정한 기준에 따른다.

13 답 ①

공인중개사법령 > 손해배상책임과 반환채무이행보장

① 개업공인중개사는 예치권고를 할 수 있을 뿐만 아니라 예치명의자도 될 수 있다.

14 답 ①

공인중개사법령 > 개업공인중개사의 의무 및 책임

① 공법상 이용제한 및 거래규제는 거래계약서의 필요적 기재사항에 해당하지 않는다.

15 답 ⑤

공인중개사법령 > 중개계약 및 부동산거래정보망

⑤ 국토교통부장관은 지정신청을 받은 날부터 30일 이내에 거래정보사업자 지정서를 교부하여야 한다.

16 답 ②

공인중개사법령 > 중개보수

- 분양권 전매 시에는 분양금액 3억원이 아닌 이미 납부한 금액 전부(계약금 3천만원 + 1차 중도금 3천만원 = 6천만원)에 프리미엄 2천만원을 합한 8천만원을 거래가액으로 보아야 한다.
- 거래가액(8천만원) × 요율(0.5%) = 중개보수(40만원)이다.
- 중개보수는 중개의뢰인 쌍방으로부터 각각 받게 되므로 중개보수 총액은 40만원 × 2 = 80만원이다.

17 답 ④

공인중개사법령 > 손해배상책임과 반환채무이행보장

「공인중개사법」상 예치명의자가 될 수 있는 자는 다음에 규정된 자로 한정되어 있다.

> 1. 개업공인중개사
> 2. 「은행법」에 따른 은행(ㄴ)
> 3. 「보험업법」에 따른 보험회사
> 4. 「자본시장과 금융투자업에 관한 법률」에 따른 신탁업자
> 5. 「우체국예금·보험에 관한 법률」에 따른 체신관서
> 6. 법 제42조의 규정에 따라 공제사업을 하는 자
> 7. 부동산거래계약의 이행을 보장하기 위하여 계약금·중도금 또는 잔금(이하 '계약금등'이라 함) 및 계약 관련 서류를 관리하는 업무를 수행하는 전문회사

18 답 ④

공인중개사법령 > 공인중개사협회 및 교육·보칙·신고센터 등

④ 공인중개사협회와 그 지부 및 지회에 대하여는 국토교통부장관이 지도·감독관청이다.

19 답 ④

공인중개사법령 > 벌칙(행정벌)

① 100만원 이하의 과태료사유에 해당한다.
②③⑤ 500만원 이하의 과태료사유에 해당한다.

20 답 ③

공인중개사법령 > 공인중개사협회 및 교육·보칙·신고센터 등

③ 개업공인중개사가 쌍방을 대리하여 소유권이전등기에 관한 업무를 수행하는 행위는 공인중개사법령상 부동산거래질서교란행위에 해당하지 않는다.

21 답 ⑤

공인중개사법령 > 지도·감독 및 행정처분

⑤ 시·도지사는 공인중개사의 자격취소처분을 한 때에는 5일 이내에 이를 국토교통부장관과 다른 시·도지사에게 통보하여야 한다.

22 답 ④

공인중개사법령 > 지도·감독 및 행정처분

④ 업무정지처분은 사유가 발생한 날부터 3년이 지난 때에는 할 수 없다.

23 답 ④

공인중개사법령 > 지도·감독 및 행정처분

④ 폐업신고 전에 개업공인중개사 甲에게 한 업무정지처분의 효과는 그 처분일부터 1년간 재등록 개업공인중개사 甲에게 승계된다.

24 답 ④

공인중개사법령 > 공인중개사협회 및 교육·보칙·신고센터 등

④ 등록관청은 하나의 사건에 대하여 2건 이상의 신고 또는 고발이 접수된 경우에는 최초로 신고 또는 고발한 자에게 포상금을 지급한다.

25 답 ③

공인중개사법령 > 부동산 거래신고 등에 관한 법률

③ 외국인등이 대한민국 안의 부동산등을 계약 외의 원인(상속, 경매, 판결, 환매권 행사)으로 취득한 경우에는 부동산등을 취득한 날부터 6개월 이내에 시장·군수·구청장에게 신고하여야 한다. 신고를 하지 않거나 허위신고한 경우에는 100만원 이하의 과태료에 처한다.

26 답 ⑤

공인중개사법령 > 부동산 거래신고 등에 관한 법률

⑤ 거래당사자는 부동산 거래신고를 한 후 해당 거래계약이 해제, 무효 또는 취소(이하 '해제등'이라 함)된 경우 해제등이 확정된 날부터 30일 이내에 해당 신고관청에 공동으로 신고하여야 한다. 다만, 거래당사자 중 일방이 신고를 거부하는 경우에는 단독으로 신고할 수 있다.

27 답 ④

공인중개사법령 > 부동산 거래신고 등에 관한 법률

① 지정 시에는 의견청취의 절차가 없다(재지정 시에 한함).
② 토지거래허가구역의 지정은 5년 이내의 기간을 정하여 지정하여야 한다.

③ 허가를 받으려는 자는 그 허가신청서에 계약내용과 그 토지의 이용계획 등을 적어 공동으로 시장·군수 또는 구청장에게 제출하여야 한다.
⑤ 불허가처분을 받은 자는 그 처분을 받은 날부터 1개월 이내에 시장·군수 또는 구청장에게 해당 토지에 관한 권리의 매수를 청구할 수 있다.

28 답 ⑤

중개실무 > 중개대상물 조사 및 확인

⑤ 개업공인중개사가 '임대차 확인사항'을 임대인 및 임차인에게 설명하였음을 확인하고 '임대차 확인사항'란에 서명 또는 날인하여야 한다.

29 답 ④

중개실무 > 중개대상물 조사 및 확인

④ 개업공인중개사가 매도(임대)의뢰인에게 자료를 요구할 수 있는 사항은 내부·외부시설물의 상태(ㄴ), 벽면·바닥면 및 도배 상태(ㄷ), 환경조건(ㄹ) 등이다.

30 답 ⑤

중개실무 > 중개대상물 조사 및 확인

⑤ 환경조건의 내용에 비선호시설, 교육시설은 포함되지 않는다. 교육시설은 입지조건에 해당된다.

31 답 ④

중개실무 > 중개대상물 조사 및 확인

④ '재단목록 또는 입목의 생육상태'는 공장재단의 경우에는 공장재단목록과 공장재단 등기사항증명서를, 광업재단의 경우에는 광업재단목록과 광업재단 등기사항증명서를, 입목의 경우에는 입목등록원부와 입목 등기사항증명서를 확인하여 기재한다.

32 답 ⑤

중개실무 > 개별적 중개실무

⑤ 등기명의신탁, 계약명의신탁 모두 제3자에게 대항할 수 없다.

33 답 ⑤

중개실무 > 중개대상물 조사 및 확인

⑤ 자기 소유 토지에 분묘를 설치한 사람이 그 토지를 양도하면서 분묘를 이장하겠다는 특약을 하지 않음으로써 분묘기지권을 취득한 경우, 특별한 사정이 없는 한 분묘기지권자는 분묘기지권이 성립한 때로부터 토지소유자에게 그 분묘의 기지에 대한 토지사용의 대가로서 지료를 지급할 의무가 있다고 보아야 한다(대판 2021.5.27, 2020다295892).

34 답 ④

중개실무 > 개별적 중개실무

④ 확정일자로 인한 우선변제권은 후순위 권리자나 그 밖의 채권자보다 우선해서 변제를 받는 권리이다.

35 답 ②

중개실무 > 개별적 중개실무

② 각 권리자의 주소·성명 등 인적사항은 공개해서는 아니 된다.

36 답 ③

중개실무 > 개별적 중개실무

③ 환산하면 10억원이 되므로 「상가건물 임대차보호법」이 적용되지 아니한다. 따라서 확정일자인에 의한 우선변제권이 인정되지 아니한다.

37 답 ①

중개실무 > 개별적 중개실무

② 수탁자 乙과 매수인 丁 간의 매매계약은 유효하고, 丁의 선·악 여부와 상관없이 丁은 소유권을 취득할 수 있다.
③ 丁의 명의로 경료된 소유권이전등기의 효력은 유효하며, 신탁자 甲은 丁에게 소유권을 주장할 수 없다.
④ 乙의 처분행위는 횡령죄에 해당하지 않는다.
⑤ 乙은 3년 이하의 징역이나 1억원 이하의 벌금에 처한다.

38 답 ③

중개실무 > 개별적 중개실무

③ 매수인은 채무자, 소유자, 압류의 효력이 발생된 후에 점유를 시작한 부동산 점유자뿐만 아니라, 점유자가 매수인에게 대항할 수 있는 권원을 가진 경우 이외에는 인도명령 신청을 할 수 있다.

39 답 ⑤

중개실무 > 개별적 중개실무

⑤ 경매의 배당에 있어 소액임차인인지의 여부는 임차인의 전입신고일을 기준으로 판단할 것이 아니라 선순위 저당권설정일을 기준으로 하여 적용하여야 할 것이다.

40 답 ①

중개실무 > 개별적 중개실무

② 매수신청대리인 등록은 중개사무소가 소재하는 지방법원의 장에게 하여야 한다.
③ 공인중개사는 중개사무소 개설등록을 하지 않으면 매수신청대리인 등록을 할 수 없다.
④ 매각장소 또는 집행법원에 개업공인중개사가 직접 출석하여야 하며, 고용신고된 소속공인중개사 등으로 하여금 대리출석하도록 할 수 없다.
⑤ 매수신청대리인이 된 사건에 있어서 매수신청인으로서 매수신청을 하는 행위를 하여서는 아니 된다.

제2과목 | 부동산공법 중 부동산중개에 관련되는 규정

부록 pp.9~16

41	③	42	④	43	⑤	44	①	45	⑤
46	④	47	⑤	48	⑤	49	⑤	50	①
51	④	52	①	53	②	54	③	55	③
56	③	57	②	58	③	59	④	60	④
61	③	62	②	63	①	64	④	65	⑤
66	①	67	①	68	①	69	②	70	③
71	⑤	72	⑤	73	②	74	④	75	④
76	④	77	②	78	③	79	④	80	②

점수: __________ 점

41 답 ③

국토의 계획 및 이용에 관한 법률 > 도시·군계획

③ 공간재구조화계획 입안권자는 제안자 또는 제3자와 협의하여 제안된 공간재구조화계획의 입안 및 결정에 필요한 비용의 전부 또는 일부를 제안자 또는 제3자에게 부담시킬 수 있다.

42 답 ④

국토의 계획 및 이용에 관한 법률 > 용도지역·용도지구·용도구역

① 용도가 지정되지 아니한 지역에 대하여는 용도지역별 건축제한, 건폐율, 용적률의 규정을 적용함에 있어서 자연환경보전지역에 관한 규정을 적용한다.
② 제2종 전용주거지역은 공동주택 중심의 양호한 주거환경을 보호하기 위하여 필요한 지역이다.
③ 일반공업지역은 환경을 저해하지 아니하는 공업의 배치를 위하여 필요한 지역이다.
⑤ 대도시 시장은 도시·군관리계획결정으로 주거지역·상업지역·공업지역 및 녹지지역을 세분하여 지정할 수 있다.

43 답 ⑤ 고난도

국토의 계획 및 이용에 관한 법률 > 보칙 및 벌칙 등

⑤ 시범도시를 관할하는 특별시장·광역시장·특별자치시장·특별자치도지사·시장·군수 또는 구청장은 시범도시사업의 시행에 관한 계획(이하 '시범도시사업계획'이라 함)을 수립·시행하여야 한다.

빈출개념 체크 | 시범도시의 지정 및 지원

1. 시범도시의 지정권자 및 지정분야: 국토교통부장관은 도시의 경제·사회·문화적인 특성을 살려 개성 있고 지속가능한 발전을 촉진하기 위하여 필요하면 직접 또는 관계 중앙행정기관의 장이나 시·도지사의 요청에 의하여 경관, 생태, 정보통신, 과학, 문화, 관광, 그 밖에 대통령령으로 정하는 분야별로 시범도시(시범지구나 시범단지를 포함)를 지정할 수 있다.
2. 시범도시의 기준
   (1) 시범도시의 지정이 도시의 경쟁력 향상, 특화발전 및 지역균형발전에 기여할 수 있을 것
   (2) 시범도시의 지정에 대한 주민의 호응도가 높을 것
   (3) 시범도시의 지정목적 달성에 필요한 사업(이하 '시범도시사업'이라 함)에 주민이 참여할 수 있을 것
   (4) 시범도시사업의 재원조달계획이 적정하고 실현가능할 것
3. 지정절차
   (1) 관계 중앙행정기관의 장 또는 시·도지사는 국토교통부장관에게 시범도시의 지정을 요청하고자 하는 때에는 미리 설문조사·열람 등을 통하여 주민의 의견을 들은 후 관계 지방자치단체의 장의 의견을 들어야 한다.
   (2) 시·도지사는 국토교통부장관에게 시범도시의 지정을 요청하고자 하는 때에는 미리 당해 시·도도시계획위원회의 자문을 거쳐야 한다.
   (3) 국토교통부장관은 시범도시를 지정하려면 중앙도시계획위원회의 심의를 거쳐야 한다.
   (4) 국토교통부장관은 시범도시를 지정한 때에는 지정목적·지정분야·지정대상도시 등을 관보와 국토교통부의 인터넷 홈페이지에 공고하고 관계 행정기관의 장에게 통보해야 한다.
4. 시범도시의 공모
   (1) 국토교통부장관은 직접 시범도시를 지정함에 있어서 필요한 경우에는 국토교통부령이 정하는 바에 따라 그 대상이 되는 도시를 공모할 수 있다. 이 경우 공모에 응모할 수 있는 자는 특별시장·광역시장·특별자치시장·특별자치도지사·시장·군수 또는 구청장으로 한다.
   (2) 국토교통부장관은 시범도시의 공모 및 평가 등에 관한 업무를 원활하게 수행하기 위하여 필요한 때에는 전문기관에 자문하거나 조사·연구를 의뢰할 수 있다.
5. 시범도시사업계획의 수립 및 시행
   (1) 시범도시를 관할하는 특별시장·광역시장·특별자치시장·특별자치도지사·시장·군수 또는 구청장은 다음의 구분에 따라 시범도시사업의 시행에 관한 계획(이하 '시범도시사업계획'이라 함)을 수립·시행하여야 한다.
      - 시범도시가 시·군 또는 구의 관할구역에 한정되어 있는 경우: 관할 시장·군수 또는 구청장이 수립·시행
      - 그 밖의 경우: 특별시장·광역시장·특별자치시장 또는 특별자치도지사가 수립·시행
   (2) 특별시장·광역시장·특별자치시장·특별자치도지사·시장·군수 또는 구청장은 시범도시사업계획을 수립하고자 하는 때에는 미리 설문조사·열람 등을 통하여 주민의 의견을 들어야 한다.
   (3) 특별시장·광역시장·특별자치시장·특별자치도지사·시장·군수 또는 구청장은 시범도시사업계획을 수립하고자 하는 때에는 미리 국토교통부장관(관계 중앙행정기관의 장 또는 시·도지사의 요청에 의하여 지정된 시범도시의 경우에는 지정을 요청한 기관을 말함)과 협의하여야 한다.
   (4) 특별시장·광역시장·특별자치시장·특별자치도지사·시장·군수 또는 구청장은 시범도시사업계획을 수립한 때에는 그 주요내용을 해당 지방자치단체의 공보와 인터넷 홈페이지에 고시한 후 그 사본 1부를 국토교통부장관에게 송부해야 한다.

44 답 ①

국토의 계획 및 이용에 관한 법률 > 용도지역·용도지구·용도구역

① 특별시장·광역시장·특별자치시장·특별자치도지사·시장 또는 군수는 녹지지역, 관리지역, 농림지역 및 자연환경보전지역 중 '개발수요가 많아 무질서한 개발이 진행되고 있거나 진행될 것으로 예상되는 지역, 주변의 토지이용이나 교통여건 변화 등으로 향후 시가화가 예상되는 지역, 주변지역과 연계하여 체계적인 관리가 필요한 지역'의 전부 또는 일부에 대하여 성장관리계획구역을 지정할 수 있다.

45 답 ⑤

국토의 계획 및 이용에 관한 법률 > 지구단위계획

⑤ 주거개발진흥지구, 복합개발진흥지구(주거기능이 포함된 경우에 한함) 및 특정개발진흥지구는 계획관리지역에 위치해야 한다.

46 답 ④

국토의 계획 및 이용에 관한 법률 > 도시·군계획

① 특별시장·광역시장·특별자치시장·특별자치도지사·시장 또는 군수는 관할구역에 대하여 도시·군기본계획을 수립하여야 한다.
② 도시·군기본계획을 수립하거나 변경하는 경우에는 원칙적으로 기초조사를 생략할 수 없다.
③ 도시·군기본계획을 수립하거나 변경하는 경우에는 미리 공청회를 열어 주민과 관계 전문가 등으로부터 의견을 들어야 한다.

⑤ 도시·군기본계획의 입안일부터 5년 이내에 토지적성평가를 실시한 경우에는 토지적성평가 또는 재해취약성분석을 하지 아니할 수 있다.

47 답 ⑤

국토의 계획 및 이용에 관한 법률 > 개발행위의 허가 등

① 개발행위허가권자는 개발행위허가를 받지 아니하고 개발행위를 하거나 허가내용과 다르게 개발행위를 하는 자에 대하여는 그 토지의 원상회복을 명할 수 있다.
② 개발행위를 제한하고자 하는 자가 국토교통부장관인 경우에는 중앙도시계획위원회 심의 전에 미리 관할 시장·군수의 의견을 들어야 한다.
③ 건축물의 건축에 대해 개발행위허가를 받은 후 건축물 연면적을 5% 범위 안에서 축소하는 경우에는 지체 없이 그 사실을 특별시장·광역시장·특별자치시장·특별자치도지사·시장 또는 군수에게 통지하여야 한다.
④ 개발행위허가의 대상인 토지가 2 이상의 용도지역에 걸치는 경우에는 각각의 용도지역에 위치하는 토지부분에 대하여 각각의 용도지역의 개발행위의 규모에 관한 규정을 적용한다.

48 답 ⑤

국토의 계획 및 이용에 관한 법률 > 도시·군계획시설사업의 시행

① 도지사는 광역도시계획과 관련되거나 특히 필요하다고 인정되는 경우에는 관계 시장 또는 군수의 의견을 들어 직접 도시·군계획시설사업을 시행할 수 있다.
② 인가받은 실시계획 중 구역경계의 변경이 없는 범위 안에서 행하는 건축물 또는 공작물의 연면적 10% 미만의 변경은 경미한 사항이므로 변경인가를 받지 아니한다.
③ 국토교통부장관, 시·도지사 또는 대도시 시장은 사업의 착수예정일 및 준공예정일의 변경은 경미한 사항이므로 공고 및 열람을 하지 아니할 수 있다.
④ 도시·군관리계획결정을 고시한 경우에는 국·공유지로서 도시·군계획시설사업에 필요한 토지는 그 도시·군관리계획으로 정하여진 목적 외의 목적으로 매각하거나 양도할 수 없고, 이를 위반한 행위는 무효로 한다.

49 답 ⑤

국토의 계획 및 이용에 관한 법률 > 보칙 및 벌칙 등

① 도시·군계획에 관한 조사·연구 등의 업무를 수행하기 위하여 국토교통부에 중앙도시계획위원회를 둔다.
② 중앙도시계획위원회는 위원장·부위원장 각 1명을 포함한 25명 이상 30명 이하의 위원으로 구성한다.
③ 중앙도시계획위원회의 위원장과 부위원장은 위원 중에서 국토교통부장관이 임명하거나 위촉한다.
④ 중앙도시계획위원회의 회의는 재적위원 과반수의 출석으로 개의(開議)하고, 출석위원 과반수의 찬성으로 의결한다.

빈출개념 체크 **중앙도시계획위원회의 업무**

다음의 업무를 수행하기 위하여 국토교통부에 중앙도시계획위원회를 둔다.
1. 광역도시계획·도시·군계획·토지거래계약허가구역 등 국토교통부장관의 권한에 속하는 사항의 심의
2. 「국토의 계획 및 이용에 관한 법률」 또는 다른 법률에서 중앙도시계획위원회의 심의를 거치도록 한 사항의 심의
3. 도시·군계획에 관한 조사·연구

50 답 ①

국토의 계획 및 이용에 관한 법률 > 개발행위의 허가 등

① 「고등교육법」에 따른 학교(대학)는 제외한 학교

51 답 ④

국토의 계획 및 이용에 관한 법률 > 개발행위의 허가 등

① 자연환경보전지역에서 주거지역으로 변경되는 지역은 기반시설부담구역으로 지정하는 지역이다.
② 기반시설부담구역으로 지정된 지역에 대해 개발행위허가를 제한하였다가 이를 연장하기 위해서는 중앙도시계획위원회의 심의를 거치지 아니한다.
③ 개발밀도관리구역에서는 당해 용도지역에 적용되는 건폐율 또는 용적률을 강화하여 적용할 수 있다.
⑤ 주거지역에서의 개발행위로 기반시설의 용량이 부족할 것으로 예상되는 지역 중 기반시설의 설치가 곤란한 지역으로서, 향후 2년 이내에 당해 지역의 학생수가 학교수용능력을 20% 이상 초과할 것으로 예상되는 지역은 개발밀도관리구역으로 지정될 수 있다.

52 답 ①

국토의 계획 및 이용에 관한 법률 > 도시·군계획시설사업의 시행

① 행정청이 시행하는 도시·군계획시설사업에 대하여는 당해 도시·군계획시설사업에 소요되는 비용(조사·측량비, 설계비 및 관리비를 제외한 공사비와 감정비를 포함한 보상비를 말함)의 50% 이하의 범위 안에서 국가예산으로 보조 또는 융자할 수 있으며, 행정청이 아닌 자가 시행하는 도시·군계획시설사업에 대하여는 당해 도시·군계획시설사업에 소요되는 비용의 3분의 1 이하의 범위 안에서 국가 또는 지방자치단체가 보조 또는 융자할 수 있다.

53 답 ②

도시개발법 > 비용부담 등

② 도시개발채권의 상환은 5년부터 10년까지의 범위에서 지방자치단체의 조례로 정한다.

54 답 ③

도시개발법 > 도시개발사업

③ 원형지개발자인 지방자치단체는 10년의 범위에서 대통령령으로 정하는 기간 안에도 원형지를 매각할 수 있다.

55 답 ③

도시개발법 > 도시개발사업

③ 토지상환채권은 민간사업시행자가 「은행법」에 따른 은행, 「보험업법」에 따른 보험회사 및 「건설산업기본법」에 따른 공제조합으로부터 지급보증을 받은 경우에만 이를 발행할 수 있다.

56 답 ③

도시개발법 > 도시개발계획 및 구역 지정

③ 지정권자는 환지방식의 도시개발사업에 대한 개발계획을 수립하려면 환지방식이 적용되는 지역의 토지면적의 3분의 2 이상에 해당하는 토지소유자와 그 지역의 토지소유자 총수의 2분의 1 이상의 동의를 받아야 한다.

57 답 ②

도시개발법 > 도시개발사업

ㄱ. 도시개발사업에 관한 실시계획의 인가를 받은 후 2년 이내에 사업을 착수하지 아니하는 경우

ㄹ. 도시개발구역의 전부를 환지방식으로 시행하는 경우로서 원칙적으로 시행자인 토지소유자 또는 조합이 도시개발구역 지정의 고시일부터 1년 내에 도시개발사업에 관한 실시계획의 인가를 신청하지 아니하는 경우

58 답 ③

도시개발법 > 도시개발사업

③ 감리자는 업무를 수행할 때 위반사항을 발견하면 지체 없이 시공자와 시행자에게 위반사항을 시정할 것을 알리고 7일 이내에 지정권자에게 그 내용을 보고하여야 한다.

59 답 ④

도시 및 주거환경정비법 > 정비사업

1. 「주택법」 제2조 제6호에 따른 국민주택규모의 주택(이하 '국민주택규모 주택'이라 함)이 전체 세대수의 100분의 90 이하에서 대통령령으로 정하는 범위
2. 임대주택(공공임대주택 및 민간임대주택에 관한 특별법에 따른 민간임대주택을 말함)이 전체 세대수 또는 전체 연면적의 100분의 30 이하에서 대통령령으로 정하는 범위

60 답 ④

도시 및 주거환경정비법 > 비용부담 등

④ 시장·군수등은 자신이 시행하는 정비사업으로 현저한 이익을 받는 정비기반시설의 관리자가 있는 경우에는 대통령령으로 정하는 방법 및 절차에 따라 해당 정비사업비의 일부를 그 정비기반시설의 관리자와 협의하여 그 관리자에게 부담시킬 수 있다.

61 답 ③

도시 및 주거환경정비법 > 정비사업

ㄴ. 조합이 정관의 내용 중 조합원의 자격, 조합원의 제명·탈퇴 및 교체에 관한 사항에 대하여 변경하려면 조합원 3분의 2 이상의 동의를 받아야 한다.

ㄷ. 조합에 두는 이사의 수는 3명 이상으로 하고, 감사의 수는 1명 이상 3명 이하로 한다. 다만, 토지등소유자의 수가 100인을 초과하는 경우에는 이사의 수를 5명 이상으로 한다.

62 답 ②

도시 및 주거환경정비법 > 정비사업

② 시·도지사는 정비사업전문관리업자가 최근 3년간 2회 이상의 업무정지처분을 받은 자로서 그 정지처분을 받은 기간이 합산하여 12개월을 초과한 때에는 그 등록을 취소하여야 한다.

63 답 ①

도시 및 주거환경정비법 > 정비사업

① 경미한 변경은 제외한 관리처분계획의 수립 및 변경에 관한 사항을 의결한다.

빈출개념 체크 토지등소유자 전체회의 의결사항

1. 시행규정의 확정 및 변경
2. 정비사업비의 사용 및 변경
3. 정비사업전문관리업자와의 계약 등 토지등소유자의 부담이 될 계약
4. 시공자의 선정 및 변경
5. 정비사업비의 토지등소유자별 분담내역
6. 자금의 차입과 그 방법·이자율 및 상환방법
7. 사업시행계획서의 작성 및 변경(정비사업의 중지 또는 폐지에 관한 사항을 포함하며, 같은 항 단서에 따른 경미한 변경은 제외)
8. 관리처분계획의 수립 및 변경(경미한 변경은 제외)
9. 청산금의 징수·지급(분할징수·분할지급을 포함)과 조합 해산 시의 회계보고
10. 비용의 금액 및 징수방법
11. 그 밖에 토지등소유자에게 부담이 되는 것으로 시행규정으로 정하는 사항

64 답 ④

도시 및 주거환경정비법 > 기본계획 수립 및 정비구역 지정

ㄱ. 정비예정구역에 대하여 기본계획에서 정한 정비구역 지정 예정일부터 3년이 되는 날까지 시장 또는 군수가 정비구역을 지정하지 아니한 경우

65 답 ⑤ 고난도

주택법 > 주택의 건설

⑤ 사업주체가 1,000세대 이상의 주택을 공급하고자 하는 때에는 인증제도에 따라 일반 등급 이상의 등급을 인정받아야 한다.

66 답 ①

주택법 > 주택의 건설

① 리모델링의 허가를 신청하기 위한 동의율을 확보한 경우 리모델링 결의를 한 리모델링주택조합은 그 리모델링 결의에 찬성하지 아니하는 자의 주택 및 토지에 대하여 매도청구를 할 수 있다.

67 답 ①

주택법 > 주택의 공급

① 입주자로 선정된 지위 또는 주택의 일부를 그 배우자에게 증여하는 경우

68 답 ①

주택법 > 주택의 건설

ㄱ. 리모델링주택조합을 제외한 주택조합은 주택건설 예정 세대수의 50% 이상의 조합원으로 구성하되, 조합원은 20명 이상이어야 한다.

ㄷ. 지역주택조합의 조합원으로 추가모집되거나 충원되는 자가 조합원 자격 요건을 갖추었는지를 판단할 때에는 해당 조합설립인가 신청일을 기준으로 한다.

69 답 ② 고난도

주택법 > 주택의 건설

② 국토교통부장관은 바닥충격음 성능등급 인정기관이 거짓이나 그 밖의 부정한 방법으로 바닥충격음 성능등급 인정기관으로 지정을 받은 경우 그 지정을 취소하여야 한다.

70 답 ③

주택법 > 주택의 공급

③ 투기과열지구지정직전월의 주택분양실적이 전달보다 30% 이상 감소한 곳

71 답 ⑤

주택법 > 주택의 공급

⑤ 국토교통부장관이 분양가상한제 적용 지역을 지정하는 경우에는 미리 시·도지사의 의견을 들어야 하며, 시장·군수·구청장은 입주자모집 승인을 할 때에는 분양가심사위원회의 심사결과에 따라 승인 여부를 결정하여야 한다.

72 답 ⑤

고난도

건축법 > 총칙

- 연립주택: 주택으로 쓰는 1개 동의 바닥면적(2개 이상의 동을 지하주차장으로 연결하는 경우에는 각각의 동으로 봄) 합계가 660m²를 초과하고, 층수가 4개 층 이하인 주택
- 일반기숙사: 학교 또는 공장 등의 학생 또는 종업원 등을 위하여 사용하는 것으로서 해당 기숙사의 공동취사시설 이용 세대 수가 전체 세대 수(건축물의 일부를 기숙사로 사용하는 경우에는 기숙사로 사용하는 세대 수로 함)의 50% 이상인 것(교육기본법 제27조 제2항에 따른 학생복지주택을 포함)

빈출개념 체크 기숙사

다음의 어느 하나에 해당하는 건축물로서 공간의 구성과 규모 등에 관하여 국토교통부장관이 정하여 고시하는 기준에 적합한 것. 다만, 구분소유된 개별 실(室)은 제외한다.

1. 일반기숙사: 학교 또는 공장 등의 학생 또는 종업원 등을 위하여 사용하는 것으로서 해당 기숙사의 공동취사시설 이용 세대 수가 전체 세대 수(건축물의 일부를 기숙사로 사용하는 경우에는 기숙사로 사용하는 세대 수로 함)의 50% 이상인 것(교육기본법 제27조 제2항에 따른 학생복지주택을 포함)
2. 임대형 기숙사: 「공공주택 특별법」 제4조에 따른 공공주택사업자 또는 「민간임대주택에 관한 특별법」 제2조 제7호에 따른 임대사업자가 임대사업에 사용하는 것으로서 임대 목적으로 제공하는 실이 20실 이상이고 해당 기숙사의 공동취사시설 이용 세대 수가 전체 세대 수의 50% 이상인 것

73 답 ②

건축법 > 건축물의 대지와 도로

① 대지는 인접한 도로면보다 낮아서는 아니 된다. 다만, 대지의 배수에 지장이 없거나 건축물의 용도상 방습의 필요가 없는 경우에도 인접한 도로면보다 낮아도 된다.
③ 습한 토지, 물이 나올 우려가 많은 토지, 쓰레기, 그 밖에 이와 유사한 것으로 매립된 토지에 건축물을 건축하는 경우에는 성토, 지반 개량 등 필요한 조치를 하여야 한다.
④ 손궤의 우려가 있는 토지에 대지를 조성하려면 옹벽 외벽면에는 이의 지지·배수를 위한 시설 외의 구조물이 밖으로 튀어나오지 아니하게 하여야 한다.
⑤ 연면적의 합계가 1천500m² 미만인 물류시설은 조경 등의 조치를 하지 아니할 수 있다. 다만, 주거지역 또는 상업지역에 건축하는 것은 하여야 한다.

74 답 ④

건축법 > 총칙

① 공장은 도지사의 사전승인을 받아야 하는 건축물이 아니다.
② 창고는 도지사의 사전승인을 받아야 하는 건축물이 아니다.
③ 자연환경을 보호하기 위하여 도지사가 지정·공고한 구역에 건축하는 연면적의 합계가 1천m² 이상 또는 3층 이상의 위락시설
⑤ 수질을 보호하기 위하여 도지사가 지정·공고한 구역에 건축하는 연면적의 합계가 1천m² 이상 또는 3층 이상의 숙박시설

75 답 ④

고난도

건축법 > 지역 및 지구 안의 건축물

- 최대 용적률 200% = (연면적 ÷ 1,200m²) × 100
  ∴ 최대 연면적 = 2,400m²
- 용적률 산정 시 지하층의 면적(500m²)과 지상층의 주차장으로 쓰는 면적(300m²)은 제외하고 현재 사용하고 있는 면적 = 900m²

∴ 증축 가능한 최대 연면적 = 2,400m² − 900m²
= 1,500m²

76 답 ④

건축법 > 지역 및 지구 안의 건축물

④ 대지가 녹지지역과 그 밖의 지역·지구 또는 구역에 걸치는 경우에는 각 지역·지구 또는 구역 안의 건축물과 대지에 관한 이 법의 규정을 적용한다. 다만, 녹지지역 안의 건축물이 방화지구에 걸치는 경우에는 방화지구의 규정에 따른다.

77 답 ②

고난도

건축법 > 특별건축구역·건축협정 및 결합건축

① 결합건축이란 용적률을 개별 대지마다 적용하지 아니하고, 2개 이상의 대지를 대상으로 통합 적용하여 건축물을 건축하는 것을 말한다.
③ 결합건축을 하려는 2개 이상의 대지를 소유한 자가 1명인 경우에도 그 토지소유자는 해당 토지의 구역을 결합건축 대상 지역으로 하는 결합건축을 정할 수 있다. 이 경우 그 토지소유자 1인을 결합건축 체결자로 본다.
④ 결합건축으로 조정되어 적용되는 대지별 용적률이 「국토의 계획 및 이용에 관한 법률」에 따라 해당 대지에 적용되는 도시계획조례의 용적률의 100분의 20을 초과하는 경우에는 건축위원회와 도시계획위원회의 공동위원회를 구성하여 심의를 하여야 한다.

⑤ 허가권자는 결합건축을 허용한 경우 건축물대장에 국토교통부령으로 정하는 바에 따라 결합건축에 관한 내용을 명시하여야 하며, 결합건축협정서에 따른 협정체결 유지기간은 최소 30년으로 한다. 다만, 결합건축협정서의 용적률 기준을 종전대로 환원하여 신축·개축·재축하는 경우에는 그러하지 아니한다.

78 답 ③

건축법 > 건축물의 건축

③ 허가권자는 심의 결과 및 안전영향평가 내용을 국토교통부령으로 정하는 방법에 따라 즉시 공개하여야 한다.

79 답 ④

농지법 > 총칙

① 농지를 취득하려는 자는 농지 소재지를 관할하는 시장, 구청장, 읍장 또는 면장에게서 농지취득자격증명을 발급받아야 한다.

② 농업법인이란 「농어업경영체 육성 및 지원에 관한 법률」에 따라 설립된 영농조합법인과 같은 법 제19조에 따라 설립되고 업무집행권을 가진 자 중 3분의 1 이상이 농업인인 농업회사법인을 말한다.

③ 농지의 전용이란 농지를 농작물의 경작이나 다년생식물의 재배 등 농업생산 또는 농지개량 외의 목적에 사용하는 것을 말한다.

⑤ 대리경작자는 대리경작농지에서 경작한 농작물의 수확량의 100분의 10을 수확일부터 2월 이내에 그 농지의 소유권자나 임차권자에게 토지사용료로 지급하여야 하며, 대리경작기간은 따로 정하지 아니하면 3년으로 한다.

80 답 ②

농지법 > 농지의 보전

① 시·도지사는 농지를 효율적으로 이용·보전하기 위하여 농업진흥지역을 지정한다.

③ 농업진흥구역의 용수원 확보, 수질보전 등 농업환경을 보호하기 위하여 필요한 지역을 농업보호구역으로 지정할 수 있다.

④ 농림축산식품부장관은 「국토의 계획 및 이용에 관한 법률」상 녹지지역 또는 계획관리지역이 농업진흥지역에 포함될 경우에는 그 지정을 승인하기 전에 국토교통부장관과 협의하여야 한다.

⑤ 농지를 주목적사업을 위하여 현장 사무소나 부대시설, 그 밖에 이에 준하는 시설을 설치하거나 물건을 적치하거나 매설하는 경우로 일시 사용하려는 자는 일정기간 사용한 후 농지로 복구한다는 조건으로 시장·군수 또는 자치구청장의 허가를 받아야 한다.

| 2교시 |

제1과목 | 부동산공시에 관한 법령 및 부동산 관련 세법

부록 pp.19~28

01	④	02	③	03	②	04	④	05	③
06	⑤	07	①	08	③	09	⑤	10	②
11	③	12	④	13	①	14	⑤	15	①
16	②	17	④	18	⑤	19	②	20	①
21	④	22	②	23	①	24	⑤	25	④
26	③	27	①	28	②	29	③	30	③
31	②	32	④	33	③	34	②	35	②
36	①	37	④	38	⑤	39	④	40	④

점수: ________점

1 답 ④

공간정보의 구축 및 관리 등에 관한 법률 > 토지의 등록

- 지적도 및 임야도에서는 전자면적측정기에 따라 면적을 측정하여야 한다. 반면, 경계점좌표등록부를 작성하여 갖춰 두는 지역에서는 좌표면적계산법에 따라 면적을 측정하여야 한다.
- 지적도의 축척이 600분의 1인 지역과 경계점좌표등록부에 등록하는 지역에서는 1필지의 면적이 $0.1m^2$ 미만일 때에는 $0.1m^2$로 한다.
- 지적도의 축척이 6000분의 1인 지역에서는 1필지의 면적이 $1m^2$ 미만일 때에는 $1m^2$로 한다.

2 답 ③

공간정보의 구축 및 관리 등에 관한 법률 > 토지의 등록

ㄱ. 법 제90조의2 제1항

ㄷ, ㄹ. 국토교통부장관은 연속지적도 정보관리체계의 구축·운영에 관한 업무를 대통령령으로 정하는 법인, 단체 또는 기관에 위탁할 수 있다. 이 경우 국토교통부장관은 위탁관리에 필요한 경비의 전부 또는 일부를 지원할 수 있다(법 제90조의2 제5항).

ㄴ. 지적소관청은 지적도·임야도에 등록된 사항에 대하여 토지의 이동 또는 오류사항을 정비한 때에는 이를 연속지적도에 반영하여야 한다(법 제90조의2 제2항).

3 답 ②

공간정보의 구축 및 관리 등에 관한 법률 > 토지의 등록

② 국가유산으로 지정된 역사적인 유적·고적·기념물 등을 보존하기 위하여 구획된 토지의 지목은 '사적지'이지만, 학교용지·공원·종교용지 등 다른 지목으로 된 토지에 있는 유적·고적·기념물 등을 보호하기 위하여 구획된 토지의 지목은 '사적지'가 아니다.

4 답 ④

공간정보의 구축 및 관리 등에 관한 법률 > 토지의 등록

④ 토지가 해면 또는 수면에 접하는 경우에는 최대만조위 또는 최대만수위가 되는 선으로 지상경계를 결정하여야 한다. 이 경우에는 지상경계의 구획을 형성하는 구조물 등의 소유자가 다른 경우라도 그 소유권에 의하여 지상경계를 결정할 수 없다.

5 답 ③

공간정보의 구축 및 관리 등에 관한 법률 > 지적공부 및 부동산종합공부

③ 지적도면의 번호는 경계점좌표등록부의 등록사항이지만, 건축물 및 구조물의 위치는 지적도면의 등록사항이다.

빈출개념 체크 경계점좌표등록부 등록사항(법 제73조, 규칙 제71조 제3항)

1. 토지의 소재
2. 지번
3. 좌표
4. 토지의 고유번호
5. 도면의 번호
6. 필지별 경계점좌표등록부의 장번호
7. 부호 및 부호도

6 답 ⑤

공간정보의 구축 및 관리 등에 관한 법률 > 지적공부 및 부동산종합공부

⑤ 지적소관청은 복구자료의 조사 또는 복구측량 등이 완료되어 지적공부를 복구하기 전에 토지의 표시 등을 시·군·구의 게시판에 15일 이상 게시하여야 한다(규칙 제73조 제6항).

빈출개념 체크 지적공부 복구절차

1. 복구자료 조사
2. 복구자료조사서 및 복구자료도 작성
3. 복구측량
4. 복구 면적 결정
5. 경계·면적 조정: 토지소유자, 이해관계인의 동의를 받아 경계 또는 면적을 조정
6. 게시: 시·군·구 게시판 및 인터넷 홈페이지에 15일 이상 게시
7. 이의신청: 게시기간 내에 지적소관청에 이의신청
8. 복구

7 답 ①

공간정보의 구축 및 관리 등에 관한 법률 > 지적공부 및 부동산종합공부

① 지적소관청은 부동산종합공부의 등록사항 정정을 위하여 등록사항 상호간에 일치하지 아니하는 사항(= 불일치 등록사항)을 확인 및 관리하여야 하며, 지적소관청은 불일치 등록사항에 대해서는 등록사항을 관리하는 기관의 장에게 그 내용을 통지하여 등록사항 정정을 요청할 수 있다(영 제62조의3 제1항·제2항).

8 답 ③

공간정보의 구축 및 관리 등에 관한 법률 > 토지의 이동 및 지적정리

③ 등록사항 정정 대상토지에 대한 대장을 열람하게 하거나 등본을 발급하는 때에는 '등록사항 정정 대상토지'라고 적은 부분을 흑백의 반전으로 표시하거나 붉은색으로 적어야 한다(규칙 제94조 제2항).

9 답 ⑤ 고난도

공간정보의 구축 및 관리 등에 관한 법률 > 토지의 이동 및 지적정리

① 축척변경 시행지역의 토지소유자 또는 점유자는 시행공고가 있는 날부터 30일 이내에 시행공고일 현재 점유하고 있는 경계에 국토교통부령으로 정하는 경계점표지를 설치하여야 한다(영 제71조 제3항).

② 청산금에 대하여 이의가 있는 자는 납부고지 또는 수령통지를 받은 날부터 1개월 이내에 지적소관청에 이의신청을 할 수 있다(영 제77조 제1항).

③ 청산금을 산정한 결과 증가된 면적에 대한 청산금의 합계와 감소된 면적에 대한 청산금의 합계에 차액이 생긴 경우 초과액은 그 지방자치단체의 수입으로 하고, 부족액은 그 지방자치단체가 부담한다(영 제75조 제5항).

④ 축척변경 시행지역의 토지는 축척변경의 확정공고일에 토지의 이동이 있는 것으로 본다(영 제78조 제3항).

10 답 ② 고난도

공간정보의 구축 및 관리 등에 관한 법률 > 토지의 이동 및 지적정리

② 지적소관청으로부터 말소통지를 받은 날부터 90일 이내에 토지소유자의 등록말소신청이 없으면 지적소관청은 직권으로 지적공부의 등록사항을 말소하여야 한다.

11 답 ③

공간정보의 구축 및 관리 등에 관한 법률 > 지적측량

ㄹ. 지적공부의 등록사항(경계·좌표·면적)을 정정하는 경우로서 측량을 할 필요가 있는 경우는 지적측량의 대상이다(법 제23조 제1항). 다만, 토지의 표시사항 중 소재, 지번, 지목은 측량을 통하여 알 수 있는 정보가 아니므로 이를 변경하는 경우에는 지적측량을 실시할 필요가 없다. 또한 토지를 합병하는 경우도 지적측량을 하지 않는다.

12 답 ④

공간정보의 구축 및 관리 등에 관한 법률 > 토지의 이동 및 지적정리

④ 도시개발사업 등 토지개발사업의 시행자는 그 사업의 착수·변경 또는 완료사실을 그 사유가 발생한 날부터 15일 이내에 지적소관청에 신고하여야 한다(영 제83조 제2항).

13 답 ①

부동산등기법 > 등기의 기관과 그 설비

① 지상권이 대지권인 경우에 대지권이라는 뜻의 등기가 되어 있는 토지의 등기기록에는 지상권이전등기, 지상권부 저당권설정등기, 그 밖에 이와 관련이 있는 등기를 할 수 없다(법 제61조 제4항·제5항). 반면, 대지권이라는 뜻의 등기가 되어 있는 토지의 소유권은 전유부분과 일체성이 있는 권리가 아니므로 그 토지에 대한 소유권이전등기나 저당권설정등기는 허용된다.

14 답 ⑤ 고난도

부동산등기법 > 등기절차 총론

⑤ 등기는 당사자의 신청 또는 관공서의 촉탁에 따라 한다. 다만, 법률에 다른 규정이 있는 경우에는 그러하지 아니하다(법 제22조 제1항). 법률에 다른 규정이 있는 경우로는 등기관의 직권등기가 있다.

② 촉탁에 따른 등기절차는 법률에 다른 규정이 없는 경우에는 신청에 따른 등기에 관한 규정을 준용한다(법 제22조 제2항).

15 답 ①

부동산등기법 > 등기절차 총론

① 등기관이 승역지의 등기기록에 지역권설정의 등기를 할 때에는 일반적인 등기사항 외에 다음의 사항을 기록하여야 한다(법 제70조). 지역권의 '지료' 및 '존속기간'은 등기사항이 아니므로 등기원인에 이에 대한 약정이 있더라도 이를 등기할 수 없다.

> 1. 지역권설정의 목적
> 2. 범위
> 3. 요역지
> 4. 등기원인에 그 약정이 있는 경우 「민법」 제292조 제1항 단서, 제297조 제1항 단서 또는 제298조의 약정
> 5. 승역지의 일부에 지역권설정의 등기를 할 때에는 그 부분을 표시한 도면의 번호

16 답 ②

부동산등기법 > 등기절차 총론

① 금전채권을 보전하기 위한 가압류등기는 법원의 촉탁으로 실행한다.

③ 甲이 乙을 대위하여 乙 명의의 소유권이전등기를 丙과 공동으로 신청하는 경우 등기신청인은 甲과 丙이다. 채권자대위신청의 경우 대위채권자가 등기신청인이 된다.

④ 상속, 법인의 합병, 그 밖에 대법원규칙으로 정하는 포괄승계에 따른 등기는 등기권리자가 단독으로 신청한다(법 제23조 제3항).

⑤ 포괄유증을 원인으로 하는 소유권이전등기는 수증자가 등기권리자가 되고 상속인 또는 유언집행자가 등기의무자가 되어 공동으로 신청한다.

17 답 ④ 고난도

부동산등기법 > 등기절차 총론

ㄴ. 매각대금을 다 낸 후 매수인 앞으로 소유권이전등기 시 매수인이 인수하지 아니한 등기의 말소등기를 비롯한 경매와 관련된 모든 등기는 법원의 촉탁으로 실행한다.

18 답 ⑤

부동산등기법 > 각종 권리의 등기절차

ㄴ. 근저당권의 존속기간은 등기원인에 그 약정이 있는 경우에만 기록한다. 근저당권설정등기 시 채권액이 확정되지 않았으므로 변제기를 등기할 수는 없다. 즉, 변제기는 근저당권의 등기사항이 아니다.

ㄷ. 등기관이 공동저당의 대위등기를 할 때에는 「부동산등기법」 제48조에서 규정한 사항 외에 매각 부동산, 매각대금, 선순위 저당권자가 변제받은 금액을 기록하여야 한다(법 제80조 제1항).

19 답 ②

부동산등기법 > 등기절차 총론

② 등기관이 등기필정보를 작성하여 통지하기 위해서는 등기권리자의 신청에 의하여 등기기록에 새로운 권리자가 기록되어야 한다(등기예규 제1840호). '공유자 중 일부가 공유물의 보존행위로서 공유자 전원을 등기권리자로 하여 권리에 관한 등기를 신청하여 마친 경우' 등기관은 등기를 신청한 공유자에게는 등기필정보를 통지하지만, 나머지 공유자는 등기를 신청하지 않았으므로 등기필정보를 통지하지 않는다. 참고로, 나머지 공유자에게도 등기완료사실은 통지한다.

20 답 ①

부동산등기법 > 각종 권리의 등기절차

ㄱ. 법원이 신탁관리인 선임의 재판을 한 경우, 법원은 지체 없이 신탁원부기록의 변경등기를 등기소에 촉탁하여야 한다(법 제85조 제1항).

ㄹ. 수익자나 위탁자가 수탁자를 대위하여 신탁등기를 신청하는 경우에는 동시신청규정을 적용하지 않는다(법 제82조 제2항).

21 답 ④

부동산등기법 > 각종 권리의 등기절차

④ 1동의 건물에 속하는 구분건물 중 일부만에 관하여 소유권보존등기를 신청하는 경우에는 나머지 구분건물의 표시에 관한 등기를 동시에 신청하여야 한다. 이 경우 구분건물의 소유자는 1동에 속하는 다른 구분건물의 소유자를 대위하여 그 건물의 표시에 관한 등기를 신청할 수 있다(법 제46조 제1항·제2항).

22 답 ②

부동산등기법 > 각종의 등기절차

② 임차권설정등기청구권보전 가등기 후 본등기 전에 마쳐진 소유권이전등기는 가등기에 의하여 보전되는 권리인의 임차권설정청구권을 침해하는 등기가 아니므로 직권말소의 대상이 아니다.

③ 가등기 이후에 마쳐진 제3자의 등기는 직권말소의 대상이므로 그자의 승낙은 필요하지 않다.

23 답 ①

부동산등기법 > 각종의 등기절차

① 권리의 변경등기를 할 때 등기상 이해관계 있는 제3자가 있는 경우에 그 제3자의 승낙이 있으면 부기등기, 승낙이 없으면 주등기로 실행한다. 저당권의 채권액 증액에 따른 저당권의 변경등기를 할 때 등기상 이해관계 있는 제3자의 승낙이 없으면 주등기로 실행하여야 한다.

24 답 ⑤

부동산등기법 > 등기기관과 그 설비

⑤ 상속 또는 유증으로 인한 등기신청의 경우에는 부동산의 관할 등기소가 아닌 등기소도 그 신청에 따른 등기사무를 담당할 수 있다(법 제7조의3 제1항). 즉, 관할 등기소가 다른 여러 개의 부동산에 대하여 상속 또는 유증으로 인한 등기신청의 경우에 그중 하나의 관할 등기소에서 해당 신청에 따른 등기사무를 담당하여야 하는 것이 아니라 관할과 관계 없이 모든 등기소에서 상속 또는 유증으로 인한 등기신청 사무를 담당할 수 있다.

25 답 ④

조세총론 > 조세의 기초이론

ㄴ. 개인지방소득세: 보유·양도단계
ㄷ. 농어촌특별세: 모든 단계
ㅁ. 종합소득세: 보유·양도단계
ㄱ. 취득세: 취득단계
ㄹ. 소방분지역자원시설세: 보유단계

26 답 ③

조세총론 > 조세의 불복제도

③ 「지방세기본법」에 따른 과태료는 이의신청이나 심판청구를 할 수 없다.

27 답 ①

지방세 > 취득세

② 건축물 중 조작(造作)설비, 그 밖의 부대설비에 속하는 부분으로서 그 주체구조부(主體構造部)와 하나가 되어 건축물로서의 효용가치를 이루고 있는 것에 대하여는 주체구조부 취득자 외의 자가 가설(加設)한 경우에도 주체구조부의 취득자가 함께 취득한 것으로 본다.

③ 선박, 차량과 기계장비의 종류를 변경하거나 토지의 지목을 사실상 변경함으로써 그 가액이 증가한 경우에는 취득으로 본다.

④ 상속(피상속인이 상속인에게 한 유증 및 포괄유증과 신탁재산의 상속을 포함)으로 인하여 취득하는 경우에는 상속인 각자가 상속받는 취득물건(지분을 취득하는 경우에는 그 지분에 해당하는 취득물건을 말함)을 취득한 것으로 본다.

⑤ 「주택법」에 따른 주택조합과 「도시 및 주거환경정비법」 및 「빈집 및 소규모주택 정비에 관한 특례법」에 따른 재건축조합 및 소규모재건축조합이 해당 조합원용으로 취득하는 조합주택용 부동산(공동주택과 부대시설·복리시설 및 그 부속토지를 말함)은 그 조합원이 취득한 것으로 본다.

28 답 ②

지방세 > 취득세

ㄱ. 상속으로 인한 농지의 취득: 1천분의 23
ㄹ. 고급오락장을 상속을 원인으로 취득: 1천분의 108[(1천분의 28) + (1천분의 20의 100분의 400)]
ㅁ. 1세대 1주택자가 소유한 주택을 배우자 또는 직계존비속이 증여받은 경우(취득 당시 시가표준액 5억원): 1천분의 35

29 답 ③

지방세 > 취득세

① 납세의무자가 취득세 신고기한까지 취득세를 시가인정액으로 신고한 후 지방자치단체의 장이 세액을 경정하기 전에 그 시가인정액을 수정신고한 경우에는 「지방세기본법」에 따른 과소신고가산세를 부과하지 아니한다.
② 토지를 취득하였으나 취득세를 신고·납부하지 아니하고 매각하는 경우 산출세액에 100분의 80을 가산한 금액을 세액으로 하여 징수한다.
④ 증여자의 채무를 인수하는 부담부증여로 인한 취득의 경우는 취득일이 속하는 달의 말일부터 3개월 이내에 그 과세표준에 세율을 적용하여 산출한 세액을 신고하고 납부하여야 한다.
⑤ 등기·등록관서의 장은 취득세가 납부되지 아니하였거나 납부부족액을 발견하였을 때에는 다음 달 10일까지 납세지를 관할하는 지방자치단체의 장에게 통보하여야 한다.

30 답 ③

지방세 > 등록에 대한 등록면허세

③ 취득세 부과제척기간이 경과한 물건의 등기 또는 등록의 과세표준은 등록 당시의 가액과 「지방세법」 제10조의2부터 제10조의6까지에서 정하는 취득당시가액 중 높은 가액으로 한다.

31 답 ②

지방세 > 재산세

② 공유재산인 경우 그 지분에 해당하는 부분(지분의 표시가 없는 경우에는 지분이 균등한 것으로 봄)에 대해서는 그 지분권자를 납세의무자로 본다.

32 답 ④

지방세 > 재산세

ㄱ. 고급오락장용 부속토지: 1천분의 40
ㄹ. 시지역의 주거지역 내 공장용 건축물: 1천분의 5
ㅁ. 시지역의 상업지역 내 상업용 건축물: 1천분의 2.5
ㄷ. 시지역의 공업지역 내 법정 기준면적 이내의 공장용지: 1천분의 2
ㄴ. 직접 농사를 짓고 있는 도시지역 내 개발제한구역에 위치한 개인소유의 농지: 1천분의 0.7

33 답 ③

지방세 > 재산세

① 재산세를 징수하려면 토지, 건축물, 주택, 선박 및 항공기로 구분한 납세고지서에 과세표준과 세액을 적어 늦어도 납기개시 5일 전까지 발급하여야 한다.
② 신탁재산의 위탁자가 신탁설정일 이후에 「지방세기본법」에 따른 법정기일이 도래하는 재산세 등으로서 해당 신탁재산과 관련하여 발생한 재산세 등을 체납한 경우 그 위탁자의 다른 재산에 대하여 체납처분을 하여도 징수할 금액에 미치지 못할 때에는 해당 신탁재산의 수탁자는 그 신탁재산으로써 재산세 등을 납부할 의무가 있다.
④ 고지서 1장당 재산세로 징수할 세액이 2천원 미만인 경우에는 해당 재산세를 징수하지 아니한다.
⑤ 지방자치단체의 장은 재산세의 납부세액이 1천만원을 초과하는 경우에는 납세의무자의 신청을 받아 해당 지방자치단체의 관할구역에 있는 부동산에 대하여만 대통령령으로 정하는 바에 따라 물납을 허가할 수 있다.

34 답 ②

국세 > 종합부동산세

ㄴ. 법인이 소유하는 과세기준일 현재 공시가격 1억원인 주택: 재산세 과세대상인 주택은 종합부동산세 과세대상이다.
ㄱ. 과세기준일 현재 계속 염전으로 사용하고 있는 공시가격 100억원인 토지: 재산세 분리과세대상으로 과세대상에 해당하지 아니한다.
ㄷ. 과세기준일 현재 공시가격 5억원인 공장용 건축물: 건축물은 과세대상에 해당하지 아니한다.
ㄹ. 과세기준일 현재 공시가격 85억원인 「여객자동차 운수사업법」에 따라 면허 또는 인가를 받은 자가 계속하여 사용하는 여객자동차터미널용 토지: 재산세 분리과세대상으로 과세대상에 해당하지 아니한다.

35 답 ②

국세 > 종합소득세

② 공동소유하는 주택은 지분이 가장 큰 사람의 소유로 계산(지분이 가장 큰 사람이 2명 이상인 경우로서 그들이 합의하여 그들 중 1명을 해당 주택 임대수입의 귀속자로 정한 경우에는 그의 소유로 계산)한다. 다만, 다음 어느 하나에 해당하는 사람은 공동소유의 주택을 소유하는 것으로 계산되지 않는 경우라도 그의 소유로 계산한다.

> 1. 해당 공동소유하는 주택을 임대해 얻은 수입금액을 기획재정부령으로 정하는 방법에 따라 계산한 금액이 연간 6백만원 이상인 사람

2. 해당 공동소유하는 주택의 기준시가가 12억원을 초과하는 경우로서 그 주택의 지분을 100분의 30 초과 보유하는 사람

따라서 주택 수는 甲과 乙 각자가 소유한 것으로 계산한다.

36 답 ①

국세 > 양도소득세

① 경작상 필요에 의해 농지를 교환 또는 분합하는 경우로서 교환 또는 분합하는 쌍방 토지가액의 차액이 가액이 큰 편의 4분의 1 이하인 경우 비과세된다. 따라서 비과세가 되려면 乙 소유 농지의 토지가액은 7천5백만원 이상이어야 한다.

37 답 ④

국세 > 양도소득세

양도가액	400,000,000원
− 필요경비	− 200,000,000원
= 양도차익	= 200,000,000원
− 장기보유특별공제	− 60,000,000원*
= 양도소득금액	= 140,000,000원

* 장기보유특별공제: 200,000,000 × 30%(보유기간 15년 이상)

38 답 ⑤

국세 > 양도소득세

① 장기할부조건으로 취득한 자산으로서 그 계약조건에 의하여 양도 당시 그 자산의 취득에 관한 등기가 불가능한 자산을 양도한 경우 미등기한 것으로 보지 아니한다.

다음에 해당하는 경우에는 미등기양도로 보지 않아 '미등기양도 시의 불이익'을 적용하지 아니한다.

1. 장기할부조건으로 취득한 자산으로서 그 계약조건에 의하여 양도 당시 그 자산의 취득에 관한 등기가 불가능한 자산
2. 법률의 규정 또는 법원의 결정에 의하여 양도 당시 그 자산의 취득에 관한 등기가 불가능한 자산
3. 농지의 교환 또는 분합으로 인하여 발생하는 소득에 대하여 비과세가 적용되는 농지, 8년 이상 자경 농지 및 농지대토에 대한 양도소득세 감면을 적용받는 토지
4. 1세대 1주택 비과세대상인 주택으로서 「건축법」에 따른 건축허가를 받지 아니하여 등기가 불가능한 자산
5. 「도시개발법」에 따른 도시개발사업이 종료되지 아니하여 토지 취득등기를 하지 아니하고 양도하는 토지
6. 건설사업자가 「도시개발법」에 따라 공사용역 대가로 취득한 체비지를 토지구획환지처분공고 전에 양도하는 토지

② 국내 2주택을 소유한 자가 2026년 5월 9일까지 조정대상지역의 주택(보유기간 1년 6개월)을 양도할 경우 100분의 60의 세율을 적용한다.

③ 3년 이상 보유한 등기된 비사업용 토지를 양도하는 경우에는 장기보유특별공제를 적용한다(비사업용 토지에 대해서는 장기보유특별공제 및 양도소득기본공제를 적용함).

④ 양도소득세는 물납규정을 두고 있지 않다.

39 답 ④

국세 > 양도소득세

④ 국외자산에 대한 양도소득세 계산 시 양도소득기본공제는 적용한다.

40 답 ④

국세 > 양도소득세

④ 예정신고를 하지 아니한 경우 무신고가산세가 부과된다. 다만, 예정신고기한까지 예정신고를 하지 아니하였으나 확정신고기한까지 과세표준신고를 한 경우 무신고가산세의 50%를 감면한다.

약점 보완! 실력 향상!

정답 및 해설

2025

에듀윌 공인중개사 실전모의고사

2차 공인중개사법령 및 중개실무 | 부동산공법 | 부동산공시법 | 부동산세법

에듀윌 도서몰
book.eduwill.net

- 부가학습자료 및 정오표: 에듀윌 도서몰 > 도서자료실
- 교재 문의: 에듀윌 도서몰 > 문의하기 > 교재(내용, 출간) / 주문 및 배송

합격하고 꼭 해야 할 것 2

에듀윌 부동산 아카데미 강의 듣기

성공 창업의 필수 코스 부동산 창업 CEO 과정

1 튼튼 창업 기초

- 창업 입지 컨설팅
- 중개사무 문서작성
- 성공 개업 실무TIP

2 중개업 필수 실무

- 온라인 마케팅
- 세금 실무
- 토지/상가 실무
- 재개발/재건축

3 실전 Level-Up

- 계약서작성 실습
- 중개영업 실무
- 사고방지 민법실무
- 빌딩 중개 실무
- 부동산경매

4 부동산 투자

- 시장 분석
- 투자 정책

부동산으로 성공하는 컨설팅 전문가 3대 특별 과정

마케팅 마스터

- 데이터 분석
- 블로그 마케팅
- 유튜브 마케팅
- 실습 샘플 파일 제공

디벨로퍼 마스터

- 부동산 개발 사업
- 유형별 절차와 특징
- 토지 확보 및 환경 분석
- 사업성 검토

빅데이터 마스터

- QGIS 프로그램 이해
- 공공데이터 분석 및 활용
- 컨설팅 리포트 작성
- 토지 상권 분석

경매의 神과 함께 '중개'에서 '경매'로 수수료 업그레이드

- 공인중개사를 위한 경매 실무
- 투자 및 중개업 분야 확장
- 고수들만 아는 돈 되는 특수 물권
- 이론(기본) - 이론(심화) - 임장 3단계 과정
- 경매 정보 사이트 무료 이용

실전 경매의 神
안성선
이주왕
장석태

에듀윌 부동산 아카데미 | uland.eduwill.net
문의 | 온라인 강의 1600-6700, 학원 강의 02)6736-0600